SOCIÉTÉ ARCHÉOLOGIQUE DU LIMOUSIN

REGISTRES
CONSULAIRES

DE

LA VILLE DE LIMOGES

TOME V

TROISIÈME REGISTRE

(DEUXIÈME PARTIE : 1741-1768)

QUATRIÈME ET DERNIER REGISTRE

(PREMIÈRE PARTIE : 1768-1773)

LIMOGES
IMPRIMERIE ET LIBRAIRIE LIMOUSINE
Vᵉ H. DUCOURTIEUX
Libraire de la Société archéologique et historique du Limousin
7, RUE DES ARÈNES, 7

1893

REGISTRES CONSULAIRES

DE

LA VILLE DE LIMOGES

Vienne (Haute) 2°
R/21

REGISTRES
CONSULAIRES

DE

LA VILLE DE LIMOGES

PUBLIÉS

PAR M. Louis GUIBERT

SECRÉTAIRE GÉNÉRAL
DE LA SOCIÉTÉ ARCHÉOLOGIQUE ET HISTORIQUE DU LIMOUSIN

AVEC LE CONCOURS DE MM.

Jean de BRUCHARD, Paul DUCOURTIEUX,
Gaston FOUGERAS-LAVERGNOLLE,
Camille MARBOUTY et Léonard MOUFLE
MEMBRES DE LA MÊME SOCIÉTÉ

TOME V

TROISIÈME REGISTRE

(DEUXIÈME PARTIE : 1741-1768)

QUATRIÈME ET DERNIER REGISTRE

(PREMIÈRE PARTIE : 1768-1773)

LIMOGES

IMPRIMERIE ET LIBRAIRIE LIMOUSINE

Vᵉ H. DUCOURTIEUX

Libraire de la Société archéologique et historique du Limousin

7, RUE DES ARÈNES, 7

1893

AVERTISSEMENT

Ce cinquième volume des *Registres Consulaires de la ville de Limoges*, publié, comme les précédents, par les soins de la Société archéologique et historique du Limousin et sous le patronage du Conseil municipal, reproduit la seconde partie du troisième registre (BB 3) et les premières pages du quatrième (BB 4). Les dates des actes et délibérations qu'il renferme sont comprises entre le 1ᵉʳ janvier 1741 et le 31 décembre 1773 : c'est donc une période de trente trois années qu'il ajoute à celle de deux cent trente-trois ans déjà parcourue depuis le point de départ de la publication. On y trouve notés, de plus, quelques documents d'époque postérieure, sans grand intérêt du reste, et qui figurent à la fin du registre BB 3. Nous en avons donné le relevé analytique : la plupart de ces pièces étant étrangères à l'histoire municipale comme à l'administration de la ville, il n'y avait aucune raison pour en reproduire le texte. — Le volume qui paraît aujourd'hui sera suivi de près, nous avons tout lieu de l'espérer, du tome VI, lequel conduira le lecteur à la fin du quatrième registre et au terme de la publication commencée il y a vingt-six ans par M. Emile Ruben, avec le concours de quelques dévoués collaborateurs. Ce tome VI contiendra les tables alphabétiques des matières pour l'ouvrage tout entier, dont chaque volume est accompagné d'une table analytique.

Nous avons suffisamment caractérisé, dans les précédents volumes, le contenu des derniers registres de l'Hôtel de ville, et nous n'insisterons pas ici sur l'affaiblissement de l'activité communale et sur le dépérissement de nos institutions consulaires aux xvii° et xviii° siècles. Disons seulement que l'époque à laquelle nous sommes parvenus voit la fin de ce qu'on peut appeler la période originale de ces institutions. La centralisation a brisé toute les résistances. Le triomphe des vieilles conceptions gouvernementales et administratives de l'empire romain sur les tendances indépendantes du génie national, sur les institutions démocratiques et chrétiennes du moyen âge, attaquées sans relâche depuis le xiii° siècle par les légistes, serviteurs de la monarchie absolue, est cette fois complet et définitif. Louis XIV a dépouillé les communes de ce qu'elles avaient réussi à conserver de droits de juridiction et de libertés ; Louis XV étend à toutes les villes du royaume un régime identique et donne ainsi satisfaction à cet idéal d'uniformité que poursuit depuis si longtemps la bureaucratie. Même le nom de consul va disparaître. L'édit de décembre 1767 ordonne que toutes les municipalités seront organisées sur le même type ; qu'on verra partout un maire à la tête de l'administration locale ; qu'il sera assisté d'échevins pour l'expédition journalière des affaires, de conseillers de ville pour l'étude des questions courantes. Une assemblée de quatorze notables, élus chacun dans une corporation ou un groupe social déterminé, par les députés de tous les corps de la ville, représentant d'une façon assez complète l'ensemble de la population, désigne tous les membres de ce personnel administratif : elle doit se borner toutefois à indiquer des candidats pour la charge de maire, à laquelle l'autorité royale se réserve de pourvoir. Nous voilà loin de l'élection libre des consuls par les cantons et même du régime de la nomination des magistrats par cent, puis par soixante prud'hommes, inaugurée par les lettres patentes d'août 1602.

Ni la période révolutionnaire, qui fit trop souvent perdre de vue aux municipalités leurs attributions essentielles pour les transformer en agences de police générale et en dociles instruments des clubs; ni l'Empire, qui entendait être servi et en fait de liberté n'aimait ni le mot ni la chose ; ni la Restauration, si défiante de toute activité municipale, ne devaient ranimer l'esprit d'initiative et rétablir les pratiques d'autonomie en honneur à Limoges aux XIVe et XVe siècles.

La législation qu'inaugura l'édit de 1767 eut toutefois cette heureuse conséquence, de mettre un terme aux entreprises du fisc sur l'administration municipale. Le fisc, qui avait fait argent de tout ce qu'il supposait pouvoir exciter les convoitises ou la vanité des gens riches, n'avait eu garde de négliger les charges des hôtels de ville. Non seulement les magistratures communales, mais les grades de la milice bourgeoise avaient été transformés en offices, proposés aux acquéreurs et étaient devenus, de la part des agents du Trésor, des Fermes, des intendants et du personnel administratif, l'objet d'un honteux maquignonnage. L'Etat y trouva quelques ressources; mais ce trafic acheva d'avilir des fonctions qui avaient déjà perdu la plupart de leurs prérogatives, et qu'on recherchait peu. Aussi ne faut-il pas s'étonner que, là où les corps de ville résistaient à la pression exercée sur eux, les offices mis en adjudication tentassent peu les particuliers et restassent souvent sans trouver d'acquéreurs. Il en fut ainsi à Limoges ; le fisc essaya d'intimider ou de lasser les citoyens en faisant interdire à la population de procéder aux élections municipales. Un arrêt du Conseil dans ce sens, du 13 septembre 1735, notifié aux consuls par l'intendant de Tourny, n'obtint pas le succès attendu et semble avoir été rapporté au bout de deux ans. Mais peu après cette mesure fut remise en vigueur, et pendant huit années les consuls élus le 7 décembre 1741 demeurèrent en fonctions. La manœuvre ne procura point les résultats espérés et les offices restèrent sans titulaires. Le gouvernement se décida à réunir aux hôtels de ville, par un arrêt du mois de mars 1749, les charges qui n'avaient pas trouvé d'acquéreur. Les consuls essayèrent aussitôt de rentrer en possession de leurs anciens droits, de celui notamment de pourvoir aux emplois de la milice, qui ne constituaient plus d'offices en titre depuis l'édit d'août 1716. Le lieutenant général pour le Roi au gouvernement de la province paraît avoir d'abord fermé les yeux sur l'entreprise des magistrats municipaux, la chose étant de bien petite conséquence ; mais le 10 octobre 1751, les consuls s'étant avisés de révoquer, pour refus de service, le colonel de la bourgeoisie, M. Peyrou du Reynou et de le remplacer par le major, leur décision fut cassée, les officiers promus par eux destitués, et le lieutenant général revendiqua, en vertu de la législation en vigueur, la nomination de tous les officiers. Il interdit même au colonel, douze ans plus tard, de tolérer que l'hôtel de ville pourvût aux emplois de sergent, chargeant le chef de corps lui-même de les nommer.

Nous avons eu à noter, au cours des précédents volumes, nombre de conflits entre le Consulat et les divers corps ou autorités avec lesquels la gestion des intérêts communaux ou la collecte des tailles et subsides le mettent en rapport. Nous avons plus d'une fois entendu les magistrats municipaux protester contre l'ingérence, dans les élections ou dans l'administration, des chefs de la Cour présidiale : lieutenant général et procureur du Roi. La querelle durait depuis longtemps ; en dépit de toutes les réclamations du corps de ville, les officiers de siège royal maintenaient leur prétention de présider au moins aux scrutins de la maison commune. Vers le milieu du xviii° siècle, les plaintes des consuls trouvèrent enfin un écho. Défense fut faite, en 1752, au lieutenant général et au procureur du Roi d'assister à l'assemblée tenue à l'Hôtel de Ville pour l'élection consulaire. Il est vrai que quinze ans plus tard, l'édit d'organisation municipale rendit aux officiers de la Cour royale la prérogative dont une décision du Conseil les avait dépouillés.

Autre conflit en 1756 avec le Bureau des trésoriers généraux, au sujet de la police de la place d'Orsay, police qui est reconnue appartenir à l'Hôtel de Ville. La même année, le lieutenant général civil conteste aux magistrats municipaux le droit de rendre des ordonnances au sujet des réjouissances publiques et des illuminations. L'affaire est sans conséquence. Sans gravité aussi, mais bien caractéristique, la discussion qui s'élève en 1757 entre les consuls et le chapitre de Saint-Martial : il s'agit cette fois de faire respecter les droits traditionnels de la population de Limoges sur les ossements de l'apôtre d'Aquitaine : les magistrats qui représentent cette population n'entendent pas que les chanoines se passent de leur concours pour procéder à l'ouverture comme à la fermeture des grilles et de la châsse qui protègent les reliques. Ils s'adressent à l'évêque pour faire respecter une possession immémoriale, et le prélat leur donne raison, reconnaissant que le chapitre est seulement dépositaire des restes du premier évêque de Limoges.

L'année 1754 voit se renouveler les prétentions déjà émises en 1696 par le curé de Saint-Pierre, qui refusait aux consuls le droit de faire célébrer dans une autre église les cérémonies données aux frais de la ville. On rit de cette prétention gothique qui toutefois reposait sur une possession de fait bien ancienne, puisqu'au XIIe siècle la commune avait prêté le serment de fidélité à Richard Cœur-de-Lion, duc d'Aquitaine, sous les voûtes de Saint-Pierre, et que le 21 août 1303 les consuls et les bourgeois s'étaient réunis dans la vieille église du Queyroix pour adhérer solennellement aux décisions de l'assemblée du Louvre et à l'appel des sentences de Boniface VIII à un concile œcuménique.

Nous avons eu occasion de montrer qu'un petit nombre seulement des actes et délibérations du corps municipal figurent à nos registres. Beaucoup de procès-verbaux d'assemblées de Ville n'y ont pas été inscrits. Nous en avons trouvé plusieurs dans les recueils de minutes conservés à la Chambre des notaires, dans les liasses des archives départementales (série C) et des archives communales. Nous les avons reproduits soit en note à leur date, soit à l'errata placé à la fin du volume. Mais une grande quantité nous manque encore. D'un passage du troisième registre, il résulte qu'au cours des années 1761 et 1762, il se tint à l'Hôtel de Ville « plus de quarante assemblées des divers ordres ». Or nous rencontrons le texte de trois ou quatre. On voit par là combien l'histoire politique et administrative de notre ville doit offrir de lacunes.

On trouvera dans ce volume quelques pièces d'une certaine importance pour l'histoire du commerce et de l'industrie à Limoges. On y relèvera aussi des documents assez précieux au point de vue administratif et se rapportant en particulier aux fontaines, aux aqueducs, aux égouts, à l'ouverture et à l'embellissement des boulevards, à la démolition des anciennes murailles. C'est une période de travaux importants, d'embellissement, de transformations. C'est aussi la période de l'installation, du développement des premières manufactures; c'est l'époque du séjour de Turgot à Limoges. Son nom est souvent répété dans les deux cents dernières pages du volume; mais son influence, son zèle pour le bien public, son dévouement toujours en éveil, son action sur tout ce qui l'entoure s'y montre plus souvent encore que son nom. Nos registres municipaux attestent l'universelle et infatigable sollicitude de l'administrateur modèle à qui la province et sa capitale n'ont pas encore payé une dette de reconnaissance déjà bien vieille et dont l'accomplissement les préoccupe vraiment trop peu. Ne se rencontrera-t-il pas, après plus d'un siècle, une municipalité soucieuse de remplir une obligation sacrée, et qui adressera, à tous les habitants des territoires ayant appartenu à l'ancienne généralité de Limoges, un énergique appel en vue de réunir les fonds nécessaires pour élever au grand intendant, sur une des places de notre ville, la statue à laquelle il a tant de titres? A Limoges, ce bronze devait se dresser le premier de tous : car les droits de Turgot priment ici tous les autres droits. Le Conseil général s'était fait honneur en les proclamant dès 1819. Un écriteau en lettres blanches sur fond bleu, aux deux bouts d'une rue de six ou sept mètres de large, constituent en vérité un témoignage trop modeste de la gratitude d'une population de sept ou huit cent mille âmes. C'est une véritable honte pour nous tous que l'initiative privée, à défaut d'une mise en train officielle, ne se soit pas donné la mission de payer notre dette de reconnaissance et de consacrer le souvenir de Turgot par un monument plus en rapport avec la grande œuvre accomplie par lui sous les yeux de nos pères et au profit des générations de l'avenir non moins qu'au bénéfice des contemporains.

REGISTRES CONSULAIRES

DE LA VILLE DE LIMOGES

3ᵉ REGISTRE

(suite)

Aujourd'huy (1), vingtuniesme jour du mois de mars mille sept cent quarant'un, dans la chambre du conseil de l'hotel commun de la ville de Limoges, ou estoient assemblés Messieurs les prevost-consuls, en presence de Mᵉ Jean Pierre Rogier des Essards, lieutenant general et president du dit hotel de ville, et Mʳ François Muret, ancien advocat du Roy et faisant les fonctions de procureur du Roy au siege presidial et seneschal, et present hotel de ville, les sieurs prevots consuls ont exposé que Mʳ Michelon, chanoine de l'eglise de Chartres, nommé pour predicateur pour precher l'Avent de mille sept cent quarante-un et le Caresme de mille sept cent quarante-deux, estant decedé, il est necessaire de proceder a une nomination d'un nouveau predicateur; et, la chose mise en deliberation, les dits sieurs assemblés ont tous, d'une commune voix, nommé pour predicateur, pendant le dit Avent de 1741 et le Caresme de 1742, le pere Louis Bareyre, religieux des Jacobins; et a cet effect il lui sera incessament donné advis sans qu'il en

Remplacement du prédicateur de la ville pour 1741-1742

---

(1) Nous rappelons une fois pour toutes qu'il nous a semblé sans intérêt, à la date où notre publication est parvenue, de reproduire les fréquents écarts d'orthographe de notre registre, et que nous avons d'ordinaire ramené les mots trop capricieusement travestis par le secrétaire de l'hôtel de ville, aux formes usuelles de l'orthographe du temps. Il est bien entendu toutefois que nous avons toujours respecté l'orthographe des signatures originales, quelque défectueuse qu'elle ait pu nous sembler.

Nous avons omis de signaler, à l'avertissement publié en tête du tome précédent, les lacunes, vraisemblablement sans intérêt (car la plupart des feuillets arrachés devaient être des pages blanches) qui existent à ce registre et que révèle la comparaison des cotes de l'ancien foliotage et de celles du foliotage dû à M. Ruben. Ajoutons que, notamment entre les feuillets 13 et 14, 36 et 37, 37 et 38, 38 et 39, la plupart de ces lacunes ne sont qu'apparentes et proviennent d'une interversion de feuillets ou même de cahiers à la reliure.

T. V.

puisse estre donné d'autre a sa place. Fait le dit jour, mois et an que dessus.

ROGIER DES ESSARTS; DECORDES, consul; JUGE, consul; HUGON DE TOUARS; MONTAUDON, consul; TEULIER; BOURDEAU, consul; MURET, avocat du Roy (1).

Lettres patentes portant provisions en faveur de M. Romanet de la Briderie de l'office de Procureur du Roi au siège présidial et sénéchal.

Louis, par la grâce de Dieu roi de France et de Navarre, a tous ceux qui ces presentes verront, salut. Scavoir faisons que, pour la pleine et entiere confiance que nous avons en la personne de notre cher et bien amé François Romanet de la Briderie, avocat au parlement, et en ses sens, suffisance, loyauté, prudhommie, capacité et experience, fidelité et affection a notre service, nous luy avons, pour ces causes et autres, donné et octroyé, donnons et octroyons par ces presentes l'office de notre Conseiller procureur pour nous en la seneschaussée et siege presidial, que tenoit et exerçoit M° Martial Romanet de la Briderie, son pere, dernier possesseur d'iceluy, decedé le treize feuvrier dernier, qu'il *(sic)* avoit payé le droit annuel et duquel office le dit sieur François Romanet de la Briderie, fils et heritier universel du dit deffunt, auroit payé en nos revenus casuels le droit de huictiesme denier suivant la quittance du sieur Bertin, tresorier de nos dits revenus, dont copie colla-

---

(1) Une ordonnance de M. de Tourny, intendant de la généralité, datée du 13 février 1741, rappelle la défense faite à tous les bouchers, rôtisseurs, poulaillers et autres de vendre de la viande du mercredi des Cendres au Samedi-Saint. Le colportage de la viande est également interdit. Le droit d'en autoriser la vente pour les malades est réservé aux hôpitaux, dont les administrateurs devront adjuger le privilege de cette vente. Jusqu'alors les syndics des bouchers avaient joui de ce privilège.

Nous voyons la prohibition étendue à la volaille et au gibier par ordonnance du lieutenant de police du 2 mars 1756.

Une autre ordonnance de l'Intendant, du 20 février 1741, prescrivit la fermeture et la suppression de la halle de la place des Bancs. Les étaux durent être, conformément à une seconde ordonnance du 15 mars 1742, transférés une partie derrière de la porte du Saint-Esprit, dans la rue qui débouchait au-dessus de la porte et le long des murailles de la ville, l'autre au bout de la rue Puy-Vieille-Monnaie, près du Verdurier.

Grâce aux mesures prises par M. de Tourny, notre population souffrit moins qu'on n'avait eu lieu de le craindre de l'insuffisance désastreuse des récoltes de 1739 et 1740. La cherté fut grande; mais la famine put être évitée. Parmi les hommes qui s'associèrent avec le plus de zele et d'intelligence aux efforts de l'Intendant et dont le nom mérite d'être rappelé au pays, il convient de citer au premier rang Jean Nicolas Beaujon, négociant de Bordeaux, qui fournit à la généralité de Limoges d'énormes approvisionnements de grains et n'hésita pas à lui accorder un crédit qui n'était pas sans péril. Beaujon en fit l'expérience peu d'années après. En 1746, 1747, 1748, il fit, avec quelques autres armateurs patriotes, des avances énormes à la ville de Bordeaux; celle-ci se montra lente à tenir ses engagements et ce fut au prix de sa propre ruine que le négociant sauva son pays de la disette. M. H. Durand a publié une intéressante biographie de Beaujon dans plusieurs numéros de la *Gironde littéraire* du mois d'octobre 1889. (Voir aussi A. COMMUNAY : *Les grands négociants bordelais*).

tionnée est cy avec autres pieces concernant le dit office, attachée sous le contre scel de notre chancellerie, pour le dit office avoir, tenir et doresnavant exercer, en jouir et user par le dit sieur François Romanet de la Briderie, aux honneurs, autorités, prerogatives, preeminences, privileges, exemptions, franchises, libertés, pouvoirs, fonctions, gages, droits, fruits, profits, revenus et emoluments au dit office appartenans, tels et semblables qu'en a jouy ou du jouir le dit sieur Martial de la Briderie, son pere, et qu'en jouissent ou doivent jouir les autres pourveus de pareils offices, encore bien que le dit sieur Martial Romanet de la Briderie n'ait vecu les quarante jours portés par les reglements, de la rigueur desquels, attendu le dit droit annuel pour ce payé, nous avons relevé et dispensé, relevons et dispensons par les presentes le dit sieur Romanet de la Briderie, son fils, pourveu toutefois qu'il ait atteint l'âge de vingt-cinq ans accomplis, requis par les ordonnances, suivant son extrait baptistaire du premier janvier mille sept cent quatorze, dument legalisé, et qu'il n'ait, dans le nombre des officiers du dit siege, aucuns parens ny alliés aux degrés prohibés par les ordonnances, comme il est justifié par les certificats qu'il en rapporte de nos conseillers, lieutenant general et advocat pour nous en la dite seneschaussée et siege presidial de Limoges, du neuf juin dernier, cy avec le dit extrait baptistaire attaché sous notre dit contre scel : le tout a peine de perte du dit office, nullité des presentes et de sa reception. Sy donnons en mandement a nos amés et feaux conseillers les gens tenans notre cour de parlement a Bourdeaux, que leur estant apparu des bonnes vie et mœurs, age susdit de vingt cinq ans accomplis, conversation, religion catholique, apostolique et romaine du dit François Romanet de la Briderie, et de luy pris et receu le serment en tel cas requis et accoutumé, ils le reçoivent, mettent et instituent de par nous en possession du dit office, l'en faisant jouir et user, ensemble des honneurs, autorités, prerogatives, preeminences, privileges, exemptions, franchises, libertés, pouvoirs, fonctions, gages, droits, fruits, profits, revenus et emoluments sus dits pleinement et paisiblement et a luy obeir et entendre de tous ceux et ainsy qu'il appartiendra es choses concernant le dit office. Mandons en outre a nos amés et feaux conseillers, les presidents, tresoriers de France et generaux de nos finances de Limoges, que par les tresoriers, receveurs, payeurs et autres comptables qu'il appartiendra, ils fassent payer et delivrer comptant au sieur François Romanet de la Briderie doresnavant par chacun an, aux termes et en la maniere accoutumée, les gages et droits appartenant au dit office, a commencer du jour de sa reception. Rapportant copie de laquelle et des presentes duement collationnées pour une fois seulement, avec quittances de luy sur ce suffisantes, nous voulons les dits gages et droits etre passés et alloués en la depense des comptes de ceux qui en auroient fait le payement par nos amés et feaux conseillers les gens de nos comptes a Paris, auxquels mandons ainsy le faire sans difficulté; car tel est notre plaisir. En temoin de quoy nous avons fait mettre nostre scel a la dite patente, donnée a Paris, le quatorziesme jour de juillet, l'an de grace mille sept cent quarant'un et de nostre regne le vingt sixiesme. Par le Roy.

MESSIEURS (1),

Lettre du P. Prieur des Augustins au sujet du sermon du jour de Quasimodo.

Il m'est revenu que le sermon que vous aviés la bonté de faire prescher dans notre Eglise par le predicateur de St Martial le jour de Quasimodo, nous avoit esté osté par quelque inadvertance du feu père Chambinaud, mon predecesseur, et a laquelle la communauté n'a point eu de part, encore moins moy, puisque je n'avois pas l'honneur d'estre prieur. Trouvés bon, Messieurs, que je vienne vous demander le retablissement de ce sermon. C'est une grace dont moy et ma communauté vous serons tres redevables. Nous vous en serons tres sensiblement obligés, et moy encore plus particulierement, qui ay l'honneur d'estre, avec une tres parfaite consideration et respect, Messieurs, vostre tres humble et tres obeissant serviteur.

FAULTE (2), prieur des Augustins.

A Limoges, ce 1er avril 1741.

Décision conforme à la requête des Augustins.

Aujourd'huy, deuxiesme avril 1741, environ les neuf heures du matin, dans la chambre du conseil de l'hotel de ville, ou estoient assemblés Messieurs les prevost-consuls (3), en presence de Messieurs Rogier des Essards, lieutenant general, et Mr Muret, advocat du

---

(1) A la suite d'un incident survenu le 5 avril 1739, les consuls avaient décidé que le sermon prêché dans l'église des Augustins, par le prédicateur de la ville, le jour de Quasimodo, serait désormais donné à Saint-Martial (v. tome IV, p. 429 et 437).

(2) On lirait plutôt FAUTTE.

(3) C'est, nous croyons l'avoir fait déjà remarquer, l'usage presque constant, sur nos registres à cette époque, d'accoler ces deux mots : *prévôt* au singulier et *consuls* au pluriel. Il n'y a en effet qu'un prévôt et on compte six consuls. Les mots : *prévôt-consuls*, dans l'esprit du secrétaire de l'hôtel de ville, désignent l'ensemble du corps de ville. Nous ne croyons pas devoir changer à ce mot sa physionomie; mais cette explication était peut-être nécessaire.

Roy, faisant les fonctions de Monsieur le procureur du Roy, apres qu'il a esté representé par Mrs Jean Decordes, advocat au parlement, prevost-consul, que le jour d'hier il avoit eté escrit une lettre a Messieurs les prevost-consuls par le pere Fautte, prieur des Augustins, pour qu'ils eussent la bonté de faire precher dans l'eglise des dits peres Augustins par le predicateur de St Martial, le jour de Quasimodo, le sermon qui leur avoit esté osté du tems du feu pere Chambinaud, son predecesseur, — la chose mise en deliberation, il a esté convenu, du commun accord et consentement, qu'attendu la susditte lettre, escritte de la part du pere Faute, le sermon sera remis et preché dans l'eglise des dits peres Augustins sans qu'ils puissent le *(sic)* tirer a consequence, mais par pure grace, et tout autant qu'il plaira aux sieurs prevost-consuls. La lettre sus dattée sera transcritte cy dessus. Fait a l'hotel de ville, le sus dit jour, mois et an que dessus.

  Rogier des Essarts, lieutenant general, president de l'hotel de ville ; Muret, avocat du Roy ; Montaudon, consul ; Bourdeau, consul ; Hugon ; Teulier, consul ; Juge, consul ; Decordes, prevot consul (1).

Remplacement du prédicateur municipal pour 1742.

  Aujourd'huy, vingt-quatre septembre mil sept cent quarante un, dans la chambre du conseil de l'hotel commun de la ville de Limoges, ou estoient assemblés Messieurs les prevost-consuls, en presence de Monsieur maitre Jean Pierre Roger des Essarts, lieutenant general et president du dit hotel de ville, et Monsieur maitre François Romanet de la Briderie, procureur du Roy au seneschal et siege presidial et present hotel de ville, Mr Decordes, prevot, a exposé que le reverend pere Hyacinthe Bareire, jacobin, nommé pour precher l'Advent et le Caresme de mil sept cent quarante deux, s'en etant excusé sur ses indispositions, il est necessaire de proceder a la nomination d'un nouveau predicateur ; — sur quoy, la chose mise en deliberation, le reverend pere (2)   Briyere, aussy jacobin, a eté nommé et choisy unanimement a la place du dit pere Bareire. Fait le dit jour, mois et an que dessus.

  Rogier des Essarts ; Romanet de la Briderie ; Decordes, prevot consul ; Juge, consul ; Montaudon, consul ; Teulier, consul ; Bourdeau, consul.

(1) Deux pages restées en blanc.
(2) Le prénom a été laissé en blanc au registre.

Election des consuls pour 1741-1742.

Election et nomination de Messieurs les consuls, faitte dans la grande salle de l'hôtel de ville de Limoges, le septiesme decembre mille sept cent quarante un, en consequence de l'arrest du conseil de l'Estat du Roy, par Messieurs les prudhommes nommés par Messieurs les consuls en charge, en la maniere accoustumée, en presence des dits sieurs consuls et du consentement du procureur du Roy, y president Monsieur maitre Jean-Pierre Rogier, seigneur des Essards, lieutenant general en la seneschaussée et siege presidial de Limoges et president du dit hotel de ville, et ce pour l'année mille sept cent quarante deux.

BOURDEAU, prevost consul; HUGON DE TOUARS, consul; TEULIER, consul; DECORDES, consul; MONTAUDON, consul; JUGE, consul.

Le procureur du Roy requiert qu'il soit donné acte de la nomination presentement faitte des personnes de Messieurs François Romanet, seigneur de la Briderie, conseiller et procureur du Roy en la senechaussée et siege presidial de cette ville, premier consul; Benoist de Blemond, second consul, et Peyroche, gendre a Texandier, pour troisieme consul.

En consequence, requiert qu'ils soient appelés pour prester le serment, comme aussy du pouvoir a eux donné par les habitans de toucher les sommes qui seront dues a la ville, comprises dans l'estat du Roy (1), pour l'année mille sept cent quarante deux et suivantes.

ROMANET DE LA BRIDERIE, procureur du Roy.

Nous, faisant droit du requisitoire du procureur du Roy, avons donné acte de la nomination presentement faitte des personnes de Messieurs Romanet, seigneur de la Briderie, conseiller et procureur du Roy au seneschal et presidial de Limoges, premier consul; Benoist de Blemond, second consul, et Peyroche, pour troisieme consul, pour consuls pour l'année mil sept cent quarante deux. En consequence, ordonnons qu'ils se presenteront pour prester le serment au cas requis, et avons donné acte du pouvoir a eux donné de toucher les sommes qui seront dues a la ville sur l'estat du Roy, pour les années mille sept cent quarante deux et suivantes.

ROGIER DES ESSARTS, lieutenant general, president de l'hotel de ville.

(1) Il s'agit ici surtout du montant des gages attribués aux offices municipaux acquis par la ville.

-Aujourd'huy, septiesme decembre mille sept cent quarante un (1), dans la salle de l'hotel de ville de Limoges, ou estoient assemblés Messieurs le lieutenant general, president du dit hotel de ville, procureur du Roy, et messieurs les prevost-consuls, pour proceder a la nomination d'un predicateur, de la *(sic)* personne du reverend pere Besse, Jesuite de la compagnie de Jesus, pour precher l'Advent de l'année mille sept cent quarante deux et le Caresme de l'année mil sept cent quarante trois. Et a cet effect il luy en sera incessamment donné advis, sans qu'il en puisse etre donné a sa place, et a son defaut la nomination en sera faite par le corps consulaire. Fait ledit jour, mois et an que dessus.

<small>Désignation d'un prédicateur pour 1742-1743.</small>

ROGIER DES ESSARTS ; HUGON DE TOUARS, consul ; ROMANET DE LA BRIDERIE, consul ; DECORDES, consul ; PEYROCHE l'ainé, consul ; BOURDEAU, consul.

Aujourd'huy (2), deuxieme jour du mois de juillet mil sept cent quarante deux, dans la chambre du conseil de l'hotel de ville de Limoges, ou etoient assemblés Messieurs le lieutenant general et Messieurs les prevots consuls, Monsieur Hugon, prevost consul, a representé que la charge de capitaine de ville etoit vacante depuis plus de deux mois par le decès de feu Hilaire Petit, lequel service accoutumé ne se faisoit pas. Sur quoy, la chose mise en deliberation, tous les prevots consuls ici presents et soussignés ont d'une commune voix nommé a la place du dit Hilaire Petit, capitaine de ville, le nommé Leonard Buisson dit le Sauvage, lequel s'etant a l'instant presenté, a preté le serment de bien et fidelement remplir et exercer le dit employ de capitaine de ville, ce qu'il a promis de faire avec respect et soumission et assiduité. Ce fait, il a eté ins-

<small>Nomination du sieur Léonard Buisson à l'emploi de capitaine de l'hôtel-de-ville.</small>

---

(1) Au cours de l'année 1741 furent commencés les travaux de terrassement pour la construction de la porte Tourny, qui devait survivre près d'un siècle aux fortifications de la ville. Nous avons vu démolir cet édifice en 1871, à la suite d'un vote presqu'unanime du Conseil municipal (24 février). Au cours de la campagne 1741-1742, on démolit l'ancien éperon de Saint-Martin ou de Mirebeuf, dont l'emplacement devait être occupé en partie par la porte nouvelle.
Rappelons qu'une assemblée de ville du 5 mars 1736 (v. t. IV, p. 417) avait émis un vœu tendant à l'ouverture d'une porte sur ce point.
Il semble que vers cette époque l'évêque ait éprouvé quelques nouvelles difficultés de la part des marchands de bois à l'occasion des droits perçus sur les approvisionnements du Naveix.— Un arrêt du Conseil du 15 juillet 1732 avait supprimé les péages sur les bois passant ou séjournant sur la rivière
(2) Cette délibération se trouve insérée au registre après sa date, au fol. 341 (année 1763).

tallé au dit employ, luy ayant fait prendre la bandouliere, pour, par le dit Leonard Buisson dit *le Sauvage,* jouir pendant sa vie, en faisant le service accoutumé, des gages, droits, privileges et exemptions dont ont joui et jouissent les pourvus de pareils employs. Deliberé dans le susdit hotel de ville ; fait les susdits jour, mois et an que dessus.

Rogier des Essarts, Hugon des Thouars, prevot consul; Bourdeau, consul; Peyroche l'ainé, consul; Descorde, consul, et Benoist, consul.

Election de commissaires répartiteurs et collecteurs. Election faitte cejourd'huy dans l'hotel de ville, par les prudhommes nommés, des sieurs Dutreix de Vicq, bourgeois; Monsieur Roulhiat de Trachaussade et Rogier, marchand, adjoints, avecque Messieurs Romanet de la Briderie, procureur du Roy; Benoist de Blemond et Peroche, consuls, pour faire l'imposition et le recouvrement de la taille et autres impositions pour l'année mille sept cent quarante trois (1), conformement aux ordres de Monseigneur l'intendant, faitte dans la grande salle de l'hotel de ville de Limoges le quatriesme decembre mille sept cent quarante deux, par Messieurs les prudhommes nommés par Messieurs les consuls, y presidant Monsieur le lieutenant general, en presence de M. le procureur du Roy.

Rogier des Essarts, lieutenant general, president du dit hotel de ville; Hugon de Touars, Peyroche, consul; Decordes, consul; Benoist, consul; Bourdeau, consul; Romanet de la Briderie, procureur du Roy.

Désignation d'un prédicateur pour 1743-1744. Aujourd'huy, quatriesme decembre mille sept cent quarante deux, dans la salle de l'hotel de ville de Limoges, ou estoient assemblés Messieurs le lieutenant general, president du dit hotel de ville, et Messieurs les prevost-consuls, pour proceder a la nomination d'un

---

(1) Cette année et les suivantes on ne nomme pas de consuls, et les magistrats municipaux élus en 1740 et 1741 vont rester plusieurs années en fonctions. L'arrêt du conseil du 13 septembre 1735 (v. tome IV, p. 411) dont les prohibitions avaient été un instant levées, fut alors, semble-t-il, remis en vigueur, et les élections municipales supprimées comme en 1734, 1735 et 1736 : les prud'hommes durent se contenter d'élire, comme en 1735 et 1736, des commissaires répartiteurs.

predicateur, de la personne du reverend pere Simon, de l'ordre des Freres prechcurs et prieur de..... (1) pour precher l'Advent de l'année mille sept cent quarante trois et le Caresme de l'année mille sept cent quarante quatre, et a cet effet il lui en sera donné incessamment advis, sans qu'il en puisse etre donné d'autre en sa place. Et a son defaut la nomination en sera faitte par le corps consulaire. Fait les dits jour, mois et an que dessus.

Rogier des Essarts, Peyroche, prevost consul; Romanet de la Briderie, consul; Hugon de Touars, Benoist, consul; Bourdeau, consul; Decordes, consul (2).

Aujourd'huy, septiesme jour du mois de mars mille sept cent quarante trois, en l'hotel de ville de Limoges, ou estoient assemblés Messieurs le lieutenant general et procureur du Roy, prevost et consuls et adjoins de la dite ville, autres notables et principaux bourgeois, a esté exposé qu'il depend de l'hopital de cette ville un jardin situé au dessous de la terrasse du seminaire des Ordinands (3), destiné pour le legumage du dit hopital; mais la decadence de ses facultés ne luy ayant plus permis de garder de pauvres valides, il n'a pu faire travailler le jardin pour son compte et s'est vu dans l'obligation de l'affermer moyennant la somme de quatre cents livres, dont une partie se consomme a l'entretien et reparation tant des murs qui l'entourent de toutes parts que des deux maisons qui y sont annexées et font partie du bail. Ce bail etant resilié, l'on ne trouve plus de fermiers qui en offrent au delà de trois cents livres, par pretexte que, depuis le tarifement des orances (4), ce jardin et les fermiers qui le jouissent ont eté compris dans les rolles de la taille a la somme de trente livres quatre sols. Par consequent, cette imposition cause un dommage d'autant plus considerable que la diminution qu'on demande n'est proportionnée au taux de l'imposition; d'ailleurs cette diminution reflechit sur les habitants de cette ville, qui ont un interet sensible au main-

Assemblée de ville : Requête des administrateurs de l'hôpital au sujet du dégrèvement d'un des fermiers de cet établissement. Décision conforme.

---

(1) Un blanc.
(2) Les travaux de la porte Tourny avaient été continués en 1742. Cette année même, l'évêque avait présidé à la pose de la première pierre. Le monument ne fut inauguré qu'en 1771. — En 1742 fut achevé le grand corps de logis du couvent des Filles de Notre-Dame, sur la rue des Combes.
(3) Aujourd'hui la caserne des Dragons, auprès l'hôtel-de-ville.
(4) On appelait ainsi le territoire dépendant des diverses juridictions de la ville, placé en dehors des fortifications : la banlieue, à laquelle avaient été étendus les tarifs d'octroi et ceux de la taille et autres impositions de la ville.

tien de l'hopital, soit parce qu'il est le refuge d'un nombre infini de pauvres infirmes de la ville et de la banlieue, qui periroient dans toutes les horreurs (?) de la misere faulte de secours, soit parce que la ville a doté l'hopital et participe a son administration, soit encore parce qu'elle se trouveroit chargée d'une multitude d'oisifs et de mendiants qu'elle contient et dont elle evite les importunités par le moyen de l'hôpital : aussi n'avoit-elle jamais compris, avant le tarifement, le jardin dont est question et les fermiers qui l'exploitent, a la taille. Bien plus, elle a si bien entendu procurer au dit hopital toutes sortes de franchises et libertés, qu'elle fit inserer dans les lettres patentes accordées par Sa Majesté, que tous les fermiers indistinctement de l'hopital ne seroient compris que moderement aux charges publiques. C'est pourquoy les sieurs administrateurs, persuadés par les preuves qu'ils ont chaque jour de la charité des habitants, que leur pieté et leur (1)   ne cedent (?) point a l'amour que leurs ancetres ont temoigné pour les pauvres, les supplient de consentir que le susdit jardin et fermier d'iceluy ne soient plus compris dans aucun rolle des impositions, afin que, sur ce consentement, les exposants puissent obtenir une ordonnance de Mʳ l'intendant conforme a iceluy.

  Romanet de la Briderie, consul ; Rogier, adjoint.

Sur quoy, la chose mise en deliberation, apres que les dits sieurs administrateurs se sont retirés, il a esté unanimement convenu que la ville consent que le jardin de l'hopital general de la dite ville et fermier d'iceluy ne soient et ne puissent plus etre compris a l'avenir dans les rolles des tailles et autres impositions en ce qui concerne le dit jardin seulement. En consequence, veut que les sieurs administrateurs se pourvoient ainsy qu'il appartiendra pour obtenir la decharge, en ce neammoins qu'il n'y aura pas de rejet pour tout ce qui peut avoir esté imposé jusque au present jour. Dont il a esté donné acte par Mʳ le lieutenant general, en presence et du consentement de Mʳ le Procureur du Roy. Fait les jour, mois et an que dessus.

  G. Lafosse ; Muret, advocat du Roy ; Decordes ; Bourdeau ; Laforest l'ainé ; Ardilier jeune ; Teulier ; Colomb ; Barbou ; P. Barbou ; Nicot ; Estienne ; Dubois ; Rogier des Essarts, lieutenant general, president de l'hotel de ville ; Romanet de la Briderie, procureur du Roy.

(1) Un mot illisible.

Nomination de trois administrateurs de l'hôpital.

Aujourd'huy, quinziesme jour du mois de may mille sept cent quarante trois, dans la salle de l'hotel commun de cette ville, ou estoint assemblés Messieurs Jean-Pierre Rogier des Essards, lieutenant general en la seneschaussée et en cette qualité president du dit hotel de ville, et Mʳ François Romanet de la Briderie, procureur du Roy et consuls au dit hotel de ville, les sieurs prevost et consuls, — le sieur Peyroche, prevost consul, a exposé qu'en conformité des anciens usages et des statuts et lettres patentes portant etablissement de l'hopital general de cette ville, il doit estre procedé a la nomination de trois administrateurs a la place des trois qui sortent de charge. La chose mise en deliberation, d'une commune voix, on a nommé Mʳ Benoist de Blemond, bourgeois, [et] Mʳ Peyroche l'ayné, marchand, consuls, et Mʳ de Flotes de Fonbesse, advocat, lesquels ont esté nommés pour administrateurs pour remplir les places d'administrateur pendant quatre ans, a commencer au premier septembre prochain, avecque les autres sieurs administrateurs qui resteront en charge. Dont et du tout a esté fait le present acte pour valoir et servir que de raison. Fait le jour, mois et an que de l'autre part.

ROGIER DES ESSARTS; PEYROCHE l'ainé, prevost consul;
BENOIST, consul (1).

Désignation d'un prédicateur pour 1743-1744.

Aujourd'huy, quinziesme aoust 1743, dans la salle de l'hotel de ville de Limoges, ou estoient assemblés Messieurs le lieutenant general, president dudit hotel de ville, procureur du Roy, et Messieurs les prevost-consuls, pour proceder a la nomination d'un predicateur, des personnes (sic) du Reverend Pere Jartond, prieur de Brives, pour precher l'Advent de l'année 1743, et le Reverend Pere Galien, prieur de Limoges, des Peres Jacobins, pour precher le Caresme de l'année

---

(1) C'est au mois de mai 1743 que remonte la suppression de la charge d'ermite municipal. L'individu alors pourvu de ce petit office ne menait pas une existence conforme à son état. L'intendant (par lettre du 9 mai qu'on trouvera plus loin à la suite du procès-verbal dressé le 15 décembre 1760 pour constater l'état de l'ermitage) enjoignit aux consuls d'inviter l'ermite à quitter la petite maison de Montjauvy, et, en les autorisant à lui servir jusqu'à la mort la petite rente inscrite au budget municipal, leur signifia que le reclus n'aurait pas de successeur. — Cette charge d'ermite avait été remplie par des prêtres et des hommes d'une grande piété. Plusieurs d'entre eux avaient été l'objet de la vénération populaire pendant leur vie et étaient morts en odeur de sainteté. Il était même sorti des livres de cette retraite. Nous trouvons, dans les Mémoires manuscrits pour servir à l'Histoire du diocèse de Limoges, laissés par l'abbé Legros, p. 32, qu'Anselme Dieul, prêtre et ermite de Montjauvy, composa le *Guyde de ceux qui désirent visiter la Terre-Sainte*, imprimé à Limoges en 1611 (in-12). Nous ne connaissons aucun exemplaire de ce livre, dont l'auteur avait sans doute fait le voyage de la Palestine.

mille sept cent quarante quatre. Et a ces effets, etc. (Comme ci-dessus, p. 9).

Rogier des Essarts; Romanet de la Briderie, prevost consul; Peyroche, consul; Benoist, consul (1).

Désignation des répartiteurs et collecteurs pour 1744.

Election faitte cejourd'huy dans l'hotel de ville, par les prudhommes nommés, des sieurs Joseph d'Arsonval, avocat, Pierre Pouyat, Martin et Jeremie Martin, marchand, adjoints, avecque Messieurs Dutreix de Vicq, bourgeois, et Roulhiat de Trachaussade, marchand, et Rogier, marchand, pour faire l'imposition et recouvrement de la taille et autres impositions pour l'année mille sept cent quarante quatre, conformement aux ordres de Monseigneur l'intendant : Faitte dans la grande salle de l'hotel de ville de Limoges, le quatriesme decembre mille sept cent quarante trois, par Messieurs les prudhommes nommés par Messieurs les consuls, y presidant Monsieur le lieutenant general, en presence de Mr le procureur du Roy.

Rogier des Essarts ; Peyroche, prevost consul ; Romanet de la Briderie, consul ; Benoist, consul.

Désignation d'un prédicateur pour 1744-1745.

Aujourd'huy, quatriesme decembre mille sept cent quarante trois, dans la salle de l'hotel de ville de Limoges, ou estoient assemblés Messieurs le lieutenant-general, president du dit hotel de ville, procureur du Roy, et Messieurs les prevost-consuls, pour proceder a la nomination du predicateur, de la personne du Reverend Pere Imbert, cordelier, pour precher l'Advent de l'année mille sept cent quarante quatre et le Caresme de l'année mille sept cent quarante cinq. Et a cet effet, etc. (Comme ci-dessus, p. 9).

Rogier des Essarts; Peyroche, prevost consul ; Romanet de la Briderie, consul ; Benoist, consul.

---

(1) M. Henry-Louis Barbery de Saint-Contest, nommé intendant de la généralité de Limoges en remplacement de M. de Tourny, arriva dans la capitale de la province le 4 septembre 1743. — Dans la *Continuation des Annales*, Legros fixe à cette année l'établissement de nouvelles stalles dans l'église de Saint-Martial. « Ce sont, ajoute-t-il, les plus belles qu'il y ait dans cette ville ». On n'en a rien conservé, pas même le souvenir.

Il faut signaler également à cette date le privilège accordé pour vingt années à MM. Laforest pour leur fabrique d'étoffes qui devait bientôt devenir manufacture royale.

Aujourd'huy, trent'uniesme jour du mois de decembre mille sept cent quarante trois, dans la chambre de l'hotel commun de la ville de Limoges, ou estoient assemblés Messieurs le lieutenant general et procureur du Roy, prevost et consuls, Monsieur Romanet de la Briderie, prevost consul, a representé que Jean Roche, l'un des capitaines de l'hotel de ville, n'estoit plus en etat de faire le service accoutumé a cause de ses infirmités et de son grand age, ce qui l'auroit obligé de faire sa demission entre les mains de Messieurs les prevost-consuls en faveur et au profit de Baptiste Roche, son fils, demeurant rue de la Grande-Pousse, paroisse de Saint-Pierre-du-Queyroix. Sur quoy, la chose mise en deliberation, attendu qu'il est de notorieté publique que ledit Jean Roche n'est plus en etat de faire le service et veu la demission par luy faitte, lesdits sieurs lieutenant general et procureur du roy, prevost et consuls ont, d'une commune voix, nommé a la place dudit Jean Roche le nommé Jean Baptiste Roche, son fils, lequel s'estant a l'instant presenté et serment (sic) de bien et fidellement remplir et exercer ledit employ, ce qu'il a promis de faire avec respect et soumission et assiduité : Ce fait, il a eté installé au dit employ, luy ayant fait prendre la bandouliere pour, par le dit Jean-Baptiste Roche fils, occuper pendant sa vie en faisant le service accoutumé, des (sic) gages, droits, privileges et exemptions dont ont jouy et jouissent les pourveus de pareil employ. Deliberé le dit jour, mois et an que dessus.

Nomination d'un capitaine de l'hôtel-de-ville.

ROGIER DES ESSARTS, lieutenant general; ROMANET DE LA BRIDERIE, procureur du Roy, prevost consul; PEYROCHE l'ainé, consul; BENOIST, consul; Jean ROCHE.

Aujourd'huy, vingt sept janvier mille sept cent quarante quatre, dans la grande salle de l'hotel de ville de Limoges, ou etoient assemblés Messieurs les prevost et consuls et habitants icy presents ou duement convoqués, a eté dit par Mʳ Benoist de Blemont, prevost-consul, que le sujet de l'assemblée tend a ce que Messieurs les juges des marchands ayant representé qu'il leur etoit necessaire d'allonger leur avant-salle pour pouvoir s'y assembler pour faire leurs negociations, même pour tenir les parties qui ont des procès a leur jurisdiction, et que pour cet effet ils nous prioient de leur ceder deux chambres contiguës a leur avant-salle : a quoy les dits sieurs consuls inclinant, pour l'avantage du commerce et pour faciliter lesdits juges consuls, leur auroient promis verbalement d'y donner leur consentement pourveu que ce fut de l'avis des habitants : ce

Les juges de Bourse demandent un supplément de locaux. Assemblée de ville à ce sujet.

qui leur a donné lieu de faire la présente assemblée, laquelle est priée de donner leurs *(sic)* avis a ce sujet. Sur quoy, la chose mise en deliberation, lesdits sieurs habitants, qui ont veu lesdittes deux chambres demandées par M^{rs} les juges des marchands et combien elles etoient inutiles a l'hotel de ville, d'une commune voix ont prié, requis et autorisé M^{rs} les prevost et consuls de donner le consentement requis a iceux juges des marchands, dans (*sic*) les conditions qu'ils entretiendront a l'avenir les couvertures des dittes deux chambres, tout comme ils sont chargés de les entretenir pour celles a eux cedées par nos predecesseurs consuls suivant la cession faitte aux dits juges des marchands le vingtieme mars mille six cent quatre vingt deux.

BARBOU, sindic; ROGER, sindic; ARDANT; J. PETINIAUD, juge; G. LAFOSSE; THEVENIN DE GENETY; MALEVERGNE; THEVENIN DE MABATIN; P. CIBOT; MURET; TEXANDIER; NICOLAS l'ayné; ROUSSELLE DE NOUAILES (?); BAILLOT; POUYAT; PEYROCHE jeune; VIDAUD; BOURDEAU; G. ARDANT.

Nous avons donné acte de la susditte deliberation, du consentement du procureur du Roy icy present, ordonnons qu'elle sera representée à Mr de la Chateneraye pour le prier de la vouloir autoriser. Fait le jour, mois et an que dessus.

ROGIER DES ESSARTS, lieutenant-general; ROMANET DE LA BRIDERIE, procureur du Roy.
Veu : SAINT-CONTEST DE LA CHATAIGNERAYE.

Cession à la Bourse des locaux en question.
Aujourd'huy, sixiesme feuvrier mille sept cent quarante quatre, dans l'hotel commun de cette ville ou estoient assemblés Messieurs le lieutenant general president du dit hotel, le procureur du Roy, prevost et consuls, il nous auroit esté representé par Mr Benoit de Blemond, prevost consul, qu'en consequence de la deliberation du 27 janvier des habitans de cette ville pour lors icy presents ou duement convoqués, dont acte par M. le lieutenant general, et du consentement du procureur du Roy et le veu de Mr de Saint-Contest, intendant de cette generalité, qu'il estoit a propos pour le bien publiq et l'utilité du commerce, que l'avant salle de la jurisdiction consulaire fut agrandie par l'adjonction de deux chambres appartenant audit hotel; — nous inclinant a laditte demande, avons consenty et permis que laditte jonction en soit faitte en ce que toutes fois Messieurs de laditte jurisdiction consulaire seront tenus d'entretenir

les couvertures et ainsy et de la même maniere qu'il est porté par la deliberation du 20 mars 1682 et au surplus qu'ils seront tenus de l'entretien du clocher et laisseront un passage pour aller a la cloche (1) appartenant a la ville, toutes fois et quantes qu'ils en auront besoin. Fait a l'hotel de ville, le jour, mois et an que dessus.

    Rogier des Essarts, lieutenant general ; Benoist de Blesmond, prevost consul ; Romanet de la Briderie, consul ; Peyroche, consul.
    Veu : Saint-Contest de la Chataigneraye (2).

Extrait des provisions de M. Descordes de Parpayat Procureur du Roi de la police.

Extrait des provisions de Monsieur M° Jean Descordes de Parpayat, procureur du Roy de la police en la ville de Limoges, qui luy ont esté données par le Roy a Paris en son conseil le 23° jour du mois de decembre l'an de grâce 1743 et de notre (sic) regne le 29°, portant exemptions de taille et logement de gens de guerre, lesquelles provisions ont esté enregistrées au Parlement de Bordeaux le vingt'uniesme janvier 1744. Signé : Le Berton, premier president, collationné par Rogier, controllé le 24° janvier 1744 : les dites lettres ayant esté enregistrées au bureau des finances de la generalité de Limoges le 4° mars 1744, signé Dachies, ont esté aussy enregistrées en la Chambre des comptes a Paris le 17° avril 1744, signé Noblet, enregistré ce 19 juin 1744 à l'hotel de ville.

(1) L'hôtel de ville possédait donc encore, à cette époque, son beffroi, et la cloche prêtée le 29 novembre 1508 par les consuls aux syndics de la communauté des prêtres de Saint-Pierre (voir t. I, p. 15) avait été rendue ou remplacée. Notons que la cloche en question n'était pas l'*Edouard* de la maison commune au temps de la domination anglaise, puisqu'elle n'avait été fondue qu'en 1399.
    Les juges consulaires, à leur tour, cédèrent, le 13 mars de la même année, ce vestibule et ces deux pièces, moyennant une somme de six cents livres, à une société dite du *Concert*, dont le but était de procurer au public des assemblées, concerts, bals et autres divertissements. Les réparations furent exécutées à frais communs par les sociétaires et le corps des marchands. Le concert ne devait pas se tenir aux heures d'audience. — L'intendant de Saint-Contest avait autorisé cet arrangement.
    La Société du Concert, fondée en 1743, se composait de ce qu'il y avait de mieux dans la ville. Nous relevons parmi les noms des directeurs et conseillers ceux de Jacques Morel de Fromental, colonel d'infanterie; Pierre Maledent de Feytiat; François Regnaudin, trésorier de France; Bernard David de La Vergne, seigneur des Rousses et des Renaudies; Touzac Saint-Etienne, receveur des tailles; Desflottes de l'Eychoisier et quelques autres.
    Sous l'administration de M. de Saint-Contest, on ne donna dans ce local que des concerts. Plus tard, on s'avisa d'en faire une salle de spectacle, d'y appeler des comédiens, « mesme des balladins », d'après une pièce des archives de la ville ; on y donna aussi des bals de jour, auxquels succédèrent des bals de nuit et des « masques ». On y représenta des comédies de société, même de petits opéras, et les personnes de la ville y affluèrent. Nous reviendrons plus loin sur ces *Concerts*.
(2) Le 23 avril 1744 eut lieu, dans l'église de l'abbaye de la Règle, un service funèbre pour le repos de l'âme de l'abbesse Catherine Elisabeth de Verthamont-Lavaud, morte au commencement de cette année. Le P. Martial, récollet, prononça l'oraison funèbre de la défunte. Ce discours a été imprimé chez J.-B. Dalesme.

[*Lettre de M`r` Descars escrite a Messieurs les consuls*].

MESSIEURS,

Puisqu'il y a eu anciennement un drapeau dans chaque canton (1) et que les officiers proposent de les renouveller a leurs depens, les anciens n'estant plus en estat de servir, je l'approuve tres fort en ce qu'il me paroist que ce ne sera pas une charge pour nostre *(sic)* ville, dont les interets me sont tres recommandables ; je voudrois qu'il se presentât quelque occasion de luy en pouvoir donner des marques, et vous faire plaisir a tous, chaqun en particulier. Je suis tres parfaitement, Messieurs, votre tres humble et tres affectionné serviteur.

Signé : DESCARS.

Nomination d'un colonel de la milice. — Aujourd'huy, deuxiesme octobre mille sept cent quarante quatre, dans la grand'salle de l'hotel de ville, ou estoient assemblés Messieurs les prevost et consuls et Messieurs les officiers de bourgeoisie, sur l'exposé a nous fait par M`r` Peyroche que la charge de coloneil *(sic)* (2) qu'occupoit feu M`r` Texandier, son beau-pere, estant vacante, il nous demande d'estre nommé a la charge de colonel pour a l'avenir en faire les fonctions, jouir des exemptions et privileges a ycelle attachée, — Nous, prevost et consuls, faisant droit de l'exposé de M`r` Peyroche, l'avons nommé et nommons a la charge de colonel pour en faire les fonctions, jouir des privileges et exemptions y attachés.

ROMANET DE LA BRIDERIE, prevost consul ; BENOIST DE BLESMOND, consul ; MALEVERGNE, major ; B. SENEMAUD, capitaine de Manigne ; MARTIN, capitaine de Ferrerie ; LAGENESTE, ayde-major ; VIDAUD, capitaine ; MURET, capitaine des Combes ; NOUALHIER, lieutenant.

(1) Dès le XIII° siècle, la milice bourgeoise de Limoges et celle de Saint-Léonard ont des bannières portant soit les armoiries de la ville, soit les armoiries du roi, parfois les unes et les autres, comme l'établit un curieux texte cité par nous dans notre ouvrage sur *la Commune de Saint-Léonard de Noblat au* XIII° *siècle*, p. 171, 177.

(2) On sait que jadis la charge de colonel n'avait pas existé à titre permanent. Les consuls ne nommaient de commandant général de la milice que pour les expéditions ou pour les cérémonies extraordinaires.

Veu la demission cy-jointe du sieur Guerin, capitaine du canton des Bancs, de la charge de capitaine de la bourgeoisie dudit canton, nous avons nommé Mʳ Jean-Baptiste Texandier a ladite compagnie pour en faire les fonctions et jouir des privileges et exemptions a ycelle attachés. Fait a Limoges, dans l'hotel de ville, ce deuxiesme octobre 1744.

<small>Nomination par les consuls de capitaines dans les compagnies des Bancs et du Clocher.</small>

ROMANET DE LA BRIDERIE, prevot consul; PEYROCHE, consul; BENOIST DE BLESMOND, consul.

Aujourd'huy, deuxiesme octobre mille sept cent quarante quatre, dans la salle de l'hotel de ville, ou estoient assemblés Messieurs les prevost et consuls, sur l'exposé a nous fait par Mʳ François Michel que la charge de capitaine du canton du Clocher estant vacante par la nomination de Mʳ Peyroche a celle de colonel, qu'il nous prie de le nommer a laditte compagnie pour en faire les fonctions de capitaine, jouir des exemptions et privileges y attachés; veu l'exposé a nous fait par Mʳ François Michel, nous l'avons nommé a la charge de capitaine du canton du Clocher pour en faire les fonctions, jouir des privileges et exemptions.

ROMANET DE LA BRIDERIE, prevot consul; BENOIST DE BLESMOND, consul.

Louis François de Perusse, comte des Cars, lieutenant general pour le Roy au gouvernement du haut et bas Limousin,
Desirant pourvoir a ce que la charge de capitaine de la milice bourgeoise de la ville de Limoges, canton de Manigne, soit occupée par une personne en estat d'en remplir les fonctions, nous avons commis et commettons par ces presentes le sieur Baptiste Senemaud pour exercer laditte charge, en faire les fonctions et jouir des honneurs, prerogatives dont ont coutume de jouir les pourveus de pareilles charges. Mandons et ordonnons a tous les officiers, sergents et soldats qui composent le corps de la milice bourgeoise de la ville de Limoges, de le reconnaitre en laditte qualité. Fait en notre chateau des Cars, le douzieme novembre mil sept cent quarante quatre. — *Signé* DESCARS.

<small>Lettres du lieutenant général pour la charge de capitaine de Manigne.</small>

Par Monseigneur, *signé* : DELAGE.

Noms de Messieurs les capitaines et lieutenants, porte enseignes de bourgeoisie pour chaque canton de la present ville, choisis par Messieurs les prevot et consuls, 1744.

Monsieur Peyroche, gendre a Texandier, colonel ;
Mr Jean Nicot fils, gendre a Peyroche (1), lieutenant colonel.

Consulat :

Mr Romanet, capitaine ;
Mr Barbou, gendre d'Ardillier, lieutenent ;
Mr Tuillier, gendre a Peyroche (2), porte enseigne ;
Mr Malevergne du Masdoumier, major ;
Mr Lageneste, ayde major.

Magnigne :

Mr Senemaud, gendre a David, capitaine ;
Mr Recullet du Mabarin *(sic)* (3), lieutenant ;
Mr Le Dorat, enseigne.

Les Bancs :

Mr Texendier, gendre a Garat, capitaine ;
Mr Nouhaillier, gendre a Barelier, lieutenant ;
Mr Origet, porte enseigne (4).

Le Clocher :

Mr François Michel, capitaine ;
Mr Lavaud, lieutenant ;
Mr Segond, porte enseigne (5).

Boucherie :

Mr François Ardent, capitaine ;
Mr Grellet jeune, lieutenant ;
Mr Ardent du Masjambaud, enseigne.

Ferrerie :

Mr Martin Dupont, capitaine ;
Mr Muret, lieutenent ;
Le fils de dem^{lle} veuve Senemaud, porte enseigne (6).

---

(1) On avait d'abord écrit : Gregoire Thevenin.
(2) On avait d'abord écrit : Barbou fils.
(3) Peut-être du Basmarin. On avait d'abord écrit Masbastin.
(4) On lit, apres ce nom, les deux noms suivants qui ont été effacés : « Mr Bourdeaux, gendre a Mallevergne, porte enseigne ; Mr Pierre Perrusson. »
(5) Ce nom remplace celui de Mr « Dupré, gendre a Ducloux fils, porte-enseigne. »
(6) On avait d'abord mis : « Mr Deperet, porte enseigne ».

Les Combes:

M⁣ʳ Muret, capitaine ;
M⁣ʳ Rouard, lieutenant ;
M⁣ʳ Leonard Ducloux, porte enseigne.

Lansequot :

M⁣ʳ Bourdeaux fils, gendre a M. du Madoumier, capitaine (1) ;
M⁣ʳ Dinnematin des Salles fils, lieutenant (2) ;
M. Petignaud, porte enseigne, fils.

La Boucherie :

M⁣ʳ Audoin Malinvaud dit le Jalat, capitaine ;
M⁣ʳ Jean Cibot dit Peny, gendre du Cadet, lieutenant ;
M⁣ʳ Jean Malinvaud le jeune, porte enseigne.

ROGIER DES ESSARTS ; PEYROCHE, prevost consul ; MURET.

Désignation d'un prédicateur pour 1745-1746.

Aujourd'huy, quatriesme decembre mille sept cent quarante quatre, dans la salle de l'hotel de ville, ou estoient assemblés Messieurs le lieutenant general, M⁣ʳ le procureur du Roy et Messieurs les prevost et consuls, pour proceder a la nomination d'un predicateur, de la personne (*sic*) du Reverend pere Joseph Arnaud, recollet et gardien actuellement a S⁣ᵗ Leonard, pour precher l'Avent de l'année mille sept cent quarante cinq et le Caresme de l'année mille sept cent quarante six. A cet effet (comme ci-dessus, p. 9).

Election de commissaires répartiteurs et collecteurs pour 1745.

Election faitte cejourd'huy, dans l'hotel de ville, par les prudhommes, des sieurs Cogniasse du Queraux, bourgeois, Pigné, marchand, et Deschamps, gendre a Naviere, adjoint, avecque Messieurs Joseph Dolsonval *(sic)*, advocat ; Pierre Pouyat et Jeremie Martin, marchand, pour faire l'imposition et recouvrement de la taille et les impositions pour l'année mille sept cent quarante-cinq, conformement aux ordres de Monseigneur l'intendant, faitte dans la grand salle de l'hotel de ville de Limoges le quatriesme decembre mille sept cent quarante quatre, par Messieurs les prudhommes nommés par Messieurs les consuls, y presidant Monsieur le lieutenant general, en presence de M⁣ʳ le procureur du Roy.

ROGIER DES ESSARTS, lieutenant general, president de l'hotel de ville ; PEYROCHE, prevot consul ; MURET, avocat du Roy.

---

(1) On avait d'abord écrit : « M⁣ʳ Vidaud, capitaine ».
(2) On avait d'abord mis : « M⁣ʳ Raby, gendre a Boisse ».

Nomination d'un notaire de l'hôtel-de-ville.

Aujourd'huy, cinquiesme fevrier mille sept cent quarante-cinq, dans l'hotel de ville de Limoges, ou estoient assemblés Messieurs Benoist de Blemond, prevost, et M⁺ Romanet de la Briderie, consuls, et M. Peyroche, consul, a esté exposé par ledit sieur de Blemont, prevost, qu'il est necessaire de pourvoir a la nomination d'un notaire pour ledit hotel de ville (1), attendu le deceds de M⁰ Belut, cy devant notaire dudit hotel ; en execution de quoy lesdits sieurs prevost-consuls, ont par ces presentes nommé la personne de M⁰ Pierre Thomas, notaire royal de cette ville, pour faire les fonctions de son ministere audit hotel de ville quand il en sera requis, pour par luy jouir des privileges accoutumés. En foy de quoy nous avons signé, le susdit jour, mois et an que dessus.

BENOIST, prevot consul ; PEYROCHE, consul.

Copie de la lettre escritte par le Reverend pere Joseph Arnaud, recollet, a M. Peyroche l'ayné, consul.

Monsieur, dans l'impossibilité ou je suis de pouvoir remplir la chaire de S⁺ Martial, je prends la liberté de vous ecrire pour m'en demettre entre vos mains, vous assurant que je n'y pretends en rien et que le corps consulaire peut y pourvoir sans aucun empechement de ma part. J'ay l'honneur d'estre avec respect, Monsieur, votre tres obeissant serviteur.

Joseph ARNAUD, recollet.

A Perigueux, ce 27 juin 1745.

Remplacement du prédicateur pour 1745-1746.

Aujourd'huy, cinquiesme juillet mille sept cent quarante cinq, dans l'hotel de ville, ou estoient assemblés Messieurs le lieutenant general et procureur du Roy et Messieurs les prevost et consuls pour proceder a la nomination d'un predicateur, apres que M⁺ Romanet de la Briderie, prevost consul, a eu fait lecture d'une lettre escritte par le Reverend pere Joseph Arnaud, escrite a M⁺ Peyroche, consul, par laquelle ledit pere Arnaud s'est desisté de la chaire de S⁺ Martial, — la chose mise en deliberation, lesdits sieurs consuls

---

(1) La charge de notaire de l'hôtel de ville parait avoir existé très anciennement et s'être maintenue jusqu'à la Révolution. On sait que beaucoup d'actes relatifs à l'administration étaient passés devant lui. Nous possédons même des procès-verbaux d'assemblées de ville dressés par lui, notamment le procès-verbal d'une élection consulaire au XV⁰ siècle.

ont d'une commune voix nommé a la place dudit Joseph Arnaud la personne du Reverend pere Junien Billard, recollet, pour precher l'Avent de mille sept cent quarante-cinq et le Caresme de mille sept cent quarante-six. En consequence, qu'il luy en sera donné advis etc. (comme ci-dessus, p. 9).

    Rogier des Essarts, lieutenant general ; Romanet de la
     Briderie, prevot consul; Peyroche l'ainé, consul ; Benoist, consul.

Nous, haut et puissant seigneur, Messire Louis François de Perusse, comte des Cars et de St Bonnet, marquis de Pranzat, baron d'Aixe et de la Renodie, seigneur de Saint-Ybard, la Roche l'Abeille, Hurtebise et autres places, lieutenant general pour le Roy au gouvernement de la province du Limousin, declarons avoir exempté comme par ces presentes nous exemptons le sieur Jean Baptiste Tardieu, bourgeois de la ville de Limoges, de tout guet, garde et toutes autres assemblées de ville et port d'armes. En foy de quoy nous avons signé la presente et scellé du grand sceau de nos armes et contresigné par nostre secretaire, en nostre chateau, de la Roche, ce quatriesme juillet 1745. *Signé :* Descars.

Lettres du lieutenant général exemptant un citoyen du service de la milice.

Je soussigné declare m'estre desmy de ma charge de capitaine du canton de Lancequot en faveur du sieur Bourdeaux fils, gendre du sieur du Masdoumier, sous le bon plaisir de Messieurs les consuls, mes affaires ne me permettant plus de vacquer a ladite charge; en foy de quoy j'ai signé. Fait dans l'hotel de ville le deuxiesme aoust 1745.

    Vidaud ;
    Peyroche, colonel.

Démission du capitaine de Lansecot.

Henry Louis de Barberie de St Contest, chevalier, seigneur de la Chataigneraye et autres lieux, conseiller du Roy en ses conseils, maitre des requetes ordinaire de son hotel, intendant de justice, police et finances en la generalité de Limoges.

S'etant elevé diversité entre les s^{rs} consuls de cette ville au sujet de la nomination d'un predicateur pour precher pendant l'Avent de la presente année et Careme de la prochaine mil sept cent quarante-

L'intendant tranche une difficulté au sujet du choix du prédicateur.

six dans la chaire de Sᵗ Martial de cette ville, ils se seraient remis a nous de ladite nomination : en consequence de quoy nous l'aurions faitte en faveur de Pere Alexis de Sᵗ Benoist, carme, lequel sera a cet effet invité par lesdits sʳˢ consuls de se tenir prêt pour lesdits cours de sermons. Fait a Limoges, le vingt cinq novembre mil sept cent quarante cinq.

> De Barberie.

<small>Election des commissaires répartiteurs et collecteurs pour 1746.</small>

Election faitte cejourd'huy dans l'hotel de ville, par les prudhommes, des sieurs Delomenie, advocat, et Dupre Ginaud *(sic)* et Deperet, gendre a Dupont, adjoints, avec Messieurs Cogniasse du Queyraux, bourgeois, Pigné, marchand, et Deschamps, gendre a la veuve Naviere (1), marchand, pour faire l'imposition et recouvrement de la taille et autres impositions pour l'année mille sept cent quarante six, conformement aux ordres de Monseigneur l'intendant, faitte dans la grande salle de l'hotel de ville de Limoges, le quatriesme decembre mille sept cent quarante cinq, par Messieurs les prudhommes nommés par Messieurs les consuls, y presidant Monsieur le lieutenant general, en presence de Mʳ le procureur du Roy.

> Rogier des Essarts, lieutenant general ; Muret, avocat du Roy ; Peyroche, prevot consul ; Benoist, consul.

<small>Désignation du prédicateur pour 1746-1747.</small>

Aujourd'huy, quatriesme decembre mille sept cent quarante cinq, dans la salle de l'hotel de ville de Limoges ou estoient assemblés Messieurs le Lieutenant general, president dudit hotel de ville, Procureur du Roy, et Messieurs les Prevost-Consuls pour proceder a la nomination d'un predicateur, de la personne du reverend pere Colomb, prieur des Peres Jacobins de cette ville, pour precher l'Advent de l'année mille sept cent quarante six et le Caresme de mille sept cent quarante sept ; et a cet effet, etc. (comme ci-dessus, p. 9).

> Rogier des Essarts, lieutenant general ; Muret, avocat du Roy ; Peyroche, prevot consul ; Benoist, consul.

(1) On peut lire « Manière ».

— 23 —

Aujourd'huy, quatriesme jour du mois de decembre mille sept cent quarante cinq, dans l'hotel de ville, ou estoient assemblés Messieurs le lieutenant general et prevost et consuls, et Mr Peyroche, colonel de bourgeoisie, s'est présenté Jean Duvergier l'ayné, serrurier, que *(sic)* par le deceds de Jean Betoule, me charpentier, qui estoit sergent du canton de Ferrerie, il prioit lesdits Messieurs de vouloir bien le recevoir a la place dudit Betoule. La chose mise en deliberation et tous d'une commune voix ont nommé ledit Jean Duvergier l'ayné, me serrurier, pour faire les fonctions de sergent dans le canton de Ferrerie et de jouir des mesmes privileges que jouissoit ledit Jean Betoule. Fait dans l'hotel de ville, le jour, mois et an que dessus.

Nomination d'un sergent du canton de Ferrerie.

  Rogier des Essarts, lieutenant general; Muret, avocat du Roy; Peyroche, prevot consul; Benoist, consul.

Election faitte cejourd'huy dans l'hotel de ville, par les prudhommes, des sieurs Rouard de la Boissardie, bourgeois; Petignaud jeune et Baud, marchand, adjoints avec Messieurs Delomenie, advocat, et Dupré Ginaud (1), et Deperet, gendre à Dupont, marchand, pour faire l'imposition et recouvrement de la taille et autres impositions pour l'année mille sept cent quarante sept, conformement aux ordres de Monseigneur l'intendant, faitte dans la grande salle de l'hotel de ville de Limoges le quatriesme decembre mille sept cent quarante six, par Messieurs les prudhommes nommés par Messieurs les consuls, y presidant Monsieur le lieutenant general, en presence de Monsieur le procureur du Roy.

Election de commissaires répartiteurs et collecteurs pour 1747.

  Rogier des Essarts; Romanet de la Briderie, procureur du Roy; Benoist, consul; Peyroche, prevot consul.

Aujourd'huy, quatriesme decembre mille sept cent quarante six, dans la salle de l'hotel de ville de Limoges, ou estoient assemblés Messieurs le lieutenant general, president dudit hotel de ville, et Mr le procureur du Roy et Messieurs les prevost consuls pour proceder a la nomination d'un predicateur, de la personne du Reverend pere Jarlond, Jacobin, prieur de Brivezac, pour precher l'Advent de l'année mille sept cent quarante sept et le Caresme de

Nomination d'un prédicateur pour 1747-1748.

(1) Pour Guineau, sans doute.

l'année mille sept cent quarante-huit; et a cet effet, etc. (comme ci-dessus, p. 9).

> Rogier des Essarts ; Romanet de la Briderie, procureur du Roy et consul; Benoist, consul ; Peyroche, prevot consul.

***

Nomination de trois administrateurs de l'hôpital. Aujourd'huy, quinziesme jour du mois de may mille sept cent quarante sept, dans la salle de l'hotel commun de cette ville, ou estoient assemblés Messieurs Jean Pierre Rogier des Essarts, lieutenant general en la seneschaussée et en cette qualité president dudit hotel de ville, et Mr Romanet de la Briderie, procureur du Roy et consul et audit hotel de ville (*sic*), les sieurs prevost et consuls, le sieur Peyroche, prevost consul, a exposé qu'en conformité des anciens usages et des statuts et lettres patentes portant etablissement de l'hopital general de cette ville, il doit estre procedé a la nomination de trois administrateurs a la place des trois qui sortent de charge, et la chose mise en deliberation, d'une commune voix on a nommé Monsieur Benoist de Blemond, bourgeois, consul; Monsieur Peyroche l'ayné, marchand, consul, et Mr Jeremie Martin, marchand, lesquels ont esté nommés pour administrateurs, pour remplir les places d'administrateurs pendant quatre ans, a commencer au premier septembre prochain avecque les autres sieurs administrateurs qui resteront en charge. Dont et du tout a esté fait le present acte pour valoir et servir que de raison. Fait le jour, mois et an que dessus.

> Rogier des Essarts ; Peyroche, prevot consul; Benoist, consul.

***

Ordre à la milice de faire des patrouilles. Nous, prevost et consuls, en vertu des ordres a nous donnés par Monseigneur le comte des Cars, lieutenant general de la province du Limousin, pour toutes foys que le bien public exigeroit qu'il fust fait une patrouillie ou etablir une garde bourgeoise, nous avons nommé Mr Bourdeau, capitaine de la milice bourgeoise du canton de Lansequot, pour commander quinze hommes de son quartier pour se rendre avec luy, a huit heures du soir, a l'hotel de ville et pour ensuite marcher sous ses ordres dans les ruës et places de ladite ville, et dans le cas qu'ils feront rencontre de coureurs de nuit, ecolliers, ou autres personnes qui journellement font des insultes et maltraitent le public, les faire arreter par les cavaliers qui seront commandés par leurs officiers : a cet effet et dans le cas que lesdits coureurs de nuit, ecolliers ou autres personnes mal intentionnées fussent nantis d'armes a feu ou blanche, permy a mondit s^r l'officier de donner les ordres les plus convenables et les plus prudents afin que sa troupe se deffende. A Limoges dans l'hotel de ville, le vingt cinquieme juin mil sept cent quarante sept (1).

ROMANET DE LA BRIDERIE ; BENOIST, consul ; PEYROCHE, consul.

Nous, Louis-François de Peyrusse, comte des Cars et de Saint-Bonnet, marquis de Pranzat, baron d'Aixe et de la Renaudie, seigneur de La Roche L'Abeille, Saint-Hilaire et Hautebize *(sic)*, lieutenant-general pour le Roy au gouvernement du Limousin, avons confirmé et confirmons l'ordre de l'autre part en date du vingt cinquiesme du present mois, donné par les prevost et consuls de la ville de Limoges, et voulons au surplus que ceux qui pourroient estre necessaires pour le bien et sureté publique soient a l'avenir, en nostre absence de laditte ville de Limoges, donnés seulement par lesdits sieurs prevost et consuls, et qu'au surplus le present ordre soit enregistré au dit hotel de ville pour y avoir recours toutes et quantes foys qu'il en sera necessaire. Donné en nostre chasteau de Saint-Hilaire, le vingt sixiesme juin mil sept cent quarante sept.

Signé : DESCARS (2).

Ordonnance conforme du lieutenant général

Nous, Louis François de Peyrusse, comte des Cars et de Saint-Bonnet, marquis de Pranzat, baron d'Aixe et de la Renaudie, seigneur de Saint-Ibars, La Roche-l'Abeille, Hurtebize et autres places, lieutenant-general pour le Roy au gouvernement de Limousin,

La charge de lieutenant colonel de la milice bourgeoise de la

Nomination d'un lieutenant colonel de la milice.

---

(1) Voilà les consuls remis par la force des choses en possession d'une partie des attributions de police dont ils avaient été dépouillés.

(2) A noter, le 17 septembre 1747, une grande cérémonie dans la basilique de Saint-Martial. Le titulaire de l'abbaye de Saint-Martial, Henri-Jacques de Montesquiou, avait été nommé évêque de Sarlat ; il se fit sacrer dans son église abbatiale par Mgr du Coëtlosquet, assisté de l'évêque de Périgueux et de l'évêque d'Angoulème ; ce dernier, Jean du Verdier, était né à Limoges et avait été conseiller au présidial de cette ville avant d'embrasser l'état ecclésiastique. Henri-Jacques de Montesquiou fut remplacé trois ans plus tard dans son abbaye par Jean, son frère.

ville de Limoges se trouvant vaquante par la mort du sieur Gregoire Thevenin, nous avons choisy pour le remplacer sieur Jean Nicot, que nous avons nommé et nommons, commis et commettons par ces presentes, pour faire les fonctions de ladite charge et jouir des privileges, prerogatives et honneurs y attachés, ainsy qu'en ont jouy ses predecesseurs. En foy de quoy, nous avons signé et fait contresigner la presente commission et y avons fait apposer le cachet de nos armes. A Saint-Bonnet, le douzieme octobre mil sept cent quarante sept. *Signé :* Descars ; *et* par Monseigneur : Guy.

Aujourdhuy, vingt huitieme juin mil sept cent quarante sept, dans l'hotel de ville, ou estoient assemblés Messieurs les prevost et consuls, qui, par la mort du sieur Gregoire Thevenin, lieutenant-colonel de bourgeoisie de cette ville, se voient obligés de pourvoir a la place vacante, ont nommé et nomment Mr Jean Nicot pour faire les fonctions de lieutenant-colonel de la bourgeoisie de la ditte ville, et a cet effet jouir pendant sa vie des privileges y attachés. En foy de quoy nous avons signé, le jour, mois et an que dessus.

    Romanet de la Briderie, prevost-consul, Peyroche, consul, Benoist de Blesmond, consul.

Election de trois commissaires répartiteurs pour 1748.

Election faite cejourd'huy, dans l'hotel de ville, par les soixante prudhommes, des sieurs de Voyon du Buisson, bourgeois, David, gendre a Mallet, et Farne, imprimeur, adjoints, avec Messieurs Rouard de la Boissarde, bourgeois, Petignaud jeune, marchand, et Beaud, marchand, pour faire l'imposition et recouvrement de la taille et autres impositions pour l'année mille sept cent quarante huit, conformement aux ordres de Monseigneur l'intendant, — faite dans la grande salle de l'hotel de ville de Limoges, le quatriesme decembre mille sept cent quarante sept, par Messieurs les prudhommes nommés par Messieurs les consuls, y president Monsieur le lieutenant-general, en presence de Monsieur le Procureur du Roy.

    Rogier des Essarts, lieutenant general, president de l'hotel de ville ; Muret, avocat du Roy ; Peyroche, prevost consul; Benoist, consul.

Aujourd'huy, quatriesme decembre mille sept cent quarante sept, dans la salle de l'hotel de ville de Limoges, ou estoient assemblés Messieurs le lieutenant-general, president dudit hotel de ville, et Monsieur le procureur du Roy et Messieurs les prevost-consuls, pour proceder a la nomination d'un predicateur, des personnes des Peres Massoulier et le Pere Briquet, tous deux de la compagnie de Jesus, pour precher l'Advent de l'année mille sept cent quarante huit et le Caresme de l'année mille sept cent quarante neuf, et a cet effet, etc. (Comme ci-dessus, p. 9).

Fait ledit jour, mois et an que dessus.

Peyroche, prevost consul ; Benoist de Blesmond.

Désignation d'un prédicateur pour 1748-1749.

Aujourd'huy, quatriesme jour du mois de decembre mil sept cent quarante sept, dans la salle de la maison commune de la ville de Limoges, ou estoient assemblés Messieurs le lieutenant general, president du dit hotel de ville, Messieurs les prevost et consuls et M' Muret, advocat du Roy, faisant les fonctions de Procureur du Roy, et la majeure et notable partie des habitans de la ville, M' le lieutenant general a representé a l'assemblée que M' de Saint-Comté de la Chastenerais *(sic)*, intendant de la province, attentif aux besoins et a l'embellissement de la ville, luy avoit remis en main un devis estimatif des reparations a faire aux fontaines de cette ville, en date du quatriesme juin dernier, par le sieur Nourissard (1), entrepreneur des ponts et chaussées de cette generalité, et de luy signé ; qu'une telle reparation, quoique tres couteuse, est d'une necessité absolue pour la commodité des particuliers, et ne sera point

Assemblée de ville
Projet de réparations aux fontaines. Requête de l'entrepreneur.

---

(1) C'est la première fois que nous voyons apparaître ce nom, qui fut, trente ou quarante ans plus tard, celui de l'homme le plus influent et le plus riche de la ville. Le fils de l'ingénieur Naurissard devint en effet directeur de la Monnaie de Limoges, maire, et fut élu, en 1789, député du Tiers aux Etats-Généraux.

Nous possédons aux archives du département de la Haute-Vienne (C. 59), le rapport de M. Naurissard sur l'état des fontaines de la ville et le devis établi par lui à ce sujet. Nous le résumerons ici :

L'aqueduc d'Aigoulène était en fort mauvais état. L'ingénieur proposait de substituer, en réparant cette conduite, des corps en plomb de sept pouces de diamètre aux corps de cinq pouces qui existaient et qu'il jugeait hors de service. Le réservoir d'Aigoulène, à son entrée en ville, était alors auprès du pont de la porte des Arènes.

Les tuyaux de la fontaine de Saint-Pierre, qui avait son réservoir dans les fossés de la Terrasse, avaient été remplacés en partie sous l'administration de M. de Tourny et ils étaient bons ; mais, à partir de la Terrasse, les corps n'avaient pas été renouvelés ; ils étaient en mauvais état et beaucoup offraient des crevasses.

Quant aux fontaines des Barres et du Chevalet, qui avaient la même source, mais deux réservoirs distincts dans les fossés, au-dessus de la porte Montmailler, il n'y avait pas lieu de réparer leurs tuyaux de distribution, qui venaient d'être remplacés sous l'administration même

a charge aux habitans, M'r de Saint-Comté par sa bonté et sa prudence ayant trouvé des fonds pour y parvenir ; mais que l'adjudicataire qui doit entreprendre cet ouvrage, demanderoit, outre et par dessus les clauses et conditions qui seront portées par son bail d'adjudication, d'estre reduit pour toutes ses impositions à la somme de cinq sols chaque année pendant son bail, et encore d'estre exempt pendant ledit temps de logement de gens de guerre, ainsy que de guet et de garde : ce qui ne pourroit se faire que du consentement unanime des dits sieurs consuls et des habitans. Ledit sieur lieutenant general les a requis de vouloir deliberer tout presentement sur une pareille proposition. Sur quoy, la chose mise en deliberation, il a esté convenu d'une commune voix, tant par lesdits sieurs consuls que par lesdits habitans, de supplier M'r de Saint-Comté de continuer ses bontés pour la ville, et que dans le bail d'adjudication, outre les clauses et conditions qui y seront enoncées, pour parvenir aux reparations ou entretien des fontaines de la ville, il soit enoncé que l'adjudicataire sera reduit pour toutes impositions a la somme de cinq sols pour chaque année de son bail, et exempt de logement de gens de guerre, de guet et de garde.

ROGIER DES ESSARTS ; MURET, avocat du Roy ; PEYROCHE, prevost consul (1).

Confirmation d'un porte-enseigne. — Nous, comte des Cars, lieutenant general pour le Roy du Haut et Bas Limosin, avons continué et continuons le sieur Teullier pour porte enseigne de la compagnie de la colonelle, en faire les fonctions et jouir du privilege et honneur y attachés. Fait a La Roche L'Abeille, le 31 juillet 1747.

Signé : DESCARS.

de M. de Saint-Contest ; mais les eaux étaient amenées de Montjauvy dans des conduits de bois qu'il était nécessaire de remplacer.

La fontaine de la place des Bancs, qu'on appelait alors place Royale, et qui est désignée au devis sous cette dénomination, était en bon état.

La dépense totale était évaluée à 5.587 ll. 6 s. dont 4,083 ll. 10 s. 6 d. pour Aigoulène, 991 ll. 18 s. pour Saint-Pierre et 511 ll. 17 s. 6 d. pour les Barres et le Chevalet. On voit par là que les devis des hommes de l'art affectaient dès lors une précision invraisemblable.

(1) Les travaux entrepris à cette époque pour réparer et améliorer les conduites d'eau n'aboutirent pas à grand résultat. Il reste une trace des sollicitudes du public à l'endroit des fontaines, c'est la supplique en vers adressée à l'intendant en faveur d'Aigoulède, dont on a plusieurs fois reproduit les plus intéressants passages. Cette requête finissait ainsi :

On gravera sur le bassin
De cette fameuse fontaine :
« Je suis la célèbre Aigoulène ;
Aigolan autrefois me fist
Et *Salonces* me retablist. »

On a proposé de lire Saint-Contest au lieu de Salonces, disant que la copie qu'on a conservée de cette pièce était assez fautive, de lecture difficile, et qu'il n'était pas impossible de lire S. Contet.

Noms de Messieurs les officiers de bourgeoisie de Limoges pour chaque canton de la presente ville, nommés par Messieurs les prevost-consuls en 1748 :

Liste des officiers de milice nommés en 1748.

Messieurs Peyroche du Reinoux, colonel ;
Nicot, gendre à Peyroche, lieutenant colonel.

Consulat.

Romanet, capitaine ;
Barbou, gendre a Ardillier, lieutenant ;
Teulier, gendre a Peyroche, porte enseigne ;
Malevergne du Masdoumier, major ;
Lageneste, aide major.

Manigne.

Senemaud, gendre a David, capitaine ;
Senemaud, gendre a Mr de Razeix, lieutenant (1) ;
Le Dorat, enseigne.

Les Bancs.

Texsendier, gendre a Garat, capitaine ;
Nouhailler, gendre a Barailler, lieutenant ;
Origet, enseigne.

Le Clocher.

François Michel, capitaine ;
Jacques Lavaud, lieutenant ;
Segond, enseigne.

Boucherie.

François Ardant, capitaine ;
Grelet jeune, lieutenant ;
Ardant de Beau Blan, enseigne.

Ferrerie.

Martin Dupont, capitaine ;
Martial Senemaud, gendre a La Conque, lieutenant (2) ;
Senemaud, fils de la veuve, enseigne.

Les Combes.

Muret, gendre a Ardent, capitaine ;
Rouard l'ayné, lieutenant ;
M. Joseph Delauze, gendre a Ducloux, enseigne (3).

---

(1) On avait d'abord écrit : Reculet du Masbaret, lieutenant.
(2) On avait d'abord écrit : Deperet, gendre à Muret, lieutenant.
(3) On avait d'abord écrit : Duclou, hotte, enseigne.

Lansequot.

Bourdeaux, gendre a Malevergne, capitaine ;
Dignematin de Sales, lieutenant ;
Petigniaud, gendre a Nicot, enseigne.

La Boucherie :

Audoin Malinvaud dit le Jalat, capitaine ;
Jean Cibot dit Peny, lieutenant ;
Jean Malinvaud le jeune, enseigne.

Nomination d'un canonnier de la ville.

Aujourd'huy, deuxiesme jour du mois de juillet mille sept cent quarante huict (1), dans la chambre du conseil de l'hotel de ville de Limoges, ou estoient assemblés Messieurs le lieutenant general, procureur du Roy, prevost et consul, Mr de la Briderie, prevost consul, a represente que le nommé Clement Borde, canonnier de la presente ville, estoit mort depuis quelque temps et qu'il estoit necessaire d'en nommer un a sa place. Sur quoy, la chose mise en deliberation et du consentement de M^r le procureur du Roy, tous d'une commune voix ont nommé Leonard Jouhandaud, sabottier, pour faire les fonctions de canonnier ; lequel Leonard Jouhandaud s'est a l'instant presenté et s'est chargé de tirer, dans toutes les occasions ou besoin seroit et qu'il sera commandé par Messieurs les prevost et consuls, les canons de l'hotel de ville, les faire porter et rapporter dans tous les lieux qu'il conviendra et les entretenir en bon etat : le tout a ses frais et depens, sy ce n'est qu'en cas d'accident qu'ils viennent a deperir, il n'en sera pas responsable, et qu'il luy sera fourny la poudre lors et autant que on voudra faire tirer les canons. Il a esté convenu ce que dessus, et en consideration de ses peines et fraix, il jouira des memes privileges que ses predecesseurs, exemps de logement de gens de guerre et de commission de la maison de ville. Il luy a esté remis pour le present entre ses mains deux canons de metail et deux petits de fer qu'il a promis de bien entretenir et de les representer toutes et quantes fois qu'il sera necessaire. Fait et arresté dans l'hotel de ville, le jour, mois et an que dessus.

ROGIER DES ESSARTS ; ROMANET DE LA BRIDERIE, prevost consul et procureur du Roy ; BENOIST DE BLESMOND, consul ; PEYROCHE, consul.

(1) C'est en 1748 seulement que la fabrique Laforest, déjà favorisée de plusieurs privilèges, obtint le titre de *Manufacture royale*.

Election faitte ce jourdhuy dans l'hotel de ville, par les soixantes prudhommes, [de] Mr du Garaud, bourgeois; Mr Beaubreuil, gendre a Monneyron; Mr Imbert, gendre a Dupré, adjoints, avec Messieurs de Voyon du Buisson, bourgeois; David, gendre a Mallet, marchand; Farne, imprimeur, pour faire l'imposition et le recouvrement de la taille et autres impositions pour l'année mille sept cent quarante neuf, conformement aux ordres de Monseigneur l'intendant, faite dans la grande salle de l'hotel de ville de Limoges, le sixiesme decembre mille sept cent quarante huict, par Messieurs les prud'hommes nommés par Messieurs les consuls : y presidant Monsieur le lieutenant general, en presence de Monsieur le procureur du Roy.

Rogier des Essarts; Romanet de La Briderie; Peyroche, prevost consul; Benoist de Blesmond.

Election de commissaires répartiteurs pour 1749.

Aujourd'huy, sixiesme decembre mille sept cent quarante huit, dans la salle de l'hotel de ville de Limoges, ou estoient assemblés Messieurs le lieutenant general, president dudit hotel de ville, et M^r le procureur du Roy, et Messieurs les prevost et consuls, pour proceder a la nomination d'un predicateur : le reverend pere Mathieu, recollet, pour precher l'Avent de l'année mille sept cent quarante neuf et le Caresme de l'année mille sept cent cinquante et a cet effet ... (comme ci-dessus, p. 9).

Rogier des Essarts; Romanet de La Briderie; Peyroche, prevost consul; Benoist de Blesmod.

Désignation d'un prédicateur pour 1749-1750.

Aujourd'huy, vingt cinquiesme novembre mille sept cent quarante huit, dans l'hotel de ville, ou estoient assemblés Messieurs les prevost-consuls, qui, par la mort du sieur Deperet, gendre a Muret, lieutenant du canton de Ferrerie de cette ville, se voyent obligés de pourvoir a la place vacante; et a cet effet ont nommé et nomment Mr Martial Senamaud, gendre a La Conque, pour faire les fonctions de lieutenant du canton de Ferrerie de cette ville et a cet effet jouir pendant sa vie des privileges y attachés. En foy de quoy nous avons signé, le jour, mois et ans que dessus.

Romanet de La Briderie, consul; Peyroche, prevot consul et colonel de la milice bourgeoise (1).

Nomination d'un lieutenant de Ferrerie.

---

(1) Au mois d'avril 1719, la juridiction « de la prévôté et cour royale de la ville de Limoges »

Election des consuls pour 1750.

Election et nomination de Messieurs les consuls (1), faite dans la grande salle de l'hotel de ville de Limoges, le septiesme decembre mille sept cent quarante neuf, en consequence de l'arrest du conseil de l'Estat du Roy, par Messieurs les soixante prudhommes nommés par Messieurs les consuls en charge, a la maniere accoutumée, en presence desdits sieurs consuls et du consentement du procureur du Roy : y presidant Monsieur Jean Pierre Rogier, seigneur des Essards, lieutenant general en la seneschaussée et siege presidial de Limoges et president dudit hotel de ville, et ce pour l'année mille sept cent cinquante.

PEYROCHE, prevot consul; ROMANET, consul; BENOIST, consul.

Le procureur du Roy requiert qu'il soit donné acte de la nomination presentement faite des personnes de Messieurs Roulhiat, seigneur de Razeix, conseiller du Roy, assesseur, et Mr Malevergne du Masdoumier, second consul, et Mr Baptiste Bourdeaux, marchand, troisieme consul. En consequence, requiert qu'ils soient appelés pour prester le serment, comme aussy du pouvoir a eux donné par les habitans de toucher les sommes qui seront dues a la ville comprises dans l'estat du Roy pour l'année mille sept cent cinquante et suivantes.

ROMANET, procureur du Roy.

Nous, faisant droit du requisitoire du procureur du Roy, avons donné acte de la nomination presentement faite des personnes de Messieurs Roulhiat, seigneur de Razeix, conseiller du Roy et son assesseur, et Mr Malevergne du Masdoumier, second consul, et Mr Baptiste Bourdeaux, marchand, troisiesme consul, pour consuls pour l'année mille sept cent cinquante. En consequence, ordonnons qu'ils se presenteront pour prester le serment au cas requis et avons donné acte du pouvoir a eux donné de toucher les sommes

---

fut supprimée et rendue au siège présidial et sénéchal. M. De Voyon, juge, et M. Montaudon, lieutenant de la juridiction supprimée, devinrent conseillers du présidial. Les causes qui se portaient devant cette juridiction durent être portées devant le sénéchal ou devant le Présidial, suivant les cas.

(1) Voilà les élections des consuls rétablies après sept années d'interruption. Leur rétablissement fut sans doute la conséquence des dispositions d'un arrêt du conseil de 1749.

On ne trouve pas trace à notre registre de l'arrêt du mois de mars 1749, unissant les offices municipaux non encore acquis aux corps des hôtels de ville. Il ne fit que consacrer un état de choses qui parait avoir été défini en 1738 ou 1739 par un autre acte de l'autorité royale dont nous n'avons pas le texte.

qui sont dues a la ville sur l'estat du Roy pour l'année mille sept cent cinquante et suivantes.

    Rogier des Essarts.

Aujourd'huy, septiesme decembre mille sept cent quarante neuf, dans la salle de l'hotel de ville de Limoges, ou estoient assemblés Messieurs le lieutenant general et procureur du Roy, et Messieurs les prevost-consuls, pour proceder a la nomination d'un predicateur, de la personne de reverend pere Justinien, recollet de la communauté de sainte Valérie, pour prescher l'Avent de l'année mille sept cent cinquante et le Caresme de l'année mille sept cent cinquant'un : a cet effect... (comme ci-dessus p. 9). Fait ledit jour, mois et an que dessus.

Désignation d'un prédicateur pour 1750-1751.

    Peyroche, prevot consul; Romanet, consul; Benoist, consul; Bourdeau, consul; Roulhac de Razès (1).

Aujourd'huy, seiziesme jour du mois d'avril mille sept cent cinquante, dans l'hotel de ville, ou estoient assemblés extraordinairement messieurs les prevost et consuls, ou il a esté proposé par Mr Peyroche, prevost consul, qu'il convenoit de pourvoir a la place de lieutenant de bourgeoisie du canton de Magnigne, vacante par le deced de Mr Recullet du Basmarain, et la chose mise en deliberation, ont d'une commune voix nommé et nomment sieur Joseph Senemaud, gendre a Mr Roulhiat, seigneur de Razeix, pour faire les fonctions de lieutenant du canton de Magnigne pendant sa vie et jouir des privilèges et exemptions y attachés.

Nomination d'un lieutenant pour Manigne.

    Peyroche, prevost consul; Romanet, consul; Benoist, consul; Bourdeau, consul; Roulhac, consul, approuvant les trois ratures...; Nicot, lieutenant colonel; Noualhier; H. Lavaud; Martial Senemaud; B. Senemaud; Gabriel Grellet; François-Michel Martin, capitaine de Ferrerie; Origet; Dorat; Lageneste, ayde major; Petiniaud jeune; Malinvaud; Malevergne, consul.

---

(1) Au 1er janvier 1750 commença d'être perçu le *vingtième* imposé en 1749 sur le revenu général des terres, des capitaux et de l'industrie. Un second vingtième fut établi en 1756, un troisieme en 1760. Nul n'était exempt de ces contributions, qui frappaient tous les sujets du royaume.

1750 fut année d'ostensions. C'est en cette année que l'abbesse et la communauté des Allois vinrent s'établir à Limoges dans la Haute Cité, où on mit à leur disposition le couvent des Clairettes urbanistes qui n'avaient pu se soutenir et où il ne restait que deux ou trois religieuses.

Les réjouissances pour la naissance du duc de Bourgogne ne donnèrent lieu à aucun incident

Nomination d'un procureur de l'hôtel-de-ville.

Aujourd'huy, deuxiesme jour du mois de novembre mille sept cent cinquante, dans l'hotel de ville de Limoges, ou estoient assemblés messieurs Peyroche, prevost consul et Mʳ Benoist de Blemond, consul, et Mʳ la Briderie, consul. Mʳ Peyroche, prevot consul, a exposé qu'il est necessaire de pourvoir a la nomination d'un procureur pour ledit hotel de ville, attendu le deced du sieur Crouchaud, cy-devant procureur dudit hotel. En execution de quoy lesdits sieurs prevost et consuls ont presentement nommé et nomment la personne de Mʳ Jean Colomb pour procureur dudit hotel, pour faire les fonctions de son ministere et par luy jouir des privileges accoutumés. En foy de quoy nous avons signé, le susdit jour et an que dessus.

PEYROCHE, prevot consul ; BENOIST, consul ; ROMANET ; BOURDEAU, consul.

Election des consuls pour l'année 1751.

Election et nomination de Messieurs les consuls faite dans la grande salle de l'hotel de ville de Limoges, le septiesme decembre mille sept cent cinquante, en consequence de l'arrest du Conseil de l'Estat du Roy, par Messieurs les soixante prudhommes nommés par Messieurs les consuls en charge, en la maniere acoutumée, en presence desdits sieurs consuls et du consentement du procureur du Roy, y presidant Mʳ Mᵉ Jean-Pierre Rogier, seigneur des Essards, lieutenant general en la seneschaussée et siege presidial de Limoges et president dudit hotel de ville, et ce pour l'année mille sept cent cinquant'un.

ROULHAC DE RAZÈS ; MALEVERGNE.

Le procureur du Roy requiert qu'il soit donné acte de la nomination presentement faite des personnes de Messieurs Barny, conseiller, Mʳ Arbonnaud, medecin, Mʳ Dupré Guinaud, marchand : en consequence, requiert qu'ils soient appellés pour prester le serment comme aussy du pouvoir a eux donné par les habitans de toucher les sommes qui seront dues a la ville, comprises dans l'estat du Roy pour l'année mille sept cent cinquant'un.

MURET, avocat du Roy.

Nous, faisant droit du requisitoire du procureur du Roy, avons donné acte de la nomination presentement faite des personnes de Messieurs Barny, conseiller ; Mʳ Arbonnaud, medecin ; Mʳ Dupré-

Guinaud, marchand, pour consuls, pour l'année mille sept cent cinquante un ; en consequence, ordonnons qu'ils se presenteront pour preter le serment au cas requis, et avons donné acte du pouvoir a eux donné de toucher les sommes qui sont dues a la ville sur l'etat du Roy pour l'année mille sept cent cinquante un et suivantes.

  Rogier des Essarts, lieutenant general, president de l'hotel de ville.

  Aujourd'huy, septiesme decembre mille sept cent cinquante, dans la salle de l'hotel de ville de Limoges, ou estoient assemblés Messieurs le lieutenant general et procureur du Roy et Messieurs les prevost et consuls, pour proceder a la nomination d'un predicateur,—de la personne du Reverend pere Ambroise de Turenne, religieux capucin conventuel a Figeac, pour precher l'Avent de l'année mille sept cent cinquant'un et le Caresme de l'année mille sept cent cinquante deux ; et a cet effect, il luy en sera incessamment donné avis, sans qu'il en puisse estre donné d'autre a sa place, et a son defaut la nomination en sera faite par le corps consulaire. Fait ledit jour, mois et an que dessus. *Nomination d'un prédicateur pour 1751-1752.*

  Barny de Romanet ; Arbonneau ; Malevergne, consul ; Roulhac de Razés ; Guineau-Dupré (1).

---

(1) Le 13 janvier 1751, Mgr du Coëtlosquet, évêque de Limoges, rendit une ordonnance disposant qu'à l'avenir, dans l'église de Saint-Michel-des-Lions, on enterrerait seulement dans les caveaux publics. Les familles pouvant prouver par titres qu'elles avaient droit de tombeau dans cette église devraient faire établir des caveaux. On venait de faire rétablir le pavé de Saint-Michel entièrement défoncé par les inhumations.

Reproduisons un passage de la *Continuation des Annales*, qui ne manque pas d'intérêt au point de vue de l'histoire d'un des principaux monuments de l'ancien Limoges :

« C'est à peu près vers le même temps que l'ancien réfectoire, le cloitre, etc., de l'ancien monastère de Saint-Martial de Limoges, menaçant ruine, parce qu'on n'avoit pas entretenu ces vieux bâtiments devenus inutiles, le Chapitre résolut de les faire démolir : ce qui fut exécuté. Une grande partie des matériaux qu'on en retira servit à faire réparer le clocher de la dite église, qui menaçoit aussi de s'écrouler. Il étoit terminé en pointe, ou flèche, au lieu de laquelle on fit construire le réchauf (*sic*) moderne que nous voyons. »

« Pendant qu'on démolissoit le cloitre, on y trouva les tombeaux de quelques anciens abbés et moines qu'on exhuma. Le peuple y courut en foule et s'empressa d'avoir quelques portions de leurs vetemens, qui s'étoient conservés en entier et sur lesquels l'air extérieur ne fit pas grande impression ; car j'en ai vu quelques parcelles qui avaient encore beaucoup de consistance. On en retira quatre croces des abbés, qui sont de cuivre émaillé et doré et qui furent placées sur le haut de la grande armoire de la sacristie de ladite église, en devant, où on les voit encore. Elles paraissent avoir environ 400 ans d'antiquité. Je n'ai point trouvé, il est

Remplacement du lieutenant de Lausecot démissionnaire.

Aujourd'huy, septiesme jour du mois de may mille sept cent cinquant'un, dans l'hotel de ville de Limoges ou estoient assemblés extraordinairement Messieurs les prevost-consuls, il a esté proposé par Messieurs les prevost-consuls qu'il convenoit de pourvoir a la place de lieutenant de bourgeoisie du canton de Lancequot, a la place de Mr Dinnematin des Salles, qui nous a fait sa demission verballe; et la chose mise en deliberation, ont d'une commune voix nommé et nomment Mr Leonard Bourdeaux pour faire les fonctions de lieutenant du canton de Lancequot pendant sa vie, et jouir des privileges et exemptions.

ARBONNEAU, consul; BARNY DE ROMANET, consul; MALEVERGNE, consul; BOURDEAUX; ROULHAC DE RAZÈS, GUINEAU-DUPRÉ, consul (1).

Démission de l'officier nommé.

Je, soussigné, declare m'etre demis de ma charge de lieutenant du canton de Lancecot, mes affaires ne me permettant plus de vaquer a la ditte charge. En foy de quoy j'ay signé, le dixieme jour du mois de may, l'année mille sept cent cinquante un.

L. BOURDEAU.

Nomination de trois administrateurs de l'hôpital

Aujourd'huy, quinziesme jour du mois de may mille sept cent cinquant'un, dans la salle de l'hotel commun de cette ville ou estoient assemblés Messieurs les prevost et consuls, Mr Guineau-Dupré, prevost consul, a exposé qu'en conformité des anciens usages et des statuts et lettres patentes portant etablissement de

---

vrai, de date sur aucune, mais la singularité de leur construction annonce assez le mauvais goût des XIVe et XVe siècles, où l'on mêloit indifferemment le sacré avec le profane, les figures des animaux avec celles des saints, etc.

» De tous les anciens bâtiments de ce monastère, autrefois si célèbre, on ne conserva que ce qui subsiste aujourd'hui, c'est-à-dire une aile du cloître. qui est parrallèle au lieu du chapitre et une salle où se tiennent maintenant les assemblées capitulaires, et au-dessus du tout, un ancien dortoir, qui sert de grenier aux chanoines pour mettre leurs grains, et qu'on nomme dans la ville, comme par excellence, le *Grand Grenier.* »

L'abbé Legros signale, en la même année 1750, le début d'autres travaux importants, notamment d'un nouveau corps de logis, à l'orient et au midi, à l'abbaye de Saint-Augustin-lès-Limoges. L'entrepreneur fut un sieur Jean Chauvin, de simple maçon devenu architecte, et à qui on doit plusieurs constructions importantes de notre ville.

Mentionnons enfin, dans la chronique locale de 1750, la pendaison d'un voleur nommé Cardinal, d'une habileté consommée et dont plusieurs exploits, atteste le bon abbé Legros, « n'étaient pas indignes de Cartouche ». Ajoutons que ce voleur passait pour être fort charitable.

Au cours des années 1750 et 1751, des modifications aux statuts des maîtres cordonniers de Limoges furent demandées et reçurent l'homologation du Parlement de Bordeaux.

(1) Les signatures de Roulhac de Razès et de Guineau-Dupré ont été effacées. Tout l'acte a au surplus été bâtonné.

l'hopital general de cette ville, il doit estre procedé a la nomination de trois administrateurs a la place des trois qui sortent de charge, et la chose mise en deliberation et d'une commune voix, ont nommé et nomment Messieurs Barny de Romanet, conseiller au presidial de Limoges, et Mr Arbonnaud, docteur en medecine, doyen du college de medecine de Limoges et medecin dudit hotel (1), et Mr Guynaud Dupré, marchand, lesquels ont esté nommés pour administrateurs pour remplir les places d'administrateurs pendant quatre ans a commencer au premier septembre prochain avecque les autres administrateurs qui resteront en charge. Dont et du tout a esté fait le present acte pour valoir et servir que de raison. Fait le jour, mois et an que dessus.

   Roulhac de Razés, consul; Barny de Romanet, consul; Malevergne, consul; Arbonneau, consul; Bourdeau, consul; Guineau-Dupré, consul.

Aujourd'huy, cinquiesme jour du mois de juin mille sept cent cinquant'un, dans l'hotel de ville de Limoges, ou estoient assemblés Messieurs les prevost-consuls, il a esté proposé par Mr Guinaud Dupré, prevost consul, que la lieutenance du canton de Lancequot estoit vacante par la demission du sieur Dinnematin des Salles, et la chose mise en deliberation, et d'une commune voix ont nommé et nomment sieur François Dalesme pour faire les fonctions de lieutenant du canton de Lancequot et jouir des privileges et exemptions y attachés, et apres avoir preté le serment au cas requis; lequel a l'instant s'est presenté et a promis de faire ses fonctions et service suivant les ordres de Messieurs les prevost-consuls. Fait le jour, mois et an que dessus (2).

Nomination d'un nouveau lieutenant pour Lansecot.

   Guineau Dupré, consul; Arbonneau, consul; Barny de Romanet, consul; F. Dalesme, lieutenant.

(1) *Hôtel* est sans doute mis ici par erreur pour *hôpital*.
(2) On remarquera que la nomination est faite en remplacement de M. Dinematin de Salles, et que par conséquent la nomination ci-dessus de Léonard Bourdeau a été considérée comme non avenue.
Le 27 juin 1751 s'ouvrit la grande solennité du Jubilé universel qui fut marquée par deux processions générales. L'abbé Legros remarque que ce jubilé dura six mois et que ceux célébrés jusqu'alors dans le diocèse n'avaient eu d'ordinaire qu'une durée de deux mois. Les fêtes de la béatification de Françoise de Chantal furent aussi célébrées avec beaucoup de solennité.

— 38 —

Nomination d'un porte-enseigne pour Lansecot.

Aujourd'huy, vingt septiesme jour du mois de juillet mille sept cent cinquant'un, dans l'hotel de ville de Limoges, ou estoient assemblés Messieurs les prevost-consuls, il a esté proposé par Mr Barny chés Romanet, prevost consul, que le porte enseigne du canton de Lancequot estoit vacant par la demission du sieur Petignaud jeune fils : la chose mise en deliberation et d'une commune voix ont nommé et nomment le sieur Paul Poncet, marchand, pour faire les fonctions de porte enseigne du canton de Lancequot et jouir des privileges et exemptions y attachés, et apres avoir presté le serment au cas requis ; lequel a l'instant s'est presenté et a promis de faire les fonctions et servir suivant les ordres de Messieurs les prevost consuls. Fait le jour, mois et an que dessus.

BARNY DE ROMANET, prevost consul ; ARBONNEAU ; GUINEAU DUPRÉ, consul ; MALEVERGNE, consul.

Remplacement du colonel de la milice sur refus de service.

Aujourd'hui, dixiesme octobre mille sept cent cinquante un, dans l'hôtel de ville de Limoges, ou estoient assemblés messieurs les prevost consuls pour assister au *Te Deum* et ensuite au feu de joye, suivant les ordres de Sa Majesté, pour la naissance de Monseigneur le duc de Bourgogne, qui se fait aujourd'huy, ils auroient fait avertir le sieur Peyroche et les autres officiers de bourgoisie de venir prendre leurs ordres ; et attendu que ledit Peyroche a esté refusant de s'y conformer, ils ont nommé et nomment pour colonel de bourgeoisie le sieur Malevergne du Masdoumier, cy-devant major de bourgeoisie, en sa place, lequel en conformité a presté le serment par devant lesdits sieurs consuls. Fait le jour, mois et an que dessus.

BARNY DE ROMANET consul ; ARBONNEAU, consul ; ROMANET ; François ARDANT, François MICHEL, capitaine ; MURET, capitaine ; LAGENESTE, ayde-major ; SENEMAUD, lieutenant ; Paul PONCET, porte enseigne ; Gabriel GRELLET, lieutenant ; BOURDEAU, capitaine de Lancecot ; BARBOU-TEULIER (1).

(1) Deux signatures de consuls, effacées, sont illisibles. L'acte a été bâtonné, ainsi que le suivant. On verra plus loin que la mesure adoptée à l'égard de Peyroche fut considérée comme irrégulière et prise en violation des droits du gouverneur et du comte des Cars, lieutenant au gouvernement. En conséquence, la destitution du colonel fut annulée et celui-ci réintégré dans son grade par le comte des Cars.

Nomination d'un major de la milice et d'un aide-major.

Aujourd'huy, onziesme octobre mille sept cent cinquant'un, dans la grande salle de l'hotel de ville de Limoges, ou estoient assemblés messieurs les prevost et consuls, sur la deliberation faite audit hotel en presence de messieurs les officiers de bourgeoissie, ils ont nommé et nomment a la place du sieur Malevergne du Masdoumier, cy-devant major, le sieur La Geneste, ayde-major, — et a la place du sieur Lageneste, le sieur Barbou de Leymarie pour ayde-major, lesquels ont presté le serment, attendu la reunion des charges municipales. Fait les jour, mois et an que dessus.

> Barny de Romanet, consul; Arbonneau, consul; Guineau-Dupré, consul; Romanet; François Ardant; François Michel, capitaine; Muret, capitaine; Bourdeau, capitaine; Gabriel Grellet, lieutenant; Senamaud, lieutenant; Paul Poncet; Teulier, enseigne de la colonelle; Barbou, lieutenant de la colonelle.

Copie de la destitution de la charge de colonel de M. Peyroche, ensemble la nomination du sieur Malevergne du Masdoumier en son lieu et place. (Reproduction de la délibération du 10 octobre 1751 ci-dessus. La pièce a été bâtonnée).

Copie de la nomination du sieur Lageneste et du sieur Barbou (reproduction de la délibération ci-dessus. La pièce a été batonnée).

Election des consuls pour 1752.

Election et nomination de messieurs les Consuls, faite dans la grande salle de l'hotel de ville de Limoges, le septiesme decembre mille sept cent cinquant'un, par messieurs les soixante prudhommes nommés par messieurs les prevost et consuls en charge a la maniere accoutumée, en presence des dits sieurs consuls et du consentement du procureur du Roy : y presidant Mr Mre Jean Pierre Rogier, seigneur des Essards, lieutenant general en la seneschaussée et siege presidial de Limoges et president dudit hotel de ville, et ce pour l'année mille sept cent cinquante-deux, sans que les qualités dudit sieur Lieutenant General et procureur du Roy puissent nuire ny prejudicier aux dits sieurs consuls.

> Guineau-Dupré, prevost-consul; Barny de Romanet, consul; Roulhac de Razès; Malevergne, consul; Arbonneau, consul; Bourdeau, consul.

Le procureur du Roy requiert qu'il soit donné acte de la nomination presentement faite des personnes de Messieurs Roulhiat du Rouveix, conseiller au presidial de Limoges, et Mʳ Vidaud du Garaud, Bourgeois, et M. Senemaud, gendre a David, marchand.

En consequence, requiert qu'ils soient appelés pour preter le serment, comme aussy du pouvoir a eux donné par les habitans de lever toutes les sommes qui seront dues a la ville, comprises dans l'estat du Roy pour l'année mille sept cent cinquante-deux.

ROMANET.

Nous, faisant droit du requisitoire du Procureur du Roy, avons donné acte de la nomination presentement faite des personnes de Messieurs Roulhiat du Rouveix, conseiller, et Mʳ Vidaud du Garaud, et Senemaud, marchand, pour consuls, pour l'année mille sept cent cinquante deux. En consequence, ordonnons qu'ils se presenteront pour preter le serment au cas requis, et avons donné acte du pouvoir a eux donné de toucher toutes les sommes qui seront dues a la ville sur l'estat du Roy pour l'année mille sept cent cinquante deux et suivantes.

ROGIER DES ESSARTS, lieutenant general, president dudit hôtel de ville (1).

Nomination du prédicateur pour 1752-1753.

Aujourd'huy, septiesme decembre mille sept cent cinquant'un, dans la salle de l'hotel de ville de Limoges, ou estoient assemblés Messieurs le prevost et consuls pour proceder à la nomination d'un prédicateur de la personne *(sic)* du reverend pere Valon, jacobin, pour precher l'Avent de l'année mille sept cent cinquante deux et le Caresme de l'année mille sept cent cinquante trois; et a cet effet ... (comme plus haut, p. 35).

BARNY DE ROMANET, prevot-consul; ARBONNEAU, consul; GUINEAU-DUPRÉ; DE ROULHAC DU ROUVEIX, consul; VIDAUD-DUGARREAU, consul.

---

(1) Les consuls omettent de mentionner à leur registre une solennité à laquelle ils ont pourtant pris une part : l'entrée à Limoges, au cours de 1751, de Jacques-Louis de Chaumont de La Millière, successeur de M. de Barbery de Saint-Contest à l'intendance de Limoges. Le manuscrit de l'abbé Legros nous apprend que l'on fit au nouvel intendant une réception solennelle : les consuls, avec les officiers de bourgeoisie et la milice, allèrent au devant de lui et il fut salué par une décharge des fauconneaux de la ville et de toute la mousqueterie.

Notons, au 9 février 1751, la mort de l'illustre chancelier d'Aguesseau, né à Limoges, sur la paroisse de Saint-Pierre-du-Queyroix, et baptisé le 28 novembre 1668. Son baptême est mentionné aux anciens répertoires; mais l'acte lui-même se trouvait dans un registre qui a été perdu ou pris, comme beaucoup d'autres.

Aujourd'huy, onze decembre mille sept cent cinquant'un, dans la chambre du conseil de l'hotel de ville de Limoges, ou estoient Messieurs les prevost et consuls, a esté dit et exposé, par Mʳ Barny, prevost consul, qu'il est du bon ordre et du d[evoi]r de leurs fonctions, et ce conformement aux usages, de proceder a l'election et nomination de Messieurs les officiers de bourgeoisie ; que l'arrest de reunion du mois de mars 1749, des charges municipales aux corps et communautés les mettoient en droit de faire ainsy qu'il se pratiquoit en 1662, jusquant (1) 1694, temps auxquels il plu a Sa Majesté d'eriger ces charges en titre d'office ; la chose mise en deliberation, veu l'edit de suppression des dittes charges du mois d'aoust 1716, en nous conforment a l'uzage que nous avons trouvé etably avant l'edit de creation, ainsy qu'il conste et se justifie par le registre dudit hotel, nous avons maintenu et maintenons les pourveus desdits offices dans les fonctions et exercice de leurs charges et avons nommé aux places vacantes :

Nomination des officiers de la milice pour 1752.

Messieurs (2) :

Mʳ Nicot, lieutenant-colonel (3).

Consulat.

Mʳ Barbou l'ayné, capitaine (4) ;
Mʳ Pelignaud, lieutenant ;
Mʳ Theulier, gendre a Peyroche, enseigne.

Magnigne.

Mʳ Senemaud, gendre a David, capitaine ;
Mʳ Senemaud, gendre a Razeix, lieutenant,
Mʳ Le Dorat, enseigne.

Les Bancs.

Mʳ Texandier, gendre a Garat, capitaine.
Mʳ Nouhailier, gendre a Barelier, lieutenant ;
Mʳ Origet, enseigne.

---

(1) Il n'y a pas une simple faute d'orthographe ici : *juʃquant* ou *jusquant à* est un véritable limousinisme.

(2) A la suite, on avait écrit : *Maleverg[n]e du Masdoumier, colonel de bourgeoisie, ancien major.* Ces mots ont été biffés. On trouvera l'explication de ce fait dans la lettre de M. des Cars du 2 février 1752.

(3) On lisait à la suite les noms de *M. Lageneste, major,* et de *M. Barbou de Leymarie, ayde major,* qui ont été biffés.

(4) On avait d'abord écrit : *M. Romanet, capitaine,* et *M. Barbou l'ayné, lieutenant.*

Le Clocher.

Mr Michel, capitaine ;
Mr Lavaud, lieutenant ;
Mr Segond, gendre a Barbou, enseigne.

Boucherie.

Mr François Ardent, père, capitaine ;
Mr Grellet jeune, lieutenant ;
Mr Du Masjambaud, enseigne.

Ferrerie.

Mr Martin Dupon, capitaine ;
Mr Senemaud, gendre a La Conque, lieutenant ;
Mr Senemaud fils, enseigne.

Les Combes.

Mr Muret, capitaine ;
Mr Rouard, lieutenant ;
Mr Delauze, enseigne

Lancequot

Mr Begogne, capitaine (1) ;
Mr Dalesme fils, lieutenant ;
Mr Paul Poncet, enseigne.

La Boucherie.

Mr Le Jalat, capitaine ;
Mr Jean Malinvaud, dit Le Jalat, le jeune, lieutenant (2) ;
Mr Audoin Parot, le jeune, enseigne.

<small>Prestation de serment et installation des officiers de bourgeoisie.</small>   Auxquels leur ayant fait scavoir, par le capitaine de ville en exercice, de se rendre au dit hotel pour prester entre nos mains le serment, se seroient a l'instant les dits sieurs susnommés rendus, et après serment par eux presté de bien, fidellement et avecque honneur remplir et exercer le du de leurs fonctions, les avons receus et installés : en consequence, qu'ils jouiront des honneurs, exemptions, franchises dont on a accoutumé de jouir les pourveus en titre

---

(1) Ce nom a remplacé celui de « Bourdeaux, gendre à Malevergne ».
(2) On avait écrit d'abord : *M. Caland* (?) (on ne peut pas lire Baland) *lieutenant, et Jean Malinvaud le jeune, enseigne.*

desdits offices; et ont signé avec nous, le susdit jour, mois et an que dessus.

> Barny de Romanet, prevost consul; de Roulhac du Rouveix, consul; Guineau-Dupré, consul; Arbonneau, consul; Vidaud Dugareaud, consul; Senemaud, consul; Romanet, capitaine commandant en tiltre; François Ardant, capitaine en titre; Michel, capitaine du Clocher; Martin-Dupont, capitaine de Ferrerie; Bourdeau (1), capitaine de Lansecot; B. Senemaud, capitaine de Manigne; Joseph Senemaud, lieutenant de Manigne; Noualhier, lieutenant des Bancs : J.-B. Lavaud, lieutenant en titre du Clocher, Gabriel Grellet, lieutenant; Ardant du Masjambost, enseigne de Boucherie; Paul Poncet, enseigne de Lansecot.

Enregistrement des provisions d'un garde du gouverneur.

Aujourd'huy, vingt-sept decembre mille sept cent cinquant'un, dans la chambre du conseil de l'hotel de ville, ou estoient Messieurs les prevost et consuls, s'est presenté Barthelemy Villette, habitant de la presente ville, lequel nous auroit presenté la requette de luy signée, expositive de ce qu'ayant esté pourvu par Monseigneur le duc de Fitz-James, pair de France, lieutenant general des armées du Roy, gouverneur et lieutenant general pour Sa Majesté de la province du Haut et Bas Limousin, d'une place d'un de ses gardes a cheval avec la bandoliere, par lettre du vingt huict octobre mille sept cent cinquant'un, signée : le duc de Fitz-James, et scellées du sceau de ses armes en cire brulante, et plus bas, *par Monseigneur :* Quesnel, son secretaire, lesquelles il nous representc, annexées a la presente requette, pour qu'il nous plaise les enregistrer sur le registre de l'hotel. Vû la presente requette, les susdites lettres et provisions susdatées, les avons duement enregistrées et remises audit Villette. Et en conformité d'icelles, ledit Villette jouira des honneurs, prerogatives, exemptions et privileges y attachés, et avons signé le susdit jour, mois et an que dessus, et fait expedier audit Villette, par le secretaire dudit hotel, une copie dudit enregistrement duement controllée, le 29ᵉ decembre 1751, par Baget.

> Barny de Romanet, prevost consul et conseiller au presidial; de Roulhac de Rouveix, consul et conseiller au presidial de cette ville; Arbonneau, consul; Vidaud Dugareau, consul; Guineau-Dupré, consul; B. Senemaud, consul.

(1) On remarquera que le nom de cet officier a été biffé au procès verbal ci-dessus et remplacé par celui de Bego[u]gne.

Copie au long de la lettre escrite à M. de Chaumont, intendant de cette province, par Monseigneur le comte de Saint-Florentin, ministre d'Etat, de Versailles le treize janvier mille sept cent cinquante deux, a nous remise et communiquée le 2 feuvrier 1752 :

J'ay reçu, Monsieur, la lettre que vous avés eu agreable de m'escrire sur les difficultés qui se sont elevées entre le lieutenant general, le procureur du Roy de la ville de Limoges et les consuls de la meme ville, touchant le droit que les deux premiers pretendent avoir droit d'assister aux assemblées generalles et particulieres de l'hotel de ville (1). Je n'ay pas manqué de prendre lecture de ce qu'elle contient a ce subject, ainsi que des raisons qui vous engagent a croire qu'il convient de conserver au lieutenant general et procureur du Roy de la seneschaussée de Limoges le droit de presider et d'assister aux assemblées du corps de ville, attendu que l'arrest du conseil du 11 mars 1749, en ordonnant la reunion aux corps des villes et communautés de la generalité de Limoges, des offices municipaux qui restoient a lever, et permettant aux dits corps et communautés de proceder en toute liberté a l'election des subjects necessaires pour exercer les offices reunis a leurs corps, porte la clause expresse que les subjects ainsy pourveus ne pourront prendre les titres ny faire les fonctions des offices auxquels ils auront esté nommés, et que ne pourront par consequent faire aucune fonction [s']ils ne sont point partie capable pour assister tous les ans a l'assemblée qui se convoque pour la nomination des nouveaux consuls, ni pour recevoir le serment, de maniere qu'il est indisputable qu'il assiste a cette ceremonie un officier revetu de caractere pour installer les consuls, et qui ne peut estre le lieutenant general de la seneschaussée. Malgré ces raisons, qui me paraissent fondées, je ne puis m'empecher de vous observer que, s'estant déjà mües plusieurs contestations pareilles, sur le compte que j'en ay rendu au Roy, Sa Majesté s'est toujours determinée en faveur des maires et consuls, en consequence de l'edit de 1706, par lequel, article 3, il est fait deffense aux juges, presidents, lieutenants generaux des presidiaux et bailliages, a tous seigneurs particuliers, leurs officiers et toutes personnes de quelle qualité qu'elle soit, d'assister aux assemblées des hotels de ville, que comme habitans. Je joins, a cet effect, un arrest du Conseil rendu le 24 juillet 1751 en faveur des officiers municipaux de Pontaux de Vie (?). Si cependant le Lieute-

---

(1) A plusieurs reprises, les corps municipaux et les assemblées de ville avaient protesté contre l'ingérence des officiers royaux dans les affaires communales. On sait que les députés du tiers aux Etats-Généraux de 1611 avaient revendiqué notamment le droit pour les villes d'élire leurs magistrats en dehors de toute immixtion des officiers royaux.

nant general et Procureur du Roy de la ville de Limoges vouloient tirer avantage de la clause inserée dans l'arrest du Conseil du 11 mars 1749, vous prendrés, s'il vous plait, la peine de vous faire remettre a cet egard des memoires de part et d'autre, et de faire dresser proces-verbal des dires et raisons des parties, que vous m'envoyrés a fin que j'en puisse rendre compte a Sa Majesté.

Quant a la destitution qu'ont fait les consuls du sieur Peyroche, de la place de colonel de la milice bourgeoise, sans l'agrement de M. des Cars (1), elle est tout a fait irreguliere : les consuls ne pouvant installer dans les places de milice bourgeoise aucune personne, que de l'approbation du gouverneur general de la province, et en son absence, du lieutenant general, et n'estant pas partie capable de destituer ceux qui remplissent les dits employs de leur consentement. J'ecris en consequence a M. des Cars que l'intention de Sa Majesté est que la nomination qui a esté faite par les consuls d'une autre personne a la place du sieur Peyroche soit annulée, et qu'ils ayent a le retablir dans la place de colonel de la milice bourgeoise, dont il a esté mal a propos destitué. On ne peut vous honorer, Monsieur, plus parfaittement que je le fais. Signé : SAINT-FLORENTIN.

Louis-François de Perusse, comte des Cars, baron d'Aixe, la Renaudie, seigneur de La Roche l'Abeille, Saint-Ibard, La Rochchuï, la Frenay et autres places, lieutenant general pour le Roy dans la province du Haut et Bas Limousin : — Les consuls de la ville de Limoges, ayant, dans leur deliberation du 10 octobre 1751, destitué le sieur Peyroche de l'employ de colonel de la milice bourgeoise, et nommé le sieur Malevergne, pour lors consul, en sa place, et, dans une autre deliberation du 11 octobre, ayant nommé a l'office de major le sieur de Lag[en]este, garcon major (2), et sieur Barbou de Laymarie a l'office de garcon major ; la conduitte des consuls estant des plus irregulieres dans ces pretendues destitution et nomination, en consequence des ordres du Roy, nous cassons et annullons les susdittes destitution et nomination, mandons et ordonnons aux consuls de les rayer et biffer des registres de l'hotel de ville, et leur deffendons de s'ingerer a l'avenir de destituer aucuns des pourveus d'office de la milice bourgeoise et d'en substituer d'autres a leurs places sans en avoir receu l'ordre des nous; deffendons pareillement a toutes personnes d'exercer

La délibération consulaire du 10 octobre est cassée et le colonel de la milice est réintégré par le comte des Cars.

---

(1) Voir ci-dessus la délibération des 10 et 11 octobre 1751, p. 38 et 39.
(2) On disait d'ordinaire en termes plus relevés : *aide major*.

aucun employ dans la dite milice sans avoir receu la commission de notre part, et au sieur Malevergne d'exercer aucune fonction dans le corps, auquel nous ordonnons de ne connaître d'autre colonel que le sieur Peyroche. Et pour qu'a l'avenir les consuls n'ignorent qu'ils ne peuvent installer dans les places de la milice bourgeoise, aucune personne que de l'approbation du gouverneur general de la province, et en son absence du lieutenant general, et par consequent qu'ils ne sont pas partie capable pour destituer les pourveus des dittes places, Nous ordonnons que le present ordre sera etably sur le registre de l'hotel de ville, et qu'il sera lu et publié a la tete de la milice bourgeoise. Fait a notre chateau des Cars, le deux feuvrier 1752. Signé : LE COMTE DES CARS, *et plus bas*, par Monseigneur : DELAGE. Enregistré le troisiesme feuvrier mille sept cent cinquante deux.

Nomination d'un major et d'un aide-major de la milice.

Louis François de Perusse, comte des Cars, lieutenant general pour le Roy au gouvernement du Haut et Bas Limousin,

Desirant pourvoir a ce que la charge de major de la milice bourgeoise de la ville de Limoges soit occupée par une personne en état d'en remplir les fonctions, nous avons commis et commettons par les presentes le sieur Malevergne du Masdoumier (1) pour exercer la ditte charge, en faire les fonctions et jouir des honneurs, prerogatives et privileges dont ont coutume de jouir les pourveus de pareilles charges. Mandons et ordonnons a tous les officiers, sergents et soldats qui composent le corps de la milice bourgeoise de la ville de Limoges de le reconnoistre en la ditte qualité. Fait en notre chateau des Cars, le neuf feuvrier mille sept cent cinquante deux. *Signé* : LE COMTE DES CARS, *et par Monseigneur* : DELAGE.

Louis François de Perusse, comte des Cars, lieutenant general pour le Roy au gouvernement du Haut et Bas Limousin, desirant pourvoir a ce que la charge d'ayde major de la milice bourgeoise de la ville de Limoges soit occupée par une personne en etat de remplir ces fonctions, nous avons commis et commettons par les presentes le sieur La Geneste (2) pour exercer la dite charge, en

---

(1) M. Malevergne du Masdoumier n'était autre que l'ancien major de la milice qui, le 10 octobre 1751, avait été nommé à l'emploi de colonel par les consuls, à la place de M. Peyroche, et que le comte des Cars avait suspendu de toute fonction par la lettre du 2 février 1752. Une semaine seulement s'est écoulée entre la suspension de cet officier et sa réintégration.

(2) M. La Geneste aide-major, avait été désigné pour remplacer dans le grade de major M Malevergne du Masdoumier, nommé colonel.

faire les fonctions et jouir des honneurs, prerogatives et privileges dont ont coutume de jouir les pourveus de pareilles charges. Mandons et ordonnons a tous les officiers, sergents et soldats qui composent les corps de la milice bourgeoise de la ville de Limoges, de le reconnoistre en la dite qualité. Fait en notre chateau des Cars, le quatorze feuvrier 1752. *Signé* : LE COMTE DES CARS, *et, par Monseigneur* : DELAGE.

Copie de l'ordre envoyé par Messieurs les prevost et consuls au sieur Peyroche, colonel de la milice bourgeoise de cette ville, le quatre avril mille sept cent cinquante deux, a l'occasion de l'entrée que l'on se proposoit de faire le lendemain, cinquiesme, a M. le comte des Cars, lieutenant general pour le Roy en cette province, dont la teneur s'en suit :

Nous, prevost et consuls de la ville de Limoges, ordonnons au sieur Peyroche, colonel de la milice bourgeoise de cette ville, de faire prendre les armes au bataillon de la dite milice, demain, cinquiesme du courant, a une heure apres midy, et d'en faire assemblée a la place de Tourny, pour assister a l'entrée de M. le comte des Cars, lieutenant general pour le Roy en cette province, lequel arrivera par la porte des Aresnes, de laquelle *(sic)* le bataillon sera rangé en haye jusqu'a l'entrée du faux bourg, pour, le dit seigneur arrivé, le bataillon, en se repliant, l'accompagner jusqu'a son hotel, ou seront laissés tous les drapeaux tandis que le dit seigneur comte des Cars restera en ville, et aux quels sera renvoyée, pendant le dit temps, garde bourgeoise commandée par un officier, dont le detachement sera relevé toutes les vingt quatre heures. Fait a l'hotel de ville, le quatre avril mille sept cent cinquante deux. *Signé* : VIDAUD DU GARRAUD, prevost consul.

Copie de l'ordre envoyé le cinq avril mille sept cent cinquante deux par Messieurs les Prevost-Consuls en exercice la presente année au Sr Peyroche, colonel de la milice bourgeoise de cette ville, dont la teneur suit:

En execution des ordres et de l'intention de M. des Cars, M. Peyroche, colonel de la milice bourgeoise, fera faire lecture, a la tête du bataillon assemblé sous nos ordres a la place de

Tourny, des brevets accordés par mon dit seigneur en faveur de Messieurs Malevergne et La Geneste, et par nous enregistrés à notre hotel, qui luy seront par eux presentés. Et les fera recevoir et reconnoitre en consequence. Fait a l'hotel de ville, le cinq mars mille sept cent cinquante deux.

Signé : Vidaud du Garaud, prevost consul.

Commission de lieutenant du canton de Manigne.

Louis François de Perusse, comte des Cars, Lieutenant General pour le Roy au gouvernemnnt du haut et bas Limousin,

Desirant pourvoir a ce que la charge de lieutenant de la milice bourgeoise de la ville de Limoges, canton de Manigne, soit occupée par une personne en estat d'en remplir les fonctions, Nous avons commis et commettons par ces presentes le sieur Senemaud pour exercer la ditte charge, vacante par le decez du sieur Recullet du Bas-Marain, en faire les fonctions et jouir des honneurs, prerogatives dont ont coutume de jouir les pourveus de pareilles charges.

Mandons et ordonnons a tous les officiers, sergents et soldats qui composent le corps de la milice bourgeoise de la ville de Limoges, de les reconnoitre en la dite qualité. Fait en notre chateau des Cars, le douze avril mil sept cent cinquante. *Signé :* le Comte des Cars. Par Monseigneur, Delage (1).

Désignation du « cirier » de l'hôtel-de-ville.

Nous, Prevost-Consuls, officiers municipaux de la ville de Limoges, assemblés dans la chambre du Conseil, avons cejourd'huy convenu avecque les sieurs Alexis Poncet et Thuilier, son gendre, lesquels nous avons choisy tant pour ciriers de l'hotel de ville que pour l'entretien du luminaire qui brule devant Saint-Martial (2) journellement. Ils fourniront chaque jour trois cierges de cire jaune, comme de coutume, du poids tous les trois de sept onces, — et ce en conformité de l'arrest du Conseil du cinquiesme decembre 1693, — revenant chaque année a cent cinquante six

---

(1) Il semble que ce soit le secrétaire lui-même du comte des Cars qui ait écrit cet acte de nomination au registre municipal.

(2) On constate dès le xiv⁰ siècle que le luminaire du sépulcre de saint Martial est à la charge de la commune. L'arrêt qui avait réglé les dépenses de la ville avait admis cet article et affecté aux frais du luminaire de saint Martial une somme annuelle de 250 livres (voir t. IV, p. 86).

livres de cire, payable en conformité dudit arrest : Ce que les dits
sieurs Poncet et Thuilier ont accepté et promis tenir et entretenir. Voulons qu'ils jouissent des privileges et exemptions accoutumés. Fait dans l'hotel commun de Limoges, ce dix sept juillet mille sept cent cinquante deux.

   De Roulhac du Rouveix, prevost-consul ; Arbonneau,
    consul ; Barny de Romanet, consul ; Guineau-Dupré,
    consul ; Alexis Poncet et Teulier.

Sur les requetes presentées a Messieurs les Prevost et Consuls et officiers municipaux (1) de la ville de Limoges par Jacques Petignaud, bourgeois et negociant de la ville de Limoges, et Jean-Baptiste Deschamps, aussy bourgeois et negociant de la present ville, expositives de ce que les sieurs Petignaud et Deschamps ayant esté pourvëus par le seigneur abbé de Grandmont, chef d'ordre, des lettres et provisions du sindicat de la dite abbaye, datées du troisiesme jour du mois de novembre mille sept cent cinquante deux, signées par François Xavier Mondain de la Maison Rouge, abbé de Grandmont (2), chef general de tout l'ordre de Grandmont, et de Fenieux, secretaire, — il a plu (*sic*) aux sieurs Prevost Consuls et officiers municipaux vouloir icelles enregistrer au greffe du dit hotel de ville et les faire jouir des privileges et droits y attachés : les dites requetes signées Petignaud, Deschamps, et les dites lettres signées par Monseigneur l'abbé general et du secretaire ;

Veu les dites requetes, ensemble les lettres et provisions du sindicat de l'abbaye de Grandmont accordées a Mr Jacques Petignaud et Jean-Baptiste Deschamps, signées de la Maison Rouge, abbé general de Grandmont, et plus bas par de Fénieux, secretaire, avons enregistré les dites lettres de provision sur le registre de l'hotel de ville pour y avoir recours quand besoin sera, pour, par ledit Petignaud et Deschamps, jouir de l'effet d'icelles. Fait dans la chambre du conseil de l'hotel de ville, ce dix novembre mille sept cent cinquante deux.

   Senemaud, prevot-consul ; de Roulhac du Rouveix, consul ;
    Barny de Romanet, consul ; Guineau-Dupré, consul (3).

Enregistrement des lettres de syndicat accordées à deux bourgeois par l'abbé général de Grandmont.

---

(1) Ce document et les précédents sont les premiers où nous rencontrions cette dénomination, devenue depuis lors commune, d'officiers municipaux.

(2) M. de la Maison Rouge fut le dernier abbé général de Grandmont. Il mourut le 11 avril 1787. L'ordre avait été supprimé dès le 6 août 1772 et le grand monastère réuni à la mense épiscopale de Limoges. (Voir notre ouvrage *Destruction de l'abbaye et de l'ordre de Grandmont*. Limoges, veuve Ducourtieux, et Paris, Champion, in-8°, 1877 (carte).

(3) On ne s'expliquerait pas cette demande d'enregistrement sur les registres de l'hôtel de

Démission d'Hyacinthe Paillier receveur des octrois en faveur de Martial Nadaud.

Aujourd'huy, vingt quatriesme novembre mille sept cent cinquante deux, avant midy, par devant le notaire royal a Limoges et tesmoins soussignés, fut present maistre Hyacinthe Paillier, receveur des octrois et patrimoniaux de cette ville, demeurant fauxbourg Magnigne, paroisse de Saint-Maurice, lequel, sous le bon plaisir de Monseigneur l'Intendant de cette province et Messieurs les Prevost-Consuls de la dite ville de Limoges, volontairement s'est desmis comme il se demet par les presentes purement et simplement, de l'employ et exercice de receveur des deniers patrimoniaux et octrois, auquel il a esté nommé par la deliberation de Messieurs les Prevost et Consuls et habitants de la ville, du vingtiesme avril mille sept cent trente (1), ensemble de tous droits, emoluments et privileges attachés au dit employ, et ce en faveur de maitre Martial Nadaud, greffier secretaire de la maison de ville, pour par luy ayant l'agrement et approbation de Monseigneur l'Intendant et de Messieurs les Prevost-Consuls, exercer ledit employ de receveur des octrois, ainsy et de meme que ledit sieur Paillier l'a cy devant exercé et joui, et de laquelle demission il a requis acte au notaire pour valoir et servir ce que de raison. Fait et passé dans la maison du sieur Paillier, en presence de Gabriel Dumont et Vincent Bardy, clercs, habitants de Limoges, tesmoins a ce appelés ; ledit sieur Paillier a declaré ne pouvoir signer a cause de la goutte qui luy occupe le bras droit, de ce faire duement enquis et interpellé. *Signé a minutte* : DUMONT, BARDY et le notaire. Controllé par Baget, le meme jour (2).

---

ville, des lettres de l'abbé de la Maison Rouge conférant à MM. Pétiniaud et Deschamps le mandat de syndics du monastère chef d'ordre de Grandmont, si on ne savait que ce mandat procurait certaines exemptions aux personnes qui en étaient investies. Aussi était-il fort recherché. Au XIIe siècle, les rois d'Angleterre avaient accordé à plusieurs maisons de Grandmont le privilège de la franchise et de l'exemption de toute redevance et de toute taille, non seulement pour la communauté, mais pour un ou deux habitants de la ville ou du bourg voisins, chargés des intérets matériels des religieux. Nous lisons par exemple, dans une charte donnée au monastère de Sermaize par Richard Cœur-de-Lion, datée de mars 1192 : « Item dedimus prefatis Priori et Bonis Hominibus, unum hominem apud Rupellam et alium hominem apud Maraantum, proviso quod non sint de majoribus vel minoribus, successive : ita quod post decessum unius ad instanciam Bonorum Hominum alter perpetuo restituetur eisdem, volentes et precipientes ut dicti duo homines, ratione Bonorum Hominum, in premissa permaneant libertate... ... Dedimus etiam memoratis Priori et Bonis Hominibus Johannem Soret, cum heredibus suis natis vel nascituris, apud Andilhet, ad sepedicta prata custodienda; qui homo et heredes erunt semper liberi et immunes per totam juridictionem nostram ab omni pedagio et renda, theloneo, passagio, foagio, vinagio, exercitu et equitatu, et de tallia, et ab omnibus consuetudinibus, occasionibus et exactionibus. (Manuscrit du F. Pardoux de la Garde à la bibliothèque des Sulpiciens du séminaire, fol. 144, v°).

(1) Voir t. IV, p. 350.
(2) En octobre 1752, les chanoines de Saint-Etienne firent démolir le moulin et l'écluse du pont Saint-Martial, qui étaient dans la mouvance du chapitre, comme ceux du pont Saint-Etienne. — En 1753, les mêmes chanoines cédaient à l'Hôpital, pour le nouveau bâtiment projeté, toutes les pierres provenant de la démolition des écluses des ponts Saint-Etienne et Saint-Martial.— LEROUX, *Inventaire sommaire des archives hospitalières*, Hospice de Limoges, série E, 1.

Aujourd'huy, vingt-quatre novembre mille sept cent cinquante deux, apres midy, pardevant le notaire royal et tesmoins soussignés, dans l'hotel de la maison de ville de Limoges, ou estoient assemblés Messieurs Barny de Romanet, Roulhiat du Rouveix, conseiller du Roy au presidial et seneschal de Limoges ; Arbonnaud, docteur en medecine; Vidaud du Garaud, bourgeois, Guinau-Dupré, tous Prevost et Consuls en charge de la dite ville de Limoges, en compagnie de Mr Senemaud, absent, s'est presenté Mr Martial Nadaud, greffier et secretaire de la maison d'icelle, lequel a exposé que sieur Hyacinthe Paillier, receveur des deniers d'octrois et patrimoniaux de la dite ville, dont l'office a esté supprimé par la declaration du Roy du quinze janvier mille sept cent trente, s'est demis de l'employ et exercice de la dite charge en faveur du sieur Nadaud, sous le bon plaisir de Monseigneur l'Intendant et de Messieurs les Prevost-Consuls de Limoges, suivant qu'il est enoncé en l'acte de demission cejourd'huy passé devant le notaire soussigné, et controllé. C'est pourquoy le sieur Nadaud supplie et requiert Messieurs les Prevost et Consuls, en agreant le susdit acte de demission, vouloir le nommer et recevoir pendant son vivant a l'exercice et fonctions de la dite charge de receveur des octrois et patrimoniaux de la ville, pour jouir des droits, emoluments et privileges qui y sont attachés, offrant de se soumettre a l'entiere execution de la declaration du Roy du quinze janvier mille sept cent trente, et de donner bonne et suffisante caution pour sureté de la regie et administration ; et apres lecture faite du sus dit acte de demission, mesdits sieurs les Prevost-Consuls, en agreant iceluy, ont nommé et nomment par ces presentes le dit Nadaud a faire, pendant son vivant, la levée des deniers d'octrois et patrimoniaux de cette ville, jouir des emoluments, droits et privileges attribués audit office de receveur des octrois et patrimoniaux, ainsy et de meme qu'en a joui ledit Paillier, a la charge par ledit Nadaud de rendre ses comptes et payer fidelement ce qu'il touchera et a qui il appartiendra et d'en faire tenir quitte les sieurs Consuls et habitants de la dite ville de

---

Vers cette époque, commença un différend dont on trouve des traces dans beaucoup de documents de l'époque. Les ecclésiastiques avaient été jusqu'alors dispensés de payer les droits d'octroi sur les marchandises qui leur étaient personnellement destinées. A la fin de 1752, l'adjudicataire des droits d'octroi, le sieur Vergnaud, prétendit que cette exemption n'était pas stipulée au cahier des charges de sa ferme, qu'au surplus elle ne reposait sur aucun droit, et il réclama d'eux, comme des autres habitants, l'acquit des sommes fixées par son tarif. M. de Petiot de la Motte, chanoine de Saint-Etienne et syndic général du diocèse, protesta au nom du clergé et adressa une requête à ce sujet à l'Election qui, en 1753, lui donna gain de cause. (Archives du département, C. 87). Des requêtes semblables furent formées par les diverses communautés de la ville : les Carmes, les Feuillants et les Cordeliers, notamment. Elles paraissent avoir eu le même succès. Toutefois la question ne tarda pas à se présenter de nouveau.

Limoges, conformement aux edits et declarations de Sa Majesté et (1) d'y estre contraint par corps comme pour deniers royaux, et de fournir bonne et suffisante caution. A quoy ledit sieur Nadaud s'est expressement soumis. Et aux presentes est intervenu sieur Joseph Theulier, bourgeois et marchand de Limoges, demeurant rue du Clocher, paroisse St Michel des Lions, lequel volontairement s'est rendu plaige caution et repondant envers mes dits sieurs les Prevost-Consuls et habitants de cette ville pour ledit sieur Nadaud, pendant qu'il fera la regie et levée des deniers d'octrois et patrimoniaux de la dite ville, a laquelle il vient d'estre nommé ; en consequence, ledit sieur Theulier, conjointement et solidairement avec le sieur Nadaud, l'un pour l'autre et le meilleur d'un seul (*sic*) pour le tout, sous les renonciations aux benefices de division, ordres et discussion, promet (*sic*) et s'oblige ledit Theulier, caution, en son nom propre et privé, faute par ledit Nadaud de rendre ses comptes fidelement et payer ce qu'il recevra et a qui il appartiendra (2), de remplir et payer a quoy ledit Nadaud pourroit estre tenu des reliquats de ses comptes, et ce par les memes voyes et rigueurs qu'il pourroit y estre contraint et auxquelles ledit Theulier, caution, s'est aussy soumis ; et pour l'entiere execution des presentes, tant luy que ledit Nadaud ont solidairement affecté et hypothequé tous et chacun leurs biens, meubles, immeubles, presents et avenir, et par expres leurs personnes, une voys (*sic*) ne cessant pour l'autre, a la rigueur de l'ordonnance ; et sera la dite nomination presentée a Monseigneur l'Intendant, pour qu'il luy plaise vouloir l'homologuer. Et dont et du tout a esté fait, requis et concedé acte pour servir et valoir ce que de raison, en presence de Gabriel Dumont et Vincent Bardy, clercs, habitants de cette ville. *Signé a la minute :* Nadaud; Teuillier, caution ; Roulhiat du Rouveix, consul ; Arbonnaud, mécecin, consul ; Barny de Romanet, consul ; Dumont ; Bardy, et le notaire. Controlé par Baget, le 25 dudit mois.

Barny de Romanet, consul ; De Roulhac du Rouveix, consul ; Arbonneaud, consul ; Vidaud du Gareau, consul ; Guineau-Dupré, consul ; Senemaud, prevot-consul.

Nous, Intendant de la generalité de Limoges, avons approuvé et homologué ladite nomination, ordonnons qu'elle sortira en son plein et entier effect. A Limoges, ce 29 novembre 1752. *Signé :* De Chaumont, qui a signé a l'original.

(1) Il a évidemment quelque chose de sous-entendu ici : *sous peine.*
(2) S'oblige de remplir, etc.

Le receveur démissionnaire maintenu en jouissance des exemptions de son ancienne charge.

Aujourd'huy, deuxiesme jour du mois de decembre mille sept cent cinquante deux, par devant nous les Prevost-Consuls et officiers municipaux de cette ville, s'est presenté sieur Hyacinthe Paillier, lequel nous a representé que, depuis bien du temps, il avoit fait les fonctions de receveur des octrois et deniers patrimoniaux, ensemble de secretaire dudit hotel, et que ne pouvant plus les exercer a cause de son grand age et infirmités, il avoit esté dans l'obligation de s'en demettre en notre faveur sous le bon plaisir de Monseigneur l'Intendant, pour en disposer tout ainsy et de meme que nous jugerions a propos, — et qu'en consideration des bons et agreables services qu'il avoit rendus audit hotel, ayant fait toujours ses fonctions avec honneur et fidelité, il nous prioit, en qualité de veteran, de vouloir bien le laisser jouir sa vie durant des memes privileges attachés aux dites charges. — Nous, apres avoir murement deliberé, avons estimé qu'il estoit de justice et d'equité de luy accorder les mesmes privileges et exemptions, dont nous sommes convenus d'un commun accord qu'il jouira sa vie durant des mesmes privileges comme lors et autant *(sic)* qu'il exercoit les susdites charges, et ce par grace speciale. Fait et arresté le jour, mois et an que dessus.

DE ROULHAC DU ROUVEIX, BARNY DE ROMANET, VIDAUD DU GAREAU, consul; GUINEAU-DUPRÉ; SENAMAUD, prevost consul.

Arrêt du conseil disposant que les officiers du bureau des finances seront comme les autres privilégiés compris aux rôles de l'imposition pour les enfants exposés.

Veu au Conseil d'Etat du Roy, les requetes et memoires presentés respectivement en icelluy par les Consuls, habitans et communauté de la ville de Limoges et par les officiers du Bureau des finances de la Generalité de Limoges : les dits requetes et memoires tendant scavoir : ceux desdits Consuls et communauté, a ce qu'il plaise a Sa Majesté les recevoir opposants a l'arrest du Conseil du quatre novembre mil sept cent quarante quatre, sur la requete non communiquée des officiers du Bureau des finances de la Generalité de Limoges, par lequel lesdits officiers ont esté deschargés de contribuer a la dépense de l'entretien des enfans exposez dont Sa Majesté avoit ordonné l'imposition par l'arrest de son Conseil du 26 fevrier 1743, et a eté fait deffenses de les comprendre a l'avenir dans les roles qui seront arrestés pour pareilles depenses ; ce faisant (1), ordonne qu'a l'avenir l'imposition pour la nourriture et entretien des enfans exposez dans la ville et fauxbourgs de Limoges sera repartie sur tous les habitans, qualifiés et non qualifiés,

---

(1) *Qu'il* ordonne. C'est la suite de la requête des consuls.

exempts et non exempts, privilegiés et non privilegiés, et qu'en consequence, nonobstant ledit arrest du quatre novembre 1744, et conformement a celui du 26 fevrier 1743, les officiers du Bureau des finances de la ditte Generalité seront compris dans les rolles des contributions, ainsy que le sont les officiers des autres compagnies, les nobles, gentilshommes, privilegiés et autres habitans ; — et ceux (1) des officiers du Bureau des finances de la generalité de Limoges, tendant a ce que lesdits consuls, habitans et communauté de Limoges soient declarés non recevables en ladite opposition et subordine[mm]ent mal fondés; ce faisant, que l'arrest du Conseil du quatre novembre 1744 sera executé selon la forme et teneur et lesdits officiers maintenus dans leurs privileges, et notamment dans l'exemption de contribuer a aucunes impositions pour raison de la depense, de la nourriture et entretien desdits enfants exposez ; vu aussy les arrests du Conseil des vingt-six fevrier 1743, quatre novembre 1744, et les autres pieces produites par les parties, ensemble l'avis du sieur Intendant et commissaire departy en la Generalité de Limoges, ouy le rapport, LE ROY EN SON CONSEIL, ayant egard a la requete des consuls, habitans et communauté de Limoges, les a reçus et reçoit opposans a l'arrest dudit jour, quatre novembre mil sept cent quarante quatre; faisant droit sur l'opposition, ordonne que les officiers du Bureau des finances de la Generalité de Limoges seront compris dans les rolles de contribution qui seront arrestés a l'avenir pour l'imposition de la depense, de la nouriture et de l'entretien des enfans exposez dans la ville et faubourgs de Limoges, ainsy que les officiers des autres compagnies et tous autres habitans exempts, privilegiés et non privilegiés, conformement a l'arrest du Conseil du vingt six fevrier mil sept cent quarante trois, qui sera executé selon sa forme et teneur. Fait au Conseil d'Etat du Roy, tenu pour les finances, a Versailles, le dix-neuf septembre mil sept cent cinquante deux. *Signé a l'original* : DE VOUGNY. Collationné (2).

Louis, par la grace de Dieu roy de France et de Navarre, au premier notre huissier ou sergent sur ce requis, Nous te mandons et commandons que l'arret dont l'extrait est cy attaché sous le contre scel de notre chancellerie, cejourd'huy rendu en notre Conseil

---

(1) Il faut entendre : *et les requêtes et mémoires*.
(2) Au sujet des Enfants Trouvés, voir l'*Inventaire des archives hospitalières de Limoges*, publié par M. Alf. Leroux, archiviste du département de la Haute-Vienne; consulter aussi une étude du même : *Les Registres d'enfants exposés aux archives de l'hôpital de Limoges* (*Bull. de la Soc. arch. et hist. du Limousin*, t. XXIX, p. 243).

d'Etat pour les causes y contenues, tu signifies a tous qu'il appartiendra a ce qu'aucun n'en ignore, et fais en outre pour son entiere execution, a la requete des consuls, habitans et communauté de la ville de Limoges, y denommés, tous commandements, sommations et autres actes et exploits necessaires sans autre permission, car tel est notre plaisir. Donné a Versailles, le dix neuf (*sic*) jour de de septembre, l'an de grace mil sept cent cinquante deux et de notre regne le trente huitieme. Signé : *par le Roy en son Conseil :* DE VOUGNY ; scellé le 23 octobre 1752.

Copie de la lettre ecrite a M^r l'Intendant le 26 novembre 1752, par M^r le comte de St Florentin :

L'intention du Roy etant, Monsieur, que le Lieutenant general et le Procureur du Roy de la ville de Limoges se dispensent d'assister a l'avenir aux elections consulaires, vous aurez, s'il vous plait, agreable de lui (*sic*) faire scavoir sur cela les volontés de Sa Majesté, afin qu'il ayt a s'y conformer.

On ne peut vous honorer, Monsieur, etc. Pour copie, *signé :* DE CHAUMONT, qui s'est retenu l'original.

<small>Injonction aux officiers royaux de ne plus assister à l'élection des consuls.</small>

Election et nomination de Messieurs les Prevots-Consuls, faite dans la grande salle de l'hotel de ville de Limoges, cejourd'huy, septiesme decembre mille sept cent cinquante deux, par M^{rs} les soixante prudhommes nommés par Messieurs les Prevost-Consuls et officiers en charge municipaux a la maniere accoutumée, et ce pour l'année mille sept cent cinquante trois, — les Prevost (1) — Consuls ont donné acte de l'election et nomination presentement faite des personnes de Messieurs Saige de Buxerolles, elu ; Malevergne de Freyssinias, docteur en medecine, et Jean-Baptiste Petignaud, marchand, et du pouvoir a eux donné par les habitans de lever toutes les sommes qui seront dues a la ville, comprises dans l'estat du Roy. Et ont les dits sieurs Saige de Buxerolle, elu, et Antoine Malevergne de Freyssinias, medecin, et Jean Baptiste Petignaud, marchand, presté le serment au cas requis. Fait le dit jour, mois et an que dessus :

<small>Election des consuls pour 1753.</small>

  SENEMAUD, prevot consul ; DE ROULHAC DU ROUVEIX, consul ; BARNY DE ROMANET, consul ; ARBONNEAU, consul ; GUINEAU-DUPRÉ, consul ; VIDAUD DU GAREAU, consul.

(1) On avait d'abord écrit : *maire*.

Désignation d'un prédicateur pour 1753-1754.

Aujourd'huy, septiesme decembre mille sept cent cinquante deux, dans la salle de l'hotel de ville de Limoges, ou estoient assemblés Messieurs les Prevost-Consuls et officiers municipaux pour proceder a la nomination d'un predicateur, de la personne du Reverend Pere Siste Victract (1), religieux recollet, pour precher l'Avent de l'année mille sept cent cinquante trois et le Caresme de l'année mille sept cent cinquante quatre. Et de (comme plus haut, p. 9).

SENEMAUD, prevot consul ; VIDAUD DU GAREAU, consul ; DE ROULHAC DU ROUVEIX, consul ; MALEVERGNE, consul ; PETINIAUD jeune, consul.

Copie de la lettre ecrite a Messieurs les Consuls de Limoges par Monseigneur le comte de St Florentin, Ministre d'Estat, le 4 decembre 1752, dont l'original a esté remis dans les archives de l'hotel de ville, aussy bien que la copie de celle escrite par le dit seigneur a Mr de Chaumon, Intendant en cette province, dont copie est a la page 285 verso (2), signée de Mr de Chaumont pour copie (3).

MESSIEURS,

J'ay receu la lettre que vous m'aves escrite le 28 du mois dernier, au subject du droit que pretendent avoir le Lieutenant general et Procureur du Roy de Limoges d'assister a l'assemblée qui doit se tenir pour l'election de trois nouveaux consuls. Il y a quelques jours que j'ay fait scavoir a M. l'Intendant qu'il eut a prevenir ces officiers de ne point se trouver a cette assemblée, l'intention du Roy estant qu'ils s'en abstiennent pour toujours. Je ne doute pas que M^r l'Intendant ne les ait informés des volontés de Sa Majesté a cet egard, auxquelles je me persuade qu'ils se conformeront. Je suis, Messieurs, votre tres affectionné serviteur,

Signé : St FLORENTIN.

A Versailles, le 4e decembre 1752.

(1) Cette lecture n'est pas absolument certaine.
(2) Voir ci-dessus, p. 55.
(3) Tout ce qui précède est en marge sur le registre.

— 57 —

Louis François de Perusse, comte des Cars, Lieutenant general pour le Roy au gouvernement du Haut et Bas Limousin, desirant pourvoir a ce que la charge de porte-enseigne de la milice bourgeoise de Limoges, canton du Clocher, soit occupée par une personne en etat d'en remplir les fonctions, nous avons commis et commettons par ces presentes, le sieur Joseph Segond pour exercer la dite charge, en faire les fonctions et jouir des honneurs, prerogatives dont ont coutume de jouir les pourveus de pareilles charges. Mandons et ordonnons a tous les officiers, sergents et soldats qui composent le corps de la milice bourgeoise de la ville de Limoges de le reconnoistre en la ditte qualité. Fait en notre chateau des Cars, le septiesme septembre 1752. *Signé* : LE COMTE DES CARS, *et* par Monseigneur, DELAGE.

<small>Commission de porte-enseigne du canton du Clocher.</small>

Aujourd'huy, septiesme jour du mois d'avril mille sept cent cinquante trois, dans la salle de l'hotel de ville, ou estoient assemblés Messieurs les Prevost et Consuls, a esté exposé par Monsieur de Freysinias, prevost consul, qu'il y avoit des reservoirs et bac de pierre au dessus (*sic*) la fontaine de St Pierre, dont un certain particulier, nommé Pierre Vergniaud, maitre plombier de cette ville et entrepreneur gagé des fontaines d'icelles, jouissoit et exigeoit des droits des poissonniers (1). Sur quoy, la chose mise en deliberation, il a esté conclu qu'il sera publié une affiche a toutes les places et carrefours de la ville, pour que cejourd'huy, a deux heures de relevée, il se presente des fermiers et adjudicataires des dits reservoirs appartenant a la ville par toute sorte de droits : se reservant les dits sieurs Prevost-Consuls de faire rendre compte audit sieur Vergniaud des jouissances et des droits qu'il a perçus induement des dits reservoirs de poisson de la dite fontaine de St Pierre.

<small>Adjudication de la ferme des réservoirs et bac de la fontaine de Saint-Pierre.</small>

Et l'heure de quatre heures apres midy estant revolue, la derniere enchere s'est trouvée estre portée a la somme de six livres, payables de Paques prochain en un an, et qui finira le dernier avril de l'année mille sept cent cinquante six, en faveur de Pierre Peries (*sic*), etapier et fermier des droits royaux sur la Poissonnerie (2) : ce qu'il a promis d'executer, apres lui avoir adjugé le dit

---

(1) On sait que la halle aux poissons était depuis longtemps établie sur la place Saint-Pierre, entre la façade de l'église et la rue Rafilhoux. Nous voyons son emplacement marqué sur le plan de Fayen et sur celui de Jouvin de Rochefort. Ce fut des degrés qui accédaient à Saint-Pierre qu'elle prit le nom de « Gras » (*Gradus*). Ce nom fut appliqué, sans aucune raison, aux marchés aux poissons qui remplacèrent le marché du Queyroix.

(2) Une partie des droits sur la Poissonnerie appartenait au Roi comme successeur des

droit de reservoir et bac de la ditte fontaine pour en jouir a son gré : ce qu'il accepte, en se soumettant pour le payement de la dite ferme comme pour deniers de Sa Majesté. Et a signé avec nous.

Malevergne, prevot-consul; De Roulhac du Rouveix, consul; Senemaud, consul; Petiniaud jeune, consul; Perier, adjudicataire; Nadaud, secretaire.

Désignation d'un contrôleur des deniers d'octroi.

Aujourd'huy, sixieme decembre mille sept cent cinquante deux, avant midy, dans l'hotel commun de la ville de Limoges, pardevant nous, Joseph Fournier, notaire royal garde notes et temoins soussignés, sont comparus Monsieur Me Joseph Barny de Romanet, seigneur de Veyrinas, conseiller du Roy au seneschal et presidial dudit Limoges; Monsieur Me Jean-Gregoire de Roulhac, seigneur du Rouveix, aussi conseiller du Roy esdits sieges ; Monsieur Me Michel Arbonnaud, docteur en medecine en cette ville ; Monsieur Jean Baptiste Vidaud, seigneur du Garaud, et Monsieur Jean Guineau-Dupré, bourgeois et negociant, tous prevots, consuls et officiers de la ville dudit Limoges en charge, lesquels, ayant consideré que l'exercice de l'office de controlleur des deniers d'octrois cy-devant creé pour cette ville, ensuite supprimé par edit du mois de juin mil sept cent vingt cinq, et la reunion du dit office fait en faveur des maire et echevins, corps, communauté dudit Limoges, par arrest du Conseil du sept juin mil sept cent vingt neuf et lettres patentes données sur iceluy, le trois mars mil sept cent trente, en consequence de quoy la somme ordonnée etre payée pour la ditte reunion l'a esté par la ville et communauté de cette ville, suivant la quittance du dix-huit aoust mil sept cent trente deux, *signée* : Perrotin, et enregistrée en la Chambre des Comptes, a Paris, le vingt quatre janvier mil sept cent trente neuf. *Signé* : Noblet, — estant utile et necessaire pour la levée, sureté et maniement des deniers d'octroi, — a ces causes, desirant y pourvoir en execution dudit arrest du Conseil et lettre patente qui leur permet de faire exercer le dit office par telle personne et en telles conditions qu'ils aviseront, sans que ceux qui seront ainsi nommés soient tenus de prendre pour raison de ce aucune lettre ny provisions, dont Sa Majesté les a dispensés, a la charge par ceux qui seront commis de

---

vicomtes de Limoges, à qui ces droits avaient été reconnus, en 1275, par la sentence arbitrale des frères de Maulmont, et en 1544, par l'arrêt du Parlement de Paris qui avait tranché en faveur de Jeanne d'Albret le procès entre les vicomtes et la commune.

rendre leurs comptes en la forme et maniere accoutumée; et pour tel effet, etant pleinement instruits et informés de la probité et capacité de Monsieur Jean Baptiste Senemaud du Fustier, negociant dudit Limoges, mesdits sieurs prevosts, consuls et officiers de la ville, sous le bon plaisir de Monseigneur de La Miliere, intendant de cette generalité, l'ont, par ces presentes, nommé et commis pour faire a l'avenir les fonctions et l'exercice dudit office de controlleur des deniers d'octroi en cette ville, pour par luy en jouir, ensemble des droits et privileges, prerogatives et emoluments y attachés, a la charge de se conformer aux edit, arrest du Conseil et patentes sus narrés, meme de fournir bonne et suffisante caution qui sera tenue de faire les soumissions en pareils cas requises; ce qui a esté accepté par le dit sieur Senamaud (*sic*), ici present, lequel a promis d'executer ce que dessus; et a presenté pour caution la personne de sieur Jean Baptiste Salot-Tourniol, bourgeois et marchand de cette ville, lequel, agreé et accepté par mesdits sieurs Prevost-Consuls, auroit a l'instant comparu, et lecture a luy faite des presentes, s'est volontairement rendu pleige caution et repondant dudit sieur Senamaud; pour cet effet, a fait les soumissions en pareil cas prescrites, d'etre garant et responsable de tout ce que pourra faire iceluy sieur Senamaud dans les fonctions, exercice et regie du dit office de controlleur des deniers d'octrois au dit Limoges. De tout ce que dessus, que les parties promettent d'executer de point en point, sous l'obligation de leurs biens, elles ont requis acte, que leur avons concedé. Fait et passé en presence de s^r Pierre Sauvo, de Puisfort, et Martial Fournier, clercs, habitans de cette ville, temoins.

Signé la minute : Barny de Romanet, consul; Arbonnaud, consul; De Roulhac du Rouvaix, consul; Guineau-Dupré, consul; Vidaud du Garaud, consul; Senamaud, consul; Salot-Tourniol; Sauvot-Dupuyfort; Fournier, et nous, notaire. Controllé par Baget qui a recu douze sols.

Fournier (1).

Nous, Intendant de la Generalité de Limoges, avons approuvé et homologué la dite nomination cy dessus, et ordonné qu'elle sortira son plein et entier effet. Fait a Limoges, le sept decembre mil sept cent cinquante deux.

De Chaumont.

(1) C'est le scribe qui a écrit les noms du notaire et de l'intendant.

Enregistré au greffe du bureau des Finances de la Generalité de Limoges, sur ce ouy le procureur du Roy et de son consentement, pour etre executé selon sa forme et teneur, suivant l'ordonnance du dit bureau, de cejourd'huy, treize decembre mil sept cent cinquante deux.

DACHER, greffier (1).

Installation du contrôleur. Le septiesme jour du mois d'avril mil sept cent cinquante trois, a l'hotel de ville, par devant M^{rs} les Maires (2), Prevots-Consuls de ladite ville, s'est presenté s^r Jean B^{te} Senemaud, lequel, en consequence de la commission a luy accordée de controlleur des octrois cy dessus, en date du six decembre 1752, a levé la main, promis et juré, moyennant son serment, de bien et fidellement s'acquitter du deû de ladite commission ; de laquelle prestation de serment, sur son requis, luy avons donné acte, pour par luy jouir des droits et privileges y attachés et autrement luy servir que de raison.

MALEVERGNE DE FRESSINIAT, prevot consul ; SEGUE DE LA-
VALETTE, consul ; PETINIAUD jeune, consul.

Nomination du capitaine du canton de Consulat. Louis Francois de Perusse, comte des Cars, Lieutenant general pour le Roy au gouvernement du Haut et Bas Limousin, desirant pourvoir a ce que la charge de capitaine de la compagnie de milice bourgeoise de la ville de Limoges, dite [du] Consulat, vacante par demission du sieur Romanet, soit occupée par une personne en etat d'en remplir les fonctions, nous avons commis et commettons, par ces presentes, le s^r Barbou, lieutenant de la dite compagnie, pour exercer la dite charge, en faire les fonctions et jouir des honneurs, prerogatives et privileges dont ont coutume de jouir les pourvus de pareilles charges ; mandons et ordonnons a tous ceux qu'il appartiendra d'avoir a le reconnoistre en la dite charge. Fait a notre chateau des Cars, le vingt-un juin mille sept cent cinquante trois. *Signé* : DES CARS ; *et par* Monseigneur : DELAGE.

---

(1) Même observation que ci-dessus.
(2) Voici un titre que nous n'avons pas vu figurer depuis longtemps à notre registre. Il ne correspond à aucune fonction particuliere. On remarquera du reste qu'il a été mis au pluriel, sans doute pour indiquer que les attributions confiées ailleurs au maire, appartiennent à tous les consuls.

Louis Francois de Perusse, comte des Cars, Lieutenant general pour le Roy au gouvernement du Haut et Bas Limousin, desirant pourvoir a ce que la charge de lieutenant de la compagnie dite Consulat, de la milice Bourgeoise de la ville de Limoges dont etoit pourveu le sieur Barbou, soit occupée par une personne en etat d'en remplir les fonctions, nous avons commis et commettons par les presentes le sieur Joseph Petignaud pour exercer la dite charge, etc. (comme ci-dessus). Fait en notre chateau des Cars, le 21 juin 1753. *Signé :* DES CARS ; *et* par Monseigneur : DELAGE.

<small>Nomination du lieutenant du même canton.</small>

Sindics des marchands de Limoges (1).

A Messieurs les prevost et consuls de la ville de Limoges.
Supplient humblement Jacques Petiniaud et Jean Pierre Texendier, disant que, par acte du sept juillet 1752, ils ont esté elus et nommés sindics du corps et communauté des marchands de la presente ville pour en remplir les fonctions durant trois années consecutives et jouir pendant le dit temps des privileges y attachés ; sur quoy ils ont l'honneur de vous representer que, par edit du mois de fevrier 1745, Sa Majesté cree dans leur communauté quatre vingt un officiers (*sic*) d'inspecteurs et controlleurs qu'elle y a reunis (2) moyennant la somme de quinze mille livres en principal et celle de quinze cents livres pour les deux sols pour livres, suivant la quittance du tresorier du revenu casuel du 19 avril 1749, *signée* BERTIN, enregistrée au controlle general des finances, le 7 may de la meme année, *signé* PERROTIN, et au bureau des finances de Limoges le 14 septembre 1750, *signé* DACHIER ; duquel edit, quittance de finance et acte de leur nomination, les suppliants requerrent l'enregistrement en etre fait es registres de votre hotel commun, et en consequence qu'il vous plaise, Messieurs, de vos graces, dire et ordonner qu'eux et leurs successeurs sindics commis aux fonctions des quatre vingt un offices d'inspecteurs et controlleurs dont il s'agit, jouiront des droits de visite enoncés au tarif attaché sous le contre-scel de l'edit de fevrier 1745, de l'exemp-

<small>Exemptions conférées aux syndics du commerce acquéreurs pour le corps des marchands d'offices d'inspecteurs et contrôleurs.</small>

<small>(1) Voir notre étude sur les *Syndics du commerce à Limoges*, dans l'*Almanach limousin de la Haute-Vienne* pour 1891.
(2) C'est toujours ce même honteux trafic d'offices : invention véritablement immorale du fisc en quête de ressources. On crée des places inutiles, qu'on fait racheter à prix d'argent par les corps et communautés justement inquiètes des taquineries et des difficultés de toute sorte qui pourraient leur être suscitées par les titulaires de ces offices, si ceux-ci trouvaient des acquéreurs.</small>

tion de collecte des tailles, du service de la milice pour eux et l'ainé de leurs enfants, de tutelle, curatelle, nomination a icelles, logement de gens de guerre et autres charges publiques, le tout ainsy qu'il est porté plus au long par ledit edit, sans que pour raison de ce ils puissent estre augmentés a la taille qu'au marc la livre de l'augmentation de leurs biens, ou de celle qu'il pourroit etre faite sur l'imposition generale. Et ferés justice. Les sindics du corps des marchands, *signé* : Jean PETIGNAUD, Jean-Pierre TEXANDIER.

Generalité de Limoges : offices d'Inspecteurs et controlleurs des maitres et gardes dans les corps des marchands et d'inspecteurs et controlleurs des jurés dans les communautés d'arts et métiers du royaume, creés par edit du mois de fevrier 1745, avec exemption de la milice et autres privileges portés par le dit edit.

J'ay reçu de la communauté des marchands des differents corps de la ville de Limoges la somme de seize mille cinq cents livres, scavoir celle de quinze mille livres en principal et celle de quinze cents livres pour les deux sols pour livre de la dite somme, pour reunion des quatre vingt un offices d'inspecteurs et controlleurs, creés a la dite communauté par edit du mois de fevrier 1745, registré ou besoin a eté, pour jouir par elle de la somme de sept cent cinquante livres des gages (1), sur le pied du denier vingt, dont l'employ sera fait dans l'etat des finances de Sa Majesté, a commencer le premier juillet 1747, et le payement d'iceux sur leur simple quittance, en rapportant pour la premiere fois seulement copie collationnée de la presente : lesquels gages demeureront dechargés du dixiesme ordonné etre levé par la declaration du 29 aoust 1741, — et etre mise la dite communauté en possession et jouissance desdits quatre vingt un offices, sans etre tenue d'obtenir aucune lettre de provision, et jouir en outre des droits de visite enoncés au tarif attaché sous le contrescel dudit edit, de l'exemption de la collecte des tailles, du service de la milice pour ceux des maitres de la dite communauté qui seront commis par elle aux fonctions des dits offices et pour l'ainé de leurs enfans, de tutelle, curatelle, nomination a icelles et autres charges publiques, le tout ainsy qu'il est plus au long porté par ledit edit, sans que, pour raison de ce, ils puissent etre augmentés a la taille qu'au marc la

---

(1) Au fond l'opération, comme toutes les créations du même genre, n'était, on le voit, qu'un emprunt déguisé. L'acquéreur d'un office s'assurait, par le versement du prix de cet office, le revenu de son argent, plus certains avantages et exemptions qu'il convient de faire entrer en ligne de compte.

livre de l'augmentation de leurs biens ou de celle qui pourroit etre faite sur l'imposition generale : declarant la dite communauté que la dite somme cy-dessus a eté payée par les sieurs Barbou et Rogier, leurs (*sic*) sindics. Fait a Paris le 19 avril 1749. *Signé* : BERTIN.

(Quittance du tresorier de revenus casuels, de la somme due au rolle du huit avril 1749, article 90). — Enregistré au controlle general des finances par nous, ecuyer, conseiller du Roy, garde des registres dudit controlle, commis par M. de Machaud, conseiller ordinaire au Conseil du royal (*sic*), controleur general des finances, a Paris, le 7 may 1749, *signé* : PERROTIN. Enregistré au greffe du bureau des Finances de la Generalité de Limoges suivant l'ordonnance du dit bureau de ce jourd'huy, quatorziesme septembre 1750. *Signé* : DACHIER, greffier.

Extrait des registres de la juridiction consulaire de Limoges (1).

Ouï le sr Ardent de Bregeoux, sindic, nous avons donné acte de la nomination faitte par les prudhommes des personnes des sieurs Jacques Petiniaud pour premier syndic et de Jean Pierre Texandier pour second syndic ; ordonnons qu'ils en feront les fonctions pendant trois annnées en la maniere ordinaire, avec faculté de jouir de tous les privileges attribués aux offices d'inspecteurs et controlleurs creés par edit de fevrier 1745 et reunis au corps des marchands, et pouvoir de recevoir du sieur receveur des tailles les gages appartenant aux dits offices compris dans les etats du Roy et autres parties portées sur le dit etat et appartenant au dit Corps, et en donner toutes quittances et decharges valables. Fait judiciairement a Limoges, au Consulat de la dite Cour, par devant Monsieur Gabriel Grellet, juge en icelle, assisté du Conseil de la dite juridiction, le septiesme juillet 1752. *Signé* : Gabriel GRELLET, juge. Controllé a Limoges, le 8 du meme mois, par Baget. Collationné gratis. *Signé* : NAVIERE, greffier.

Aujourd'huy, le 30 (2) decembre 1752, apres midy, dans l'hotel commun de la ville de Limoges, par devant nous, Joseph Fournier, Désignation d'un contrôleur des deniers d'octroi.

(1) Il s'agit de la juridiction du commerce : depuis que la royauté a arraché la police aux hôtels de ville, les corps municipaux n'ont plus de juridiction.
(2) Date surchargée. Il semble qu'on eût d'abord écrit 12.

notaire royal garde nottes et temoins soussignés, sont comparus M⁰ M⁰ Jean Gregoire de Roulhac, seigneur du Rouveix, conseiller du Roy au presidial et senechal du dit Limoges; M⁰ M⁰ Pierre Segue, seigneur de Lavalette, conseiller du Roy, elu en l'election du dit Limoges; M⁰ Jean Baptiste Vidaud, seigneur du Garaud; M⁰ M⁰ Antoine Malevergne de Freissignac, docteur en medecine, M⁰ Jean-Baptiste Senamaud, sʳ du Fustier, et M⁰ Jean-Baptiste Petignaud, bourgeois et negociant en la dite ville, tous prevost-consuls et officiers de ville au dit Limoges, en charge, lesquels ayant consideré que l'exercice de l'office de conseiller controlleur verificateur alternatif et mi-triennal des deniers d'octrois et patrimoniaux cy-devant creé pour cette ville, en suite supprimé par edit du mois de juin 1725 et la reunion du dit office faite en faveur des Maires, Echevins, corps et communauté du dit Limoges par arrest du Conseil du 7 juin 1729 et lettres patentes données sur iceluy, le 3 mars 1730; en consequence de quoy la somme ordonnée etre payée pour la dite reunion, l'a esté par la ville et communauté de cette ville, suivant qu'il en con[s]te dans dans la quittance du 18 aout 1732, signée PERROTIN et enregistrée a la Chambre des Comptes a Paris, le 24 janvier 1739, signé NOBLET: le tout confirmé par la déclaration du Roy du 4 fevrier dernier, — etant utile et necessaire pour exactement faire la levée et pour la sureté et maniement des deniers d'octrois et patrimoniaux; a ces causes, desirant y pourvoir en execution du dit arrest du Conseil et lettres patentes, leur permet de faire exercer le dit office par telle personne et telle condition qu'ils aviseront, sans que ceux qui seront icy nommés soient tenus de prendre pour raison de ce aucune lettre, ny provision, dont Sa Majesté les a dispensés et dispense, a la charge, par ceux qui seront commis, de rendre leurs comptes en la forme et maniere accoutumée; et pour cet effet, etant pleinement instruits et informés de la probité et capacité de M⁰ Jean Jacques Maurensane, negociant du dit Limoges, mes dits sieurs prevost-consuls et officiers de ville, sous le bon plaisir de Monseigʳ de Lamillière, intendant de cette generalité, l'ont, par ces presentes, nommé et commis pour faire a l'avenir les fonctions et l'exercice du dit office de conseiller controlleur, verificateur alternatif et mytriennal des dits deniers d'octrois en cette ville, et ce alternativement avec le (1) pourveu du pareil office, pour le dit sʳ Maurensane en jouir, ensemble des droits, privileges, prerogatives, exemptions et emoluments y attachés et en dependant, a la charge par luy de se conformer au dit edit, arrest du Conseil, lettres patentes et declaration de Sa

---

(1) Il y a *ce*, par l'effet d'une erreur évidente.

Majesté susnarrées; ce qui a eté accepté par le dit s⁰ Maurensane icy présent, qui a presentement payé, compté et realisé en Louis d'or, d'argent et autres especes sonnantes du cours de l'ordondance, a mes dits s⁰⁰ prevost-consuls et officiers de ville, la somme de neuf cent cinquante livres, a quoy les parties se sont reglées et convenues pour le remboursement du a la ville et communauté du dit Limoges, a cause du dit office *et de la finance qui en a eté payée* (1) a Sa Majesté conformement a la susdite quittance de finances de 1732; laquelle dite somme de neuf cent cinquante livres, apres dues verifications faites d'ycelle par mes dits s⁰⁰ Prevost-Consuls, a esté prise et reçue de leur consentement par le dit sʳ Jean-Baptiste Petignaud, l'un d'eux, qui s'en est chargé pour la representer et remettre touttes fois et quantes, aux fins de l'employer aux utiles charges et autres besoins dudit hotel de ville, et d'ycelle somme en tiennent quitte le dit sʳ Maurensane, avec promesse de l'en faire tenir quitte envers et contre tous sous les peines de droit; et de (sic) l'execution et entretenement de tout ce que dessus, les parties obligent leurs biens. Dont acte fait et passé en présence des sieurs Pierre Sauvo de Puisfort et Jean Tharaud, clercs, habitants de cette ville, temoins.

> *Signé a la minute :* de Roulhac du Rouveix, prevots consul, Segue de Lavalette, consul; Vidaud du Garaud, consul; Malevergne de Fressignac, consul; Sénamaud, consul; Petignaud, consul; Jean-Jacques Maurensane l'ainé, Sauvo de Puisfort, Tharaud, et nous notaire. Controllé audit Limoges par Baget, qui a reçu six livres.
>
> Fournier.

Nous, Intendant en la generalité de Limoges, avons approuvé et homologué la nomination faitte par l'acte ci-dessus, et ordonné qu'elle sortira son plein et entier effet. Fait a Limoges, ce 20 janvier 1753. De Chaumont.

Aujourd'huy, vingt janvier mille sept cent cinquante trois, apres midy, a l'hotel de ville de Limoges, par devant Messieurs les Maires, Prevost-Consuls de la dite ville, s'est presenté Jean-Jacques Moransanne, marchand de la dite ville, lequel en consequence de la commission a luy accordée de controlleur des octrois, cy-dessus transcrite, et autorisation au bas de Monseigneur l'Intendant, en

Prestation de serment du nouveau controleur des octrois.

---

(1) Les mots en italiques sont soulignés au registre.

T. V.

date du vingt janvier mille sept cent cinquante-trois, a levé la main, promis et juré, moyennant son serment, de bien [et] fidellement s'acquitter du dû de la dite commission : de laquelle prestation de serment, sur son requis, nous luy avons donné acte, ainsy que de l'enregistrement de la dille commission, pour par luy jouir des droits et privileges y attachés et autrement lui servir que de raison.

        Segue de Lavalette, prevost-consul; de Roulhac du Rouveix, consul; Malevergne, consul; Petiniaud jeune, consul (1).

Copie de la lettre de M^r d'Ormesson, escrite a Mr de Chaumont, notre Intendant, qui a gardé l'original.

        A Paris, le 4 octobre 1753.

Monsieur, j'ay reçu, avec la lettre que vous m'aves fait l'honneur de m'ecrire le 24 septembre dernier, les pieces qui y etoient jointes concernant les exemptions de taille et logement de gens de guerre pretendues par deux ouvriers et un huissier de la Monnoye de Limoges, qui s'y sont fait maintenir par deux arrets de la cour des Monnoyes de Paris. On pense bien que ces deux arrests sont dans le cas d'estre cassés; mais auparavant on a cru qu'il estoit necessaire de continuer l'imposition de l'huissier en 1754; ce que vous pouvez faire par vous même comme vous l'aves fait en 1753 ; et si l'on se pourvoit encore a la Cour des Monnoyes ou que l'on veuille faire quelqu'autre poursuite a cet egard, de mesme que pour le payement de l'amende de 1000 ll. que l'on a prononcée contre les Consuls ou pour la restitution des sommes auxquelles montera l'imposition, on evoquera le tout au Conseil et l'on cassera les deux arrets deja rendus et celuy qu'on pourroit rendre sur les nouvelles poursuittes, avec deffense d'en rendre de semblables a l'avenir. C'est pourquoy il est necessaire que vous vouliez bien donner attention a ce qui se passera a cet egard et en donner avis sur le champ.

Je suis avec respect, Monsieur, votre tres humble et tres obeissant serviteur.

    Signé : Dormesson.
        Pour copie, de Chaumont.

---

(1) Le 29 janvier 1753, un grand incendie éclata dans la rue Lansecot. Le feu prit nais-

Election et nomination de Messieurs les Prevost-Consuls, faite dans la grande salle de l'hotel de ville de Limoges cejourd'huy, septiesme decembre mille sept cent cinqnante trois, par Messieurs les soixante Prudhommes nommés par Messieurs les Prevost-Consuls et officiers en charge municipaux a la maniere accontumée, et ce pour l'année mille sept cent cinquante quatre, — les Prevost et Consuls ont donné acte de l'election et nomination presentement faite des personnes de Messieurs Juge, advocat du Roy (1), et La Biche de Monmoulinet, bourgeois, et Jeremie Martin, marchand, — et du pouvoir a eux donné par les habitans de lever toutes les sommes qui seront dues a la ville, comprises dans l'estat du Roy, et

<small>Election des consuls pour l'année 1754</small>

sance chez un marchand, le sieur Pétiniaud jeune. Cinq maisons furent détruites par les flammes.

Copions encore les indications que nous fournit le précieux manuscrit de l'abbé Legros sur les réparations exécutées à l'église de Saint-Martial vers cette époque.

« La calotte, ou voûte, qui soutient le petit clocher de l'église de Saint-Martial, où est renfermée la cloche capitulaire, et qui était alors tout couverte en plomb, menaçoit d'une ruine prochaine ; mais le chapitre de cette église y pourvut vers ce tems ci, et on chargea deux chanoines, pour lors maitres des bâtiments, d'y faire faire les réparations nécessaires. On fit donc deux piles, surmontées d'une arcade, entre les deux pilliers de la croisée de la chapelle de Sainte-Agathe, et l'on voit, au haut de ladite arcade, cette datte 1753. On ferma aussi d'un mur, du haut en bas, la travée sous laquelle étoit le tombeau du cardinal de Mende. Pour cela, il fallut démolir ce monument, à l'ouverture duquel il en sortit une odeur si forte, et en même tems si suave, qu'un des chanoines qui présidoit au travail tomba aussitôt en pâmoison, surtout lorsqu'on ouvrit la caisse de bois où etoit enfermé le corps du prélat. Le chanoine, revenu à soi, voulut savoir ce qui lui avoit pu causer cet accident. Il mit la main dans cette caisse, qui étoit encore dans le tombeau, et il y trouva, en tâtonnant, des herbes fortes, qui parurent si fraîches et si souples qu'on auroit dit qu'elles ne venoient que d'être coupées. La caisse étoit couverte d'une grosse toile ou sarpillière, qui fut toute resolue en poussière, au moment de l'ouverture du mausolée. Le tout étoit lié avec une corde, qu'il fallut couper pour avoir la caisse, tant elle étoit bien conservée. La caisse, qui paraissoit être de cèdre, étoit saine et entière. On y trouva, outre les herbes dont j'ai déjà parlé, le corps du prélat, enveloppé dans un grand sac de cuir, lequel étoit aussi sain et entier. Sur la tête, on vit du sang caillé contre le crâne et des cheveux qui y tenoient encore lorsqu'on l'a remis en place, et que j'ai vus moi-même. On retira le tout du tombeau, qui fut démoli tout de suite. La pierre qui le couvroit, et qui représente le cardinal en habits pontificaux, paroit être d'une espèce de marbre blanc. Elle fut mise d'abord au bout de la chapelle de Sainte-Agathe, et puis transportée à côté de la grande porte méridionale, en y entrant, à main gauche, près de la chapelle de l'Enfant Jésus. Le corps fut d'abord porté, avec le sac de cuir, dans l'ancienne sacristie, où il demeura jusques vers 1761. Alors le sacristain, par ordre de quelqu'un des chanoines, le mit en terre dans l'église, où il a resté jusqu'en 1768, qu'on l'a remis dans son ancien lieu. La plaque de cuivre sur laquelle est gravée l'épitaphe du cardinal, ayant été détachée du pillier, un autre chanoine la prit et l'emporta chez lui. Celle où sont gravées les armes du prélat fut portée au trésor du chapitre. Quant à la grille de fer qui renfermoit le tout, elle fut portée devant la figure de pierre du cardinal, où elle a resté aussi jusqu'en 1768. »

En 1768, sur les réclamations de plusieurs membres du chapitre, on replaça les restes du cardinal tout auprès de l'endroit où son corps avait été déposé et on restaura tant bien que mal le monument.

Le mausolée de Guillaume de Chanac, évêque de Mende et cardinal, était l'œuvre d'un sculpteur d'Avignon, Jean Le Court. Nous avons découvert aux archives de la Haute-Vienne la quittance de l'artiste, datée du 7 août 1389. (Voir notre notice : le *Tombeau de G. de Chanac, cardinal de Mende*, extrait du *Cabinet historique* de 1881).

(1) M. Juge de Laborie devint un des principaux collaborateurs de Turgot.

ont les dits sieurs Juge, advocat du Roy, et La Biche Démonmoulinet, bourgeois, et Jeremie Martin, marchand, presté le serment au cas requis. Fait le dit jour, mois et an que dessus.

> De Roulhac du Rouveix, consul; Petiniaud jeune, prevot consul; Malevergne du Fressiniat, consul; Segue de Lavalette, B. Senemaud, consul, juge; Vidaud du Gareau, consul; Jeremie Martin, Labiche de Ribierebeau.

Désignation d'un prédicateur pour 1754-1755. — Aujourd'hui, septiesme decembre mille sept cent cinquante trois, dans la salle de l'hotel de ville de Limoges, où estoient assemblés Messieurs les Prevosts Consuls et officiers municipaux pour proceder a la nomination d'un predicateur *(sic)*, les pères Paul Janison et Baptiste Javerliat (1), cordeliers, pour precher l'Avent de l'année mille sept cent cinquante quatre et le Caresme de l'année mille sept cent cinquante-cinq etc. (comme plus haut, p. 9).

> Petiniaud jeune, prevot consul; Segue de Lavalette, consul; Malevergne de Fressiniat, consul; Jeremie Martin, Juge, consul; Labiche de Ribierebeau.

Nomination d'un capitaine pour Lansecot. — Louis François de Perusse, comte des Cars, Lieutenant general pour le Roy au gouvernement du Haut et Bas Limousin, desirant pourvoir a ce que la charge de capitaine de la milice bourgeoise de Limoges, canton de Lancequot, soit occupée par une personne en etat d'en remplir les fonctions, nous avons commis et commettons par ces presentes le sieur Begougne pour exercer la dite charge, en faire les fonctions et jouir des honneurs, prerogatives dont ont coutume de jouir les pourveus de pareilles charges; mandons et ordonnons a tous les officiers, sergents et soldats qui composent le corps de la milice bourgeoise de la ville de Limoges, de le reconnoitre en la dite qualité. Fait en notre chateau des Cars, le dix sept janvier mille sept cent cinquante quatre. *Signé* : le comte des Cars, *et par* Monseigneur, Delage.

---

(1) On avait d'abord écrit *Bazelle-Javerlliat.*

Louis François de Perusse, comte des Cars, etc., desirant pourvoir a ce que la charge de porte enseigne de la milice bourgeoise de Limoges, canton de Manigne, soit occupée etc..., nous avons commis et commettons par ces presentes le sieur Jean Dorat pour exercer ladite charge, etc. (1).

Nomination d'un porte-enseigne pour Manigne

Louis François de Perusse, comte des Cars, etc., desirant pourvoir a ce que la charge de lieutenance de la milice bourgeoise de Limoges, de la compagnie des Bouchers, soit occupée etc..., nous avons commis et commettons par les presentes Jean Malinau dit le Jalat pour exercer la dite charge, etc... (2).

Nomination d'un lieutenant des Bouchers.

Louis François de Perusse, comte des Cars, etc., desirant pourvoir a ce que la charge de porte enseigne dans la compagnie du canton des Bouchers soit occupée par une personne en etat d'en remplir les fonctions, nous avons commis et commettons par ces presentes Audoin Parot le jeune pour exercer la dite charge, etc. (3).

Nomination d'un porte-enseigne des Bouchers.

DE PAR LE ROY,

Il est ordonné au sieur Delmestre de Bilon (4), demeurant en la paroisse de Dimenol, de sortir dudit lieu aussitost qu'il aura connoissance du present ordre et de se rendre incessamment et sans delay dans la ville de Limoges, pour y demeurer jusqu'a nouvel

Lettre de cachet exilant à Limoges le sieur Delmestre

---

(1) Même date : 17 janvier 1754.
(2) Même date.
(3) Même date.
On a plusieurs fois mentionné l'ouragan du 4 février 1754 qui, dit-on, coïncida avec un tremblement de terre. La foudre renversa un des clochetons de Saint-Michel. Plusieurs maisons furent endommagées par les pierres tombées du clocher. La voûte de l'église fut enfoncée et l'orgue détruit. Il se trouvait alors au-dessus de la porte du clocher. On le rétablit, mais en le plaçant en face, au-dessus de l'entrée nord, d'où on l'enleva plus tard, et où on l'a remis il y a dix ans.
On trouve aux Archives de la Haute-Vienne l'ordonnance en placard de l'Intendant, en date du 24 février 1754, relative à la vente de quatre cent quatre vingt quatorze colonnes de bois, réunies depuis longtemps pour les réparations de l'hôtel de ville et reconnues impropres aux travaux à y exécuter. Ces bois étaient déposés dans la maison de Mme veuve Bonnin, rue du Canard. L'adjudication était fixée au 2 mars 1754, à trois heures de relevée, et devait avoir lieu à l'hôtel de l'Intendance et en présence de l'intendant.
(4) Faut-il lire Billom ?

ordre de Sa Majesté. A luy enjoint de faire certifier au sieur comte de Saint-Florentin, ministre et secretaire d'Etat, le jour de son arrivée dans la dite ville de Limoges par les officiers municipaux d'icelle, le tout a peine de desobeissance. Fait a Versailles, le douze juin mille sept cent cinquante quatre. *Signé a l'original*, Louis, *et plvs bas*, Phelipaux.

<small>Notification de la précédente.</small> L'an mil sept cent cinquante quatre et le vingt deuxiesme jour du mois de juin, nous, Jean Vignelongue, sous-brigadier de la marechaussée generale de Guienne, a la residence d'Agen, soussigné, en consequence d'un ordre du Roy en date du courant *(sic)*, portant que le s^r Delmestre de Bilon se rendra incessamment et sans delay dans la ville de Limoges, pour y demeurer jusqu'a nouvel ordre de Sa Majesté, certifions avoir bien et duement signifié le susdit ordre au s^r Delmestre de Bilon et a yceluy enjoint d'avoir a y obeir et s'y conformer; auquel dit sieur Delmestre de Bilon nous avons baillé et laissé copie au long tant du susdit ordre que de notre presente signification, en parlant au dit sieur Delmestre de Bilon, trouvé dans la ville d'Agen, qui a pris la presente copie par nous signée.   Vigne-Longue.

<small>Nomination d'un major de la garde bourgeoise</small> Nous, Gouverneur, Maire *(sic)* et Prevots-Consuls de la ville de Limoges (1), desirant pourvoir a ce que la charge de major de la milice bourgeoise, vacante par la mort du sieur Malevergne du Masdoumié, soit occupée par une personne en etat d'en remplir les fonctions, nous avons commis et nommé, commettons et nommons par ces presentes le sieur Texandier jeune, gendre a Garat, capitaine du canton des Bancs, pour exercer la dite charge, en faire les fonctions et jouir des honneurs, prerogatives et privileges dont ont coutume de jouir les pourveus en pareille charge. Mandons et ordonnons a tous les officiers, sergents et soldats qui composent le corps de la milice bourgeoise de cette ville et *(sic)* de le reconnoistre en la dite qualité, et tout sous le bon plaisir de Monseigneur le marquis des Cars, lorsqu'il sera pourveu de la charge de lieutenant general

---

(1) Remarquons que cette nomination est faite par l'autorité municipale seule, bien que celle-ci associe, en tête de l'ordonnance, le nom du gouverneur au sien. Elle réserve toutefois l'approbation du futur Lieutenant-général. Le titulaire de ces hautes fonctions était mort le 20 juin 1754 à l'âge de cinquante-huit ans; il avait épousé Marie-Françoise-Victoire de Verthamon. Leur fils, François-Marie, comte des Cars, qualifié plus loin de marquis, marié à une des filles de Jacques de Fitz-James, maréchal de Berwick, lui succéda.

pour le Roy dans cette province. Fait a l'hotel de ville, le onze septembre mille sept cent cinquante quatre.

   Labiche de Ribierebeau, prevot-consul; Juge, consul; Malevergne, consul; Petiniaud jeune, consul; Martin, consul.

Nous, Gouverneur, Maire *(sic)* et Prevost-Consuls de la ville de Limoges, desirant pourvoir a la charge de capitaine de milice bourgeoise du canton des Bancs, qu'occupoit cy-devant le sieur Texandier, nommé a la majorité, avons commis et nommé, commettons et nommons le sieur Nouhailler, gendre a Barelier, cy-devant lieutenant de la meme compagnie, pour capitaine de la dite compàgnie, pour exercer la dite charge, en faire les fonctions et jouir des honneurs, prerogatives et privileges dont ont coutume de jouir les pourveus en pareille charge. Mandons et ordonnons a tous les officiers, sergents et soldats qui composent le corps de la milice bourgeoise de cette ville de le reconnoistre en la dite qualité, et tout sous le bon plaisir de Monseigneur le marquis des Cars lorsqu'il sera pourveu de la charge de lieutenant general pour le Roy dans cette province. Fait a l'hotel de ville le onziesme septembre mille sept cent cinquante quatre.

<small>Nomination d'un capitaine pour les Bancs.</small>

   Labiche de Ribierebeau, prevot-consul; Juge, consul; Malevergne, consul; Petiniaud jeune, consul; Martin, consul.

Nous, Gouverneur, Maire et Prevost-Consuls, etc., desirant pourvoir a la charge de lieutenant de la compagnie du canton des Bans, etc., avons commis et nommé, commettons et nommons le sieur Jean Origet, gendre a Ancellot (1), a la place de lieutenant de la compagnie du canton des Bancs, pour exercer la dite charge... (même date).

<small>Nomination à divers grades de la milice.</small>

Nous, Gouverneur, Maire et Prevost-Consuls de la ville de Limoges, desirant pourvoir a la charge de lieutenant du canton de la Boucherie, vacante par la mort d'un *(sic)* Jean Malinvaud dit le Jalat, avons commis et nommé, commettons et nommons le sieur

---

(1) On avait d'abord inscrit un autre nom qui a été gratté.

Audoin Parot le jeune, a la place de lieutenant de la compagnie du canton de la Boucherie, pour exercer la dite charge, etc. (même date).

Nous, Gouverneur, Maire et Prevost-Consuls de la ville de Limoges, desirant pourvoir a la charge de porte-enseigne du canton de la Boucherie, vacante par la promotion de Audoin Parot le jeune au grade de lieutenant de la compagnie de la Boucherie de la milice bourgeoise, avons commis et nommé, commettons et nommons Audoin Malinvaud, fils a feu Jean Malinvaud dit le Jalat, cy-devant lieutenant dans la dite compagnie, a la place de porte-enseigne de la compagnie du canton de la Boucherie, pour exercer la dite charge, etc... (même date).

Nous, Gouverneur, Maire et Prevost-Consuls de la ville de Limoges, desirant pourvoir a la charge de porte-enseigne de la compagnie du canton des Bancs, vacante par la promotion du sieur Origet au grade de lieutenant de la dite compagnie, avons commis et nommé, commettons et nommons par ces presentes le sieur Pierre Martin de Ventaux a la place de porte-enseigne de la dite compagnie du canton des Bans, pour exercer la dite charge, etc... (même date).

Copie de la lettre escrite a Mr de la Miliere par Monseigneur le Chancelier.

Monsieur, la contestation qui s'est elevée entre le curé de Saint-Pierre de votre ville et les Consuls est d'une espece singuliere ; il semble que ceux qui veulent faire dire un service doivent estre libres de choisir l'eglise qu'ils jugent a propos pour en faire la celebration, et dans le fait particulier, si l'eglise de Saint-Martial est plus considerable que celle de Saint-Pierre, il n'est pas surprenant que les Consuls choisissent celle-cy pour la ceremonie puisqu'elle est dediée a l'apostre particulier de la province.

Il faut que le curé de Saint-Pierre aye un titre particulier en sa faveur pour exiger que les services que les consuls font dire pour les gouverneurs et les lieutenants generaux de la province soyent celebrés dans son eglise preferablement a toute autre : je vois qu'il n'y a aucun titre bien positif, mais un simple usage ; et c'est une question de scavoir si un simple usage, dans un affaire de cette nature, peut equipoler a un titre. L'eglise de Saint-Pierre est la paroisse de l'hotel de ville ; mais c'est dans l'esglise de Saint-

Martial que les consuls ont coutume de s'assembler pour prêter le serment ; c'est la que le corps de ville a des places de distinction pour toutes les ceremonies publiques et qu'il assiste aux sermons payés par la ville pendant l'Avent et le Caresme, en sorte qu'on peut regarder l'eglise de Saint-Martial en quelque maniere comme la paroisse de l'hotel de ville, aussy bien que celle de Saint-Pierre. Il est vray qu'en 1696, les Consuls ayant voulu faire celebrer un service dans l'eglise de Saint-Michel pour Mme la marquise de Saint-Aulaire, le curé de Saint-Pierre, qui se fondoit sur l'ancien usage, pretendit que ce service devoit estre fait dans son eglise. M. de Bernage, alors intendant de la province, termina ce différend par sa mediation, et il fut passé une transaction par laquelle il fut convenu que le service seroit celebré dans l'eglise de Saint-Michel (1). Il semble qu'on convint alors que l'usage estoit en faveur de l'eglise de Saint-Pierre, et que le motif qui fit rejeter la pretention du curé fut que le service devoit estre fait le lendemain du jour que la transaction fut passée et que tous les preparatifs estoient faits dans l'eglise de Saint-Michel. Ce motif a esté allegué dans la transaction, et il fut ajouté que c'estoit sans tirer a consequence et sans prejudicier aux droits de l'eglise de Saint-Pierre et de la possession qu'elle peut avoir conformement a l'usage. La question n'a pas esté decidée alors, et la reserve des droits ne peut former un prejugé en faveur du curé de Saint-Pierre ; car, en meme temps qu'on lui a reservé ses droits, on a deu reserver aux consuls le droit de choisir une eglise pour faire celebrer le service dont il s'agit. Mais je trouve dans la transaction une clause qui paroit meriter attention ; elle est conçue en ces termes : « Pour dedommager le sieur curé de Saint-Pierre de ce que la ceremonie se fera dans l'eglise de Saint-Michel, les consuls luy ont payé les droits accoutumés d'estre payés a la dite eglise de Saint-Pierre par l'hotel de ville en telles occasions ». Ne peut-on pas interpréter ces termes en disant que l'indemnité donnée a l'eglise de Saint-Pierre denote que le curé de cette paroisse avoit le droit de celebrer le service et qu'on l'indemnise parce qu'on est forcé de deroger a ce droit dans la circonstance ou les preparatifs etoient faits dans une autre eglise ?... Cependant cette observation ne peut me determiner dans une affaire de cette nature, dans laquelle je ne puis croire qu'un usage ou si on veut une possession qui n'est qu'un droit de pure faculté puisse former un titre en faveur de l'esglise de Saint-Pierre, d'autant plus que je vois que

---

(1) Nous ne trouvons pas de trace de l'incident à nos registres; mais on peut voir au précédent volume (t. IV, p. 119) qu'en 1698 les consuls ayant décidé la célébration à Saint-Pierre du service funèbre de la comtesse d'Auvergne, le lieutenant général protesta contre le choix de cette église, et insista pour que la cérémonie eût lieu dans l'église Cathédrale.

depuis 1696 cet usage n'a plus eu lieu; ce qui s'est passé a la mort de Mʳ le mareschal de Bervik et du beau-pere de Mʳ de Tourny a formé un usage contraire qui s'est etably, si on peut le dire, contradictoirement avec les curés de Saint-Pierre, qui n'ont point reclamé depuis; c'est pourquoi je pense que le curé de Saint-Pierre n'est pas fondé a relever une pretention prescrite par un silence de plus de cinquante ans et qu'il doit laisser celebrer le service par le curé de Saint-Martial (1). Je suis, Monsieur, votre affectionné serviteur.

De Lamoignon.

A Fontainebleau, le 7 octobre 1754.

Nomination d'un capitaine pour Boucherie. Nous, Gouverneur, Maire et Prevost-Consuls de la ville de Limoges, desirant pourvoir a la charge de capitaine du canton de Boucherie, [vacante] par la demission de M. Francois Ardent, cy-devant capitaine, avons commis et nommé, commettons et nommons par ces presentes, le sieur Gabriel Grellet le jeune, pour capitaine du dit canton de Boucherie, cy-devant lieutenant de la meme compagnie, pour exercer la dite charge, en faire les fonctions et jouir des honneurs, prerogatives et privileges dont ont coutume de jouir les pourveus en pareille charge. Mandons et ordonnons a tous les officiers, sergents, soldats qui composent le corps de la milice bourgeoise de cette ville, de le reconnoistre en la dite qualité : le tout sous le bon plaisir de Monseigneur le marquis des Cars lorqu'il sera pourveu a la charge de Lieutenant general pour le Roy dans cette province. Fait a l'hotel de ville, ce quinziesme novembre mille sept cent cinquante quatre.

Martin, prevost-consul; Malevergne, consul; Juge, consul; Petiniaud jeune, consul; Labiche de Ribierebeau, consul.

Nomination aux autres grades d'officiers du même canton. Nous, Gouverneur, Maire et Prevost-Consuls de la ville de Limoges, desirant pourvoir a la charge de lieutenant de la compagnie du canton de Boucherie, vacante par la promotion du sieur Grellet jeune etc., avons commis et nommé, commettons et nommons le sieur Ardent du Masjambaud, gendre a M. Dupuymoulinier, a la place de lieutenant de la compagnie du canton de Boucherie, pour exercer la dite charge, etc. (2).

---

(1) Il n'y avait pas de curé de Saint-Martial à cette époque. Le chapitre qui desservait la basilique ne possédait qu'une juridiction domestique.
(2) Même date.

— 75 —

Nous, Gouverneur, Maire et Prevost-Consuls de la ville de Limoges, desirant pourvoir a la charge de porte-enseigne du canton de Boucherie, vacante par la promotion du sieur Ardent du Masjambaud au grade de lieutenant, etc., avons commis et nommé, commettons et nommons le sieur Pouyat, gendre a Muret, a la place de porte enseigne de la compagnie du canton de Boucherie, pour exercer la dite charge, etc., (1).

Election et nomination de Messieurs les Prevots-Consuls, faite dans la grande salle de l'hotel de ville de Limoges, cejourd'hui, septiesme decembre mille sept cent cinquante quatre, par Messieurs les soixante prudhommes nommés par Messieurs les Prevots-Consuls et officiers en charge municipaux a la maniere accoutumée, et ce pour l'année mille sept cent cinquante cinq, — les Prevots-Consuls ont donné acte de l'election et nomination presentement faite des personnes de Messieurs Roulhiat du Cluzeaud, conseiller du Roy, premier consul, et Monsieur Malevergne de Freyssinias, medecin, second consul; Mr Roger, gendre a Brunier, marchand, pour troisieme consul, et du pouvoir a eux donné par les habitans de lever toutes les sommes qui seront dues a la ville, comprises dans l'estat du Roy. Et ont les dits sieurs Roulhiat du Cluzeaud, conseiller, et Malevergne de Freyssinias, medecin, et Roger, marchand, qui *(sic)* ont presté le serment au cas requis. Fait le jour, mois et an que dessus.

Election des consuls pour 1755.

MARTIN, prevost-consul ; SEGUE DE LA VALETTE, consul; JUGE, consul ; MALEVERGNE DE FRESSINIAT, consul ancien continué (2); LABICHE DE RIBIEREBEAU, consul ; PETINIAUD jeune, ROULHAC DE ROULHAC, consul, ROGER, consul.

Aujourd'huy, septiesme decembre mille sept cent cinquante quatre, dans la salle de l'hotel de ville de Limoges, ou estoient assemblés messieurs les Prevots-Consuls et officiers municipaux pour proceder a la nomination d'un predicateur, le reverend pere Fayet (2), de la Compagnie de Jésus, pour precher l'Avent de l'an-

Désignation d'un prédicateur pour 1755-1756.

---

(1) Même date.
(2) On sait qu'aux termes des anciens règlements, qui ne faisaient du reste que consacrer les coutumes du Consulat, un magistrat municipal ne pouvait être réélu qu'après une interruption de fonctions de cinq années.
(3) Peut-être *Fayes*.

née mille sept cent cinquante cinq et le Caresme de l'année mille sept cent cinquante six, etc. (comme plus haut, p. 9),

MARTIN, prevost-consul ; JUGE, consul ; MALEVERGNE DE FRESSINIAT, nouveau consul ; LABICHE DE RIBIEREBEAU, consul ; ROGER, consul ; ROULHAC DE ROULHAC, consul.

<small>Nomination divers grades dans la milice.</small>

Nous, Gouverneur, Maire, Prevost-Consuls de la ville de Limoges, desirant pourvoir a la charge de capitaine de la compagnie du canton de la Boucherie, vacante par la mort de Audoin Malinvaud dit le Jalat, avons commis et nommé, commettons et nommont le sieur Audoin Parot le jeune a la place de capitaine du canton de la Boucherie, pour exercer la dite charge, etc. (1).

Fait à l'hotel de ville le trentiesme novembre mille sept cent cinquante quatre.

MARTIN, prevost-consul ; JUGE, consul ; MALEVERGNE, consul ; PETINIAUD jeune, consul ; LABICHE DE RIBIEREBEAU, consul.

Nous, Gouverneur, Maire, Prevost-Consuls de la ville de Limoges, desirant pourvoir a la charge de lieutenant de la compagnie du canton de la Boucherie, vacante par la promotion du sieur Audoin Parot le jeune au grade de capitaine, etc. ; nous avons commis et nommé, commettons et nommons le fils de Audoin Malinvaud dit le Jalat (2) a la place de lieutenant de la compagnie du canton de la Boucherie pour exercer la dite charge etc., (3).

(1) Même formule que ci-dessus, page 74.
(2) Du capitaine au remplacement duquel il vient d'être pourvu.
(3) Même date. Il s'agit, à ces nominations, d'officiers de la compagnie de la rue Torte ou des Bouchers et non de la compagnie du canton de Boucherie (rue actuelle du Collège et rues adjacentes).
Mentionnons, pour ne rien omettre, que le 22 mai, jour de la foire de la Saint-Loup, on rompit à Limoges un nommé Legrand, chef d'une bande de voleurs qui avait son refuge dans la forêt d'Eymoutiers. La maréchaussée eut toutes les peines du monde à s'emparer de lui ; on le garda près de deux ans dans les prisons de la Cour. Le cadavre du malfaiteur « après avoir resté cinq ou six jours exposé sur la roue, à la place des Bancs, devant le pilory, fut ensuite porté dans la forêt où il avait commis la plupart de ses crimes, et on l'y attacha au haut d'un arbre. (LEGROS). »
On avait pendu le même jour un des hommes de cette bande ; deux autres le furent le 23 et un certain nombre d'autres subirent diverses peines.

Aujourd'huy, vingt quatriesme jour du mois de may mille sept cent cinquante cinq, dans la salle de l'hotel commun de cette ville, ou estoient assemblés Messieurs les Prevots-Consuls, Monsieur Roger, prevost-consul, a exposé qu'en conformité des anciens usages et des statuts et lettres patentes portant etablissement de l'hopital general de cette ville, il doit estre procedé a la nomination de trois administrateurs a la place des trois precedemment nommés par la maison de ville, qui sortent de charge, sans prejudice a de plus grands droits. La chose mise en deliberation, ont d'une commune voix nommé et nomment Messieurs Goudin, ecuyer, seigneur de la Borderie ; Pierre Martin, ecuyer, seigneur du Reynoux ; Petignaud, gendre a Malevergne, lesquels ont esté nommés pour administrateurs, pour remplir les places d'administrateurs pendant quatre ans a commencer au premier septembre prochain, avecque les autres administrateurs qui resteront en charge : dont et du tout a esté fait le present acte pour valoir et servir que de raison. Fait le jour, mois et an que dessus.

Nomination de trois administrateurs de l'hôpital

Roger, prevost-consul ; Juge, consul ; Malevergne de Fressiniat, consul ; Roulhag de Roulhac, Labiche de Ribierebeau, Martin, consul.

Aux Cars, le 3ᵉ juillet 1755 (1).

Le Roy m'ayant accordé, Messieurs, la charge de son Lieutenant general en la province des Haut et Bas-Limousin et m'en ayant fait expedier les provisions, je vous en envoye une copie collationnée, et de l'arrest d'enregistrement d'icelles, afin que vous ayes a l'etablir sur vos registres et vous y conformer. Accusés m'en la reception et instruisés moy de ce que vous aurés fait a cet egard. Je suis, Messieurs, votre tres affectionné serviteur. Le marquis des Cars.

Envoi par le marquis des Cars d'une copie de ses provisions de lieutenant général au gouvernement.

Mrs les Prevots-Consuls de la ville de Limoges.

Louis, par la grace de Dieu Roy de France et de Navarre, a tous ceux qui ces presentes lettres verront, salut. La charge de notre Lieutenant general du Haut et Bas-Limousin etant actuelle-

---

(1) Cette lettre existe en original aux archives de la ville AA³. Elle est écrite sur papier in-4° à bordure de deuil et signée : *le M. D'Escars*.

ment vacante par le deces du sieur Comte des Cars, dernier titulaire, nous avons cru ne pouvoir faire un meilleur choix pour la remplir que de la personne de notre cher et bien aimé le sieur Marquis des Cars, son fils, marechal de nos camps et armées, par la connoissance que nous avons de sa valeur, son experience, capacité et affection a notre service, dont il nous a toujours donné des preuves dans nos armées. A ces causes et autres a ce nous mouvant, nous avons le dit sieur marquis d'Escars *(sic)* fait, constitué et ordonné et etably et par ces presentes signées de notre main constituons, ordonnons et etablissons notre Lieutenant general des Haut et Bas-Limousin ; et la dite charge a luy avons donnée et octroyée, donnons et octroyons pour [a] l'avenir tenir, exercer, en jouir et user aux honneurs, authorités, prerogatives, preeminences, franchises, libertés, gages, etats, apointements, droits, fruits, profits, revenus et emolumens y appartenant, tels et semblables qu'en a jouy ou deu jouir ledit feu sieur comte D'Escars, avec plein pouvoir que nous luy donnons pour, sous notre authorité, et en l'absence du Gouverneur et notre Lieutenant general des Haut et Bas-Limousin, y representer notre personne et contenir nos sujets et habitans dudit gouvernement en la fidelité et obeissance qu'ils nous doivent ; les faire vivre en bonne union et concorde les uns avec les autres ; pacifier, faire cesser tous debats et querelles qui pourroient survenir entr'eux, faire punir par nos juges ceux qui se trouveront autheurs et coupables des desordres et qui contreviendront à nos edits et ordonnances ; iceux faire garder et observer inviolablement ; mander, convoquer et assembler pardevant luy, en tel lieu et touttes les fois que bon luy semblera et besoin le requerera, les gens d'eglise, la noblesse, officiers, maires, echevins, bourgeois et habitans des villes et lieux dudit gouvernement, pour leur faire entendre et ordonner ce qu'ils auront a faire pour notre service, leur sureté et conservation ; aviser et pourvoir aux affaires occurrentes des dits pais ; commander aux gens de guerre, tant a cheval que de pied, qui y sont ne *(sic)* seront cy apres etablis en garnison ; ordonner de la garde, conservation des villes et chateaux ; contenir les gens de guerre dans l'ordre et discipline militaire, suivant nos ordonnances ; empecher qu'il ne s'y fasse aucunes levées sans notre permission, et que les habitants des dites villes et lieux ne reçoivent aucun dommage, foule ny oppression ; faire incontinent punir et chatier ceux qui commettront quelque chose au contraire, et generalement faire et ordonner a tous et uns chacuns les choses susdittes qui concernent le bien de notre service au dit pais : tout ce que nous memes ferions si presents en personne y etions, encore que, le cas requis, mandement plus special qu'il n'est porté par ces dites presentes *(sic)*, et ce tant qu'il nous plaira. Si donnons en mandement a nos amés et feaux conseillers les gens tenant notre cour de parlement a Bordeaux, et a tous autres, nos officiers et justiciers qu'il appartiendra, [que], chacun en droit soy, ils fassent enregistrer, et le dit sieur marquis D'Escars, duquel nous nous sommes reservé de prendre et recevoir le serment en tels cas requis et accoustumé, ils ayent a faire et laisser jouir et user pleinement et paisiblement de la dite charge de notre Lieutenant general des Haut et Bas-Limousin, ensemble de tout ce qui en depend, et a lui obeir et entendre de tous ceux et ainsy qu'il appartiendra ez choses touchant et concernant la dite charge, sans permettre luy être fait aucun trouble et empeschement au contraire; et a tous baillis, seneschaux, prevots et leurs lieutenants, capitaines et conducteurs de nos dits gens de guerre tant de cheval que de pied, de luy obeir dans les dits païs et gouvernement, en l'absence du gouverneur, en tout ce qu'il ordonnera et commandera pour notre dit service. (1)

Mandons, en outre, a nos amés et feaux les gardes de notre tresor royal, tresoriers generaux de nos finances et de l'ordonnance extraordinaire des guerres, qu'a compter du jour du decès dudit feü sieur comte D'Escars, ils ayent a faire payer et delivrer audit sieur marquis D'Escars, par chacun an, aux termes et en la maniere accoustumée, les gages et appointements attribués a la dite charge suivant nos etats; et rapportant les presentes ou copie d'icelle aux quittances dudit sieur marquis des Cars, sur ce suffisantes, nous voulons que tout ce qui luy aura eté payé et delivré a l'occasion susditte, etre passé et alloué en la depense des comptes de ceux quy en auront fait le payement, par nos amés et feaux conseillers les gens de nos comptes, auxquels mandons ainsy le faire sans difficulté, car tel est notre plaisir. En temoin de quoy nous avons fait mettre notre scel a ces dittes presentes. Donné a Versailles, le dixiesme jour du mois d'aoust, l'an de grace mil sept cent cinquante-quatre et de notre regne le trente-neuviesme. *Signé* : Louis, *et au dos* : par le Roy, PHELIPPEAUX.

Extrait des registres du Parlement.

Veu par la Cour la requette a elle presentée par François-Marie de Perusse, Marquis des Cars, chevalier de l'ordre militaire de St-Louis, mareschal des camps et armées de Sa Majesté, conte-

Arrêt d'enregistrement au Parlement de Bordeaux.

---

(1) Ces attributions, telles qu'elles sont ici exposées, ne sont pas sans rappeler celles dont les sénéchaux de Saint-Louis et de ses successeurs immédiats avaient été investis.

nant qu'il a plu au Roy de le pourvoir de la charge de son Lieutenant general du Haut et du Bas-Limousin, suivant ses provisions données a Versailles le dix aoust dernier, par lesquelles il a plu encore au Roy de se reserver devant luy le serment de fidelité du suppliant, dont il l'a dispensé pour un an par ses lettres patentes du quatorze octobre aussy dernier, lesquelles ainsi que les susdittes provisions etant adressées a la Cour, aux fins de leur enregistrement et de l'execution d'icelles, c'est pourquoy le supliant requiert qu'il plaise a la Cour ordonner que tant les provisions, a luy accordées par Sa Majesté, de la charge de Lieutenant general pour le Roy du Haut et Bas-Limousin, que les lettres ou brevets qui le dispensent pour un an de preter le serment de fidelité pour la dite charge, seront enregistrées ez registres de la Cour pour y avoir recours quand besoin sera et jouir par le suppliant de l'effet du contenu en icelles conformement a la volonté du Roy, la dite requette signée Estienne, procureur du suppliant, ayant au pied l'ordonnance de la Cour de *Soit montré au Procureur general du Roy,* du vingt-quatre du present mois, et de luy repondue par les conclusions mises au bas le mesme jour, signées Du Vigier; veu aussi les provisions de la charge de Lieutenant general pour le Roy du Haut et Bas-Limousin accordées par Sa Majesté au suppliant, la dite charge vacante par le decès du Comte des Cars, dernier titulaire, données a Versailles, le dixiesme du mois d'aoust de l'année derniere mil sept cent cinquante-quatre, signées Louis, *et sur le reply* : par le Roy, Phelippeaux, et scellées sur cire jaune du grand sceau de France ; veu aussy les lettres par lesquelles Sa Majesté a relevé et dispensé le suppliant du serment qu'il doit preter, dont il proroge le delai pour une année, et veut Sa Majesté que nonobstant le deffaut de prestation dudit serment, il soit procédé a l'enregistrement des dites provisions ; données les dites lettres de dispense a Fontainebleau le quatorze octobre dernier, *signées* Louis : *plus bas* par le Roy, Phelippeaux, et egalement scellées du grand sceau de France sur cire jaune; ouy le rapport, dit a eté que la Cour, ayant egard a la dite requette, du consentement du Procureur general du Roy, a ordonné et ordonne que tant les provisions de la charge de Lieutenant general pour le Roy du Haut et du Bas-Limousin, accordées par Sa Majesté au suppliant, que les lettres de dispense de preter le serment, seront enregistrées ez registres de la Cour pour y avoir recours quand besoin sera, et jouir par le suppliant de l'effet du contenu en icelles, conformement a la volonté du Roy. Prononcé a Bordeaux, en Parlement, le vingt-six fevrier mil sept cent cinquante cinq. Reçu quatorze livres seize sols pour les trois sols par livre des epices. *Signé* : PESCHEUR. Dument collationné, *signé :* ROGER. Collationné par nous, ecuyer, conseiller, secretaire du Roy, Maison, Couronne de France et de ses finances, TOUSA.

MONSEIGNEUR,

Nous avons receu la copie collationnée qu'il vous a plu nous envoyer des provisions que le Roy vous a accordé de la charge de son Lieutenant general en la province du Haut et Bas-Limousin, a la suitte de laquelle est celle de l'arrest d'enregistrement au Parlement de Bordeaux ; nous avons, sur-le-champ, fait rapporter l'un et l'autre sur les registres de notre Hotel-de-Ville.

Nous aurons, Monseigneur, attention de nous y *(sic)* conformer exactement, d'executer les ordres que vous nous adresserés, et de vous temoigner le profond respect avec lequel nous avons l'honneur d'estre, Monseigneur,

Les Consuls de la ville de Limoges.

Le 3e juillet 1755.

Lettre des consuls au nouveau lieutenant général

Le 3e juillet 1755, Messieurs les Consuls ont deputé d'une voix unanime Mr Roulhiat du Cluzeau, Conseiller au Presidial, et Mr Malevergne de Freyssinias, medecin, deux d'entre eux, pour aller rendre visite, de la part de la ville, a Monseigneur le marquis des Cars, au sujet de sa nouvelle dignité (1).

Députation au nouveau lieutenant général

JUGE, prevost-consul ; ROULHAC DE ROULHAC, consul ; MARTIN, consul ; LABICHE DE RIBIEREBEAU, consul ; ROGER, consul.

Aux Cars, ce 5e juillet 1755.

J'ay receu, Messieurs, votre lettre du trois juillet par laquelle vous me marqués avoir receu la copie collationnée des provisions de la charge de Lieutenant general de la province du Limousin que je vous ai adressée.

Lettre du marquis des Cars aux consuls.

(1) Nous avons vu, dans les précédents registres, plusieurs exemples de députations analogue.

Un des principaux devoirs de cette place, que le Roy a bien voulu m'accorder, etant de veiller au maintien de l'ordre et tranquillité publique, a celuy de ses ordonnances et reglements, et de faire punir ceux qui y contreviendroient, je vous prie, Messieurs, d'estre exacts a m'informer de tout ce qui pourroit y arriver de contraire dans l'etendue de votre district, soit de la part des citoyens, gens de guerre ou autres, de tel etat et condition qu'ils puissent etre ; et comme je n'ay rien tant a cœur que le bien general de la province et en particulier celuy de votre ville, je vous prie, Messieurs, qu'a l'avenir, il n'y soit rien fait ny innové sans qu'au prealable j'en aye esté instruit et que vous m'ayés mis a meme de juger sy le bien et l'avantage de votre ville s'y trouve. Je suis, Messieurs, votre affectionné serviteur. Le MARQUIS DES CARS.

MONSEIGNEUR,

Reponse des consuls.

Nous sommes tres sensibles a l'affection que vous voulés avoir pour le bien general de la province et en particulier pour celuy de la ville de Limoges. Nous serons, Monseigneur, exacts a vous informer des connaissances que nous aurons de tout ce qui pourra arriver dans notre district de contraire au maintien de l'ordre et tranquillité publique, a celuy des ordonnances et reglements, soit de la part des citoyens, soit de la part des gens de guerre ou autres.

Pour ce qui est, Monseigneur, de l'objet de notre administration, nous serons charmés de nous guider par vos ordres dans tout ce qu'il y aura d'interessant. Nous avons l'honneur d'estre avec un profond respect, Monseigneur, votre tres humble et tres obeissant serviteur.

Les Consuls de la ville de Limoges.

Limoges, le 5e juillet 1755.

Lettre de Monseigneur le Marquis des Cars escrite a Messieurs les Consuls.

Aux Cars, le 17e aoust 1755.

J'ay receu, Messieurs, la tesse (1) que vous m'avez adressée : recevés icy mes remerciements d'y avoir assisté pour moy.

(1. Invitation, avis d'obsèques, billet de spectacle, de *tessera*. Il s'agit ici de l'annonce du service funebre que les consuls ont fait célébrer pour le feu marquis des Cars.

Je confirmeray avecque grand plaisir dans leurs offices de la milice bourgeoise ceux que vous avés etably pendant lavacance(1), et vous devés etre persuadés que m'en feray toujours un d'avoir attention aux sujets que vous me proposerez pour remplir les places qui vacqueront a l'avenir.

Il est bien vray que la place du nommé Roche m'a paru assés inutile ; mais on pourroit luy donner une place de sergent lorsque il en vacquera et supprimer la sienne. Je suis, Messieurs, votre tres affectionné serviteur, LE MARQUIS DES CARS.

Election et nomination de Messieurs les Prevots-Consuls, faitte dans la grande salle de l'hotel de ville de Limoges, cejourdhuy, septiesme decembre mille sept cent cinquante cinq, par Messieurs les soixante prudhommes nommés par Messieurs les Prevots-Consuls et Officiers en charge municipaux (sic) a la maniere accoutumée, et ce pour l'année mille sept cent cinquante six, — les Prevots-Consuls ont donné acte de l'election et nomination presentement faitte des personnes de Messieurs Montaudon, conseiller, et Monsieur Boisse de Craizain, medecin, et Monsieur Deperet, gendre a Dupont, marchand, et du pouvoir a eux donné par les habitans de lever toutes les sommes qui seront dues a la ville, comprises dans l'etat du Roy, et ont les dits sieurs Montaudon, conseiller, et Boisse, medecin, et Deperet, gendre a Dupont, qui ont (sic) presté le serment au cas requis. Fait le jour, mois et an que dessus.

Election des consuls pour 1755-1756.

ROULHAC DE ROULHAC, prevost-consul ; JUGE, consul ; LABICHE DE RIBIEREBEAU, consul ; MALEVERGNE DE FRESSINIAT, consul ; MARTIN DE LA PLAGNE, consul ; ROGER, consul ; BOISSE DE CREZEN, DEPERET l'ainé, MONTAUDON, consul.

(1) On remarquera que, dans les deux lettres précédentes, les Consuls n'ont pas abordé ce sujet, qui devait être pourtant le plus intéressant pour eux Il nous manque donc une partie de leur correspondance avec le Lieutenant général. Nous devons le regretter. Il ne serait pas impossible que quelques feuillets eussent été anciennement arrachés entre les feuillets 300 et 301 (aujourd'hui 288 et 289 de notre registre).

La marquise douairière des Cars mourut vers cette époque. Les Consuls firent célébrer un service solennel pour le repos de son âme. Nous trouvons, aux archives municipales (AA³), la lettre suivante, qui leur fut écrite par le Lieutenant général au gouvernement à cette occasion :

« Je m'etois proposé, Messieurs, de me rendre à Limoges dans le tems du service que vous faittes faire pour feu ma mere et de vous y marquer ma sensibilité a touttes les marques d'atachement que je recois de votre part.

Désignation de prédicateurs pour 1756-1757.

Aujourd'huy, septiesme decembre mille sept cent cinquante cinq, dans la salle de l'hotel de ville de Limoges, ou estoient assemblés Messieurs les Prevots-Consuls et officiers municipaux, pour proceder a la nomination d'un predicateur, ont nommé d'une commune voix pour precher l'Avent de l'année mille sept cent cinquante six et le Caresme de l'année mille sept cent cinquante sept, le Reverend Pere Tibaud, jacobin, pour l'Avent, — et le Reverent Pere Perrot, jacobin, pour precher le Caresme ; — et (comme plus haut, p. 9.).

ROGER, consul ; ROULHAC DE ROULHAC, prevost-consul MALEVERGNE DE FREYSSINIAT, consul ; BOISSE DE CREZEN ; MONTAUDON ; DEPERET, consul (1).

Démission et remplacement de J. Pétiniaud administrateur de l'hôpital.

Dans l'hotel de ville de Limoges, le quinze decembre mille sept cent cinquante cinq, avant midy, par devant nous, Pierre Thomas, notaire, garde nottes du Roy a Limoges, et tesmoins soussignés, est comparu s^r Jacques Petignaud, gendre a Malevergne, bourgeois et negociant de cette ville, y demeurant rue Ferrerie, paroisse de Saint Michel des Lions, lequel adressant la parolle a Messieurs Roulhiat du Cluzeau, seigneur de Roulhiat, conseiller du Roy en la seneschaussée et siege presidial de cette ville, prevost-consul en charge dudit Limoges ; Montaudon, seigneur du Mont, conseiller du Roy au meme siege ; Malevergne, seigneur de Frayssinias, docteur en medecine ; Boisse, sieur de Crezin, aussy docteur en medecine ; Rogier, bourgeois et negociant, et Deperet, sieur de Coubras, aussy bourgeois et negociant, tous consuls et en charge de la presente ville, icy assemblés, leur a exposé que, par acte sous seing privé, du vingt

» Mes affaires m'obligent de partir au premier jour pour me rendre a Paris, et je ne puis differer mon départ : ce qui met un obstacle invincible au desir que j'ai d'aller a Limoges. Aucun de mes frères ny de mes enfants ne sont en Limousin.

» Si pendant mon séjour a Paris je pouvois, Messieurs, rendre queque service a votre ville et a chacun de vous en particulier, j'en serois tres flatté.

» Je suis, Messieurs, votre tres affectionné serviteur. »

LE M. D'ESCARS.

A Pranzac, le 10 novembre 1755.

L'hôtel de ville avait également fait célébrer un service pour le père de l'intendant Chaumont de La Millière.

(1) Le 8 décembre 1755, on célébra à Limoges, par des réjouissances publiques, la naissance de Louis-Stanislas-Xavier de France (depuis Louis XVIII); on avait défendu, par crainte des incendies, d'allumer, comme c'était l'usage, de petits feux de joie dans les rues, et il n'y eut qu'un seul feu de joie, celui de la place Tourny. Néanmoins, dans la nuit du 8 au 9, un incendie éclata dans une maison de la petite rue allant de la porte Manigne à la rue du Verdurier. Cette maison fut brûlée avec deux maisons voisines, et plusieurs autres bâtiments furent endommagés.

quatre may dernier, controllé le meme jour par Baget, il fut nommé par mes dits sieurs consuls, avec Messieurs Goudin de la Laborderie, ecuyer, et Martin du Reynaud *(sic)*, aussy ecuyer, pour administrateur de l'hopital general de cette ville, pour en faire les fonctions pendant quatre ans a commencer le premier septembre lors prochain ; mais comme ses occupations ne luy ont pas permis ny ne luy permettent pas encore de se preter au dû de cette charge et que le bien et interest des pauvres en pourroit souffrir, il prie mes dits sieurs consuls de recevoir sa demission de la dite charge d'administrateur qu'il declare leur faire par ces presentes, pour y estre pourveu de telle autre personne qu'ils jugeront a propos. La chose mise en deliberation, mes dits s^{rs} Consuls ont accepté la dite demission et, par les memes presentes, mes dits sieurs Consuls ayant de nouveau deliberé, ont d'une commune voix nommé comme nomment pour administrateur dudit hopital, au lieu et place du dit sieur Petignaud, la personne de s^r Jean Baptiste Texandier, gendre a Mr Garat, pour par luy faire les fonctions attachées au dû de cette charge, a commencer de ce jour jusqu'au premier septembre mille sept cent cinquante neuf, conjointement avec les dits sieurs Laborderie et du Reynaud, cy devant nommés par l'acte sus daté ; laquelle nomination des dits sieurs consuls, confirmée (?) en temps que de besoin, seroit sans prejudice aux dits sieurs consuls a plus amples droits ; dont et de quoy il nous ont requis acte. Fait et passé a Limoges, dans le dit hotel de ville, en presence de Pierre de Maledent et Laurent Fournaud, habitants du dit Limoges, temoins.

   Signé a la minute : Petignaud ; Roulhiat de Roulhiat, prevost-consul ; Montaudon, consul ; Malevergne, consul ; Boisse, consul ; Rogier, consul ; Deperet l'ainé, consul ; Fournaud de Maledent, — et controllé par Baget, qui a receu 24 s. *Signé :* Thomas, notaire.

Messieurs les Maires, Prevots et Consuls de la ville de Limoges supplie humblement Martial Soulage, maitre entrepreneur de cette ville, disant qu'il luy a eté adjugé, par une ordonnance du Bureau des Finances du cinq du mois de may mille sept cent cinquante six, un emplacement vuide situé dans le domaine du Roy, d'environ quatre vingt seize pieds de longueur sur dix huit de large, a prendre depuis l'encoigneure de la tour appelée de la Pyramide, en montant a celle appelée Branlan, moyennant un arrente-

<small>Requête d'un propriétaire riverain des remparts. Décision favorable.</small>

ment fait au profit du Roy, de la somme de cinquante sols annuellement.

Comme il ne s'est rendu adjudicataire dudit terrain que pour y construire une maison et des greniers qui puissent communiquer a la maison a luy appartenante servant actuellement d'auberge, ou pend pour enseigne la Puyramide, et que cette communication ne peut se faire que par le moyen de l'enlevement des terres qui forme *(sic)* un arceau des murs de la ville a la hauteur d'environ sept a huit pieds, qu'il luy est encore necessaire de creuser au dessous d'une petite rue qui est entre les murs de la ville (1) et sa dite maison, — a ces fins, il a recours a votre aulthorité et justice afin que, ce consideré, Messieurs, il vous plaise de vos graces luy permettre de faire enlever les dites terres etant au devant du dit cintre et de faire creuser dans le terrain au dessous la dite rue, pour que le suppliant puisse communiquer de sa maison dans le dit terrain ou emplacement dont est question, sous l'offre que le suppliant fait d'entretenir le tout en bon etat, — et vous ferés justice. *Signé :* SOULAGE.

Permettons au suppliant l'effet de sa requette, qui ne vaudra qu'au temps *(sic)* que nous y donnons notre consentement, sous la reserve de celuy du fermier des octrois et droits patrimoniaux, et de la soumission contenue dans icelle. A Limoges, dans l'hotel de ville, ce vingt unieme may mil sept cent cinquante six. *Signé :* DEPERET l'ainé, prevot consul ; ROULHAC DE ROULHAC, consul ; MONTAUDON, consul ; MALEVERGNE, consul ; BOISSE, consul ; ROGIER, consul.

A Messieurs les Prevots et Consuls de la ville de Limoges.

Requete analogue a la précédente. Décision favorable.

Supplie humblement Michel Brouillaud, maitre chapelier de la presente ville, disant qu'il est proprietaire d'une maison qu'il occupe, contiguë aux murs de la ville, au-dessous de la porte Manigne ; et comme l'emplacement de la susdite maison est trop gené pour y placer les laboratoires des ouvriers qui luy sont necessaires, il est obligé de se servir d'une autre maison a luy appartenante, qui est située par le derrier (1) de celle qui cy dessus designée et au dela des dits murs, de sorte qu'il est obligé de faire le tour des susdits murs et entrée par la dite porte Magnine pour aller

---

(1) L'ancien chemin de ronde que les règlements ordonnaient, dès le XIIIe siècle, de laisser entre les constructions privées et les remparts.

(2) On trouve fréquemment cette locution *au derrier, par le derrier* ou même *par le dernier.*

donner les ordres convenables a ces ouvriers et conduire les ouvrages qu'il fait fabriquer ; ce qui l'a exposé souventes fois a estré insulté la nuit par des coureurs et gens qui fesoient du bruit dans la rue : ce qui l'a obligé d'avoir recours a vous, Messieurs, aux fins que, ce consideré, il vous plaise de vos graces luy permettre faire une porte dans la dite maison, qui traverse les susdits murs, qui le conduira positivement dans l'endroit ou il fait fabriquer les marchandises de son commerce, sous offre qu'il fait de remettre le tout en bon etat et de ne faire aucun mauvais usage de la commodité que vous voudrez bien lui permettre, — et ferez bien. *Signé :* BOUILLAUD *(sic)*.

Permettons au suppliant l'effet de sa requette, qui ne vaudra qu'autant que nous y donnons notre consentement, sous les reserves du fermier de celuy des octrois et patrimoniaux (1), de la soumission contenue en ycelle, en ce qu'il entretiendra a ses frais et depens a l'avenir et pour toujours la portion du mur ou il fera une ouverture qu'il demande par sa requette. Fait a l'hotel de ville, ce 21 may 1756.

Signé : DEPERET l'ainé, prevot-consul; ROULHIAT DE ROULHIAT, consul ; MONTAUDON, consul ; MALEVERGNE, consul ; ROGIER, consul.

Aujourd'huy, vingt unieme may mil sept cent cinquante six, dans l'hotel commun de cette ville, ou etoient assemblés Messieurs les Maires, Prevosts et Consuls en charge et Messieurs les anciens Consuls soussignés, Monsieur Deperet l'ainé, prevot-consul, a dit et exposé que depuis quelques jours il est arrivé en cette ville le nommé Gabriel Chardin, qui a etably un carousel (2) pendant quelques jours sur l'avant place de la place d'Orsay ; qu'ensuite il s'est avisé de le transporter dans la dite place, ou il en faisoit faire l'exercice le jourd'hui, sur le soir ; qu'a cette occasion, il s'assembla un nombre infiny d'enfants et de toutes sortes de personnes de la lie du peuple ; lesquels, pour voir le spectacle avec plus de facilité, monterent sur les murs de la dite place d'Orsay nouvellement réparés, et y commirent infailliblement quelques degradations, malgré que, pour prevenir tels inconveniens, les sieurs Consuls

Mesures de police au sujet du carrousel du sieur Chardin.

---

(1) On a voulu dire sans doute : « Sous les réserves de celui (du consentement) du fermier des octrois et patrimoniaux. »
(2) Ce que nous appelons aujourd'hui un *cirque*.

eussent fait faire des deffenses au dit Chardin par acte du jourd'hui de Beraud huissier, d'etablir son dit carousel dans la dite place : auquel il n'a voulu deferer par pretexte d'une pretendue permission a luy accordée sans droit ni qualité par le sieur Regnaudin, tresorier de France ; et comme une pareille entreprise est contraire aux droits de la ville et du public, et que d'ailleurs, en la tolerant, ce seroit donner occasion de commettre plusieurs degradations, soit dans les murs, soit dans les arbres et charmille qui font l'ornement de cette place, le dit sieur prevot-consul s'est cru dans l'obligation d'en faire ses justes representations, afin qu'il y soit pourvu promptement et de la maniere la plus convenable : ce qui ayant esté mis en deliberation, il a esté unanimement convenu qu'il sera donné des ordres aux sergents de ville pour se tenir en nombre suffisant sur les portes d'entrée de la dite place et partout ou besoin sera, a commencer ce matin, a l'heure de midy, jusqu'a sept heures et demy du soir, et a continuer chaque jour jusqu'a nouvel ordre, lesquels auront principalement attention d'empecher l'entrée au nommé Gabriel Chardin et l'etablissement de son carousel ; ensuite veilleront a ce que personne ne s'introduise dans la dite place en montant sur les murs de clôture et qu'il ne soit commis aucunes autres degradations sur les arbres et charmille etant dans ycelle (1).

Copie de la lettre de Monsieur Chauvelin, a Paris, le 12e septembre 1756.

MONSIEUR,

<small>Reconnaissance des droits de police des consuls sur les promenades publiques.</small>

Les officiers du Bureau des Finances de Limoges se sont pourvus au Conseil pour demander qu'il fut ordonné que l'ordonnance par eux rendue le 26 may dernier, seroit executée, sauf, en cas d'appel de la part des Maire et Consuls du dit Limoges, a se pourvoir au Conseil. Cette ordonnance, dont vous avez sans doute connoissance, fait defense au nommé Pinot, concierge de la place d'Orsay, et a tous autres, d'y laisser entrer ou conduire des chevaux et bestiaux pour vaguer et paitre, sous peine d'amende et de confiscation. M. le Controlleur general, a qui j'en ay rendu compte, a jugé que la place d'Orsay etant une promenade publique, elle devoit etre sous la police des Maire et Consuls, et j'en ay fait avertir en consequence le deputé

---

(1) On remarquera que cette délibération n'est pas signée par les consuls et qu'elle renferme des contradictions. Ainsi la représentation annoncée pour le 21 « sur le soir » est indiquée comme ayant été déjà donnée et quelques lignes plus bas, il est dit que la municipalité va envoyer le même jour, dès le matin, des sergents de ville pour empêcher la représentation.

du Bureau des Finances ; mais dans l'intervalle, les Maire et Consuls s'estant pourvus au Parlement de Bordeaux contre l'ordonnance des Tresoriers de France, ils ont obtenu un arrest en vertu duquel le Procureur du Roy du Bureau s'y trouve assigné a la requette des dits Maire et Consuls. Comme cette procedure devient au moins inutile dans la circonstance, et que d'ailleurs l'appel des ordonnances de Tresoriers de France rendues en direction soit de voirie, soit de domaine, doit se porter au Conseil, M^r le Controlleur general me charge d'avoir l'honneur de vous prier de faire entendre aux Maire et Consuls de Limoges qu'il ne doit etre fait aucune suite de cette affaire, qui a esté reglée icy a leur avantage, et qu'en cas de nouvelles difficultés ils ayent a se pourvoir au Conseil.

   Je suis avec respect, Monsieur, votre tres humble et tres
    obeissant serviteur,   *Signé :* CHAUVELIN.

Pour copie. *Signé :* DE CHAUMONT (1).

---

(1) Les Archives de l'Hôtel-de-Ville (travaux publics, DD² : place d'Orsay) nous fournissent le texte de la délibération suivante d'une assemblée de ville qui ne figure pas au registre et qui se refère au conflit dont il est parlé à la lettre de M. de Chauvelin.

« Aujourd'huy, second jour du mois de juin mille sept cent cinquante six, apres midy, par devant nous, Pierre Thomas, notaire royal a Limoges et temoins soussignés, dans la salle de l'hôtel de ville dudit Limoges, lieu ou ont accoutumé d'etre tenues les assemblées de ladite ville, et ou estoient assemblés en la maniere accoutumée, au son du tambour et de la cloche, Messieurs maitres Claude Deperet, sieur de Coubras, prevot consul en charge ; Montaudon, seigneur des Monts, conseiller du Roy en la senechaussée et siege presidial de cette ville ; Malevergne de Freysignac, docteur en medecine ; Boisse, sieur de Cresen, aussy docteur en medecine, et Rogier, bourgeois et negociant, tous Consuls en charge, faisant tant pour eux que pour Mr Roulhac du Cluzeau, seigneur de Roulhac, conseiller du Roy en la mesme seneschaussée, d'icy absent ; Mr Maleden, seigneur de Fonjandran : Mr Favard, seigneur des Moulins, conseiller du Roy en la senechaussée et siege presidial, deputés dudit presidial ; Mr Jean Baptiste Estienne, seigneur de La Riviere, conseiller du Roy, president en l'Election dudit Limoges ; Mr Pierre Pabot, seigneur de Chavaignac, ecuyer, conseiller du Roy, lieutenant en la maréchaussée ; Mr David, seigneur de Brie, conseiller, avocat du Roy en la Monnoye de cette ville, et Mr Beaubreuil, sieur de La Chabanne, conseiller du Roy, garde séel en ladite Cour de la Monoye, aussy depuré de la dite Cour de la Monoye ; Mr Leonard Murat, Juge-Consul de la Bourse ; Louis Faulte, Simon Delort, bourgeois ; Mr Romanet, seigneur de La Briderie, conseiller, procureur du Roy en la senechaussée du Limousin : Mr Roulhac de Razeix, conseiller du Roy, assesseur au mesme siege ; Mr Juge, conseiller, avocat du Roy audit siege ; M. Juge, seigneur de Saint-Martin, conseiller du Roy au mesme siege ; Mr Barny de Romanet, aussy conseiller audit siege ; Mr Simon Nicot, sieur du Puy de Baneix ; Mr Jeremie Martin, bourgeois et negotiant, sindic de M^{rs} les marchands ; Mr Ardillier, aussy bourgeois et negociant, tous anciens consuls ; — Mr Nicot fils, lieutenant colonel de la milice bourgeoise ; Mr Barbou de Leymarie, capitaine commandant et ancien juge de Bourse : Mr Valade, docteur en medecine : Mr Jean Pierre Texandier, major de la [milice] bourgeoise, ancien sindic des marchands ; Mr Petignaud, ancien sindic des marchands ; Mr Rouard de Laboissarde, lieutenant, garçon

Adjudication de l'office de conseiller contrôleur des octrois et patrimoniaux de la ville.

Nous, Claude Deperet, sieur de Coubras, bourgeois et negociant; Joseph Roulhac, seigneur de Roulhac et du Cluzeau, conseiller du Roy en la senechaussée et siege presidial de Limoges; Jean Baptiste Montaudon, conseiller du Roy es meme siege; Antoine Mallever-

major (*); Mr Lageneste, aide major; Delauze, enseigne; Paul Poncet, enseigne; Senemaud, enseigne, et autres notables bourgeois et negociants dudit Limoges, pour deliberer des affaires de leur communauté; — sur ce qui a eté representé par Mr Claude Deperet, prevost consul, que Messieurs les Tresoriers de France au Bureau de cette Generalité ont rendu une ordonnance sur le requisitoire du Procureur du Roy, le vingt six may dernier, signifiée au portier de la place d'Orsay, par acte de Bardy, huissier, du mesme jour, dont l'objet tend a priver la ville de la proprieté de la place d'Orsay, et le (*sic*) tout ce qui en depend, quoy qu'il soit notoire que ladite place aye eté formée des anciennes Arrennes et amphitheatre qui servoit au combat des animaux, dont on a detruit les loges (**) lors de la formation de ladite place ; de partie du cimetiere des Arrennes dependant de l'eglise paroissiale de Saint Michel (***), de la maison et jardin servant au logement de la recluse (****) et differents autres maisons et emplacements qui ont eté acquis des deniers communs de la Ville, laquelle place a eté fermee de murs et plantée en arbres, charmilles et autres embellissements, et du depuis toujours entretenue aux mesmes depends, et toujours gardée et administrée par l'ordre de ses Consuls ; et comme cette ordonnance pourroit etre de prejudice a la ville, ledit s^r prevost consul, de l'agréement de Monseigneur l'Intendant de cette Generalité, requiert que tous Messieurs y assemblés ayent a deliberer sur le parti qu'il y a a prendre pour la conservation des droits de la ville. A ces fins, apres qu'il leur a eté fait lecture de l'exposé cy dessus, ensemble de ladite ordonnance et requisitoire du Procureur du Roy du Bureau, lesdits sieurs deliberants ont, d'une commune voix, consenti a ce que Messieurs les Consuls se pourvoyent partout ou besoin sera, et devant les juges a qui la connoissance en appartiendra, pour parvenir a la cassation et reformation de l'ordonnance de Messieurs les Officiers du Bureau des Finances en cette generalité du vingt-six may dernier, les authorisant a cet effet pour en faire toutes les poursuittes qu'ils jugeront necessaires, promettant d'avoir pour agreable et d'approuver tout ce qu'ils feront a ce sujet. Dont acte, fait et passé dans ladite salle d'assemblée, en presence des s^{rs} Pierre Demalden et Laurent Fournaud, clercs, habitans dudit Limoges, temoins. *Signé a la minutte :* DEPERET l'ainé, prevot consul ; MALEDEN, conseiller, depute de la Cour presidialle ; FAVARD, conseiller, depute de la Cour presidiale ; ROULHAC DE RAZES ; MARTIN, ancien consul, juge ; ROMANET ; ETIENNE DE LA RIVIERE, president ; DAVID DE BRIE, depute,

(*) On dirait aujourd'hui : aide-major, adjoint au major. Nous avons déjà trouvé cette expression.

(**) Voici une énonciation officielle qui confirme les renseignements donnés par Nadaud et Legros.

(***) Le cimetiere des Arènes avait servi à l'origine aux sépultures des paroissiens de Notre-Dame des Arenes ; cette paroisse, qui avait une communauté de prêtres spéciale, fut réunie à celle de Saint-Michel dès avant 1355. L'église, qui existait au commencement du onzième siècle, parait avoir été située près de l'entrée actuelle du faubourg des Arènes, entre le faubourg et la partie supérieure des terrains dependant de l'Etablissement des PP. Maristes : on assure que cette église servit de chapelle au petit couvent de Sainte-Claire ; mais l'édifice, entre le milieu du quatorzième et le milieu du dix-septième siècle, paraît avoir été entièrement reconstruit, peut-être plusieurs fois. La nouvelle paroisse du Sacré-Cœur, a repris, après cinq cents ans, à Saint-Michel, le territoire qu'avait donné à cette église l'union de celle de Notre-Dame des Arènes, accomplie dans des circonstances que nous ne connaissons pas.

(****) On a vu que le reclusage disparut entre 1715 et 1720, et que Pétronille Menager, installée le 26 mars 1715, fut la dernière titulaire qui l'habita (t. IV, p. 246, 247).

gne, seigneur de Freyssiniac, docteur en medecine; Leonard Boisse, sieur de Crezen, aussi docteur en médecine, et Leonard Roger, bourgeois et negociant dudit Limoges, tous maires, prevots et consuls en charge de la dite ville de Limoges, soussignés, assemblés dans la salle de l'hotel commun de la dite ville, par assemblée convoquée a tous les habitants d'ycelle ville en la manière accoutumée, pour deliberer des affaires de la communauté : sur ce qui a été representé par M. Claude Deperet, prevot en charge, que l'exercice de l'office de conseiller controleur verificateur alternatif et mi-triennal des deniers d'octrois et patrimoniaux de la dite ville,

avocat du Roy de la Monoye; DEBAUBREUIL; PABOT DE CHAVAIGNAC; MURET, juge consul; BARNY DE ROMANET ; JUGE DE SAINT-MARTIN; NICOT; ARDILLIER, ancien consul; NICOT, lieutenant-colonel; Gabriel GRELET; VALADE; BARBOUT; TEXANDIER ; ROUARD ; J.-B. LAVAUD; LAGENESTE; J. PETIGNAUD; DELAUZE; L. FAULTE; Paul PONCET; Simon DELORT ; NADAUD; MONTAUDON ; COLOMB ; MALEVERGNE DE FREYSIGNAT, consul; BOISSE, consul ; ROGIER, consul : FOURNAUD, DEMALDEN, — et au controlle . BAGET.

THOUMAS.

» Vu par nous, intendant en la Generalité de Limoges, la deliberation cy dessus et des autres parts, du 2 de ce mois, ensemble la consultation de cinq avocats de la ville de Limoges, du 21 du mesme mois, par laquelle ils estiment que les s^{rs} Consuls sont fondés a faire appel de l'ordonnance rendue par les officiers du Bureau des Finances, le 26 may dernier,

» Nous avons homologué et autorisé ladite deliberation du deux de ce mois. En consequence, ordonnons qu'elle sera executée selon sa forme et teneur. Fait a Limoges, le 23 juin 1756.   DE CHAUMONT. »

A l'occasion des réjouissances publiques ordonnées pour célébrer la prise de Minorque, les consuls firent passer le tambour par la ville et invitèrent les habitants à illuminer leurs fenêtres. Cet acte d'autorité, d'une portée cependant bien modeste, leur valut une lettre du lieutenant général de police adressée le 9 août 1756 à un des membres de la municipa'ité, M. de Roulhac, probablement prévôt à ce moment. Le Lieutenant général revendique pour lui seul le droit de faire de semblables publications; il rappelle à ce propos qu'il n'a jamais essayé d'empiéter sur les attributions, même contestables, des consuls; qu'il n'a jamais cherché ,par exemple, à s'arroger la prérogative, accordée par l'usage aux magistrats municipaux, « de faire convoquer et armer la bourgeoisie, tirer » des salves de mousqueterie et des coups de canon » (Arch. de l'Hôtel-de-Ville, FF^1). Il est à croire que la réponse des Consuls ne satisfit pas le Lieutenant général de police, car celui-ci rendit au sujet du petit conflit en question une ordonnance ayant sans doute pour but de rappeler et de constater ses droits. Nous n'en avons pas la teneur ; mais il y est fait allusion à une lettre de l'Intendant du 29 août 1756, et une décision du Conseil du Roi fut sollicitée pour régler les droits respectifs des deux parties.

La prérogative de convoquer la garde bourgeoise, concédée par le Lieutenant de police aux Consuls, était d'une mince importance, car cette milice ne se réunissait guère que pour escorter les magistrats dans les cérémonies publiques. Cette année-là même pourtant, on la voit employée à un service d'utilité publique. Sur l'ordre de l'Intendant, les Consuls durent fournir un poste de bourgeois pour garder les prisons à dater du 6 septembre 1756, jour où le régiment de cavalerie, en quartier à Limoges, quitta cette ville. Le 29 septembre seulement, les habitants obtinrent la permission de cesser cette garde, qu'ils trouvaient fort assujétissante.

— (creé et ensuite supprimé par edit du mois de juin 1725 et reuni (?) en faveur des maires, echevins, corps et communauté du dit Limoges, par arrêt du Conseil du 7 juin 1729 et lettres patentes données sur iceluy le 3 mars 1730; pour raison de laquelle reception la finance ordonnée a été payée par la ville et communauté dudit Limoges, suivant la quittance de finance du dix-huit août 1732, signée PEROTIN, enregistrée ou besoin a eté, le tout confirmé par la declaration du Roy du quatre fevrier 1752), — est vacant par la mort de Mᵉ Jean Baptiste Senemaud, dernier pourvu de l'exercice dudit office, il est necessaire, pour faire plus exactement la levée, seureté et maniement des dits deniers d'octrois et patrimoniaux, de pourvoir une autre personne dudit office; a ces fins il auroit fait publier, par trois jours differents, au son du tambour et affiches, dans tous les carrefours de la presente ville que, cejourd'huy, vingt novembre, il seroit procedé dans ledit hotel de ville, a deux heures de relevée, a la delivrance de l'exercice dudit office de controleur verificateur desdits octrois et patrimoniaux, ou toutes encheres seroient receues, et ledit exercice delivré au plus offrant et dernier encherisseur, suivant le certificat mis au bas d'une des dites affiches, du dix sept du present mois, signé BARBAUD, huissier de M. l'Intendant, pour par ledit adjudicataire faire les fonctions, jouir dudit office, des fruits, emoluments et exemptions y attribuées pendant son vivant, sans qu'il soit besoin de prendre aucunes lettres ni provisions, conformement aux susdites lettres patentes; — attendu que l'heure indiquée par les dites affiches est passée, et que ceux des habitants qui ont jugé a propos de se rendre, sont ici assemblés, il requiert que les encheres soient receues, et l'exercice dudit office de controleur delivré a celui qui fera la condition meilleure. A quoi adherant, s'est presenté Mᵉ Imbert, gendre a Dupré, qui a offert de l'exercice dudit office la somme de huit cent livres; Mᵉ Jean Jacques Moransanne, celle de neuf cent livres. Lesdites encheres publiées, s'est presenté Mᵉ Teulier, qui a encheri a la somme de mille livres. Cette enchere encore publiée, Mᵉ Henry Martin, fils de Mᵉ Jeremie Martin, sieur de Laplaigne, negociant de cette ville, a encheri a la somme de douze cent livres; ledit Moransanne a celle de treize cent livres. Cette enchere ayant eté publiée une et deux fois a haute et intelligible voix, en presence des habitants ici assemblés, ledit sieur Henry Martin a encheri ledit office a la somme de treize cent vingt livres, compris toutes les susdites encheres et surencheres; et, ayant publié a differentes fois cette derniere enchere, et après avoir attendu plus d'une heure sans que personne ait voulu surencherir, Nous, maires, prevots consuls de ladite ville de Limoges, sous le bon plaisir de Monsei-

gneur de La Millière, intendant de cette province, avons adjugé et
adjugeons par ces presentes audit sieur Henry Martin, fils dudit
s^r Jeremie, sieur de Laplaigne, l'exercice dudit office de controleur
verificateur alternatif et mi-triennal des deniers d'octrois et patrimoniaux de ladite ville de Limoges, pour l'exercer et jouir des
gages, exemptions et privileges y attribués, ainsi et de meme que
ledit feu sieur Senemaud en a joui et ainsi que les pourvus de
pareils offices en jouissent ou sont en droit d'en jouir : ladite adjudication ainsi faite moyennant ladite somme de treize cent vingt
livres, laquelle somme de treize cent vingt livres, prix de la susdite
enchere, ledit sieur Martin a presentement payé en argent comptant et especes sonnantes audit sieur Deperet, prevot consul, par
lui prise et reçue et il en a quitté ledit sieur Martin : de laquelle
somme yceluy sieur Deperet s'est chargé, pour la representer toutes fois et quantes et a qui il appartiendra. Dont acte fait et passé
dans ledit hotel de ville, a Limoges, le vingt novembre mil sept
cent cinquante six, après midi, par devant nous, Pierre Thoumas,
notaire, garde notes du Roy, a Limoges, en presence de s^r Martial
Nadaud, bourgeois et receveur des octrois, et de Leonard Buisson,
hopte, habitants dudit Limoges, temoins.

Signé a la minute : DEPERET l'ainé, prevot consul ; ROULHAC
DE ROULHAC, consul ; MONTAUDON, consul ; MALLEVERGNE
DE FREYSSIGNAC, consul ; BOISSE, consul ; ROGER, consul ;
Henry MARTIN, acceptant ; NADAUD ; BUISSON et nous, no-
taire soussigné. Controlé a Limoges par Baget, qui a
reçu 8 ll. 8 s.

Et au bas de la premiere expedition que nous avons delivré au
dit sieur Martin, qu'il *(sic)* nous a representé et retiré, est escrit :
« Nous, subdelegué general de l'Intendance de Limoges, avons
approuvé et homologué la nomination faite par l'acte ci-dessus,
et ordonné qu'elle sortira son plein et entier effet. Fait a Limoges
le treize janvier mil sept cent cinquante sept. *Signé,* RENAUDIN ;
signé à l'expédition, THOUMAS, notaire royal.

Election et nomination de Messieurs les prevots-consuls, faitte
dans la grande salle de l'hotel de ville de Limoges, cejourdhuy,
septiesme decembre mille sept cent cinquante-six, par Messieurs
les soixante prud'hommes nommés par Messieurs les prevots-
consuls et officiers en charge municipaux a la maniere accoutu-

Election des consuls pour 1756-1757.

mée, et ce pour l'année mil sept cent cinquante-sept, — les prevots-consuls ont donné acte de l'election et nomination presentement faitte des personnes de Messieurs Juge de Saint-Martin, conseiller du Roy, et de Pierre de Lomenie, avocat au presidial de Limoges, et le sieur Barbou de l'Eymarie, bourgeois et marchand du dit Limoges ; et du pouvoir a eux donné par les habitants de lever toutes les sommes qui seront dues à la ville comprises dans l'etat du Roy. Et ont les dits sieurs Juge de Saint-Martin, conseiller, et de Loménie, avocat, et Barbou de l'Eymarie, qui (sic) ont preté le serment au cas requis. Fait le jour mois et an que dessus.

DEPERET l'ainé, prevot-consul ; ROULHAC DE ROULHAC, consul : ROGER, consul ; JUGE DE SAINT-MARTIN, BOISSE, consul ; MONTAUDON, consul.

Désignation du prédicateur pour 1757-1758.

Aujourdhuy, septiesme decembre mil sept cent cinquante-six, dans la salle de l'hotel de ville de Limoges, ou estoient assemblés Messieurs les prevots-consuls et officiers municipaux pour proceder a la nomination d'un predicateur, ont nommé d'une commune voix, pour prêcher l'Avent de l'année mil sept cent cinquante-sept et le Caresme de l'année mil sept cent cinquante-huit, le Reverend Pere Jacquet, gardien des Recollets de Limoges ; a cet effet etc. (comme ci-dessus p. 9).

DEPERET l'ainé, prevot-consul ; JUGE DE SAINT MARTIN, BOISSE, consul ; MONTAUDON, consul ; DE LOMENIE, BARBOU. (1)

(1) L'Intendant de Chaumont de la Millière mourut en son hôtel le 15 décembre 1756. Il fut fort regretté. C'était, à beaucoup d'égard, le digne prédécesseur de Turgot et on lui donna même à sa mort le surnom de « père du peuple ». On célébra ses obsèques à Saint-Michel-des-Lions, où il fut enterré dans un caveau neuf. « Le présidial, consuls, officiers de milice bourgeoise ; les paroisses de Saint-Pierre, Saint-Maurice, avec leurs croix, et les religieux mendiants assistèrent a son enterrement. On tapissa depuis la porte de l'Intendance jusqu'à celle du clocher de Saint-Michel. Chaque communauté de religieux alla chanter un *Libera*. Monseigneur l'Evêque fit l'enterrement » (NADAUD, *Mém.* mss. t. I p. 202) « On avoit dressé une chapelle ardente, et le chœur étoit tout tendu de noir. On lui fit plusieurs services dans la même église. On lui a dressé une épitaphe, gravée en lettres d'or, sur une table de marbre noir appliquée au mur voisin de son tombeau. » (LEGROS : *Contin des Annales*, p. 92.)

Aux Cars, ce 13ᵉ janvier 1757.

Lettre du lieutenant général au sujet de l'attentat de Damiens.

Comme je ne doute pas, Messieurs, que le bruit qui vraisemblablement se sera repandu dans la ville de Limoges, de l'horrible attentat commis contre la personne du Roy, n'ait jeté toute la ville dans la plus vive consternation et le plus grand desespoir, je ne perds pas un instant, Messieurs, [pour] diminuer vos alarmes et celles du public, a vous mettre au fait du veritable etat ou se trouve Sa Majesté.

Mʳ le comte de Saint Florentin me mande que la journée du sept a esté fort tranquille ; la nuit du sept au huit de meme. Sa Majesté s'est endormie vers une heure après minuit, s'est reveillée a quatre heures et demy et a pris un bouillon ; elle s'est rendormie d'abord après, et ce sommeil a duré jusque a neuf heures ; elle est dans le meilleur etat qu'on puisse désirer, dans cette malheureuse circonstance. Le gonflement qui étoit autour de la playe est totalement dissipé et il paroit qu'elle ne tardera pas a se cicatriser.

Le Roy a montré, dans le moment qu'il a esté blessé, une fermeté, un sang froid et courage qui ne se trouve que dans les grandes ames et a donné, a tous ceux qui l'entouroient dans les premiers moments, des marques de la plus grande bonté et d'une douceur infinie.

L'assassin a esté arreté sur le champ et on travaille a instruire son procès.

Je suis, Messieurs, votre très affectionné serviteur.

Le M. Descars. (1)

Au Chateau des Cars, ce 13ᵉ janvier 1757.

Lettre du même. Mesures de police.

Vous sentés, Messieurs, qu'un evenement de la nature de celluy dont je vous fait part ; qui, sans l'assistance Divine, etoit capable de plonger l'Etat dans le plus grand des malheurs en luy enlevant le meilleur de tous les princes, exige les plus grands soins pour decouvrir ceux qui pourroient etre participants d'un si noir attentat. Pour cet effet, vous aurés les plus grandes attentions sur tous

---

(1) L'émotion fut vive à Limoges, comme dans tout le reste du royaume. Monseigneur du Coëtlosquet ordonna des prières publiques pour obtenir de Dieu la conservation des jours du Roi.

les etrangers et gens sans aveu qui pourroient passer dans votre ville, de telle qualité et condition qu'ils puissent etre.

Vous donnerés des ordres precis a tous les aubergistes et cabaretiers tant de la ville que des fauxbourgs, pour qu'ils vous avertissent des noms et qualités des etrangers qui iront loger chez eux, du lieu d'ou ils viennent et de celluy ou ils vont ; et si, dans leur nombre, il s'en trouvoit quelqu'un qui parut suspect, vous ne manquerés pas de les faire arreter et de m'en rendre compte sur le champ.

J'ay donné ordres aux troupes et marechaussée qui sont a vostre portée, de vous donner main forte en cas de besoin.

Je suis, Messieurs, votre tres affectionné serviteur.

Le Marquis des Cars.

Aux Cars, ce 18ᵉ janvier 1757.

J'ay reçu, Messieurs, votre lettre du 14ᵉ, quy ne m'est arrivée que le quinze et vous auriés du avoir attention de m'accuser sur le champ la reception de mes ordres par un expres.

Les attentions de M. le subdelegué general et de M. le lieutenant general de police ne doivent pas vous dispenser de vous faire rendre compte, comme je vous l'ay prescrit par ma lettre du 13ᵉ, par les aubergistes et cabaretiers de la ville et des fauxbourgs, des noms et qualités des etrangers quy viennent loger chez eux, et d'executer tout le contenu de ma dite lettre du 13ᵉ ; si meme quelque cabaretier ou autre manquoit a se conformer a ce que vous avez deu leur prescrire en consequense de ma lettre, vous ne devez pas hesiter a le faire mettre en prison tout de suite et m'en rendre compte. Enfin, Messieurs, vous etes responsables de l'execution litterale de ce que je vous ay prescrit. Je suis votre très affectionné serviteur.

Le marquis des Cars.

Aux Cars, ce 23ᵉ janvier 1757.

Je reçois dans l'instant, Messieurs, votre lettre du 22ᵉ, par laquelle je vois que la conduite que vous vous proposez de tenir est telle que j'avois pensé qu'elle devoit etre et conforme aux ordres que je vous avois donnés.

Je recus hier une lettre, Messieurs, pour scavoir si j'avois entendu comprendre dans l'ordre que je vous avois donné la Haute et Basse Cité : vous avés peu voir que mon ordre s'etendoit (1)

BREVET DE CAPITAINE.

François Marie de Perusse, marquis des Cars et de Pranzat, comte de Saint-Bonnet, baron d'Aixe, La Renaudie, La Roche, La Belle et autres places, mareschal des camps et armées du Roy et son lieutenant general en la province du haut et bas Limousin.

La compagnie du canton de Ferrerie, bataillon de la milice bourgeoise de Limoges, etant vacante par la demission du sieur Martin Dupont, nous avons nommé et nommons par ces presentes le sieur Naviere du Treuil, lieutenant de la ditte compagnie, a la charge de capitaine d'icelle compagnie pour en faire les fonctions et jouir des honneurs, prerogatives et privileges, etc. dont ont coutume de jouir les pourveus de pareilles charges. Mandons a tous ceux qu'il appartient de le reconnoistre en la ditte qualité.

Fait en notre chateau des Cars, le trentiesme jour du mois de janvier mille sept cent cinquante-sept. *Signé :* le marquis DES CARS *et plus bas :* par Monseigneur, BOURIT.

(Enregistré la presente commission de capitaine en l'hotel de ville de Limoges, le trois fevrier 1757).

Aujourd'huy, vingtiesme avril mil sept cent cinquante sept, sur la contestation qui est survenue entre messieurs du Chapitre de l'eglise collegiale et royale de St Martial et nous, sieurs maires, gouverneurs et prevosts consuls de la dite année d'ostensions (2), *(marginalia: Difficulté avec le chapitre de Saint-Martial tranchée par l'Evêque.)*

(1. La fin de la lettre manque. Nous pouvons la completer à l'aide de l'original, qui a été conservé (AA³ n° 35) : «...s'etendoit sur la totalité de la ville et des fauxbourgs. Quoique cette partie soit dans la justice de M. l'Evêque, cela ne le dispense point de satisfaire aux ordres que j'ay donnés, lesquels ne donnent aucune atteinte a la jurisdiction de M. l'Evêque, qui n'est pas dispensé par la d'avoir les attentions que son devoir exige en pareil cas, et qui, en pareille circonstance, ne sauroient etre trop multiples : les aubergistes de la Cité doivent donc se conformer à votre egard a la mesme regle que je vous ay ordonné de prescrire a ceux de la ville. »

(2) On avait fait fondre à cette occasion une des petites cloches de l'église de Saint Martial. 1757. — « Mr du Coëtlosquet, évêque de Limoges, avoit formé depuis longtemps le projet de bâtir un nouveau palais épiscopal, parce que l'ancien menaçoit ruine. Ce prélat en entreprit l'exécution, parce qu'il croyoit finir ses jours à Limoges. En consequence, il acheta une grande partie de l'emplacement nécessaire pour cela et fit commencer la construction

les dits sieurs chanoines pretendant qu'il estoit plus decent que l'ouverture et cloture, quoy que presents, du grillage et de la chasse ou repose le glorieux S¹ Martial, se fissent par le ministere de deux chanoines a qui nous devions remettre les clefs dont chacun des deux corps en avoit quatre, scavoir messieurs du Chapitre deux pour deux cadenas qui ferment le grillage, et les autres deux pour deux serrures de la chasse, — sur quoy nous dits sieurs prevost consuls, nous aurions representé a messieurs les dits chanoines nos pretentions auxquelles ils ne voulurent acquiescer ; nous nous serions rendus près de Monseigneur Jean Gilles du Coëtlosquet, evèque de Limoges, qui, apres luy avoir exposé le fait et en avoir conferé avec le dit (1) Chapitre, auroit decidé qu'attendu que nous avions quatre clefs, differentes de celles (2) que la ville leur avoit confiées, nous etions en droit de monter ouvrir et fermer les deux cadenas du grillage et les deux serrures de la chasse, les dits sieurs chanoines n'estant que depositaires tant des dites reliques du glorieux S¹ Martial que de l'accensoire *(sic)*.

Commission de garde du gouverneur pour Jacques Vergne.

François-Marie de Peyrusse, marquis des Cars et de Pranzac, comte de S¹ Bonnet, baron d'Aixe, la Renaudie, la Roche l'Abeille et autres places, marechal des camps et armées du Roy; et son lieutenant general en la province de haut et bas Limousin, etant

des murailles qui devoient fermer les jardins, sur le plan qu'en avoit tracé le sʳ Barbier, alors ingénieur en chef de la généralité de Limoges, et que le prélat avoit chargé de la conduite de cette magnifique entreprise. Mais, avant que de rien faire, on commença par abattre l'ancien palais, en forme de château, que Mʳ de Langheac, autrefois évêque de Limoges, avoit fait commencer, mais qu'il n'avoit pu conduire à sa perfection, la mort l'ayant prévenu. J'ai vu ce château, qui étoit composé de deux grosses tours et d'un corps de logis entre deux; mais tout cela étoit alors à découvert et situé au bout de l'ancien jardin potager du vieux palais épiscopal, et dominoit sur un chemin nommé du *Jeu d'Amour*. Ce chemin passoit au lieu où est aujourd'hui l'orangerie. Il y avoit, dans une de ces tours, une glacière que j'ai vu et qui étoit à l'usage de Nosseigneurs les évêques. Ce château, l'ancien jardin, le chemin du *Jeu d'Amour*, plusieurs vignes et autres jardins adjacens, ont été englobés dans l'enclos de ce nouveau palais que Mʳ de Coëtlosquet fit alors commencer : on en a même poussé, depuis, les limites jusqu'à la riviere ».

« L'évêque s'adressa au chapitre de Saint-Martial pour obtenir une partie de l'eau de la fontaine qui se trouvoit sur la petite place, devant le grand grenier, ce qui lui fut accordé. Cette fontaine était en forme de pyramide et son sommet était orné de deux figures de pierre très anciennes et très frustes, placées l'une contre l'autre. Le peuple appelait cette fontaine *la fontaine des deux C....*— Elle fut reconstruite, et les deux têtes reléguées dans la sacristie. On dut, pour la conduite de l'eau, faire une tranchée à travers la place des Arbres. Ces travaux amenerent la découverte de beaucoup d'anciennes sépultures (LEGROS, *Cont. des Annales*).

M. Terrier de Clairon, président de la Cour des comptes de Dôle, fut exilé, cette année 1757, à Limoges par ordre du roi. Il était très pauvre. On a même conté qu'il avait été obligé, pour vivre, de vendre des remèdes.

(1) On lit au registre : *ledit sʳ Chapitre.*
(2) *Celle* est ici au singulier, mais par une erreur évidente.

certain des vie et mœurs de Jacques Vergne, habitant de la ville de Limoges, près Saint Michel, nous l'avons creé et creons notre garde en la ville de Limoges a la place du nommé Chatelier, pour par luy en faire les fonctions requises et necessaires, jouir des privileges, exemptions et emolumenls dont ont accoutumé de jouir les gardes de gouverneurs et lieutenants generaux. Enjoignons a tous qu'il appartiendra de le reconnoistre pour (1) tel. En foy de quoy nous avons signé ces presentes et faittes contresigner par notre secretaire et apposer l'empreinte de nos armes. Fait en nostre chateau d'Escars *(sic)*, le douziesme juillet mil sept cent cinquante-sept.

Signé a l'original : le Marquis des Cars, *et par* Boury, secretaire.

Election et nomination de Messieurs les prevots consuls, faite dans la grande salle de l'hotel de ville de Limoges, ce jour d'huy, septieme decembre mil sept cent cinquante sept, par Messieurs les soixante prudhommes nommés par Messieurs les prevots-consuls et officiers en charge municipaux, a la maniere accoutumée, et ce, pour l'année mil sept cent cinquante huit, — les prevots consuls ont donné acte de l'election de nomination presentement faite des personnes de Messieurs Joseph Gregoire Roulhac, seigneur de Thias, conseiller du roy au presidial et seneschal de Limoges ; Leonard Roüard, seigneur de La Boyssarde, bourgeois, et Jean Baptiste Baud, negociant et marchand de la dite ville de Limoges, et du pouvoir a eux donné par les habitants de lever toutes les sommes qui seront dues a la ville, comprises dans l'etat du Roy ; et ont les dits sieurs Roulhac de Thias, conseiller ; Roüard de la Boyssarde, bourgeois, et Baud, negociant et marchand du dit Limoges, qui ont *(sic)* prêté le serment au cas requis Fait le dit jour, mois et an que dessus.

Election des consuls pour 4757-1758.

Juge Saint-Martin, prevot consul ; Boisse, consul ; Deperet l'aîné, consul ; Montaudon, consul ; Barbou, de Lomenie, consul.

(1) Le registre porte *par*.

<small>Désignation d'un prédicateur pour 1758-1759.</small>

Aujourd'huy, septieme decembre mil sept cent cinquante-sept, dans la salle de l'hotel de ville de Limoges ou etoient assemblés Messieurs les prevosts consuls et officiers municipaux, pour proceder a la nomination d'un predicateur, ont nommé d'une commune voix le R. P. Reymond, Jacobin, pour prêcher l'Avent de l'année mil sept cent cinquante huit et le Carême de l'année mil sept cent cinquante-neuf, etc. (comme à la p. 9).

BARBOU, consul; DE LOMENIE, consul; ROUARD, consul; ROUL-HAC DE THIAS, JUGE DE SAINT-MARTIN, consul; BAUD, consul.

<small>Publication et affichage d'un arrêt du Parlement relatif à la publication de l'édit sur les protestants</small>

L'an mil sept cent cinquante-sept, et le dixieme jour du mois de decembre, je soussigné, François Bouuet, huissier de l'hotel commun de la ville de Limoges y receu et immatriculé au greffe d'yceluy, y demeurant, rue des Petites Maisons, paroisse de Saint-Michel-de-Pistorie-les-Limoges, certifie a tous ceux qu'il appartiendra m'etre porté, par les ordres de Messieurs les maires, prevots et consuls de la ville de Limoges, au devant les cinq portes de la dite ville, appellées Montmailler, des Arènes, Manigne, Boucherie et Tourny et, a chacune des dites portes, ainsi qu'a la porte de la dite Maison de Ville (1), ou nous avons fait lecture, a haute et intelligible voix, et au son du tambour, et après nous avons attaché aux endroits ordinaires, avec colle, et affiché un arrêt imprimé sur papier placard de la souveraine cour de Parlement de Bordeaux, rendu le vingt-un novembre dernier, sur le requisitoire de M. de La Loubie, substitut pour Monseigneur le procureur general du Roy du dit Parlement, avec la commission sur yceluy, du vingt-trois du dit mois de novembre, lequel arrêt ordonne que les edits et declaration du Roy, concernant les religionnaires, et notamment la declaration du quatorze mai mil sept cent vingt-quatre et arrêts de reglement de la Cour, des vingt-deux septembre mil sept cent-quatorze, premier avril mil sept cent quarante six, cinq fevrier et douze mai mil sept cent quarante-neuf, quinze decembre mil sept cent cin-

---

<small>(1) La lecture publique et la proclamation de certains actes du pouvoir central et des ordonnances consulaires se faisaient au moyen âge devant la porte de l'hotel-de-ville et devant les diverses portes de l'enceinte. Dans le curieux procès-verbal de la remise aux consuls de la seigneurie et de la justice du château de Limoges par le sénéchal du roi d'Angleterre, au nom de son maitre (5 décembre 1365), les publications sont faites aux carrefours qui paraissent correspondre aux portes de la première enceinte du château, celle antérieure à la fin du XIIe siècle. (Voir notre notice : *Commentaires d'Etienne Guibert sur la coutume de Limoges.* — Limoges, Société générale de papeterie, 1884, in-8°, p. 10 et 24.</small>

quante-deux, etc., seront executés suivant leur forme et teneur; enjoint a tous ministres et predicants de sortir du royaume, fait inhibition et defense aux nouveaux convertis de se faire marier par des ministres predicants, même par des ecclesiastiques autres que leurs propres curés, enjoint aux pretendus mariés de se separer incontinent, declare les enfants qui en seront provenus illegitimes et batards et comme tels incapables de toutes successions et prerogatives, etc.; lequel arrest a été enregistré sur les registres de la dite maison de ville ce jourd'huy, dont acte fait par moi.

Signé a l'original : Boudet, huissier, et controlé a Limoges, le sept du dit mois, par Baget, gratis.

Aujourd'huy, septieme mars (1) mil sept cent cinquante huit, dans la salle de l'hotel de ville de Limoges où etoient assemblés Messieurs les prevots, consuls et officiers municipaux, pour proceder a la nomination d'un predicateur, ont nommé d'une commune voix le reverend Pere Valon, prieur des Jacobins, pour precher l'Avent de l'année mil sept cent cinquante-huit et le Careme de l'année mil sept cent cinquante neuf (comme ci-dessus) ... la nomination du sept decembre n'ayant plus lieu.

Désignation d'un prédicateur pour 1758-1759.

Rouard, prevot consul; Barbou; Delomenie, consul; Juge Saint-Martin, consul; Roulhac de Thias, consul; Baud, consul (2).

A Monseigneur l'Intendant de la generalité de Limoges.

Supplient humblement les maires consuls de la ville de Limoges disant qu'ils ne peuvent, suivant les intentions que vous leur avez fait connoistre, reussir a faire rentrer dans la caisse de l'hotel de ville de Limoges les fonds qui sont en depot chez differents particuliers (3), s'ils ne sont par vous autorisés a en faire la demande a

Lettre à l'Intendant au sujet du versement à la caisse communale de sommes restées entre les mains de divers particulier

(1) On avait d'abord écrit : *décembre*.
(2) La chapelle des sœurs de la Croix de Limoges fut achevée en 1758. — Legros nous apprend que la même année on répara la curieuse horloge de Saint-Martial, représentant un squelette frappant de sa faulx sur un globe, et qu'on y ajouta certains accessoires, notamment le serpent qui lui piquait la jambe. On sait que cette horloge a été déposée à Saint-Pierre, où on peut la voir encore dans la tribune de l'orgue.
(3) L'argent versé à la ville dans certaines occasions était consigné entre les mains de notables bourgeois, la plupart du temps d'un ou plusieurs consuls eux-mêmes. Nous avons plus haut (p. 93) un exemple de ce fait.

chacun des detenteurs et a leur en conceder quittance valable, pour eviter le reproche qu'on pourroit leur faire d'agir en cela de leur propre mouvement et sans necessité. Ils ont donc recours a votre autorité, afin que ce consideré, il vous plaise de vos graces ordonner que les suppliants seront autorisés a faire la recherche. et demande des sommes de deniers qui peuvent etre entre les mains de differents particuliers, a accorder par acte public ou autrement, bonne et valable quittance a chacun d'eux, pour les dites sommes etre remises en la caisse de l'hotel de ville par les mains du receveur, qui en demeurera chargé et obligé d'en faire la representation a toute heure et de les delivrer sur vos ordres et sous les mandements des suppliants pour etre employées aux reparations les plus urgentes du dit hotel de ville, ou a tout autre usage qu'il vous plaira ordonner, et feres justice.

Signé : JUGE DE SAINT-MARTIN, conseiller, consul; ROULHIAT DE THIAS, conseiller, consul; DELOMENIE, avocat, consul; ROUARD DE LA BOISSARDE, consul; BARBOU DE LEMARIE, consul; BLAUD, consul.

<small>Ordonnance de l'Intendant prescrivant le versement de ces sommes.</small> Veu par nous, Intendant de la generalité de Limoges, la presente requette, nous ordonnons qu'a la diligence des suppliants, les fonds appartenant a l'hotel de ville de Limoges et qui sont entre les mains de differents particuliers, seront versés dans la caisse du receveur du dit hotel de ville, qui en demeurera chargé, et ne pourra les employer que sur nos ordres ou les mandements des suppliants prealablement visés de nous; les autorisons en consequence a accorder, par acte public ou autrement, bonne et valable quittance a chacun des dits particuliers qui se trouvera nanti des dits fonds. Fait a Angoulesme, le six mai 1758. *Signé* : PAJOT.

<small>Versement effectué par J.-B Pétiniaud conformément à ce qui précede.</small> Aujourd'huy, dix-huit mai mil sept cent cinquante-huit, dans l'hotel commun de la ville de Limoges, ou etoient assemblés Messieurs Pierre-Nicolas Juge, seigneur de Saint-Martin, conseiller du Roy, juge magistrat au presidial et seneschal du dit Limoges; Joseph Gregoire de Roulhiat, seigneur de Thias, aussi conseiller du Roy, juge magistrat es même siège; Leonard Rouard, seigneur de La Boyssarde; Ignace Barbou, bourgeois, negotiant, sieur de Lemarie; Pierre Delomenie, avocat en la Cour, et Jean-Baptiste Beaud, aussi bourgeois et negotiant, tous maires, prevosts

et consuls du dit Limoges, par devant nous, Joseph Fournier, notaire royal, tabellion garde notes, et temoins soussignés, est comparu Mr Jean-Baptiste Petiniaud, bourgeois, negociant, ancien maire, prevot-consul de la dite ville, y demeurant rue Lansequot, paroisse de Saint-Michel, lequel obeissant a l'ordonnance de Monseigneur l'Intendant de la presente generalité du six de ce mois, qui lui a eté communiquée, portant qu'a la diligence de mes dits sieurs maires, prevots-consuls, les fonds appartenant a l'hotel de ville de Limoges et qui sont entre les mains de differents particuliers, seront versés dans la caisse du receveur du dit hotel de ville, qui en demeurera chargé et ne pourra les employer que sur nos ordres ou les mandements des dits sieurs prevots-consuls prealablement visés de nous, les autorisons en consequence a accorder, par acte public ou autrement, bonne et valable quittance a chacun des particuliers qui se trouvera nanti des dits fonds; — iceluy sieur Petignaud, du consentement de mes dits sieurs maires, prevots-consuls du dit Limoges, soussignés, a tout presentement payé, compté, delivré et remis a Mr Martial Nadaud, greffier et secretaire et receveur du dit hotel de ville, present et recevant, la somme de neuf cent cinquante livres en mêmes especes qu'elle fut deposée es mains du dit sieur Petignaud dans le temps qu'il etoit prevot-consul en charge du dit Hotel-de-Ville, du consentement de Messieurs les autres prevots-consuls, suivant que du tout appert du contrat passé devant nous, notaire soussigné, le trentieme decembre mil sept cent cinquante-deux, dument controlé par Baget : de laquelle somme de neuf cent cinquante livres, nombrée, verifiée et reçue par ledit sieur Nadaud et versée dans la caisse du dit hotel de ville, en la presence de mes dits sieurs prevots-consuls en charge, ils en ont quitté et quittent le dit sieur Petignaud ; et au desir de la susdite ordonnance, le dit sieur Nadaud en a demeuré et demeure chargé aux conditions de la meme ordonnance ; copie de laquelle et de la requete sur laquelle elle a eté rendue, il a delivrée, de luy signée, au sieur Petignaud. Dont acte fait et passé en presence des sieurs Joseph Fournier et Jean Vidaut, praticiens, habitants du dit Limoges, temoins. *Signée a la minute :* BEAUD, prevot-consul ; JUGE DE SAINT-MARTIN, consul ; ROUARD ; ROULHIAT DE THIAS, consul ; DELOMENIE, consul ; BARBOU, consul ; PETIGNAUD jeune ; NADAUD, FOURNIER, VIDAUD, et nous notaire. Controlé a Limoges par Baget, qui a receu six livres. Fournier, notaire.

ROULHAC DE THIAS, consul ; JUGE SAINT-MARTIN, consul ; BAUD, consul ; ROUARD, consul ; BARBOU, consul ; NADAUD, VIDAUD ; DELOMENIE, consul.

Versement effectué par M. Depéret.

Aujourd'hui, dix-huit mai mil sept cent cinquante-huit, dans l'hotel commun de la ville de Limoges ou estoient assemblés Messieurs Pierre-Nicolas Juge, seigneur de Saint-Martin, conseiller du Roy, juge magistrat au presidial et seneschal du dit Limoges; Joseph-Gregoire de Roulhat, seigneur de Thias, aussy conseiller du Roy, juge magistrat es meme siege; Pierre Delomenie, avocat en la Cour; Leonard Rouard, seigneur de La Boyssarde; Ignace Barbou, bourgeois, negociant, sieur de Lemarie, et Jean-Baptiste Beaud, aussi bourgeois, negociant, tous maires, prevots-consuls du dit Limoges, par devant nous, Joseph Fournier, notaire royal, tabellion garde notes, et en presence des temoins soussignés, est comparu Mr Claude Deperet, sieur de Coubras, bourgeois, negociant, ancien maire, prevot-consul de la dite ville, y demeurant, place des Bancs, paroisse de Saint-Pierre, lequel obeissant a l'ordonnance de Monseigneur l'Intendant de la presente generalité du six de ce mois, qui lui a eté communiqué, etc. (Comme à l'acte précédent) a tout presentement payé, compté, delivré et remis a Mr Martial Nadaud, greffier et secretaire et receveur du dit hotel de ville, present et recevant, la somme de treize cent vingt livres es memes especes qu'elle fut deposée es mains du dit sieur Claude Deperet de Coubras, dans le temps qu'il estoit prevot-consul en charge du dit hotel de ville, du consentement de Messieurs les autres prevots-consuls, suivant que de tout appert du contrat passé devant Me Thomas, notaire au dit Limoges, le vingt novembre mil sept cent cinquante-six, etc. (Comme ci-dessus et mêmes signatures.)

Acquisition par le Roi d'un immeuble pour la residence de l'Intendant. Réclamation des consuls.

Aujourd'huy, vingt-huit mai mil sept cent cinquante-huit, dans la chambre du Conseil de l'hotel de ville, ou etoient assemblés Messieurs Juge de Saint-Martin, consul; M. Roulhiat de Thias, consul; M. Delomenie, M. Rouard de La Boyssarde, M. Barbou de Lemarie, M. Beaud, tous consuls, pour deliberer sur les affaires communes du dit hotel de ville, M. Beaud, prevost consul en exercice, a exposé que le jour d'hier, il a receu un paquet contresigné *Pajot* : l'ouverture en ayant eté faite, il s'est trouvé contenir un contrat d'acquisition de la maison de Madame de Coux, en faveur de sa Majesté, en date du 11 (1) mars dernier 1758, receu par Fournier et son confrere, notaires royaux; le dit contrat ayant au pied un

(1) On peut-être du 2 : le chiffre est écrit *ii*.

arrest du conseil d'Estat, du 18 decembre aussi dernier, qui autorise M. Pajot de Marcheval, intendant en cette generalité, de faire l'acquisition de la dite maison au nom de sa Majesté; plus un autre arrest du conseil d'Estat du 23 avril dernier, qui confirme l'acquisition faite par M. Pajot et en outre fait don et cession de la dite maison aux prevosts, consuls et habitants de cette ville pour servir a perpetuité de logement aux sieurs intendants de la generalité de Limoges, aux charges et conditions enoncées au dit arrest ; enfin une lettre de M. Pajot de Marcheval, adressée a Messieurs les consuls de Limoges, datée d'Angoulesme le vingt du present mois. Et lecture prise de toutes les dites pieces, et deliberation eue sur icelles, il a esté reglé et deliberé unanimement que, conformement a la dite lettre, les pieces cy dessus enoncées demeureront deposées dans les archives de l'hotel de ville et inscrites a la suite de la presente delibération, toutes fois et quantes qu'il *(sic)* en sera besoin, et que, pour parvenir a la perfection du decret de la dite maison, conformement a l'arrest du Conseil, on remettra dans le jour a M. Colomb, procureur de l'hotel de ville, une expedition des pieces necessaires pour commencer a instruire la procedure, et qu'il lui sera donné ordre d'user de la plus grande diligence pour parvenir a sa perfection dans les delais marqués par l'arrest; que neanmoins, il sera escrit, par nos dits sieurs prevosts-consuls, une lettre de [re]presentation a M. l'Intendant pour le prier de faire passer jusqu'a sa Majesté les justes plaintes des habitants de la ville, qui n'ont pour ainsi dire aucun revenu, et qui ne peuvent qu'a peine acquitter les charges ordinaires, loin d'estre en estat de fournir aux reparations annuelles d'un hotel d'Intendance qui devroient naturellement estre a la charge de toute la generalité.

BAUD, prevot consul; JUGE DE SAINT-MARTIN, consul; ROUARD, consul; DELOMENIE, consul ; ROULHAC DE THIAS, consul (1).

Election et nomination de Messieurs les prevosts consuls, faite dans la grande salle de l'hotel de ville de Limoges, ce jour d'huy, septiesme decembre mil sept cent cinquante-huit, par Messieurs les prudhommes nommés par Messieurs les prevosts-consuls et offi-

<small>Election des consuls pour 1759-1760.</small>

---

(1) Mgr du Coëtlosquet, nommé, le 7 mars 1758, précepteur des Enfants de France, se démit au mois d'août suivant de son évêché, ne se réservant que le titre d'*ancien évêque de Limoges*. Le Roi nomma, le 3 septembre, au siège vacant, un neveu du prélat démissionnaire, Louis-Charles du Plessis d'Argentré, vicaire général de Poitiers, official primatial de Bordeaux, abbé des Vaux de Cernay et prieur commendataire du Bois d'Alonne, ordre de Grandmont.

ciers en charge municipaux, a la maniere accoutumée, et ce pour l'année mil sept cent cinquante-neuf, — les prevosts-consuls ont donné acte de l'election de nomination presentement faite des personnes de Messieurs Paul-Alexis Hugon Destoir (1) *(sic)*, doyen de Messieurs les conseillers au presidial de Limoges, et M. Pierre Cogniasse du Queyraux, bourgeois et M. Gabriel Grellet jeune, marchand, et du pouvoir a eux donné par les habitants de lever toutes les sommes qui seront dues a la ville comprise dans l'etat du Roy et ont les dits sieurs ... (2).

> ROULHAC DE THIAS, consul; JUGE DE SAINT-MARTIN; DELOMENIE; ROUARD, consul; BARBOU, consul; BAUD, prevos consul.

Désignation d'un prédicateur pour 1759-1760. — Aujourd'hui, septieme decembre mil sept cent cinquante-huit, dans la salle de l'hotel de ville de Limoges, ou estoient assemblés Messieurs les prevosts, consuls et officiers municipaux, pour proceder a la nomination d'un predicateur, ont nommé d'une commune voix le R. P. Saltarel, Dominicain, pour precher l'Avent de l'année mil sept cent cinquante-neuf et le Carême de l'année mil sept cent soixante (comme plus haut, p. 9).

> BAUD, prevost consul; ROULHAC DE THIAS, consul; HUGON DE TOUARS, consul; Gabriel GRELLET, consul; COGNIASSE DU QUEYRAUX; ROUARD, consul.

Election des syndics des marchands. — *Extrait des registres de la juridiction consulaire de la ville de Limoges*, du vendredy, sept juillet mil sept cent cinquante-huit :

Ouï le sieur Martin, syndic, nous avons donné acte de la nomination faite par Messieurs les prudhommes, des personnes de Messieurs Mathieu Romanet du Caliaud, escuyer, seigneur de Meyrignat, pour premier syndic du corps des marchands (3), et Leonard Muret, pour second syndic du corps des Marchands; ordonnons qu'ils en feront les fonctions pendant l'espace de trois années prochaines, en la maniere accoutumée, avec faculté de jouir de tous les privileges y attribués et aux offices d'inspecteurs et

---

(1) Hugon de Thouars, nom d'une famille limousine bien connue.
(2) La fin manque.
(3) Voir notre notice sur les *Syndics du commerce à Limoges (Almanach limousin* de 1801).

controleurs, ainssy et de meme que leurs predecesseurs en ont joui ou du jouir, avec pouvoir de recevoir du sieur Receveur des tailles, des gages appartenant aux dits offices d'inspecteur et controleur creés par l'Edit de fevrier mil sept cent quarante-cinq, reunis au dit corps, et autres parties appartenant au meme corps portées sur les estats du Roy, en donner toutes quittances et decharges valables aux payeurs.

Signé : Texandier, juge, et Thomas, greffier. Controlé par Baget (1).

Louis-François de Perusse, comte des Cars et de Saint-Bonnet, marquis de Pranzac, baron d'Aixe et de la Renaudie, seigneur de Saint-Ybart, La Roche-Labeille, Hurtebize, La Rochüe *(sic)*, La Frenaye, lieutenant general pour le Roi en la province des haut et Bas-Limousin,

Sur le bon et louable rapport qui nous a eté fait de la personne de Louis Joubert, nous l'avons nommé et nommons par les presentes pour remplir la place d'enseigne dans la milice bourgeoise de Limoges, vacante par le deces du sieur Delauze (2), en faire les fonctions, et jouir des privileges, exemption, et tous autres droits dont jouissent les pourvus de pareils emplois; enjoignons aux officiers de la dite milice bourgeoise, de le recevoir et reconnoistre pour tel. En temoin de quoi nous avons signé ces presentes, et fait contresigner par nostre secretaire, et a ycelles fait apposer le sceau de nos armes. Donné en notre chateau des Cars, le premier jour du mois de janvier 1759.

L. F. Comte des Cars. Par Monseigneur, Bourry. — Hugon de Touars, Grellet jeune.

Nomination d'un enseigne de la milice bourgeoise pour les Combes.

A Monseigneur l'intendant de la generalité de Limoges,

Supplie humblement Jean Joseph Periere, ecuyer, seigneur du Vigneau, habitant dudit Limoges, disant que en l'année 1739 les sieurs consuls de ladite ville s'etant informés, en consequence de

Demande en exemption de taille de J.-J. Periere : Décision favorable de l'Intendant.

---

(1) A la suite le greffier a commencé la copie d'une lettre adressée soit à l'intendant, soit au lieutenant général; on n'en lit que les premiers mots : « Monseigneur, nous venons d'être pourvus de la dignité consulaire de Limoges ... »

(2) Delauze était enseigne de la compagnie des Cembes. (V. ci-dessus p. 42).

quoy il avoit toujours joui de l'exemption de taille, le suppliant en ayant eu avis, pour ne pas les laisser dans l'incertitude a cet egard, presenta sa requete au seigneur de Tourny, lors intendant de cette generalité, ou il exposa sa qualité d'ecuyer et les preuves par titres sur lesquelles elle etoit fondée, et il conclut a ce qu'il leur fut fait deffense de l'imposer dans leur rolle de la taille. Cette requete fut repondue d'un « Soit communiquée aux dits sieurs consuls ». La communication leur en ayant eté donnée, ainsy que des titres du suppliant y joints, [ceux-ci] convaincus de la legitimité de ses pretentions, repondirent au bas de cette requete qu' ayant veu et examiné tant ladite requete que titres, n'avoir aucun moyen pour empecher que le suppliant n'obtint ses conclusions. Le tout veu et rapporté au dit seigneur de Tourny, il ordonna verbalement que le suppliant ne seroit point imposé, ce qui fut executé jusque en l'année 1753, que les sieurs consuls de cette année, ne sachant ou voulant ignorer ce qui s'etoit deja passé, l'imposerent induement pour la somme de trois livres et suites (1) ordinaires, ce qui donna occasion au suppliant de recourir au feu seigneur de Chaumont, aussi vivant intendant de cette generalité, et de luy presenter sa requete expositive de tous les faits ci-dessus, et en outre de ce que le bisaïeul du suppliant fut conseiller du Roy en ses conseils d'Estat privé et de ses finances, pour par ledit bisaïeul jouir des prerogatives, appointements, etc., etc., dont jouissent les pourvus de semblable charge; et il conclut a la radiation de la nouvelle cotte. Cette requete fut encore reponduë d'un *Soit communiqué* aux dits sieurs consuls. Le suppliant n'a pu faire suite a (2) ses demarches, parceque, ayant egaré les titres, papiers et documents mentionnés dans les dites requetes, il ne put les recouvrer que longtemps apres l'ordonnance du dit seigneur de Chaumont, qui se trouva absent de cette generalité et qui deceda en l'année 1756. Cependant les sieurs consuls qui ont succédé a ceux de 1753, ont continué d'imposer le suppliant : ce qui est une injustice manifeste; et il se flatte que vous voudrez bien avoir la bonté, Monseigneur, d'ordonner que la decision du seigneur de Tourny, suivie et executée jusqu'en la dite année 1753, sera suivie; et pour y parvenir, le suppliant joint a la presente requete : 1° les titres sur lesquels sa filiation et qualité sont etablies, consistant en 37 pieces dont la premiere est datée du 7e septembre 1635, et la derniere du 5e avril 1746, qui sont les memes qui furent produites par devant ledit sr intendant et sieurs consuls et desquelles 37 pieces il a esté fait un extrait aussi ci-joint;

---

(1) Accessoires : le sol pour livre et autres.
(2) *De* au registre.

2° la requete presentée par le suppliant au dit s^r de Tourny en 1739, sa dite ordonnance et reponse des dits sieurs consuls; 3° celle presentée au dit s^r de Chaumont, avec son ordonnance. Ce consideré, il vous plaise de vos graces, Monseigneur, ordonner que les cottes de taille faites au prejudice du suppliant, dans les rolles depuis 1753 jusqu'au temps present, seront rayées avec defense aux sieurs consuls en charge pour l'année 1759 et autres advenir de l'y comprendre directement ni indirectement dans leur rolle de taille, a peine d'en payer la cotte en leur nom propre et privé; comme le suppliant a eté contraint de payer les dites cottes et suites d'icelles pour la dite année 1753 jusqu'en 1756, ordonner que le suppliant en sera remboursé au veu des quittances qu'il a tirées de ce payement, et que pour ce faire il sera par vous, Monseigneur, ordonné en (?) rejet, ainsy que pour les cottes de 1757 et 1758. *Signé* PERIERE.

Soit la presente requete communiquée aux consuls de la ville de Limoges avec les titres du suppliant, pour, sur leur reponse, a nous rapportée, etre ordonné ce qu'il appartiendra. Fait a Angouleme, le 22 avril 1758. *Signé :* PAJOT.

Les maires et prevot-consuls de Limoges, qui ont pris communication de la presente requete, titre y enoncé et ordonnance de *Soit communiqué* du 22 avril dernier, declarent, pour reponse, s'en rapporter aux lumieres et a la prudence de Monseigneur l'Intendant. Fait en l'hotel de ville le 1er may 1758.

Signé : ROULHIAC DE THIAS, consul; BARBOU, prevot-consul; ROUARD, consul; JUGE SAINT-MARTIN, consul; BEAUD, consul; DE LOMENIE, consul.

Vû par nous, Intendant de la generalité de Limoges, la presente requete, notre ordonnance du 22 avril dernier, ensemble la reponse des sieurs consuls de la ville de Limoges, du 1er may suivant, et les titres et pieces produites par le suppliant, renvoyons ladite requete aux dits sieurs consuls pour supprimer la cotte de taille formée au nom du suppliant dans les rolles de la ville de Limoges, et pour ne pas l'imposer jusqu'a ce qu'il en aye été autrement ordonné. Fait a Angouleme, le 26 decembre 1758. *Signé :* PAJOT, et enregistré la presente requete le 3° février 1759.

PERIERE, pour *(sic)* avoir la minutte des requestes, ordonnances, reponses cy-dessus, et de l'autre part mentionnées, qu'en cas que Messieurs les consuls en ayent besoin, je representeray. Ce 3 fevrier 1759.

<small>Quittance de 3,000 l. versées pour le renouvellement des privilèges des consuls.</small>

Quittance du tresor general des revenus casuels, de la somme de trois mille livres au rolle du 20e mars 1758, article seul, *signé :* BERTIN.

J'ai reçu de M. Jean Marsat, controleur des guerres, a la suite du regiment des gardes suisses, la somme de trois mille livres pour supplement et augmentation de finance ordonnée etre payée par arret du Conseil du 26e may 1757, par autre arret du 13 septembre suivant et lettres patentes expediées sur iceluy, et ne faire avec celle cy devant payée par eux (1) ou leurs predecesseurs qu'un seul et meme corps, et demeurer maintenus, confirmés avec leurs veuves, dans l'exemption de taille, ustensile, logement de gens de guerre, exemption du service personnel du Ban et arriere-Ban, toutes contributions pour raison de ce, de tutelle, curatelle, nomination d'icelle, guet et garde, et de toutes charges publiques de ville, ensemble dans celles du gros du droit sur les vins, boissons provenant de leur crû dans la generalité ou il y a cours (?), de la faculté de prendre le titre et qualité d'ecuyer et de posseder tous fiefs, biens nobles, sans etre tenus de payer aucun droit de franc-fief pour le passé ni pour l'avenir et dans toutes les autres exemptions, privileges, prerogatives, franchises, immunitées dont jouissent les commensaux de la maison de sa Majesté, suivant lettres patentes expediées sur iceluy le dit jour, la dite somme de trois milles livres a nous payée le 8e octobre 1757. Fait a Paris, le 31 decembre 1758.

Signé : BERTIN.

<small>Nomination d'un capitaine et d'un lieutenant pour le canton de Manigne.</small>

Louis François de Perusse, comte des Cars et de St Bonnet, baron d'Aixe et de La Renaudie, marquis de Pranzat, seigneur de St Ybart, La Roche l'Abeille, Hurtebise, La Rochüe, La Frenaye, lieutenant general pour le Roy en la province de haut et bas Limousin. — La compagnie du canton de Manigne, bataillon de milice bourgeoise de Limoges, etant vacante par la demission du sieur Joseph Senemaud, nous avons nommé et nommons par ces presentes le sieur Joseph Senemaud, son neveu, lieutenant de la dite compagnie, a la charge de capitaine d'icelle compagnie, pour en faire les fonctions, etc. Fait en notre château des Cars, le huitieme fevrier mil sept cent cinquante neuf. *Signé :* LE COMTE DES CARS, *et par* Monseigneur, BOURY.

---

(1) Il faut comprendre qu'il s'agit ici des consuls, et que les 3,000 l. ont été versés pour le renouvellement de leurs immunités traditionnelles.

Louis François de Perusse, comte d'Escars et de S¹ Bonnet, baron d'Aixe, etc.... La lieutenance de la compagnie du canton Manigne, bataillon de milice bourgeoise de Limoges, etant vacante par la nomination du sieur Senemaud à la charge de capitaine de la dite compagnie, nous avons nommé et nommons par ces presentes le sieur Leonard Martin a la charge de lieutenant de la dite compagnie (comme ci-dessus, même date) (1).

Aujourd'huy, vingt quatrieme jour du mois de may mil sept cent cinquante-neuf, dans la salle de l'hôtel de ville, ou etoient assemblés Messieurs les prevots consuls, Monsieur Grellet jeune, prevot-consul, a exposé qu'en conformité des anciens usages et statuts et lettres patentes, portant etablissement de l'hopital general de cette ville, il doit etre procedé a la nomination de trois administrateurs a la place des trois precedemment nommés par la maison de ville, qui sortent de charge, sans prejudice a de plus grands droits : la chose mise en deliberation, ont d'une commune voix nommé et nomment Messieurs Jean Baptiste Baud, marchand ; de Flotes, seigneur de L'Aychoissier *(sic)*; M. Pinot de Magré. Lesquels ont esté nommés pour administrateurs, pour remplir les places d'administrateurs pendant quatre ans, a commencer au premier septembre prochain avec les autres administrateurs qui resteront en charge. Dont et du tout a esté fait le present acte pour valoir et servir que de raison. Fait le jour, mois et an que dessus.

Grellet jeune, prevot-consul; Roulhag de Thias, consul; Hugon De Touars; Rouard; Cogniasse du Queyraux (2).

Désignation de trois administrateurs de l'hôpital.

(1) Mentionnons, à la date du 18 mars, l'entrée solennelle de Mgr d'Argentré, le nouvel évêque de Limoges, qui avait été sacré à Versailles, le 14 janvier. Les consuls de la Cité, avec beaucoup de bourgeois de la même ville, allèrent au-devant de lui jusqu'à la Croix de Malecarre. Le prélat fut conduit à la résidence épiscopale au bruit de l'artillerie de la ville, qu'on avait placée sur la grande place de la Cité. Le lendemain, 19, une nombreuse procession, en tête de laquelle marchaient les pauvres de l'hôpital et où figuraient le clergé des paroisses, les compagnies de Pénitents et les principales confréries, les religieux mendiants, les Feuillants de Saint-Martin, les Bénédictins de l'abbaye de Saint-Augustin et le Chapitre de la cathédrale, alla prendre l'évêque au séminaire des Ordinands pour le conduire solennellement à la cathédrale. Deux des consuls de la ville et deux magistrats du présidial portaient le dais sous lequel marchait l'évêque; le reste du corps municipal et des officiers du siège royal venaient derrière. Le cortège, parti du Séminaire, entra dans la ville par la porte Manigne, suivit la rue de ce nom, les rues Cruchedor, Fourie, Boucherie, (du Collège), le faubourg Boucherie, puis les rues de la Cité menant à la cathédrale. Le prélat n'alla à Saint-Martial que le 20, pour s'y faire recevoir comme chanoine honoraire.

(2) Sous la date de 1757, la *Continuation des Annales* signale, d'après un mémoire manus-

<small>Adjudication des réservoirs de la fontaine de Saint-Pierre.</small>

Aujourd'hui, septiesme jour du mois de juillet mil sept cent cinquante-neuf, dans la salle de l'hotel de ville de Limoges, ou estoient assemblés Messieurs les prevots consuls, a esté exposé par M. Roulhiat de Thias, prevot consul, qu'il y avoit des reservoirs et bacs de pierre au dessus la fontaine de Saint-Pierre, que le sieur Perier en estoit adjudicataire, et que le dit bail estoit expiré et qu'il estoit necessaire d'y pourvoir ; sur quoy la chose mise en deliberation il a esté convenu qu'il seroit publié au son du tambour, pour que ce jourd'huy, a deux heures de relevée, il se présente des fermiers et adjudicataires des dits reservoirs appartenant a la ville. L'heure de quatre heures apres midy estant revolue, la derniere enchere s'est trouvée estre portée a la somme de six livres, payable tous les ans par avance, aux festes de Pasques, ainsy des autres années pendant l'espace de sept années continuelles et consecutives qui commenceront a courir le huitiesme du present mois et fini-

---

crit contemporain d'un sieur David, la nomination, aux fonctions d'administrateurs de l'hôpital, de M. M. Etienne, président de l'élection, et Freyssigniat, médecin, et un différend entre l'hôtel de ville et le corps des administrateurs de l'hôpital. Ceux-ci étaient au nombre de dix ; les consuls réclamaient le droit d'en nommer cinq : deux et trois alternativement. Les lettres patentes données lors de l'établissement de l'hôpital n'étant pas suffisamment explicites, on parait s'en être remis à la décision du chancelier.

En 1759, un conflit assez aigu se produisit entre l'intendant Pajot de Marcheval et les trésoriers de France, qui ne voyaient pas sans mecontentement le « commissaire départi », son ingénieur et les autres agents placés sous ses ordres empiéter sans cesse sur les attributions du Bureau de la Généralité et diminuer par là l'importance de leur charge. On construisait alors l'hôtel de l'intendance. M. Pajot, qui y avait fait conduire une partie des eaux de la fontaine d'Aigoulène, voulut peu après établir, aux dépens de la même source, une fontaine publique dans la rue Croix-Neuve, à très peu de distance de l'hôtel. Il y eut des protestations et les trésoriers paraissent avoir encouragé cette résistance. Toutefois, la fontaine fut achevée et on posa en 1759, sans opposition, la pyramide qui devait la surmonter.

M. l'abbé Granet a donné communication à la *Société archéologique* d'une curieuse lettre écrite à ce sujet par le Bureau le 2 avril 1759 au contrôleur général.

A la Saint-Loup 1759, « il plut à un religieux carme de courir par la foire de son propre mouvement et authorite pour insinuer à tous les particuliers, tant habitants qu'étrangers, de ne rien payer sur les mules et mulets qu'ils avoient vendus ou à vendre, et se porta même jusque dans les écuries des auberges voisines pour leur inspirer pareils sentiments... Les employés ne purent parvenir à se faire payer d'aucuns droits sur les mules, mulets et autres bestiaux de cette nature, et furent contraints d'abandonner la dite perception... » Comme « les employés, ébranlés par les assurances données par ce carme, se rendoient auprès de l'intendant, le religieux y alla aussi, soutint qu'il n'avoit jamais vu payer pour les bestiaux pendant les foires » et obtint de l'intendant l'ordre de ne pas percevoir le droit réclamé. Il y eut du reste, à Limoges, vers le milieu du XVIIIe siècle, plusieurs échauffourées causées par la perception des droits d'octrois. Il est parlé, dans un document, d'excès commis « sur la personne du s^r Guibert, controleur des octroys, dans les fonctions de son employ » ; nous n'avons trouvé aucun détail sur ce fait, que signale la liasse C 86 des archives du département, mais dont elle ne fournit pas la date.

Plusieurs ordonnances du lieutenant de police de Limoges, datées de cette époque, rappellent les principales dispositions des règlements relatifs aux arts et métiers, entr'autres celles ayant trait au renouvellement des syndics, bailes et jurés ; à l'exécution, par les aspirants à la maitrise, du chef d'œuvre de rigueur, et à la prestation du serment devant le lieutenant de police et le procureur du Roi.

ront les dites sept années revolues a pareil et semblable jour, la dite adjudication a eté adjugée au nommé Pierre Saderne dit Jean d'Aixe, ce qu'il a promis d'executer, apres lui avoir adjugé le dit droit de reservoir et bac de la dite fontaine pour en jouir à son gré : ce qu'il accepte, en se soumettant pour le payement de la dite ferme comme pour deniers royaux, et a signé avec nous.

> Pierre SADERNE, ROUARD, prevost consul ; HUGON DE TOUARS, GRELLET jeune, consul ; BAUD, consul ; COGNIASSE DU QUEYRAUD, consul (1).

Election des consuls pour 1759-1760.

Election et nomination de Messieurs les prevots consuls, faite dans la grande salle de l'hotel de ville de Limoges, cejourd'hui septiesme decembre mil sept cent cinquante-neuf, par Messieurs les soixante prudhommes, nommés par Messieurs les prevots, consuls et officiers en charge municipaux, a la maniere accoutumée, et ce pour l'année mil sept cent soixante, — les prevots consuls ont donné acte de l'election de nomination presentement faite des personnes de Messieurs Romanet, seigneur de La Briderie, procureur du Roi, et Mr Barny (2) de Romanet, bourgeois, et Mr Ardent de Beaublanc, marchand, et du pouvoir a eux donné par les habitants de lever toutes les sommes qui seront dues a la Ville, comprises dans l'etat du Roi ; et ont les dits sieurs Romanet de La Briderie, procureur du Roi, et Barny, bourgeois, et Ardent de Beaublanc, qui ont presté le serment au cas requis. Fait le dit jour, mois et an que dessus.

> GRELLET jeune, prevot consul ; HUGON DE TOUARS, ROULHAC DE THIAS, COGNIASSE DU QUEYRAUD, ROUARD, consul ; BAUD, consul.

Désignation d'un prédicateur pour 1760-1761.

Aujourd'huy, septiesme decembre mil sept cent cinquante neuf, dans la salle de l'hotel de ville de Limoges ou etoient assemblés Messieurs les officiers municipaux et prevots consuls, pour proceder a la nomination d'un predicateur, ont nommé d'une commune voix le P. Germain Sudrie, Recollet, pour precher l'Avant de l'année

---

(1) Voir plus haut la délibération du 7 avril 1753, p. 57.
(2) On a écrit Berny : au XVIIe siècle, plusieurs pièces des archives municipales écrivent de même.

mil sept cent soixante, et le perc Louis Reignier, (?) gardien de Sainte-Valerie (1), pour precher le Caresme de l'année mil sept cent soixante-un. A cet effet, etc (comme ci-dessus p. 9).

GRELLET jeune, prevot consul, HUGON DE TOUARS, COGNIASSE, DU QUEYRAUD (2).

Commission de directeur des messageries donnée à Joseph Bouland et signifiée aux consuls.

Je soussigné, fermier des carrosses et messageries de Paris, Argenton, Limoges, Brive, Aurillac, Cahors, Montauban, Toulouse et route, et retours des dites villes a Paris, ai nommé et nomme le dit Joseph Bouland l'ainé, demeurant fauxbourg Manigne, paroisse de Saint-Maurice a Limoges, pour faire la fonction de Directeur de la Messagerie, a la charge par luy de se bien et fidelement acquitter de sa commission et tenir bons et fidels registres, et d'inscrire dessus les places, finances, paquets et ballots qui se presenteront pour la dite route, d'aller au devant de mes commis, messagers et autres voituriers dependants de moi, pour verifier leur voiture et mettre son visa sur leurs feuilles, comme aussy de veiller sur les voituriers et autres particuliers qui porteront sur la route des paquets au-dessous de cinquante livres et des personnes sans permissions ainsi qu'il a eté defendu par les arrests du Conseil et

---

(1) Il s'agit du couvent des Récollets qui était situé le long de la rue actuelle de l'Hôpital, au-dessous de l'Hôpital général et du Séminaire, aujourd'hui caserne de cavalerie.

(2) On sait qu'à l'année 1759 remonte la fondation de la Société d'agriculture de Limoges, dont on doit l'etablissement à l'intendant Pajot de Marcheval.

Les exhumations exécutées dans l'église Saint-Michel (et qu'avaient rendues indispensables l'accumulation des corps dans les caveaux publics où, par suite de la nature et de la sécheresse du terrain, les corps se conservaient fort longtemps), donnèrent lieu à beaucoup de plaintes et de réclamations. Il en fut de même pour celles qu'on dut effectuer à la même époque à Saint-Pierre. L'opinion publique s'émut ; on accusa le clergé d'avoir fait procéder la nuit à des exhumations clandestines et déterrer des cadavres inhumés depuis peu de temps. Les suppositions et les rumeurs allèrent, comme c'est l'ordinaire, bien au delà de la vérité. Toutefois il parait bien que les exhumations ne s'opérèrent pas avec tout le soin et toute la décence convenables et que le clergé ne les surveilla pas assez. Des valets des deux églises furent convaincus d'avoir volé divers objets. Un arrêt du parlement de Bordeaux, du 27 janvier 1762 condamna plusieurs individus « à être mis au carcan et exposés en la place publique de Limoges, et à faire amende honorable devant la porte des églises de Saint-Pierre et de Saint-Michel-des-Lions, en présence des fabriciens, pour avoir exhumé des cadavres, vendu et tourné à leur profit les bières, linges et suaires des dits cadavres. »

Les mauvais état des finances et les besoins pressants de l'Etat réclamaient sans cesse de la nation de nouveaux sacrifices, Mgr d'Argentré transmit le 2 janvier 1760, au clergé du diocèse, une circulaire datée du 11 décembre 1759, adressée par tous les prélats du royaume pour exhorter les ecclésiastiques à venir au secours du Roi. Il y ajouta quelques mots pressants : « on vit, dit Legros, plusieurs chapitres et communautés s'empresser de faire porter à l'hôtel de la monnaie de Limoges une grande partie de l'argenterie de leurs églises. Alors périrent pour jamais plusieurs beaux ouvrages antiques d'orfévrerie ». Quelques gens riches imitèrent la patriotique générosité des ecclésiastiques.

encore (1) de veiller aux intérêts de la ferme, — aux appointements de la somme de 150 l. par année, preposées sur les intérêts de la ferme du Roy, et pour par luy jouir de tous les privileges et exemptions attribués aux commis de sa Majesté. Fait a Paris, le 1er janvier 1760. *Signé* : DE NANTEUIL, fermier des carrosses et messageries royales des susdites routes. — Par arrêt du Conseil d'Etat du Roy du 25e juin 1678, portant reglement general tant pour les fonctions, exercices et exemptions des messagers royaux que pour les rouliers, voituriers, coquetiers, poulaillers, roudiers *(sic)* et qu'ils jouissent de l'exemption du logement des gens de guerre, de collectes, deniers publics, du guet et garde de portes, tutelle, curatelle et autres charges publiques, suivant qu'il est porté à l'article III dudit arrêt. Signé au *collationné* : COQUILLE. Collationné par CARPON (?) (2).

---

(1) Un mot surchargé illisible.

(2) Il ne faut pas confondre ces commissions de directeur des messageries avec celles de maitre de postes, dont voici un spécimen, tiré des riches archives de la famille Péconnet du Châtenet :

« François Michel Le Tellier, marquis de Louvois et de Courbenvaux, conseiller du Roy en ses conseils, commandeur et chancelier de ses ordres, secretaire d'Estat et des commandements de Sa Majesté, grand maistre des couriers et surintendant general des postes, relais et chevaux de louage de France. — Scavoir faisons qu'estant bien et deüement informé des sens, suffisance, loyauté, preudhomie, experience au faict des postes, fidelité et affection au service de Sa Majesté de la personne de Joseph Michel filz, a icelny pour ces causes avons donné et octroyé, donnons et octroyons par ces presentes la poste de Pierebuffiere, vacante par la demission de Jean Michel, son pere, pourveu de la dite poste, pour jouir et uzer, par le dit Joseph Michel, et dorenavant exercer la dite poste de Pierebuffiere aux honneurs, avantages, autorités, prerogatives, preeminances, franchizes, libertés, et gages de cent quatrevingt livres par an et autres droitz, fruictz, proffictz, revenus et emoluments audit office appartenentz, telz et semblables qu'en jouissent et doivent jouir les autres maistres des postes du Royaume et l'exemption entiere de toutes tailles, creües y jointes, taillon, soldes des prevostz des mareschaux, creües extraordinaires des garnizons, et autres, ordinaires et extraordinaires, ensemble de toutes charges publiques, contributions et logemens de gens de guerre, et de tous autres, et memes privileges, franchizes et exemptions dont jouissent les officiers commenceaux de la maison du Roy, avec pouvoir et faculté de tenir afferme et jouyr par ses mains (?) de cent arpentz de terre de labour, prés ou vignes, non en ce compris les heritages a lui appartenantz, suivant les edictz et declarations du mois de novembre 1635, decembre 1652, 19e janvier 1669 et 30e juin 1681, registrés ou besoin a esté. — A condition que ledit Joseph Michel fera bien fidellement et diligemment son devoir et le service de Sa Majesté; que pour l'exercice de sadite poste, il sera monté du nombre suffisant de bons chevaux pour servir les couriers, conformement a nos reglement et ordonnances, et qu'il en fournira jour et nuict pour porter les couriers ordinaires, avec leurs masles et despeches, sans aucun retardement ny exiger aucune chose d'eux, conformement a l'edict du mois de may 1630. A faute de quoy faire, nous declarons des a present comme pour lors ces presentes nulles sans qu'il soit besoing d'autres formalités de justice que du simple reffus que fera ledit Joseph Michel de satisfaire au dit edict, auquel cas il sera par nous incessamment pourveu d'un autre en sa place.

« Mandons et ordonnons aux maistres des postes voisins de faire mener et conduire a l'advenir tous couriers tant ordinaires qu'extraordinaires audit Joseph, a la dite poste de Pierebuffiere pour y descendre et changer de chevaux, et de vivre ensemble comme freres, compagnons et bons amys, gardans bien d'y faire faute, sur peine aux contrevenantz d'estre depossedés de leurs charges. En temoin de quoy, nous avons signé ces presentes de nostre main, faict contresigner par l'un des trois commis a nostre surintendance et controlleur general des

Le dix-huit avril 1760, a la requete du s. Joseph Bouland l'ainé, marchand, demeurant au faubourg Manigne, paroisse de Saint-Maurice, qui fait election de domicile en sa maison, je Pierre-Alexis Meyze, (1) au bureau des finances de la generalité de Limoges, immatriculé au greffe d'icelle, y demeurant, rue des Combes, paroisse de Saint-Michel-des-Lions, certifie avoir bien et dument signifié au S⁽ʳ⁾ Martial Nadaud, greffier commis de la maison de ville de Limoges, y demeurant, paroisse de Saint-Michel-des-Lions, trouvé en l'hotel de la maison de ville situé rue du Consulat, paroisse de Saint-Pierre-du-Queyroix, où etant et parlant a sa personne, avec injonction de le faire savoir a Messieurs les maire et consuls de la dite ville, la commission adressée au requerant par Mr de Nanteuil, fermier, le 1ᵉʳ janvier dernier, de luy signée, pour la messagerie royale des routes, ensemble l'arrêt du Conseil du Roy, rendu le 25ᵉ juin 1678, portant reglement general, exemption attribuée au procureur fermier commis de la dite messagerie ; et afin qu'ils n'en puissent pretendre cause d'ignorance, et qu'ils n'aient a imposer ledit requerant a la collecte des deniers royaux, du logement des gens de guerre, guet, garde, tutelle, curatelle et autres charges publiques, si ce n'est au nombre des exempts (2), ainsy qu'il est d'usage, a peine de tous depens, dommages-intérêts, et afin qu'il n'en ignore, je luy ai laissé comme en parlant ci-dessus au dit Sʳ Nadaud, leur commis pour ladite injonction, laissé *(sic)* copie par extrait dudit arret et au long [tant] de la commission que du present acte, par moy, *Signé :* BOULAND l'ainé ; MAISE *(sic)*, huissier ; NADAUD, secretaire.

Démission de Martial Nadaud secrétaire de l'hôtel-de-ville Il est remplacé par Philippe Nadaud.

Aujourd'huy, trente juin mil sept cent soixante, dans l'hotel de ville de Limoges, nous prevosts-consuls en charge, sensibles a la triste situation du sʳ Nadaud, notre secretaire et greffier, aujourd'huy et depuis longtemps hors d'etat, pour cause de maladie, de vaquer aux fonctions de cet employ, pour le bien du service et sur la priere qu'il nous a fait de pourvoir a la susdite place de secretaire et greffier, avons unanimement nommé et nommons, a la

dites postes, et a icelles apposer le cachet de nos armes. A Versailles, le vingt septieme jour de juillet 1689. *Signé* DE LOUVOIS *et* par mondit seigneur : ROUILLÉ.
Le 17ᵉ aoust audit an, nous avons renvoyé les dites provisions accause qu'on avoit obmis d'apposer le sceau de Mgr de Louvois. — Adressées a M. Romanet, advocat au Parlement.
(Rendu les dites provisions en forme, a M. Michel pere, le 13 janvier 1690). »
Copie sans signature.
(1) Un mot illisible, on ne saurait lire : huissier.
(2) C'est-à-dire dans les cas ou les exempts eux-mêmes doivent être compris aux rôles.

dite place, le sʳ Ph[ilipp]e Nadaud, qui a deja travaillé a notre satisfaction sous les yeux de son oncle, pour faire toutes les fonctions requises en titre de secretaire et greffier de l'hotel de ville.

Hugon de Touars, Romanet, Grellet jeune, Barny jeune, Cogniasse, Ardant du Masjambost.

Aujourd'huy, trente juin mil sept cent soixante, apres midi, par devant nous, Pierre Thomas, notaire royal a Limoges, et temoins soussignés, furent presents : Mʳ Mʳᵉ Paul Hugon, seigneur de Thouars, conseiller du roy en la senechaussée et siege presidial de cette ville ; François Romanet, seigneur de la Briderie, aussy conseiller, procureur du roy en la mesme senechaussée et siege presidial; Pierre Cogniasse, seigneur du Queyreau; Pierre Barny, seigneur de Romanet, bourgeois; Gabriel Grellet et Jean Baptiste Ardant de Beaublanc, seigneur de Masjambost, bourgeois et negociants, tous prevosts consuls en charge de la presente ville, lesquels, sur la priere et requisition a eux verbalement faite par sʳ Martial Nadaud, greffier et secretaire de l'hotel de ville du dit Limoges, qui a cause de ses infirmités ne peut vaquer aux fonctions attachées au dit office de greffier et de secretaire du dit hotel de ville, l'exercice desquels ne peut etre suspendu, mes dits sieurs consuls ont, d'une commune voix, commis et nommé pour greffier et secretaire du dit hotel de ville, la personne de Mʳ Philippe Nadaud, marchand et bourgeois de cette ville, neveu du dit Martial Nadaud, pour faire les fonctions attachées audit emploi et jouir des honneurs, fruits, profits et exemptions y attribuées, ainsy et de mesme que les cy-devant pourvus en ont jouy, et dû jouir, a la charge par le dit sʳ Nadaud de prester le serment au cas requis, fournir bonne et valable caution et estre tenu et responsable de ce a quoy pourra estre tenu, envers le dit hotel de ville, le dit Martial Nadaud. A ces fins, ayant mandé le dit sieur Philippe Nadaud pour accepter la dite commission, lequel s'etant presenté, apres avoir pris lecture de la susdite nomination, il a icelle accepté dans tous ses chefs, et a levé la main, promis et juré moyennant son serment de faire en honneur et confiance les fonctions attribuées au dit office (1) ....
Mes dits sieurs prevosts consuls l'ont reçu et installé dans icelles. Et a l'instant s'est presenté Pierre Bonin, sʳ de Mauzelet, bourgeois de cette ville, y demeurant proche la Poissonnerie, paroisse de Saint-Pierre (2), lequel ayant pareillement pris communication de tout le

---

(1) Cette ligne de points existe au registre.
(2) On sait que la Halle aux poissons était, depuis le xiiiᵉ siècle, établie sur la place Saint-Pierre.

contenu cy-dessus, il a declaré se rendre volontairement pleige et caution solidaire pour le dit sieur Philippe Nadaud, pour l'exercice du dit office et maniement de deniers qu'il pourroit faire en la dite qualité de greffier et secretaire; et promet en son nom propre et privé, faute par le dit sʳ Nadaud de rendre et faire arrester ses comptes, de les rendre lui mesme et payer le reliquat; a quoy faire il a conjointement et solidairement avec le dit sieur Nadaud affecté et hypothequé tous ses biens meubles et immeubles, presents et a venir. Et se soumettent les dits sieurs Nadaud et Bonnin d'y etre contraints par toute voie et mesme par corps, comme pour deniers et affaires de Sa Majesté, renonçants aux benefice de division, discussion et d'ordre. Dont acte fait et passé a Limoges en presence du sʳ Guillaume Judet et Joseph Morin, praticiens, habitans du dit Limoges, temoins signés a la minute.

> Hugon de Touars, Romanet, Cogniasse du Queyraux, Barny jeune, Grellet jeune, J. B. Ardant du Masjambost, Ph. Nadaud, Bonin, Judet, Morin, *et au controle :* Baget-Thomas, *notaire.*

Homologué et autorisé le dit acte par M. Pajot, intendant de cette generalité, le 20 decembre 1760.

Adjudication des eaux d'Aigoulène Surenchère.

L'an mil sept cent soixante et le vingt sixieme jour de may, a trois heures de relevé, en notre hostel en la ville de Limoges, nous, Christophe Pajot, chevalier, seigneur de Marcheval, Millaucay, Nung et autres lieux, conseiller du roy en ses conseils, maitre des requetes ordinaires de son hotel, intendant de justice, police et finance en la generalité de Limoges, savoir faisons qu'ayant fait publier et apposer des affiches dans tous les lieux publics de la ville de Limoges, contenant que ce jourd'huy, lieu et heure susdits, il seroit procédé par devant nous, en presence des sieurs consuls de la dite ville, a la reception des encheres et ensuite a l'adjudication definitive au plus offrant et dernier encherisseur, pour trois années qui echoieront a pareil jour de l'année mil sept cent soixante-trois, du produit des eaux de la fontaine d'Egoulesne, ou toutes personnes seroient reçues a encherir, a la charge par l'adjudicataire de se conformer aux conditions ci-après :

Article premier. — L'adjudicataire sera tenu de donner gratuitement, les mercredis et samedis de chaque semaine, entre deux et trois heures de relevée, les eaux necessaires pour le nettoiement des rues, pendant une heure et demie.

Article 2. — Plus sera tenu, en cas d'incendie, de donner aussy gratuitement toute l'eau necessaire, sur les premiers ordres qu'il recevra de Mr le lieutenant general de police, aux fins qu'il reste toujours un demi pied d'eau ou environ dans le petit etang pour y remedier.

Article 3. — Plus sera tenu de donner l'eau necessaire pour l'ecoulement des latrines pendant la nuit, et en hiver, a ceux qui en auront obtenu la permission, a raison de trente sols par chaque nuit.

Article 4. — Plus sera tenu de payer, de six mois en six mois, et par avance, le prix de son adjudication entre les mains du receveur des patrimoniaux de la ville, pour le prix en provenant etre employé aux reparations de la dite fontaine sur les mandements qui seront par nous delivrés.

Article 5. — Comme aussi donner bonne et suffisante caution et certificateur d'icelle, et en outre de payer les frais necessaires pour parvenir a la presente adjudication.

Conformement au reglement du 12e septembre 1739.

Il se seroit présenté plusieurs personnes, auxquelles nous aurions fait faire lecture a haute et intelligible voix, tant des dites affiches que de la presente adjudication, a laquelle nous aurions declaré que nous allions proceder tout presentement, a l'extinction des trois feux.

Et a l'instant, nous avons fait allumer un premier feu, pendant la durée duquel le sieur Vergniaud a offert de se rendre adjudicataire pour la somme de soixante livres par année, cy.......... 60 l.
Le sieur Ragot pour......... 65
Le sieur de Lafosse pour........................... 80
Le nommé Pierre Guingand, pour................... 90
Le sieur Vergniaud pour........................... 100
Le sieur Ragot, pour............................. 110
Le dit Guingamp pour............................ 120
Le dit sieur Vergniaud pour...................... 150

Le premier feu etant etint, il en auroit eté allumé un second, pendant la durée duquel le sieur Ragot auroit offert de se rendre adjudicataire pour la somme de cent soixante livres, cy.. 160 l.
Le dit sieur Vergniaud pour...................... 180
Le dit Guingamp pour............................ 200
Le dit sieur Lafosse pour........................ 210
Le dit sieur Ragot pour......................... 220

Le second feu etant aussi eteint, il en auroit eté allumé un troisieme pendant la durée duquel le dit sieur Lafosse auroit offert de se rendre adjudicataire pour la somme de deux cent trente livres, cy... 230 l.

Le dit Guingamp, pour	240 l.
Le dit sieur Ragot pour	250
Le dit sieur Vergniaud pour	260
Le dit sieur Ragot pour	270
Le dit sieur Vergniaud pour	280
Et le dit Guingand pour	300

Le troisième et dernier feu etant pareillement eteint sans que personne ait voulu surencherir, ny se rendre adjudicataire a un plus haut prix que Pierre Guingamp, nous, intendant susdit, avons, du consentement des dits sieurs consuls, adjugé et adjugeons au dit Pierre Guingamp, m^e cordonnier, demeurant en cette ville de Limoges, rue Roulet (1), paroisse de Saint-Pierre-du-Queyroix, le produit des eaux de la fontaine d'Egoulesne pour le temps et espace de trois années consecutives, a commencer de ce jourd'huy et qui finiront a pareil jour de l'année mil sept cent soixante-trois, moyennant la somme de trois cent livres par chaque année, aux charges, clauses et conditions enoncées en la presente adjudication, qu'il a dit bien entendre et accepter, se soumettant a l'entiere execution d'icelles par les voies ordinaires et accoutumées, comme pour deniers publics ; et a pour cet effet elu son domicile en sa maison sus declarée ; et a dit ne savoir signer.

Signé : Pajot, Barny jeune, prevost-consul ; Hugon de Thouars, Romanet, Cogniasse, et Ardant du Masjambost.

Et le lendemain, vingt sept mars mil sept cent soixante, a dix heures du matin, s'est presenté par devant nous le sieur Martial Ragot, marchand de cette ville, lequel, après avoir pris communication de l'adjudication des autres parts et, conformement a l'ordonnance du mois de juillet mil six cent quatre-vingt-un, nous a declaré surencherir par tiercement de la somme de soixante livres la presente adjudication, aux mesmes charges et conditions y portées, et a signé avec nous.

Signé : Ragot et Pajot.

Et advenant les trois heures de relevée, les sieurs consuls s'estant rendus en notre hotel, le dit sieur Martial Ragot nous ayant rapporté la signification faite ce jourd'huy, a sa requete, par Dupré, huissier, du tiercement cy-dessus par lui fait, au nommé Pierre Guingamp, dit *Le Frizac*, adjudicataire par bail du jour d'hier, nous avons declaré qu'il seroit tout presentement procédé aux enchères du dit tiercement, a l'extinction de trois feux. En conse-

---

(1) La rue Roulet ou Rullet (petit ruisseau) porte aujourd'hui le nom de rue du Canal.

quence, nous avons fait allumer un premier feu, pendant la durée duquel personne ne s'etant présenté pour encherir sur le dit tiercement, non plus qu'au deuxieme et troisieme feu, nous avons adjugé et adjugeons au dit sieur Martial Ragot le produit des eaux de la fontaine d'Egoulesne, moyennant la somme de trois cent soixante livres pour chaque année, aux charges, clauses et conditions enoncées en l'adjudication des autres parts, ce qu'il a accepté et promis d'executer, se soumettant a etre contraint par les voies ordinaires et accoutumées pour les deniers et affaires publics, elisant pour cet effet son domicile en sa maison sise a Limoges, rue Manigne, paroisse de Saint-Pierre-du-Queyroix, et a signé avec nous.

Signé : Ragot, Pajot, Barny jeune, prevost-consul ; Hugon de Touars, Romanet de La Briderie, Cogniasse et Ardant du Masjambost.

Et a l'instant s'est présenté le dit sieur Ragot, adjudicataire, lequel nous a presenté pour caution la personne du sieur Leonard Martin, marchand, demeurant rue Lansecot, paroisse de Saint-Michel-des-Lions, et pour certificateur celle de Martial Mainvielle, m⁰ fourbisseur, demeurant porte Manigne, paroisse de Saint-Pierre-du Queyroix, lesquels (*sic*) après avoir ouï lecture de la presente adjudication, qu'ils ont dit bien savoir et entendre, se sont obligés, solidairement avec le dit sieur Ragot, a l'entiere execution dicelle et s'y sont soumis par les mesmes voyes que dessus ; de laquelle soumission nous leur avons donné acte et ordonné que la dite adjudication sortira son plein et entier effet, et ont signé avec nous.

Signé : Martin Mainvielle, Pajot, Romanet, Cogniasse, Barny jeune, prevost-consul ; Hugon de Thouars et Ardant du Masjambost.

Signé : Pajot, intendant.

Aujourd'huy (1), quatrieme janvier mil sept cent cinquante-neuf, a Limoges, avant midy, dans l'hotel de ville, par devant nous, Jean Bardy, notaire royal et tesmoins soussignés, ont été presents Messieurs Roulhac de Thias, Hugon de Touars, juge magistrat au presidial et senechal de cette ville ; Rouard de La Boissarde ; Cogniasse du Queyraud, bourgeois ; Baud et Grellet jeune, bourgeois

Adjudication des droits de pesage et de mesurage.

(1) On remarquera que cet acte a été inséré au registre après sa date.

et marchands, tous maires et prevots-consuls de cette ville de Limoges, [y] demeurant, lesquels, en ladite qualité, ont delaissé a titre de bail afferme pour le temps et terme de quatre années, qui ont commencé a courir depuis le premier de ce mois pour finir a pareil et semblable jour de l'année mil sept cent soixante-trois, icelles finies et revolues, a Nicolas Ratineau, garçon manifacturier (*sic*) de cette ville, y habitant rue du Temple, paroisse de Saint-Pierre-du-Queyroix, ci (?) present et acceptant, prenant (1), le droit de mesurages des grains et legumes qui se vendront au marché a blé de cette ville, a raison de deux deniers par chaque setier de froment, seigle, orge, baillarge, millet, pois et feves, mesures de Limoges ; et deux (2) deniers par chaque setier de blé noir et chataignes mesme mesure, sans pouvoir, par le dit Ratineau, exiger plus grands droits par chaque setier que celuy cy-dessus expliqué, mais de se conformer a l'ancien droit et usage, promettant, moi, sieur prevot-consul, de faire jouir paisiblement le dit Ratineau du susdit droit de mesurage envers et contre tous : la presente ferme faite moyennant le prix et somme de cinquante livres pour une chacune des dites quatre années, payables en deux pactes egaux, chacun de la somme de vingt-cinq livres et de six mois en six mois et par avance, sans qu'un pacte puisse cumuler (?) sur l'autre, ainsy que le dit Ratineau a promis et s'y est engagé, a peine de tous depens, dommages-interêts ; en execution de quoi le dit Ratineau a tout presentement payé, compté et realisé, a nous dits sieurs prevots consuls, la somme de vingt-cinq livres pour les six premiers mois d'avance, dont quittance. Et pour plus forte assurance du susdit bail, est intervenu aux presentes Mathieu Gardelle, tisserant de cette ville, y residant, rue du Clocher, paroisse de Saint-Michel-des-Lions, lequel s'est rendu pleige caution et repondant solidaire du dit Ratineau envers Messieurs les prevots-consuls, a promis et s'est obligé en son propre et privé nom, conjointement et solidairement avec le dit Ratineau, de faire les payements des parties du dit bail a leur expiration en cas d'inexecution de la part du dit Ratineau, aussi a peine de tous depens, dommages-interêts ; a l'execution des presentes les parties obligent leurs biens ; mesme et par exprès les dits Ratineau et Gardelle leurs personnes a la rigueur de l'ordonnance, attendu pour l'acquit (?) du prix de ferme. Dont acte fait et passé en presence des sieurs Jean Dumas et Jean Bardy,

---

(1) On se sert d'habitude dans ce sens du mot de *preneur*.

(2) Ces deux mots ont été écrits au-dessus du mot : *livres* qui suit les mots « mesure de Limoges » et qui n'a pas été effacé au registre, bien qu'il ait été sans nul doute mis par erreur.

— 123 —

habitants de cette ville, tesmoins. Les dits Ratineau et Gardelle ont declaré ne savoir signer, de ce interpelés. *Signé a l'original :*

>ROULHAC DE THIAS, HUGON DE TOUARS, ROUARD, COGNIASSE DU QUEYRAUD, BAUD, GRELLET jeune, prevots-consuls; DUMAS, BARDY, et nous notaire. Controlé a Limoges par BAGET (1).

Adjudication de l'office de receveur des octrois et patrimoniaux.

Aujourd'huy, quatre août mil sept cent soixante, dans l'hotel de ville de Limoges, par devant nous, Pierre Thoumas, notaire, garde notes du Roy au dit Limoges, et temoins soussignés, sont comparus Messieurs Hugon de Touars, conseiller du Roy en la seneschaussée et siege presidial de cette ville ; Romanet de la Briderie, aussi conseiller et procureur du Roy ez mesme siege ; Barny de Romanet, bourgeois ; Gabriel Grellet jeune et Ardant Du Masjambost, bourgeois et marchands, tous prevots-consuls en charge de la dite ville de Limoges, faisant tant pour eux que pour Mr Cogniasse du Queyraud, leur collegue, absent, auquel ils promettent faire agreer et ratifier ces presentes. Sur ce qu'il a eté representé que la commission a vie de receveur des octrois et deniers patrimoniaux, anciens et mi-triennaux, alternatifs et mi-triennaux, biens et revenus patrimoniaux et autres impositions extraordinaires de la dite ville et communauté du dit Limoges (ledit office creé par Edit du mois de juin mil sept cent vingt-cinq), ayant eté supprimé et reuny au corps et communauté de la dite ville suivant la quittance de finance du 18 août 1732, *signée* BERTIN, registrée en la Chambre des comptes, le 24 janvier 1739, *signé* NOBLET, avec pouvoir a Messieurs les prevots et consuls de commettre pour l'exercice telle personne qu'ils aviseront, sans que ceux commis soient obligés de prendre, pour raison de ce, aucune lettre ni provision, a la charge par ceux qui seront commis de rendre compte de leur maniement en la maniere accoutumée, conformement a l'Edit de juin 1725 et suivant qu'il est plus au long porté par arrêt du Conseil du 7 juin 1729 et lettres patentes du 3 mars 1730, est vacante par le decès de Me Martial Nadaud, dernier commis au dit exercice, il convient de pourvoir une autre personne en son lieu et place ; et de tous

---

(1) Une lettre adressée le 20 juin 1760, par le procureur général du Parlement de Bordeaux au lieutenant de police de Limoges, signale les désordres dont les loteries prohibées étaient à ce moment l'occasion ; des écoliers y perdaient l'argent de leurs pensions, des artisans et des domestiques leurs petites économies. L'esprit de spéculation et de jeu, contenu depuis la catastrophe de Law, reprenait son essor au grand préjudice de la moralité.

ceux qui se sont présentés pour exercer le dit office, il n'y en a pas qui aient fait la condition meilleure que sieur Léonard Pinchaud, bourgeois et marchand de cette ville, qui a offert la somme de deux mille livres, une fois payée, pour être employée aux besoins de la ville : dans laquelle offre iceluy sieur Pinchaud icy present, persistant, il requiert mesdits sieurs prevots et consuls qu'ils aient, s'ils jugent a propos de le nommer et commettre pour exercer ledit office de receveur des octrois pendant son vivant. A quoi mes dits sieurs prevots et consuls inclinant, et sous le bon plaisir de M^r l'Intendant, ils ont par ces presentes nommé et commis le dit sieur Pinchaud pour exercer et faire les fonctions, pendant son vivant, de receveur des octrois et deniers patrimoniaux alternatifs et mi-triennaux, biens et revenus patrimoniaux et autres impositions ordinaires et extraordinaires de la dite ville et communauté de Limoges, a la charge par lui de rendre compte et payer exactement ce qu'il recevra en la maniere accoutumée, conformement a l'Edit de juin 1725, arrêt du Conseil du 7 juin 1729 et lettres patentes du 3 mars 1730, a quoy il s'est expressement soumis a peine d'y etre contraint comme pour deniers et affaires de Sa Majesté, et de fournir bonne et valable caution, pour, par ledit sieur Pinchaud, jouir des honneurs, fruits, profits, emoluments et exemptions y attribués, ainsy et de mesme que les cy-devant pourvus en ont joui ou du jouir ; en execution de quoy ledit sieur Pinchaud a presentement payé comptant en especes du cours, a mes dits sieurs prevots et consuls, la dite somme de deux mille livres, dont quittance. A l'instant se sont présentés demoiselle Thereze Thurin, veuve du sieur Leonard Joubert, et sieur Louis Joubert, son fils, bourgeois et marchand de cette ville, y demeurant, rue des Combes, paroisse de Saint-Michel-des-Lions, lesquels ont declaré se rendre pleige et caution solidaire pour le dit sieur Pinchaud, leur gendre et beau-frere, pour l'exercice et maniement qu'il fera pour raison du dit office de receveur des octrois, et durant tout le temps qu'il en fera les fonctions ; mesme a defaut par le dit sieur Pinchaud de rendre ses comptes chaque année et de payer les reliquats, iceux demoiselle Thurin et Joubert promettent et s'obligent de rendre et faire clore le dit compte, payer le reliquat a la premiere requisition et denonciation qui leur en sera faite, a peine de tous depens, dommages et interets, et se soumettent d'y etre contraints par les mesmes voyes que pouroit l'etre le dit sieur Pinchaud ; a quoy faire ont obligé conjointement et solidairement avec ledit sieur Pinchaud, sous les renonciations au benefice de division, discussion et ordre, (mesme la dite demoiselle Thurin au Velleyen, loy Julie et autres droits introduits en faveur de son sexe, a elle donné a entendre une femme ne pouvoir s'obliger pour le fait d'autruy), tous leurs (*sic*) biens, meubles et immeubles, presents et a venir, mesme s'obliger le dit sieur Pinchaud et les dits demoiselle Thurin et Joubert aussy conjointement et solidairement comme dessus, pour les sommes que pourroit recevoir le dit sieur Pinchaud des heritiers du sieur Nadaud, ci-devant commis a la dite recette, ou du sieur sa caution et par les mesme voies enoncées cidessus. Dont acte fait et passé a Limoges, en presence des sieurs Philippe Nadaud, marchand, et Pierre de Maledent, bourgeois, habitants de Limoges, temoins, qui ont signé a l'original.

Signé : Romanet, Hugon de Touars, Barny jeune, Grellet jeune, Ardent du Masjambost, Thurin Ve Joubert, L. Joubert, Pinchaud, Ph^e Nadaud, De Maledent et nous notaire ; au controle : Baget.

Aujourd'huy, vingt six septembre 1760, dans l'hotel commun de cette ville, ou etoient assemblés Messieurs les maire et consuls en charge, il a eté exposé par Mr Barny, prevot consul, que le dix-neuf du courant il fut adressé par M^r l'Intendant a Messieurs les consuls un paquet dans lequel etoit une lettre missive en date du 19e present mois, ensemble une copie d'arrest du Conseil, en date du douze janvier 1760, *signé* : de Vougny, au bas duquel sont des lettres d'attache de M^r l'Intendant, tout quoy le dit sieur Barny pense devoir etre enregistré pour y avoir recours quand besoin sera. *Changement de la date des élections municipales. Lettre de l'Intendant et arrêt du Conseil à ce sujet.*

La chose mise en deliberation, il a eté ordonné que le present arrest sera transcrit au long sur le registre par le greffier de l'hotel de ville.

Barny jeune, prevot consul ; Romanet ; Ardant du Masjambost ; Grellet jeune, consul ; Cogniasse.

Copie de la lettre de M^r l'Intendant, suivant l'extrait de l'arrest du Conseil pour la nomination de M^{rs} les consuls,

A Limoges, le 19e septembre 1760.

Monsieur le controleur general vient de m'adresser, Messieurs, l'arrest dont vous trouverez ci-joint une copie, et il me charge de vous marquer que l'intention du Roy est que vous convoquiez dans le mois une assemblée des habitans ou des prudhommes de cette ville pour proceder a la nomination des consuls de l'année prochaine, et que son arrest soit enregistré a l'hotel de ville pour servir de regle a l'avenir. Je me flatte que vous vous empresserés a executer les volontés de Sa Majesté.

J'ai l'honneur d'etre, Messieurs, votre tres humble et tres obeissant serviteur. *Signé* : Pajot.

A Messieurs les consuls de Limoges.

Extrait des Registres du Conseil d'Etat.

Le Roy etant informé que les habitans de la ville de Limoges ne procedent a la nomination de leurs consuls que dans le courant du mois de decembre de chaque année (1) et que, en consequence, les roles d'impositions ne se font que dans les mois suivants, ce qui apporte un retardement considerable aux recouvrements des dites impositions, prejudiciable tant aux interests de Sa Majesté que a ceux des contribuables de la dite ville de Limoges et d'ailleurs, et contraire aux arrests et declaration rendus sur le fait des dits recouvrements : a quoy Sa Majesté desirant pourvoir, ouï le rapport du sieur Bertin, conseiller ordinaire au Conseil royal, controleur general des finances, le Roy en son Conseil a ordonné et ordonne qu'a l'avenir et a commencer dès cette année, pour la prochaine nomination, les habitans de la ville de Limoges s'assembleront en la maniere accoutumée, le quinze de septembre de chaque année au plus tard, pour proceder a la nomination de leurs consuls et [ceux-ci] entrer en exercice au premier octobre suivant, conformement aux declarations et arrest rendus sur le fait de collecte. Ordonne en consequence Sa Majesté que le present arrest sera enregistré a l'hotel de ville de Limoges pour y servir de reglement a l'avenir, nonobstant tous arrests, declarations ou usages contraires ; enjoint Sa Majesté au sieur intendant et commissaire departy en la generalité de Limoges, de tenir la main a l'execution du present arrest. Fait

---

(1) Au xiiie siècle, l'élection des consuls avait lieu à Limoges, comme à Brive, à Saint-Léonard et dans plusieurs autres villes de la province, le jour de la chaire de saint Pierre à Antioche (22 février) ou jours suivants. La sentence arbitrale d'avril 1275 (1276 ?) qui mit fin à la « guerre de la vicomté » fixa l'élection des magistrats municipaux (dont le nombre se trouvait réduit à dix et dont cinq seulement étaient désignés par les bourgeois) au lendemain de l'octave de Pâques. On revint à l'ancienne date lorsque la commune eut recouvré ses libertés. On sait que Louis XI les confisqua en 1476 et installa à Limoges un maire pourvu d'un titre d'office. Les habitants ayant obtenu de son successeur, au mois de novembre 1483, l'abrogation de cette mesure et la restitution de leurs anciens droits, élurent des consuls le jour même où leur parvint cette bonne nouvelle : c'était le 7 décembre, et jusqu'en 1760 le renouvellement resta fixé à cette date.

au Conseil d'Etat du Roy tenu a Versailles, le douze janvier mil sept cent soixante. *Collationné. Signé* : DE VOUGNY.

Vu par nous, Intendant de la generalité de Limoges, l'arrest du Conseil ci-dessus et de l'autre part, du douze janvier dernier, nous ordonnons que le dit arrest sera executé selon sa forme et teneur et a cet effet enregistré a l'hotel de ville de Limoges pour y servir de reglement a l'avenir et a commencer de la presente année. Fait a Limoges, le quinze aoust mil sept cent soixante. *Signé* : PAJOT.

Pour copie :
PAJOT.

Election et nomination de Messieurs les prevots-consuls, faite dans la grande salle de l'hotel de ville de Limoges ce jourd'huy, trente septembre mil sept cent soixante, par Messieurs les soixante prudhommes nommés par Messieurs les prevots consuls et officiers en charge municipaux, a la maniere accoutumée, et ce pour l'année mil sept cent soixante un, — les prevots consuls ont donné acte de l'election de *(sic)* nomination presentement faite des personnes de Messieurs Mr Bonein de Fraisseix, conseiller du Roy, Mr Gerald de Faye, medecin, et Jean-Baptiste Deschamps, bourgeois et marchand, et du pouvoir donné a eux par les habitants de lever toutes les sommes qui seront dues a la ville, comprises dans l'etat du Roy, et ont les dits sieurs Bonein, Gerald et Deschamps, qui ont *(sic)* presté le serment au cas requis. Fait le dit mois et an que dessus.

Election faite le 30 septembre 1760 des consuls pour 1760-1761.

BARNY jeune, prevot consul; ROMANET, consul; GERALD, consul; ARDANT DU MAJAMBOST; GRELLET jeune, consul; COGNIASSE; DESCHAMPS.

Aujourd'huy, trente septembre mil sept cent soixante, dans la salle de l'hotel de ville, ou etoient assemblés Messieurs les officiers municipaux et prevots consuls, pour proceder a la nomination d'un predicateur, ont nommé d'une commune voix le Reverend pere Marchat, Cordelier, pour precher l'Avent de l'année mil sept cent soixante et un, et le Caresme de mil sept cent soixante deux. A cet effet, etc. (comme à la p. 9).

Désignation et remplacement du prédicateur pour 1761-1762.

BARNY jeune, prevot consul; ROMANET, consul; ARDANT DU MAJAMBOST; GERALD, consul; DESCHAMPS.

— 128 —

Suivant (1) la lettre du Reverend Pere Marchat, en date du 19 avril 1761, rapportée par Monsieur Romanet, prevot consul, ecrite au Reverent Pere Gerald, ancien lecteur de theologie au couvent des Cordeliers, qui rapporte la mauvaise santé du Reverend Père Marchat. En consequence, on a procedé a une seconde nomination, rapportée au folio 328 (ci-après, p. 147).

Assemblée de notables pour fixer le mode de perception du don gratuit.

Aujourd'hui, neuviesme octobre mil sept cent soixante, dans la salle de l'hotel commun de cette ville, ou estoient assemblés Messieurs les prevots consuls, et convoqués Messieurs Estienne, seigneur de la Riviere, president a l'Election, et Valade, conseiller en icelle, deputés de leur compagnie; Messieurs Bailhiot, seigneur d'Etiveaux, conseiller du Roy, juge garde de la monnoye, et Beaubreuil de la Chabanne, conseiller du roy, garde scel en icelle, deputés de leur compagnie; Messieurs Malevergne, seigneur de Fressignias, et Coigniasse, seigneur du Queyraud, deputés de Messieurs les bourgeois; Messieurs Romanet, ecuyer, seigneur du Caillaud, et Muret, syndic, deputés de Messieurs du Commerce; Messieurs Pinot, Laurent et Constantin, sindic et deputés de Messieurs les habitants de la Cité; M. Durand du Boucheron, ecuyer, conseiller du Roy en la cour des monnoyes, et Goudin, ecuyer, seigneur de la Borderie, deputés de Messieurs de la noblesse, — Messieurs les deputés du clergé, du presidial, du bureau des finances et de la marechaussée, duement invités, absents, — ont deliberé a l'effet de l'execution des lettres patentes du sept avril mil sept cent soixante, registrées ou besoin a eté, que, pour parvenir a la perception de dix mille cinq cents livres annuellement, pendant le cours de six années, pour le payement du Don gratuit demandé par le Roy, que la voie de l'imposition seroit moins onereuse a la communauté et preferable a l'octroi, dont la perception seroit tres difficile et dispendieuse: la majeure a eté d'avis d'une taxe seche par la voie de l'imposition, telle qu'elle sera jugée convenable par ceux qui seront chargés d'en faire le rolle. Deliberé le jour, mois et an susdit, dans la salle de l'hotel commun de cette ville.

ESTIENNE DE LA RIVIERE, VALADE, LAURANS, sindic de la Citté; COGNIASSE, MALEVERGNE, d. m., PINOT, CONSTANTIN.

BAILLOT D'ETIVEAU : sous la reserve que le clergé portera sa part de l'imposition ; — BEAUBREUIL, sous la meme reserve; — ROMANET,

(1) Ce qui suit se lit en marge.

sous la reserve que le clergé portera sa part de l'imposition, qui sera faite par personne et par classe, par deputés de tous les corps interessés ; — MURET, sous les mêmes reserves ; — DURAND DU BOUCHERON, depuié de la noblesse, sous les reserves que l'imposition sera par une laxe seche, par classe et par teste, et que le rolle sera fait par Messieurs les deputés de tous les corps, et que Messieurs du clergé seculier et regulier seront imposés conformément aux lettres patentes du sept avril 1760, et que dans le cas ou Messieurs du clergé pretendroient estre exempt d'y contribuer, il se reserve de deliberer de nouveau ; — GOUDIN DE LA BORDERIE, sous les memes reserves ci-dessus et de l'autre part ; — ROMANET, prevot-consul, sans approuver les protestations ci-dessus et de l'autre part faites contre ce qui a été deliberé a la majeure partie ; — BONNIN DE FRAIXEIX, sous la restriction de Monsieur le prevot consul ; — BARNY jeune, consul ; — ARDANT DU MAJAMBOST, consul ; DESCHAMPS, consul ; GERALD, consul.

Requêtes et ordonnances relatives au paiement des sommes dues à la ville par feu Mart'al Nadaud ancien receveur.

A Monseigneur l'Intendant de la generalité de Limoges, supplie humblement Leonard Pinchaud, receveur des octrois, patrimoniaux, biens et revenus de la ville, et vous remontre qu'en la dite qualité, tous les fonds appartenant a la ville qui se trouvent deposés es-mains des particuliers doivent luy être remis conformement aux edits et arrets du Conseil : ce consideré, Monseigneur, vue la presente requete, les edits et arrets y joints, il vous plaise de vos graces ordonner que le sieur Nadaud, greffier de l'hotel de ville, depositaire de la somme de deux mille livres provenant de la commission de receveur, remettra la dite somme de deux mille livres es mains du suppliant, et ferez justice. L. PINCHAUD.

Vu par nous, Intendant de la generalité de Limoges, la presente requette, les edits et arrets du Conseil des mois de juin 1725 et juillet suivant, ensemble l'avis du sieur de La Briderie, procureur du Roy au presidial de cette ville et consul d'icelle,

Nous ordonnons que le sieur Nadaud, greffier secretaire de l'hotel de ville de Limoges, remettra dans vingt-quatre heures, dans la caisse du suppliant, la somme de deux mille livres provenant de la commission de receveur des octrois de la dite ville, et qui lui a été deposé par le suppliant, et en rapportant notre presente ordonnance et la quittance du dit suppliant, il en sera valablement dechargé. Fait a Limoges le dix-huit novembre mil sept cent soixante. *Signé* Pajot, intendant de la generalité de Limoges.

Je soussigné, receveur des patrimoniaux de la ville de Limoges, reconnais avoir reçu du sieur Nadaud, greffier et secretaire de l'hotel de ville, la somme de deux mille livres provenant de la commission de receveur, conformement a l'ordonnance de Monseigneur l'Intendant en l'autre part, datée du 18 novembre 1760. A Limoges le vingt novembre mil sept cent soixante. *Signé* : L. Pinchaud.

L. Pinchaud, pour avoir reçu la dite somme de deux mille livres ci-dessus et dont j'ay fourny quittance au sieur Philippe Nadaud pour le même objet.

A Monseigneur l'Intendant en la generalité de Limoges, supplie humblement Leonard Pinchaud, receveur des deniers patrimoniaux, d'octrois, biens et revenus de la ville, disant qu'ayant été nommé et commis par Messieurs les prevots consuls de cette ville pour exercer et faire les fonctions du dit office de receveur des deniers d'octroi, patrimoniaux, biens et revenus de la communauté de cette dite ville suivant l'acte passé le 4ᵉ aoust 1760 devant Thoumas, notaire royal, il a non seulement requis, mais encore fait faire commandement a Monsieur Jean-Baptiste Nadaud, prêtre (1), fils et héritier de feu sieur Martial Nadaud, en son vivant pourvu du même office de receveur, pour qu'il eût a remettre dans la caisse du suppliant, entre autres fonds, ceux qui auroient eté deposés entre les mains du dit feu sieur Martial Nadaud, provenues des offices de conseillers, controleurs et verificateurs des dits revenus dont furent pourvus en 1752 les sieurs Mauransanne et Martin, et que le suppliant vient de decouvrir etre la somme capitale de deux mille deux cent soixante-dix livres, savoir suivant l'acte de consignation qui fut reçu par Mᵉ Fournier, notaire royal, le 18 mai 1758, en consequence de votre ordonnance, Monseigneur, du six du meme mois : du sieur Mauransanne celle de neuf cent cinquante livres, et du dit sieur Martin, suivant autre acte du meme jour, celle de treize cent vingt livres, sans que le sieur Nadaud, pretre, ait encore satisfait a ce commandement du quinze du present mois, par la remise de la dite somme de deux mille deux cent soixante-

---

(1) Ne serait-ce point à cet acte qu'on aurait emprunté l'indication suivant laquelle l'abbé Nadaud, le laborieux compilateur du xviiiᵉ siècle, aurait été le fils de Martial Nadaud, secrétaire de l'hôtel de ville. Nous avons démontré l'inexactitude de cette tradition dans un article du *Bulletin de la Société archéologique et historique du Limousin*, t. xxxvi, p. 296.

dix livres, ni de tous les etats et papiers des revenus de la caisse du dit sieur feu son pere, qu'il ne peut pas contester etre tenu de remettre dans celle du suppliant, suivant la disposition expresse, entre autres edits et declarations, de l'article 10 de celui du mois de juin 1725, de sorte que, comme il n'est pas naturel que les choses demeurent plus longtemps en suspens, et qu'encore le suppliant soit exposé a voir blamer sa regie, et a etre reproché de retarder plus longtemps sa recherche, il est obligé, en attendant que votre Grandeur aura la bonté de statuer sur l'article des deniers d'octrois qui est encore indecis en execution de votre ordonnance de soit communiqué du 18° novembre dernier, et au bas de laquelle icelui suppliant a mis sa reponse, — de recourir de nouveau a votre autorité, Monseigneur, afin que, ce considéré, il vous plaise de vos graces, vu le susdit commandement, ordonner qu'en conformité de la disposition de l'article 10 de l'edit du mois de juin 1725, le sieur Nadaud, prêtre, sera tenu soit de remettre dans la caisse du suppliant par tout le jour (1) la susdite somme de deux mille deux cent soixante-dix livres qui avoit eté deposée dans celle de feu sieur Martial Nadaud, son pere, en consequence de votre ordonnance du six mai 1758, suivant les deux actes de consignation reçus par Fournier, notaire royal, le 18 du meme mois, ou soit tous les etats des revenus du temps de la regie du dit feu sieur son pere, et encore de rendre le compte de son maniement par le bref etat, le tout sans nul autre prejudice, et ferez justice. *Signé :* L. PINCHAUD.

Soit communiqué au sieur Jean-Baptiste Nadaud pour y fournir reponse dans trois jours, sinon sera fait droit. Fait a Limoges, ce 21ᵉ decembre 1760. *Signé :* PAJOT, intendant.

Le sieur Nadaud, pretre, qui apres communication de la requete du sieur Pinchaud cy-dessus et de l'ordonnance de *soit communiqué* rendue aujourd'huy par Monseigneur l'Intendant, declare n'entendre contester de remettre dans la caisse du dit sieur Pinchaud les deux sommes de neuf cent cinquante livres d'un coté, et de treize cent vingt livres d'autre, qui avoient eté consignées, le dix-huit mai mille sept cent cinquante-huit, entre les mains de feu sieur Nadaud, mon pere, en vertu de l'ordonnance de Monseigneur l'Intendant du six du même mois, en ce que toutefois il plaira a Sa Grandeur d'ordonner que je me r[et]iendrai pour droit de remise de cette consignation le sol pour livre, et que moyennant la remise que je suis pret a faire de tout le surplus entre les mains du sieur Pin-

(1) C'est-à-dire : dans le jour, dans les vingt-quatre heures.

chaud, j'en demeurerai valablement quitte et dechargé envers et contre tous ;

Et a l'egard des etats demandés par le dit sieur Pinchaud, je suis allé (1) demander moyens a Messieurs les consuls et d'arreter mon compte. Repondu le 21 decembre 1760.

Signé : NADAUD, pretre.

A Monseigneur l'Intendant en la generalité de Limoges. Le sieur Pinchaud, receveur en exercice de la dite ville, qui a pris communication de la reponse du sieur Nadaud, faite au bas de la requete du dit Pinchaud par votre ordonnance, Monseigneur, du 21 du courant, a l'honneur d'observer a votre Grandeur, que la remise qu'exige le sieur Jean-Baptiste Nadaud par sa reponse du mesme jour, d'un sol pour livre pour droit d'entrée, sur la somme de deux mille deux cents soixante-dix livres qu'il offre de compter au suppliant, pourvu qu'il en soit valablement dechargé, parait sans aucun fondement au repondant, qui a vu et examiné l'Edit de creation du dit office du 8ᵉ juin 1725, l'arrest du Conseil du 1ᵉʳ juillet en suivant la declaration du Roy du 15 janvier 1730 qui sont le gouvernail et la boussole du receveur ; il n'est parlé, dans aucuns d'iceux, de droits d'entrée et de sortie : il est seulement dit, dans l'article 4 de l'Edit de creation, que les deux sols pour livre en dedans, et le sol en dehors sur les octrois, tarifs, subventions, impositions et autres deniers reservés par le present Edit appartiendront, savoir : les deux sols en dedans aux tresoriers receveurs en exercice ; le sol en dehors aux controleurs, aussi en exercice ; quant aux deux sols pour livre en dedans sur les revenus patrimoniaux, il appartiendra seize deniers aux receveurs en exercice, et huit deniers aux controleurs, qui jouiront pareillement pendant leur exercice des droits de quittances reservés.

Par consequence, tirée immediatement des principes du dit article 4, il est donc du pour droit de remise au receveur en exercice qui fait l'emploi des dites sommes, celle de seize deniers pour livre, sur les objets qui sont patrimoniaux, et huit deniers aux controleurs, si la demande du sieur Nadaud est fondée, pour l'entrée des sommes susdites d'un sol pour livre sur ycelles, le receveur en exercice qui doit faire l'emploi de la dite somme sur les ordonnances de Monseigneur l'Intendant ou mandements de Messieurs les consuls comme revenus patrimoniaux, il restera au receveur en exercice quatre deniers de remise, ce qui est contraire

---

(1) On lit : Allez demandés moyens.

au dit article 4 de l'Edit de creation susdaté, et quand mesme le dit Edit ne seroit si expres, le sieur Jean-Baptiste Nadaud seroit toujours censé errer, d'abord [en ce] qu'il rend cette somme divisible en deux moitiés, savoir une moitié pour l'entrée, et l'autre pour la sortie; dans sa mesme division il ne lui seroit a revenir que huit deniers, ne pouvant se soustraire aux droits des controleurs. Le repondant, qui craint de devenir ennuyeux dans sa replique, attend avec impatience votre ordonnance, Monseigneur, a laquelle il se soumet par avance. Donné en reponse, ce 21ᵉ decembre 1760.

Signé : L. PINCHAUD.

Les prevots consuls, qui ont pris communication de la requette du sieur Pinchaud, de l'ordonnance de Mʳ l'Intendant du 21 decembre, le soit communiqué au sieur Jean-Baptiste Nadaud ; reponse du dit sieur Nadaud ; autre requette en replique du dit sieur Pinchaud ; ordonnance de Mʳ l'Intendant du 24 decembre et soit communiqué aux sieurs consuls, qui, apres avoir pris communication des dites requetes et ordonnances, ont l'honneur de vous observer que les sommes reclamées par le sieur Pinchaud ne forment pas la totalité de celles dont feu sieur Nadaud etoit depositaire, puisque ce dernier a declaré avoir en mains une somme bien plus considerable ; qu'apres la mort du dit sieur Nadaud, sa famille, pour prevenir une apposition de scellés qu'elle craignoit, remit es mains du sieur Imbert, negociant de cette ville, deux sacs cachetés de deux cachets differents, contenants or et argent ; que ce n'est donc qu'apres la representation, verification des cachets, et ouverture des dits sacs, faites en presence des dits sieurs consuls, et l'enumeration des especes que contiennent les borde[r]eaux verifiés qui y sont, ou doivent y être, qu'il pourra être rendu une ordonnance qui fixe quelle est la remise qui doit etre faite, laquelle, sous le bon plaisir de Monsieur l'Intendant, ne pourra être ordonnée qu'apres la declaration du dit Jean-Baptiste Nadaud, n'avoir autres sommes appartenant a la Ville, dont etoit depositaire feu son pere : les preuves contraires s'il y a lieu reservées aux sieurs consuls, ainsi que de repondre aux autres demandes inserées dans les dites requettes. Fait a Limoges, dans l'hotel de ville, ce vingt-sept decembre 1760.

Signé : BARNY jeune, prevot-consul; ROMANET, consul; BONNIN, GERALD, ARDENT DU MASJEMBOST et DESCHAMPS.

Vu la requête de Leonard Pinchaud, notre ordonnance de soit communiqué au sieur Nadaud du 21 du present mois, la reponse du meme jour du dit sieur Nadaud, la replique du dit Pinchaud, notre renvoi aux sieurs consuls, et leur reponse d'aujourd'hui vingt-sept decembre.

Nous, Intendant en la generalité de Limoges, ordonnons que, des a present et par provision, il sera fait remise entre les mains du sieur Pinchaud, par sieur Jean-Baptiste Nadaud, pretre, de la somme de deux mille deux cent soixante-dix livres deposée entre les mains du sieur Nadaud son pere, et dont est question ; ordonnons au surplus que par les sieurs consuls de Limoges, il sera fait verification et enumeration des sommes contenues en deux sacs deposés chez le sieur Imbert, lesquels seront decachetés en presence du dit sieur Nadaud, pretre, ou luy dument appelé, pour, sur le rapport qui nous en sera fait, etre ordonné ce qu'il appartiendra. A Limoges, ce vingt-huit decembre mille sept cent soixante. *Signé :* PAJOT, intendant.

L. PINCHAUD, pour avoir les originaux de la requête, replique et ordonnance de Monseigneur l'Intendant cy-dessus et des autres parts.

Remise par J.-B. Nadaud, pretre, de fonds laissés par Martial Nadaud et appartenant à la ville.

L'an mille sept cent soixante, le vingt-neuf decembre, a neuf heures du matin, a la requete de Messieurs les prevots consuls de la ville de Limoges, qui ont pour domicile elu la maison commune de la dite ville, y située rue du Consulat, paroisse de Saint-Pierre. Nous, Jean Doulhac, premier huissier audiencier en la senechaussée et siege presidial de Limoges, y demeurant, rue Gaignolle, paroisse de Saint-Michel-des-Lions, soussigné, avons bien et duement signifié a Mr Me Jean-Baptiste Nadaud, pretre communaliste et vicaire de la dite paroisse de Saint-Michel, a son domicile, situé rue Pennevayre, sus-dite paroisse de Saint-Michel, en parlant a sa servante, l'ordonnance rendue par M^r l'Intendant de la presente generalité en date du 28 du present mois, *Signé :* PAJOT, et ce afin qu'il n'en ignore, lui faisant sommation de s'y conformer; ce faisant, qu'il ait a se trouver ce jourd'hui a deux heures de relevée en l'hotel de ville aux fins de voir proceder a la verification ordonnée : le tout a telles fins que de droit; et lui avons, parlant comme dessus, laissé copie tant de la dite ordonnance que du present acte par moi. *Signé :* DOULHAC, huissier. Controlé a Limoges, le vingt-neuf decembre 1760, par BAGET, qui a reçu dix sols.

Aujourd'huy, vingt-neuf decembre mille sept cent soixante, dans l'hotel commun de la ville de Limoges, ou etoient assemblés Messieurs les prevots et consuls, il a eté representé par Monsieur Barny, prevot-consul, qu'en vertu de l'ordonnance de Monsieur l'Intendant du vingt-huit du mois, il auroit eté fait sommation par acte de Doulhac, huissier, de ce jourd'huy, au sieur Jean-Baptiste Nadaud, pretre, vicaire de la paroisse de Saint-Michel-des-Lions, de se trouver a deux heures de relevée en l'hotel de ville, a l'effetd'y faire faire la representation de deux sacs contenant or et argent, cachetés et deposés ez mains du sieur Imbert, negociant de cette ville, après la mort de feu sieur Martial Nadaud, en son vivant greffier secretaire de l'hotel de ville de Limoges, receveur des deniers d'octroys et patrimoniaux d'icelle, et depositaire de sommes appartenant a la ville; que les dits sieurs Jean-Baptiste Nadaud et Imbert, voulant se conformer a l'ordonnance, il conviendroit de les faire avertir. La chose mise en deliberation, il a eté convenu d'une commune voix, qu'ils le seroient sur le champ; lesquels, s'estant rendus, ont porté deux sacs, dont l'ouverture a eté faite, verification prealablement faite des cachets, qui se sont trouvés sains, sans alteration, et iceux fait vider, il s'est trouvé dans chacun la somme de quinze cents livres en louis d'or et d'argent, faisant ensemble celle de trois mille livres; de laquelle il a eté compté au sieur Pinchaud, receveur des deniers d'octrois et patrimoniaux, celle de deux mille deux cent soixante-dix livres au desir de la dite ordonnance, et celle de sept cent trente livres restante a eté retirée par le dit sieur Jean-Baptiste Nadaud : dont et de tout quoy nous avons dressé le present procès-verbal sous toutes protestations et reserves de droits. Le dit sieur Nadaud, pour raison de sept cent trente livres par lui retirée, a signé.

L. PINCHAUD, pour avoir reçu, les deux mille deux cent soixante-dix livres, dont j'ai quitté M^r l'abbé Nadaud au reçu d'icelle, lesquelles dites deux quittances n'en forment qu'une. — BARNY jeune, ROMANET, GERALD, prevot-consul; BONIN, ARDANT DU MAJAMBOST, DESCHAMPS.

Je soussigné, receveur des octrois, patrimoniaux, biens et revenus de la ville de Limoges, reconnais avoir reçu, en conformité de l'ordonnance de Monseigneur l'Intendant du vingt-huit decembre mille sept cent soixante, du sieur Jean-Baptiste Nadaud, la somme de deux mille deux cent soixante-dix livres pour les causes enoncées en la dite ordonnance signifiée au dit sieur Jean-Baptiste Nadaud par acte de Me Doulhac, huissier, en l'autre part, dont le quitte par provision sans me faire aucun prejudice. A Limoges, dans l'hotel de ville, ce vingt-neuf decembre mille sept cent soixante. *Signé* : L. PINCHAUD.

— 136 —

L. Pinchaud, pour avoir reçu les deux mille deux cent soixante (*sic*) livres qui sont les memes de cy-dessus.

<small>Demande en exemption de taille : M. Ardant du Masjambost.</small>

A Monseigneur l'Intendant en la generalité de Limoges. Supplie humblement Ardant du Masjeanbost, conseiller du Roy et son controleur contre garde en la Cour de la Monnoye de cette ville, disant que, par les provisions qu'il a plu a sa Majesté de lui accorder de l'office de son conseiller, controleur contre-garde en la dite Monnoye de Limoges, en date du 29 juillet dernier, le suppliant doit jouir des immunités, privileges et prerogatives dont jouissent les autres officiers de la dite Monnoye ; comme parmi tous ces privileges y est attachée l'exemption d'être compris au role des tailles et autres impositions de la presente ville, le suppliant a fait denoncer a Messieurs les prevosts consuls de cette ville, par acte du vingt-deux septembre dernier, ses dites provisions, reception et installation, aux fins qu'ils eussent a le faire jouir des susdits privileges : ce faisant le detaxer du susdit role, et comme il se trouve un des commissaires nommés par votre Grandeur pour travailler a la confection dudit rolle, et qu'il ne peut se decharger lui-même, il a recours a votre autorité et justice, aux fins que ce consideré, Monseigneur, il vous plaise de vos graces, vu les susdites provisions, reception, installation et denoncination qui en a eté faite a la maison commune de cette ville, depuis le dit jour vingt-deux septembre dernier, ordonner que le suppliant jouira a l'avenir des privileges attachés au susdit office, a ces fins que Mr Romanet de La Briderie, aussi commissaire par vous deputé, rayera et biffera la cote du suppliant du susdit role des tailles, et ferez justice.

Vu la presente requete, les provisions de controleur, contre-garde de la Monnoye de Limoges accordées au suppliant le 29 juillet dernier, sa reception et installation au dit office en date du 4 août et 13 septembre suivant : le tout duement enregistré ; la notification des dites provisions, reception et installation faites aux sieurs consuls de cette ville par Dupré, huissier, le 22 du dit mois de septembre ; ensemble l'arrêt du Conseil du 22 juillet presente année, qui proroge le pouvoir a nous accordé par l'Edit d'aoust 1745 ;

Nous, Intendant en la generalité de Limoges, ordonnons que la cote faite sous le nom du suppliant, dans le role de la ville de Limoges, sera pour l'année prochaine mille sept cent soixante-un, rayée, pendant et si longtemps qu'ycelui suppliant sera pourvu de la charge de controleur contre-garde de la Monnoye de la dite ville de Limoges, et qu'il ne fera aucun acte a [ce] derogeant. Enjoignons aux sieurs consuls d'icelle ville de se conformer a notre presente ordonnance. A Limoges, ce trente decembre mille sept cent soixante. *Signé* : PAJOT, intendant (1).

Aujourd'huy, vingt-huitieme janvier mil sept cent soixante un, dans l'hotel commun de cette ville, ou etoient assemblés Messieurs les consuls, Monsieur Gerald de Faye, prevot consul en charge, a requis l'enregistrement de la deliberation des habitants de la presente ville du vingt-quatre du present mois, reçue par M⁰ Thoumas, notaire royal (2), aux fins que de droit, sur laquelle requisition a été convenu qu'elle seroit enregistrée sur le present registre :

<small>Délibérations d'une assemblée de notables au sujet d'une difficulté entre les commerçants et l'adjudicataire de l'octroi.</small>

Dans l'hotel de ville de Limoges, ou etoient assemblés en la maniere accoutumée, au son de la cloche et du tambour, Messieurs Alexis Gerald, seigneur de Faye, docteur en medecine, François Romanet, seigneur de La Briderie, conseiller, procureur du Roy en la presente renechaussée et siege presidial, Jean-Baptiste Bonnin, seigneur de Fraysseix, aussi conseiller du Roy es meme siege; Pierre Barny, seigneur de Romanet, bourgeois; Jean-Baptiste Ardant, seigneur du Masjembost, et Jean-Baptiste Deschamps, seigneur de Bellegarde, tous prevots et consuls en charge de la presente ville; Messieurs Mathieu Romanet, ecuyer, seigneur du Caillaud, syndic du commerce; Martial Goudin, ecuyer, seigneur de la Borderie; Jacques Juge, conseiller, avocat du Roy en la senechaussée et siege presidal de cette ville; Antoine de Leonard de Fressanges, pretre, chanoine, syndic de l'eglise collegiale de Saint-Martial; Pierre de Maledent, chevalier, seigneur de Feytiat, president tresorier de France; Jean-Baptiste de Petiot de la Mothe, pretre, syndic du clergé; Jean Peyriere de La Gardelle, pretre, chanoine, syndic du chapitre de Saint-Martial; Jacques Garat,

---

<small>(1) L'année 1760 fut marquée, à Limoges, par la mort de Mme de Cosnac, abbesse de La Règle, qui avait fait exécuter d'importantes réparations aux bâtiments du monastère. On lui doit notamment l'appartement de l'abbesse, dont une pièce sert aujourd'hui de chambre pour l'évêque. Elle fit également décorer le rétable et le sanctuaire de l'église de La Règle.

Cette même année M. David de Brie, vicaire général du diocèse, titulaire du prieuré de Saint-Gérald-lès-Limoges, donna son consentement à l'union de ce prieuré à l'Hôpital général; il se réserva toutefois, sa vie durant, la jouissance des revenus de ce bénéfice.

(2) On voit qu'à cette époque, les délibérations des assemblées de ville sont constatées par actes notariés, comme celles des assemblées de paroisses rurales. Nous sommes revenus aux usages du xve siecle.</small>

ecuyer ; Joseph-Gregoire de Roulhac de Thias, president tresorier de France ; Leonard Boisse de Crezen, docteur en medecine ; Pierre David, seigneur de Brie, conseiller, avocat du Roy en la cour de la Monnoye ; Jean Tanchon, avocat en la cour ; Antoine Mallevergne de Freyssignac, docteur en medecine ; Pierre Segue, seigneur de la Valette, conseiller du Roy, elu en l'election de cette ville ; Pierre Valade, aussy conseiller du Roy, elu en la meme election ; Jacques Laurans, sindic de la Cité ; Louis Romanet, grand chantre de l'eglise de Limoges ; Georges Ardent, chanoine de la meme eglise ; Leonard Muret, syndic des negociants ; Jean-Gregoire Roulhac du Rouvoix, conseiller du Roy en la senechaussée et siege presidial ; Joseph Grellet l'ainé, juge garde de la Monnoye et secretaire du Roy, tous habitants du dit Limoges et principaux d'icelle (1), pour deliberer des affaires de la communauté, — par devant nous, Pierre Thoumas, notaire royal au dit Limoges et temoins soussignés, il a eté exposé par le dit seigneur de la Brideric, l'un de mes dits sieurs consuls, que le dix-sept de ce mois, il leur a eté notifié de la part du sieur Muret, l'un des dits sieurs sindics du commerce, un arret rendu au Conseil d'etat du Roy, le neuf decembre dernier, lequel condamne Marguerite Marsaudon, veuve Plainemaison, marchande epiciere, de payer a l'adjudicataire des droits d'octroi de la presente ville, les droits de trente-huit grands fromages pesants ensemble dix-huit cent quarante-sept livres, sur le pied de l'article vingt-un du tarif arreté au Conseil le seize octobre mil sept cent un, sur le pied de l'article 21 du dit tarif (sic) (2), au choix du dit adjudicataire, conformement a l'article trente-six du dit tarif, a raison d'un sol par ecu du prix que les dites marchandises sont vendues ; les articles 40 et 41 ne pourront s'appliquer qu'aux denrées et marchandises dont les droits n'ont point eté designés dans les precedents articles ; ensemble la signification que le fermier des octrois a fait faire du susdit arret au sieur Muret, lequel requiert en consequence les dits sieurs consuls de convoquer une assemblée generale pour y être deliberé a ce sujet, et que l'objet de cette deliberation est celui de la presente assemblée. A ces fins, il a eté fait lecture tant du susdit acte et arrêt du Conseil y mentionnés, que du tarif arreté au Conseil le seize octobre mille sept cent un, meme d'une ordonnance rendue par Monseigneur l'Intendant le vingt-neuf mai mille sept cent cin-

---

(1) Il ne s'agit pas ici d'une assemblée de ville ordinaire ; nous y voyons figurer en effet le chantre et un chanoine de l'église cathédrale ainsi qu'un syndic de la Cité. C'est une réunion de notables des deux villes, de députés des divers corps, appelés pour résoudre de concert une question d'intérêt commun. Nous en avons déjà vu de semblables.

(2) Nous reproduisons le texte, qui contient évidemment une erreur.

quante-neuf, entre le sieur Vergniaud (1) et les marchands de bois. La dite lecture faite, la chose mise en deliberation, tous les susnommés ont eté d'avis qu'il etoit de l'interet de tous les habitants de cette ville, de se pourvoir a raison de l'interpretation des differents articles du susdit tarif de mille sept cent un, surprise par le dit sieur Vergniaud, adjudicataire des octrois, par le susdit arret du neuf decembre dernier; qu'il est pareillement a propos de se pourvoir contre l'ordonnance de Monseigneur l'Intendant du vingt-neuf mai mille sept cent cinquante-neuf; et que pour y parvenir et faire revoquer tout ce qui est de prejudice aux droits des habitants de la presente ville, ils donnent pouvoir aux sieurs consuls et a leurs successeurs de, pour eux et aux nom, perils, risques de tous les habitants, prendre les voies qu'ils jugeront les plus convenables, s'opposer, plaider dans tous les tribunaux et autrement faire tout ce qui requierreroit un pouvoir plus special : en ce qu'ils seront neanmoins tenus de prendre l'avis de Messieurs de la Briderie, consul; Monsieur Juge, avocat du Roy ; Monsieur Roulhac de Thias, Monsieur Romanet du Caillaud, commissaires nommés par l'assemblée; aux quels sieurs commissaires ils donnent pouvoir en seuls pour concerter les demarches necessaires et convenables, promettant d'avoir pour agreable tout ce qui sera fait et geré par les dits sieurs consuls et commissaires, ne venir contre ni directement ni indirectement, les indemniser, obligeant etc. (2). Fait et passé a Limoges, dans le dit hotel de ville, le vingt-quatre janvier mille sept cent soixante-un, après midi, en presence des sieurs Jean Chaussade, praticien, et Philippe Nadaud, marchand, habitants du dit Limoges, temoins a ce requis et appellés. — *Signé a la minute* : Romanet, grand chantre ; Ardent du Mas-du-Puy, chanoine; Peyriere de la Gardelle, chanoine de Saint-Martial ; Goudin de la Borderie, ecuyer; Muret de la Mothe ; de Maledent de Feytiat; Mallevergne de Freyssignac; de Roulhac du Rouveix, conseiller; Valade; Lavalette; Tanchon ; Boisse, docteur en medecine ; Laurens ; Grellet; Garat; David de Brie ; de Fressanges, chanoine, sindic de Saint-Martial; Roulhac de Thias; Juge; Gerald, prevot consul; Romanet; Bonin; Romanet; Deschamps; Barny jeune; Chaussade; Nadaud; et au controle : Baget, — et plus bas est ecrit :

Vu la deliberation ci-dessus et des autres parts, nous, Intendant en la generalité de Limoges, l'avons approuvée et homologuée pour etre executée selon sa forme et teneur. A Limoges, ce vingt-quatre janvier mille sept cent soixante-un. *Signé* : Pajot.

(1) Ce Vergniaud n'était autre que le père de Pierre-Victurnien Vergniaud, le fameux orateur de la Gironde.

(2) Nous voilà revenus aux abréviations des minutes de notaires comme sur les registres du notaire du Consulat au XVe siècle.

Le vingt-neuf janvier 1761, dans la salle de l'hotel de ville, ou estoient assemblés apres convocation en la maniere ordinaire, tous Messieurs desnommés en la deliberation ci-dessus et des autres parts du 24ᵉ du courant, Messieurs les commissaires deputés ayant rendu compte a l'assemblée des demarches qu'ils projettoient de faire pour remplir ses vues, et ont fait lecture d'un memoire instructif dressé sur le fond de l'affaire pour etre envoyé a un avocat au Conseil : la chose mise en deliberation, il a eté unanimement resolu d'envoyer a un amy de confiance et du choix de Messieurs les commissaires, le memoire approuvé par l'assemblée et de le prier de consulter plusieurs avocats au Conseil et autres personnes intelligentes pour, sur leur avis, etre pris une resolution definitive sur les moyens que l'on prendra pour faire revoquer l'interpretation de l'arret du Conseil du 19ᵉ decembre dernier, comme aussy a eté deliberé de se pourvoir par la voie de l'opposition contre le jugement de Monsieur l'Intendant concernant les bois flottés et d'ecrire a cette occasion une lettre de politesse a Monsieur de Marcheval (1), a qui l'on adressera la dite requete, en lui faisant part de la resolution ou est la ville, de se pourvoir au Conseil, et en le priant de vouloir lui etre favorable.

ROULHAC DE THIAS, VALADE, LA VALETTE, GAUDIN DE LA BORDERIE, ecuyer; TANCHON, MURET, GARAT, GERALD, prevot consul; ARDANT DU MAJAMBOST, ROMANET, DAVID DE BRIE, GRELLET, DE FRESSANGES, chⁿᵉ; DE LA MOTHE; ROMANET, grand chantre; BOISSE, d. m.; ARDENT DU MAS DU-PUY, chⁿᵉ; PERIERE DE LA GARDELLE chⁿᵉ; LAURANS, MALEVERGNE, d. m.; DESCHAMPS, BONNIN, DE ROULHAC DU ROUVEIX, BARNY jeune, ROMANET DE FEYTIAT, JUGE.

Demande de Jean-François Guybert monnayeur a l'effet d'être excepté de la taille.

A Monseigneur l'Intendant de la generalité de Limoges. Supplie humblement Jean-François Guybert (2), maistre monnoyeur de Limoges, disant qu'il est informé que vostre grandeur a nommé commissaires pour faire le rolle de la taille, Mʳˢ Romanet de La Briderie et Ardant du Masjambost; attendu que les dits commis-

(1) On a écrit Morcheval, par erreur évidemment, car il n'est pas douteux qu'il s'agit ici de l'Intendant.
(2) Nous voyons cette famille, qui a fourni un certain nombre d'orfèvres, occuper dès le XIVᵉ siècle des emplois à la monnaie de Limoges. Au XVIᵉ, plusieurs de ses membres défendent, contre les prétentions du Consulat, les privilèges des monnayeurs. (V. t. I, p. 72 et suivantes.)

saires sont cousins germains du suppliant, ils ne peuvent point rayer la cotte du dit Guybert sans une ordonnance de vostre Grandeur, ce qui fait que le suppliant, pour justiffier du droit qu'il a de jouir de l'exemption des tailles, a l'honneur de joindre icy des lettres de maitrise de monnoyeur en datte du 12ᵉ septembre 1760, avec sa reception, du 13ᵉ du mesme mois, et la signification qui en a eté faitte le 27 du dit mois de septembre a Messieurs les consuls.

Ce consideré, Monseigneur, il vous plaise de vos graces ordonner que le suppliant ne sera point compris dans le rolle des tailles pour l'année 1761, et au surplus qu'il jouira de tous les autres privileges attachés aux fonctions de monnoyeur, — et ferez justice. *Signé* : GUYBERT l'aisné. — *Dechargé par Mʳ Pajot* (1).

---

(1) Le tarif de l'octroi de Limoges et les conditions de la perception furent modifiés en 1761. Le nouveau tarif exemptait du péage toutes les marchandises *passant debout*, c'est à dire ne faisant que traverser la ville. Le fermier Vergniaud avait pris l'adjudication sous un régime qui soumettait ces marchandises au payement d'un droit.

Il devait donc éprouver de ce chef un grave mécompte ; aussi adressa-t-il à l'Intendant une supplique éplorée où il lui déclara qu'il allait être obligé de vendre ses meubles pour tenir ses engagements si les conditions de son marché avec la ville n'étaient pas modifiées. A l'appui de cette supplique, il produisait un état présentant le relevé des denrées passibles de la perception du droit en 1758, et un relevé de celles qui s'y trouvaient assujéties en 1761. Voici cette comparaison : (*)

	1758	1761	
Vin de Dôme	235 charges.	»	
— Cahors	332	6 charges.	
— Bergerac	47	49	
— Bordeaux	2	4	
— Bourgogne	58	»	
— Périgord, Angoumois et Bas-Limousin	36.793 1/2	26.557 3/4	
— du pays	4.462	3.738	Pour l'habitant
Eaux-de-vie	1.808 1/4	533 1/2	84 ch. et pour le
Fromages	372.515 l.	359.100 l.	forain 449 1/2.
Beurre	29.738		
Poisson pour habitant	154 ch.	59	
— pour le forain	213	327	
Bois à brûler	2.667 charret.	1.602 charret. et 43 abaux.	

Il faut noter, au sujet de ce dernier article, qu'une grande partie du bois qu'on consommait à Limoges arrivait par eau et était entreposé au port du Naveix. Il en était ainsi dès le XIIᵉ siècle.

Un relevé appartenant à la même période (Arch. Haute-Vienne, C 88), évalue la quantité de vin du pays entrant annuellement dans la ville à 18000 chargés : 6000 pour le compte de l'habitant et destinés à être consommés à Limoges, et 12.000 pour le compte de fermiers, métayers et villes voisines.

Au bureau d'octroi du Pont-Saint-Martial, on relevait dans une année le passage de 540 charges de vin de Domme, 400 de vin de Saint-Pantaly, et 17.000 charges de vins du Bas-Limousin, dont 14.000 destinés à la ville et 3 000 pour l'extérieur ; au bureau des Carmes et de la Porte des Arènes, avaient été recensées 400 charges de vin d'Angoumois et 30.000 de vin de Périgord, dont 9.000 pour l'extérieur. La consommation générale de la ville devait s'élever à cette époque ou 42 à 43.000 charges, plus de 2 par habitant.

(*) On trouve cette pièce à la liasse 88 de la série C des archives du département.

<small>Nouvelle assemblée au sujet de l'affaire de l'octroi.</small>

Aujourd'hny, vingt fevrier mil sept cens soixante-un, dans la salle de l'hotel de ville ou estoient assemblés après convocation, en la maniere ordinaire, tous Messieurs les deputés des corps denommés dans les deliberations des autres parts des vingt-quatre et vingt-neuf janvier dernier, Messieurs les commissaires deputés ont rendu compte a l'assemblée des nouvelles demarches par eux faittes, et de celles qu'ils projettoient de faire pour se conformer aux vües de l'assemblée; après quoy ils ont fait lecture d'une lettre a eux ecrite par l'avocat aux Conseils en datte du trois du present mois, ensemble d'une deliberation et declaration du seize aussy du present mois, meme rendu compte de l'avis qui leur a eté donné que l'adjudicataire des droits d'octroi s'estoit pourveu en la cour des Aydes de Clermont-Ferrant pour y poursuivre l'enregistrement de l'arret du Conseil du neuf decembre dernier; et sur le tout ont demandé l'avis de Messieurs les soussignés, lesquels, après mure deliberation, ont unanimement convenu de donner, comme ils donnent, pouvoir a Messieurs les consuls de faire, de l'avis neanmoins des dits sieurs commissaires, toutes les diligences que ces derniers jugeront a propos, pour former et poursuivre l'opposition au Conseil envers le dit arret du neuf decembre, comme aussy pour s'opposer, soit au nom du corps des habitants, soit de telle autre part que les dits sieurs commissaires jugeront convenable, a l'enregistrement du dit arrêt que l'adjudicataire poursuit a la Cour des Aydes; comme aussy et meme specialement, de prendre toutes les voies qu'il paraitra bon etre aux dits sieurs commissaires a raison des deux ecrits visés dans le susdit arret sous le nom de deliberation des marchands de la ville de Limoges, meme celle de la voye du faux contre les dits ecrits tant principal qu'incident, et dans tous et tels tribunaux qu'il appartiendra, finalement d'agir contre ledit adjudicataire par rapport aux concussions dont on pourroit recouvrer les preuves; le tout aux frais, perils et risques des habitants de la presente ville, representés par l'assemblée, promettant les soussignés avoir le tout pour agreable, ne revenir au contraire. Fait le dit jour, mois et an sus dit.

Signé : DE LA MOTHE, DE ROULHAC DU ROUVEIX, FEYTIAT, ROULHAC DE THIAS, TANCHON, DAVID DE BRIE, LAVALETTE, LAURANS, BOISSE, d. m.; GOUDIN DE LA BORDERIE, ecuyer; GARAT, ecuyer; DESCHAMPS, MURET, DE FRESSANGES, chanoine de Saint-Martial; JUGE, ROMANET, ROMANET, BONNIN, GERALD, ARDANT DU MAJAMBOST.

Aujourd'hui, vingt-un mars mil sept cent soixante-un, dans la salle commune de l'hotel de ville ou estoient assemblés Messieurs les prevosts-consuls, Monsieur Deschamps, prevost-consul, a exposé que en conformité des anciens usages, statuts et lettres patentes portant retablissement de l'Hopital general de cette ville, il avoit eté procedé a la nomination de trois administrateurs, le vingt-quatre mars mil sept cent cinquante-neuf, a la place des trois precedemment nommés par la maison de ville qui sortoient de charge, sans prejudice a de plus grands droits, et que Mr Jean-Baptiste Beau, marchand de cette ville, un de Messieurs les administrateurs elus en cette derniere nomination, etant decedé le dix-sept du courant, il etoit necessaire de pourvoir a la place vacante, et proceder a la nomination ; sur quoy la chose mise en deliberation, les dits sieurs consuls ont, d'une commune voix, nommé le dit sieur Jean-Baptiste Deschamps, seigneur des Belles, garde-consul (1), pour remplir la place d'administrateur que exerçoit le dit feu sieur Beau et pour achever le temps de son exercice, conformement et au desir des lettres patentes.

Remplacement de M. Beaud administrateur de l'hôpital décédé.

> ROMANET, consul ; BONNIN DE FRAIXEIX, ARDANT DU MAJAMBOST, GERALD, consul ; BARNY jeune.

Dans (2) la salle de l'hotel de ville de la ville Limoges, le vingt-cinq mars mil sept cent soixante un, ou estoient assemblés extraordinairement, avec Messieurs les prevosts-consuls, les soussignés, deputés des differents corps de la dite ville, qui y avoient eté convoqués en la maniere accoutumée, et Messieurs les ecclesiastiques aussy dument convoqués, tant seculiers que reguliers, n'ayant tenu compte de s'y presenter, sur la proposition faite par M^r le prevost-consul de deliberer sur le choix de la voye la moins onereuse pour le public qu'il convient de prendre pour parvenir a la perception de la somme de dix mille livres avec les huit deniers pour livre, conformement a la declaration du Roy du dix-huit septembre dernier, de Don gratuit imposés par les edits, declarations et lettres patentes de Sa Majesté des mois de janvier, avril et septembre mil sept cent soixante : — la chose mise en deliberation, il a esté unanimement resolu, pour la seconde fois, comme on l'avoit deja fait

Nouvelle deliberation relative à l'établissement d'une imposition pour l'acquit du Don gratuit.

---

(1) Nous n'avons pas noté ailleurs l'emploi de cette expression de *garde-consul*, évidemment équivalente à celle de prévôt-consul.
(2) On lit en marge : *Renvoyé une expedition a M. l'Intendant, le 27 mars* 1761.

par la deliberation du neuf octobre dernier, sous le bon plaisir de Sa Majesté et de Monseigneur le Controleur general de ses finances, de preferer le moyen de la repartition et imposition par taxe, a celuy de l'octroy, suivant l'option accordée par l'article trois des lettres patentes du sept avril dernier, enregistrées ou besoin a eté; qu'a ces fins il seroit incessamment procedé, par les sieurs consuls et un deputé de chacun des differents corps, au role de repartition de la dite somme de dix mille livres, suivant et a proportion des facultés de chacun des habitants, tant exempt que non exempt, mesme d'y comprendre les ecclesiastiques et communautés aux termes des edits et lettres patentes concernant le dit Don Gratuit, conformement a l'article trois de la declaration du Roy du dix-huit septembre dernier, duement enregistrée en la cour des Aydes de Clermont-Ferrant, le dix decembre mil sept cent soixante, *Signé* : MORANGE, — pour, après la repartition ainsi faites, etre le role renvoyé, conformement aux edits, a M^r l'Intendant, aux fins d'obtenir qu'il soit declaré executoire.

> GOUDIN DE LA BORDERIE, deputé de la noblesse; MALEDENT DE FEYTIAT, deputé du Bureau; ROULHIAC DE THIAS, deputé du Bureau des finances; MALEDEN, deputé de la prevosté generale; MURET, sindic et deputé du commerce du Limousin; MALEVERGNE, D. M. deputé du corps des bourgeois; JUGE SAINT-MARTIN, deputé de la cour presidiale; ROMANET DU CAILLAUD, deputé du commerce; MONTAUDON, DELEPINE, deputé de la noblesse; GRELLET, deputé de la Monnoye; DAVID DE BRIE, deputé de la Monnoye; LAURANS, deputé de la Cilté; TANCHON, deputé de la Cilté; ESTIENNE DE LA RIVIERE, deputé de la cour de l'Election; COGNIASSE, deputé; DESCHAMPS, prevost-consul; BONNIN DE FREIXEIX, consul; VALADE, deputé; GERALD, consul; BARNY jeune, consul; ARDANT DU MASJEMBOST, consul; ROMANET.

<small>Nouvelle assemblée pour l'affaire de l'octroi envoi de député de Paris.</small>

Aujourd'hui (1), vingt huit mars mil sept cent soixante, dans la salle de l'hotel de ville, ou estoient assemblés, apres convocation en la maniere ordinaire, Messieurs les deputés des corps denommés dans les deliberations des vingt-quatre et vingt-neuf janvier,

(1) Cette délibération a été biffée au registre, et on lit en marge : *n'a servy*. On voit en effet que celle ci-après y a été substituée. Du reste elle n'a pas été signée.

et vingt fevrier dernier, Messieurs les commissaires ont fait lecture a l'assemblée de deux consultations qu'ils ont receu au sujet de l'opposition que le corps de ville a resolu de faire a l'arrest du Conseil, surpris par le sieur Vergniaud, du neuf decembre mil sept cent soixante : la premiere de M. Vidal, avocat au Conseil, en date du vingt-six fevrier dernier, la seconde de M. Rouselle, aussy avocat au Conseil, du dix du present mois, et d'une lettre du dix-sept du mesme mois, a eux ecrite par M. Roux, pareillement avocat au Conseil, concernant le mesme objet; et ont prié Messieurs les deputés de deliberer sur les moyens qu'ils jugent a propos de prendre pour secourir cette affaire et en accelerer les poursuites; surquoy, la chose mise en deliberation, il a eté arresté et convenu en premier lieu qu'on envoyeroit incessament deux deputés a Paris pour presser l'instruction et la decision du procès ; a l'effet de quoy M. Roulhiac de Thias, president tresorier de France et conseiller du presidial de la presente ville, et M. Bailhiot d'Etiveaux, juge garde de la Monnoye, ont eté choisis et nommés pour se charger de la ditte deputation ; en second lieu, que pour leur fournir les fonds necessaires, Messieurs les sindics du commerce sont priés de faire les avances, d'emprunter pour raison de ce [a] la concurrence de trois mille livres, et donner toutes les suretées requises au preteur tant pour le principal de la somme que pour les interets d'icelle, le tout aux frais, charges, perils et risques de tous les habitans de la presente ville, en conformité des deliberations precedentes.

Aujourd'huy (1), dix neuf avril mil sept cent soixante-un, dans la salle de l'hotel de ville ou estoient assemblés les soussignés, apres convocation faite en la maniere accoutumée de tous Messieurs les deputés des corps denommés dans les deliberations des vingt-quatre, vingt-neuf janvier et vingt fevrier dernier, MM. les commissaires ont fait lecture a l'assemblée de deux consultations qu'ils ont receus au sujet de l'opposition que le corps de ville a resolu de faire a l'arrest du Conseil surpris par le sieur Vergniaud, le neuf decembre mil sept cent soixante, et d'un projet de requete en opposition dressé par M. Roux, avocat au Conseil, choisy pour la defense de la ville, d'un acte de deliberation de M^{rs} les negociants du trois avril mil sept cent soixante-un, receu par Thomas, notaire royal, et ont prié M^{rs} les soussignés de deliberer sur les moyens

---

(1) On remarquera que cette délibération est très différente de celle ci-dessus, qui peut-être avait été préparée à l'avance. Il y a lieu de constater qu'un des deux délégués désignés le 28 mars n'a pas assisté à l'assemblée du 19 avril.

qu'ils jugent a propos de prendre pour secourir cette affaire, et en accelerer les poursuites : la chose mise en deliberation, il a eté convenu d'accepter et agreer, comme on agrée, l'acte de deliberation de M^{rs} les negociants de cette ville, sous les conditions qui y sont referées, et que au surplus il estoit necessaire de faire une deputation pour presser l'instruction et la decission du proces, et en consequence, d'une voix unanime, [ont nommé] Messire Martial Goudin, ecuyer, seigneur de La Borderie, auquel il est donné par les presentes tout pouvoir requis et necessaire pour se rendre a la suite de nos seigneurs du Conseil et faire toutes les diligences convenables pour parvenir a la revocation de l'arrest surpris par l'adjudicataire. Deliberé dans la salle de l'hotel de ville, le jour, mois et an que dessus.

MALEDEN DE FEYTIAT, ROUHAC DE THIAS, MURET, VALADE, ROMANET, prevost consul; TANCHON, LAURANS, GOUDIN DE LA BORDERIE, DAVID DE BRIE, JUGE, GRELLET, FRESSINIAT, d. m.; DE ROULHAC DU ROUVEIX, BONNIN, consul; ARDANT DU MAJAMBOST, ROMANET, BARNY jeune, GERALD, consul; DESCHAMPS, consul.

Et advenant le vingt-six du mesme mois et an que de l'autre part, Mr Goudin de la Borderie, nommé deputé par la precedente deliberation, s'etant excusé d'en accepter la commission sur des raisons de santé et d'affaires particulieres, Messieurs les soussignés ont unanimement choisy pour leur deputé Mr Pierre Ardent, ecuyer, et Mr Leonard Muret, sindic du commerce de cette ville, auxquels il est donné par les presentes tout pouvoir requis et necessaire pour se rendre a la suite de nos seigneurs du Conseil et faire toutes les diligences convenables pour parvenir a la resolution de l'arrest surpris par l'adjudicataire. Deliberé dans la salle de l'hotel de ville, les jour, mois et an que dessus.

ROULHAC DE THIAS, VALADE, MALEDEN DE FEYTIAT, GOUDIN DE LA BORDERIE, TANCHON, LAVALETTE, BONNIN, consul; DAVID DE BRIE, DE ROULHAC DU ROUVEIX, GRELLET, LAURANS, FRESSINIAT, d. m.; BOISSE, d. m.; GERALD, consul; ARDANT DU MAJAMBOST; BARNY jeune; ROMANET, JUGE, DESCHAMPS, consul; ROMANET, prevost consul.

Aujourdhuy, vingt six avril mil sept cent soixante-un, dans la salle de l'hotel de ville ou estoient assemblés messieurs les maire, prevot-consuls pour proceder a la nomination d'un predicateur et remplacer le reverend pere Marchat, Cordelier, qui avoit eté nommé pour precher l'Avant de l'année mil sept cent soixante-un et le Caresme de mil sept cent soixante deux; lequel, pour cause d'indisposition, n'a peu accepter, ainsy qu'il conste de sa lettre ecrite au reverand pere Gerald, Cordellier, en date du 19ᵉ avril mil sept cent soixante-un, jointe au registre, et etant necessaire d'y pourvoir incessament, la chose mise en deliberation, ont d'une commune voix nommé le reverend pere Beyrand, Cordellier, pour precher l'Avent de 1761 et le Caresme de mil sept cent soixante deux : a cet effet, etc., p. 9.

Remplacement du prédicateur pour 1761-1762.

BONNIN, prevost consul ; ROMANET, consul ; BARNY jeune, DESCHAMPS.

Extrait des registres de la juridiction consulaire de Limoges, du mardi, septieme juillet mil sept cent soixante-un.

Nomination des syndics des marchands pour 1761-1764.

Ouy le sieur Romanet, sindic, nous avons donné acte de la nomination faite par Messieurs les prudhommes des personnes de Messieurs Mathieu Romanet, ecuyer, seigneur de Meyrignac et du Caillaud, pour etre continué premier sindic, et Leonard Muret, pour etre aussy continué pour second sindic du corps des marchands; ordonnons qu'ils en feront les fonctions pendant l'espace de trois années prochaines en la maniere accoutumée, avec faculté de jouir de tous les privileges attribués aux offices d'inspecteur et controleur creés par edit de fevrier mil sept cent cinquante-cinq, et reunis au corps des marchands, et pouvoir de recevoir du sieur receveur des tailles les gages appartenans aux dits offices compris dans les etats du roy, et autres parties portées sur ces dits etats et appartenans audit corps, et en donner toutes quittances et decharges valables. Fait en la dite juridiction consulaire de Limoges, lieu ou ont coutume de se tenir les audiences d'ycelle, le dit jour, sept juillet mille sept cent soixante-un, en presence et par devant monsieur Nicolas Arda..t du Pic, juge en ycelle, assisté de Messieurs les officiers de la dite juridiction et en presence de mes dits sieurs les prudhommes nommés a cet effet.

Signé : ARDANT DU PIC, juge.

Controlé à Limoges le quinze du meme mois, par BAGET.

Signé a l'expedition : BERAUD, greffier en chef.

Enregistré a l'hotel de ville, ce vingt-quatre septembre mil sept cent soixante-un.

Procès-verbal de l'Hermitage de Montjovis, près Limoges.

<small>Documents divers relatifs à la suppression de l'ermitage de Montjauvy.</small>

Au lieu de Montjovis, près Limoges, le quinze decembre mille sept cent soixante, par devant nous, Pierre Thoumas, notaire, garde nottes du roy a Limoges, et temoins soussignés, est comparu monsieur Pie Pierre Barny de Romanet, bourgeois, l'un de messieurs les prevot-consuls en charge de la dite ville de Limoges, faisant tant pour luy que pour messieurs ses consorts, lequel nous a requis de faire etat et procès-verbal des murs du jardin et maison de l'Hermitage situés au dit lieu de Monjovis, dependant de la dite ville ; a ces fins, il a fait avertir sieur Jean Labrousse, entrepreneur d'ouvrages, icy present, pour en faire la visite et nous faire les observations qu'il croiera etre necessaire : ce que nous luy avons accordé. Accompagné du dit sieur Barny, Labrousse et de nos temoins, sommes entrés dans le jardin par une porte en pierre de taille qui menace ruine : La porte de bois en tres mauvais etat, ayant besoin de refaire a neuf, n'ayant que deux mauvaises blandes (*sic*) de fer qui puissent servir. Etant dans le dit jardin, avons observé qu'il est fermé depuis le coin de la chapelle du dit hermitage jusqu'au coin et porte de Monjovis, de murs a mortier de terre qui sont en très mauvais etat ; les ayant fait mesurer par le dit Labrousse, il s'est trouvé, depuis la cour de la dite chapelle jusqu'a la porte d'entrée, contenir quatre-vingt-six pieds dans laquelle etendue il y a plusieurs crevasses. Le reste, tres mal construit, mesne a ruine, soit par la mauvaise qualité de la pierre que de la maçonnerie de terre. Et ayant fait mesurer le dit mur depuis la dite porte d'entrée du jardin en droite ligne, jusqu'au coin qui tourne du côté de l'eglise de Montjovis, il s'est trouvé de la longueur de cinquante pieds, laquelle partie est entierement en ruine et renversée par terre ; et du dit coin jusqu'a la porte de la dite eglise, il s'est trouvé trente cinq pieds aussy en mauvais etat : dans laquelle partie il y a une breche de trois pieds de largeur et le reste menace ruine par sa mauvaise construction et qualité de pierre ; sur tous lesquels murs il n'y a aucun tuile ; il y a un autre mur a pierres seches depuis le coin de la maison jusqu'a l'eglise de Monjovis qui a quarante sept pieds, assez en etat. Ensuite sommes entrés dans la maison, la porte de laquelle est hors d'etat de service, toute pourrie et rompue, n'y ayant que les deux bandes de fer et la serrure qui puissent servir ; le jour au dessus la dite porte, sans vitre. A costé de la dite porte est une autre porte pour entrer dans un colidor qui conduit a la cave et a l'ancienne chapelle, laquelle porte est hors d'usage, n'ayant que deux petites bandes de fer et un cachepouce qui puisse servir. La cave est sans porte ny montant; celle (1) de la chapelle assez bonne, sans serrure ny verrouil; la grande porte de la dite chapelle hors d'usage, n'y ayant que quatre petites bandes de fer et un petit verrouil qui puissent servir; la dite chapelle sans aucune vitre ni chassis; le lambris d'ycelle tout pourri. Le mur de separation entre la chapelle et la maison, ayant plusieurs lezardes, menace a ruine. Sommes repassés dans le dit colidor, ou nous avons observé le pan qui sert de separation entre iceluy colidor et le bucher, fait d'echalas et torchis, le tout en ruines; avons eté conduits de la cuisine, qui est a res de chaussée du jardin, dans une chambre au dessus : avons observé que la porte qui est entre la dite cuisine et le degré est tres mauvaise, n'ayant que deux bandes de fer et un cache pouce ; le degré sans ballustres, y ayant plusieurs marches crevassées, le plafond qui est au haut du dit degré tout pourriz, la croisée qui y donne jour sans vitres, les chassis tous pourris. Sommes entrés dans la chambre : Le dit Labrousse nous a fait observer que la porte de la dite chambre n'a qu'un cache-pouce et deux petites bandes de fer. Le plancher, qui est de bois de chastaigner et en mauvais etat, a besoin de relever et refaire a neuf : il estime qu'il manquera la moitié des planches; la croisée dessus le jardin sans chassis, vitres, ny contrevents ; celle du costé du jardin du curé a quelques carreaux de petites vitres avec ses contrevents assez bons. Le pan de bois et de torchis avec le bardage du costé du jardin ont besoin de refaire a neuf, etant tous pourris et hors son aplomb. Le plancher et soliveaux au dessus de la dite chambre presque pourris. Il y a un soliveau coupé par le milieu. Le plancher est de mauvaises planches de caisse et a besoin de refaire a neuf. Il y a une petite decharge sur le degré, a une petite croisée sans chassis ni vitres. Les couvertures de la maison et chapelle ont besoin de resuivre a taille ouverte ; il y manquera le tiers des tuiles et la moitié des lattes feuilles. Les murs de la dite maison et chapelle ont besoin de recrepir et blanchir partout. Le dit jardin, en mauvais etat, sans aucun arbre ni allée, n'ayant qu'un petit sentier par le milieu pour conduire de l'entrée a la maison. De tout quoy nous avons fait et dressé le present procès-verbal pour valoir et servir que de raison. Fait et passé au dit lieu de Montjovis, en presence des sieurs Joseph Morin et Laurens Fournaud, habitants du dit Limoges, temoins.

Signé a la minute : BARNY jeune, prevost consul ; LABROUSSE, MORIN, FOURNAUD et THOUMAS, notaire royal.

Controllé au dit Limoges par BAGET.

---

(1) Il faut comprendre : la porte. — On voit encore quelques restes de l'ermitage de Montjauvy sur la gauche de l'étroit chemin qui monte du faubourg Montjauvy au chemin des Ruchoux, et qui a gardé le nom de chemin de l'Ermitage.

Lettre de Mʳ de Tourny, ecritte de Paris a Messieurs les consuls de la part du Roy, en date du 9ᵉ mai 1743.

L'hermite de Limoges menant, Messieurs, une vie peu convenable a cette sorte d'etat, le Ministre, qui en a eté informé, m'a chargé de luy ordonner, de la part du Roy, de quitter son hermitage pour se retirer ou bon luy semblera.

J'ecris en consequence a Mʳ Maledent de luy dire de s'y conformer sans differer. Quant aux petits gages pour lesquels il est employé dans l'etat des charges de la ville (1), je ne trouve aucun inconvenient, s'il reste a Limoges et s'y comporte raisonnablement, que vous les luy fassiez payer annuellement afin de l'aider a subsister ; que même vous le gratifiez des deniers qu'on pourra retirer du loyer de l'hermitage, l'entretien du batiment deduit ; car il ne doit point etre question de nommer en sa place un autre hermite. Je suis, Messieurs, votre très humble et très obeissant serviteur. *Signé* : DE TOURNY.

Les consuls décident l'arrentement de l'ermitage.

Aujourd'huy, dix-septiesme mars mille sept cent soixante-un, après midy, par devant nous, Pierre Thoumas, notaire royal a Limoges et temoins soussignés, furent presents : Messieurs Jean-Baptiste Deschamps, seigneur de la Garde, bourgeois et negociant ; François Romanet, seigneur de la Briderie, conseiller et procureur du Roy en la seneschaussée et siege presidial de cette ville, Jean-Baptiste Bonnin, seigneur de Fraysseix, aussi conseiller es memes sieges; Pierre Barny, seigneur de Romanet, bourgeois; Alexis Gerald, seigneur de Faye, docteur en medecine, et Jean-Baptiste Ardant, seigneur du Masjeanbost, tous prevots consuls en charge de la presente ville, y demeurant, lesquels ont exposé qu'ayant pris communication de l'etat et procès-verbal fait par nous, notaire, le quinze decembre dernier, du petit jardin, maison et autre (2) petit batiment servant anciennement de chapelle, le tout joignant ensemble, appelé de l'Hermitage, situé au lieu et paroisse de Montjovis, appartenant a la communauté du dit Limoges, et voyant que les grandes reparations qu'il conviendroit y faire seroient onereuses aux habitants de la dite ville, qu'ils ne retireroient aucun avantage des dits lieux ; et

---

(1) L'état des dépenses ordinaires de la ville, arrêté d'une façon définitive en 1693 (tome IV, p. 86) comprend une allocation de quarante six livres pour les gages de l'ermite et de la recluse.
On voit que la suppression de la charge d'ermite municipal remontait en principe à l'année 1743 (voir ci-dessus, p. 11).

(2) On lit : autres ; mais il est bien évident qu'il faut ici le singulier.

ayant pareillement pris communication du titre de fondation (1), par lequel il paroit que la communauté de la ville de Limoges avoit anciennement consacré ce petit fond pour l'etablissement d'un hermite en reconnaissance de la cessation d'une maladie contagieuse qui desoloit ses habitants, penetrés des mesmes sentiments, et voulant conserver ce monument de la pieté de leurs predecesseurs, reconnaissant en même temps que le dit fond et son revenu sont trop peu considerables pour la subsistance honnete et entretien d'un hermite, ils ont cru devoir consulter le seigneur eveque pour concerter avec luy de l'employ pieux et utile qu'ils pourroient faire du dit fond, et après avoir pris son avis et consentement, ont estimé qu'il seroit plus avantageux a la dite communauté de donner les heritages en arrentement perpetuel a celuy qui feroit la condition meilleure et qui, outre le prix de l'arrantement, fera reparer les dits batiments et heritages, les entretiendra de même, pour que la rente qui y sera assise puisse être exactement acquittée, et encore faire celebrer annuellement et a perpetuité un service solennel avec messe chantée a chaque jour et fête de la Purification de la Vierge. A ces fins, ils ont fait publier et afficher au son du tambour, a tous les carrefours de cette ville, [que] qui voudroit prendre les dits heritages en arrentement aux susdites conditions, il n'avoit qu'a se presenter a l'hotel de ville ou toutes encheres et surencheres seroient recues, et les dits heritages delivrés au plus offrant et dernier encherisseur. Se seroit presenté Jacques Savary, charpentier, demeurant au lieu de Montjovis, paroisse de Saint-Michel-des-Lions, qui a offert de prendre les dits heritages en arrentement perpetuel a la charge du cens et rente de trois deniers annuellement dus au dit hotel de ville, en outre payer annuellement au dit hotel de ville la rente fonciere seconde et perpetuelle non rachetable, faite a cause de delaissement de fonds, de quatorze livres annuellement. — S'est encore presenté sieur Jean-Baptiste Mailhard, commis au bureau de la taille tariffée, qui a encheri sur le dit Savary de vingt sols. — Martial Ribiere dit Leclerc (2), demeurant au lieu de Montjovis, a encheri sur le dit Mailhard de dix sols; Jean-Baptiste Joseph Duriff, marchand, demeurant des (*sic*) Combes, a surencheri de dix sols. Et de tous ceux qui se sont presentés, il n'y en a pas eu qui ait fait la condition meilleure que Monsieur Leonard Boutaudon, pretre et communaliste de l'eglise paroissiale de Saint-Pierre-du-Queyroix,

---

(1) Qu'est devenu ce titre? on ne le trouve plus dans les archives municipales. Nous voyons qu la déliberation consulaire du 17 mars 1761 fait remonter au miracle des Ardents l'institution de l'ermite de Montjauvy. Nous ne connaissons aucun document ancien confirmant cette tradition ; mais celle-ci nous parait fort acceptable.

(2) On pourrait lire *Luter*.

demeurant place des Bancs, paroisse du dit Saint-Pierre, qui a
offert la somme de dix-huit livres de rente, compris toutes encheres
et surencheres, laquelle ayant fait publier a differentes fois a
haute voix, par un des valets de ville, a la porte du dit hotel de ville,
sans que personne se soit presenté pour surencherir, le dit sieur
Boutaudon, pretre, ici present, persistant dans ses dites offres, les dits
sieurs prevost-consuls lui ont adjugé   (1), delivré et perpetuellement transporté pour lui et ses ayants droits et cause, le petit
jardin, maison et petit batiment servant anciennement de chapelle,
appelé *l'Hermitage*, qui se confronte de trois parts au chemin qui,
de l'eglise de Montjovis, conduit au grand chemin de cette ville a
Couzeix, — a la dite eglise de Monjovis, et de l'autre costé au jardin
du sieur curé de Montjovis, ainsi que le tout est referé au procès-verbal sus daté, — en ce que le dit sieur Boutaudon, pretre, sera tenu,
comme il s'oblige, de faire mettre en etat les murs du jardin et les
batiments; les entretenir a perpetuité de meme sans pouvoir les
deteriorer, mais au contraire ; en outre acquittera ou fera acquitter
les fondations et services auxquels ils sont assujetis (2) et notamment
le susdit service, soit dans l'eglise de Montjovis ou ailleurs, au
choix des dits sieurs consuls ; fournir annuellement, le jour de
Notre-Dame de fevrier seulement, une chambre au dit lieu assez
decorée pour recevoir les dits sieurs consuls (3), qui pourront faire
la visite une fois l'année du dit heritage et obliger le dit sieur Boutaudon et ses ayants droits a faire les reparations urgentes et necessaires. Le dit arrentement et delaissement ainsi faits moyennant
le cens et rente fonciere et directe de trois deniers annuellement,
que les dits sieurs consuls se reservent sur les dits heritages,
payable et portable au dit hotel de ville, a chaque feste de Noel, et
tous droits et devoirs seigneuriaux, lods et ventes, a raison de vingt
deniers pour livre, lorsque le cas y echoira ; en outre, moyennant
la somme de dix-huit livres de rente fonciere annuelle et perpetuelle non rachetable ni amortissable, faite a cause de delaissement
de fonds, aussi payable et portable annuellement au dit hotel de
ville, a chaque fête de Notre-Dame du mois de fevrier, laquelle
rente de dix-huit livres sera annuellement employée par les dits
sieurs consuls au soulagement et urgent besoin des prisonniers : au
paiement de tout quoi le dit sieur Boutaudon s'est soumis et obligé

(1) Un mot illisible.

(2) Il est fâcheux que ces fondations n'aient pas été énumérés ; mais on peut croire qu'il y a là une clause de prudence, et que les consuls étaient à cet égard dans une ignorance non moins complète que nous.

(3) Il semble résulter de ce passage que le corps consulaire assistait encore à la céremonie qui avait lieu annuellement, le jour de la Purification, à Saint Martial de Montjauvy.

pour lui, ses ayant droit a perpetuité, moyennant quoy les dits sieurs consuls promettent, au nom qu'ils agissent, de garantir et faire jouir paisiblement le dit sieur Boutaudon et ses ayant droits des dits heritages envers et contre tous, de toutes charges, dettes, hypotheques et arrerages de rente du passé jusqu'au present jour, a quoi faire ont obligé tous les revenus du dit hotel de ville et se sont demis des saisies et suretés des susdits heritages, leurs entrées, sorties, cours d'eau et droits de servitude, pour et en faveur du dit sieur Boutaudon ; consentent qu'il en fasse, use et dispose incommutablement a son plaisir et volonté : a toutes lesquelles clauses il a affecté et hypothequé tant les susdits biens arrentés que ses biens propres et particuliers conjointement et solidairement. Dont acte fait et passé a Limoges, dans l'hotel de ville, en presence de Mʳ Jean Thoumas, avocat en la Cour, et Jean Chaussade, praticien, habitans de Limoges, temoins. *Signé a la minute* : Deschamps, prevot-consul; Romanet, consul; Bonnin de Fraysseix, consul; Barny jeune, consul; Gerald, consul, Ardant du Majeanbost, consul; Boutaudon, pretre ; Thoumas, Chaussade ; et nous notaire. Controlé au dit Limoges par Baget. *Signé a l'expedition* : Thoumas, notaire royal.

Louis Charles Duplessis d'Argentré, par la misericorde divine et la grace du Saint-Siege apostolique, eveque de Limoges, conseiller du Roy en tous ses conseils, salut. Vu le present acte, et sur ce ouy notre promoteur general, nous avons approuvé et confirmé, comme par ces presentes nous approuvons, homologuons et confirmons le dit contrat : ce faisant consentons pour ce qui nous concerne qu'il soit executé selon sa forme et teneur, et a cet effet nous y avons interposé notre decret et autorité ordinaire. Donné a Limoges, le dix avril mille sept cent soixante un. *Signé a l'expedition* : L. C., eveque de Limoges, et *par monseigneur*, Deschez. <small>Approbation de l'évêque et de l'intendant.</small>

Vu par nous, intendant en la generalité de Limoges, la presente requete, ensemble le contrat d'arrentement y enoncé du 17 mars 1761,

Nous avons homologué et autorisé le dit contrat d'arrentement du dix sept mars mil sept cent soixante un, ordonnons en consequence que la somme de dix huit livres, prix du dit arrentement, sera remise entre les mains du sieur Pinchaud, receveur des deniers d'octroi et patrimoniaux de la ville de Limoges, a commencer de la date du dit contrat, lequel en donnera quittance valable au suppliant pour lui servir de decharge. Fait a Limoges, le quatre octobre mil sept cent soixante trois. *Signé a l'original :* TURGOT (1).

Election des consuls pour 1761-1762.

Election et nomination de Messieurs les prevots consuls faite dans la grande salle de l'hotel de ville de Limoges, ce jourd'huy,

(1) Pour la première fois, le nom du célèbre intendant de Limoges apparait à notre registre. Anne-Robert-Jacques Turgot, baron de l'Aulne, avait reçu, le 8 août 1761, sa commission d'intendant de la généralité de Limoges, et avait pris possession de cette charge vers le milieu d'octobre suivant. Une déclaration du Roi, du 13 avril 1761, venait de supprimer dans cette généralité le système de la taille tarifée, dont l'établissement y avait été autorisé, à titre d'essai, en 1738. Turgot obtint qu'il serait sursis à l'exécution de cet arrêt et que le tarif serait maintenu au moins à titre provisoise.

Il faut encore signaler le démêlé de la juridiction de la Bourse avec la société des concerts et fêtes, dont nous parlé plus haut sous la date de 1744 (p. 15). On a vu que cette société avait obtenu à cette époque la jouissance d'une salle du premier étage de la Maison commune. Au bout de sept ou huit ans, ces soirées furent interrompues. Comme on se plaignait du mauvais état des locaux et que ceux-ci n'étaient pas en réalité sans présenter des dangers, les juges de Bourse invitèrent les Directeurs du concert à y faire les réparations nécessaires ou, tout au moins, à déclarer s'ils étaient prêts à contribuer aux dépenses de leur remise en état. Il leur fut répondu que le concert ayant cessé, la société n'existait plus et que les intimés n'avaient plus aucune qualité ni aucune ressource pour pourvoir aux réparations des locaux, ni aucune raison pour s'en occuper. On en référa à l'intendant Pajot de Marcheval qui, par une ordonnance du 1er décembre 1758, décida qu'à défaut de directeurs et conseillers du concert, le prévôt-consul représentait cette société, et que le local serait réparé aux frais communs du corps de ville et des marchands.

On continua à utiliser ces locaux pour donner des fêtes, mais le peu de convenance qu'il y avait à donner des représentations théâtrales et des bals dans les dépendances d'un tribunal et les craintes d'incendie déterminèrent les juges de la Bourse à retirer les clés aux organisateurs de ces divertissements. Ceux-ci, au mépris de la défense de la juridiction du commerce, annoncèrent un bal pour le 24 janvier 1762 et firent circuler des placards dont nous avons vu plusieurs exemplaires. Ces placards, dont quelques-uns furent affichés sur la voie publique, étaient ainsi conçûs :

Par permission de M^{rs} les officiers de police

Messieurs et Dames,

Les Srs Londeix et Ruet, à qui la direction exclusive des bals publics a été accordée, se donne (*sic*) l'honneur de vous faire savoir qu'aujourdhui, 24e janvier 1762, sera donné le premier dans la sale de l'hôtel de ville. Il commencera à dix heures du soir, et continuera le reste de la nuit.

On prendra 36 sols par personne.

En dépit de l'appui que les organisateurs de la soirée avaient trouvé auprès de l'autorité de police, et ce semble, de l'intendant, les juges de la Bourse tinrent la porte de la salle fermée. On y pénétra en passant par les maisons voisines, au moyen d'échelles et on facilita ainsi au public l'entrée du concert. M. David des Renaudies, l'un des directeurs de l'ancienne société, soutenu par plusieurs de ses collègues et une vingtaine de

trente septembre mil sept cent soixante un (1), par Messieurs les soixante prudhommes nommés par Messieurs les prevots consuls et officiers en charge municipaux a la manière accoutumée et ce pour l'année mil sept cent soixante deux, — les prevost-consuls ont donné acte de l'election de nomination, presentement faite, des personnes de M. Roulhiac du Rouveix, de M. Lamy de Luret de la Chapelle et de M. Farne-Crouzeix du Puyrejeaux, et du pouvoir a eux donné par les habitans de lever toutes les sommes qui seroient dues a la ville, comprises dans l'etat du Roy ; et ont les dits sieurs Roulhiac, Lamy de la Chapelle et Farne-Crouzeix, qui (sic) ont preté le serment au cas requis. Fait les dits jour, mois et ans que dessus.

BONIN DE FRAIXEIX, LAMY DE LACHAPELLE, FARNE, DESCHAMPS, prevost consul; GERALD, consul; DE ROULHAC DU ROUVEIX.

jeunes gens qui lui donnèrent une procuration, assigna aussi tôt les juges de Bourse devant les tribunaux; les intimés recoururent à l'intendant.

Les Consuls avaient pris parti pour la juridiction consulaire : « Vous n'approuverez « pas, écrivaient-ils, que Ruet et Londeix, violons, s'avisent d'afficher des placards aux « carrefours pour indiquer un bal dans la salle de la jurisdiction consulaire ; que le sr « David des Renaudies escalade un *mianis* (*) et cloison de planches qui fait la sépara- « tion des deux salles de l'hotel de ville et de la juridict'on consulaire ; qu'a cette faveur « il se procure une entrée furtive dans la salle et qu'à l'insu tant des juges de « Bourse que de nous ils y donnent un bal paré et masqué »

On fit valoir surtout le mauvais état très réel de l'hôtel de ville et les dangers d'incendie.

Toutefois on ne ferma pas absolument la salle; mais il fut donné peu de réunions et Turgot lui-même avoue dans une note de sa main que la vie des personnes est en péril dans ce local.

A la suite de ces incidents, on s'occupa d'un projet de construction d'un théâtre.

Rappelons que la Société d'agriculture de Limoges, fondée en 1759 fut définitivement autorisée par lettres patentes du 12 mai 1761. — A la suite de divers abus, l'autorité diocésaine supprima à cette époque la station que faisait dans l'église de Saint-Martial la procession générale de l'octave du Saint-Sacrement; mais on décida qu'un reposoir serait établi au devant du clocher, en face de la rue du Clocher. La tradition a été conservée jusqu'aux dernières processions, et à l'autel du chapitre avait succédé le reposoir de la maison Costallat, place Saint-Martial. Le sermon fut transféré à la cathédrale le dimanche suivant.

(1) Voici passée en usage la mise à exécution de l'arrêt du Conseil du 12 janvier 1760, dont notre registre a donné plus haut le texte (p. 126). On a dit que, depuis 1483, la nomination des consuls avait eu lieu le 7 décembre, jour auquel on avait reçu à Limoges les lettres de Charles VIII, révoquant la commission de maire donnée à François de Pontbriant, et permettant aux habitants du château d'élire leurs magistrats comme par le passé.

(*) On trouve aussi dans ce sens : *méanis*.

Nouvelle assemblée des notables de la ville au sujet du mode d'imposition du Don gratuit.

Du vingt sept novembre mil sept cent soixante un, MM. les deputés des différents corps de la ville ayant eté convoqués et s'etant assemblés de relevée (*sic*) en l'hotel et par devant M. l'intendant de la generalité de Limoges, pour rapporter les vœux de leurs corps respectifs sur la question s'il convenait de continuer la levée du Don gratuit par imposition personnelle, ou de l'imposer par voie d'octroi sur quelques especes de denrées entrantes dans la ville (1), M^{rs} les consuls, M. Roulhiac du Rouveix, l'un d'eux, portant la parole, ont declaré que le sentiment du corps de ville etoit que l'imposition fut continuée par la voie du role, sauf a reformer dans le role actuel les erreurs ou obmissions qui peuvent s'y trouver. — M^{rs} les officiers du presidial, Mr Bonnin, l'un d'eux, portant la parole, ont eté du mesme avis. — M^{rs} les officiers du Bureau des finances ont declaré par le ministere de Mr de Fetiat, l'un de leurs deputés, que l'aveu du bureau etoit de mettre un droit sur les vins et liqueurs par forme d'octroy ; et ont declaré de plus qu'ils etoient chargés de s'opposer formellement a toute resolution et deliberation contraire. — M^{rs} du corps de la Noblesse ont declaré par la voix de Mr de la Borderie, qu'ils persistoient dans leurs premiers avis pour une taxe personnelle, en ce qu'on reformeroit les erreurs ou omissions du role, s'il y en avoit. — M^{rs} du chapitre de Saint-Martial, representés par Mr Verier et Deffresanges (*sic*), que leurs corps etoient du même avis que Messieurs de la Noblesse. — M^{rs} les officiers de l'Election ont opiné, par le ministere de Mr Etienne, pour l'octroy sur le vin. — M^{rs} les habitans de la Citté, representés par Messieurs Tanchon et Laurent, ont voté, au nom de leur corps, pour la continuation du role, en rectifiant les erreurs. — M^{rs} les bourgeois de la ville de Limoges, Mr Boisse, leur deputé, portant la parole, ont eté pour la continuation du role. — M^{rs} les marchands de la ville de Limoges, M. Romanet portant la parole, ont eté du mesme avis que Mrs du Bureau des finances et ont fait la mesme protestation.

Sur quoy, M. l'Intendant ayant donné acte, a chacun des corps representés par MM. les deputés, de leurs declarations et protestations, il a eté conclu, a la pluralité de six voix contre trois, que la repartition personnelle sera continuée conformement aux deliberations de la ville des (*sic*) neuf octobre mil sept cent soixante et du vingt-cinq mars dernier, sauf a reformer par MM. les commis-

---

(1) Voir plus haut des délibérations relatives au même objet (p. 128 et 143).

saires du role les erreurs ou omissions qui peuvent s'y rencontrer, et ont signé :

> Turgot, Veyrier, ch. de Saint-Martial ; de Fressanges, ch., sindic et député de Saint-Martial ; Goudin de Laborderie, deputé de la noblesse ; de Roulhac du Rouveix, prevost consul ; Roulhac de Thias, deputé du bureau des finances, aux protestations cy-dessus ; Romanet du Caillaud, deputé du Commerce, aux protestations cy-dessus ; Estienne de la Riviere, Boisse, d. m. ; Bonin de Fraixeix, pour MM. du presidial ; Malden de Feytiat, deputé du bureau, aux protestations cy-dessus ; Muret, deputé du Commerce, aux protestations cy-dessus ; De Lepine, Laurans, sindic de la Citté ; Tanchon.

Aujourd'huy, vingt-huit novembre mil sept cent soixante un, dans la salle de l'hotel de ville, ou estoient assemblés MM. les maires, prevots-consuls, pour proceder a la nomination d'un predicateur, ont, d'une commune voix, nommé le reverend pere Lavergne, gardien des reverends peres Cordeliers, pour prescher l'Avent de 1762 et le Caresme de 1763. A cet effet, etc. (V. p. 9).

Désignation d'un prédicateur pour 1762-1763.

> De Roulhac du Rouveix, prevost-consul ; Farne, consul ; Bonin de Fraixeix, consul ; Lamy, consul ; Gerald, consul ; Deschamps, consul.

Aujourd'huy, neuf juin mil sept cent soixante deux (1), dans la salle de l'hotel commun de cette ville, ou etoient assemblés MM. les maires, prevots et consuls, M. Gerald de Faye, prevot consul, auroit exposé

Nomination d'un sergent de la milice du canton de Lansecot.

(1) Le principal événement de l'année 1762 fut le départ des jésuites du collège, qui ne paraît avoir donné lieu à Limoges à aucun incident : on les accusa d'avoir brûlé beaucoup de papiers intéressants. Le collège fut provisoirement fermé. — Une ordonnance de Turgot, du 4 février 1762, prescrivit la démolition des remparts de la ville entre la porte des Arènes et le fort Saint-Martial qui occupait une partie de l'emplacement actuel de l'hôtel de la *Boule d'Or* (P. Ducourtieux : *Limoges d'après ses anciens plans*). On sait que la démolition de la porte Montmailler et de la partie adjacente des fortifications était depuis longtemps commencée.

Il faut mentionner au 1ᵉʳ janvier 1762 l'apparition du *Calendrier ecclésiastique et civil du Limousin*. On sait que le chanoine De Voyon — le futur maire de la commune de la Cité — en fut le premier éditeur.

Notons aussi, au mois de février 1762, la mort de l'abbé Roby, oratorien, puis prêtre communaliste de Saint-Pierre, auteur de chansons et d'une jolie traduction en patois limousin d'une partie de l'*Enéide*.

qu'il etoit necessaire de proceder a la nomination d'un sergent de ville (1) a la place du nommé Mathurin Segue, decedé le huitiesme du courant, duquel exposé et requisition les dits sieurs consuls ont donné acte et nommé d'une commune voix Jacques Sauviat, dit Blondin, pour faire les fonctions de sergent du canton de Lansequot, et lui enjoignent de porter le respect qu'il doit en cette qualité aux dits sieurs consuls et autres officiers de la bourgeoisie de la presente ville. Fait en l'hotel commun de la dite ville, les jour, mois et an susdits.

GERALD, prevost-consul ; DE ROULHAC DU ROUVEIX, consul ; BONNIN DE FRAIXEIX, DESCHAMPS, consul ; FARNE, consul ; LAMY, consul.

Enregistrement d'une commission de garde au gouverneur.

A Messieurs les maires, prevot et consuls de la ville de Limoges. Supplie humblement Jean Baptiste Baron, disant qu'ayant eté pourvu par Monseigneur le comte des Cars, de provision de garde de la province cy-jointe, en survivance de Joseph Paul Baron son pere, pour jouir des honneurs, prerogatives, exemptions attachés a cet employ comme demeurant a la compagnie de son pere, il auroit negligé de faire enregistrer les dites provisions a l'hotel de ville : il a recours a vous, Messieurs, pour qu'il vous plaise, de vos graces, ordonner que les dites provisions soient enregistrées et que le suppliant jouira des memes privileges que les autres gardes jouissent, et ferez justice.

Signé : Jean Baptiste BARON fils.

Louis François de Perusse, marquis d'Escars et de Pranzac, comte de Saint-Bonnet, baron de la Renaudie, seigneur de Saint-Ibars, de la Rochelabeille, de Baret, d'Orthobisc, et autres lieux, Lieutenant general pour le Roy dans la province du Haut et Bas Limousin. — Sur le raport qui nous a eté fait des bonnes vie, mœurs et capacité du nommé Jean Baptiste Baron, habitant de la ville de Limoges, nous l'avons nommé et etabli comme nous le nommons et etablissons par ces presentes pour remplir l'employ de l'un de nos gardes en survivance de Joseph Paul Baron, son pere, pour [par] luy jouir des honneurs, prerogatives, exemptions et privileges qui sont attribués a cet employ. Fait a notre chateau des Cars le douze mai mil sept cent cinquante. *Signé* : D'ESCARS, *et plus bas* : par monseigneur, DELAGE. — Enregistré le 23ᵉ juin 1762.

---

(1) Il faut entendre : de la milice de la ville.

Memoire contenant ce que Messrs les consuls de la ville de Limoges estiment le plus convenable pour pourvoir au remplacement des professeurs et regens du college tenu par les cy-devant Jesuites.

Aujourd'huy, dixiesme juillet 1762, dans la salle de l'hotel commun de cette ville, ou estoient assemblés les maires, prevost et consuls, pour deliberer en execution de l'arret du parlement en date du 26° mai dernier, sur les moyens les plus convenables pour pourvoir au remplacement des professeurs et regents du college tenu par les cy devant jesuites,— la matiere mise en deliberation, il a eté convenu a la majeure qu'on ne pouvoit confier un objet aussi important qu'a des ecclesiastiques de ce diocese, parmi lesquels il se trouveroit un nombre de docteurs, bacheliers et gradués plus que suffisant qui seroient en etat d'instruire la jeunesse en religion, pieté et bonnes mœurs, faire fleurir les sciences et belles lettres, inspirer l'amour du prince et de la patrie, la soumission et le respect dus aux superieurs, mieux que quelque congregation ou ordre religieux qu'on peut choisir ;

Qu'il faudroit, a cet effet, nommer douze sujets parmy lesquels on eliroit un principal, un ministre, un procureur, deux professeurs de theologie, deux de philosophie et cinq regens pour les humanités ;

Que, pour maintenir l'union, la concorde, la paix, l'intelligence et le bon ordre qui doit regner dans un college et mesme dans toute societé, il seroit a propos que le ministre, procureur, professeurs et regens, fussent subordonnés et tenus d'obeir au principal en ce qui concerneroit l'instruction et l'administration du college; en l'absence du principal, au ministre ; ainsi successivement des uns aux autres, suivant leur rang, et tous soumis aux lois et reglements qui s'observent dans les universités et autres colleges du Royaume ;

Et afin que les classes ne puissent vaquer et les exercices etre interrompus pour cause d'absence, maladie ou autre legitime empeschement de la part des professeurs et regens, les principal, ministre et procureur seroient tenus d'enseigner eux memes alternativement a la place des absents ou malades; mesme en cas de mort des dits professeurs et regens, demissions ou deposition, de faire les classes, jusqu'a ce qu'on auroit pourveu au remplacement de ceux qui seroient decedés ou revoqués. Il sembleroit que la nomination des sujets pourroit etre deferée a ceux qui ont le plus participé a l'establissement et a la dotation du college. Les principaux fondateurs sont les habitans, représentés par M^rs les consuls, M^r l'eveque et M^rs les officiers du presidial et du seneschal.

Quatre principaux motifs ont determiné notre opinion. Le premier se trouve contenu dans la deliberation, nous ne le rappellerons pas une seconde fois.

Le second consiste en ce que les congregations qui sont en etat de pouvoir enseigner sont composées de si peu de sujets qu'elles peuvent a peine suffire pour les colleges dont elles sont tenues : en supposant mesme qu'il peut s'en trouver parmi eux un assez grand nombre, les meilleurs seroient surement destinés pour les principales villes, et celle de Limoges, qui n'est pas fort considerable, pourroit ainsi n'être pas bien pourveue.

En troisiesme lieu, la jeunesse etant susceptible de toutes sortes d'impressions, se forme presque toujours suivant les premiers principes qu'on lui donne ; on ne sauroit donc trop s'attacher a lui procurer de bons maîtres et [il] nous paroit qu'on y reussira mieux dès qu'on n'en choisira que de connus, que si on les recevoit d'un general qui pourroit nous les envoyer tels et ainsi qu'il lui plairoit, et nous les oter de mesme.

Nous estimons enfin que des personnes du diocese inclineront (1) naturellement pour des parents, des amis, des patriotes et des citoyens ; qu'ils s'attacheront plus a les bien elever que des etrangers qui n'y seroient engagés que par une espece de devoir (2) dont très souvent la peine et le travail degoutent.

Deliberé dans l'hotel de ville de Limoges, le 10° juillet 1762.

FARNE, prevost-consul ; BONNIN DE FRAIXEIX, DE ROULHAC, GERALD, LAMY, DESCHAMPS (3).

---

(1) Cet emploi d'incliner comme verbe neutre est assez rare. On en trouve néanmoins quelques exemples au xvii° siecle dans le style littéraire; dans le style de chancellerie les exemples sont fréquents a toutes les époques.

(2) L'expression parait assez singulière et la pensée ne l'est pas moins.

(3) Cette délibération a été publiée en partie par M. Leroux dans l'*Inventaire des Archives du département de la Haute-Vienne*, série D, introduction, p. xxv.

Il parait que les débats provoqués par la question du Collège furent très vifs et qu'on eut grand peine a s'accorder. Enfin on suivit le programme indiqué par la délibération ci-dessus, et l'établissement fut remis à une compagnie de prêtres séculiers. L'abbé Pouyat, curé de Nieul, fut chargé des fonctions de supérieur. Un bureau d'administration, présidé par l'évêque, était formé du Lieutenant général et du Procureur du Roi au Présidial, de deux consuls, de deux notables, du Principal et d'un secrétaire. Les classes furent rouvertes à la Toussaint 1763, de la sixième à la théologie. 'Voir au surplus pages 162, 163, 165, 166, 167 et 170 ci-après).

Lettre de M^r le duc de Figeames (sic), *gouverneur de la province et du haut et bas Limousin, adressée a M^{rs} les consuls.*

A Paris, le 21 juillet 1762.

J'agrée bien volontiers, Messieurs, le choix que vous avez fait de Jacques Sauviat pour remplacer Mathurin Segue, sergent de la milice bourgeoise de Limoges, puisque vous le connaissez et qu'il a toutes les qualités requises pour cette place. Soyez persuadé de l'interêt que je prends au bien de votre ville et de mes sentiments pour tous et un chacun de vous, et qu'on ne peut etre plus sincerement, Messieurs, vostre affectionné a vous servir. Le duc de Figeames.

<small>Approbation par le gouverneur de la nomination d'un sergent de milice.</small>

A M^{rs} les maires, prevots et consuls de Limoges.

Aujourd'hui trente uniesme juillet mil sept cent soixante deux, dans la salle de l'hotel de ville de Limoges, ou estoient assemblés Messieurs les maire, prevot et consuls, a comparu Jacques Faucher, sergent de la milice bourgeoise de cette ville, du canton de Boucherie ; lequel etant hors d'etat de continuer ces fonctions de sergent a cause de l'accident qui luy est survenu depuis trois ans a une jambe, a requis et prié mes dits sieurs les maire, prevot et consuls de vouloir agreer la demission pure et simple qu'il fait entre leurs mains de sa commission de sergent du dit canton de Boucherie, pour qu'il leur plaise en pourvoir tel sujet qu'ils jugeront a propos pour en faire les fonctions ; les suppliant neanmoins de vouloir, en vue des services qu'il a rendus pendant l'intervalle de vingt-sept ans, agreer a sa place Junien Chabaud, qu'il connoit capable d'en remplir les fonctions.

Fait dans le dit hotel de ville, les susdits jour, mois et an que dessus ; et a signé avec nous, Faucher.

<small>Démission et remplacement d'un sergent du canton de Boucherie.</small>

    Farne, prevost-consul ; Bonnin de Fraixeix, Gerald, consul, de Roulhac du Rouveix, consul.

Aujourd'huy, deuxieme aout mil sept cent soixante-deux, dans la salle de l'hotel commun de cette ville, ou estoient assemblés Messieurs les maire, prevots et consuls, a eté exposé par Monsieur Deschamps, prevost-consul, que le nommé Jacques Faucher, sergent du canton de Boucherie, avoit fait, le trente un du mois dernier, sa demission; qu'a cet effet, il etoit necessaire de pourvoir d'un sujet pour le remplacer. La chose mise en deliberation et vu l'acte de demission du dit Faucher, les dits sieurs prevots et consuls, acceptant la dite demission, ont d'une commune voix nommé Junien Chabaud pour faire les fonctions de sergent du dit canton de Boucherie a la place du dit Faucher, qui jouira des immunités, privileges et exemption attachés a la dite commission de sergent de la milice bourgeoise, en par luy portant le respect et l'obeissance aux dits sieurs maire, prevots et consuls, et aux officiers de la dite milice bourgeoise, a laquelle il s'est expressement soumis et a signé. Fait les susdits jour, mois et an que dessus.

Junien CHABAUD, FARNE, consul; BONNIN DE FRAIXEIX, DE ROULHAC DU ROUVEIX, consul; GERALD, consul.

Confirmation de cette nomination par le gouverneur.

Coppie de la lettre écrite par Monseigneur le duc de Fitz-James a Messieurs les consuls de la ville de Limoges.

A Paris, ce 8 aoust 1762.

J'agrée bien volontiers, Messieurs, le choix que vous avez fait de Junien Chabeaud pour remplir la place de sergent de milice bourgeoise de Limoges, vacante par la demission de Jacques Faucher. Soyez persuadés de tous les sentiments avec lesquels je suis, Messieurs, votre tres affectionné a vous servir.

Signé : le duc DE FITZ-JAMES.

Au bas de la lettre est ecrit : A M^{rs} les maire, prevot et consuls de la ville de Limoges.

Convocation au sénéchal d'une assemblée des députes des divers ordres au sujet du remplacement des Jésuites. Protestation des consuls.

Aujourdhuy, vingtiesme aoust mille sept cent soixante deux, dans l'hotel de la ville de Limoges, ou estoient assemblés Messieurs les maire (1), prevot et consuls a eté representé par M. Deschamps, prevot, l'arrest rendu au parlement le treize du courant, suivi d'un requisitoire du procureur du Roy, signé Romanet, et d'une ordonnance rendue par le sieur des Essards et Roulhac de Roulhac, commissaires, *signé :* Rogier des Essards et Roulhac de Roulhac. La dite ordonnance portant entre autres choses qu'a la diligence du procureur du Roy les differents ordres de cette ville s'assembleront, delibereront, et nommeront deux deputés de chaque ordre, qui presenteront a l'assemblée generale les vœux de leur compagnie

(1) Maire est ici au singulier, sans doute par erreur. Les consuls maintiennent soigneusement l'égalité traditionnelle entr'eux, et prennent tous le titre de maire, qu'ils ont du reste le droit de porter, puisque la ville a racheté l'office.

pour le remplacement des ci-devant Jesuistes, a l'effet de l'education de la jeunesse : laquelle dite assemblée se trouve indiquée pour le jour de demain, vingt un du present mois, dans la chambre du conseil de la cour seneschale, a une heure de relevée.

Sur quoy, la chose mise en deliberation, il a eté observé que l'indication de la dite assemblée est contraire a l'esprit et a la lettre de l'arret du treize du susdit mois, qui porte expressement qu'il sera tenu dans la dite ville de Limoges, aux formes usitées, une assemblée generale des differents ordres d'icelle, suivant lesquelles formes et usages les assemblées des differents ordres de la ville ont toujours eté convoquées en l'hotel commun et notamment pendant les années mil sept cent soixante un et mil sept cent soixante deux, dans lequel espace de temps il s'en est tenu au moins quarante (1), sans qu'on puisse justifier qu'il s'en soit jamais fait aucune dans la chambre du conseil de la Cour seneschalle.

Pour prevenir neanmoins les differentes contestations qui pourroient s'elever et par la retarder l'execution du susdit arret, ce qui seroit d'un prejudice notable aux habitants de cette ville en ce que le remplacement des ci-devant Jesuites pourroit en etre differé, les dits sieurs consuls, n'ayant d'autre objet que de concourir au bien public, ont bien voulu a cet effet, sans neanmoins approuver la convocation indiquée par le sieur lieutenant general, mais bien au contraire, sous toutes leurs reserves et protestations, nommer pour deputés Messieurs Bonnin de Fraisseix et Roulhac du Rouveix, pour annoncer (sic) les vœux de la ville conformement et de la maniere qu'ils sont enoncés en la deliberation du dixieme juillet dernier (2), envoyée, en consequence de l'arret du vingt six may dernier, a M. le procureur general en parlement a Bordeaux ; lesquels dits sieurs consuls donnent plein pouvoir aux dits sieurs deputés de requerir et former en leur nom toutes oppositions qu'ils aviseront bonnes etre, tant sur les innovations qui pourroient etre faites aux anciens usages, que sur tous les objets qui pourroient etre contraires a l'execution du susdit arrêt et empecher l'acceleration du dit remplacement, et faire même plus amples protestations lors de la dite assemblée, s'ils le trouvent necessaire.

Fait en l'hotel de ville, les dits jour, mois et an que de l'autre part.

Deschamps, prevot consul ; Bonnin de Fraixeix, de Roulhac du Rouveix, Gerald de Faye, Farne, consul (3).

(1) Les procès-verbaux de ces assemblées manquent. On peut juger par là combien il y a de lacunes dans nos registres et quels faibles vestiges de la vie municipale d'autrefois ils nous ont conservés.

(2) Voir ci-dessus, page 159.

(3) La sécheresse de l'été de 1762 fut telle que des prières publiques furent faites pour obtenir de la pluie.

Nomination de Jean-Baptiste Fournier, pour syndic de l'hopital (1)

Du mardy, vingt six janvier mil sept cent soixante deux, ou etoient assemblés Messieurs maître Joubert, chanoine ; Chartaignac, curé de Saint-Michel ; Petigniaud, Romanet, Deschamps, Pinot de Magré, de Labiche, de Curzac, Durand-Leychoisier.

Le bureau, ayant pris en consideration ce que Messieurs Pinot et Curzac venoient d'exposer, voulant d'ailleurs, par la nomination d'un sindic, se conformer a l'usage de tous les corps du royaume, et oter par la a ceux contre qui on est obligé de plaider, tout pretexte d'incidenter sur le defaut de syndic, a arreté qu'il en seroit nommé un conformement a l'ancien usage, pour agir en justice en faveur des pauvres de l'hôpital, tant en demandant que deffendant, et ayant consideré que la prompte expedition des affaires et la necessité de pouvoir faire dans certains cas une saisie ou opposition de deniers, au moment qu'on apprend qu'elle est possible, demandent que le sindic soit toujours a portée d'agir et de signer les actes ou son seing est necessaire, — l'assemblée a elu et nommé pour sindic du dit hopital, le sieur Jean-Baptiste Fournier, bourgeois de cette ville, pour preter son nom, ses soins et offices toutes fois et quantes que besoin sera et rendre tous les services que le bien et l'interet des pauvres exigeront de son ministere ; ensemble pour jouir, pendant le temps qu'il aura la qualité de sindic, de tous les privileges, prerogatives, exemptions et immunités y attachés conformement aux lettres patentes et statuts du dit hopital ; lequel dit sieur Fournier ici present a accepté le dit sindicat et a signé avec Messieurs les administrateurs qui l'avoient nommé. *Signé a l'original* : Joubert, chanoine, administrateur ; J. Petiniaud, adm. ; Curzac. adm. ; Pinot, adm. ; Romanet, adm. ; Durand, adm. ; Labiche de Reignefort, adm. ; Leychoisier, adm. ; Chataignac, adm. ; Deschamps, adm. et Joseph Petigniaud, secretaire de l'hopital general. Controlé a Limoges, le trois fevrier 1762, par François, qui a recu douze sols.

Enregistré la presente nomination le vingt un aout mil sept cent soixante deux.

DESCHAMPS, prevot consul ; DE ROULHAC DU ROUVEIX, FARNE, GERALD.

Le 4 décembre 1762 un incendie détruisit une partie de la manufacture Thévenin, près de la porte Tourny. Les constructions brûlées ne furent pas rétablies ; un négociant de Limoges, le s' Roby, fut tué par la chûte d'une poutre.

(1) Ce document est une délibération du Bureau d'administration de l'hôpital notifiée à la municipalité non en vue d'une approbation ou d'une confirmation à obtenir, mais à cause de l'exemption de taille conférée au syndic de l'hôpital par le privilège de ses fonctions.

Aujourdhuy, treiziesme septembre mil sept cent soixante deux, avant midy, dans la salle de l'hotel de ville de Limoges ou etoient assemblés Messieurs les maire, prevot et consuls, a été representé par Monsieur Farne, prevot consul, l'arret rendu au parlement le vingt sept aoust mille sept cent soixante deux, qui casse le procès verbal de l'assemblée tenue dans la salle des audiences du seneschal de cette ville, le vingt et un du mois d'aoust (1) et ordonne qu'il sera tenu dans cette ville, aux formes usitées et lieu accoutumé, une nouvelle assemblée a l'effet de deliberer sur le remplacement le plus avantageux a faire dans le dit college; laquelle assemblée sera composée de commissaires ou deputés de l'eglise cathedrale de cette ville, du senechal, du bureau des finances, et des officiers municipaux : en execution duquel arret les dits sieurs consuls, assemblés comme dit est ci-dessus, ont nommé pour deputés Messieurs Bonnin de Fraysseix et Roulhac du Rouveix, pour annoncer les vœux de la ville, conformement et de la maniere qu'ils sont enoncés en la deliberation du dixiesme juillet dernier, renvoyée en consequence de l'arret du vingt six may aussi dernier a M. le procureur general en parlement a Bordeaux, pour le dit remplacement etre fait par des pretres seculiers, non attachés a aucune congregation, soit du diocese ou d'autres endroits du royaume; les quels dits sieurs consuls donnent plein pouvoir aux dits sieurs deputés de requerir et former toutes oppositions et protestations qu'ils jugeront convenables. Fait les susdits jour, [mois] et an que dessus.

<small>Affaire du Collège
Annulation
par le Parlement
des
opérations
de l'assemblée
tenue
au sénéchal.</small>

FARNE, prevost consul ; BONNIN DE FRAIXEIX, DE ROULHAC, GERALD, LAMY, DESCHAMPS.

Copie de la lettre écrite par M. Le Berthon, premier president au Parlement de Bordeaux, a Messieurs les sindics du corps des marchands, a Limoges (2).

Messieurs,

Le parlement n'a point eu intention de vous exclure des assemblées auxquelles vous etes en possession d'assister; mais celle qui a été tenue en premier lieu luy a paru composée d'un nombre si

---

1) Voir ci-dessus, pages 162 et 163.
2) On a vu par la délibération qui précède, que contrairement à ce qui avait été fait, le 21 août, le Parlement appelait seuls les députés du corps de ville, du chapitre cathédral du sénéchal et des trésoriers généraux à délibérer sur le remplacement des Jésuites. Les autres corps se trouvaient donc exclus de cette assemblée et plusieurs d'entr'eux, les marchands notamment, avaient pro esté.

— 166 —

prodigieux de personnes de toute espece qu'il a cru devoir la reduire et la fixer aux trois (1) corps qu'il a nommés; vous ne devez pas en conclure que vous ne serez pas appelés aux assemblées qu'on sera obligé de convoquer a l'avenir. Si tel est votre droit, le parlement le soutiendra sans doute et vous le conservera.

Je suis veritablement, Messieurs, votre tres affectionné serviteur,

Signé : Le Berthon, premier president.

A Bordeaux, le 18 septembre 1762.

A Messieurs les sindics du corps des marchands, a Limoges.

Election des consuls pour 1762-1763.

Election et nomination de Messieurs les prevots consuls, faite dans la grande salle de l'hotel de ville de Limoges, ce jourdhuy, trente septembre mil sept cent soixante deux, par Messieurs les soixante prud'hommes nommés par Messieurs les prevots consuls et officiers en charge municipaux, en la maniere accoutumée, et ce pour l'année mil sept cent soixante trois, — les prevost-consuls ont donné acte de l'election de nomination presentement faite des personnes de M. Pierre Valade, conseiller en l'Election; M. Joseph Blondeau De Larfouliere, bourgeois, et M. Jean-Baptiste Peyroche du Puy Guychard, marchand, et du pouvoir a eux donné par les habitans de lever toutes les sommes qui seroient dues a la ville, comprises dans l'etat du Roy; et ont les dits sieurs Valade, Blondeau de l'Arfoulière et M⁺ Peyroche du Puy Guichard, qui (*sic*) ont preté le serment au cas requis. Fait le dit jour, mois et an que dessus.

Farne, prevot consul; de Roulhac du Rouveix, consul; Lamy de Lachapelle, consul.

Organisation du bureau du Collège Choix de deux délégués.

Aujourdhuy, dix sept novembre mil sept cent soixante deux, dans la chambre du conseil de l'hotel de ville, ou etoient assemblés Messieurs les maires, prevots et consuls soussignés, sur le rapport fait par Monsieur Roulhac du Rouveix et M. Farne, consuls, que s'etant rendus le jour d'hier en qualité de deputés a (*sic*) Monsieur l'Eveque de Limoges, pour concerter avec luy et les deputés de

---

(1) On remarquera en effet qu'au lieu des quatros indiqués à la délibération consulaire du 13 septembre, trois seulement prennent part à la réunion du 17 novembre à l'évêché (voir ci après) : le Bureau des trésoriers n'y est pas représenté.

messieurs les officiers de la cour presidiale et ceux du chapitre de Saint-Etienne sur le choix des sujets qu'on avoit convenu, dans l'assemblée du treize septembre dernier, de proposer a la cour afin de remplacer les ci devant Jesuites et former un nouveau college,— il auroit eté observé qu'il auroit eté a propos d'etablir un bureau d'administration dans lequel les deputés de chacun des dits corps qui avoient composé la dite assemblée, munis des pouvoirs necessaires, agreeroient un plan de toutes les operations qui concernent le choix des susdits sujets, les reglements a leur prescrire, les appointements a leur fixer, la regie et administration des revenus du susdit college, pour presenter le tout ensuite a la cour, la supplier de l'homologuer en autorisant le susdit bureau, a la tete duquel seroit le sieur Eveque, et pour demander la main levée de tous les titres et papiers du susdit college, qui en constatent les biens et revenus. Sur quoy la chose mise en deliberation, il a été arreté que la sus dite proposition demeure agreée par Messieurs les prevots et consuls. En consequence et pour l'execution de ce, M^{rs} les maire, prevot et consuls prient Mrs Roulhac du Rouveix et Peyroche du Puyguichard, consuls en charge, d'assister au dit bureau en qualité de deputés de l'hotel commun de cette ville, leur donnant tous pouvoirs pour raison de ce que dessus, se reservant de remplacer un d'eux dans deux ans et l'autre un an apres, et ainsi successivement un chaque année, et toujours avec les memes pouvoirs; et ont signé,— les dits jour, mois et an que dessus.

De Roulhac du Rouveix, prevost consul; Farne, consul; Peyroche jeune, consul; Blondeau, consul; Lamy de la Chapelle, consul.

Aujourd'huy, vingt huitième novembre mil sept cent soixante deux, dans la salle de l'hotel de ville de Limoges, ou etoient assemblés Messieurs les officiers municipaux et prevot et consuls pour proceder a la nomination d'un predicateur, ont nommé d'une commune voix le reverend pere d'Ambier, sous prieur des Augustins, pour precher l'Avent de 1763 et le Caresme de 1764. A cet effet, etc. (V. p. 9).

Désignation d'un prédicateur pour 1763-1764.

Roulhac du Rouveix, prevost consul; Valade, consul; Lamy de la Chapelle, consul; Blondeau de Larfouliere, consul; Farne, consul; Peyroche jeune, consul.

Enregistrement de la commission du sous-fermier du droit de marque et contrôle des matières d'or et d'argent.

Aujourdhuy, deuxieme decembre mil sept cent soixante deux, moy soussigné, en qualité de sous fermier des droits de marque et controle des matieres d'or, d'argent et de vermeil de la generalité de Limoges, ay nommé et par ces presentes nomme pour mon commis au dit Limoges, sieur Martial Meussac (*sic*), bourgeois et marchand de la presente ville, pour exercer la dite fonction, et jouir des privileges d'icelle pendant six années consecutives a commencer du premier octobre dernier, en ce qu'il pretera le serment devant Messieurs tenant la cour de l'Election de cette ville. En foi de quoy j'ai signé la presente commission. A Limoges, les susdits jour, mois et an que dessus.

Signé : Audry.

A Messieurs tenant la cour de l'Election de Limoges.

Supplie tres humblement Martial Meussac, bourgeois et marchand de la presente ville, disant que le sieur Jean Baptiste Audry, maitre orfevre, residant en la ville d'Angouleme en qualité de sous fermier des droits de marque et controle des ouvrages d'or, d'argent et de vermeil dans la generalité de Limoges, vient d'etre par le dit sieur Audry nommé son commis pour en faire les fonctions et jouir des privileges et exemptions y attachés en conformité des arrets et ordonnances de sa Majesté ; a ces fins, il a l'honneur de recourir a votre autorité et justice, Messieurs, afin que, ce considéré, il vous plaise le recevoir a preter le serment en tel cas requis et ordonner qu'il jouira des privileges et exemptions attachés a la dite commission. Et ferez justice.

Signé : Martial Meusac et Lapeyre, procureur.

Vu la presente requete et la commission y enoncée, nous, faisant droit sur les fins de la presente requete, apres que le suppliant a promis par serment de remplir avec fidelité les fonctions de sa dite commission, nous lui en avons concedé acte pour par lui jouir en consequence des privileges et prerogatives y attachés suivant les ordonnances et reglements de sa Majesté.

Fait en la chambre du conseil de l'Election de Limoges, le dix sept decembre mil sept cent soixante deux. *Signé* : Estienne de la Riviere, *et en marge est ecrit* : Droit de chambre : trois livres. Reçu pour les trois sols pour livre neuf sols, le dix huit decembre mil sept cent soixante deux. *Signé a l'expedition*, de Beaubreuil, greffier. Scellé a Limoges le vingt decembre 1762, par François, qui a reçu trente un sols trois deniers.

— 169 —

Le vingtiesme decembre mille sept cent soixante deux, a la requete du sieur Martial Meusac, bourgeois et marchand a Limoges, rue Lansequot, paroisse de S¹ Pierre du Queyroix, ou il declare faire son election de domicile, iceluy en qualité de commis du sieur Jean Baptiste Audry, sous-fermier des droits de la marque et controle des ouvrages d'or et d'argent et de vermeil de la presente generalité, nous, Pierre Boutineau, premier huissier audiencier en la cour de la Monnoie de la presente ville, y reçu et immatriculé, demeurant rue des Tanneries, paroisse de S¹ Maurice (1), certifions nous être porté en l'hotel commun de la presente ville, situé rue du Consulat, susdite paroisse de S¹ Pierre, ou etant et parlant a la personne de Mʳ Philippe Nadaud, greffier et receveur de Messieurs les prevot-consuls de la presente ville, en charge l'année mil sept cent soixante deux, tout comme si je parlois avec mes dits sieurs prevot-consuls, leur avons intimé et signifié au long le jugement sur requete rendu en la cour de l'election de la presente ville, le dix huit du courant, signé a l'expedition DE BEAUBREUIL et scellé par François, et ce aux fins que mes dits dits sieurs les prevots et consuls n'en pretendent cause d'ignorance ; en surplus les avons sommés de se conformer au contenu au susdit jugement dans tous ses chefs et afin, comme est dit ci-dessus, que les prevot-consuls en charge de la presente année n'en ignorent, leur avons, parlant comme dit est a la personne du dit Mᵉ Nadaud, leur greffier et receveur, avec injonction requise de ce leur faire savoir, leur avons laissé copie au long tant du susdit jugement que du present acte fait par nous. *Signé a l'original* : BOUTINEAU, huissier. Controllé a Limoges par Baget, le vingt trois decembre 1762. Reçu dix sols.

Enregistré les presentes a Limoges, en l'hotel de ville, le cinq janvier mil sept cent soixante trois (2).

Aujourd'huy, vingtieme jour du mois de may mil sept cent soixante trois, dans la salle de l'hotel de ville de Limoges, ou etoient assemblés Messieurs les maire, prevot et consuls, Monsieur

Nomination de trois administrateurs de l'hôpital.

(1) On sait que presque tout l'entre-deux-villes, les faubourgs Manigne et Boucherie notamment, dépendaient de la paroisse de Saint-Maurice, dont relevaient même autrefois quelques maisons de l'ancienne rue Boucherie (du College), vestige curieux de l'état de choses antérieur à l'extension des murailles du Château (fin du xıı° siècle et commencement du xııı°).

(2) Nous voyons par plusieurs documents qu'au cours des années 1763 et 1764, on s'occupa de l'alignement et de la clôture du chemin qui allait de l'hôpital général au couvent des Récollets de Sainte-Valérie, aujourd'hui rue de l'Hôpital.

Valade, prevot consul, a exposé qu'en conformité des anciens usages, des statuts et lettres patentes portant etablissement de l'hopital general de cette ville, il doit etre procédé a la nomination de trois administrateurs, a la place de trois precedemment nommés par la maison de ville, qui sortent de charge, sans prejudice a de plus grands droits. La chose mise en deliberation, ont d'une commune voix nommé et nomment Messieurs Jean Baptiste Lamy de La Chapelle, bourgeois; André Farne Crouzeil, negociant, et Jean Baptiste Peyroche du Puyguichard aussy negociant, tous trois consuls en charge, lesquels ont eté nommés pour administrateurs pour remplir les places d'administrateurs pendant quatre ans, a commencer au premier septembre prochain, avec les autres administrateurs qui resteront en charge. Dont et du tout a eté fait le present acte pour valoir et servir ainsi que de raison.

Fait les dits jour, mois et an que dessus.

VALADE, prevot consul; DE ROULHAC DU ROUVEIX, consul; BLONDEAU, consul.

Désignation de deux membres du bureau du Collège.

Aujourd'huy, vingt uniesme jour du mois de juin mil sept cent soixante trois, dans l'hotel de ville de Limoges, ou etoient assemblés Messieurs les maire, prevot et consuls, a eté representé par Monsieur Lamy de La Chapelle, prevot consul, qu'en consequence de l'edit du Roy du mois de fevrier dernier, il convenoit de proceder a la nomination de deux consuls, pour former le bureau du college des ci-devant Jésuites (1).

La chose mise en deliberation, mes dits sieurs maire, prevot et consuls ont, d'une commune voix, approuvé, agreé et ratifié la nomination ci devant faite des personnes de Messieurs Roulhac du Rouveix, conseiller du Roy au presidial, et Peyroche de Puiguichard, consuls en charge, et leur ont donné tout pouvoir d'assister au dit bureau en qualité de deputés de l'hotel commun de cette ville, se reservant de remplacer un d'eux dans deux ans et l'autre dans un an, après et ainsi successivement un chaque année et toujours avec les memes pouvoirs.

Et ont signé les dit jour, mois et an que dessus.

LAMY, prevot consul; DE ROULHAC DU ROUVEIX; FARNE; PEYROCHE.

(1. Voir ci-dessus, pages 166 et 167.

Coppie de la lettre ecrite par Monseigneur le comte des Cars a Messieurs les consuls de la ville de Limoges.

Aux Cars, ce 23 juin 1763.

En consequence des ordres du Roy et de la lettre dont Sa Majesté m'a honoré, a l'occasion des rejouissances qu'elle desire qui soient faites dans son royaume au sujet de l'heureuse paix que ses soins paternels ont procurée a ses sujets et a l'Europe (1), et comme il convient, Messieurs, de donner a cet heureux evenement le plus d'authenticité qu'il sera possible, vous disposerez tout pour que tous les officiers, tant de justice que de ville, se trouvent a cette ceremonie pour faire faire des feux de joie, tirer le canon et temoigner notre joie et notre reconnaissance a notre maitre, de la maniere la plus eclatante et la plus marquée. Je suis, Messieurs, votre très affectionné serviteur. *Signé :* le COMTE DES CARS.

<small>Publication de la paix et rejouissances.</small>

Coppie de la lettre ecrite par Sa Majesté à M^r l'eveque de Limoges.

Monsieur l'eveque de Limoges, j'ay enfin la satisfaction d'annoncer a mes peuples le repos que je travaillois depuis longtemps a leur procurer et dont je desire leur faire eprouver le plus promptement et le plus constamment qu'il sera possible les douceurs et les avantages : j'ai conclu, conjointement avec mon frere et cousin le roi d'Espagne, un traité definitif de paix, qui a eté signé le dixiesme fevrier dernier par mes ambassadeurs et ministres plenipotentiaires, ainsy que par ceux du Roi de la Grande Bretaigne et du Roi de Portugal. Cet heureux evenement a eté suivi du retablissement de la tranquillité generale dans les quatre parties du monde ; il ne me reste qu'a rendre grace a Dieu d'avoir inspiré a tous les souverains qui ont pris part a la guerre les mesmes sentiments de justice et d'humanité dont j'etois animé, et c'est pour remplir ce devoir que je vous ecris cette lettre, pour vous dire que mon intention est que vous fassiez chanter le *Te Deum* dans votre eglise cathedrale et autres de votre diocese avec les solennités requises, et que vous invitiez tous ceux qu'il conviendra d'y assister. Sur ce je prie Dieu qu'il vous ait, Monsr l'eveque de Limoges, en sa sainte garde. Ecrit a Versailles, le seize juin 1763.

Signé : LOUIS, *et plus bas :* PHELIPPEAUX.

---

(1) Il s'agit du fatal traité de Paris, conclu à la suite d'une série obstinée de revers. Désastreux pour notre puissance coloniale, ce traité nous faisait perdre le Canada, la plus française de nos possessions lointaines, restée si française de cœur après plus d'un siècle de séparation, et nos magnifiques territoires de l'Inde. On voit s'il y avait lieu de se réjouir.

Copie de la lettre ecrite par Monseigneur le comte des Cars a Messieurs les prevots et consuls de la ville de Limoges.

Aux Cars, le 25 juin 1763.

Je vous envoye, Messieurs, ci-joint un exemplaire de l'ordonnance du Roy auquel j'ai joint la mienne pour vous autoriser a la faire imprimer, lire, publier et afficher partout ou besoin sera. M. l'eveque de Limoges m'a mandé qu'il feroit chanter le *Te Deum* le dimanche, troisiesme du mois de juillet. Ainsy la publication doit se faire le premier ou le deux au plus tard Je m'en rapporte bien a votre zele, Messieurs, pour donner a cette ceremonie toute l'authenticité qu'exige l'evenement heureux qui en est l'objet. Je suis, Messieurs, votre très affectionné serviteur.

Signé : le Comte des Cars.

Ordonnance du Roy pour la publication de la paix du trois juin mil sept cent soixante-trois.

De par le Roi,

On fait ascavoir a tous qu'une bonne, ferme, stable et solide paix, avec une reconciliation entiere et sincere, a eté faite et accordée entre tres haut, tres excellent et tres puissant prince Louis, par la grâce de Dieu Roy de France et de Navarre, notre souverain seigneur ; tres haut, très excellent et tres puissant prince George, Roy de la Grande-Bretaigne, electeur de Brunswick Lunebourg, et tres haut, tres excellent et tres puissant prince Joseph, roi du Portugal et des Algarves, leurs vassaux, sujets et serviteurs en tous leurs royaumes, pays, terres et seigneuries de leur obeissance ; que la dite paix est generale entre eux et leurs dits vassaux et sujets, et qu'au moyen d'icelle il leur est permis d'aller, venir, retourner et sejourner en tous les lieux des dits royaumes, etats et pays, negocier et faire commerce de marchandise, entretenir correspondance et avoir communication les uns avec les autres, et ce en toute liberté, franchise et sureté, tant par terre que par mer et sur les rivieres et autres eaux : Le tout ainsi qu'il a eté et du être fait en temps de bonne, sincere et aimable paix, telle que celle qu'il a plu a la divine bonté de donner au dit seigneur Roy, au dit seigneur Roy de la Grande-Bretagne, electeur de Brunswisk Lunebourg, au dit seigneur Roy de Portugal et des Algarves, et a leurs peuples et sujets. Et pour les y maintenir, il est tres expressement defendu a toutes personnes, de quelque qualité et condition qu'elles soient, d'entreprendre, attenter ou innover aucune chose au contraire ni au prejudice d'icelle, sur peine d'etre puni severement, comme infracteurs de paix et perturbateurs du repos public. Et afin que personne ne puisse en pretendre cause d'ignorance, la presente sera lue, publiée et affichée ou besoin sera. Fait a Versailles, le troisieme jour de juin mil sept cent soixante-trois.

Signé : Louis, *et plus bas* Phelippeaux.

Nous, comte des Cars et de Saint-Bonnet, marquis de Pransac, baron d'Aixe et La Regnaudie, seigneur de Saint-Ybard, La Roche-Labeille, Hurtebize, La Rochue, La Frenaye et autres places, mestre de camp de cavalerie et lieutenant pour le Roy en la province du Limousin, vu l'ordonnance du Roy ci-dessus, ordonnons qu'elle sera lue, publiée et affichée ou besoin sera. Fait en notre château des Cars, le vingt-trois juin mil sept cent soixante-trois.

Signé : le comte des Cars, *et plus bas :* par monseigneur, Chollet.

Note sur les usages relatifs aux publications solennelles.

Il est d'usage que la bourgeoisie vienne prendre, etant sous les armes, Messieurs les maires, prevots et consuls a l'hotel de ville, pour les accompagner jusqu'au presidial. Messieurs les consuls, le prevot accompagné du greffier de l'hotel de ville, tous a cheval, le prevot avec son baton royal (1), partent tous de l'hotel de ville, et, accompagnés de la bourgeoisie sous les armes, s'etant rendus au presidial, la ils prennent le presidial, et partent apres avoir publié la paix au coin des Tresoriers (2). De la vont publier a la place des Bancs, suivant la rue Manigne et on publie a la porte Manigne, en dehors (3); descendant les Petites-Maisons, se rendent a l'eveché. Si Mgr l'evesque est en sa maison, il paroit sur le perron et Messieurs les consuls tous mettent pied a terre pour le saluer. S'il n'y est pas, l'on publie, et l'on suit droit pour monter le faubourg Boucherie, ou l'on publie en dehors la porte, et en dedans, ainsy que l'on fait de meme a la porte Tourny, a la porte de Montmalier et la porte des Aresnes. Et la bourgeoisie accompagne Messieurs du corps de ville jusqu'a la maison de ville (4).

(1) Ce bâton ne serait-il pas l'antique signe de la remise de la seigneurie de la ville aux consuls lors de leur investiture ?
(2) Au bout de la place actuelle de la Préfecture, près de la place Fontaine Saint-Michel.
(3) Peut-être : Et dehors.
(4) Nous apprenons, par la *Continuation des Annales*, que le 2 juillet, la paix fut solennellement publiée à Limoges. Les boutiques furent fermées. Les consuls étaient à cheval, suivant l'antique usage, et revêtus de leurs insignes. A leur tête marchait le prevôt-consul. Blondeau de L'Arfouillère, tenant une petite baguette de baleine, surmontée d'une fleur de lys d'argent.

Démission et remplacement du colonel de la milice bourgeoise.

(1 Nous, Louis François-Marie de Perrusse, comte des Cars et de Saint-Bonnet, marquis de Pranzac, baron d'Aixe et de La Renaudie, seigneur de Saint-Ybart, La Rochelabeille, Hurtebise, La Rochüe, La Frenaye et autres places, mestre de camp de cavalerie et lieutenant general pour le Roy en la province du Limousin,

Sur la demission qui nous a été faite par le sieur Peyroche pere, colonel de la milice bourgeoise de la ville de Limoges, nous avons nommé et nommons par ces presentes le sieur Leonard Peyroche, son fils, a la dite charge de colonel de milice bourgeoise de la ville de Limoges, pour en faire les fonctions et jouir des honneurs, prerogatives et privileges dont ont coutume de jouir les pourvus de pareilles charges. Mandons a tous ceux qu'il appartient de le reconnaitre en la dite qualité. Fait en notre chateau des Cars, le trente juin mil sept cent soixante-trois *(sic).*

Signé : LE COMTE DES CARS, *et plus bas :* par Monseigneur, CHOLET.

Ordres du lieutenant général au nouveau colonel.

Nous, Louis-François-Marie de Perusse, comte des Cars et de Saint-Bonnet, marquis de Pranzac, baron d'Aixe et La Renaudie, seigneur de Saint-Ybard, la Rochelabeille, Hurtebise, La Rochüe, La Frenaye et autres places, mestre de camp de cavalerie et lieutenant general pour le roy en la province du Limousin,

Ordonnons au sieur Peyroche de tenir la main a ce qu'il ne soit fait aucune nomination, dans le corps de la milice bourgeoise qu'il commande, par d'autres que par nous, et luy defendons sous les peines les plus graves, de reconnaitre et recevoir les officiers pourvus des provisions qui ne seroient point emanées de nous; luy donnons pouvoir de nommer, recevoir et faire exercer sous notre autorité, les sergents de la susdite milice bourgeoise, avec defense expresse de laisser nommer aux susdits emplois par qui que ce soit, consuls ou autres, sous peine d'une punition pour le dit sieur Peyroche au cas de contravention au present ordre. Fait au chateau des Cars, ce trente juin mil sept cent soixante-trois (2).

Signé : LE COMTE DES CARS, *et plus bas :* par Monseigneur, CHOLLET.

A chaque place, a chaque coin de rue (c'est l'expression de Legros), il faisait lire la proclamation royale, puis levait sa baguette en poussant le cri de : *Vive le Roi !* que répétait la foule. Un *Te Deum* fut chanté le dimanche suivant à la cathédrale. Les musiciens, qui étaient en grand nombre, étaient installés « dans le jubé », dit l'abbé Legros. Le soir on tira un feu d'artifice sur la place Tourny, vers le haut du cours de ce nom. Le duc de Fitz-James lui-même l'alluma.

(1) Une page et demie en blanc, partie du recto et le verso du fol. 337.
(2) L'ordre ci-dessus a évidemment pour objet de mettre fin à la nomination des sergents de la milice par les consuls. (Voir plus haut, pages 161 et 162.

La compagnie du canton des Combes, bataillon de la milice bourgeoise de la ville de Limoges, etant vacante, nous avons nommé et nommons par ces presentes le sieur Jean-Baptiste Poncet a la dite charge de capitaine, pour en faire les fonctions et jouir des honneurs, prerogatives et privileges dont ont coutume de jouir les pourvus de pareilles charges; mandons a tous ceux qu'il appartient de le reconnaitre en la dite qualité.

Fait en notre chateau des Cars, le trente juin mil sept cent soixante-trois.

Signé : LE COMTE DES CARS, *et plus bas :* par Monseigneur, CHOLLET.

<small>Nomination d'un capitaine pour les Combes.</small>

Nous, Louis Francçois Marie de Perusse des Cars, etc.... La lieutenance du canton de Boucherie, bataillon de la milice bourgeoise de la ville de Limoges, etant vacante, nous avons nommé et nommons par ces presentes, le sieur Jean Baptiste Farne a la dite charge de lieutenant, etc.... (30 juin 1763). Enregistré le deux juillet 1763.

<small>Nomination de plusieurs officiers de la milice.</small>

Nous, Louis, etc.... L'enseigne des Bouchers de la ville de Limoges etant vacante, nous avons nommé et nommons par ces presentes Audoin Malinvaud a la charge d'enseigne, etc.... (30 juin 1763). Enregistré le deux juillet 1763.

Nous Louis, etc.... L'enseigne du canton de Manigne, bataillon de la milice bourgeoise de la ville de Limoges, etant vacante, nous avons nommé et nommons par ces presentes le sieur Martial Bourdeaux a la dite charge d'enseigne, etc.... (30 juin 1763). Enregistré le trois juillet 1763.

Nous, Louis, etc.... La compagnie des Bouchers de la ville de Limoges, etant vacante, nous avons nommé et nommons par ces presentes Audoin Parot a la dite charge de capitaine, etc.... (30 juin 1763). Enregistré le trois juillet 1763.

Nous, Louis, etc.... L'enseigne du canton de Lansequot, bataillon de la milice bourgeoise de la ville de Limoges, etant vacante, nous avons nommé et nommons par ces presentes le sieur Joseph Nasvieres a la dite charge d'enseigne, etc.... (30 juin 1763). Enregistré le trois juillet 1763.

Nous, Louis, etc.... La lieutenance du canton des Bancs, bataillon de la millice bourgeoise de la ville de Limoges, etant vacante, nous avons nommé et nommons, par ces presentes, le sieur Georges Pouyat a la dite charge de lieutenant, etc.... En notre chateau des Cars, le trois juillet mille sept cent soixante trois. (Enregistré le trois juillet 1763).

Nous, Louis, etc.... L'enseigne du canton de Boucherie, bataillon de la milice bourgeoise de la ville de Limoges, etant vacante, nous avons nommé et nommons par ces presentes le sieur François Pradeau a la dite charge, etc.... (3 juillet 1763). Enregistré le quatre juillet 1763.

Nous, Louis, etc.... La compagnie du canton de Boucherie, bataillon de la milice bourgeoise de la ville de Limoges, etant vacante, nous avons nommé et nommons par ces presentes le sieur Gabriel Grelet jeune a la dite charge de capitaine du canton de Boucherie (30 juin 1763). Enregistré le quatre juillet 1763.

Rappel des exemptions et privilèges des gardes de la connétablie.

Par edit du mois de mars 1693, crea et erigea Sa Majesté, en titre d'office, un office d'archer garde de la connetablie et marechaussée de France, dans l'etendüe de chaque bailliage et seneschaussée, pour y resider et servir pres de chacun de nos cousins, les marechaux de France, auquel il fut attribué cent livres de gages, ainsy que les privileges et exemptions, droits, fonctions et emolumens dont jouissent les anciens archers gardes de la connetablie et marechaussée de France, le tout comme il est plus au long porté par ledit edit, Signé : LOUIS.

Par autre edit du mois d'octobre 1704, confirmatif de celui cy dessus, Sa Majesté veut et entend, entre autres choses, que les dits archers gardes de la connetablie et marechaussée de France, jouïssent, ainsy que les anciens gardes, de l'exemption de tailles, logement de gens de guerre, collecte, tutelle, curatelle, nomination d'icelles et contribution, conformement aux edits, declarations et arrets y denommés, et notammant a celui cy dessus du mois de mars 1693, ainsy que du pouvoir d'exploiter et mettre a execution, par tout le royaume, pays, terres et seigneuries de l'obeissance de Sa Majesté, tous arrets, sentences, jugements, contrats, obligations, decrets, et autres actes de justice de quelque nature que ce soit; fait Sa Majesté defense a toutes personnes de les troubler dans les dites fonctions et privileges, a peine de cinq cents livres d'amende: le tout comme il est plus au long porté par le dit edit. *Signé* : LOUIS, et *par le Roy*, PHELIPPEAUX.

Par autre edit du mois de novembre 1707, confirmatif des precedentes, Sa Majesté, en confirmant les sus dits privileges et exemptions, veut et entend qu'ils [en] jouissent et nommé[me]nt de l'exemption de la millice pour leurs enfants, et qu'ils exploitent : le tout comme il est plus au long porté par le dit edit. *Signé :* Louis, *et par le Roy,* Phelippeaux.

Par arret du Conseil d'Etat du Roy du cinq mars 1763, Sa Majesté veut et entend que les pourvûs du dit office en jouissent, conformement aux sus dits edits et declarations, nonobstant l'edit du mois d'aoust 1716 et l'arrest du Conseil du premier fevrier 1746, auxquels Sa Majesté a derogé et deroge a cet egard : le tout comme il est plus au long porté par le dit arrest. *Signé :* Phelippeaux, *collationné :* Le Metayer.

Louis, par la grace de Dieu, Roy de France et de Navarre, a tous ceux qui ces presentes verront, salut. Savoir faisons que, sur le bon et louable rapport qui nous a eté fait de la personne de notre amé Pierre Declareüil et de ses sens, suffisance, probité, capacité, experiance au fait des armes et de la pratique, pour ces causes, nous luy avons donné et octroyé, donnons et octroyons par ces presentes l'office d'archer garde de la connetablie et marechaussée de France, en la seneschaussée de Limoges, creée en survivance par les edits des mois de mars 1693 et octobre 1704, veriffié ou besoin a eté ce present cazuel, conformement a la declaration du 9ᵉ aoust 1722 et reglement intervenu en execution d'icelle ; duquel office la finance nous a eté payée en nos revenus cazuels par le dit sieur Declareüil, suivant la quittance du sieur Bertin, tresorier d'iceux, cy attachée sous le contre scel de notre chancellerie, pour le dit office avoir, tenir et doresnavant exercer, en jouir et uzer par le dit sieur Declareüil avec les honneurs, pouvoirs, libertés, fonctions, privileges et exemptions, faculté d'exploiter et mettre a execution par tout notre royaume tous actes, sentences, arrets, jugements, contrats, obligations, decrets et autres actes de justice, de quelque nature que ce soit, sans demander congé, visa ny *pareatis*, servir pres le lieutenant des marechaux de France, et jouir des memes droits, exemptions, fruits, profits, revenus et emolumens dont jouissent les pourvus de pareils offices, dans l'etendue de notre royaume, conformement aux dits edits et declarations, et suivant l'arret de notre conseil du cinq mars 1763, pourvu toutefois que le dit sieur Declareüil ait atteint l'âge de vingt cinq ans accomplis requis par nos ordonnances, suivant son extrait baptistaire du vingt un aoust 1735 duement legalisé, cy attaché sous notre contre scel, a peine de perte du dit office, nullité des presentes et de sa reception. Si don-

Provisions de l'office de garde de la connétablie avec lettres d'attache des maréchaux de France.

nons en mandement a nos tres chers et tres amés couzins les maréchaux de France ou leur lieutenant general au siege general de la Table de Marbre de notre palais a Paris, que, leur etant apparû des bonnes vie, mœurs, age sus dit de vingt cinq ans accomplis, conversation et religion catholique, apostolique et romaine du dit sieur Declareuil, et de luy pris et receu le serment au cas requis et accoutumé, ils le reçoivent, mettent et instituent de par nous en possession du dit office et l'en fassent jouir et uzer plainement et paisiblement, ensemble des honneurs, pouvoirs, libertés, fonctions, exemptions, facultés, droits, profits, revenus et emolumens sus dits, et luy fassent obeïr et entendre de tous ceux et ainsy qu'il appartiendra, ez choses concernant le dit office, car tel est notre plaisir. En tesmoin de quoy nous avons fait mettre et apposer notre scel a ces dites presentes. Donné a Paris, le vingtieme d'avril, l'an de grace mille sept cent soixante trois et de notre reigne le XLVIII°. *Signé sur le reply* : par le Roy, GUYON. Scellé du grand sceau de France sur cire jaune avec griffe(?) et paraffe. Enregistré au Conseil. *Signé* : HENARD. Deposé aux minutes, LEBERGUE. Et encore est ecrit sur le reply des presentes lettres : Ensemble les quittances de finances et de marc d'or ont eté registrées au greffe du siege general de la connetablie et marechaussée de France, a la Table de Marbre du Palais, a Paris, et le dit sieur Pierre Declareüil a eté receu au dit siege en l'office mentionné ez dites lettres, ce requerant et consentant le procureur du Roy, apres informations faittes de sa vie et mœurs, et avoir preté le serment accoutumé, suivant le jugement de ce jour, vingt deux avril mil sept cent soixante trois. *Signé* : GERARD.

Les connetables et marechaux de France, a tous ceux qui ces presentes verront, salut. Scavoir faisons que, vû par nous la requete presentée par Pierre Declareuil, a ce qu'il nous plut le recevoir en l'etat et office d'archer garde de la connetablie et maréchaussée de France, en la seneschaussée de Limoges, pour en jouir conformement aux lettres de provisions qui luy ont eté accordées par le Roy, dattées a Paris du 20 avril 1763, signées sur le reply : par le Roy, GUYON, scellées du grand sceau de cire jaune, lesquelles seront enregistrées en notre greffe ; — notre ordonnance de *Soit montré au procureur du Roy* du jour d'hier, vingt-un du present mois, etant en suite de la dite requette ; — son requisitoire a ce que, avant faire droit, il soit informé des bonnes vie et mœurs dudit sieur Declareüil, s'il fait profession de la religion catholique, apostolique et romaine, s'il a toujours bien paru affectionné au service du Roy et du public ; — notre ordonnance étant conforme ; — vu aussy les dites lettres patentes de provisions cy dessus dattées et mentionnées ; — copie collationnée, signé Guyon, de la quittance du marc d'or en date du quinze avril present mois ; — un extrait legalisé tiré des registres de la paroisse de Saint-Pierre-du-Queyroir de la ville de Limoges, delivré par le sieur Simon, curé de la dite paroisse, le deux juin 1758, contenant que ledit sieur Pierre Declareuil est né en legitime mariage et a eté baptisé le vingt-un aoust 1735 ; — la quittance de finance du dit office, expediée au dit sieur Declareüil. *Signé* : Bertin, en datte du deux avril present mois, et l'information faite ce jourd'huy de notre ordonnance a la requette du Procureur du Roy ; — lecture faite a l'audience des dites lettres de provisions ; ouy le Procureur du Roy en ses conclusions ; tout considéré, et du dit Declareuil pris et receu le serment de bien et fidellement servir le Roy et le public, garder et observer les ordonnances royaux, mandements de Messieurs les marechaux de France et reglements de ce siege ; subir en iceluy toute cour et jurisdictions, tant en matieres civiles que criminelles, en ce qui concernera ses fonctions ; — nous, ce requerant et consentant le Procureur du Roy, avons receu, mis et installé le dit sieur Declareüil en possession et jouissance du dit etat et office d'archer garde de la connetablie et mareschaussée de France en la seneschaussée de Limoges, pour par luy jouir conformement a ses dites provisions, les quelles, ensemble les dites quittances de finances et de marc d'or, seront enregistrées au greffe de notre siege pour y avoir recours quand besoin sera ; sur le repli des quelles lettres sera fait mention des presentes. Et mandons a tous qu'il appartiendra, de reconnoitre le dit sieur Pierre Declareuil en la dite qualité et de luy obeir et entendre ez choses concernant ledit office, et au premier huissier a notre siege ou autres huissiers ou sergent royal sur ce requis de faire pour l'execution des presentes tous actes de justice requis et necessaires, de ce faire donnons pouvoir. En temoin de quoy, nous avons fait mettre notre scel a ces presentes, qui furent faittes et données par nous, Silvain Granget des Boissieres, ecuyer, ancien avocat au Parlement, conseiller au conseil souverain de Dombes, pour l'empechement de messire Denis Martin Canet du Gay, ecuyer, conseiller du Roy, lieutenant general de la connetablie et marechaussée de France, a la Table de Marbre du Palais, a Paris, le vingt-deux avril mille sept cent soixante-trois. *Signé a l'expedition :* Gerald. Collationné. Scellé le dit jour.

Conformement a nos lettres patentes du 13 février 1756, cette compagnie continuera d'etre composée du prevot general, de trois lieutenants, quatre exempts, quarante-huit gardes du dit lieutenant, assesseur de notre procureur, d'un greffier, du commissaire et du controlleur aux reveues, lesquels nous maintenons et confirmons, autant que de besoin, dans l'exemption de toutes tailles, subsides, logemens de gens de guerre, contribution a iceluy, charges publiques, collectes, tutelle, curatelle et nomination a icelles avec le droit de *Committimus* au grand sceau et autres droits, pouvoir, gages, fonctions et emolumens a eux attribués, et generalement dans tous les privileges et exemptions dont jouissent les officiers commensaux de notre maison et les officiers de notre gendarmerie.

<small>Signification de ce qui précède aux consuls.</small> L'an mil sept cent soixante-trois, et le huitieme jour du mois de juillet, a la requette de Mre Pierre Declareüil, archer, garde de la connetablie et marechaussée de France en la seneschaussée de Limoges, y demeurant en sa maison et domicille y scize, rue du Clocher, paroisse de Saint-Michel-des-Lions, ou il fait election de domicille, nous, Jean Doulhac, premier huissier audiencier en la seneschaussée et siege presidial de Limoges, y receu, demeurant rue Gaignolle, paroisse de Saint-Michel-des-Lions, certiffions avoir bien et duement signiffié a Messieurs les maire, prevot et consuls en charge, la presente année, de cette ville de Limoges, les edit, declarations, arrets du Conseil, lettre de provision et installation dans l'office du sieur requerant, pour qu'ils n'en pretendent cause d'ignorance, et ayent a faire jouir le dit sieur requerant des privileges et exemptions y portés, a protestations de droit a ce requises et necessaires, telles qu'il peut et doit les faire en pareil cas, et de tout ce qu'il peut plus amplement protester. Dont acte, fait et laissé en l'hotel de ville de Limoges, situé rue du Consulat, en parlant au sieur Nadaud, commis greffier des dits sieur maire, prevot et consuls, avec injonction de le leur faire savoir, et a pris la presente copie. *Signé* : Declareuil et Doulhac, premier huissier audiencier. Tous lesquels edits, declarations ont eté enregistrés au Parlement et a la Cour des aides, et Election de Limoges.

Enregistré le tout le huit juillet mille sept cent soixante-trois.

<small>Démission et remplacement d'un capitaine de l'hôtel-de-ville.</small> Aujourd'huy, vingt troisieme jour du mois de juillet mille sept cent soixante trois, dans la chambre du conseil de l'hôtel commun de la ville de Limoges, ou etoient assemblés Messieurs Joseph Blondeau, seigneur de Larfouliere; Jean Gregoire Roulhac du Rouveix, conseiller du Roy en la seneschaussée et siege presidial;

Pierre Valade, conseiller du Roy en l'Election; Jean Baptiste Lamy, seigneur de La Chapelle; André Farne Crouzeix, et Jean Baptiste Peyroche du Puy Guichard, tous maire, prevots et consuls, a esté dit et exposé par Monsieur Blondeau, prevot, que Leonard Buisson, capitaine du dit hotel de ville, auroit requis et fait representer a Messieurs les consuls que, tant a raison de son grand âge, affaires domestiques et eloignement de son habitation pres le pont St Martial, il ne pouvoit et n'etoit plus en etat de faire et remplir les fonctions et service de capitaine du dit hotel; a ces fins supplioit humblement mes dits sieurs maire, prevots et consuls d'agreer et recevoir entre leurs mains la demission pure et simple qu'il leur fait de l'emploi de capitaine du dit hotel et leur a remis la nomination faite en sa faveur en date du deux du mois de juillet mil sept cent quarante deux, et a signé les jour, mois et an que dessus la demission [c]y annexée. Buisson.

Sur quoy, la chose mise en deliberation, mes dits sieurs maire, prevot et consuls, ont, d'une commune voix, accepté la dite demission et adheré a la supplique du s^r Buisson et ont signé.

       Blondeau, prevot consul; de Roulhac; Valade; Peyroche; Farne; Lamy (1).

Aujourd'huy, vingt cinquieme jour du mois de juillet mille sept cent soixante trois, dans la chambre du conseil de l'hotel commun de cette ville ou etoient assemblés Messieurs les maire, prevots et consuls, a été exposé par Monsieur Blondeau, prevot et consul, que, sur la demission faite le vingt trois du courant par Leonard Buisson, l'un des capitaines de l'hotel commun, il etoit necessaire de pourvoir et nommer un quelqu'un a la place du dit Buisson, pour en remplir les fonctions et service. La chose mise en deliberation, mes dits sieurs maire, prevots et consuls ont, d'une commune voix, nommé Joseph Dutreix fils, lequel ayant eté mandé et s'etant a l'instant presenté et presté le serment de bien et fidelement remplir et exercer le dit emploi de capitaine de l'hôtel de ville pendant sa vie, ce qu'il a promis de faire avec respect, soumission et assiduité, ce fait il a eté par nous installé et receu a remplir de dit employ de capitaine, l'ayant arboré (sic) de la banderolle et fait prendre l'epée au costé, pour par le dit Joseph Dutreix jouir pendant sa vie, en faisant le service accoutumé, des gages, droits,

---

(1) Suit la délibération relative à la nomination de Léonard Buisson, que nous avons donnée sous sa date, 2 juillet 1742 (Voy. ci-dessus, p. 7).

— 182 —

privileges, exemptions et immunités dont ont joui et coutume de jouir les pourvus de pareils emplois de capitaine du dit hôtel de ville : ce qu'il a accepté, et a signé. Joseph Dutreix.

Deliberé dans le susdit hotel de ville et susdits jour, mois et an que dessus.

    Blondeau, prevot consul; de Roulhac; Valade; Lamy; Farne; Peyroche.

Nomination du capitaine de la compagnie des Bancs.

Nous, Louis François Marie de Perusse, comte des Cars et de Saint Bonnet, marquis de Pranzac, baron d'Aixe et La Renaudie, seigneur de Saint Ybart, La Roche l'Abeille, Heurtebise, La Rochue, La Frenaye et autres places, mestre de camp de cavalerie et lieutenant general pour le Roy en la province du Limousin.

La compagnie du canton des Bancs, bataillon de la milice bourgeoise de la ville de Limoges, etant vacante, nous avons nommé et nommons par ces presentes le sieur Nouailhé, gendre au sieur Joseph Petigniaud, a la dite charge de capitaine, pour en faire les fonctions, et jouir des honneurs, prerogatives et privileges dont ont coutume de jouir les pourvus de pareilles charges. Mandons a tous ceux qu'il appartient de le reconnaitre en la dite qualité. Fait en notre chateau des Cars, le trente juin mille sept cent soixante trois. *Signé*, le Comte des Cars, *et plus bas* : par Monseigneur, Chollet.

Remplacement du prédicateur pour 1763-1764.

Aujourd'huy, septiesme aoust mille sept cent soixante trois, dans salle de l'hotel de ville de Limoges, ou etoient assemblées les maire, prevots et consuls, Monsieur Farne, prevot, a exposé que le pere Dambier, sous-prieur des Augustins, nommé le vingt huit novembre dernier pour precher l'Avent de la presente année et le Careme de l'année prochaine, ne pouvoit remplir la chaire pour l'Avent; qu'il etoit urgent et indispensable de pourvoir a un predicateur pour precher l'Avent: la chose mise en deliberation, mes dits sieurs maire, prevots et consuls ont d'une commune voie nommé le pere Beyrand, religieux cordelier, pour precher l'Avent de la presente année, auquel il sera incessament donné avis de sa nomination. Fait les dits jour, mois et an que dessus.

    Farne, prevot consul; de Roulhac, Peyroche, Valade, Lamy (1).

(1) On peut s'étonner de ne pas trouver ici le procès verbal de l'adjudication des droits de

Election et nomination de Messieurs les maire, prevot et consuls faite dans la grande salle de l'hotel de ville de Limoges, ce jourdhuy, trentiesme septembre mille sept cent soixante trois, par Messieurs les soixante prudhommes nommés par Messieurs les maire, prevots et consuls et officiers municipaux en charge, a la manière accoutumée et ce pour l'année mille sept cent soixante quatre,— les prevots et consuls ont donné acte de l'election de nomination, presentement faite, des personnes de Monsieur Juge, avocat du Roy; M. Muret, avocat et Monsieur Martial Bordeaux, gendre a Garat, negociant, et du pouvoir a eux donné par les habitants de lever toutes les sommes qui seront dues a la ville, comprises dans l'etat du Roy; et ont (*sic*) les dits sieurs Juge, avocat du Roy; Muret, avocat, et Martial Bourdeau, gendre a Garat, qui ont preté le serment au cas requis. Fait les jour, mois et an que dessus.

<small>Election des consuls pour 1763-1764.</small>

PEYROCHE, prevot consul; DE ROULHAC, VALADE, LAMY, BLONDEAU, FARNE.

Aujourdhuy, vingt huit octobre mille sept cent soixante trois, dans la salle de l'hotel de ville de Limoges, ou etoient assemblés les maire, prevot et consuls, M. Valade, prevot consul, a exposé qu'ayant reçu une lettre signée S. Bourdeau, religieux, par laquelle il annonce que le pere Beyrand, etant attaqué d'une fievre putride, est hors d'etat de precher l'Avent de la presente année a Saint-Martial, et qu'en consequence il envoie sa nomination en date du septiesme aout mille sept cent soixante trois, aux fins que Messieurs les consuls pourvoient a une autre nomination, la chose mise en deliberation, Messieurs les maire, prevot et consuls, ont d'une commune voix nommé le reverend pere Descoutures, prieur des Grands Carmes des Arresnes, pour precher l'Avent de la presente année, auquel il sera incessament donné avis de sa nomination. Fait les dits jour, mois et an que dessus.

<small>Remplacement du prédicateur de l'Avent 1763.</small>

VALADE, prevot consul; JUGE, consul; PEYROCHE, consul; BLONDEAU, consul; Martial BOURDEAU, consul.

---

mesurage des grains et légumes « qui se vendent au marché public de Limoges ». Cette adjudication avait été annoncée pour le 12 septembre. Turgot était présent. Personne ne fit d'offre et l'adjudication fut remise au 6 avril 1764, par devant M. de Lépine, subdélégué. Il ne se présenta qu'un soumissionnaire, le fils Barbaud. boulanger, rue Lansecot, qui offrit une somme de 40 l. pour la premières année et 45 pour les cinq suivantes, et obtint l'adjudication. Le mesurage était précédemment en régie. Le droit perçu était de 2 deniers par setier de froment, seigle, orge, baillarge, millet, pois etc., et de 1 denier par setier de blé noir et de châtaignes.

Désignation d'un membre du bureau du Collège

Aujourdhuy, vingt huitieme octobre mil sept cent soixante trois, ou etoient assemblés Messieurs les maire, prevot et consuls, Monsieur Valade, prevot consul, a exposé qu'il etoit nécessaire de remplacer Monsieur Roulhac du Rouveix au bureau du Collège des ci-devant Jesuites. La chose mise en deliberation, mes dits sieurs maire, prevot et consuls ont, d'une commune voix, nommé M. Juge, avocat du Roy, consul en charge, pour remplacer le dit sieur Roulhac du Rouveix, en conformité de la deliberation en date du vingt uniesme may mil sept cent soixante trois. Fait les dits jour, mois et an que dessus.

VALADE, prevot consul ; JUGE, consul ; PEYROCHE, consul ; BLONDEAU, consul ; Martial BOURDEAU, consul.

Désignation d'un predicateur pour 1764-1765.

Aujourd'huy, vingt huitiesme octobre mil sept cent soixante trois, dans la salle de l'hotel de ville de Limoges, ou estoient assemblés Messieurs les maire, prevot et consuls, pour proceder a la nomination d'un predicateur, la chose mise en deliberation, ont d'une commune voix nommé le reverend pere Jacquet, gardien des reverends peres Recollets de Sainte Valerie, pour precher l'Avent de mil sept cent soixante quatre et le Careme mil sept cent soixante cinq... (comme ci-dessus, p. 9).

VALADE, prevot consul ; JUGE, consul ; BLONDEAU, consul ; PEYROCHE, consul ; Martial BOURDEAU, consul.

Lettre du Procureur général au Parlement : Déclaration du Roi relative à la situation financiere des villes et communautés et à leurs ressources et autre sur la libre circulation des grains.

Copie de la lettre ecrite a Messieurs les consuls par Mr Dudon, procureur general :

A Bourdeaux, ce 19 may 1764.

Messieurs, je ne doute pas que le zele que vous devez avoir pour le bien et l'avantage de votre communauté ne vous engagent a executer avec autant d'exactitude que de celerité la declaration du Roy, que je vous adresse avec l'arrêt d'enregistrement de la cour du 11 de ce mois. Le Roy, qui est serieusement occupé a reformer toutes les parties d'administration qui ont eprouvé du derangement, a cru que rien n'etoit plus digne de son amour pour ses peuples que de venir au secours des villes, corps et communautés dont les affaires etoient dans le desordre, d'en rechercher les causes pour pouvoir plus surement y porter les remedes convenables. Le zele infatigable de Monsieur le controleur general l'a porté a prendre les moyens prescrits par cette declaration pour pouvoir connaître le mal dans toute son etendue afin d'y pourvoir d'une maniere plus sure et plus utile aux villes et communautés qui se trouveront dans le cas. Vous verrez, par l'arret de verification et d'enregistrement, que vous etes obligés de m'envoyer le double des memoires et etats, extraits de titres et autres pieces de vous signées et certifiées veritables et au fur et a mesure que ces etats seront faits et parachevés. Je ne saurois trop vous [le] recommander, pour l'interet de votre communauté et l'execution de l'arret en ce point, puisque c'est sur l'avis de son parlement que le Roy doit se determiner a confirmer ou a infirmer, augmenter ou retrancher, etablir en un mot un ordre certain et positif d'administration, qui ne puisse plus desormais etre sujet a aucune variation.

Vous remarquerez aussi que la declaration doit etre executée en la meme forme pour les hopitaux, maisons de charité, communautés d'arts et metiers et autres; c'est a quoi vous devez veiller exactement en avertissant les administrateurs des hopitaux d'avoir a s'y conformer, de meme que les differents corps d'arts et metiers, qui devront vous remettre leurs etats et memoires dont vous m'adresserez le double en meme temps que vous l'envoyerez a M^r le controleur general.

Je vous envoie aussy les lettres patentes du 7 avril dernier, interpretatives de la declaration du 25 mai 1763 concernant la libre circulation des grains dans l'interieur du royaume, afin que votre communauté puisse jouir de l'avantage de ces lettres patentes si elle se trouve dans le cas. Au surplus, vous aurez attention d'enregistrer tant la declaration, [et] lettres patentes, que les arrets de la cour que je vous adresse.

Hatés-vous, je vous prie, de me mettre a meme de la certifier de votre exactitude et de votre attention a executer ses ordres.

Je suis, Messieurs, votre affectionné serviteur.

Signé : DUDON.

Déclaration du Roi, concernant les octrois et autres droits dont jouissent les corps, pays d'Etats, villes, bourgs, colleges, communautés, hopitaux, maisons de charité, communautés des arts metiers et autres.

Donné à Versailles le 11 février 1764. Registré en Parlement.

Louis, par la Grace de Dieu Roy de France et de Navarre, a tous ceux qui ces presentes verront, salut. Par l'article XII de notre declaration du 24 novembre dernier, nous avons ordonné que tous les emprunts des villes, bourgs, corps, colleges, communautés, administrateurs des hopitaux, maisons de charité, communautés d'arts et metiers et d'autres qui s'acquittent et se remboursent sur le produit d'octrois ou de droits par nous concedés aux dits corps de communauté a l'effet des dits emprunts, seroient et demeureroient suspendus, en cas de guerre, du jour de la declaration d'icelle, s'il n'en est autrement par nous ordonné, et qu'au dit cas les deniers par nous destinés aux dits remboursements seroient employés a la decharge des dits corps et communautés, et en deduction des impositions ou secours que nous leur aurions demandé pendant la guerre et aux dépenses extraordinaires auxquelles nous nous trouverions forcé, sans que dans aucun cas la suspension de ces remboursements puisse servir de pretexte a la suspension ou retard du paiement des interets, lesquels continueront a etre payés en temps de guerre aussi exactement que pendant la paix. Des vues aussi importantes pour le bonheur de nos peuples, jointes a celles que nous nous proposons de suivre relativement a l'etablissement du meilleur ordre dans toutes les parties de nos finances, nous ont fait connaitre la necessité d'etre instruit de la maniere la plus exacte de tout ce qui concerne la situation dans laquelle se trouvent actuellement les dites villes, corps et communautés, la nature des droits qu'ils perçoivent, le montant d'iceux, les charges et déductions qui ont lieu, le montant des frais de perception, l'employ ordinaire des deniers et le total des dettes contractées sur le produit des dits droits. Les sentiments paternels dont nous serons toujours animé pour le bonheur de nos peuples, nous ont determiné a porter plus loin nos recherches, et nous avons consideré qu'il etoit egalement necessaire de nous faire instruire de l'etat de toutes les villes, corps et communautés relativement a leurs revenus patrimoniaux et aux dettes qu'ils peuvent avoir contractées dans des temps precedents. Notre intention est neanmoins, pour ne pas detruire le credit des dites villes, corps et communautés, et pour les laisser a portée de ne pas manquer aux engagements precedemment contractés, que la perception des droits qui leur ont eté accordés, et qui nous seront declarés, ne souffre point d'interruption ou changement, en attendant que les connaissances que nous aurons acquises nous mettent a portée d'annoncer definitivement nos intentions sur tous ces objets. A ces causes et autres a ce nous mouvant et de l'avis de notre Conseil et de notre certaine science, pleine puissance et authorité royale, nous avons, par ces presentes, signées de notre main, dit, déclaré, ordonné, disons, declarons et ordonnons, voulons et nous plait ce qui suit :

Article premier. — Toutes les villes, bourgs, corps, colleges, communautés, administrateurs des hopitaux de charité, communautés d'arts et metiers et autres qui perçoivent a leur profit des droits d'octrois et autres generalement quelconques, par nous concedés aux dits corps et communautés, seront tenus d'envoyer au controleur general de nos finances, dans trois mois au plus tard, a compter du jour de l'enregistrement des presentes, des memoires contenant en premier lieu la denomination et la nature des dits droits, ainsi que l'extrait de leurs titres, tant originaux qu'actuels et les epoques d'extinction de ceux qui ne sont etablis que pour un temps; en second lieu le produit annuel de chacun d'iceux, justifié par les trois derniers baux, s'il y en a, sinon par le relevé du produit des dix dernieres années; en troisieme lieu, le montant des frais annuels de la dite perception depuis les dites dix dernieres années; le nombre et les divers emplois de tous les preposés au dit recouvrement, leurs appointements ou autres emoluments, ainsi que la forme dans laquelle se fait le dit recouvrement; en quatrieme lieu, l'etat de la depense annuelle qui se fait sur les dits recours, et les motifs de chacune des dites depenses; en cinquieme lieu, le montant des sommes qui ont eté empruntées sur le produit des dits droits, le denier auquel elles ont eté constituées, la somme qui est annuellement employée au remboursement des dits principaux et ce qui en est du au premier janvier 1764.

II. — Les villes des dits corps et communautés, autres neanmoins que les villages et hameaux, qui jouissent de bien fonds, seront tenus d'envoyer pareillement au Controleur general de nos finances, dans le meme delai, un second memoire contenant en premier lieu l'etat de leurs revenus et biens patrimoniaux ainsi que l'extrait, soit de leurs titres originaires, soit des autres pieces sur lesquelles peut etre etablie leur possession, et le montant annuel des dits revenus pendant les dix dernieres années; en second lieu la forme dans laquelle se perçoivent les dits revenus, le nombre, qualité, gages, appointements ou autres emoluments des employés, et generalement le montant annuel des frais de perception des dits revenus et biens patrimoniaux pendant les dites dix années; en troisieme lieu l'etat exact de leurs depenses annuelles, ordinaires et extraordinaires et les motifs de chacune des dites depenses; en quatrieme lieu le montant des sommes qui ont pu etre empruntées sur le produit des dits biens et revenus, le denier auquel elles ont eté constituées, la somme qui est annuellement employée au remboursement des principaux et ce qui en reste dû au premier janvier 1764; en cinquiesme lieu, l'etat exact des dettes exigibles dues au premier janvier 1764.

III. — Tous les dits memoires et etats de recette et depense, sans exception, ainsi que les etats de situation, meme les extraits des titres qui seront envoyés au controleur general de nos finances, en vertu des deux articles precedents, seront auparavant certifiés veritables, et signés par tous les officiers municipaux et autres chargés de l'administration des dits deniers pour ce qui concerne les villes et bourgs, et par tous sindics et administrateurs pour ce qui concerne les corps, colleges, communautés, hopitaux, maisons de charité, communautés d'arts et metiers et autres.

IV. — Faisons très expresses inhibitions et defenses a tous administrateurs des dites villes, bourgs, corps, colleges, communautés, hopitaux, maisons de charité, communautés d'arts et metiers et autres qui perçoivent des droits ou revenus quelconques, par nous concedés, a quelque titre que ce puisse etre, de continuer a percevoir tous ceux qui n'auroient pas eté declarés dans les dits memoires ou etats qui seront adressés au Controleur general de nos finances ; a l'effet de quoi, voulons qu'il soit par eux deposé dans six mois pour le plus tard, a compter du jour de la publication des presentes, aux greffes des hotels de ville les plus prochains, un bordereau contenant la denomination de tous les dits octrois et revenus enoncés dans les dits memoires ou etats, duquel bordereau il sera donné communication sans deplacer et sans frais a tous ceux qui le demanderont : voulons au surplus que les dits droits d'octrois et autres par nous concedés, qui auront eté compris et enoncés dans les dits memoires ou etats continuent d'etre perçus, ainsi et dans la forme qu'ils ont eté etablis, et pour la meme durée qui leur avoit eté assignée, laquelle neanmoins n'excedera pas celle de six années pour ceux qui n'auroient pas eté valablement etablis pour de plus longs termes. Le tout s'il n'en est par nous autrement ordonné, en la forme ordinaire, relativement a chacun d'iceux, d'après les dits memoires et instructions qui nous auront eté envoyés, et d'après le compte qui nous en sera incessamment rendu.

V. — Voulons pareillement que tous particuliers, de quelque etat et condition qu'ils soient, meme les pays d'Etat qui jouissent, a quelque titre que ce puisse etre, de droits d'octrois ou autres par nous concedés ou alienés, soient tenus de remettre dans six mois, entre les mains du Controleur general de nos finances, des memoires contenant l'etat du produit des dits droits et des frais de leur perception, les conditions des dites concessions et alienations, avec l'extrait soit de leurs titres originaires, soit des autres pieces sur lesquelles peut etre etablie leur possession. Si donnons en mandement a nos amés et feaux, les gens tenant notre cour de Parlement a Bourdeaux, que ces presentes ils aient a faire lire, publier et registrer, et le contenu en icelle garder, observer et executer de point en point selon leurs forme et teneur. Aux copies desquelles collationnées par l'un de nos amés et feaux conseillers secretaires, voulons que foi soit ajoutée comme a l'original. Car tel est notre plaisir. En temoin de quoi, nous avons fait mettre notre scel a ces dites presentes.

Donné a Versailles le onzieme jour de fevrier, l'an de grace mil sept cent soixante-quatre, et de notre regne le quarante-neuviesme. *Signé* : Louis. Par le roi, BERTIN. Vu au Conseil, de LAVERDY.

Extrait des registres du Parlement.

Apres que lecture et publication ont eté judiciairement faite par le greffier de la cour, de la declaration du Roy concernant les droits d'octrois et revenus patrimoniaux des villes, bourgs, corps, communautés, colleges, hopitaux, maisons de charité, communautés d'arts et metiers et pays d'etat du royaume, donnée a Versailles le 11 fevrier 1764, signées Louis, et plus bas, par le Roy BERTIN : vu au Conseil : « DE LADVERDY » et scellé du grand sceau de cire jaune,

Arrêt du Parlement portant enregistrement de la déclaration ci-dessus.

La cour, ouï et ce requerant le procureur general du Roy, a ordonné et ordonne que, sur le repli de la dite declaration dont lecture vient d'etre faitte, seront mis en ces mots : « Lue, publiée et enregistrée, pour etre executée selon sa forme et teneur, conformement a la volonté du Roy et a l'arrêt de la cour du 11 du present mois, portant enregistrement de la ditte declaration. »

Fait a Bourdeaux, en parlement, le quatorze may mil sept cent soixante quatre. Monsieur LEBERTHON, premier president.

Collationné, *Signé* : FEGER, greffier.

Suit la teneur de l'arret de la cour du vendredy 11 may 1764.

Vu par la cour, toutes les chambres assemblées, la declaration du Roy, donnée a Versailles le 11 fevrier dernier, concernant les droits d'octroi et revenus patrimoniaux des villes, bourgs, corps, colleges, communautés, hopitaux, maisons de charité, communautés d'arts et metiers, et païs d'etat du royaume : la ditte declaration signée Louis, et plus bas ; par le Roy BERTIN, vu au Conseil : DE LAVERDY, et scellé du grand sceau de cire jaune ; ensemble les conclusions du procureur general du Roy, signées DUDON (1),

(1) Les revenus de la ville de Limoges, à cette époque, n'atteignaient par 10,000 livres. Nous

La cour a ordonné et ordonne que la ditte declaration sera lue, publiée et registrée es registres d'icelle, pour etre executée selon sa forme et teneur, et conformement a la volonté du Roy, a la charge neanmoins que tous jurats, echevins, consuls, sindics et adminis-

possédons le relevé de ces revenus pour les deux années 1763 et 1764 : le premier nous est fourni par la liasse C 86 des archives du département ; nous avons trouvé le second dans les documents dont nous devons communication à l'obligeance de M. Nivet-Fontaubert. Nous les reproduisons ci-après, bien qu'ils ne soient pas dressés exactement sur le même modèle.

On sait que les recettes communales ordinaires se divisaient alors en deux branches : les produits des patrimoniaux, ou biens propres de la ville, et ceux des octrois, droits d'entrée et taxes de consommation dont la levée avait été autorisée par le roi :

ANNÉE 1763.

1. Ferme pour le plaçage des pains.................................	80 l.
2. Afferme du courtage des vins.................................	2.400
3. Afferme du mesurage des vins et liqueurs.......................	240
4. Afferme des bassins de Saint-Pierre.............................	6
5. Afferme des images sous le Cloitre..............................	6
6. Afferme du mesurage des grains................................	45
7. Afferme des eaux des étangs...................................	495
8. Octrois : 10,500, sur quoy il est du pour la partie du Roy 3,791..	6.709
9. Arrentement de l'ermitage de Montjovis........................	18
Total..	9.999 l.

Il était dû de plus a la ville diverses sommes, entr'autres le prix d'arbres de la place d'Orsay, récemment vendus.

ANNÉE 1764.
Produits des patrimoniaux.

1. Produit de la ferme des droits de péage, barrage et leide perçus par les fermiers des octrois.................................	2,846 l.
2. Droits de mesurage des grains au marché de la Clautre...........	48 l. 6 s. 8 d.
3. Droits de mesurage des vins (Souquet)..........................	200 l.
4. Droits de courtage des vins...................................	1,723 l. 6 s. 8 d.
5. Droits de plaçage des pains amenés par des boulangers du dehors..	80 l.
6. Ferme de l'eau des étangs.....................................	427 l. 10 s.
7. Ferme de l'emplacement (de l'ancien cloitre) ou les marchands d'images et d'estampes exposent leur marchandise...............	6 l.
8. Ferme des eaux des bassins de la fontaine de Saint-Pierre aux marchands de poissons du Gras...................................	6 l.
9. Ferme de la maison et jardin de l'Ermitage à Montjovis...........	18 l.
10. Gages d'une charge de consul acquise par la ville et payés sur le pied de...	43 l. 4 s.
Total..	5,458 l. 7 s. 4 d.
Produit de l'octroi (part de la ville).............................	3,693 l. 13 s. 4 d.
Total..	9,152 l. »» s. 8 d.

On remarquera que le produit des anciens droits féodaux de péage, barrage, leide, abandonné par Charles V en 1371, aux consuls, comme seigneurs de la ville et représentants de la communauté mouvant de la couronne sans seigneurie intermédiaire, est porté à l'état de 1764, avec raison, comme faisant partie des revenus patrimoniaux, tandis qu'en 1763 il ne figure pas nominativement au relevé et est certainement compris dans les droits d'octroi. L'explication en est donnée par le document ci-dessus. Ces droits étaient perçus par les fermiers de l'octroi.

Les charges ordinaires de la ville, celles inscrites chaque année au budget, depuis le 5 décembre 1693 (v. tome IV, p. 6), s'élevaient, à la même époque, à 4,552 l. 9 s. Toutefois, il faut remarquer que régulièrement ces dépenses devaient être payées sur le produit des octrois : le revenu des patrimoniaux devant faire face à des dépenses d'utilité publique, telles que voierie, fontaines, égouts, etc.

Cette explication donnée, — elle était indispensable, — nous allons reproduire l'état des *Charges ordinaires* à l'époque où nous sommes parvenus :

trateurs des villes, bourgs, corps, colleges, communautés, hôpitaux, maisons de charité, communautés d'arts et metiers et païs d'etat du ressort de la cour, et notament les maire et jurats de la presente ville, comme aussy tous particuliers qui se trouveroient

A monseigneur le duc de Fitz James, gouverneur, pour son logement..........	1,000 l.
Au secretaire de l'hotel de ville, pour bois, chandelles, papiers, plumes, ancres (sic) et autres menues necessités de l'hotel de ville; suivant l'arret du Conseil.............	170 l.
Aux six valets de ville, suivant l'arret du Conseil.............	600 l.
Au tambourg major de la ville, suivant l'arret du conseil.............	24 l.
A la Recluze de Montjovis (sic) (*) pour ses gages et habits, suivant l'arret du Conseil.............	23 l.
A Monsieur Romanet, grand chantre, suivant l'arret du Conseil (**).............	10 l.
Plus pour les vingtiemes des octrois.............	517 l. 2 s.
Au sonneur de cloches et a celuy qui garny (sic) la chaire a Saint-Martial pendant l'Avent et le Caresme, suivant l'arret du Conseil.............	10 l.
Plus, pour les cierges qui brulent jour et nuit devant Saint-Martial, suivant l'arret.............	250 l.
Plus, au predicateur qui preche l'Avant et le Caresme a Saint Martial, suivant l'arret.............	360 l.
Plus, a Messieurs les consuls, pour les torches que l'on porte aux processions et cierges de Pasques, suivant l'arret.............	174 l.
Plus, a Messieurs les consuls, pour vin d'honneur, voyages et depenses suvant l'arret.............	686 l.
Plus, pour les vingtiemes des patrimoniaux.............	237 l. 12 s.
Plus, pour gratification au secretaire greffier de l'hotel de ville, suivant qu'il plait a M. l'intendant d'accorder, et ce pour la charge du soin des expeditions, des copies qu'il faut faire pour les gens de guerre qui passent journellement et qu'il fourny a ses frais.............	»
Plus pour les vingtiemes des courtages des vins, pour la part et portion de Messieurs les consuls.............	89 l. 15 s.
Plus pour le repas du jour de la nomination de Messieurs les consuls.............	120 l.
Plus pour les processions pendant l'année, la somme de.............	260 l.
Plus au peintre de l'hotel de ville pour les armoiries et panonceaux de Messieurs les consuls.............	21 l.
Plus il est payé au greffier secretaire de l'hotel de ville, pour les corps de garde des troupes qui passent pendant l'année, suivant son etat, vu et verifié par M. le commissaire des guerres, des corps de garde qu'il justifie avoir fourny, plus ou moins chaque année : ces comptes arrêtés tous les trois mois, remis a l'hotel de l'intendance, visés par M. le commissaire des guerres.............	»
Total.............	4,552 l. 9 s.

Sur une note paraissant de la même époque que ce relevé, nous trouvons les articles suivants ajoutés :

Entretien des pompes et gages de ceux qui sont preposez pour les faire jouer tous les mois (***).............	150 l.
Frais de la reddition des comptes a la chambre des comptes.............	»
Total.............	

On voit qu'en somme les charges ordinaires acquittées, il ne restait aux consuls de 3 ou

(*) Peut-être faut-il lire : « A la recluse [des Arènes et à l'ermite] de Montjovis ».
(**) Ces dix livres représentaient la rente stipulée, à la transaction de 1525 relative aux écoles, au profit du chantre du chapitre cathédral (et non du chapitre de Saint-Martial, comme l'ont indiqué par erreur les premiers éditeurs de nos *Registres consulaires*. Voir t. I, p. 139 à 149).
(***) Il y aurait donc eu dès lors des secours en cas d'incendie organisés.

dans le cas porté par l'art. V de ladite declaration, seront tenus, chacun en droit soy, d'envoyer et remettre au procureur general du roy, pour par lui en etre rendu compte a la cour a tel fin que de raison, le double, signé d'eux et par eux certifié veritable, tant des memoires et etats que des extraits des titres et autres pieces qu'ils devront envoyer au controlleur general des finances en execution des art. I, II, III, V de la ditte declaration; laquelle remise ils seront tenus de faire au dit procureur general du roy, dans les trois mois portés par la ditte declaration et a fur et mesure que les dits memoires, etats et extraits seront parachevés.

Ordonne en outre la ditte cour que, des bordereaux qui seront deposés aux greffes des hotels de ville, en vertu de l'art. V de la ditte declaration, il sera tiré des doubles en placards, lesquels seront et demeureront affichés tant a la porte des hotels de ville, qu'a l'endroit le plus apparent de l'auditoire de chacun des lieux du ressort de la cour : enjoint aux juges et officiers principaux des dits lieux de tenir la main a ce que les dits placards ne soient alterés ny enlevés.

Ordonne que la dite declaration et arret seront imprimés, publiés et affichés partout ou besoin sera, et qu'a la diligence du procureur general du Roy, copies duement collationnées par le greffier de la cour, en seront envoyées tant aux baillages et sieges senechaux, qu'aux hotels communs des villes du ressort et notament aux maire et jurats de la presente ville, pour etre fait pareille lecture, publication et enregistrement, scavoir esdits baillages et senechaussées a la diligence des substituts du procureur general du Roy, et esdits hotels communs des villes, a la diligence des maires, jurats, consuls

---

1000 livres pour faire face aux dépenses de voierie, d'entretien des fontaines, des bâtiments communaux, etc. Aussi les déficits se succédaient-ils, et un certain désordre tendait il a se perpétuer dans l'administration. En 1764, les magistrats de l'hôtel de ville, appelés à fournir à l'intendant un état de leurs ressources, lui déclaraient que les services les plus importants étaient en souffrance et qu'on ne pourrait exécuter à moins de 150,000 livres les dépenses urgentes pour la mise en état des fontaines et aqueducs :

« Les aqueducs pratiqués dans toute l'étendue de la ville menacent de la ruiner entièrement, s'ils ne sont pas suivis avec exactitude, pour les deboucher et donner cours aux naissants d'eaux et petites sources qui s'y ramassent, et autres qui, dans les temps pluvieux, y filtrent et s'y insinuent par des passages incognus. De là il est arrivé des chutes de différentes maisons, même de plusieurs rues et des inondations non seulement dans les caves, mais encore dans les rés de chaussée des habitations de tout un quartier.

» A l'égard des fontaines, les eaux cessent chaque jour de couler, ou sont si bourbeuses qu'on ne doutte pas que leur corruption n'ait beaucoup contribué à des maladies qui se sont rendues plus frequentes depuis quelques années..... des conduits n'ont point de niveau ny pente reguliere; en plusieurs endroits, l'eau n'y peut couler qu'apres avoir rempli des vuides d'un, de deux et quelquefois trois pieds de hauteur sur une largeur considerable ». (Arch. communales CC 13). On a vu au XVI° siecle l'état des aqueducs et des fontaines être l'objet des soins et des inquiétudes constantes du consulat.

ou echevins d'icelles, auxquels, chacun en droit soi, est enjoint d'en certifier la cour, dans huitaine pour les dits maire et jurats de cette ville, et dans le mois pour les dits autres officiers du ressort de la ditte cour. Leur est pareillement enjoint de se conformer, chacun en droit soi, a la ditte declaration et au present arret, et de tenir la main a leurs pleine et entiere execution. Fait a Bourdeaux, en Parlement, toutes les chambres assemblées, le onzieme jour du mois de mai mil sept cent soixante-quatre.

Monsieur LEBERTHON, premier president. Collationé, *signé* FEGER, greffier.

Lettres patentes du Roy, interpretatives de la declaration du 25 mai dernier concernant la libre circulation des grains dans l'interieur du royaume, données a Versailles, le 7 avril 1764. registrées en parlement.

Louis, par la grace de Dieu, Roy de France et de Navarre, a tous ceux qui ces presentes lettres verront, salut. Sur ce qui nous a été representé qu'il s'est elevé plusieurs contestations dans plusieurs provinces concernant l'interpretation de l'article III de notre declaration du 25 may dernier, pour la libre circulation des grains dans l'interieur de notre royaume, contestations qui ne pouvoient etre que tres prejudiciables a la perception des octrois qui appartiennent aux etats, villes et communautés, ou qui font partie de nos fermes, nous avons jugé necessaire d'expliquer d'une maniere encore plus precise nos intentions a ce sujet, dont l'objet n'a point eté de comprendre, quant a present, dans la suppression des droits sur les grains, ceux d'octrois appartenans aux etats, villes et communautés ou qui font partie de nos fermes, lesquels par leur nature sont destinés a concourir au soutien des charges de notre etat et a acquitter celles de nos villes et communautés, specialement ceux appartenans a notre ville de Bourdeaux, qui par la connoissance que nous avons deja en grande partie de la situation facheuse de ses affaires, ne se trouveroit point en etat de supporter en ce moment la privation d'un secours qui lui est si necessaire. A ces causes et autres a ce nous mouvant, et de l'avis de nostre Conseil, de nostre certaine science, pleine puissance et autorité royalle, nous avons dit, declaré et ordonné par ces presentes, signées de notre main, disons, declarons et ordonnons que les droits d'octroi sur les grains, farines et legumes, appartenant aux estats, villes et communautés ou qui font partie de nos fermes, continueront d'etre perceus comme avant la declaration du 25 may dernier et ce nonobstant tout edit, declaration, arrest ou reglement a ce contraires, auxquels nous avons derogé et derogeons par les presentes, sans prejudisce neanmoins de l'execution de nostre declaration du 11ᵉ fevrier dernier concernant les octrois, laquelle sera executée selon sa forme et teneur, nous reservant, quand par l'effet de la dite declaration nous aurons connu d'une maniere plus certaine la situation de la ville de Bourdeaux et que nous aurons en consequence assuré des regles fixes pour l'administration de ses affaires, a statuer, après avoir consulté nostre cour de parlement, sur la durée des dits octrois dont nous connoistrons alors le plus ou moins de necessité : a l'effet de quoy nous avons en tant que de besoin prorogé et prorogeons les dits octrois jusqu'a l'expiration du bail actuel seulement, nous proposant au surplus, lorsque les circonstances pourront le permettre, d'aviser aux moyens qui pourroient concilier les droits des etats, villes et communautés avec la grande liberté du commerce des grains. Si donnons en mandement a nos amés et feaux, les gens tenant nostre cour de parlement a Bordeaux, que les presentes ils ayent a faire lire, publier et enregistrer, et le contenu en icelles garder, observer et executer de point en point nonobstant tout edit, declaration, arrest, reglement et autres choses a ce contraires, auxquels nous avons derogé et derogeons par les presentes ; aux copies desquelles collationnées par l'un de nos amés et feaux conseillers secretaires voulons que foy soit ajoutée comme a l'original ; car tel est nostre plaisir. En temoin de quoy nous avons fait apposter nostre seel a ces dites presentes. Donné a Versailles, le septiesme jour d'avril l'an de grace mil sept cent soixante quatre et de nostre regne le quarante neuviesme. Signé, Louis. Par le Roy : Bertin.

Vu au Conseil : DE LAVERDY.

Extrait des registres de Parlement.

Arrêt d'enregistrement

Après que lecture et publication ont eté judiciairment faites par le greffier de la Cour, des lettres patentes du Roy données a Versailles, le sept avril 1764, en interpretation de la declaration du 25ᵉ may 1763 concernant les droits d'octroy sur les grains, farines et legumes au profit des villes du royaume et notament pour la ville de Bourdeaux, les dittes lettres signées Louis et plus bas : par le roy, Bertin; vu au Conseil, DE LAVERDY, et scellées du grand sceau de France sur cire jaune ;

La Cour, ouï et ce requerant le procureur general du Roy, a ordonné et ordonne que, sur le reply des lettres patentes du Roy dont lecture vient d'etre faitte, seront mis ces mots : lues, publiées et registrées pour être executées selon leur forme et teneur, conformement a la volonté du Roy et a l'arrest de la cour du 11ᵉ du present mois portant enregistrement des dittes lettres, » et que coppies collationnées des dittes lettres, ensemble le present arrest seront, a la diligence du procureur general du Roy, envoyées tant aux baillages et senechaussées que aux hotels communs des villes du ressort de la Cour pour y être fait pareille lecture, publication et enregistrement. sçavoir es dites senechaussées et baillages a la diligence du substitut du procureur general du Roy, et esdits hotels communs, a la diligence des maires, jurats, consuls ou echevins d'icelles, auxquels, chaqu'un en droit soy, est enjoinct d'en certiffier la Cour, dans huitaine pour les maire et jurats de cette ville, et dans le mois pour les autres officiers du ressort. Fait a Bourdeaux, en Parlement, le 14ᵉ may 1764.

Monsieur Leberthon, premier president.
Collationné. Signé : Feger.

Enregistré le 21 may 1764, conformement aux ordres de la Cour et de M. le procureur general.

Juge, prevost-consul; Bourdeau, consul; Muret, consul; Blondeau, consul; Peyroche, consul.

<small>Assemblées
de ville :
On décide que le
don gratuit
sera
perçu par la voie
de l'octroi.
Adjudication
de la perception
de cet octroi.</small>

Aujourd'huy, douzieme juillet mille sept cent soixante quatre, dans la salle de l'hotel commun de cette ville, ou etoient assemblés Messieurs les prevots consuls et Messieurs les deputés des differents corps de cette ville, ou ils ont eté convoqués pour deliberer s'il convenoit de persister au contenu aux *(sic)* deliberations precedentes concernant la forme de la levée du Don gratuit, pour se determiner s'il etoit plus avantageux de la continuer par forme d'imposition et de taxe seche, ou de solliciter la bonté du Roy et de nos seigneurs de son Conseil, de permettre a la ville de preferer la forme de l'octroy, — la chose mize en deliberation, il a eté unanimement convenu de preferer la voye de l'octroy a celle de l'imposition, (1) et d'authorizer Messieurs les consuls a solliciter toutte authorization a cet effet, aux fins d'imposer, sur chaque charge de vin de Perigord, Quercy, Domme, Bas Limouzin, Angoumois et autres vins reciiillis au dela de quatre lieües, qui entrera dans la ville, cité ou banlieue d'icelle, dix sols, — sur les vins du pays du Haut Limouzin, a quatre lieues de distance de la ville, cinq sols aussy par charge; sur les vins de Bourgogne, Champagne, Bordeaux, Languedoc, d'Espagne et autres vins etrangers, trente sols

---

(1) Auparavant l'assemblée avait, par trois fois, émis un vote contraire (Voir ci-dessus pages 128, 143, 156.

par charge ; sur les eaux-de-vie, quarante sols par charge ; sur la double bierre, dix sols par charge, et la petite bierre cinq sols aussy par charge, tous les droits a payer etant a la charge du proprietaire : en ce que le vin qui passera debout dans la ville et Cité et leurs banlieües sera exempt de tous droits, aussy bien que les vins qui entreront pour la consommation de l'hospital general, du college et pour les etapes, si l'etapier les achete en bariques, — ainsy que les vins que *(sic)* les ecclesiastiques, les communautés religieuses regulicres et seculieres qui ne payeront pareillement aucuns droits, lorsqu'ils les feront venir du crû de leur benefice et pour leur consommation seulement, pourvu que ce soit du vin a eux appartenant et non celuy de leurs vignerons ou autres ; a ces fins seront tenus de fournir aux sieurs sindics du clergé une declaration chaque année de la quantité de vin recüilli de leur fonds et de celle de leur consommation, eu egard au nombre des personnes ; lesquelles declarations le dit sieur sindic du Clergé aura la bonté de faire remettre chaque année a l'hotel de ville.

  BRIGUEIL, deputé de la Cité ; PINOT, sindic et deputé de la Citté ; ROMANET, sindic du clergé, sans prejudice aux privileges et exemptions du clergé ; JUGE SAINT-MARTIN, deputé du presidial ; ROULHAC DE THIAS, deputé du bureau des finances ; MALEDEN DE FEYTIAT, deputé du bureau des finances ; ESTIENNE DE LA RIVIERE, deputé de l'Election ; DAVID DE BRIE, deputé de la Monnoie ; MURET, prevot consul ; ARDANT DU PICQ, sindicq du commerce ; MONTAUDON, deputé du presidial ; JUGE, consul ; PEYROCHE, consul ; BOURDEAU, consul ; ROULHAC, deputé des bourgeois ; BOISSE, d. m. deputé de la bourgeoisie ; PABOT DE CHAVAIGNAC, deputé des officiers de marechaussée.

Et a l'instant, le sieur François Brigueil, bourgeois et marchand de la Cité de la ville de Limoges, lequel sous le bon plaisir du Roy et de nos seigneurs du Conseil, s'est offert a faire la levée et perception des droits enoncés au tarif de la deliberation cy-dessus et des autres parts, a ses perils, risques et fortune, meme de payer, dans l'espace de six années, a compter du premier octobre prochain, la somme de cent deux mille six cent livres, sçavoir dix sept mille cent livres dans tout le courant du mois de decembre prochain et pareille somme de dix sept mille cent livre chaqu'une des cinq années restantes, en ce qu'il joüira des susdits droits, sous les clauzes et conditions enoncées en la dite deliberation, pendant sept ans, a compter pareillement du premier octobre prochain ;

et au cas que la ville puisse obtenir de la bonté du Roy une moderation sur la susdite somme qui n'etoit payable qu'en dix années, au dela de celles promises par sa declaration du 21 novembre dernier concernant le cadastre general, ledit sieur Brigueil cessera de jouir des droits au prorata des moderations qui seroient accordées; sera en outre tenu le dit sieur Brigueil, ainsy qu'il s'y soumet, a tenir des registres exacts dans la forme qui luy sera prescrite et de les communiquer chaque mois, ou plus souvent s'il en est requis; pareillement s'oblige le dit sieur Brigueil a fournir bonne et suffisante caution et certifficateur d'icelle; et a requis Messieurs les deputés composant l'assemblée de vouloir deliberer sur l'acceptation ou refus de ses offres, et a signé avec le sieur Begogne, bourgeois et marchand de cette ville, qui s'est présenté pour etre sa caution et offre de donner un bon certifficateur a Messieurs les consuls.

BRIGUEIL, au fins des susdit ofrc; BEGOUGNE, caution; CRAMAILLE ayné, certificateur.

Et a l'instant, la chose mise en deliberation, tous les dits sieurs deputés, trouvant la proposition du dit sieur Brigueil convenable, ont chargé les dits sieurs consuls d'ecrire a Monseigneur l'Intendant de cette generalité pour le prier de solliciter aupres de nos seigneurs du Conseil l'acceptation des dites offres et y faire arreter le tarif contenu en la deliberation cy dessus.

PINOT, sindic de la Citté; MALEDEN DE FEYTIAT; JUGE SAINT-MARTIN; ESTIENNE DE LA RIVIERE; MONTAUDON; ROULHAC DE THIAS; ROMANET, sindic du clergé; BOURDEAU, consul; DAVID DE BRIE; ARDANT DU PICQ, sindicq du commerce; PEYROCHE, consul; MURET; JUGE, consul; ROULHAC, député des bourgeois; BOISSE, d. m. deputé de la bourgeoisie; PABOT DE CHAVAIGNAC, deputé des officiers de marechaussée.

Aujourd'huy, vingt-neuf juillet mille sept cent soixante-quatre, dans la chambre du conseil de l'hotel de ville, ou etoient assemblés Messieurs le deputés des differents corps convoqués par Messieurs les consuls, il a eté exposé qu'en consequence de la deliberation du douze de ce mois, les dits sieurs consuls en avoient ecrit et donné connoissance de son contenu a M. l'Intendant, qui, par sa reponse du vingt-deux, approuvoit le party pris de preferer la voye de l'octroy a celle de la taxe seche pour la perception du Don Gratuit; mais qu'il pensoit qu'il etoit plus avantageux a la ville de

Annulation de l'adjudication ci-dessus et mise en régie de l'octroi pour le Don gratuit.

faire regir cette perception que de la donner a fort fait, et qu'au cas qu'on se determinat a prendre ce dernier party, il conviendroit de former un plan de regie ; la chose mise en deliberation, il a eté unanimement convenu d'embrasser le party proposé par M. l'Intendant : a cet effet d'etablir deux principaux commis, l'un au pont Saint Martial, l'autre a la porte des Arresnes ; d'en etablir aussy, mais a moindres appointemens, aux autres portes de la ville, par lesquelles il entre moins de denrée sujette aux droits ; que tous ces commis seroient tenus d'avoir des registres en reigle, sur lesquels ils coucheront chaqu'un des articles de leurs recettes et fourniront en outre des acquits aux redevables ; que chaque jour leurs registres seront arretés par un controlleur qui sera etably a cet effet et pour veiller sur leur administration ; que, chaque samedy, les dits commis seront tenus de rapporter leurs livres a l'hotel de ville pour leurs comptes y etre rendus en presence du controlleur et a la vue du registre de ce dernier, et verseront pareillement dans la caisse du secretaire de l'hotel de ville les fonds qu'ils se trouveront avoir en main ; en outre, tous les dits sieurs deputés ont eté d'avis qu'on sollicitat M. l'Intendant de mettre pareillement en regie les octroys ordinaires de la ville dont le bail est pres d'expirer et d'obtenir les authorizations a cet effet necessaires : auquel cas les commis employés pour la perception de l'octroy ordinaire pourroient egalement percevoir, mais a part, et sur registres distincts et separés, les entrées qui seroient etablies pour le Don gratuit, ce qui diminueroit les frais des deux regies et procureroit a la ville une plus prompte liberation (1). En consequence les dits sieurs deputés ont prié Messieurs les consuls d'ecrire a M. l'Intendant pour luy faire part des vœux de la ville sur le plan de regie cy dessus, le prier d'y faire les changements et modifications qu'il croyra utiles au bien de la ville, et ensuite solliciter, auprès du Roy et de nos seigneurs de son Conseil, tous arrets et autres authorizations necessaires. Deliberé comme il est porté de l'autre part, le jour susdit.

ROMANET, sindic du clergé ; JUGE SAINT-MARTIN, deputé du presidial ; ROULHAG DE THIAS, deputé du bureau des finances ; BOISSE, d. m. deputé des bourgeois ; ESTIENNE DE LA RIVIERE, deputé de la cour de l'Election ; ARDANT DU PICQ, deputé du commerce ; ROMANET, deputé de la Monnoye ; NICOLAS, sindic ; PABOT DE CHAVAIGNAC, deputé des officiers de marechaussée ; BRIGUEIL, deputé de la Sité (*sic*) ; PINOT, sindic et deputé de la Cité ; MURET, prevot consul ; JUGE, consul ; PEYROCHE, consul ; BOURDEAU, consul.

(1) C'est cette organisation qui s'est maintenue à Limoges jusqu'à l'époque de la Révolution.

Aujourd'huy, six septembre mil sept cent soixante-quatre, dans la chambre du conseil de l'hotel commun de la ville de Limoges, ou estoient assemblés Messieurs les deputés des differents corps, convoqués par Messieurs les consuls, il a été communiqué de la part de M. l'Intendant un plan pour les octrois, tant pour la partie du Roy que pour celle de la ville, aux fins d'y etre fait par l'assemblée les observations necessaires, et de deliberer s'il ne pouvoit pas etre adopté tant pour les octrois que pour la levée du Don Gratuit auquel les habitans sont assujetis. Apres lecture faitte du dit projet de plan de regie, tous Messieurs les deputés ont eté unanimement d'avis en persistant dans leur vœu consigné dans les precedentes deliberations, notamment dans celle du vingt-neuf juillet dernier, de preferer tant pour les octrois que pour le Don Gratuit, la voye de la regie a celle de l'adjudication, et de nommer des commissaires pour examiner, apostiller et simplifier autant qu'il sera possible le projet presenté et y inserer ce qui sera relatif a la perception du Don Gratuit dont le projet communiqué ne fait aucune mention, en conferer avec M. l'Intendant, et sur ce qui sera par luy definitivement fixé avec les dits sieurs commissaires, faire suivre et executer le plan qui sera arresté et demeurer les dits sieurs commissaires qui seront nommés, choisis pour former le bureau de commission ou de direction de la ditte regie dans le cas qu'elle aye lieu, ainsy que le dezire l'assemblée. Et a l'instant on a nommé par la voye du scrutin Messieurs qui doivent par la suitte former le bureau, et la pluralité des voix s'est trouvée reunie a le former de Messieurs les six consuls qui seront en charge, d'un des sieurs sindics des marchands qui pareillement seront en charge, et de M. Roulhac de Thias, president trezorier de France et conseillier au presidial; Bonin de Fraixeix, aussy conseillier au presidial; M. Goudin de la Borderie, ecuyer; David de Brie, avocat du Roy a la Monnoye, et Pinot du Mas Bouyer, avocat en la cour. Arresté le dit jour, mois et an que dessus.

> Romanet, sindic du clergé; Roulhac de Thias, deputé du bureau des finances; Goudin de La Borderie, deputé de la noblesse; Estienne de La Riviere, president de l'election; Joseph Petiniaud, deputé de la Monnoye; Juge Saint-Martin, deputé du presidial; Ardant du Picq, sindicq du commerce; Nicolas, sindic; Roulhac du Rouveix, deputé des bourgeois; Pinot, sindic de la Citté; Brigueil, deputé de la Cité; Muret, consul; Peyroche, consul.

Coppie de la lettre ecrite par Monsieur Le Berthon, premier president au Parlement de Bordeaux, a Messieurs les consuls de Limoges.

MESSIEURS,

<small>Demande de renseignements sur la composition du corps de ville.</small>

Je vous prie de m'envoyer le plus tôt que vous pourés, l'etat de votre corps de ville, c'est-a-dire me marquer comment il est composé ; si, outre les maire et jurats, il y a des prud'hommes, et en quel nombre ; si ces prud'hommes (1) sont electifs ; s'ils assistent a l'election des jurats ; s'ils sont pris indifferemment dans les differens ordres de vos habitans, ou s'il est de regle qu'il y en ait un certain nombre fixe dans chaque ordre, et par qui les dits prud'hommes sont nommés ; si l'election des jurats se fait par scrutin ou verbalement ; enfin si, lorsqu'il s'agit d'affaires extraordinaires, comme ventes, emprunts, acquisitions, reparations ou decorations pour la ville, on appelle les prud'hommes pour deliberer sur ces objets avec les officiers municipaux (2).

Je suis très parfaitement,
Messieurs, votre affectionné serviteur.

Signé : LE BERTHON.

A Bordeaux, le 15 septembre 1764,

Enregistré le dix-huit septembre 1764.

Extrait des registres de la juridiction consulaire de la ville de Limoges.

<small>Nomination des syndics des marchands pour 1764-1767.</small>

Ouy le sieur Romanet du Caillaud, sindic, nous avons donné acte de la nomination presentement faitte, par les prud'hommes a ce convoqués, des personnes des sieurs Nicolas Ardant du Picq pour premier sindic, et Jean-Baptiste Nicolas jeune pour second sindic ; ordonnons qu'ils en feront les fonctions pendant trois années en la manière accoutumée, avec pouvoirs de toucher du

---

(1) Il y a ici certainement des mots omis. Il devait y avoir sans doute : « Si ces prud'hommes sont en titre d'office, ou de droit, ou électifs, etc. »

(2) L'adjonction des plus imposés au Conseil municipal conservait cette sage et excellente tradition. Les plus imposés représentaient l'ancienne assemblée générale. Leur intervention constituait donc une mesure démocratique au premier chef : c'étaient les représentants naturels des contribuables appelés à donner leur avis sur toutes les questions de nature à aggraver les impositions locales.

sieur receveur des tailles et de tous autres les sommes dues a la communauté des marchands (1), employées dans l'Etat du Roy, et en donner bonnes et valables quittances. Fait judiciairement a Limoges, au Consulat de la dite Cour, par devant Monsieur Leonard Roger, juge en icelle, assisté des consuls de la dite jurisdiction, le septieme juillet mille sept cent soixante-quatre. *Signé* : ROGER, juge. Controllé, sur ce requis, a Limoges, le onze juillet mille sept cent soixante-quatre, par Baget qui a reçu 13 sols. *Signé et collationné* : BERAUD, greffier en chef.

Enregistré a Limoges le vingt-deux septembre 1764.

Aujourd'huy, vingt-neuf septembre mille sept cent soixante-quatre, dans la chambre du conseil de l'hotel commun de la ville de Limoges, ou etoient assemblés Messieurs les commissaires sous-signés, nommés par la deliberation du six du present mois, lesquels ont arreté que, pour parvenir a l'execution du plan de regie mentionnée en la susdite deliberation, les sieurs consuls actuels et ceux qui leur succederont, conviendront tant avec le sieur Directeur du Domaine qu'autre directeur a la Regie de Jean Valade et tous autres interessés, par police ou dans telles autres formes qu'ils jugeront a propos, pour la partie des octrois de la dite ville, et sols par livre appartenant au Roy ; a cet effet luy offriront de luy payer annuellement pour la ville la meme somme qui luy revenoit par le bail qui va prendre fin le dernier de ce mois, avec les sols pour livre portés par les declarations du trois fevrier 1760 et vingt-un novembre 1763, quartier par quartier, et d'avance ; que pour sureté, ils pourront obliger et hypothequer tous les revenus de la dite ville, octrois et patrimoniaux, convenir neanmoins qu'attendu l'insuffisance presente des fonds, le premier pacte ne sera payé que dans trois mois ; mais qu'a l'echeance dudit terme, il en sera payé deux, et ensuite de trois en trois mois et d'avance, un seul pacte ; convenir aussy qu'en cas de retardement, tous actes, sommations, diligences et procedures faittes de la part desdits sieurs directeurs ou autre interessés contre le caissier, vaudront comme si elles etoient faittes au corps de ville et a la personne des consuls, qui chargeront ledit caissier de faire les payements cy-dessus, regulierement, par preference a tous autres emplois, et qu'il ne pourra vuider ses mains

Mesures adoptées au sujet de la mise en régie de l'octroi.

(1) Il s'agit ici des gages des offices précédemment créés et rachetés par le corps des marchands, qui, ayant versé le prix de l'office, percevaient annuellement les gages qui avaient été affectés à celui-ci par l'édit de création.

des sommes qui luy rentreront, ny luy etre donné ordre de les vuider, sous tels pretextes et pour telles causes que ce soit, qu'apres avoir fait les susdits payements, ou retenu les sommes a ce necessaire ; en ce que les susdits engagements n'auront lieu que pour le temps seulement que durera la dite regie et qu'ils seront autorizés par Monsieur l'Intendant, ainsy que la presente deliberation

   GOUDIN DE LABORDERIE, ROULHAC DE THIAS, VALADE, consul ; BONNIN DE FRAIXEIX, BOURDEAU, consul ; PINOT, JUGE, consul ; BLONDEAU, consul ; NICOLAS, sindic ; PEYROCHE, consul.

  Vu bon par nous,
    l'Intendant, TURGOT (1).

Election des consuls pour 1764-1765. — Election et nomination de Messieurs les maires, prevots et consuls, faitte dans la grande salle de l'hotel de ville de Limoges ce jourd'huy, trentiesme septembre mil sept cent soixante-quatre, par Messieurs les soixante prud'hommes nommés par Messieurs les maires, prevots et consuls et officiers municipaux en charge, a la maniere accoutumée, et ce pour l'année mil sept cent soixante-cinq, — les prevots et consuls ont donné acte de l'election de nomination presentement faitte des personnes de M. Montaudon, conseiller du Roy au presidial, et de M. Peconnet du Chatenet, avocat en Parlement, et de M. Jacques Petiniaud, negociant, et du pouvoir a eux donné par les habitants, de lever toutes les sommes qui seront dues a la ville, comprises dans l'etat du Roy. Et ont *(sic)* les dits sieurs Montaudon, Peconnet et Jacques Petiniaud, qui ont preté le serment au cas requis. Fait le dit jour, mois et an que dessus.

   JUGE, consul ; MURET, consul ; BLONDEAU, consul ; MONTAUDON, VALADE, J. PETINIAUD, PEYROCHE, consul ; BOURDEAU, prevot consul.

Nomination d'un membre du bureau du College. — Aujourd'huy, cinquieme octobre mille sept cent soixante-quatre, dans la salle de l'hotel commun de cette ville, ou etoient assemblés Messieurs les maire, prevot, consuls, Monsieur Juge, prevot-consul, a exposé qu'il etoit necessaire de remplacer M. Peyroche au bureau

---

(1) La mention est de la main de Turgot.

du Collège des cy-devant Jésuites ; la chose mise en deliberation, nos dits sieurs maire, prevot et consuls ont d'une commune voix nommé Monsieur Jacques Petiniaud, consul en charge, pour remplacer ledit Peyroche, en conformité de la declaration en datte du vingt-uniesme may mille sept cent soixante-trois. Fait lesdits jour, mois et an que dessus.

    Juge, prevost-consul ; J. Petiniaud, consul; Bourdeau, consul ; Montaudon, Peconnet.

Désignation d'un prédicateur pour 1765-1766.

Aujourd'huy, cinquieme octobre mille sept cent soixante quatre, dans la salle de l'hotel de ville de Limoges, ou etoient assemblés Messieurs les maire, prevot et consuls pour proceder a la nomination d'un predicateur : la chose mise en deliberation, ont d'une commune voix nommé le Reverend Pere Cluzet, prieur des Reverends Jacobins de Limoges, pour precher l'Avent de mille sept cent soixante-cinq et le Caresme de mille sept cent soixante-six. A cet effet, etc. (Comme ci-dessus p. 9).

    Juge, prevost consul ; J. Petiniaud, consul; Bourdeau, consul ; Montaudon ; Peconnet.

Assemblée de ville Réclamation au sujet de l'exemption de taille du lieu de Beaublanc.

Aujourd'huy, trente-un octobre mil sept cent soixante-quatre, dans la salle de l'hotel de ville de Limoges, ou estoient assemblés Messieurs les maires, prevots et consuls, Mr Juge, prevot consul, a exposé que, par exploit du vingt-un aoust dernier, dem^{lle} Marianne de Douhet du Puy Moulinier, veuve de Mr Jean Baptiste Ardant du Masjambost, conseiller du Roy, controlleur contre garde a la Monnoye de cette ville, les rendit assignés en la cour de l'Election de cette ditte ville aux fins de voir ordonner que, en consequence des privileges accordés a la noblesse, le lieu appellé de Beaublanc, heritages y annexés et en dependant, demeureront a l'avenir exempts et affranchis de toutes tailles et impositions et autres charges publiques auxquelles ils etoient compris au rolle des orances (1) du dit Limoges ; que, sur cette assignation, la dite

---

(1) On appelait *Orances* — de *ora*, bordure, lisière, — la banlieue immédiate de Limoges. Les archives de la ville possèdent un cadastre des orances remontant à la seconde moitié du xviiie siècle.

dem{lle} de Douhet obtint un jugement par deffaut le trente-un du mesme mois qui ordonne que ledit lieu de Beaublanc et heritages y annexés et en dependant, scitués paroisse de St Michel des Lions, dans les orances du dit Limoges, seront a l'avenir affranchis de toutes tailles et autres impositions; que les sieurs consuls, après avoir formé opposition envers ce jugement par leur requette du treize septembre dernier, en ayant informé M. l'Intendant de cette generalité et demandé son avis sur cette action, il repondit qu'avant de rien decider il convenoit de faire une assemblée de ville et lors d'icelle faire determiner si les dits sieurs consuls devoient acceder ou contester la pretention de la ditte dem{lle} de Douhet du Puy Moulinier; a l'effet de quoy, l'assemblée ayant eté indiquée a ce jourd'huy, il est question de deliberer la dessus. La chose mise en deliberation, il a eté unanimement convenu qu'independamment des moyens qui ont eté opposés par les dits sieurs consuls dans leur requette du treize septembre dernier, l'on exceptera que la ditte dem{lle} du Puy Moulinier doit commencer par justiffier des titres de sa noblesse en vertu de laquelle elle pretend exempter de taille le dit lieu de Beaublanc et dependances d'icelui, et, faute par elle de rapporter les dits titres, les dits sieurs consuls doivent persister dans le deboutement du dit privilege. A l'effet de quoy, les dits sieurs consuls se retireront devers Monseigneur l'intendant pour faire authorizer la presente deliberation. Fait les dits jour, mois et an que dessus.

Ant. GOUDIN; BUXEROLLE; LE NOIR; DAVID; G. LAFOSSE; BOUYER; M{al} BOURDEAU jeune; CIBOT; NIEAULD (?); GRELLET, ancien consul; Martial CONSTANT; GARAT; LOMBARDIE l'ainé; MEYNIEUX; NAVIERES DU TREUIL; JUGE, consul; J. PETINIAUD, consul (1).

Acceptation de l'offre faite par l'assemblée de ville d'un forfait pour la portion du produit des octrois revenant au Roi.

Nous soussigné, directeur et receveur general des Domaines et Droits y joints en la generalité de Limoges, fondé de la procuration generalle et speciale de Mr Jean-Jacques Prevot, adjudicataire general des fermes royalles unies de France, du quinze decembre mille sept cent soixante deux, passée devant Reynet et Viviers, son confrere, notaires, et en vertu de la lettre missive du vingt-un septembre mille sept cent soixante-quatre, dont coppie est cy jointe, declare *(sic)* accepter les offres contenües en la deliberation de

---

(1) Le 12 novembre 1764, le cardinal de Bernis passa à Limoges, se rendant à Albi, dont il était archevêque. Il fut reçu à l'évêché, où les consuls et les autres corps allèrent le complimenter et la ville lui fit un présent de vin. Son frère, le comte de Bernis, l'accompagnait. L'évêque de Comminges se trouva à l'évêché en même temps que lui.

la presente ville de Limoges du vingt-neuf septembre dernier, inserée dans le füeillet precedent recto, signée par authorisation de M. Turgot, intendant de la generalité, dont il m'a eté delivré une expedition et que je viens d'examiner et lire de nouveau, pour et au nom du dit sieur Prevot, adjudicataire, le tout pour etre reciproquement executé avec touttes les condictions y exprimées et sous la caution du dit sieur Prevot et ses cautions, et sous les garanties de droit, en ce que le corps de ville ny autres parties interesées ne pourront former contre le dit adjudicataire, Messieurs leurs cautions et preposés, aucune demande en dedomagement ou indemnité sous pretexte de perte ou d'autres evenements quelconques, cette clause faisant partie de la presente acceptation et en etant considerée comme l'une des principalles condictions, sans laquelle la dite acceptation n'auroit pas eu lieu: en ce pareillement qu'au moyen de la somme de *trois mille sept cent quatre-vingt-onze livres* a laquelle monte les dites offres chaque année, les deux sols pour livre d'icelle qui montent trois cent soixante-dix-neuf livres deux sols, et le total quatre mille cent soixante dix livres deux sols, dont le quart monte a la somme de mille quarante-deux livres dix sols six deniers, je renonce pour et au nom du dit sieur adjudicataire, ses preposés et ayant droit, a touttes parts et portions dans les amendes qui pourroient etre judiciairement prononcées ou reglées a l'amiable pendant tout le temps de la regie contre ceux qui seroient tombés en contravention et donner lieu a des proces verbaux et recherches, tout quoy cedera (?) au proffit de la ville. En consequence de ce que dessus qui a eté aussy accepté par les sieurs commissaires de la ville, je declare avoir receû tout presentement, en especes de cours, du sieur Nadaud, caissier, la somme de mille quarante-deux livres dix sols six deniers faisant le quart de la susdite somme de quatre mille cent soixante-dix livres deux sols, pour le premier quartier revenant au dit sieur Prevot, des susdites causes, dont je tiens quitte iceluy sieur Nadaud et tous autres, avec promesse de les en faire tenir quitte envers et contre tous. Fait a Limoges dans l'hotel de ville, le premier decembre mille sept cent soixante-quatre.

Goudin de Laborderie; Peconnet; Bonnin de Fraixeix; Montaudon; J. Petiniaud; Ardant du Picq; Juge; Doujaud.....; M. Dissaudes, directeur des Domaines (1).

S'ensuit la coppie de la lettre cy dessus mentionnée. A Paris, le 21 septembre 1764.

(1) Ce nom a été mis de la main du secrétaire-greffier.

Nous sommes très satisfait, Monsieur, que vous soiés parvenu a determiner Messieurs les consuls qui sont dans l'intention de faire regir les octrois de votre ville, a nous assurer la premiere moitié de l'octroy sur le pied du bail actuel : nous vous authorisons en consequence a passer un bail avec eux aux memes charges et condictions que celuy qui a eté fait avec le sieur Vergniaud. *Signé a l'original :* Texier, Douet, Bordas, de Saint-Hilaire et de Lagarde.

Coppie de la lettre écrite par Monsieur Le Saige a Messieurs les consuls de Limoges.

Bordeaux, le 15 decembre 1764.

Je vous envoy ci-joint, Messieurs, des exemplaires de l'edit portant reglement pour l'administration des villes et principaux bourgs du royaume et suppression des offices municipaux, donné au mois d'aoust dernier, et enregistré a la cour le trois de ce mois. Vous aurés, s'il vous plaît, attention de tenir la main a ce qu'il soit exactement executé dans votre communauté.

Je suis parfaitement, Messieurs, votre très affectionné serviteur.

Signé : Saige.

Edit du Roy contenant reglement pour l'administration des villes et principaux bourgs du royaume. Donné a Compiegne au mois d'aoust 1764.

Louis, par la grace de Dieu, roy de France et de Navarre, a tous presents et a venir, salut. Lorsque nous vous avons donné notre declaration du 11e fevrier dernier, nous avons formé le dessein d'etablir l'ordre le plus exact dans l'administration des villes et des autres corps et communautés de notre royaume. Nous avons crû en consequence devoir nous faire rendre compte de ce qui s'est passé en differents temps au sujet de cette administration, et nous avons reconnu qu'independamment des eclaircissements demandés par notre dite declaration, et d'après lesquels nous ferons connoître nos intentions a l'egard de chacune des dites villes, corps et communautés, relativement a leur scituation particuliere, il seroit utile de fixer des a present les principes generaux qui doivent diriger leur administration, afin que nos sujets puissent recüeillir plus tôt les fruits que nous attendons des mesures que nous ne cesserons de prendre pour le retablissement du bon ordre partout ou il auroit pu souffrir quelque interruption ; nous nous sommes faits representer en meme temps les lois et les reglements qui sont intervenus sur cette matiere importante jusqu'a ce jour, et il nous a paru necessaire de les reunir dans une seule et meme loy, en y faisant les changements que les temps et les circonstances ont pu exiger, et en apportant aux abus et aux inconveniens qui s'y sont glissés les remedes les plus efficaces pour l'etablissement d'une police stable et permanente et la plus uniforme qu'il a eté possible. C'est dans cet esprit que nous avons jugé a propos de determiner la forme et les precautions avec lesquelles les dites villes et bourgs pourront emprunter, vendre ou acquérir et regir leurs biens communaux, celle dans laquelle les octrois etablis pour un temps pouront etre prorogés ou dans laquelle il en poura etre etablis de nouveaux dans les cas de necessités, et celle qui sera suivie par rapport a la perception des deniers patrimoniaux ou d'octrois, a leur employ, et a la redition des comptes qui en doivent etre rendus, tant a nous qu'aux dites villes, corps et communautés. Et si nous avons cru ne devoir nous expliquer en ce moment que sur celles des dites villes et bourgs dont le nombre des habitants rendoit cette administration plus importante, nous esperons que leur exemple influera sur les autres et rendra leur administration plus avantageuse. En attendant que nous jugions necessaire d'y donner aussy notre attention, nous comptons assés sur le zele des officiers municipaux de nos dites villes, corps et communautés et sur leur attachement a leurs devoirs pour etre assurés qu'ils entreront dans toutes les voies du bien public qui nous animent, et c'est ce qui nous a determiné a supprimer des aujourd'huy des offices qui etoient a charge aux dites villes, corps et communautés et a retablir l'ordre ancien suivant lequel il leur etoit permis de choisir eux memes leurs officiers (1), nous ne pouvons douter que l'attention continuelle que nous donnerons a l'execution de notre present edit, ne nous procure la satisfaction de voir incessament regner le bon ordre dans une administration aussy interessante pour nos sujets que pour le bien general de notre Etat. A ces causes et autres a ce nous mouvant, de l'avis de notre conseil et de notre certaine science, pleine puissances et authorité royale, nous avons par le present edit perpetuel et irrevocable, dit, statué et ordonné, disons, statuons et ordonnons, voulons et nous plait ce qui suit :

Article premier. — Les biens et revenus, soit patrimoniaux, soit

---

(1) La généreuse sollicitude dont il est fait étalage ici perd un peu de son mérite, si on se rappelle que les intendants avaient obtenu de beaucoup de villes. moitié de gré, moitié de force, qu'elles se rendissent acquéreurs des offices municipaux.

d'octrois, et generalement tous revenus communaux appartenans aux villes et bourgs de notre royaume, dans lesquels il se trouvera quatre mille cinq cents habitans, ou plus, seront regis et administrés par les maires, echevins, consuls, jurats et autres officiers municipaux des dites villes et bourgs, en la forme qui sera reglée par les lettres patentes que nous ferons expedier pour chaqu'une des dites villes et bourgs, sur le vu des etats et memoires qui nous auront eté envoyés conformement a notre declaration du 11 fevrier dernier.

2. — Les offices de maires, consuls, echevins, jurats, ou autres officiers municipaux, creés sous quelque denomination que ce soit, ensemble les offices de receveurs des deniers communs et d'octrois des dites villes et bourgs, et de controlleurs des dits receveurs, et en general tous offices de pareille nature et qualité, sans aucune exception, qui auroient eté creés jusqu'a ce jour; sous quel titre que ce puisse etre, et qui n'auroient pas eté acquis, avant notre present edit, par les dites villes et bourgs, seront et demeureront eteins et supprimés a compter de ce jour, comme nous les eteignons et supprimons par notre present edit, a perpetuitté, et sans qu'ils puissent etre retablis par la suite, sous quelque pretexte que ce puisse etre.

3. — Voulons neanmoins que les dits officiers municipaux et les dits receveurs des deniers d'octrois continuent de remplir les fonctions attachées aux dits offices jusqu'au premier janvier prochain, et que, passé le dit temps, ils soient appelés aux assemblées des notables et y ayent voix deliberative; voulons meme que ceux d'entr'eux qui auroient exercé les dits offices, pendant trente ans, jouissent pendant le restant de leur vie des privileges et exemptions qui y etoient attachés.

4. — Les pourvus des dits offices supprimés seront tenus de remettre, dans trois mois pour tout delay, leurs quitances de finances, ou autres titres, ez mains du controlleur general de nos finances, pour etre par nous pourvu, ainsi qu'il appartiendra, a la liquidation et au remboursement des dites finances; voulons que l'interet d'icelles soit payé a raison du denier vingt, a compter du premier janvier prochain, a ceux qui auront remis les dits titres dans le dit delay, passé loquel les dits interets ne couront que du premier jour du mois qui suivra la dite remise.

5. — Il sera, dans deux mois du jour de la publication de notre present edit dans les baliages et senechaussées de notre Royaume, procedé, en chacune des dites villes, bourgs et communautés, a l'election des dits maires et echevins, consuls, jurats, ou autres officiers municipaux, a l'exception touttes fois de nos procureurs

ez hôtels des dites villes, supprimés par notre edit de l'année 1758, comme aussy a la nomination d'un receveur des deniers communs, et de ceux d'octrois qui sont destinés au service des dites villes et bourgs ; les dites elections et nominations seront faittes a une assemblée ordinaire des notables, qui sera convoquée et tenue en la maniere cy après prescrite.

6. — La remise ou les appointemens accordés aux dits receveurs ainsy nommés et le montant du cautionnement qu'ils seront obligés de donner, seront par provision, et jusques a ce que nous ayons fait connoitre nos intentions a cet egard, fixés et reglés dans la dite assemblée de notables, et sera la caution reçue par le juge du lieu en la forme ordinaire, sans que, jusqu'a ce, les dits receveurs puissent entrer en fonctions.

7. — Tout ce qui concernera la regie et administration ordinaire des dites villes et bourgs sera reglé dans une assemblée des dits officiers municipaux.

8. — Et pour qu'il soit veillé perpetuellement a la dite administration, il sera convoqué deux fois par an, aux jours qui seront fixés dans la premiere assemblée qui sera tenue en execution du present edit, ou meme plus souvent s'il est necessaire, une assemblée de notables des dites villes et bourgs, en laquelle nos officiers et ceux des seigneurs seront appelés, pour y etre par les dits officiers municipaux rendu compte de l'etat des affaires de la commune (1) ; voulons que les registres des receveurs y soient representés, avec un bref etat de la recette et depense et des dettes actives et passives de la dite ville ou bourg, pour y etre le dit etat veriffié et en etre le double arreté dans la dite assemblée, remis ensuite par le dit receveur a l'intendant et commissaire departy par nous, dans le departement duquel sera la ville ou bourg, et par lui envoyé, avec ses observations et son avis, au controlleur general de nos finances ; n'entendons, quant a present, rien innover sur le choix de ceux qui seront appellés, comme notables, aux dittes assemblées, jusqu'a ce que nous ayons fait connoitre notre intention a ce sujet par les lettres particulieres que nous ferons expedier pour chacune des dites villes et bourgs.

9. — Le premier officier de nos sieges, et nos procureurs ez dits sieges, seront toujours appelés aux dites assemblées de notables, ainsy que les juges des seigneurs, sans touttes fois que nos dits officiers puissent presider aux dites assemblées, si ce n'est que

---

(1) C'est l'ancien usage de la reddition des comptes des magistrats municipaux sortants en présence du juge ou prévôt seigneurial et d'une assemblée de prudhommes.

tous les officiers municipaux en exercice se trouvassent absens, ou qu'il fut question de la police generalle des dites villes et bourgs ou de la perception de ceux de nos deniers qui doivent etre portés en notre tresor royal, et des comptes d'iceux : auquel cas ils presideront aux dites assemblées.

10. — Les assemblées ordonnées par les articles precedents seront convoquées par le premier officier municipal des dites villes et bourgs, et tenues en la maniere accoutumée, sans qu'il soit besoin de l'authorisation du commissaire departy, jusqu'a ce que nous ayons reglé la forme d'icelles par nos lettres patentes, que nous ferons expedier en la forme ordinaire ; voulons a cet effet que les dits officiers municipaux soient tenus, dans un mois a compter du jour de l'enregistrement de notre present edit, de remetre au dit commissaire departy un memoire sur la forme dans laquelle les dites assemblées ont eté tenues jusqu'a ce jour et tous ceux qui y sont appelés, pour etre le dit memoire par luy envoyé, avec son avis, au controlleur general de nos finances.

11. — Et voulant prevenir les difficultés qui pourroient s'elever dans la suite sur les rangs et seances de ceux qui assisteront aux dites assemblées, voulons que, sans prejudice au droit des parties et jusqu'a ce qu'il y ait eté autrement pourvu, il ne soit par provision observé aucun rang entr'eux, et que chacun y prenne seance suivant qu'il se trouvera placé, a l'exception seulement de l'officier qui y presidera, conformement a ce qui est porté par l'article ix cy dessus, lequel y aura la première place.

12. — Voulons pareillement que, par provision, et jusqu'a ce qu'il en ait eté autrement ordonné, s'il y echet, par les dites lettres patentes que nous ferons expedier pour chacune des dites villes et bourgs, les elections des officiers municipaux et du receveur des deniers communs et d'octrois soient faites par voye de scrutin, et par billet, et que les deliberations sur les affaires communes soient prises a la pluralité des voix.

13. — N'entendons empecher les officiers municipaux des dites villes et bourgs de faire les depenses qui auront eté jugées necessaires par les dites assemblées jusqu'a ce que nous ayons statué sur chacune des dites villes et bourgs par nos dites lettres patentes ; voulons qu'après[que] les dites depenses auront eté determinées par nos dites lettres, elles ne puissent etre augmentées dans la suite, si ce n'est dans les cas urgens et avec les formalités qui y auront eté prescrites (1), le tout a peine d'en repondre par les dits officiers

---

(1) C'était bien ce qui existait déjà : on a vu que les dépenses ordinaires de la ville de Limoges avaient été fixées par un arrêt du Conseil du 5 décembre 1693. Il est aisé de cons-

municipaux en leurs propres et privés noms, et d'etre condamnés à remetre ez mains du receveur le montant du dit excedent avec les les interets du jour que les deniers du dit excedent seront sortis de la caisse commune.

14. — Il ne pourra etre ordonné aucune pension ou gratification, ny fait aux biens communaux aucunes reparations, autres neanmoins que celles d'entretien ordinaire, qu'en suite d'une deliberation prise dans une assemblée de notables, qui sera remise au dit commissaire departy, pour etre par luy envoyée, avec son avis, au controlleur general de nos finances, et etre par nous authorisée s'il y a lieu.

15. — Les nouvelles constructions ou augmentations a celles deja faites seront pareillement deliberées dans la dite assemblée de notables et ne pourront etre faittes qu'elles n'ayent eté par nous authorisées, sur l'avis du dit commissaire departy : a l'effet de quoy les plans et devis estimatifs des dites constructions ou augmentations seront envoyés au controlleur general de nos finances, pour etre mis sous le contre-scel de nos lettres patentes que nous ferons expedier lorsque l'objet des dites nouvelles constructions ou augmentations montera a la somme qui sera par nous determinée par nos dites lettres patentes particulieres pour chacune des dites villes et bourgs.

16. — Faisons très expresses inhibitions et defenses aux officiers municipaux des dites villes et bourgs et communautés de faire aucunes acquisitions qu'elles n'ayent eté deliberées dans une assemblée de notables, et que la deliberation n'ait eté envoyée au dit commissaire departy, pour nous etre par lui donné son avis, et sur le dit avis etre accordé, s'il y echet, nos lettres a ce necessaires; et, ou les dites acquisitions n'excederont point la somme de trois mille livres, avons dispensé et dispensons les dits officiers d'obtenir nos dites lettres, a la charge touttes fois de faire homologuer en nos cours les dites deliberations, lesquelles seront homologuées sur les conclusions de nos procureurs generaux et sans frais ; voulons que coppie duement collationnée de nos dites lettres patentes, ou des dits arrêts d'homologation, soit annexée aux dits contrats d'acquisition, a peine de nullité; faisons defenses expresses aux dits officiers de faire aucunes acquisitions avant les dits enregistrements ou homologations, a peine d'en repondre en leurs propres et privés noms.

tater, en rapprochant de l'état porté à cet arrêt (t. IV, page 86, *en note*), le relevé des dépenses municipales donné par nous ci-dessus (page 191); combien ces dépenses avaient peu changé en soixante-dix ans.

17. — Les dispositions portées par l'article precedent seront executées en leur entier a l'egard des alienations des biens des dites villes et bourgs qui se trouveroient indispensables, et seront au surplus executées, selon leur forme et teneur, les dispositions des ordonnances, edits et declarations qui concernent les dites alienations.

18. — Il ne pourra pareillement etre fait aucun emprunt de deniers pour les dites villes et bourgs, si ce n'est dans les formes prescrites par l'article 16 cy-dessus, qui sera executé a cet egard en tout son contenû.

19. — Les lettres patentes qui permettront les dites alienations ou emprunts, et les arrêts d'homologation portés par les articles precedents, prescriront en meme temps l'employ des deniers qui en proviendront, a peine de nullité; faisons defenses aux officiers municipaux de les divertir a aucun autre usage, a peine d'etre destitués, et d'etre condamnés a la restitution, et en tels dommages et interets qu'il appartiendra.

20. — Les lettres patentes qui permettront les constructions, acquisitions, alienations et emprunts portés par les articles precedents, seront scellées sans droits ni frais, et elles seront enregistrées dans les grands chambres de nos cours de parlement sur la seule requete de nos procureurs generaux et sans droits ny frais : ce qui sera pareillement observé a l'egard des arrets de l'homologation des deliberations cy dessus prescrites.

21. — Voulons que tous contrats ou actes qui seront passés a l'avenir pour raison des susdites constructions, acquisitions, ventes, alienations, emprunts, a l'egard desquelles les formalités cy dessus portées n'auroient pas eté observées en leur entier, soient et demeurent nuls de plein droit, sans qu'il soit besoin de lettres de restitution ou de rescision, et sans que les acquereurs ou preteurs puissent exercer aucun recours contre le corps des dites villes ou bourgs, sauf a l'exercer contre ceux des dits officiers municipaux et autres deliberans qui auroient signé les dits contrats et actes ou les deliberations qui auroient authorisé a les passer.

22. — Faisons defenses expresses a tous habitans des dites villes et bourgs ou autres, meme a leurs officiers municipaux, de s'obliger pour les dites villes et bourgs (1), si ce n'est dans les actes et contrats passés par les dites villes et bourgs dans les formes prescrites

---

(1) Il arriva plus d'une fois dans l'histoire de notre ville que des citoyens dévoués acceptèrent, dans des moments critiques, de prendre, sous leur propre responsabilité, des engagements au profit de toute la population. Plus d'une fois ils payèrent de leur fortune leur patriotisme et leur abnégation : on connaît l'histoire de Pétiniaud de Beaupeyrat.

par les articles precedens; declarons nuls et de nul effet tous autres actes et obligations par eux contractées pour les dites villes et bourgs, comme aussy touttes acceptations et promesses de garentie qui seroient faittes en leur faveur par les dites villes et bourgs, ou en leurs noms, sans que ceux qui se seroient ainsy obligés et ceux qui auroient stipulé la dite garantie puissent exercer aucuns recours contre les dites villes et bourgs, mais seulement contre ceux qui auroient signé les dits actes, ce qui aura lieu de plein droit, sans qu'il soit besoin de lettres de restitution ou de rescision, et dans tous cas sans distinction, a l'exception seulement de ceux de famine, de maladies pestilentielles ou autres accidens imprevûs.

23. — Voulons neanmoins par grace, et sans tirer a consequence, que ceux qui auront contracté jusques icy avec les dites villes et bourgs et leurs officiers municipaux ou autres, soit pour constructions nouvelles, emprunts, ventes, alienations, acquisitions ou autres affaires communes, et dont les actes ne se trouveroient pas revetus des formalités cy dessus prescrites, puissent se pourvoir avant le premier janvier mil sept cent soixante-sept pour reparer, s'il y echet, le defaut des dites formalités; faute de quoy, et le dit delay passé, ils n'y seront plus receûs, et il sera statué sur les dits actes, conformement aux edits et declarations precedents intervenûs a ce sujet, par les juges qui doivent connoître aux termes des dites lois.

24. — Et en cas que (1) l'insuffisance des deniers patrimoniaux pour fournir aux charges des dites villes et bourgs, obligeat les dits officiers municipaux de recourir à notre authorité pour y suppleer par l'augmentation, la prorogation ou l'etablissement de quelque octroy, ils demanderont au dit commissaire departy permission de convoquer une assemblée des notables habitans, a l'effet d'etre deliberé sur la dite demande, et la deliberation contiendra la situation des affaires de la dite ville ou bourg et les motifs de la dite demande.

25. — La dite deliberation sera envoyée sur le champ par les dits officiers municipaux au dit commissaire departy, et par luy au controlleur general de nos finances, a l'effet d'y etre par nous statué, s'il y echet, par nos lettres patentes, adressées a nos cours; et seront les dites lettres expediées de notre propre mouvement et enregistrées sur les seules conclusions de nos procureurs generaux, et sans frais, en la maniere accoutumée; voulons que le tems pen-

---

(1) Le greffier a écrit : *en cas de* par une erreur évidente.

dant lequel le dit octroy sera levé soit fixé par les dites lettres et que les dites deliberations et avis soient mis sous le contre-scel d'icelles, a peine de nullité.

26. — Les adjudications des baux des biens et revenûs patrimoniaux des dites villes et bourgs seront faites dans la susdite assemblée de notables, au plus offrant et dernier encherisseur, et sur trois affiches prealables apposées de quinzaine en quinzaine aux lieux requis et accoutumés, a l'exception seulement de ceux qui n'excederoient pas la somme de cent livres de revenû annuel, qui pourront etre passés par les dits officiers sans les dites formalités; et a l'egard de tous les octrois sans exception qui auront eté par nous accordés aux dites villes et bourgs, il sera procedé a leur adjudication dans les dites villes et bourgs, par devant les officiers de nos bureaux des finances, ou ceux de nos elections, qui s'y transporteront, le tout en la forme et maniere accoutumée ; defendons a tous nos officiers municipaux de s'en rendre, en aucun cas et sous quelque pretexte que ce soit, adjudicataires, ou cautions des adjudicataires, soit en leurs noms, soit sous des noms interposés, a peine de nullité des dits baux, de destitution et de dommages et interets, sans que les dites peines puissent etre reputées comminatoires.

27. — Les deniers communs des dites villes et bourgs seront deposés dans le lieu qui aura eté choisy et determiné dans une assemblée de notables et seront conservés dans un coffre fermant a trois clefs, dont l'une sera gardée par l'un des officiers municipaux, la deuxieme par un notable du lieu et la troisieme par le receveur ; et il sera reglé, par la dite assemblée, telle somme qu'il appartiendra pour rester ez mains du dit receveur et fournir aux depenses manuelles et quotidiennes de la commune, sans qu'il puisse garder une somme plus considerable entre ses mains, a peine d'en repondre en son propre et privé nom, et de destitution ; voulons qu'il ne luy soit remis de nouveaux deniers qu'en justifiant sommairement de l'employ des precedens, dont, ainsy que de ceux qui luy seront successivement remis, il sera par luy donné quittance, qui sera deposée dans le dit coffre, et mention d'icelle faite dans un registre qui restera ez mains de celuy des dits officiers municipaux chargé de l'une des clefs du dit coffre.

28. — Les deniers provenant des octrois dont le produit a eté accordé aux dites villes et bourgs, seront pareillement deposés dans le dit coffre, lors duquel depot il en sera donné quitance au receveur des dits octrois par l'officier municipal et le notable habitant qui auront la clef du dit coffre, suivant ce qui est porté par l'article precedent ; voulons que les deniers ainsy deposés soient ensuite

reputés deniers communs des dites villes et bourgs, a la charge touttes fois de les employer specialement a la destination a laquelle ils auront eté affectés par l'etablissement même des dits octrois.

29. — En cas qu'il se trouve a la fin de l'année un excedent de recepte dans les dits deniers communs, il sera *deliberé en la dite assemblée de notables sur l'employ qui en sera fait pour l'utilité des dites villes et bourgs, et la dite deliberation sera envoyée au dit commissaire departy, a l'effet d'etre par nous, sur son avis, pourvu au dit employ* (1), soit en payement des debtes et charges des dites villes ou bourgs, soit en ouvrages necessaires et utiles, soit en acquisitions de rentes ou effets qui ne pouront etre que de la nature de ceux que les gens de mainmorte peuvent acquerir, aux termes des dispositions portées dans notre edit du mois d'aoust mille sept cent quarante-neuf.

30. — Il ne pourra etre fait ou ordonné aucune deputation qu'elle n'ait eté deliberée dans une assemblée de notables habitans de nos dites villes et bourgs, convoquée en la forme cy-dessus prescrite; faisons defenses de deputer aucun des officiers municipaux si ce n'est qu'ils veüillent se charger gratuitement et sans frais de la deputation, a peine de restitution des sommes qui luy auroient eté payées, nous reservant neanmoins de permettre la deputation des dits officiers municipaux sur l'avis du dit commissaire departy, en cas que nous la jugions necessaire pour le bien des dites villes et bourgs.

31. — Les titres et papiers des dites villes et bourgs seront placés dans tel lieu sur et convenable qui aura eté choisy a cet effet et qui aura eté par nous reglé sur le vu de la deliberation de la dite assemblée et de l'avis du commissaire departy; voulons qu'il en soit fait un inventaire sommaire dont le double sera remis au premier des officiers municipaux et l'autre restera ez mains de ceux des dits officiers a qui la garde des dites archives aura eté confiée par la deliberation de la dite assemblée, sans qu'il puisse en etre tiré aucune piece, si ce n'est sur le recepissé de celuy a qui elle aura été confiée, lequel recepissé restera dans les dites archives jusqu'a ce qu'elle y ait eté retablie.

32. — Les receveurs des dites villes et bourgs seront tenus de remettre aux dits officiers municipaux, dans les premiers jours de chaque mois, un bref etat de leur recette et depense, qui sera visé par l'un d'entre eux, comme aussy de rendre tous les ans, au plus tard dans le mois de mars, un compte en regle de toute la recette

---

(1) Ainsi souligné au registre.

et depense de l'année precedente, lequel sera par eux signé et affirmé veritable.

33. — Le dit compte et les pieces justificatives d'iceluy seront examinés dans une assemblée de notables, qui sera convoquée a cet effet, pour y etre verifiés et arretés en la maniere accoutumée jusques a ce que nous ayons reglé par nos lettres patentes, particulieres pour chacune des dites villes et bourgs, la forme dans laquelle les dits comptes y seront reglés et arretés.

34. — Faute par le dit receveur de rendre le dit compte dans le dit delay, il y pourra etre contraint par amende et meme par corps, en vertu de la simple ordonnance du juge du lieu, qui sera rendue sur la requete du sindic ou des officiers municipaux et executée provisoirement, nonobstant l'appel, et sans prejudice d'iceluy; voulons que le dit appel soit porté directement en nos cours et jugé en la grand'chambre d'icelles.

35. — L'extrait et l'arreté des dits comptes sera envoyé par le dit sindic au dit commissaire departy pour etre par luy envoyé, avec ses observations, au controleur general de nos finances, a l'effet de nous etre representé tous les ans un etat general de l'administration de nos dites villes et bourgs (1), et d'y etre par nous pourvu en la forme ordinaire, ainsy qu'il appartiendra suivant l'exigence des cas.

36. — Les comptes des deniers provenant de la recette des octrois seront pareillement rendus par les dits receveurs en la forme et maniere prescrite par les articles precedents, jusqu'a ce qu'il en ait eté autrement par nous ordonné.

37. — La recette des dits comptes sera composée du produit total des dits octrois, et la depense le sera des taxations attribuées au dit receveur pour en faire la perception, des frais de recouvrement, si aucun y a, et du montant de la remise faite du surplus dans la caisse des deniers communs, suivant la quittance qu'il sera tenu d'en rapporter, conformement à l'article xxviii de notre present edit.

38. — Les dits comptes des deniers d'octrois, apres avoir eté verifiés et arretés chaque année en la forme prescrite par les articles precedents, seront rendus tous les trois ans par les dits receveurs, par bref etat, tant aux Bureaux des finances qu'en nos chambres des Comptes, sans que les epices des dits comptes puissent exceder un pour cent du montant de la recette effective, ni dans aucun cas exceder la somme de quatre mille livres, et sauf a nos dites chambres des Comptes a les taxer au dessous de cette quotité, suivant les circonstances, ce dont nous chargeons l'honneur et la conscience de celui qui presidera.

(1) Voilà un essai de statistique financière des communes qui mérite d'être signalé.

39. — A l'egard des droits et salaires qui pourroient etre dus aux officiers inferieurs de nos dites chambres, pour vacation aux dits comptes, voulons qu'il nous soit par elles envoyé, aussy tot apres l'enregistrement de notre present edit, un tarif des dits droits, avec leurs observations, pour y etre par nous pourvu ainsi qu'il appartiendra.

40. — Les comptes prescrits par l'article 32 de notre present edit, apres avoir eté pareillement verifiés et arretés dans ladite assemblée des notables, en la maniere prescrite par l'article 33, seront rendus en forme par les dits receveurs par devant nos bailliages et seneschaussées, pour, apres avoir eté communiqués a notre procureur, et sur le vu des pieces justificatives de la recette et de la depense, etre les dits comptes clos, arretés et jugés, sans droits ny frais, et ce dans deux mois au plus tard, a compter de l'arreté qui en aura eté fait par les dites assemblées.

41. — Apres la closture des dits comptes, il en sera envoyé par notre procureur audit siege, une expedition a notre procureur general, pour etre par lui examiné a l'effet de se pourvoir en la grand'chambre de notre parlement pour y etre procedé a la reformation des articles qu'il trouveroit n'etre point en regle, ce qui ne pourroit etre fait que sur referé instruit par simple memoire, et sans frais, sans qu'en aucun cas il puisse etre prononcé aucun appointement a ce sujet.

42. — Dans tous les cas ou nous aurions permis aux dits habitans des dites villes et bourgs de contribuer entr'eux, par voye de capitation ou autre levée de deniers, la perception en sera faite par les collecteurs qui auront eté nommés dans une assemblée de notables habitants convoquée a cet effet.

43. — Les ordonnances, edits et declarations concernant les autorisations necessaires aux dites villes et bourgs pour pouvoir plaider, seront executés selon leur forme et teneur, et les dites autorisations ne pourront etre accordées que sur une requete accompagnée d'une consultation d'avocat, qui sera annexée a l'ordonnance d'autorisation, a peine de nullité de ladite ordonnance.

44. — Ne pourra, neanmoins, la dite autorisation etre necessaire pour defendre aux appels des sentences ou jugements qui auront eté rendus en faveur des dites villes et bourgs, ny pour se pourvoir par devers nous.

45. — Dans tous les cas ou la dite authorisation se trouvera necessaire, faute par les dits officiers municipaux de l'avoir obtenue, les depends qui seroient prononcés contre les dites villes et bourgs ne pourront etre repetés sur leurs biens et revenus, mais seront payés par les deliberants en leurs propres et privés noms.

46. — Les contestations qui pourroient s'elever au sujet des biens patrimoniaux et communaux des dites villes et bourgs seront portées par devant les juges ordinaires des lieux et par appel immediatement en la grand'chambre de nos cours de parlement.

47. — Les dites contestations seront jugées tant en cause principale qu'en cause d'appel a l'audience, ou sur deliberé, sans qu'elles puissent etre appointées, si ce n'est seulement en cas de partage d'opinions, auquel cas elles seront seulement appointées a metre (*sic*), et sera fait mention du dit partage dans la dite sentence ou arrest d'appointement, le tout a peine de nullité et de restitution des frais par les procureurs qui auroient occupé dans les dites instances.

48. — Voulons neanmoins que les contestations qui concerneront les biens patrimoniaux soient jugées en dernier ressort quand elles seront portées en premiere instance par devant nos juges, lorsqu'il ne s'agira que d'une somme moindre de trois cents livres une fois payée, et l'appel des sentences rendues sur les dits objets ne pourra etre reçu, a peine de nullité, et de deux cents livres d'amende contre le procureur qui auroit signé la requete d'appel.

49. — Les sentences qui interviendront dans les cas portés par l'article precedent, seront rendues par cinq juges au moins, qui seront tenus de les signer, et il y sera fait mention qu'elles ont eté rendues par jugement en dernier ressort, sinon elles seront sujettes a l'appel.

50. — Les contestations qui concerneront la levée des droits d'octrois, meme pour la portion qui en aura eté accordée aux dites villes, seront portées par devant les juges qui connoissent de nos droits en premiere instance, et par appel en nos cours des Aides, et seront jugées tant en premiere instance qu'en cause d'appel, en la forme prescrite par les articles 47, 48 et 49 de notre present edit, et sous les peines qui y sont portées.

51. — Les demandes qui concerneront les dits droits d'octrois, même pour la portion qui en aura eté accordée aux dites villes et bourgs, seront pareillement jugées en dernier ressort par les juges qui en doivent connoitre en premiere instance, lorsqu'elles n'excederont pas la somme de trente livres et qu'il ne s'agira point de decider du fond du droit; et seront observées a cet égard les dispositions portées par l'article XLIX de notre present edit.

52. — N'entendons au surplus prejudicier par les dispositions des articles XLVI et XLVII cy-dessus, aux droits de jurisdiction attachés aux corps municipaux qui seroient en possession de connoitre des matieres portées par les dits articles, ou d'aucunes d'icelles.

53. — Les dispositions portées par notre declaration du 21 novembre dernier, par rapport aux debtes de notre Etat, seront exactement observées en ce qui concerne la liquidation et le remboursement des debtes des dites villes et bourgs.

54. — Toutes les dispositions de notre present edit seront executées selon leur forme et teneur, nonobstant tous edits, declarations, arrets et reglements, auxquels nous avons derogé et derogeons par le present edit, en tant que de besoin, en ce qui pourroit y etre contraire, nous reservant au surplus de faire connoitre plus particulierement dans la suite nos intentions sur ce qui concerne l'administration des biens et revenus des autres corps et communautés de notre royaume, voulant que jusques là elle continue d'etre faite suivant ce qui s'est pratiqué jusqu'a present. N'entendons toutes fois comprendre dans les dispositions du present edit notre ville de Bordeaux, a l'egard de laquelle il ne sera rien innové jusqu'a ce qu'il en ait eté par nous autrement ordonné. Si donnons en mandement a nos amés et feaux les gens tenant notre cour de parlement a Bordeaux, que notre present edit ils ayent a faire lire, publier et registrer, meme en temps de vacation, et le contenu en iceluy garder, observer et executer selon sa forme et teneur, nonobstant toutes choses a ce contraire; voulons qu'aux copies du present edit, collationnées par un de nos amés et feaux conseillers secretaires, foi soit adjoutée, comme a l'original, car tel est notre plaisir. Et afin que ce soit chose ferme et stable a toujours, nous y avons fait mettre notre scel. Donné a Compiegne au mois d'aoust, l'an de grace mille sept cent soixante quatre et de notre regne le quarante neufvieme.

Signé : Louis. Par le Roy : Bertin. Vu au Conseil : De Laverdy (1).

Apres que lecture et publication a eté judiciairement faite, par le greffier de la cour, de l'edit du Roy, contenant reglement pour l'administration des villes et bourgs du royaume, donné a Compiegne au mois d'aoust 1764, signé : Louis, et plus bas, par le Roy : Bertin, vu au Conseil : De Laverdy, et scellé du grand sceau de France de cire verte,

La Cour, ouy, ce requerant, le procureur general du Roy, ordonne que sur le reply de l'edit du Roy, dont lecture vient d'etre faite par le greffier de la Cour, seront mis ces mots : « Lu, publié et enre-

<small>Arrêt d'enregistrement par le Parlement de Bordeaux.</small>

---

(1) Voilà une véritable loi organique sur l'administration municipale, et on est frappé, en la lisant avec attention, d'y rencontrer tant d'articles dont l'inspiration sinon le dispositif, se retrouve encore notre législation.

gistré pour etre executé selon sa forme et teneur, conformement a la volonté de Sa Majesté », et que copies d'iceluy, ensemble du present arrest, duement collationnées par le greffier de la Cour, seront envoyées dans toutes les seneschaussées du ressort a la diligence du procureur general du Roy, pour y etre fait pareille lecture, publication et enregistrement, a la diligence de ses substituts, auxquels enjoint d'en certifier la Cour au mois (1). Fait a Bordeaux, en parlement, le trois decembre 1764.

Signé : MONSIEUR LE BERTHON, president.

Collationné. *Signé :* FEGER.

Enregistré en la Cour seneschalle de Limoges, le vingt neuf decembre mil sept cent soixante quatre.

Lettres patentes du Roi autorisant l'établissement d'un octroi pour le Don gratuit.

Louis, par la grâce de Dieu, roy de France et de Navarre, a nos amés et feaux les gens tenants notre cour de Parlement a Bordeaux, Salut. Les maire et consuls de notre ville de Limoges nous ayant representé que nous aurions bien voulu, par le tarif annexé a nos lettres patentes du sept avril mille sept cent soixante et a notre declaration du dix-huit septembre suivant, duement par vous registrées, fixer les droits a percevoir dans notre dite ville pour faciliter le payement de son Don gratuit extraordinaire en execution de notre edit du mois d'aoust mille sept cent cinquante-huit ; mais qu'ayant été depuis reconnu que la perception de ces droits seroit trop onereuse aux habitants, et excederoit le montant annuel de l'imposition de leur Don gratuit, ils se sont trouvés dans la necessité de s'assembler et de former, le douze juillet dernier (2), une deliberation tendant a ce qu'au lieu des droits portés audit tarif, ils soient autorisés a percevoir ceux cy apres detaillés ; pour quoy ils nous supplient tres humblement de vouloir bien, en homologuant et approuvant la dite deliberation, ordonner qu'a compter du quinze septembre prochain il sera perçu dans notre ville, cité et faubourgs de Limoges, sçavoir : pour chaque charge de vin du haut Limouzin recüeilly dans la distance de quatre lieües de notre dite ville, qui y entrera pour la consommation des habitants, cinq sols ; pour chaque charge de vin du Bas-Limouzin, du Perigord, d'Angoumois, du Quercy, de Domme et autres vins recüeillis au delà de quatre lieües, a l'ex-

---

(1) C'est-à-dire dans le délai d'un mois.
(2) Voir cette délibération, page 195 ci-dessus.

ception des vins précieux cy apres denommés, dix sols ; par chaque charge de vin de Bourgogne, de Champagne, de Bordeaux, de Languedoc, d'Espagne et de tous autres vins etrangers, trente sols ; par chaque charge d'eau-de-vie, quarante sols ; par chaque charge de bierre double, dix sols ; par chaque charge de petite bierre, cinq sols ; et pour les autres vaisseaux a proportion de leur contenance et des droits cy-dessus : tous lesquels droits, dont le produit sera employé chaque année au payement du Don gratuit extraordinaire de notre dite ville de Limoges, seront payés par toutes sortes de personnes, de quelqu'etat, qualité et condiction qu'elles soient, sans exception que des hotels-Dieu et hospitaux, pour leur consommation particuliere, conformement a l'article trois de notre edit d'aoust mille sept cent cinquante-huit, et des ecclesiastiques, pour ce qu'ils recueillent du cru de leurs benefices et pour leur consommation seulement, en conformité de l'arrest de notre Conseil du trois decembre de ladite année mille sept cent cinquante-huit ; a quoy voulant pourvoir, et nous etant fait representer ladite deliberation du douze juillet dernier, nos dites lettres patentes et declaration des sept avril et dix-huit septembre mil sept cent soixante, ensemble le tarif y annexé, nous avons, par l'arrêt de notre Conseil de ce jourd'huy (1), dont une expedition en parchemin est cy attachée sous le contre-scel de notre chancellerie, dit, statué et par icelluy ordonné que toutes nos lettres necessaires seront expediées, homologuées, et par ces presentes signées de notre main, homologuons la dite deliberation des maire et consuls de notre ville de Limoges du douze juillet dernier, pour etre executée suivant sa forme et teneur en tout son contenu. En consequence nous avons ordonné, et par ces presentes ordonnons qu'au lieu des droits portés au tarif annexé a nos dites lettres patentes et declaration des sept avril et dix-huit septembre mille sept cent soixante, qui demeurent eteintes et supprimées, les dits maire et consuls seront autorisés a faire percevoir dans notre dite ville, cité et faubourgs de Limoges, a compter du quinze septembre prochain, ceux cy-dessus specifiés, et ce pendant le temps necessaire a l'acquittement tant des six années du premier Don gratuit porté par nos dits edit d'aoust mille sept cent cinquante-huit, lettres patentes et declaration des sept avril et dix-huit septembre mille sept cent soixante, que des cinq autres années portées par l'article 84 de notre declaration du vingt-un novembre dernier et suivant les proportions fixées par l'article   (2) de notre

---

(1) On trouve aux Archives de la Haute-Vienne (C 86), un arrêt du Conseil relatif à la même affaire.

(2) Le numéro de l'article a été laissé en blanc.

dite declaration ; après lequel acquittement les dits droits seront et demeureront eteints et supprimés. Ordonnons en outre que, conformement a l'article trois de notre dit edit, et au dit arrest de notre Conseil du trois decembre mille sept cent cinquante-huit, les dits droits seront payés par toutes sortes de personnes de quelqu'etat, qualité et condicion qu'elles soient, sans exception que des hotels Dieu et hospitaux, pour leur consommation particuliere, et des ecclesiastiques pour les denrées qu'ils recueillent provenant du crû de leurs bénéfices, et pour leur consommation seulement, le tout conformement a notre dit arret de ce jourd'huy. Si vous mandons que ces presentes vous ayés a faire lire, publier et registrer, même en temps de vacations, et le contenu en icelles garder et executer selon leur forme et teneur, cessant ou faisant cesser tous troubles ou empechemens qui pourroient y etre mis ou donnés, car tel est notre plaisir. Donné a Versailles, le trentieme jour du mois d'aoust, l'an de grâce mille sept cent soixante-quatre, et de notre regne le quarante-neuvieme.

Signé : Louis. Par le Roy : Philypeaux.

Extrait des registres de la Cour des Aides.

Enregistrement des lettres ci-dessus à la Cour des Aides de Clermont.

Vu par la Cour l'arrest du Conseil d'Etat concernant le Don gratuit de la ville de Limoges, donné a Versailles le trente aoust dernier, *signé* : Phelippeaux, et les lettres patentes expediées sur iceluy le meme jour, signées : Louis, et plus bas : par le Roy Phelippeaux, avec grille et paraphe, et scellées du sceau de cire jaune aux armes de Sa Majesté, ainsy qu'il est plus au long porté par les dits arrest du Conseil d'Etat et lettres patentes sur iceluy a la Cour adressantes, les conclusions du procureur general du Roy et ouy le rapport de M⁵ François-Jean Girard de Chateauneuf, conseiller doyen,

La Cour a ordonné et ordonne que les dits arret du Conseil d'Etat et lettres patentes sur iceluy seront registrés au greffe de la Cour pour y etre executés selon leur forme et teneur, et envoyés avec le present arret en l'Election de Limoges pour y etre lus, publiés l'audience tenant, imprimés et affichés dans tous les carrefours de la ville de Limoges ; enjoint au substitut du procureur general du Roy de la dite Election d'y tenir la main, et de certifier la Cour de ses diligences au mois. Fait a Clermont-Ferrant, ce trois decembre mille sept cent soixante-quatre. Collationné.

Signé : Moranges.

Lu et publié et enregistré sur les conclusions du procureur du Roy, l'audience extraordinaire tenant a Limoges le vingt-deux decembre mille sept cent soixante-quatre. *Signé:* Estienne DE LARIVIERE, president.

Extrait des registres du Parlement de Bordeaux.

Le vingt-huitieme novembre mille sept cent soixante-quatre, les presentes lettres ont eté enregistrées ez registres du greffe de la Cour du parlement, pour y avoir recours si besoin est. Fait a Bordeaux, audit greffe, le meme jour, mois et an que dessus, en consequence de l'arret de la Cour de ce jourd'huy. Signé : collationné FEGER, *pro Rege.* Controlé le 12 decembre 1764, *pro Rege.* Enregistrement des mêmes au Parlement de Bordeaux

Vu par la Cour les lettres patentes de Sa Majesté, sur arret du Conseil concernant le Don gratuit de la ville de Limoges, d'apres une deliberation prise par le corps de ville le 12 juillet dernier, en date le dit arret du Conseil et lettres patentes du trente aoust suivant, les dittes lettres signées LOUIS, plus bas : par le Roy, PHELIPPEAUX et scellées du grand sceau de France sur cire jaune; vu aussi la dite deliberation prise par les consuls et habitants de la ville de Limoges le dit jour, 12 juillet dernier, ensemble les conclusions du procureur general du Roy, signées : SAIGE, le 26 novembre 1764; ouy le rapport du sieur Le Blanc de Mauvesin, conseiller du Roy en la Cour,

Dit a eté que la Cour, faisant droit des conclusions du procureur general du Roy, a ordonné et ordonne que les dites lettres patentes seront enregistrées ez registres de la Cour pour y avoir recours quand besoin sera, et executées suivant leur forme et teneur, conformement a la volonté du Roy. Prononcé a Bordeaux en Parlement, le 28ᵉ de novembre mille sept cent soixante-quatre. Signé : collationné, FEGER, *pro Rege;* controllé le 12 decembre 1764, *pro Rege.* Messieurs DE GASCQ, president; LE BLANC DE MAUVESIN, rapporteur.

Copie de la lettre ecrite par M. Saige, avocat general, a Messieurs les consuls de la ville de Limoges.

J'envoye, Messieurs, par ce courier, a mon substitut a Limoges pour vous faire remettre l'arrest du Conseil et les lettres patentes concernant le Don gratuit de votre ville; vous les ferés enregistrer dans vos registres, et vous veillerés a ce qu'elles soient executées dans les regles. Lettres du Procureur général au sujet desdites lettres patentes.

— 224 —

Je suis tres parfaitement, Messieurs, votre tres humble et tres obeissant serviteur.

Signé : SAIGE.

A Bordeaux, le 5 janvier 1765.

Copie de la lettre ecrite par M. Saige, avocat general, a M. Romanet de la Briderie, procureur du Roy.

Voicy, Monsieur, l'arret du Conseil et les lettres patentes concernant le Don Gratuit de votre ville : vous aurés agreable de les faire remettre aux consuls pour qu'ils les fassent enregistrer ez registres de leur hotel de ville, et de veiller a leur execution. Je suis tres parfaitement, Monsieur, votre tres humble et tres affectionné serviteur.

Signé : SAIGE.

A Bordeaux, le 5 janvier 1765 (1).

Assemblée de notables : Exécution de l'édit du mois d'août 1764.

Aujourd'huy vingt quatrieme janvier mille sept cent soixante cinq, dans la salle de l'hotel commun de cette ville, Monsieur Peconnet du Chastenet, prevot consul, en presence des soussignés, a exposé que, pour se conformer a l'edit du mois d'aoust mille sept cent soixante quatre et satisfaire aux dispositions y contenues, il avoit fait convoquer le jour d'hier en la maniere accoutumée, pour se trouver ce jourd'huy au dit hotel de ville, a une heure de relevée, une assemblée des notables a laquelle avoient eté specialement

(1) Signalons vers 1765 un phénomène économique dont on trouve des traces très précises et qui mérite d'être mentionné : on constate à cette époque, à Limoges, une augmentation assez considérable de la main d'œuvre. La journée des manœuvres, de 8 à 10 s., s'est élevée à 12 ou 14 s.; celle des maçons, de 12 à 15, est de 15 à 18. Le bois de construction, la chaux, tous les matériaux ont presque doublé de prix. Cette situation paraît due aux grands travaux, exécutés en peu d'années : construction du palais épiscopal, du couvent et de l'église de l'Oratoire, réfection d'une partie du Collège, de l'Hôpital général, d'une aile de l'Intendance, édification de bâtiments particuliers assez importants. On voit le service des ponts et chaussées obligé de tenir compte dans ses devis de cette augmentation.

Les frais de casernement des trois escadrons de cavalerie tenus d'une façon à peu près permanente en garnison à Limoges, avaient été jusqu'ici laissés à la charge de la ville. On n'évaluait pas la dépense à plus de 10,000 l. vers 1745 ; mais les frais de casernement avaient rapidement augmenté et de nouvelles exigences se produisaient sans cesse. Le fardeau fut reconnu trop lourd pour la population. Il fut décidé, en 1765, que la dépense, portée à 26.098 livres 3 sols, serait répartie entre les villes, bourgs et paroisses de l'Election. C'était alors le régiment de Condé qui tenait garnison à Limoges. Il y avait aussi dans cette ville le dépôt des recrues du régiment provincial.— Brive reçut un escadron du régiment de Condé, dont les quatre escadrons se trouvaient ainsi réunis dans la province. (Arch. dép. C. 124).

— 225 —

invités Messieurs le lieutenant general, le procureur du Roy de cette seneschaussée, Messieurs Peyroche du Puyguichard, Lafosse de Champdorat, Roger, Roulhac de Thias, Gabriel Grelet jeune, Malevergne de Fressignac, Boisse de Crezen, Deperet aîné, Farne Crouzeix, Deschamps, Labiche de Montmoulinet, Blondeau de Larfoulière, Gerald de Faye, Nasvieres du Treuil, Barny de Romanet, Nicot, Barbou de Leymarie, Coignasse du Queyraux, Lamy de Luret, Bonnin de Fraysseix, Petiniaud jeune, Rouard de la Boissarde, Martin de Laplaigne, Delomenie, M. Juge, Muret de Paignac, Montaudon, Dumont, Bordeaux, Petigniaud, tous consuls anciens ou actuels; MM. Ardent du Picq, Nicolas jeune, sindics des negocians; Texandier jeune, Brunier, Lageneste, Jayac de la Garde, David Malet, Brisset, gendre a Roulhac; Goudin de la Borderie, Ruaud, Joubert. Et d'autant qu'il est trois heures et que la majeure partie est icy assemblée, il pense qu'il est a propos de deliberer sur les differents objets qui ont donné lieu a la convocation de l'assemblée; ce qui ayant été approuvé unanimement, mon dit sieur prevot a dit et exposé que l'un des objets les plus urgents a pourvoir pour l'assemblée concerne les commissions qui ont eté données par Messieurs les consuls au sieur Pinchaud pour exercer a vie les fonctions de receveur des Octrois et Patrimoniaux de cette ville, et aux sieurs Mauransane et Martin, pour celles de controlleur; attendu que les dittes commissions sont tres onereuses a la ville et paroissent absolument incompatibles avec les dispositions de l'edit du mois d'aoust 1764; qu'en nommant un receveur en conformité du susdit edit, et luy fixant ses appointements, il en viendroit un avantage reel pour une communauté qui, etant deja oberée, a besoin d'user de la plus grande et exacte economie; qu'il convient aussy de fixer le temps de deux assemblées generales qui doivent etre tenues chaque année, sauf a en convoquer d'autres s'il y avoit lieu; de designer un lieu propre pour le depot des papiers de la maison de ville et un autre pour y etablir la caisse ou doivent etre deposés les deniers communs; et qu'enfin dans le cas ou l'on se determineroit a nommer un nouveau receveur, l'assemblée, en fixant la somme qui doit luy etre remise pour le courant, ait egard au service a celebrer pour feüe madame Turgot, mere de M. l'Intendant de cette province, suivant l'usage qu'il y a apparence qu'on voudra entretenir (1).

Sur quoy, la chose mise en deliberation, il a eté unanimement

---

(1) On a trouvé en effet, à ce volume et au précédent, la mention d'un certain nombre de services célébrés, en vertu d'une délibération du corps municipal et aux frais de la ville, à l'occasion du décès de parents ou de proches de l'Intendant, du Lieutenant général, etc.

convenu que les commissions de Receveur et Controleurs des Octrois et Deniers patrimoniaux qui avoient eté concedées aux sieurs Pinchaud, Mauransane et Martin, n'ayant plus lieu, et ayant du cesser depuis le premier de ce mois aux termes de l'edit, l'assemblée, sous le bon plaisir du Roy, et en attendant qu'il luy aye plu d'y pourvoir autrement par ses lettres patentes, a nommé par la voye du scrutin, pour exercer provisoirement les fonctions du receveur des octrois et patrimoniaux, sieur Philippe Nadaud, negociant, secretaire de l'hotel de ville et caissier des dits Octrois et Patrimoniaux, auquel demeure attribuée la somme de cent livres annuellement, outre et par dessus celle de deux cents livres qui luy avoit eté fixée comme caissier, faisant en total et pour le tout trois cents livres pour chaque année, a commencer des ce jour, a la charge par luy de rendre ses comptes et de satisfaire exactement a tous les autres devoirs prescrits par le susdit edit pour tous les pourvus de pareilles commissions; et encore en ce qu'il comptera (?), au profit de la ville des sols pour livres et autres emoluments dont ont joui ou du joüir les receveurs et controleurs des Octrois et Patrimoniaux, sans en rien retenir; qu'il donnera caution a concurrence de la somme de mille livres : moyenant quoy il lui sera remis une somme de trois cents livres pour le courant des depenses journalieres, laquelle somme etant employée, il lui en sera delivré une pareille successivement et aux conditions portées par l'edit ; qu'on n'augmentera point quant a present la susditte remise pour le service qui doit etre celebré, ainsy qu'il a eté toujours d'usage, pour feü madame Turgot, et que Messieurs les consuls sont priés de faire celebrer dans l'eglise de Saint-Michel-des-Lions comme etant la plus a portée de M. l'intendant et la paroisse ou il reside (1); mais qu'ensuite, sur l'etat de la depense qu'en representera le sieur Nadaud a la premiere assemblée, il luy sera delivré des fonds suffisants pour cet objet.

Et pour le temps des deux assemblées generales, les dits sieurs deliberants pensent qu'il convient de les fixer au premier mars et au premier septembre de chaque année, attendu que le mois de mars est celuy ou doit etre examiné le compte du receveur, et que les baux des octrois se delivrent ordinairement au mois de septembre pour commencer le premier octobre.

En ce qui concerne le depot des papiers de la maison de ville, l'assemblée a determiné qu'il demeurera dans les armoires placées dans la chambre du conseil, ou ils sont actuellement, n'y ayant pas

---

(1) Encore une atteinte portée au prétendu privilège que nous avons déjà vu le curé de Saint-Pierre revendiquer, avec plus de persévérance que de succès.

de lieu plus propre pour leur conservation; et attendu qu'ils ont besoin necessairement d'etre etiquetés et mis en ordre dans differentes boites, les dits sieurs consuls y pourvoiront le plustot qu'il leur sera possible, en ce que les frais ce concernant seront pris sur les deniers communs (1).

Mais a l'egard du coffre ou doivent etre renfermés les dits deniers, n'y ayant aucun lieu sur dans la maison de ville, jusqu'a ce qu'il y aye eté pourvu, l'assemblée a prié M. Petiniaud, l'un des consuls, de le placer dans sa maison, ce qu'il a bien voulu accepter, a la condition neanmoins qu'il y seroit apposé trois serrures, dont la garde des clefs seroit confiée a trois personnes differentes. conformement a l'edit; en consequence, il est arreté que l'une des dittes clefs demeurera es mains du dit sieur Petiniaud, en qualité d'officier municipal; la seconde, a M. Goudin de Laborderie, comme l'un des notables habitants, et la troisieme au sieur Nadaud, receveur; que cependant les dits sieurs Goudin de Laborderie et Petiniaud aviseront aux moyens convenables pour pratiquer un endroit bien sur dans la maison de ville, pour apres le susdit coffre y etre transferé et deposé dans la forme prescrite par l'edit; que meme ils feront faire un devis du montant des reparations et depenses a faire a raison de ce, pour etre remis par messieurs les consuls a monseigneur l'Intendant, aux fins d'obtenir l'agreement et l'autorisation de Sa Majesté : qu'au surplus le depot des quittances du receveur dans le susdit coffre duement contresignées par les autres deux gardes des clefs, tiendra lieu de controle.

A l'instant, le sieur Nadaud s'etant presenté, et apres avoir pris communication de sa nomination et conditions d'icelle, il a accepté le tout, promis de l'executer en tous points, et a presenté pour sa caution la personne de M. Pierre Bonnin, bourgeois, lequel, ayant aussy entendu lecture de la dite nomination et conditions d'icelle, s'est rendu caution du dit sieur Nadaud, a concurrence de la somme de mille livres, s'est obligé solidairement a remplir les dites conditions et a signé.

PHILIPPE NADAUD, BONYN, caution.

Ce fait, l'assemblée a chargé le sieur Nadaud de notifier de sa part aux sieurs Pinchaud, Mauransane et Martin de ne plus s'immiscer dans aucune fonction de receveur et controleur des Octrois

---

(1) Notons cette constatation du peu d'ordre qui régnait dans les archives municipales, tout au moins de l'insuffisance du classement. Nous avons vu ces archives déposées, au XVI° siècle, dans la maison d'un notable, qui paraissait offrir plus de sécurité que l'hôtel-de-ville (voir tome 1, pages 226 et 227).

et Patrimoniaux, comme leurs commissions n'ayant plus lieu et ayant du cesser le premier de ce mois, comme aussy de faire pareilles notifications aux fermiers, debiteurs et redevables des deniers de la ville et de leur faire defense de rien payer desormais a autres qu'a luy.

> Rouard, Lamy, G. Lafosse, Roger, Romanet, Farne, Boisse, d. m. M.; Ardant du Picq, scindicq; Nicolas, sindic; Goudin de Laborderie, Bonnin de Fraixeix, Texandier, Navieres du Treuil, Lageneste, Cogniasse du Queyraud, David, Muret, J. Petiniaud, consul; Ruaud, Martin, sans me prejudicier pour ce qui concerne mon fils, controleur des Octroys; Montaudon, Juge, Peconnet, prevot consul.

Nouvelle assemblée de notables : Mesures diverses pour l'exécution de l'édit.

Aujourd'huy, premier mars mille sept cent soixante cinq, dans la salle de l'hotel commun de cette ville, monsieur Petiniaud, prevot consul, en presence des soussignés, a exposé qu'en execution de l'edit du mois d'aoust dernier, et [de] la deliberation prise au present hotel le vingt quatre janvier passé, on s'est rassemblé aujourd'huy pour deliberer sur les affaires concernant le bien commun et le bon ordre qui doit etre observé relativement au susdit edit, dont il leur a rappelé la teneur; et en consequence on a remis sur le bureau les registres de receptes et depenses tenus par le sieur Nadaud, receveur et secretaire, pour etre par l'assemblée verifiés, reconnus et arretés. Après quoy, le dit sieur Petiniaud a rappelé sommairement le contenu aux precedentes deliberations des 12 et 29 juillet et 29 septembre 1764, des arrets et lettres patentes qui autorisent partie d'icelles, fait remettre sous les yeux l'etat de la situation de la ville envoyé au commencement d'octobre dernier, tant a monseigneur le Controleur general des Finances qu'a M. le procureur general du parlement de Bordeaux, ainsy que les actes faits au sieur Nadaud par les sieurs Pinchaud, Martin et Mauransanne, par lesquels il paroit qu'ils sont dans le dessein d'attaquer et se pourvoir contre la susdite deliberation du vingt quatre janvier; et a ensuite prié les deliberants de vouloir statuer sur trois articles qui paroissent meriter leur attention, sauf a eux a proposer ensuite ce qu'ils jugeront convenable et avantageux a la ville, afin qu'il y soit egalement statué. Au surplus, les trois objets proposés par ledit sieur Petiniaud sont : 1° qu'il plaise a l'assemblée d'autoriser les sieurs officiers municipaux a passer en depense sur la recette et produit des

Octrois tous mandements qui seront presentés pour causes legitimes, et prealablement visés par le commissaire departy ; 2° qu'il soit dit, dans la deliberation a prendre, que les frais inseparables de la presentation et reception des comptes a fournir par le sieur Nadaud, receveur de la ville, tant a la Chambre des Comptes qu'a tous autres tribunaux, luy seront remboursés par la dite ville : l'augmentation des appointemens qui lui a eté accordée en la dite qualité de receveur et pour en remplir les fonctions n'etant point destinée aux objets de depenses qui en sont inseparables ; 3° que, comme les actes faits par Pinchaud, Martin et Mauransanne semblent annoncer de leur part de prochaines assignations, les sieurs consuls soient encore autorisés et des a present, a soutenir en jugement, et par tout ou besoin sera, la clause de la deliberation du vingt quatre janvier dernier, concernant les cy devant receveur et controleurs, ou a regler a l'amiable, si le cas y echoit, les sommes a leur rembourser. Ces divers objets mis en deliberation, l'assemblée a unanimement autorisé messieurs les consuls tant a passer en depenses sur la recette des Octrois tous mandements qui pourroient se presenter pour causes legitimes et prealablement visés par le commissaire departy, qu'a soutenir en jugement, et partout ou besoin sera, la destitution portée par la deliberation du vingt quatre janvier dernier des cy devant Receveur et Controleurs des deniers communs, ou a regler a l'amiable, si le cas y echoit, les sommes qui pourroient leur etre legitimement dues et seroient a leur rembourser. L'assemblée a de plus consenty que quatre mandements tirés cy devant sur le sieur Pinchaud dont deux en faveur du sieur Petiniaud et deux en faveur du sieur Nadaud, montant les quatre a la somme de douze cent quatre vingt quatorze livres quatorze sols, seront portés en depenses sur le produit des octrois qui a commencé le premier octobre dernier ; a egalement arreté que la somme de cent vingt sept livres quatre sols provenant de fautaux (1) et non valeurs sur le role de taxe seche fait en mille sept cent soixante un, seroit aussy portée en depense sur le droit perçu en faveur du Don gratuit, et qui a commencé le neuf janvier passé ; enfin, l'assemblée a reglé que les depenses et frais a faire par le sieur Nadaud, receveur de la ville, pour la presentation et reception de ses comptes, soit a la Chambre des Comptes ou tous autres tribunaux, lui seront remboursés par la ville. Ensuite les deliberants ont vu, verifié, calculé et arreté les registres de recettes et depenses concernant tant l'Octroy que le Don gratuit ; de quoy il resulte que le net des Octroys et Patrimoniaux est reduit aujourd'huy a la somme de cinq

---

(1) Le mot est très lisible. Est-il synonyme de *fautifs* et doit-on comprendre « provenant d'erreurs et de non valeurs »

mille cinq cent quatre vingt treize livres huit sols neuf deniers, et celui du Don Gratuit a trois mille quatre cent soixante seize livres dix sols; revenant les deux a celle de neuf mille soixante neuf livres dix-huit sols neuf deniers, sur laquelle il a eté laissé es mains du sieur Nadaud, receveur, trois cents livres pour parfournir aux depenses journalieres et courantes, en conformité de la deliberation du vingt quatre janvier, et les huit mille sept cent soixante neuf livres dix huit sols neuf deniers restant ont eté remis, suivant la susdite deliberation du vingt quatre janvier, au sieur Petiniaud, consul, qui s'en est chargé pour la representer lorsqu'il en sera requis, et jusques a ce la retenir par devers luy dans une armoire ou coffre fermant a trois clefs, une desquelles luy restera, la seconde sera livrée a M. Goudin de la Borderie, et la troisieme au sieur Nadaud, receveur. Fait les jour, mois et an que dessus.

GOUDIN DE LABORDERIE, G. LAFOSSE, ROMANET, JUGE, ROULHAC DE THIAS, ARDANT DU PIC, BONNIN DE FRAIXEIX, G. GRELLET, ROUARD, LAMY, JOUBERT, PETINIAUD jeune, DAVID, PECONNET, MURET, MONTAUDON, J. PETINIAUD, prevot consul.

Acceptation par le directeur des Droits réunis des propositions de l'assemblée de ville.

Nous soussigné, directeur et receveur general des Droits reunis en la province du Limousin, fondé de la procuration generale speciale de M. Jean Valade, chargé par resultat du Conseil du treize may mil sept cent soixante, de la regie, recette et exploitation pour le compte de Sa Majesté etably (*sic*) sur les cuirs, ainsy que la regie et recette des Vingtiemes et sols pour livre d'augmentation etablis par la Declaration du trois fevrier mil sept cent soixante et edit d'avril mil sept cent soixante trois, sur les droits qui se levent a son profit, et celuy des etats des provinces, villes, bourgs, communautés et hospitaux, aux exceptions portées par la dite declaration, passée par devant Chartié et Dulon, son confrere, notaires a Paris, et en vertu de la lettre missive du vingt six fevrier dernier, dont extrait est cy joint, declare accepter les offres contenues en la deliberation du vingt neuf septembre dernier, inserée au present registre, signée, pour autorisation, de M. Turgot, intendant de la generalité, dont il m'a eté delivré une expedition et que je viens d'examiner et lire de nouveau, pour et au nom du dit sieur Jean Valade, regisseur, le tout pour etre reciproquememt executé avec toutes les condictions y exprimées, et sous la caution de ses cautions, et garantie de droit, en ce que le corps de ville, ny autre partie interessée, ne pourront former contre ledit regisseur, messieurs leurs cautions et preposés, aucunes demandes en dedommagements ny indemnités, sous pretexte de perte ou d'autres evenements quelconques: cette clause faisant partie de la presente acceptation et en etant considerée comme l'une des principales conditions, sans laquelle la dite acceptation n'auroit pas eu lieu; et ce pareillement qu'au moyen de la somme de six cent soixante dix livres dix huit sols, a laquelle montent les dites offres chaque année pour les deux vingtiemes, ou sols par livre, du prix du dernier bail des droits d'Octrois et Patrimoniaux de la ville de Limoges, passé au nommé Vergniaud, le sept juillet mille sept cent cinquante huit, pour six années dont la jouïssance a commencé le premier octobre suivant, les six années revolues au premier octobre mille sept cent soixante quatre, deduction faite de la moitié des dits octrois appartenant au Roy et faisant partie du bail des fermes generales montant a trois mille sept cent quatre vingt onze livres, pour etre la dite somme de six cent soixante dix livres dix huit sols payée de trois mois en trois mois, et d'avance, en quatre payements egaux de cent soixante sept livres quatorze sols six deniers chacun, je renonce pour et au nom du dit sieur regisseur, ses preposés, ayant droit et portion, dans les amendes qui pourroient etre judiciairement prononcées et reglées a l'amiable, pendant tout le temps de la regie, contre ceux qui seroient tombés en contravention et donné lieu a des proces verbaux et recherches, tout quoy cedera au profit de la ville, se reservant le directeur soussigné, faisant pour le dit regisseur, les vingtiemes et sols pour livre de tous les autres droits qui peuvent appartenir a la dite ville, et qu'il decouvrira par la suite luy appartenir : la presente acceptation n'etant uniquement consentie que pour les vingtiemes et sols pour livre des droits d'octrois et deniers patrimoniaux cy devant affermés au dit sieur Vergniaud. En consequence de ce que dessus, qui a eté aussy accepté par les sieurs commissaires de la ville, je declare avoir receü tout presentement, et en especes du cours de l'ordonnance, du sieur Nadaud, caissier, la somme de quatre cent quatre vingt quatre livres six sols deux deniers, et dix huit livres dix sept sols quatre deniers qu'il s'est retenu pour les neuf deniers pour livre attribués au receveur principal de la ville, faisant les deux, celle de cinq cent trois livres trois sols six deniers pour les quartiers d'octobre mille sept cent soixante quatre, janvier, avril mille sept cent soixante cinq, revenant au dit Jean Valade des susdites causes, dont je tiens quitte le dit sieur Nadaud, et tous autres, avec promesse de les en faire tenir quitte envers et contre tous. Fait en l'hotel de ville de Limoges, le treize avril mille sept cent soixante cinq.

P. CAYRELET SAINT-LAURENT, ARDANT DU PICQ, BONNIN DE FRAIXEIX, DAVID DE BRIE, J. PETINIAUD, MONTAUDON, GOUDIN DE LABORDERIE (1).

(1. Le 3 avril 1765, Monseigneur d'Argentré avait posé la première pierre de la nouvelle église et du couvent de l'Oratoire, qui devaient être consumés dans le grand incendie de 1790.

Extrait de la lettre ecrite (sic) de Messieurs les regisseurs des Droits reunis en date du 26 fevrier 1765, portant autorisation au directeur des dits droits a Limoges, pour traiter des vingtiemes ou sols pour livre de la Declaration du Roy du 3 fevrier 1760 et edit d'avril 1763.

Nous vous autorisons a traiter avec Messieurs les officiers municipaux, ainsy qu'a fait le Directeur des Domaines pour les deux sols pour livre en sus de partie de ses octrois compris au bail de l'afferme generalle. En consequence recevés de ces officiers ou de leurs proposés a la regie des Octrois et Patrimoniaux, les deux sols pour livre des portions sur lesquelles nous sommes autorisés a les percevoir, sur le pied du dernier bail qui en a eté passé.

Signé : les Regisseurs des droits reunis : DE LA MOTHE DE FLOISSAC, DE SEFOND, BILLECOP, LOCQUET.

Je soussigné, directeur et receveur general des Droits reunis en la province du Limouzin, certifie avoir ez mains l'original de la lettre cy dessus. A Limoges, le 13 avril 1765.

<small>Assemblée de notables : Remboursement d'un emprunt contracté par les syndics du commerce.</small>

Aujourd'huy, huit may mille sept cent soixant cinq, environ les trois heures de relevée, dans l'hotel de ville de Limoges, ou etoient assemblés, par assemblée convoquée en la maniere accoutumée, Messieurs les deputés des corps de la dite ville, par devant nous, Pierre Thoumas, notaire garde nottes du Roy au dit Limoges, soussigné, et temoins bas nommés, furent presents M. Montaudon, seigneur des Monts, conseiller du Roy en la senechaussée et siege presidial du dit Limoges, prevot consul en charge de la dite ville; M. Juge, seigneur du Treuil, aussy conseiller, avocat du Roy ez memes sieges; M. Muret, seigneur de Pagnat, avocat en parlement; M. Peconnet, seigneur du Chastenet, aussy avocat; M. Petiniaud, bourgeois et negociant, consuls en charge;—M. Goudin, ecuyer, seigneur de La Borderie ; M. Delepine (1), aussy ecuyer, seigneur du Masneuf ; M. Hugon, seigneur des Thoüars; M. Juge, seigneur de

---

(1) C'est la première mention que fassent nos registres de ce nom de Lepine. On sait quel collectionneur émérite fut M. de Lépine et combien l'abbé Nadaud, Dom Col, Beaumesnil et nombre d'autres, durent à ses libérales communications.

Saint-Martin, conseiller du Roy en la senechaussée et siege presidial de cette ville; M. Brandy, seigneur des Saignes, conseiller, procureur du Roy en la prevoté generale de Limoges; M. Liron, conseiller du Roy, elu en cette Election; M. Cantilhon, seigneur de La Couture, procureur du Roy au meme siege; M. Boisse, seigneur de Crezen, docteur en medecine; M. Brigueil, M. Puynesge, sindic, deputés des habitans de la Cité; M. David de Brie, seigneur de Brie, conseiller, avocat du Roy en la cour de la Monnoye; M. Romanet, seigneur de la Briderie, conseiller procureur du Roy en la senechaussée et siege presidial de cette ville; M. Romanet, pretre, grand vicaire de l'evesché et sindic general du Clergé, tous deputés de leurs corps et compagnies pour assister a la presente assemblée et y deliberer.

Sur ce qui a eté exposé par le dit seigneur des Monts, prevot consul, que les sieurs Ardant et Nicolas, sindics du corps des commerçants de cette ville, ayant presenté leur requete a M. Turgot, intendant de cette generalité, aux fins qu'il luy plut ordonner que la communauté de cette ville eût a les rembourser de la somme capitale de trois mille livres par eux empruntée a titre de rente constituée par contrat du trente avril mille sept cent soixante, receu par Fournier, notaire, laquelle auroit eté employée pour les causes et raisons mentionnées en la deliberation du premier may suivant, et autres y mentionnées, receues par le notaire soussigné(1), duement autorisées, ensemble des interets de la dite somme puis le dit jour trente avril mille sept cent soixante un, la dite requete repondue par M. l'intendant d'un *Soit communiqué a Messieurs les consuls et habitants*, du vingt trois avril dernier; lecture faite de la dite requete, ordonnance et actes establissant la demande des dits sieurs sindics, la chose mise en deliberation, il a eté unanimement convenu et deliberé que les dits sieurs sindics seront payés des quatre années d'interets de la dite somme capitale de trois mille livres echeus le trente avril dernier, toutes fois sous la deduction des vingtiemes et sols pour livre; et quant au capital, ils en seront remboursés des premiers deniers dont la communauté pourra librement disposer, jusqu'au quel temps l'interet continuera d'avoir cours. Et aux fins du payement de l'interet des quatre années, Messieurs les consuls demeurent autorisés a donner un mandement sur le receveur des octrois et deniers patrimoniaux de la ville. Dont acte, fait et passé a Limoges, dans le dit hotel, en presence des

---

(1) Cette délibération n'est pas au registre. Peut-être le corps du commerce avait-il fait l'avance des 3,000 livres versées en 1758 par l'Hôtel-de-Ville à titre de supplément de finance pour le maintien des privilèges des consuls (voir ci-dessus, p. 110.)

— 234 —

sieurs Pierre David Lavaysse, praticien, et Pierre Thoumas, écolier, habitans du dit Limoges, temoins a ce requis et appelés.

Signé a la minute : MONTAUDON, GOUDIN DE LA BORDERIE, député de la noblesse; LIRON, DELEPINE, député de la noblesse; JUGE SAINT-MARTIN, HUGON, BOISSE, d. m.; BRANDY DES SAIGNES, CANTILHON DE LA COUTURE, PUYNESGE, BRIGUEIL, DAVID de Brie, ROMANET; ROMANET, sindic du clergé; PECONNET, consul; JUGE, consul; MURET, consul; J. PETINIAUD, consul; LAVAYSSE, THOUMAS, et nous, notaire soussigné. Controllé a Limoges, le 10 may 1766, receu dix sols; anciens quatre sols pour livre : deux sols, et pour les deux nouveaux sols pour livre : un sol. *Signé* : BAGET. *Signé a l'expedition* : THOUMAS, notaire.

Assemblée de notables : Délibération sur une proposition de Turgot relative aux boulevards.

Dans l'hotel de ville de Limoges, le huit may mille sept cent soixante cinq, environ les trois heures de relevée, ou etant assemblés Messieurs les deputés des corps de la dite ville par assemblée convoquée en la maniere accoutumée pour deliberer des affaires de la communauté, par devant nous, Pierre Thoumas, notaire royal au dit Limoges, et temoins soussignés, sont comparus M. Montaudon, seigneur des Monts, conseiller du Roy en la seneschaussée et siege presidial de cette ville, prevot consul en charge de la dite ville; M. Juge, seigneur du Treuil, conseiller, avocat du Roy au meme siege; M. Muret, seigneur de Paignac; M. Peconnet, seigneur du Chastenet, avocat en parlement; M. Petiniaud, negociant, tous consuls en charge; — M. Goudin, seigneur de La Borderie, écuyer; M. de Lepine, aussy ecuyer, seigneur du Masneuf; M. Hugon, seigneur des Thouars; M. Juge, seigneur de Saint-Martin, conseiller du Roy en la seneschaussée et siege presidial; M. Brandy des Saignes, conseiller, procureur du Roy en la prevoté generale de cette ville; M. Liron, conseiller du Roy, elu en l'Election; M. Cantilhon, seigneur de La Couture, procureur du Roy en la meme cour; M. Romanet, pretre, grand chantre de l'eglise de Limoges, grand vicaire de l'eveché et sindic general du clergé; M. Puynesge, M. Brigueil, sindics et deputés de la Cité; M. David de Brie, conseiller, avocat du Roy en la cour de la Monnoye; M. Romanet, seigneur de La Briderie, conseiller, procureur du Roy en la seneschaussée et siege presidial; M. Nicolas, sieur de Puygailiard; M. Ardant, seigneur du Pic, bourgeois, negociants et sindics de Messieurs les negociants de cette ville, tous deputés de leur corps et compagnies, pour deliberer des affaires de la communauté du dit Limoges; — sur ce qui a eté exposé par le dit seigneur du Mont, prevot consul, que M. Turgot, intendant de cette province, se proposant de faire reparer la partie du chemin a prendre depuis la porte des Arresnes et se continue le long du rempart de la ville jusqu'a la porte de Manigne (1), et de faire l'acquisition d'une vigne et terre attenante a la place de Saint-Gerald pour l'agrandissement d'icelle, estime que tant la dite reparation qu'acquisition devoit etre a la charge de la communauté de cette ville, parce que le vray grand chemin de Paris a Thoulouze etant, depuis la porte de Montmalier jusqu'a celle de Tourny, Boucherie et Manigne, en etoit le seul qui dut etre a la charge du Roy (2); en consequence, auroit ordonné la presente assemblée pour deliberer sur les susdits deux objets proposés, — la chose mise en deliberation, Messieurs les deputés de chaque corps ont eté d'avis, a la pluralité des suffrages, qu'il seroit representé a Monseigneur l'intendant : 1° que le susdit chemin ne pouvoit etre a la charge de la ville, soit parce que le terrain appartient incontestablement au Roy, puisque tous les arrentements faits dans l'etendue du fossé ou passe le dit chemin sont faits au nom et profit de Sa Majesté, et, par une juste consequence, l'entretien est a sa charge; 2° que le dit chemin, depuis qu'il a eté ouvert, a toujours eté le seul vray chemin de Paris a Thoulouze, et, dans le cas ou l'on voudroit le changer et laisser celuy-cy a la charge de la ville, il restera tel qu'il est, vu que la scituation de la communauté est hors d'etat de faire cette depense, et de fournir a l'entretien : d'autant qu'etant depourvue, pour ainsy dire, de fonds et ayant beaucoup de debtes onereuzes et pressantes a rembourser, elle ne peut en assumer d'autres sur elle et faire de nouvelles acquisitions, elle espere de la bonté et protection dont il honore cette ville qu'il voudra bien avoir egard a ses justes representations. Et de la part de Messieurs les deputés de la Cité, il a eté dit qu'inutillement ils ont eté appellés a la presente assemblée, d'autant que les susdits faits ne regardent aucunement leur communauté, qui ont leurs corvées separées de celle de la ville; et qu'en dernier lieu ils ont (*sic*) fait faire a leurs frais les reparations necessaires a la place qui est devant leur fontaine (3). Dont

(1) Cette voie est devenue les boulevards Sainte-Catherine et des Ursulines.
(2) La construction du Pont-Neuf a donné raison à ce systémé et fait cesser une vieille querelle entre le service des ponts et chaussées et la municipalité. La route nationale n° 141 emprunte définitivement les boulevards des Ursulines et Sainte-Catherine, aujourd'hui boulevard Gambetta.
(3) Il s'agit probablement de la rue actuelle de la Haute-Cité, dont la fontaine existait dès 1625. Cette fontaine avait été réparée en 1672.

— 236 —

acte fait et passé dans le dit hotel de ville, en presence des sieurs Pierre-David Lavaysse, praticien, et Pierre Thoumas, ecolier, habitans du dit Limoges, temoins.

Signé a la minute : Peconnet, consul; David de Brie; J. Petiniaud, consul; Juge, consul; Montaudon; Muret; Romanet; Romanet, sindic du clergé; Hugon; Goudin de La Borderie; de Lepine; Ardant du Pic, sindic; Nicolas, sindic; Juge Saint-Martin; Liron; Cantilhon de la Couture; Puinesge; Brigueil; Brandy des Saignes; Lavaysse, Thoumas, et nous, notaire soussigné.— Controlé a Limoges le 10 may 1765. Reçu dix sols ; anciens quatre sols pour livre : deux sols; nouveaux deux sols pour livre : un sol. *Signé :* Baget. *Signé a l'expedition* : Thoumas, notaire royal.

Assemblée de notables : Remise de la délibération.

Aujourd'huy, deuxieme septembre mille sept cent soixante-cinq, dans la salle de l'hôtel commun de cette ville, ou etoient convoqués et assemblés en la forme ordinaire Messieurs les anciens officiers municipaux et notables soussignez, Monsieur Petiniaud, prevot consul, a fait remettre sur le bureau tant les registres de recepte et depense concernant les Octrois, les Patrimoniaux et le Don gratuit, que l'argent qui en provient, dans lequel se trouve comprise la somme de huit mille sept cent soixante-neuf livres dix-huit sols neuf deniers, qui fut deposée chés le dit sieur Petiniaud, en vertu de la deliberation du premier mars dernier (1), de laquelle il requiert d'etre dechargé par celle qui sera prise cejourd'huy, sauf a pourvoir a la seureté des fonds qui seront jugés ne pas devoir rester ez mains du sieur Nadaud, receveur de la ville, et jusqu'a ce qu'ils pourront etre placés dans l'endroit qui leur est destiné en execution des articles vingt-sept et vingt-huit de l'edit du mois d'aoust 1764, apres que les susdits registres auront prealablement eté verifiés, calculés et signés par l'assemblée, conformement a l'article huit du meme edit. Et comme par deliberation du huit du mois de may dernier, receue par Mᵉ Thoumas, notaire, il fut arreté que, des premiers deniers dont la communauté pourroit librement disposer, il en seroit payé la somme de trois mille livres dues au Corps des Marchands, avec les interets qui en auroient couru, puis le trentieme avril de la presente année, il paroit a propos de deli-

(2) Voir ci-dessus. page 227.

berer si ce remboursement sera fait des fonds qui se trouvent actuellement provenir des Octrois et Patrimoniaux, et si l'on doit, a raison d'iceluy, remplir les formalités prescrites par l'article 29 de l'edit deja cité. Ensuite le dit sieur Petiniaud a dit qu'en vertu des pouvoirs accordés aux officiers municipaux en exercice par la deliberation du premier mars dernier, toutes demarches et poursuites necessaires avoient eté employées contre le sieur Pinchaud, cy-devant receveur de la ville ; qu'il etoit meme condamné par corps a rendre les comptes de sa gestion, et qu'en effet il en avoit fait tout recemment la remise, qu'on alloit s'occuper de leur examen pour les faire adjuger ou reformer et qu'il en seroit fait mention a la premiere assemblée, ou plus tot, si les circonstances exigeoient qu'il en fut convoqué une extraordinaire ; enfin il a prié la convocation de prendre connoissance et de deliberer sur une requete presentée par les demoiselles Muret aux fins de conserver dans leur jardin la fontaine qui y coule depuis plus de vingt-cinq ans : la dite requete suivie d'une ordonnance de *Soit communiqué aux consuls et habitants* de M. Turgot, intendant de cette generalité, en date du vingt-cinquieme du mois de may dernier, qui porte que la deliberation a prendre sur cet objet sera receue par notaire. Mais attendu qu'une grande partie des convoqués ne s'est pas rendue, l'assemblée a eté continuée [a] lundy prochain, neuf du present mois.

    ARDANT DU PICQ, sindicq ; ROULHAC DE THIAS ; G. LAFOSSE ; BRUNIER ; Georges POUYAT ; NAVIERES DU TREUIL, ancien consul ; BARBOU ; BRISSET ; P^{re} MARTIN ; DAVID, BOURDEAU, ROGER ; JUGE ; MONTAUDON ; J. PETINIAUD (1).

Et advenant le neuf septembre même mois, dans la salle de l'Hôtel commun de la ville, ou etoient assemblés messieurs les anciens consuls et notables soussignés, le sieur Petiniaud, prevôt-consul, a rappelé les motifs qui determinoient la presente assemblée ; en consequence elle a nommé les sieurs La Fosse de Champdorat, Faye et Jeremie Martin pour commissaires, aux fins de la veriffication de toutes les parties de recettes et depenses ; et, sur leur rapport, il s'est trouvé que, par deliberation du premier mars dernier, il avoit eté deposé, ainsy qu'il y est referé, chés le sieur

---

(1) On trouve trace, vers cette époque, de mesures prises par le lieutenant de police à l'occasion de faits d'immoralité et de proxénétisme. Plusieurs femmes furent envoyées par ce magistrat dans la maison du Refuge, avec ordre à la supérieure de les y garder jusqu'à nouvelles instructions.

Petiniaud, consul en charge, la somme de huit mille sept cent soixante-neuf livres dix-huit sols neuf deniers.
Cy.................................... 8769 ll. 18, 9.
Et que le vingt-cinq juin, le dit sieur Petiniaud retira des mains du s^r Nadaud, receveur de la ville, celle de six mille livres, cy.............. 6000 ll.
_____
14769 ll. 18. 9.

Sur quoy ledit sieur Petiniaud a payé au sieur Rossignol, receveur general du Don gratuit, a Paris, suivant la quittance qu'il a representée, neuf mille neuf cent cinquante livres, cy....... 9950 ll.
Partant, le dit sieur Petiniaud se trouve comptable de la somme de quatre mille huit cent dix-neuf livres dix-huit sols neuf deniers, cy....... 4819 ll. 18. 9.

Laquelle il a remis sur le bureau en espèces au cours qui ont eté comptées et reconnues : au moyen de quoy il luy en a eté concedé quittance et decharge valable; et d'autant que cet objet de recepte et depense est compris et fait partie des operations du sieur Nadaud, receveur de la ville, les mêmes commissaires ont vu, veriffié et calculé, et l'assemblée signé les registres par luy presentés, desquels il resulte qu'il reste en caisse, de la recepte des Octrois et Patrimoniaux, depuis le premier octobre mille sept cent soixante-quatre jusqu'aux deux septembre courant, les depenses prelevées, la somme de sept mille quatre-vingt-neuf livres onze sols neuf deniers, sur laquelle il a eté unanimement deliberé qu'en execution d'autre deliberation du huit may dernier, receue par Me Thoumas, notaire, homologuée le vingt-un du même mois, par M. Turgot, intendant de cette generalité, il seroit payé et remboursé aux sieurs sindics du corps des Marchands celle de trois mille livres de principal, ensemble les interêts a eux dus, depuis le trente avril dernier. Il resulte encore de la veriffication des registres presentés par ledit s^r Nadaud que la recepte du droit affecté au payement du Don Gratuit, puis le neuf janvier dernier, premier jour de sa perception, jusqu'au susdit jour deux courant, excede la depense de deux mille six cent soixante-dix-neuf livres quatorze sols quatre deniers.

L'assemblée a aussy, — en confirmant en tant que besoin seroit les pouvoirs donnés aux sieurs Petiniaud et Goudin de La Borderie, par deliberation du vingt-quatre janvier presente année, pour aviser aux moyens convenables a pratiquer un endroit bien sur, pour placer le coffre fort destiné a renfermer les deniers communs, etc. — approuvé touttes reparations faittes en consequence; authorisé les consuls en charge a en ordonner le payement, et reglé que ledit coffre fort, achepté ou fabriqué qu'il soit, sera placé dans la presente salle, au rez-de-chaussée, dans le bas de l'armoire, a main gauche, en face de la porte qui va de la ditte salle dans le parterre ; cependant, attendu que les choses ne sont pas encore en etat de faire le susdit depot, toute l'assemblée a prié unanimement M. Petiniaud, prevot-consul, de se charger comme cy-devant des sommes qui restent a la ville, suivant les comptes arretés ce jourd'huy, et autres sommes qui rentreront.

Hugon, Roulhac de Thias, Bonnin de Fraixeix, Juge, G. Lafosse, Martin, Roger, Ardant du Picq, sindic ; Barbou, Benoist du Buis, Nicolas, sindic; Montaudon, Bourdeau, Nicot, Navieres du Treuil, ancien consul ; Petiniaud, Lageneste, Pouyat, Joubert, Georges Pouyat, Gerald, d. m.; Martin, Brisset, J. Petiniaud, prevost-consul (1).

(1) Nous trouvons la délibération ci-après en original dans les minutes du notaire de la ville Thoumas, conservées aux archives de la Chambre des notaires. Il s'agit cette fois d'une question qui est depuis revenue à plusieurs reprises devant le corps municipal :

« Aujourd'huy, neuf septembre mille sept cent soixante-cinq, après midy, dans l'hotel commun de la ville de Limoges, ou etoient asssemblés en la maniere accoutumée Messieurs Jacques Petignaud, s^r de Juriol, prevost-consul ; Mr Jacques Juge, s^r du Treuil, conseiller, avocat du Roy ; Mr Montaudon, seigneur du Mont, conseiller du Roy ; Mr Martial Bourdeau, conseiller du Roy, garde minuttes en la chancellerie, consuls en charge ; Paul Hugon, seigneur des Thouars (sic), conseiller du Roy ; Mr Joseph Gregoire Roulhac de Thias, conseiller du Roy, president tresaurier de France, Bonnin, s^r du Fraysaix, conseiller du Roy ; Gregoire La Fosse, s^r de Chandorat; Jeremie Martin, s^r de Laplaigne ; Rogier, Ignace Barbou, s^r de Leymarie ; Simon Nicot, s^r du Puy de Baneix ; Naviere, s^r du Treuil ; Gerald, s^r de Faye, docteur en medecine, anciens consuls ; Benoist, s^r du Buis ; Ardant, s^r du Pic; Nicolas jeune, s^r de Beaugaillard, les deux derniers sindics du Commerce ; André Pouyat, Lageneste, Georges Pouyat, Martin, gendre à Sire (?); Brisset, s^r du Puy du Tour ; Petigniaud jeune, celui-cy ancien consul, — sur ce qui a eté communiqué a l'assemblée par ledit s^r Jacques Petignaud et lecture faite de la requete presentée a Monseigneur l'Intendant par les d^{elles} Mouret sœurs (*), tendante a ce qu'elles soient maintenues dans la possession et proprieté du reflus de la fontaine

(*) Voir page 237 ci-dessus.

Désignation d'un avocat de l'hôpital

Du samedy, premier mars mille sept cent soixante (1), ou etoient assemblés Monseigneur l'évêque, Mrs Mes Trenchand, chanoine; Roulhac de Traschaussade, Maleden de Feytiat, Baud, Roulhac de Thias, Petiniaud :

Monseigneur l'Evêque de Limoges a representé que [par suite de] la mort de M. des Flotes de Fonbesse, la place d'avocat de l'Hospital, a laquelle le bureau est en droit de nommer un sujet, demeure vacante depuis six mois ou environ; qu'il paroit neanmoins interessant de nommer quelqu'un de MM. les avocats pour remplacer ledit sieur de Fonbesse, tant pour plaider les causes pendantes aux tribunaux de cette ville que pour aider de son conseil ceux de Messieurs les administrateurs qui sont chargés des affaires litigieuses. La chose mise en deliberation, toutes les voix de Messieurs les administrateurs presents se sont reunies pour le choix de Me Leonard Muret, avocat, esperant qu'il voudra charitablement donner ses soins pour les affaires des pauvres, et afin qu'il puisse jouir des privileges

de St-Pierre qui en forme une dans leur jardin, ou a etre dedommagées par la ville d'une somme de six mille livres a raison du terrain appartenant a feu leur pere, qui fut englobé dans la place de Tourny, lors de sa construction ou etablissement, et du soit communiqué dudit s^r Commissaire departi, du 25 may dernier ; — il a été unanimement deliberé, attendu que les exposantes ne rapportent pas la preuve du droit qu'elles reclament, elles doivent donner de plus amples eclaircissements ; que pour cet effet l'assemblée a pris et nommé Messieurs Lafosse de Chamdorat, Martin de Laplagne et Barbout de Leymarie pour prendre de leur part toutes les instructions qu'ils pourront se procurer sur les demandes formées par les demoiselles Mouret, pour, sur leur rapport, fait a la premiere assemblée ou dans une prealablement convoquée sur les ordres de Monseigneur l'Intendant, s'il le juge ainsy convenable, et au veu des titres et documents a rapporter (?) par les suppliantes, etre plus amplement deliberé. Dont acte, fait et passé a Limoges, dans ledit hotel de ville, salle d'assemblée, en presence des sieurs Pierre David, Lavaysse, procureur (?) et François Farne, marchand, habitants dudit Limoges, temoins, (Ledit s^r Laplaigne n'a voulu signer de ce interpellé).

PETINIAUD. premier consul ; NICOT, NICOLAS, sindic; BARBOU, ARDANT DU PICQ, sindic; BONNIN DE FRAIXEIX, JUGE, ROULHAC DE THIAS, LAGENESTE, MONTAUDON, HUGON, G. LAFOSSE, BENOIST DU BUIS, BOURDEAU, POUYAT, NAVIERES DU TREUIL, ancien consul ; BRISSET, ROGER, PETINIAUD, MARTIN, GEORGES POUYAT, GÉRALD, d. m.; LAVAYSSE, F. FAURE, THOUMAS. »

(1) L'extrait ci-dessus des délibérations du Bureau de l'Hôpital est enregistré à l'Hôtel-de-Ville afin de constater l'exemption de taille conférée au nouvel avocat de l'Hôpital par ses fonctions.

attachés a ladite place conformement aux lettres patentes du mois de decembre mil six cent soixante. Signé a l'original : L. C., eveque de Limoges ; Trenchant, chanoine de Saint-Martial; Roulhac de Thias; Feytiat, J. Petiniaud, Baud, Roulhac de Traschaussade. Controllé a Limoges, le 10 mars 1760. Receu douze sols sur le requis. *Signé* : BAGET.

Enregistré en consequence du jugement de la cour seneschalle de Limoges du treize aoust mille sept cent soixante-cinq. *Signé*: BOYSSE. Enregistré a l'Hôtel-de-Ville ce 28 septembre 1765.

   J. PETINIAUD, consul; JUGE, consul; PECONNET, consul; BOURDEAU, consul.

Election et nomination de Messieurs les consuls, faite dans la grande salle de l'Hôtel-de-Ville de Limoges, ce jourd'huy, trente septembre mille sept cent soixante-cinq, par Messieurs les soixante prudhommes nommés par Messieurs les maire, prevots et consuls et officiers municipaux en charge, a la maniere accoutumée, pour l'année mille sept cent soixante-six, — les prevots et consuls ont donné acte de l'election de nomination presentement faitte des personnes de M. de Douhet du Puymoulinier, lieutenant criminel; M. Boisse de Crezen, docteur en medecine, et M. Texandier, gendre a Garat, negociant, — et du pouvoir a eux donné par les habitants de lever toutes les sommes qui seront dues a la ville, comprises dans l'etat du Roy; et ont les dits sieurs (1) Boisse et Texandier prêté le serment au cas requis. Fait les dits jour, mois et an que dessus.

Election des consuls pour 1765-1766.

  JUGE, MURET, PECONNET, J. PETINIAUD, prevost-consul; BOURDEAU, MONTAUDON, BOISSE, d. m., TEXANDIER (2).

---

(1) Le nom de Douhet du Puymoulinier est effacé au registre. On verra plus loin pourquoi.

(2) C'est au mois de septembre 1765 que commença, au témoignage de Legros, la démolition de la porte Montmailler. « Elle menaçait d'une chute prochaine, à cause de sa vétusté ». D'après un mémoire contemporain dit *Manuscrit David*, souvent cité par l'auteur de la *Continuation des Annales*, les matériaux qu'on en tirerait devaient être employés à la construction d'une « maison de force ».

La démolition des quatre grosses tours sous lesquelles s'ouvraient les portes et qui non seulement gênaient la circulation, mais aussi s'opposaient à l'aération de tout le quartier avoisinant, avait été décidée depuis 1762.

A cette même année remonte l'exécution du plan de direction et alignement des rues et places de la ville, confiée à MM. Trésaguet, ingénieur en chef, et Alluaud, ingénieur ordinaires, sous les ordres de Turgot. (P. Ducourtieux, *Etudes sur les anciens plans de Limoges*).

La dyssenterie sévissait, à l'automne de 1765, avec une grande intensité. La population de

Désignation d'un prédicateur pour 1766-1767.

Aujourd'huy, vingt-huitieme octobre mille sept cent soixante-cinq, dans la salle de l'Hôtel-de-Ville de Limoges, ou etoient assemblés Messieurs les maire, prevots et consuls pour proceder à la nomination d'un predicateur a la chaire de Saint-Martial, la chose mise en deliberation, ils ont d'une commune voix nommé le reverend pere Reymond, religieux des Frères Prêcheurs de cette ville, pour prêcher l'Avent de mille sept cent soixante-six et le Carême de mille sept cent soixante-sept ; a cet effet (comme à la page 9).

MONTAUDON, J. PETINIAUD, consul ; BOISSE, consul ; TEXANDIER, consul.

Nomination d'un membre du bureau du Collège

Aujourd'huy, vingt-huitieme octobre mille sept cent soixante-cinq, dans la salle de l'hôtel commun de cette ville, ou etoient assemblés Messieurs les maire, prevots et consuls, Monsieur Montaudon, prevot-consul, a exposé qu'il etoit necessaire de remplacer M. Juge de La Borie, conseiller du roy et son avocat au siege seneschal et presidial de Limoges, et ancien consul, au bureau du college de cette ville. La chose mise en délibération, mes dits sieurs maire, prevots et consuls ont d'une commune voix nommé M. Leonard Boisse de Crezen, docteur en medecine et consul en charge, pour remplacer mondit s^r Juge, en conformité de la delaration du Roy en date du 21 may 1763. Fait en l'Hotel-de-Ville, les dits jour, mois et an que dessus.

MONTAUDON, J. PETINIAUD, consul ; BOISSE, consul ; TEXANDIER, consul.

Limoges fut gravement atteinte. « Il mouroit quantité de menu peuple, et il n'etoit gueres de communauté ni de maison particulière ou ce mal n'eut pénétré. » (Manuscrit David.)
Il y eut cette année-là, à Limoges, une certaine émotion dans le monde ecclésiastique. Les curés de la ville s'étaient réunis pour adresser une requête au contrôleur général, à l'effet d'obtenir l'augmentation de leurs portions congruës, c'est-à-dire des traitements insuffisants et presque dérisoires que recevaient ceux d'entre eux qui dépendaient d'un prélat ou d'un monastère gros décimateur. Non seulement leur démarche n'eut aucun succès, mais on leur défendit de s'assembler à l'avenir. Le curé de Saint-Pierre fut même menacé d'une lettre de cachet l'envoyant en exil loin de la paroisse. — Une thèse janséniste soutenue par un étudiant nommé Peyrat, de Guéret, sous les auspices du P. Lambert, au collège des Jacobins de Limoges, fut censurée par le chapitre provincial des frères Prêcheurs de Toulouse, condamnée à Rome et mise à l'Index. L'abbé Legros, alors étudiant, raconte qu'il avait refusé de soutenir les propositions de cette thèse.

— 243 —

Anne Robert Jacques Turgot, chevalier, conseiller du Roy en ses conseils, maître des requêtes ordinaire de son hotel, intendant de justice, police et finances en la generalité de Limoges,

Remboursement aux syndics du commerce des 3,000 livres avancées par eux

Vue la requête a nous presentée par les sieurs Nicolas Ardant et Nicolas, sindics du Corps des Negociants de la ville de Limoges, tendante a ce qu'il nous plaise ordonner que le corps des dits negociants soit remboursé par l'Hotel-de-Ville de la somme de trois mille livres qu'il a emprunté et avancé aux sieurs Ardant et Muret, deputés par les habitants de la ville pour se pourvoir au Conseil en opposition contre un arrêt du 9 decembre 1760, obtenu par le sieur Vergniaud, fermier des droits d'octroys d'icelle; la deliberation reçue par le sieur Thoumas, notaire, le 24 janvier 1761 (1), homologuée le même jour par M. Pajot, notre predecesseur, par laquelle les habitants de la dite ville ont donné pouvoir aux sieurs consuls de poursuivre contre les pretentions dudit sieur Vergniaud, en demandant au Conseil la revocation de l'arret du 9e decembre precedent; autre deliberation receue par ledit Thoumas le 3 avril 1761, par laquelle le Corps des Negociants, sur le requis des officiers municipaux, et en vertu des deliberations anterieurement prises de tous les corps, authorise les dits sieurs sindics a faire un emprunt de la somme de trois mille livres aux charges et conditions dont ils jugeront a propos; autre deliberation des habitants de ladite ville du 26 du même mois, contenant la nomination des dits sieurs Ardant et Muret pour leurs deputés, a l'effet de se pourvoir en opposition contre ledit arrest du Conseil du 9e decembre 1760; autre deliberation desdits habitants du 8 may 1765, homologuée par nous le 21 dudit mois, contenant que lesdits sindics des negociants seront payés de la somme capitalle de trois mille livres et des interêts jusqu'au remboursement; ensemble une autre deliberation desdits habitants du 9e septembre dernier, portant qu'il doit être payé aux dits sindics ladite somme de trois mille livres et les interêts dus depuis le trente avril aussy dernier;

Il est ordonné aux receveurs des deniers d'Octroys et Patrimoniaux de la ville de Limoges, de payer, conformement aux dites deliberations, aux sieurs Ardant et Nicolas, sindics des negociants de laditte ville, la somme de trois mille livres pour leur remboursement de pareille somme qu'ils ont empruntée en consequence de la deliberation du trois avril mille sept cent soixante-un; ensemble les interêts d'icelle, sur le pied du denier vingt, a compter du trente avril mille sept cent soixante-cinq, a la deduction cependant des vingtiemes et sols pour livres, s'il [y] a lieu : de laquelle somme il

---

(1) Voir plus haut, pages 137 et suivantes.

sera tenu compte au dit receveur, en rapportant notre presente ordonnance et quittance sur ce suffisante. Fait a Limoges le vingt-un decembre 1765. *Signé* : TURGOT.

Nous soussignés, sindics des Negociants de la ville de Limoges, reconnoissons avoir recu du sieur Nadaud, receveur des deniers d'octroys et patrimoniaux de ladite ville, la somme de trois mille cent livres pour les causes portées et enoncées en l'ordonnance cy-dessus et de l'autre part, scavoir trois mille livres de principal et cent livres d'interêts a nous dus depuis le trente avril dernier jusqu'au present jour, dont le s^r Nadaud s'est retenu la somme de onze livres pour les vingtiemes et sols pour livre : de laquelle dite somme de trois mille cent livres nous tenons quitte ledit s^r Nadaud et tous autres. A Limoges, le trente decembre mille sept cent soixante-cinq.

Nicolas ARDANT, sindicq ; NICOLAS, sindic (1).

Nomination à la survivance de la charge de capitaine de Manigne.

Louis-François-Marie de Perusse, comte des Cars et de Saint-Bonnet, marquis de Pransac, baron d'Aixe et de La Renaudie, seigneur de Saint-Ybard, La Rochelabeille, Hurtebise, La Rochue, La Frenaye et autres lieux, ancien mestre de camp de cavalerie, et lieutenant general pour le Roy en la province du haut et bas Limouzin,

Nous avons accordé au fils ainé du sieur Nasvieres du Treüil, la survivance de la charge de la compagnie du canton de Ferrerie, dont est actuellement pourvu le dit sieur Nasvieres pere : de laquelle charge son dit fils ainé jouira et exercera apres le deceds ou la demission du dit sieur Nasvieres pere. En temoignage dequoy nous avons signé ces presentes, ce quinze novembre mille sept cent soixante-trois. *Signé* : des Cars. Et plus bas, par Monseigneur, Chollet. Enregistré le vingt-huit janvier 1766.

Nomination à la lieutenance du canton de Lansecot.

Louis-François-Marie de Perusse, comte des Cars, etc. (comme ci-dessus). La charge de lieutenant de milice bourgeoise du canton de Lansequot de la ville de Limoges etant vacante, nous avons nommé

---

(1) Par arrêt du Conseil du 12 novembre 1765, et lettres patentés du 4 décembre, l'office de lieutenant général de police de la ville de Limoges avait été réuni à celui de lieutenant général civil au siège présidial et sénéchal.

Le Dauphin mourut à Fontainebleau le 20 décembre. Plusieurs services solennels furent célébrés a Limoges à cette occasion, dans les premiers jours de janvier.

et nommons par ces presentes a la dite lieutenance le sieur Paul Poncet, negociant, pour en faire les fonctions et jouir des honneurs, prerogatives et privileges dont ont accoutumé de jouir les pourvus de pareille charge. Mandons a tous ceux qu'il appartiendra de le reconnoitre en ladite qualité. En foy de quoy, nous avons signé ces presentes, fait contresigner par notre secretaire, et fait apposer le sceau de nos armes. En notre chateau des Cars, ce vingt-sept janvier mille sept cent soixante-six. *Signé* : le comte des Cars. Et plus bas, par monseigneur, de Chollet. Enregistré le trentieme janvier 1766.

A Monseigneur, Monseigneur de Turgot, intendant de la generalité de Limoges

Supplie tres humblement Jacques François de Douhet, chevalier, seigneur du Puymoulinier, Le Palais, Panazol et autres lieux, conseiller du Roy et son lieutenant general criminel au siege presidial de Limoges, disant que, ayant eté nommé premier consul de cette ville le 28 septembre dernier, il a l'honneur de se pourvoir devant vous, Monseigneur, pour vous en demander sa decharge, fondée sur le privilege de gentilhomme duquel il plu a Sa Majesté de l'honorer a la suite de ses ancestres, comme il conste par le jugement cy-joint, confirmatif de sa qualité de noble, rendu en sa faveur a Angouleme par Monsieur de Bernage, votre predecesseur, le neuf janvier mille six cent quatre-vingt-dix-huit, et controlé le meme jour ; — ce consideré, Monseigneur, il vous plaise d'ordonner que la nomination de premier consul soit declarée nulle et juridiquement biffée de dessus les registres de l'Hôtel-de-Ville de Limoges, et ferés bien. *Signé* : DE DOUHET (1). <small>Requête de M. de Douhet aux fins de faire annuler son élection au consulat.</small>

Vu la presente requete, ensemble le jugement rendu le neuf janvier 1698 par M. de Bernage, l'un de nos predecesseurs, par lequel il a confirmé le sieur Jacques de Douhet, seigneur du Puymoulinier, ayeul du suppliant, en sa qualité de noble et ecuyer, et a ordonné en consequence qu'il jouiroit, ensemble ses enfants, successeurs et posterité nés et a naitre en legitime mariage, des privileges et exemptions dont jouissent les autres gentilhommes du royaume, tant qu'ils vivroient noblement et ne feroient aucun acte derogeant a la noblesse, — nous avons déchargé le suppliant du consulat, auquel il <small>Ordonnance conforme de l'Intendant.</small>

---

(1) Nos registres ont déjà mentionné plusieurs affaires analogues. Voir notamment, tome IV, p. 124, un arrêt du Conseil déchargeant des fonctions de consul, M. de La Bastide, trésorier de France (3 février 1699).

a été nommé pour la ville de Limoges le vingt-huit septembre dernier. Ordonnons en conséquence qu'a la diligence des sieurs consuls de ladite ville, il sera convoqué dans huitaine une assemblée des habitants d'icelle a l'effet de proceder en la maniere accoutumée a l'election d un autre consul au lieu et place dudit suppliant. Fait a Limoges, le vingt-huit decembre mille sept cent soixante-cinq. *Signé* : TURGOT. Et plus bas : par Monseigneur, DE BEAULIEU.

<small>Signification de la décision qui précède.</small>

L'an mil sept cent soixante-cinq et le trentieme du mois de decembre, certiffie je, Pierre Declareüil, huissier garde de la connestablie et mareschaussée de France, receu et immatriculé en son siege general a la table de marbre du Palais a Paris, ayant pouvoir d'exploiter par tout le royaume sans congé, visa ny pareatis, residant audit Limoges, rue du Clocher, paroisse de Saint-Michel-des-Lions, soussigné, a la requette de messire Jacques-François de Douhet, chevalier, seigneur du Puymoulinier, Le Palais, Panazol et autres lieux, conseiller du Roy, lieutenant general criminel en la seneschaussée et siege presidial de Limoges, pour lequel domicile est elu en sa maison audit Limoges, rue des Combes, paroisse de Saint-Michel-des-Lions,— je me suis porté a l'hotel et maison de ville dudit Limoges, y située rue du Consulat, paroisse de Saint-Pierre-du-Queyroix, ou etant et parlant au sieur Nadaud, greffier secretaire dudit hotel de ville, trouvé dans l'appartement du secretariat et recepte d'iceluy, avec injonction de faire scavoir le contenu aux presentes a Messieurs les maire, prevot et consuls actuellement en charge de ladite ville de Limoges, auxquels j'ay intimé et signifié la requette du seigneur requerant a Monseigneur l'Intendant de la presente generalité de Limoges, de luy signée, ainsy que l'ordonnance rendue sur icelle par mondit seigneur l'intendant en date du vingt-huit de ce mois, signée TURGOT, et plus bas : par Monseigneur, DE BEAULIEU ; ladite ordonnance contenant decharge de la nomination qui avoit eté faite du seigneur requerant pour faire les fonctions de consul de ladite ville de Limoges, pour l'année prochaine mille sept cent soixante-six, et qui ordonne qu'a la diligence desdits sieurs consuls, il sera convoqué dans huitaine une assemblée des habitants de ladite ville de Limoges, a l'effet de proceder en la maniere accoutumée a l'election et nomination d'un autre consul au lieu et place du seigneur requerant. En consequence, je leur ai fait sommation de se conformer a la dite ordonnance, sous telles peines que de droit et de tous depends, dommages et interets, et afin que lesdits sieurs maire, prevots et consuls n'en ignorent, je leur ai, en parlant comme dessus au dit sieur Nadaud, leur greffier secretaire, avec la susdite injonction de le leur faire scavoir, laissé copie au long, tant de ladite requette, ordonnance, que du present acte. *Signé* : de Douhet du Puymoulinier, et Declareüil, huissier.

Extrait des registres de parlement : Ce jour, le Procureur General du Roy est entré et a dit qu'il demeure averty que, dans une assemblée tenue suivant l'usage ordinaire, le trente du mois de septembre dernier, en l'hotel de ville de Limoges, aux fins de la nomination de trois consuls a la place de ceux qui devoient sortir d'exercice, le sieur de Douhet de Puymoulinier, lieutenant crimimel du seneschal de la dite ville, avoit eté elu et nommé premier consul; mais qu'au lieu de preter le serment ordinaire pour exercer les dites fonctions, il s'etoit pourvu par requette par devant M. de Turgot, commissaire departy en la generalité de Limoges, duquel il avoit surpris, le vingt-huit du mois de decembre dernier, une ordonnance qui le decharge du consulat et ordonne qu'a la diligence des consuls de ladite ville de Limoges, il sera convoqué dans huitaine une assemblée d'habitants, a l'effet de proceder, a la maniere accoutumée, a l'election d'un consul au lieu et place dudit sieur de Douhet du Puymoulinier. Il n'est pas besoin d'entrer dans les raisons qui peuvent avoir servy de fondement a cette decharge; il suffit d'observer a la cour que M. le commissaire departy n'avoit pas de juridiction pour l'ordonner et que le sieur de Douhet n'a pas pu luy en donner aucune dans une semblable matiere : son ordonnance ne scauroit par consequent subsister.

ALLANT le procureur general du Roy a requis l'ordonnance renduc par M. Turgot, commissaire departy en la generalité de Limoges, ledit jour vingt-huit decembre dernier, par laquelle ledit sieur de Douhet du Puymoulinier est dechargé du consulat de ladite ville, etre cassée et annulée pour incompetence, etre ordonné que l'election consulaire dudit jour trente septembre dernier, sera executée suivant sa forme et teneur : en consequence etre enjoint audit sieur de Douhet de Puymoulinier de preter le serment dans la place de consul, en laquelle il a eté nommé, et d'en faire les fonctions, a telles peines que de droit, sans prejudice a luy de se pourvoir en la cour, aux fins de sa decharge, et d'etre faict droit sur sa demande, s'il y a lieu, ainsy qu'il appartiendra. L'arrest qui interviendra sera executé nonobstant oppositions faites ou a faire, et sans y prejudicier. *Signé* de Monsieur Dudon.

La Cour, faisant droit du requisitoire du Procureur General du

Roy, a cassé et casse l'ordonnance rendue par le commissaire departy en la generalité de Limoges le vingt-huit decembre dernier, qui decharge de Douhet du Puymoulinier du consulat de ladite ville de Limoges, comme rendue par incompetence ; ordonne que l'election consulaire du trente septembre dernier sera executée suivant sa forme et teneur ; en consequence a enjoint audit de Douhet du Puymoulinier de prester incessamment le serment dans la place de consul en laquelle il a eté nommé, et d'en faire les fonctions à telle peine que de droit, sans prejudice audit de Douhet de se pouvoir en la Cour aux fins de la decharge, et d'etre fait droit sur sa demande, s'il y a lieu, ainsy qu'il appartiendra. Ordonne que le present arret sera executé nonobstant oppositions faites ou a faire, sans prejudice d'icelle. Fait a Bordeaux, en parlement, le dix janvier mille sept cent soixante-six. *Signé* : Monsieur LE BERTHON, president, *et a l'expedition*, FEGER. Collationné et controllé par Peucheur.

Louis, par la grâce de Dieu, roi de France et de Navarre, au premier notre huissier ou sergent sur ce requis : a la requette de notre procureur general en notre cour de parlement de Bordeaux, te mandons signiffier l'arret de nostre dite cour en date du dix de ce mois a qu'il appartiendra et dont seras requis, aux fins qu'ils n'en ignorent et ayent a y obeir. Pour raison de quoy, fais tous exploits, significations, commandements et autres actes a ce necessaire. Donné a Bordeaux, en notre parlement, le dix-huit janvier l'an de grace mille sept cent soixante-six, et de notre regne le cinquante-unieme. Signé : par la Chambre, Tennel. Scellé, collationné et controllé.

<small>Signification aux consuls de l'arrêt du Parlement.</small> L'an mille sept cent soixante-six et le trente unieme janvier, a la requette de monseigneur le procureur general du Roy en la souveraine cour de parlement de Bordeaux, y demeurant en son hotel ou il fait election de domicile, qui s'est constitué procureur en sa cause propre, poursuites et diligences de MM. François Romanet, seigneur de la Briderie, Conseiller et Procureur du Roy en la seneschaussée et siege présidial de la ville de Limoges, son substitut, demeurant audit Limoges, rue Fourie, paroisse de Saint-Pierre, — nous, Jean-Baptiste des Fayolles, huissier andiencier en ladite seneschaussée et siege presidial dudit Limoges, y demeurant faubourg Manigne, paroisse de Saint-Michel-de Pistorie, soussigné, certifions bien et duement signifier et notifier a Messieurs les prevots et consuls de ladite ville de Limoges, en la personne de M° Philippe Na-

daud, leur greffier, l'arrest rendu par nos seigneurs tenant la souveraine cour de parlement a Bordeaux en date du dix courant, signé de Monseigneur Le Berthon et a l'expedition Feger, greffier, ayant en tete le requisitoire au long de Monseigneur le procureur general du Roy, du meme jour, le tout collationné, scellé et controllé par Pecheur; ensemble la commission prise sur ledit arrest en la chancellerie pres ladite souveraine cour de parlement a Bordeaux, en date du dix-huit aussy du courant, signée par la chambre Tennel, collationnée et scellée aux fins que mes dits sieurs les prevot et consuls n'en ignorent et ayent a s'y conformer, le tout a telles peines que de droit. Fait a Limoges a l'hotel commun de ladite ville de Limoges, situé rue du Consulat, paroisse de Saint-Pierre, ou nous [nous] sommes porté, et parlant audit sieur Nadaud, leur secretaire et greffier, avec injonction et requisition de le faire savoir a mesdits sieurs les prevots consuls, qui a pris la presente copie, par nous signée, des Fayolles, huissier.

L'an mil sept cent soixante-six et le trois du mois de fevrier, avant midy, a la requette de messire Jacques-François de Douhet, ecuyer, seigneur du Puymoulinier, le Palais, Panazol et autres lieux, conseiller du Roy et lieutenant general criminel en la seneschaussée de Limoges, habitant ladite ville de Limoges, rue des Combes, paroisse de Saint-Michel-des-Lions, je, Jean-Baptiste des Fayolles, huissier-audiencier en ladite seneschaussée et siege presidial de Limoges, y demeurant faubourg Manigne, paroisse de Saint-Michel-de-Pistoric, certifie m'etre porté par devers et au domicile du sieur Nadaud, secretaire de la maison commune de cette ville, demeurant place des Bancs, paroisse de Saint-Pierre-du-Queyroix, ou etant et parlant a sa personne, je luy ai dit et déclaré que le trente du mois de janvier dernier, il a eté signifié au seigneur requerant un arrest du parlement de Bordeaux, rendu le dix du mois de janvier, a la requette de Monseigneur le procureur general, cassant l'ordonnance de M. le commissaire departy en cette generalité, comme rendu par incompetence, le vingt-huit decembre dernier, qui dechargeoit le seigneur requerant du Consulat, ou il avoit eté nommé le trente du mois de septembre precedent; ordonne qu'il pretera le serment dans la place de consul en laquelle il a eté nommé, sans prejudice a lui de se pourvoir en la cour aux fins de sa decharge; et d'autant que iceluy seigneur requerant veut par respect et soumission obeir au susdit arret, sous les protestations de se pourvoir pour ce qui le

M. de Douhet fait signifier aux consuls qu'il se soumet à l'arrêt et veut se faire installer comme consul sous toute réserve

concerne, ainsy qu'il luy est reservé, il declare qu'il se presentera demain, quatrieme du present mois, audit hotel de ville, a neuf heures du matin, pour y prester le serment au cas requis et accoutumé, sans neanmoins par luy rien deroger a ses privileges qui l'exemptent de pareilles et autres charges publiques, ainsy qu'il etablira par devant nos seigneuss du parlement de Bordeaux; et aux fins que messieurs les consuls de cette ville en fonctions n'en ignorent, en leur parlant en la personne du sieur Nadaud, leur secretaire, avec injonction de le leur faire sçavoir, je leur ai laissé copie du present acte fait par moy, signé tant a la presente copie qu'a l'original par ledit seigneur de Douhet du Puymoulinier. *Signé*, de Douhet du Puymoulinier et des Fayolles, huissier.

Exposé de M. de Douhet. Aujourd'hui, quatrieme jour du mois de fevrier mille sept cent soixante-six, environ les neuf heures du matin, par devant nous, Jean Poulard, notaire royal de la ville de Limoges, et temoins soussignés, a comparu Messire Jacques-François de Douhet, ecuyer, seigneur du Puymoulinier, le Palais, Panazol et autres lieux, conseiller du Roy et son lieutenant general au criminel de la seneschaussée de Limoges, lequel nous a exposé que, le trente janvier dernier, il lui a été signifié, a la requette de monseigneur le procureur general au Parlement de Bordeaux, un arrest de la cour de nosseigneurs du Parlement en date du dixieme jour du mois de janvier, contenant que la Cour, faisant droit du requisitoire de mondit seigneur le procureur general, a cassé l'ordonnance rendue par M. de Turgot, commissaire departy en la generalité de Limoges, le vingt huit decembre dernier, qui decharge le comparant du Consulat de la ville de Limoges, comme rendue par incompetence, et ordonne que l'election consulaire du trente septembre dernier sera executée ; en consequence enjoint au comparant de preter incessamment le serment de consul, et d'en faire les fonctions, sans prejudice a luy de se pourvoir en la Cour aux fins de sa decharge : a quoy voulant obeir provisoirement, par respect pour la Cour du parlement, sans neanmoins approuver rien qui luy soit de prejudice en ce qui le concerne personnellement, et sous toutes ses protestations de se pourvoir ainsy qu'il luy est reservé pour la decharge dudit Consulat, par les moyens et raisons qu'il deduira a nos seigneurs du Parlement, il a fait un acte le jour d'hier a Messieurs les Consuls, en la personne du sieur Nadaud, leur secretaire, pour leur declarer qu'il se presenteroit ce jourd'huy a l'hotel de ville, a neuf heures du matin, pour obeir et satisfaire au susdit arret, sous les susdites protestations, et afin de constater ses intentions, il requiert de l'accompagner avec nos temoins au susdit hotel de ville, pour dresser notre procès verbal de ce qui y sera fait. *Signé* : DE DOUHET DU PUYMOULINIER.

Nous, notaire, en presence de nos temoins soussignés, avons concedé acte au seigneur de Douhet du Puymoulinier de son exposé et requis, et vu la signification a lui faite le trente du mois de janvier dernier, de l'arrêt du dixieme jour du même mois, avec la sommation faite a sa requette le jour d'hier, par des Fayolles, huissier, nous sommes transporté avec ledit seigneur de Douhet du Puymoulinier et nos temoins. en l'hotel commun de cette ville, ou nous sommes arrivés environ les neuf heures du matin, et etant entrés dans une salle ou Messieurs les Consuls s'assemblent ordinairement, ou nous avons trouvé Messieurs Jacques Petiniaud, negociant, ancien Juge de Bourse, Prevot-consul; Jean-Baptiste Montaudon, seigneur du Mont, conseiller du Roy, juge magistrat a la seneschaussée de Limoges; Martial Peconnet, avocat au Parlement; Leonard Boisse, seigneur de Crezen, docteur en medecine, et Jean-Pierre Texandier, negociant, ancien juge de Bourse; en parlant a leur personne, je leur en ai fait lecture, en presence dudit sieur du Puymoulier, de son exposé, requis, offres et protestations; lesquels ont fait reponse sous toutes leurs reserves et protestations contraires en temps que besoin seroit, et sans approuver rien qui leur soit de prejudice, ny au corps de ville, qu'ils sont très disposés a le recevoir et a la prestation de serment apres qu'il se sera revêtu des marques consulaires (1) : a cet effet, après qu'on a eu placé ladite robe et marque consulaire sur la robe dont ledit sieur du Puymoulinier etoit revetu, il a eté reçu unanimement : après avoir mis un genou en terre, pris de l'eau benite, il a preté le serment sur le livre des Evangiles, entre les mains de Messieurs les Prevots-consuls, aux formes ordinaires, et ledit sieur du Puymoulinier s'etant retiré, il a pris rang et seance avec messieurs les autres consuls et a deliberé avec eux sur les affaires qui ont eté agitées entre eux. De tout quoy le dit seigneur du Puymoulinier a protesté de rechef, conformement a son exposé cy-dessus, les exceptions contraires et reservées auxdits sieurs consuls, et nous a requis acte, que nous lui avons concedé. Duquel a eté laissé copie aux dits sieurs consuls, qui ont signé a l'original. Fait et passé dans ladite salle consulaire, les jour, mois et an que dessus, en presence des sieurs Antoine Peyrusson, marchand, et Jean Borie, praticien, habitants de cette ville, temoins. *Signé a la minute* : PETINIAUD, prevot-consul,

<small>Procès-verbal de notaire constatant l'installation et la prestation de serment de M. de Douhet.</small>

---

(1) Nous avons vu au volume précédent (p. 195), que les nouveaux élus recevaient les insignes consulaires à l'hôtel de ville lors de leur prestation de serment.

Montaudon, Peconnet, consul ; Boisse, consul ; Texandier, de Douhet du Puymoulinier, Peyrusson, Borie et nous soussigné. L'original sera controlé. Signé Poulard, notaire royal (1).

Nomination d'un capitaine pour le canton des Bancs.

Louis-François-Marie de Perusse, comte des Cars et de Saint-Bonnet, baron d'Aixe et de la Renaudie, seigneur de Saint-Ybart, La Rochelabeille, Pransac, Hurtebize, La Rochue, La Fresnaye et autres lieux, ancien mestre de camp de cavalerie, et lieutenant general pour le Roy en la province du Haut et Bas-Limouzin.

La charge de capitaine de milice bourgeoise du canton des Bancs de la ville de Limoges etant vacante, nous y avons nommé et nommons par ces presentes, le sieur François Dalesme, imprimeur, pour en faire les fonctions et jouir des honneurs, prerogatives et privileges (comme ci-dessus p. 245). En notre château des Cars, ce vingt-sept janvier mille sept cent soixante-six. *Signé :* le Comte des Cars, *et plus bas,* par Monseigneur, Chollet. Enregistré le sixieme fevrier 1766 (2).

Nomination d'un sergent pour Ferrerie.

La place de sergent du canton de Ferrerie etant vacante, j'ay nommé a la dite place le sieur Pierre Lamothe, maître tailleur, pour en faire les fonctions et jouir des privileges dont ont coutume de jouir les pourvus de pareilles places, et ce suivant les ordres de Monseigneur le comte des Cars, en date du trente juin mille sept cent soixante-trois. Limoges, le trente janvier mille sept cent soixante-six, *Signé :* Peyroche du Reynou, colonel. Enregistré le septieme fevrier 1766.

---

(1) On verra plus loin (p. 256) la suite de cette affaire.

(2) L'hiver de 1765-1766 fut rigoureux. Les vivres étaient fort chers. Le consulat et les autres corps notables de la ville firent une démarche auprès de l'évêque de Limoges pour obtenir la permission d'user d'aliments gras pendant une partie du Carême. Cette permission fut accordée pour les dimanche, lundi, mardi et jeudi, jusqu'à la semaine de la Passion.

1766. Le régiment de hussards de Bercheny, qui était alors en garnison à Limoges et qui avait pour colonel François-Charles Viraud de Sombreuil, fit célébrer, dans l'église des Récollets de Saint-François, un service pour le repos de l'âme du roi de Pologne Stanislas, mort le 23 février.

Notons la même année d'assez importantes réparations à l'église de Saint-Michel-de-Pistorie : il n'existe plus aujourd'hui aucune trace de cet édifice. — Le 13 mars, Mgr d'Argentré posa solennellement la première pierre du nouveau palais épiscopal.

Le 20 janvier s'était ouverte l'Ecole vétérinaire fondée par Turgot. « Elle a subsisté deux ou trois ans seulement » dit Legros. Elle avait été installée près de la maison de Force, rue des Anglais.

Aujourd'hui, troisieme mars mille sept cent soixante-six, dans la salle de l'hotel commun de cette ville, ou etoient assemblés en la forme ordinaire MM. les nouveaux et anciens officiers municipaux et autres notables soussignés, Monsieur Texandier, prevot-consul, a fait remettre sur le bureau les registres de recettes et depenses concernant les Octroys, les deniers patrimoniaux et le Don gratuit, et après due verification faite tant des articles de recepte que depense, par l'assemblée generale, au vu des pieces justificatives qu'elle a alloué et approuvé, il s'est trouvé rester de net, compris les neuf mille huit cent dix-neuf livres six sols un denier qui lors de la derniere assemblée furent deposés chez M. Petiniaud, consul, (dont il a vuidé ses mains le vingt-huit fevrier dernier, pour faire aux regisseurs du Don gratuit, a Paris, le payement de dix mille livres portées dans les comptes de depenses, verifiés et alloués aujourd'huy), la somme de huit mille cinq cent une livre six sols deux deniers, dont celle de six mille deux cent soixante-dix livres dix-neuf sols trois deniers provient de la perception de l'Octroy et des deniers patrimoniaux, et celle de deux mille deux cent trente livres six sols onze deniers du produit du Don gratuit, laquelle dite somme a été déposée dans le coffre fort placé dans une armoire de la dite salle et destiné a renfermer les deniers communs sous trois clefs, dont une est a la garde de M. Petiniaud, consul en charge, l'autre a celle de Monsieur Goudin de La Borderie, ecuyer, et la troisieme a celle du sieur Nadaud, receveur de l'hotel de ville, suivant et conformement a la deliberation de l'assemblée generale du vingt-quatre janvier 1765.

Arrêté des comptes

Monsieur Texandier, prevot consul, a proposé les objets suivants pour y etre statué par ladite assemblée generale, sur lesquels elle a deliberé a la pluralité des suffrages, sçavoir :

1° Qu'attendu que la verification des registres et des pieces justificatives, tant de recepte que de depense, demandoit et prenoit un temps trop considerable sur celuy qu'on devoit employer aux differents motifs de deliberation, l'assemblée nommoit MM. Goudin de La Borderie, Romanet du Caillaud, Ardant Dupicq et Joseph Petiniaud, commissaires a cet effet, pour qu'a l'avenir ils eussent la bonté de se rendre a l'hotel de ville quelques jours avant chaque assemblée generale, pour y proceder a l'examen de tous les comptes et faire le rapport de l'etat au vray de la commune, en ce que en cas d'absence d'aucun des dits quatre commissaires, deux suffiront pour cette operation ;

Propositions diverses : Commission de vérification des comptes; remboursements ; pompes à incendie et seaux : enlèvement des boues; réparations.

2° Que, pour l'avantage de la communauté, on solliciteroit monseigneur le Controleur general de vouloir obtenir de Sa Majesté la prolongation de la regie de l'Octroy (1) pour six années consecutives a commencer du premier octobre prochain, afin que l'utilité (2) que cette regie produiroit a cette ville put, outre les depenses ordinaires et indispensables dont elle est chargée, rembourser aux sieurs Pinchaud, Martin, et Mauransanne, cy-devant receveurs et controleurs des Octrois, dont les titres et fonctions sont eteints par l'edit du mois d'aoust mille sept cent soixante-quatre, la finance qu'ils en avoient donné et qui s'eleve en total a la somme de quatre mille deux cent soixante-dix livres, sous les reserves neanmoins des compensations a faire entre toutes parties et notamment avec le sʳ Pinchaud pour cause de sa recette. Et apres ce remboursement, elle se libereroit de la somme capitale de vingt-trois mille neuf livres quatre sols due aux sieurs Durand et ses consorts, suivant la liquidation qui en a eté faite par l'arret du Conseil du vingt-un decembre mille sept cent cinquante-six, dont l'interet annuel de onze cent cinquante livres neuf sols luy est extremement onereux; elle feroit faire aussy la recherche et lever le plan des acqueducs souterrains qui traversent en entier la ville, dont l'engorgement a deja entrainé et menace chaque jour la ruine de plusieurs maisons;

3° Que, pour porter un prompt secours dans les incendies, dont les suites sont toujours d'une grande consequence par les progrès qu'occasionne la construction des maisons, toutes bâties en bois, il seroit pourvu incessamment a l'apchat de soixante seaux de cuir conformes au modèle qui a eté presenté aujourd'huy, et de deux pompes a l'Hollandaise pour montre, dont le prix sera fait et reglé par Messieurs les consuls : lesquels seaux et pompes seront deposés dans les differents cantons de cette ville, entre les mains d'habitants choisis de concert par M. le lieutenant general de police et Mʳˢ les consuls pour les representer dans les cas de besoin (3);

4° Qu'il a representé que les fonds attribués a la police etant par leur mediocrité insuffisants pour pourvoir a l'enlevement des boues, il n'etoit pas possible de faire executer les ordonnances des officiers de police qui y sont relatives, ni de procurer la propreté des rues,

---

(1) Voir ci-dessus, page 199 et 201.
(2) C'est-à-dire le produit.
(3) On s'était peu occupé de l'organisation des secours en cas d'incendie depuis l'assemblée convoquée en 1730 sous la présidence de l'Intendant de Tourny pour y pourvoir. (Voir t. IV, p. 368). On trouve aux archives du département (C. 53) une quittance de 48 livres, datée de cette année 1766 pour « fourniture de seaux en cuir à l'Hôtel-de-Ville ». La proposition de M. Texandier fut donc suivie d'effet.
Une autre note de cette époque parle du rétablissement des pompes. Peut-être s'agit-il de celles dont il est parlé plus haut et auxquelles se rapporterait la note qu'on trouve au bas de la page 191 ci-dessus.

d'ou depend la salubrité de l'air, si la commune, pour l'interet public, ne contribuoit de ses deniers patrimoniaux aux frais indispensables de cette operation, qui exigeoit l'entretien de quatre tombereaux qui seroient distribués chaque jour dans tous les quartiers de la ville et faubourgs, pour enlever les boues et balayures, et dont l'adjudication faite le vingt-quatre fevrier dernier, pour trois ans, a Pierre Guindaud, monte a la somme annuelle de huit cents livres : la chose mise en deliberation, il a eté arreté que dans le cas ou les revenus de la police destinés a ces depenses seroient insuffisants (1), ce dont il sera justifié par bref etat envoyé a l'hotel de ville, visé et signé par M. le lieutenant general, la commune, pour l'avantage du public et l'entretien d'une exacte police, fourniroit anuellement, et par forme de supplement, *la somme de cinq cent livres au plus*, et moins si le cas y echoit ; et cela tant que l'adjudication des quatre tombereaux subsistera ainsy que le service journel d'iceux ; en consequence le receveur de l'hotel de ville acquittera les mandements tirés, jusques a la dite concurrence de cinq cent livres, par mondit sieur le lieutenant general ;

5° Qu'il seroit pourvu incessamment a la reparation de la partie du mur qui s'est croulé a la Terrasse, a celle des portes de la place d'Orsay et de la maison du concierge, de la loge du receveur de l'octroy a la porte Montmailler, aux acqueducs des etangs qui portent l'eau dans les rues de Lansequot, Ferrerie et Croix-Neuve, au cayroy des murs et a la chaussée des dits etangs, et finalement a faire recimenter la couverture de la porte Tourny, et le tout par economie ;

6° Que le sieur Pinchaud, receveur cy-devant des Octroys, sera poursuivi incessamment aux fins qu'il rende ses comptes, et qu'on priera instamment M^r l'Intendant de vouloir donner au plus tot son avis au conseil sur les contestations intentées contre la commune par le sieur Vergniaud, dernier adjudicataire des Octroys, afin d'obtenir une decision dont les delais sont d'un grand prejudice aux interets de cette ville ;

7° Que, sur la demission de Monsieur Roulhac de Thias, l'un des

---

(1) On n'a pas conservé les archives du service de la police au XVIII° siècle ; mais nous savons, par un registre des Recettes et dépenses de la police, conservé à la bibliothèque de MM. les prêtres de Saint-Sulpice chargés de la direction du Séminaire, n° 125 du Catalogue, qu'entre 1669 et 1675, on n'employait qu'un seul tombereau pour l'enlèvement des boues. Les hommes qui conduisaient ce tombereau et y jetaient la boue et les immondices déposés sur la voie, avaient des clochettes qu'ils agitaient pour prévenir les habitants de leur passage. — On procédait à certains jours, la veille des fêtes ou des processions par exemple, à un nettoyage plus complet. Ainsi on trouve, au registre dont nous parlons, mention d'une dépense de cinq livres pour « cinq hommes ayant chacun un cheval » et qui ont nettoyé, la veille de Noël, les rues par où la procession devait passer. L'Hôtel-de-Ville possédait déjà au XVI° siècle un « charretou » et un cheval qu'il confiait à la personne chargée de ce service. (Voir notamment année 552, t. I, p. 459).

— 256 —

six commissaires du Don gratuit et Octrois (1), l'assemblée a nommé unanimement pour le remplacer Monsieur Maleden (2), chevalier, seigneur de Feytiat, président tresorier de France, lequel sera prié de vouloir accepter la presente nomination et d'assister aux assemblées concernant ladite commission. Fait en l'hotel de ville, les dits jour, mois et an que dessus.

> TEXANDIER, prevost consul; ROULHAC DE THIAS, LAFOSSE, C. ARDANT DU PICQ, GOUDIN DE LABORDERIE, ROMANET, PECONNET DU CHATENET, DAVID DE BRIE, PINOT, BOISSE, consul; BONNIN DE FRAIXEIX, ROGER, LAMY, J. PETINIAUD, MONTAUDON, Joseph PETINIAUD, Jérémie MARTIN, BARBOU, Gabriel GRELLET, GARRAT, NAVIERES DU TREUIL, JUGE SAINT-MARTIN, VALADE, ROMANET, HUGON, DEPERET l'aîné, PEYROCHE jeune, MURET.

Extrait des registres du Parlement.

Suite de l'affaire de Douhet. Arrêt du Parlement annulant l'élection de M. de Douhet au Consulat.

Vu, par la Cour, la requete a elle presentée par Jacques-François de Douhet du Puymoulinier (3), ecuyer, conseiller du Roy, lieutenant general criminel en la seneschaussée de Limoges, tendant a ce que, pour les causes et raisons y contenues, il plaise a la dite Cour, ayant egard a la dite requette et conformement a l'arret de la Cour du dix janvier dernier, qui lui reserve de se pourvoir en icelle aux fins de sa decharge de la place de l'un des trois consuls de la ville de Limoges, a laquelle il a eté nommé le trente septembre dernier, — vouloir le decharger de ladite place de consul et ordonner qu'il en sera nommé un autre en son lieu, dans le delay qu'il plaira a la dite Cour de prescrire, avec defense d'y elire a l'avenir le suppliant ny de le troubler ny inquieter dans ses privileges de noblesse, luy et les siens descendant de legitimes mariages, tandis qu'ils ne feront aucun acte derogeant, a peine de tous depens, dommages et interets ; ladite requette signée de Douhet du Puymoulinier et Estienne, son procureur, repondue de l'ordonnance de la Cour : « Soit montrée au procureur general du Roy », du vingtième du present mois, ayant assuité les conclusions desdits Procureur

---

(1) Ces commissaires avaient été désignés par l'assemblée du 6 septembre 1764. (Voir p. 199 ci-dessus).
(2) On avait d'abord écrit : *Maleden de Feytiat*. Les deux derniers mots ont été effacés.
(3) Voir pour cette affaire, p. 245 à 251, ci-dessus.

general du Roy, du lendemain, *signé* : Dudon; vu aussy les pieces enoncées et attachées a la dite requette, et ouy le rapport du sieur Demeston, conseiller du Roy en la Cour, dit a eté que la Cour, ayant egard a la dite requette et aux conclusions du procureur general du Roy, decharge ledit de Douhet du Puymoulinier du consulat de Limoges, auquel il a eté nommé le vingt-huit septembre dernier; en consequence, ordonne que, dans huitaine pour tout delay apres la signification dudit arrest, il sera convoqué, a la diligence des consuls de ladite ville de Limoges, une assemblée dans la meme forme et maniere qu'on [a] accoutumé de les faire pour les elections consulaires, pour etre procedé a l'election d'un nouveau consul au lieu et place dudit de Douhet du Puymoulinier. Prononcé a Bordeaux, en parlement, le vingt-cinq fevrier mille sept cent soixante-six. Collationné. *Signé* : Baret, et controlé.

Louis, par la grace de Dieu roy de France et de Navarre, au premier notre huissier ou sergent sur ce requis, a la supplication et requette de notre amé Jacques-François de Douhet du Puymoulinier, ecuyer, notre conseiller et lieutenant general criminel en la seneschaussée de Limoges, te mandons signifier l'arret., etc., Donné a Bordeaux, en notre Parlement, le premier mars, l'an de grace mille sept cent soixante-six et de notre regne le LIe. Collationné, signé par la Chambre.

L'an mille sept cent soixante six, et le dix mars, a la requette de messire François de Douhet, ecuyer, seigneur du Puymoulinier, le Palais, Panazol et autres lieux, conseiller du Roy, lieutenant general criminel en la seneschaussée et siege presidial de Limoges, y demeurant rue des Combes, paroisse de Saint-Michel-des-Lions, qui fait election de domicile en son hotel, je, Jean Doulhac, premier huissier audiencier receu et immatriculé au greffe de la seneschaussée du Limousin et siege presidial de la ville de Limoges, y demeurant rue Gaignolle, paroisse du dit Saint-Michel, certifie m'estre porté en l'hotel commun de cette ville, ou se tient le bureau d'iceluy, situé rue du Consulat, paroisse de Saint-Pierre-du-Queyroix, ou etant et parlant au sieur Philippe Nadaud, secretaire de Messieurs les prevots consuls, je leur ai intimé, signifié et donné copie au long de l'arrest rendu en la souveraine cour du parlement de Bordeaux, en date du vingt-cinq fevrier dernier, collationné, controlé, signé Baret et Pecheur, ensemble la commission prise sur ledit arrest, en la chancellerie pres ladite cour de parlement, le premier du present moys de mars, collationné, controlé,

Signification de l'arrêt ci-dessus.

scellé et signé : par la chambre. (1), Du Vivier. Le tout aux fins que mesdits sieurs les prevots et consuls n'en ignorent et ayent a s'y conformer, avec injonctions au dit sieur Nadaud, leur secretaire, de le leur faire sçavoir, en parlant a sa personne ; et luy ai laissé copie au long du susdit arrest, commission, que du present acte, par moy signé : Doulhac, huissier royal.

<small>Délibération des consuls au sujet de cette affaire.</small> Aujourd'hui, vingt deux mars mille sept cent soixante-six, en l'hotel commun de cette ville, ou etoient assemblés Messieurs Jean-Pierre Texandier, prevot consul; Jean-Baptiste Montaudon, seigneur du Mont, conseiller du Roy au presidial de cette ville; Martial Peconnet, seigneur du Chastenet; Leonard Boisse de Crezen, docteur en medecine, et Jacques Petiniaud de Juriol, negociant de cette ville, — ledit sieur Texandier, prevot consul, a dit et exposé que, le trente septembre dernier, il fut procedé suivant l'usage a la nomination de trois consuls, du nombre desquels fut M. François de Douhet, seigneur du Puymoulinier, lieutenant general criminel en la seneschaussée et siege presidial de cette ville ; mais celui-cy s'etant pourvu devant M. le commissaire departy, mesme en la cour du parlement du Bordeaux, aux fins de sa decharge, il avoit obtenu a l'un et a l'autre de ces tribunaux une ordonnance et arret sur requette, par lesquels il est enjoint auxdits sieurs consuls de [faire] nommer a sa place un autre consul, ainsy qu'il est plus amplement expliqué dans l'un et l'autre, dûment transcrits au present registre ; il requiert que nous ayons a deliberer si l'on doit se pourvoir par opposition ou proceder a une nouvelle nomination. La chose mise en deliberation, il a eté unanimement convenu qu'il falloit commencer a obeir a ce qui est prescrit et ordonné par une autorité superieure; qu'a ces fins il falloit incessamment convoquer l'assemblée des prudhommes dans la forme ordinaire, a lundy prochain, sur les quatre heures du soir, aux fins de proceder a la nouvelle nomination, sans neanmoins couvrir, pour l'interet de cette ville, les moyens d'opposition, s'il y en a, contre les dits ordonnance et arret, et sous les protestations et reserves telles que de droit.

Texandier, prevot consul; Montaudon; Peconnet, consul; Boisse, consul; J. Petiniaud.

(1) Un nom laissé en blanc.

Et advenant le vingt-quatrieme mars mille sept cent soixante-six, Messieurs les prud'hommes assemblés dans la salle de l'hotel de l'hotel de ville, environ les six heures de relevée, ont elu a la pluralité des voix, au lieu et place de Monsieur de Douhet du Puymoulinier, Monsieur M⁹ Descordes de Parpayat, conseiller du Roy et son procureur au siege de la police de cette ville; de laquelle nomination messieurs les maire, prevot et consuls en charge ont donné acte de l'election et nomination presentement faite de la personne de Monsieur maistre Jean Decordes de Parpayat, conseiller du Roy et son procureur en la police de la ville de Limoges, et du pouvoir a luy donné par les habitants de lever toutes les sommes qui seront dues a la ville, comprises dans l'etat du Roy; et a le dit sʳ maistre Jean Descordes de Parpayat preté le serment au cas requis. Fait ledit jour, mois et an que dessus.

Texandier, prevot consul; Peconnet, consul; Decorde; Montaudon; J. Petiniaud; Boisse, consul.

Assemblée des prudhommes et élection d'un nouveau consul.

Le Roy etant informé que le sieur commissaire departy en la generalité de Limoges, ayant, par ordonnance du 28 decembre 1765, rendue sur requette, dechargé le sieur de Douhet du Puymoulinier du consulat de la ville de Limoges, le parlement de Bourdeaux auroit regardé ladite ordonnance comme incompetamment rendue et l'auroit, sur le requisitoire du procureur general de Sa Majesté, cassée, en ordonnant que l'election consulaire du 30 septembre 1765 seroit executée suivant sa forme et teneur, en enjoignant en consequence audit sieur de Douhet du Puymoulinier de preter incessamment le serment dans la place de consul a laquelle il auroit eté nommé et d'en faire les fonctions a telle peine que de droit, sans prejudice audit sieur de Douhet du Puymoulinier de se pourvoir audit parlement aux fins de sa decharge et d'etre fait droit sur sa demande s'il y avoit lieu, ainsy qu'il appartiendroit;

Sa Majesté auroit reconnu que son parlement, par cet arrest, avoit entrepris sur la jurisdiction reservée a son Conseil, auquel seul appartient le droit de connoistre des appels des ordonnances des intendants et commissaires departis par Sa Majesté dans les provinces, et que l'ordonnance dont est question d'ailleurs ayant eté rendue sur simple requette et par defaut, etoit d'autant moins susceptible d'etre denoncée et jugée au parlement, que ceux qui se seroient cru fondés a s'en plaindre avoient ensemble pour l'attaquer et la faire reformer, s'il y avoit lieu, la voye de l'opposition

Arrêt du Conseil cassant le premier arrêt du Parlement dans l'affaire de Douhet

devant ledit sieur intendant ou celle de se pourvoir par appel au Conseil, qui toutes deux etoient des voyes de droit et les seules permises, tandis que son parlement, en prevenant a cette occasion des plaintes qui n'auroient peu n'etre jamais eu lieu ou sur lesquelles en tous cas il auroit eté fait droit dans les formes, a commis sur la jurisdiction du conseil une entreprise dont Sa Majesté juge important de ne point laisser subsister d'exemple ; — a quoy voulant pourvoir, ouy le rapport du sieur de Laverdy, conseiller ordinaire au conseil royal et controleur general des finances, le Roy, etant en son conseil, a cassé, annullé, casse, annulle l'arret rendu au parlement de Bordeaux sur la requisition de son procureur general, le dix janvier mille sept cent soixante-six, touchant la nomination du sieur de Douhet du Puymoulinier au consulat de Limoges. Fait Sa Majesté defenses aux consuls de Limoges et a tous autres de se servir du dit arrest et de contraindre, en vertu d'iceluy, ledit sieur de Douhet du Puymoulinier a preter serment ny a faire aucune fonction de consul a peine de desobeissance et de tous dommages et interets envers ledit de Douhet du Puymoulinier, et a tous autres, huissiers ou sergents, de mettre ledit arret a execution a peine d'interdiction ; ordonne Sa Majesté que l'ordonnance du sieur intendant et commissaire departy en la generalité de Limoges du vingt-huit decembre mille sept cent soixante-cinq sera executée selon sa forme et teneur : ce faisant a dechargé ledit sieur de Douhet du Puymoulinier du consulat de ladite ville de Limoges, sauf aux consuls a convoquer une assemblée des habitants a l'effet de proceder en la maniere accoutumée a l'election d'un autre consul au lieu et place dudit s[r] de Douhet du Puymoulinier. Et sera le present arret executé nonobstant opposition, appellation ou autres voyes quelconques, dont si aucuns intervenoient, Sa Majesté s'est reservé et a son conseil la connoissance qu'elle interdit a toutes les cours et autres juges. Mande Sa Majesté au sieur intendant et commissaire departy en la generalité de Limoges d'y tenir la main. Fait au conseil d'etat du Roy, Sa Majesté y etant, tenu a Versailles le premier mars mille sept cent soixante six. *Signé :* PHELIPPEAUX (1).

(1) L'arrêt du Conseil arrivait un peu tard, puisque nous avons vu M. de Douhet obéir, le 4 février 1766, à l'arrêt du Parlement du 10 janvier et prendre séance à l'hôtel de ville. Il est évident que l'intendant ne l'avait sollicité que pour maintenir le principe.

Le lieutenant de police rendit, le 24 avril 1766, sur la requête du procureur du roi, une ordonnance dont les archives de la Haute-Vienne (série C, liasse 54) ont conservé un exemplaire en placard et dont on lira sans doute avec intérêt les dispositions :

« Art. 1er. — Défenses sont faites à toutes personnes de jurer et blasphémer le saint nom de Dieu, sous les peines portées en la Déclaration du Roi du 30 juillet 1666.

» Art. 2. — Pareilles défenses sont faites de commettre des irrévérences et des scandales par paroles, gestes et autres actions indécentes dans les églises, sous les peines portées en l'Ordonnance du Roy, du 13 may 1650.

» Art. 3. — Les cabaretiers, vendant vin et autres liqueurs dans la ville, faux bourgs et

Anne-Robert-Jacques Turgot, chevalier, conseiller du Roy en ses conseils et maitre des requettes ordinaires de son hotel, intendant de justice, police et finance en la generalité de Limoges,

Vu l'arret du conseil d'etat du Roy cy-dessus et d'autre part, du premier mars present mois,

Ordonnance de l'Intendant et signification de l'arrêt aux consuls

banlieüe, ne pourront donner à manger et à boire aux habitans, durant le service divin, aux jours de dimanche et fêtes : savoir, depuis neuf heures et demie du matin jusqu'à onze heures et depuis trois heures de l'après-midi jusqu'à quatre, à peine de dix livres d'amende, même de plus grande en cas de récidive.

» Art. 4. — Les maîtres de jeux de paume et de billard ne pourront donner à jouer, pendant lesdites heures, sous les mêmes peines.

» Art. 5. — Les portefaix, charretiers, charpentiers et autres ouvriers ne pourront travailler aux jours de dimanches et fêtes que dans le cas d'une nécessité pressante, après en avoir obtenu des supérieurs ecclésiastiques la permission, sous peine de trois livres d'amende ou autre plus grande suivant les circonstances.

» Art. 6. — Les boulangers, bouchers, rôtisseurs, pâtissiers et perruquiers tiendront lesdits jours les ais de leurs boutiques fermés, laissant seulement leurs portes ouvertes, et ce à peine de pareille amende de trois livres et de plus grande en cas de récidive.

» Art. 7. — Les marchands et autres détaillistes, dont le commerce ne consiste point aux choses nécessaires à la nourriture de l'homme, ne pourront ouvrir les ais de leurs boutiques ni rien vendre et débiter, sans une permission par écrit de notre part, à peine d'une amende qui sera au moins de la valeur de la chose vendue en contravention, du double si la vente a été faite pendant le tems du service divin.

» Art. 8. — Depuis le mercredi des Cendres jusqu'à la veille de Pâques, nul ne pourra vendre de la viande, volaille, gibier et autres espèces de vivres dont l'usage ne sera pas permis, à l'exception de ceux qui seront chargés de la fourniture de la viande pour l'hopital et pour les malades, et ce à peine de confiscation et de vingt livres d'amende pour chaque contravention.

» Art. 9. — Les hôteliers, les traiteurs et autres qui donnent à manger ne pourront, pendant le Carême ni aux autres jours de jeûne et d'abstinence prescrits par l'Eglise, servir de la viande, ni donner en gras aux habitans, si ce n'est à ceux qui pour cause de maladie en auroient obtenu la permission par écrit, et ce à peine de cent livres d'amende pour la première fois, et d'interdiction de leur profession en cas de récidive.

» Art. 10. — Lors des processions solennelles, ceux qui auroient la témérité d'en troubler l'ordre et la cérémonie ou de commettre quelque irrévérence, seront punis de peines proportionnées à leur délit.

» Art. 11. — A l'égard des processions de l'octave du Saint-Sacrement, du jour de l'Assomption, tous les habitans seront tenus de faire tendre le devant de leurs maisons dans les rues par lesquelles les dites processions doivent passer, et ce à peine de dix livres d'amende.

» Art. 12. — Défendons de détendre les rües sinon une demi-heure après que les processions seront passées, afin qu'il n'arrive aucun accident, par la chute des échelles ou autrement, et ce à peine de pareille amende de dix livres, sans préjudice des dommages intérêts de ceux qui pourroient en souffrir; de tout quoy les pères, maitres et chefs de famille seront civilement tenus pour leurs enfants, serviteurs et domestiques, même pour les ouvriers par eux employés.

» Art. 13. — Faisons très expresses inhibitions et défenses de tirer des artifices ou armes à feu dans les rües, cours et jardins ni par les fenêtres des maisons pendant le passage des processions, avant qu'elles passent et après qu'elles auront passé, et ce à peine de vingt livres d'amende, dont les chefs de famille et maitres de maison seront responsables.

» Art. 14. — Défendons à tous bateleurs, charlatans, forains et vendeurs de chansons de s'arrêter, établir leurs trétaux et chanter leurs chansons près des églises ou cimetières, principalement les jours de fêtes, pendant l'office divin, à peine de prison et de punition exemplaire suivant l'exigence du cas.

» Art. 15. — Et sera notre ordonnance exécutée nonobstant oppositions ou appellations quelconques, sans y préjudicier, imprimée, luë, publiée et affichée, aux carrefours et lieux accoutumés. Enjoignons aux commissaires et inspecteurs de police de veiller à son exécution, et au juge de la Cité de la faire publier, afficher et exécuter dans son district. »

Nous ordonnons que ledit arrct sera executé suivant sa forme et teneur, et a cet effet signifié par le sieur Declareüil, huissier a la connestablie, aux sieurs consuls de cette ville pour sy conformer, leur enjoignons en consequence d'enregistrer ledit arrest sur le registre ordinaire de l'hotel de ville. Fait a Limoges, le vingt-six mars mille sept cent soixante-six. *Signé* : Turgot, et plus bas, par Monseigneur, de Beaulieu.

Nous, Pierre Declareüil, huissier garde de la connestablie et mareschaussée de France, receu et immatriculé en son siege general a la table de marbre du Palais a Paris, ayant pouvoir d'exploiter par tout le royaume sans congé, visa ny pareatis, residant a Limoges, rue du Clocher, paroisse de Saint-Michel-des-Lions, soussigné, certifions qu'en vertu d'ordonnance de Monseigneur l'intendant en la generalité du Limousin, datée du vingt-six du present mois, qui ordonne que l'arret du Conseil d'etat du Roy du premier jour du meme mois, signé Phelippeaux, sera executé suivant sa forme et teneur, et a cet effet signifié par nous, huissier susdit et soussigné, aux sieurs consuls de cette ville, pour s'y conformer, avec injonction en consequence de l'enregistrer sur le registre ordinaire de l'hotel de ville, mise au bas du susdit arret, et signée Turgot, — en execution d'icelle et dudit arrest, nous avons bien et duement intimé, signifié et donné copie a Messieurs les maire, prevots et consuls de cette ville de Limoges, dudit arrest, ensemble de l'ordonnance de Monseigneur l'intendant cy-dessus et des autres parts transcrits, pour que mes dits sieurs les maire, prevots et consuls n'en pretendent cause d'ignorance, et ayent a obeir et se conformer non seulement dans tous les chefs dudit arrest, mais encore de ladite ordonnance, aux peines y portées. Fait en l'hotel de ville de Limoges, situé rue du Consulat, paroisse de Saint-Pierre-du-Queyroix, en parlant au sieur Nadaud, leur secretaire et greffier, auquel nous avons laissé la presente copie, sous l'injonction a lui faite de la leur faire incessamment scavoir par nous. Le vingt-huit mars mille sept cent soixante six. *Signé* : Declareuil, huissier (1).

---

(1) Le 16 avril 1766, Turgot posa la première pierre des nouveaux bâtiments de l'hôpital. On employa à ces constructions les matériaux provenant des moulins et écluses du Pont-Saint-Etienne, de la porte Montmailler et de la tour de Pissevache. Les travaux ne furent achevés qu'en 1775 (Archives du Département, E 2, E 41 et E 48). Peu après, on songea au transfert du cimetière de l'hôpital. Ce projet subit des retards et ce ne fut que douze ou treize ans plus tard qu'il aboutit. L'ancien cimetière dit de Saint-Gérald ne servit plus et le nouveau fut placé dans un jardin dit des *Barils*, dépendant de l'hôpital. Il ne fut béni qu'en 1780.

Du douzieme septembre 1758.

Commission de lieutenant general des Haut et Bas-Limousin, en faveur de Monsieur le comte des Cars, enregistrée en consequence de l'arret de la Cour du 16 mars 1759.

Louis, par la grace de Dieu, roy de France et de Navarre; a tous ceux qui ces presentes lettres verront, salut. La charge de notre lieutenant general du Haut et Bas-Limousin etant actuellement vacante par le deceds du sieur marquis des Cars, dernier titulaire, nous avons cru ne pouvoir faire un meilleur choix pour la remplir que de la personne de notre tres cher et bien amé, le sieur Louis-François, comte des Cars, son fils, capitaine au regiment de Normandie, par la connaissance que nous avons de ses talents pour le metier de la guerre dans lequel il nous a deja donné des preuves de sa valeur, capacité, experience et affection a notre service; a ces causes et autres a nous mouvant, nous avons le dit sieur comte des Cars, fait, constitué, ordonné et etably, et, par ces presentes signées de notre main, constituons, ordonnons et etablissons notre lieutenant general des Haut et Bas-Limousin, et la dite charge lui avons donné et octroyé, donnons et octroyons, pour l'avoir, tenir, exercer, en jouir, et user, aux honneurs, autorités, prerogatives, preeminences, franchises, libertés, gages, etats, appointements, droits, fruits, profits, revenus et emoluments y appartenant, tels et semblables qu'en a joui ou du jouir ledit feu sieur marquis des Cars, avec plein et entier pouvoir que nous luy donnons, pour sous notre autorité et en l'absence du gouverneur et notre Lieutenant-general du Haut et Bas-Limousin, y representer notre personne, contenir nos sujets et habitants dudit gouvernement en la fidelité et obeissance qu'ils nous doivent, les faire vivre en bonne union, et concorde les uns et les autres; pacifier, faire cesser tous debats et querelles qui pouroient survenir entre eux; faire punir par nos juges ceux qui se trouveront auteurs et coupables de desordres, qui contreviendront a nos edits et ordonnances; iceux faire garder et observer inviolablement; mander, convoquer et assembler par devant luy, en tel tieu et toutes les fois que bon luy semblera et besoin le requerera, les gens d'eglise, la noblesse, officiers, maires et echevins, bourgeois et habitants des villes et lieux dudit gouvernement, pour leur faire entendre, ordonner et enjoindre ce qu'ils auront a faire pour notre service, leur seureté et observation; aviser et pourvoir aux affaires occurrentes dudit pays, commander aux gens de guerre, tant de cheval que de pied, qui y sont ou seront cy-après en garnison ; ordonner de la garde et conservation des villes et chateaux ; contenir les gens de guerre dans l'ordre et discipline militaire, suivant nos ordonnances ; empecher qu'il ne s'y fasse aucune levée sans notre permission et que les habitants desdites villes et lieux ne reçoivent aucun dommage, foule ny oppression; faire incontinent punir et chatier ceux qui commettront qeelque chose a ce contraire, et generalement faire et ordonner a tous et chacun les choses susdites qui concernent le bien de notre dit service audit pays : tout ce que nous meme ferions si present en personne y etions, encore que le cas requiere mandement plus special qu'il n'est porté par ces dites presentes, — et ce tant qu'il nous plaira. Si donnons en mandement a nos amés et feaux conseillers les gens tenant notre Cour de Parlement de Bordeaux, et a tous autres officiers et justiciers qu'il appartiendra, chacun en droit soy, que ces presentes ils fassent enregistrer, et ledit s^r comte des Cars, duquel nous nous sommes reservé de prendre et recevoir le serment en tel cas requis et accoutumé, ils ayent a faire et laisser jouir et user pleinement de ladite charge de notre lieutenant general des Haut et Bas-Limousin, ensemble de tout ce qui en depend, et a lui obeir et entendre de tous ceux et ainsy qu'il appartiendra es choses touchant et concernant ladite charge, sans permettre luy etre fait aucun trouble ny empechement : au contraire, a tous baillifs, seneschaux, prevots, leurs lieutenants, capitaines et conducteurs de nos gens de guerre, tant de cheval que de pied, de luy obeir dans ledit pays et gouvernement en l'absence du gouverneur, en tout ce qu'il ordonnera et commandera pour notre service.

Mandons en outre a nos amés et feaux les gardes de notre tresor royal, tresoriers generaux de nos finances, et de l'ordinaire et extraordinaire des guerres, qu'ils ayent a faire payer et rembourser audit s^r comte des Cars, pour chacun an, aux termes et en la maniere accoutumée, les gages et appointements attribués a ladite charge, a commencer du jour du deceds dudit feu sieur marquis des Cars, suivant nos estats ; et rapportant lesdites presentes ou copie d'icelles avec quittances dudit sieur comte des Cars, sur ce suffisantes, nous voulons tout ce qui luy aura eté payé et delivré a l'occasion susdite, etre passé et alloué en la depense de ceux qui en auront fait le payement, par nos amés et feaux conseillers les gens de nos comptes, auxquels mandons ainsy le faire sans difficulté ; car tel est notre plaisir. En temoin de quoy nous avons fait mettre notre scel a ces dites presentes. Donné a Versailles, le douzieme jour du mois de septembre l'an de grace mille sept cent cinquante-huit et de notre regne le quarante-quatrieme. *Signé*, Louis, et sur le repli, par le Roi, Phelippeaux, scellées du grand sceau de France sur cire jaune. A costé est ecrit : Aujourd'huy, troisiesme decembre mille sept cent cinquante huit, le Roy etant a Versailles, M. le comte des Cars, denommé ez presentes, a preté entre les mains de Sa Majesté le serment dont il etoit tenu a raison de la charge de lieutenant general des Haut et Bas-Limousin, dont elle l'a pourvu sur le deceds de M. le Marquis du Cars, son pere, dernier titulaire, moy, ministre secretaire d'etat et de ses commandements et finances, present. *Signé,* PHELIPPEAUX.

Le seizieme jour du mois de mars mille sept cent cinquante neuf, en consequence de l'arret de la Cour de ce jourd'huy, les presentes lettres ont eté enregistrées ez registres du greffe de ladite Cour, pour y avoir recours si besoin est. Fait a Bordeaux, audit greffe, les memes jours, mois et an que dessus. Collationné pour la seconde expedition. FEGER.

Collationné par nous, ecuyer, conseiller secretaire du Roy, maison, couronne de France. *Signé,* MURET. Enregistré a l'hotel de ville, le vingt-six avril 1766. NADAUD, secretaire greffier dudit hotel de ville.

Arrêté des comptes du receveur. Questions diverses : aqueducs, etc.

Aujourd'huy, premier septembre mille sept cent soixante-six, ou (*sic*) etoient assemblés en la forme ordinaire messieurs les nouveaux et anciens officiers municipaux et autres notables soussignés, M. Texandier, prevot consul, a fait remettre sur le bureau les etats de recette et de depense faites par le receveur de l'hotel de ville, concernant la regie de l'Octroy, Deniers patrimoniaux et produit de la vente des eaux des etangs de la fontaine d'Eygoulene, a commencer le trois mars dernier, jour de la derniere assemblée, lesquels s'elevent scavoir, pour la partie de l'Octroy a la somme de dix mille neuf cent trente-deux livres onze sols quatre deniers, cy.................................... 10932 l. 11 s. 4 d.

Pour ce qui restoit a la caisse le trois mars, deux mille neuf cent soixante-deux livres dix-neuf sols trois deniers, cy...... 2962   19   3

Patrimoniaux depuis le trois mars, treize cent quatre-vingt-dix-neuf livres......... 1399

Pour ce qui restoit a la caisse le trois mars, trois mille trois cent huit livres.... 3308

Pour la regie des eaux des etangs d'Eygoulene, puis le neuf avril dernier, deux cent six livres dix-neuf sols trois deniers cy...... 206   19   3

Total de la recette cy-dessus, compris les fonds qui etoient en caisse, dix-huit mille huit cent neuf livres neuf sols dix deniers. 18,809 l. 9 s. 10 d.

Report........	18,809 l.	9 s.	10 d.

Sur laquelle somme il eté porté en depense, conformement a la verification faite des susdits etats par Messieurs les quatre Commissaires nommés par notre assemblée generale du trois mars dernier, (1) dont toutes pièces justificatives et registres, tant de recettes que de depenses, nous ont eté representés, et que nous avons alloués, et auxquels nous avons apposé nos signatures. Laquelle depense s'eleve a la somme de onze mille deux cent sept livres trois sols sept deniers, cy...................... 11,207   3   7

Partant les sommes enoncées dans l'état cy-dessus excedent la depense de la somme de sept mille six cent deux livres six sols trois deniers, qui ont eté mis dans la caisse apres düe verification faite de la susd. somme, cy........................ 7,602 l. 6 s. 3 d.

Il a eté de plus observé a l'assemblée generale que, parmy les depenses, les sommes employées dans la recherche et construction de l'acqueduc qui reçoit les eaux souterraines de ceux du Canard et de Manigne, dont le commencement a pris naissance vis a vis la maison du nommé Nilhaud, cordonnier, jusques a celle du s^r Arbonneau, marchand potier de la Cité, en suivant la petite venelle qui se trouve entre les maisons du s^r Bardonnaud et de la veuve Brouliaud et toute la rue des Charseix, sur lesquels il a fallu etablir un pavé a neuf, avoient absorbé la majeure partie des fonds appartenant a la ville ; que meme il restoit encore a payer quelques ouvriers qui n'avoient pas finy tout le travail dont ils etoient chargés pour mettre fin a cet ouvrage ;

Qu'il restoit aussy a payer un etat fourny par M. Regnaudin a raison des travaux qu'il avoit precedemment fait faire dans l'interieur de l'aqueduc qui traverse en entier la rue du Canard, dont l'etat s'eleve a la somme de quinze cent quatre-vingt-dix-sept livres treize sols un denier, non compris le bois des chafaudages, fournis par Jean Rousset dit le Mignon, m^e charpentier de cette ville, lequel etat ne sera acquitté que sur l'ordonnance de M. le commissaire departy, cy.................... 1597 l. 13 s. 1 d.

Qu'il reste encore a payer au sieur Vergniaud, chargé par messieurs les consuls de

_____
(1) Voir ci dessus pages 255, 256.

la conduite de l'ouvrage du nouvel acqueduc, ses salaires, ainsy que ceux du piqueur par luy employé depuis le neuf avril dernier jusqu'a ce jour, pour lesquels l'assemblée generale a deliberé qu'il luy seroit payé par le receveur de l'hotel de ville, sur sa quitance, la somme de trois cent soixante livres, cy.................................. 360 l.

Au moyen de ces payements acquittés, l'assemblée a deliberé qu'il ne seroit par la suite fait pareilles entreprises, sans au prealable s'etre conformé aux reglements portés par l'edit du mois d'aoust 1764; sur ce qui a eté aussy representé, que les acqueducs souterrains qui traversent journellement toute la ville etoient presque tous engorgés, il a eté convenu que messieurs les consuls demeureroient autorisés a faire le choix des ouvriers les plus intelligents dans cette partie, pour en faire la visite, en tirer un plan general et designer les particuliers qui ont pu contribuer audit engorgements, les poursuivre aux fins de les contraindre a en faire a leurs frais le deblayement; et sera ledit plan rapporté a l'assemblée generale pour y etre statué aussy et de la maniere qu'elle avisera,

Il a eté aussy fait le depouillement du registre des amendes perçues puis le premier octobre 1764 jusqu'a ce jour, dont le total s'eleve a la somme de cinq cent quatorze livres quinze sols six deniers, cy......... 514 l. 15 s. 6 d.

Sur laquelle il en a eté compté aux employés, dont quittance, suivant la convention faite avec eux par le bureau de regie, la somme de deux cent cinquante-sept livres sept sols neuf deniers pour la moitié desdites amendes, cy........................ 257 l. 7 s. 9 d.

Et en ce qui concerne l'autre partie, elle se trouve employée aux frais et depenses indispensables du dit bureau de regie, faites depuis son etablissement jusqu'a ce jour, laquelle somme a eté par nous allouée............................. 257 l. 7 s. 9 d.

Comme il reste a la caisse, suivant qu'il est rapporté cy-dessus, la somme de sept mille six cent deux livres six sols trois deniers, il a eté unanimement deliberé que messieurs les consuls feroient l'employ qu'ils jugeroient le plus utile d'une somme de quatre mille livres ou environ, soit en remboursement ou en rachapt des fonds alienés ou engagés de la communauté; et que pour y parvenir ils s'adresseroient a M. le commissaire departy pour en avoir son avis, conformement a l'edit du Roy de 1764.

Il nous a eté aussy representé le registre de recette et de depense de la perception du Don gratuit, lequel a eté vu, verifié et calculé par messieurs les quatre commissaires nommés par notre precedente assemblée generale.

La recette, depuis le trois mars dernier, se trouve monter a la somme de onze mille trois cent dix-neuf livres onze sols deux deniers, cy.......................... 11.319 l. 11 s. 2 d.

Pour autant qu'il restoit à la caisse, le trois mars dernier, deux mille deux cent trente livres six sols onze deniers, cy..... 2.230 6 11

Total : treize mille cinq cent quarante neuf livres dix-huit sols un denier, cy.......... 13.549 18 1.

Sur laquelle somme il a eté payé, pour les appointements des employés, mille soixante une livres trois sols six deniers, cy....... 1.061 3 6

Partant, reste en caisse jusqu'a ce jour, pour la partie du Don gratuit, la somme de douze mille quatre cent quatre-vingt huit livres quatorze sols sept deniers, cy....... 12.488 14 7

Sur laquelle somme, il a eté deliberé qu'il en seroit remis incessamment au bureau de regie, a Paris, celle de dix mille livres, a compte de l'imposition fixée sur la presente ville.

S'ensuit la recapitulation des sommes qui sont aujourd'huy a la caisse generale, scavoir, pour la partie de l'Octroy, deniers patrimoniaux et regie des eaux des etangs, sept mille six cent deux livres six sols trois deniers, cy................. 7.602 6 3

Pour celle du Don gratuit, douze mille quatre cent quatre-vingt-huit livres quatorze sols sept deniers, cy................... 12.488 14 7

Total des fonds : vingt mille quatre-vingt-onze livres dix deniers, cy............... 20.091 » 10

Deliberé en l'hotel de ville, ledit jour et an que dessus et de l'autre part.

TEXANDIER, prevost-consul ; ROULHAC DE THIAS ; ROMANET, av. du roy ; Jeremie MARTIN ; GOUDIN DE LABORDERIE ; Joseph PETINIAUD ; NICOLAS, sindic ; Gabriel GRELLET ; G. LAFOSSE ; ROGER ; ARDANT DU PICQ, sindic ; DAVID DE BRIE ; PINOT ; BOISSE, consul ; GRELLET DES PRADES ; DECORDES ; MONTAUDON.

— 269 —

Élection des consuls pour 1766-1767.

Élection et nomination de messieurs les consuls faitte dans la grande salle de l'hotel de ville de Limoges, aujourd'hui trente septembre mille sept cent soixante-six, par messieurs les soixante prud'hommes nommés par messieurs les maire, prevot et consuls et officiers municipaux en charge, a la maniere accoutumée, pour l'année mille sept cent soixante-sept, — les prevot et consuls ont donné acte de l'election et nomination presentement faite des personnes de messieurs Bonnin de Fraisseix, conseiller au presidial; Jayac de Lagarde, bourgeois, et Guerin de Lalet, negociant, et des pouvoirs a eux donnés par les habitants de lever toutes les sommes qui seront dues a la ville comprises dans l'etat du Roy; et ont lesdits sieurs Bonnin de Fraysseix, Jayac de Lagarde et Guerin preté le serment au cas requis. Fait lesdits jour, mois et an que dessus.

DECORDES, consul; BOISSE, consul; TEXANDIER, prevot-consul; PECONNET DU CHATENET; JAYAC LAGARDE, GUERIN.

Désignation d'un prédicateur pour 1767-1768.

Aujourd'huy trente septembre mille sept cent soixante-six, dans la salle de l'hotel de ville de Limoges ou etoient assemblés messieurs les maires, prevots et consuls pour proceder a la nomination d'un predicateur a la chaire de Saint-Martial, la chose mise en deliberation, ils ont d'une commune voix nommé le reverend pere Reynier, religieux du couvent de Sainte-Valerie dudit Limoges, pour precher l'Avent de mille sept cent soixante-sept et le Careme de mille sept cent soixante-huit; a cet effet, etc. (comme à la page 9).

TEXANDIER, prevot-consul; DECORDES, consul; BOISSE, consul; JAYAC LAGARDE; BONNIN DE FRAIXEIX; GUERIN.

(En marge) Le Pere Regnier, n'ayant pu prescher l'Avent, a prié MM. de vouloir agreer le R. Pere Teotime Pastoureau, religieux du mesme ordre, pour le remplacer : ce qui a esté accepté.

Nomination de M. Bonnin au bureau du Collège.

Aujourd'hui, premier octobre mil sept cent soixante-six, dans la salle de l'hotel commun de cette ville, ou estoient assemblés messieurs les maires, prevosts et consuls, M. des Cordes, procureur du roy de la police, prevot-consul, a exposé qu'il etoit necessaire de remplacer M. Jacques Petiniaud au bureau du college de cette ville. La chose mise en deliberation, mesdits sieurs maire, prevots et consuls ont d'une commune voix nommé M. Jean-Baptiste Bonnin de Fraixeix, consul en charge, pour remplacer ledit sieur Jacques Petiniaud en conformité de la declaration en date du vingt uniesme may mil sept cent soixante-trois. Fait ledit jour, mois et an que dessus.

   Decordes, prevot-consul; Boisse, consul; Jayac Lagarde, consul; Texandier, consul; Guerin, consul; Bonnin de Fraixeix.

Une des clés de la caisse est remise au consul Texandier

Aujourd'hui, premier octobre mille sept cent soixante-six, dans la salle de l'hotel commun de cette ville, ou etoient assemblés messieurs les maires, prevots et consuls, ainsy que messieurs les commissaires deputés pour la regie des Octrois, le Don gratuit, sur la representation faite par M. Descordes de Parpayac, conseiller et procureur du roy en la police de la ville de Limoges, que M. Jacques Petiniaud, cy devant consul, auroit eté prié par deliberation du troisieme mars dernier de se charger d'une des trois clefs servant a fermer la caisse ou sont contenus les fonds provenant de la susdite regie (1), et comme le temps et exercice de son consulat est finy, il est absolument indispensable de faire la remise de la susdite clef a tels de messieurs les consuls et commissaires, unanimement convenu qu'on remettroit ladite clef a M. Texandier, bourgeois et negociant de cette ville et actuellement consul en charge, pour par luy en user conformement a ce qu'il est prescrit en la deliberation du susdit jour troisieme mars de la presente année. En consequence de la deliberation cy dessus, la remise de ladite clef luy a eté incontinent faite, et s'en est volontairement chargé.

   Texandier, Decordes, Jayat-Lagarde, Goudin de Laborderie, Maleden de Feytiat, Bonnin de Fraixeix, Boisse, consul, Guerin, Pinot (2).

---

(1) Voir ci-dessus, page 255.

(2) Un grand mariage fut célébré à Saint-Michel-des-Lions le 11 decembre 1766 : celui du colonel Viraud de Sombreuil, brigadier des armées du Roy, commandant le regiment de hussards de Bercheny, alors presque tout entier en garnison à Limoges, avec Marie Madelaine des Flottes de l'Eychoisier, fille de Joseph Clement des Flottes, seigneur de l'Eychoisier et de Bonnat, et de Marie-Anne-Françoise des Marais. Trois enfants devaient naître de ce mariage : Jeanne-Jacques-Marianne-Françoise, dite Maurille, la future héroïne de l'Abbaye (née en 1767, au château de l'Eychoisier, baptisée à Bonnat. le 14 février 1768); François-Antoine-Ladislas, né le 23 septembre 1768, à l'Eychoisier, baptisé à Bonnat le 31 décembre suivant, filleul du fameux comte de Bercheny, mort sur l'échafaud à Paris, pendant la Terreur; enfin Charles-Eugène Gabriel, né à l'Eychoisier le 11 juillet 1770, baptisé à Bonnat le même jour, fait prisonnier à Quiberon, le 21 juillet 1795 et fusillé quelques jours après, sur le bord du Loch, dans la lande d'Auray.

Aujourd'hui, vingt quatre decembre mil sept cent soixante et six, dans la salle de l'hotel commun de cette ville, ou etoient assemblés messieurs les maires, prevots et consuls, M. Texandier, prevot-consul, a exposé qu'il etoit necessaire de remplacer feu M. Leonard Boisse de Crezen, docteur en medecine et consul, au bureau du College de cette ville : la chose mise en deliberation, mesdits sieurs maires, prevots et consuls, ont, d'une commune voix, nommé M. maistre Jean de Cordes de Parpayat, conseiller du roy et son procureur en la police de la ville de Limoges, et consul en charge, pour remplacer feu M. Leonard Boisse, en conformité de la declaration du Roy en date du 21 may 1763. Fait en l'hotel de ville, le dit jour, mois et an que dessus.

<small>M. de Cordes est nommé au bureau du Collège.</small>

GUERIN, consul ; BONNIN DE FRAIXEIX ; TEXANDIER ; JAYAC-LAGARDE ; DECORDES DE PARPAYAT.

Etat des effets qui sont dans les casernes servant pour loger les troupes lorsqu'elles sont en quartier dans cette ville, maison par maison.

Scavoir :

CASERNE DE LA VEUVE LECOCQ, DANS LA CITÉ

Dix-neuf bois de lit garnis de quatre planches ; dix-huit paillasses ; dix-huit matelas ; dix-huit traversins ; dix-huit couvertes ; trois marmites ; trois cuilleres a pot de fer ; deux seaux ; cinq cramailleres et leurs crampons ; six planches a pain ; sept tables ; douze bancs ; trente-six pieds de porte-armes ; cent soixante-treize pieds de porte-manteaux.

CASERNE DU SIEUR ABBÉ REIX, AUX BÉNÉDICTINS

Vingt bois de lit garnis de quatre planches ; vingt paillasses ; vingt matelas ; vingt traversins ; vingt couvertes ; trois marmites ; trois cuilleres de fer ; un seau ; cinq cramailleres ; six tables ; onze bancs ; six planches a pain ; quarante-deux porte-armes ; cent soixante-sept pieds de porte-manteaux.

CASERNE DU SIEUR BRIGUEIL, DANS LA CITÉ

Douze bois de lit garnis de quatre planches ; douze paillasses ;

douze matelas; douze traversins; douze couvertes; trois tables; sept bancs; quatre planches a pain; quatre marmites; trois cuilleres de fer; deux seaux; six cramailleres; un cable; trente-quatre pieds de porte-armes; cent trente-neuf pieds de porte-manteaux.

CASERNE DE LA TABLE ROYALE

Quarante-un bois de lit garnis de quatre planches; quarante-une paillasses; quarante-un matelas; quarante-un traversins; quarante-une couvertes; quinze planches a pain; douze tables; vingt-quatre bancs; huit marmites; six cuilleres de fer; six seaux; un cable; deux echelles pour le grenier a foin; cent cinq pieds de porte-armes; deux cent quatre-vingt-quatre pieds de porte-manteaux; dix-sept pieds de ratelier que j'ai fait apporter de la caserne du sieur Dupuy, et qui sont dans le grenier de ladite caserne.

CASERNE DU SIEUR FAURE, AU PONT-SAINT-MARTIAL

Quarante-huit bois de lit montés ou demontés, garnis de quatre planches; vingt-sept paillasses; vingt-sept matelas; vingt-sept traversins; vingt-sept couvertes; huit planches à pain placées ou a placer; sept tables; quatorze bancs; six marmites; quatre cuilleres de fer; quatre seaux; six cramailleres; deux mesures pour mesurer l'avoine; une echelle pour monter au grenier a foin; soixante-dix-huit pieds de porte-armes; cent quatorze pieds de porte-manteaux; dix-sept pieds de ratelier avec la creche que j'ay fait apporter de la maison du sieur Faye a celle de Faure; soixante-cinq pieds de ratelier retiré de la maison du sieur Marsat et apporté a celle du sieur Faure.

RECAPITULATION DES EFFETS QUE J'AY ENTRE MAINS

Deux cent quatre-vingt paires de draps; cent quarante bois de lit; cent quarante paillasses; cent quarante matelas; cent quarante traversins; cent quarante couvertes; vingt-quatre marmites; dix-neuf cuilleres de fer; quinze seaux; trente cramailleres; deux cables; quarante planches a pain; trente-cinq tables; soixante-neuf bancs; deux cent quatre-vingt-quinze pieds de porte-arme ou porte-pistolet; huit cent quatre-vingt-neuf pieds de porte-manteaux ou porte-selles; quatre-vingt-dix-neuf pieds de ratelier qui sont en magasin; trente-quatre pieds de creche qui sont en magasin.

Lequel etat je certifie etre tous les effets placés ou a placer dans les maisons enoncées des autres parts, et de les representer toutes et quantes fois qu'il me sera ordonné. Fait a Limoges, le treize janvier mille sept cent soixante-sept. Signé : Bardinet, casernier commis par Monsieur l'intendant de cette generalité. L'original a été remis au sieur Nadaud, secretaire (1).

Aujourd'huy, cinquieme mars mil sept cent soixante sept, dans l'hotel commun de cette ville, ou etoient assemblés suivant la forme ordinaire MM. les nouveaux et anciens officiers municipaux et autres notables habitants, M. Guerin, actuellement prevost consul, a fait remettre sur le bureau l'etat et recette du produit des droits d'Octroy, Patrimoniaux et eaux des etangs depuis l'arreté du premier septembre dernier jusqu'a ce jour, ainsy que l'etat de la depense faite pendant le susdit temps; ensemble toutes pieces justificatives de ladite depense visées par l'assemblée et prealablement verifiées par MM. les quatre commissaires establis a cet effet par la deliberation du trois mars mil sept cent soixante-six.

Arrêté des comptes 5 mars 1767.

La partie de la recette concernant l'Octroy et deniers patrimoniaux s'est trouvée monter a la somme de neuf mille cent trente-neuf livres treize sols huit deniers .... 9.139 l. 13 s. 8 d.

Celle du produit des eaux a la somme de cent seize livres quinze sols................ 116 15

Pour ce qui restoit a la caisse lors de la derniere assemblée, la somme de sept mille six cent deux livres six sols trois deniers... 7.602 6 3

Lesquelles sommes reunies font au total celle de seize mille huit cent cinquante huit livres quatorze sols onze deniers.......... 16.858 14 11

(1) A dater de 1767, on modifia le cadre du *forléal*, ou mercuriale dressée chaque année par l'hôtel de ville. Elle n'avait compris jusqu'alors que le prix du froment, du seigle, de l'avoine et du vin. On y ajouta, à partir de 1767, le prix du foin et celui de l'huile de noix.

Limoges eut, cette même année, sa cause célèbre. La femme d'un chapelier de la ville, qui, de connivence avec un chirurgien, avait empoisonné son mari, et qui avait été condamnée par le présidial à être pendue, son corps brûlé ensuite, fit appel au Parlement de Bordeaux. Celui-ci confirma la sentence, qui fut exécutée à Bordeaux. Le complice de cette misérable avait réussi à s'échapper. Il fut condamné par contumace à être rompu vif et brûlé.

Le 6 janvier 1767, Turgot acquit, au nom du Roi, de M. Garat d'Aigueperse, au prix de 8.000 livres, les maisons, bâtiments et jardins appelés le *Chapeau Rouge*, confrontant au jardin des Augustins, à la route de Paris et aux terrains du vendeur (Arch. départ., C 59). Il fit transporter sur cet emplacement, qu'il voulait affecter à la construction des casernes, décidée tant de fois et tant de fois ajournée, la plus grande partie des matériaux fournis par la démolition des portes et remparts. Les travaux de démolition, que nous avons vu entrepris en 1765, se poursuivaient avec une certaine lenteur. On acheva, au cours de 1767, la démolition des deux tours de la porte Boucherie. Un ouvrier y périt, victime d'un accident.

Nous sommes arrivés, vers cette époque, à une période de grands travaux publics destinés, plus encore que ceux exécutés sous l'administration de M. d'Orsay et de M. de Tourny, à transformer le vieux Limoges.

En 1765, avait commencé la reconstruction de la façade du collège, qui ne fut achevée que dix ans plus tard.

T. V.

Sur laquelle somme, il a eté porté en depense et alloué par ladite assemblée, en conformité des arrets faits par Messieurs les commissaires la somme de onze mille cent quatre-vingt livres dix-sept sols dix deniers, cy.................................. | 11.180 | 17 | 10

Partant, reste de net sur les parties cy-dessus la somme de cinq mille six cent soixante-dix-sept livres dix-sept sols un denier, cy... | 5.677 | 17 | 1

S'ensuit la recette du Don Gratuit, a commencer egalement du premier septembre dernier, jusqu'au present jour, huit mille quatre cent quatorze livres six sols trois deniers, cy .... | 8.414 | 6 | 3

Et d'autant qu'il restoit a la caisse, lors de la derniere assemblée generale, la somme de douze mille quatre cent quatre-vingt-huit livres quatorze sols sept deniers, cy... | 12.488 | 14 | 7

Lesquelles deux sommes forment un total de vingt mille neuf cent trois livres dix deniers, cy.............................. | 20.903 | » | 10

Sur laquelle somme, il a eté porté en depense celle de onze mille quarante neuf livres quatre sols onze deniers, cy......... | 11.049 | 4 | 11

Partant, reste de net, sur cette partie, la somme de neuf mille huit cent cinquante trois livres quinze sols onze deniers, cy.... | 9.853 | 15 | 11

Laquelle somme de neuf mille huit cent cinquante trois livres quinze sols onze deniers, jointe a celle de cinq mille six cent soixante-dix-sept livres dix-sept sols un denier, restant sur le produit des octrois, deniers patrimoniaux et eau des etangs, forment en total un capital de quinze mille cinq cent trente-une livres treize sols, cy........... | 5.677 / 15.531 | 17 / 13 | 1 / »

deposée dans le coffre-fort.

Le present compte ayant été calculé et arreté, il a eté deliberé par la presente assemblée : 1° que Messieurs les consuls payeroient a Messieurs Durand, Muret et autres incendiés la somme de dix-sept cent vingt-cinq livres six sols pour les trois pactes echeus des interets a eux dus, en ce que neanmoins ils seront tenus de precompter et deduire sur la susdite somme le montant des saisies faites entre leurs mains, de la part des nommés Faye, Boutineaud, veuve Labesse et Guy, anciens adjudicataires du courtage, (1) sous la deduction des vingtiemes et sols pour livre, qu'ils justifieront avoir payé, et en ce que les dits sieurs consuls actuellement en charge les garantiront, au nom de la communauté, des recherches qui pouroient leur etre faites par les susdits anciens adjudicataires du courtage, pour raison seulement des dites saisies ;

2° Que les dits sieurs consuls et commissaires pour la regie des Octrois et Don gratuit poursuivroient l'instance pendante en la cour des aydes de Clermont-Ferrant contre la dame Ardant du Masjamjambost et le nommé Cantuel, et emploieront tous soins pour obtenir un prompt jugement ;

3° Qu'ils feront reparer les fondations d'une partie du mur de l'hotel de ville qui se trouve deterioré par les eaux pluviales qui y filtrent, et que, pour empecher a l'avenir un pareil inconvenient, les dits sieurs consuls feront elever le pavé qui se trouve au-devant la porte du bureau du susdit hotel et pratiquer un petit aqueduc pour recevoir lesdites eaux et les conduire dans la venelle qui est entre le jardin et la maison de M. Barbou de Mounisme.

Et attendu que les aqueducs souterrains qui reçoivent les eaux de la ville ont eté deblayés depuis les maisons de la dame de Lepine et du s^r Arbonneau jusques a celle de Mad^{me} veuve Froment, rue Poulaliere (2), qu'il paroit que les eaux y ont leur cours libre, et que les particuliers ne se plaignent pas, il a eté deliberé qu'on suspendroit le travail dans cette partie, apres avoir neanmoins prealablement fait couvrir le susdit aqueduc dans les endroits ou il est encore decouvert, et qu'on travailleroit incessamment a la recherche et au deblaiement de ceux de la porte Manigne. Deliberé en l'hotel de ville lesdits jour, mois et an que dessus et de l'autre part.

GUERIN, prevot consul; ROULHAC DE THIAS; BONNIN DE FRAIXEIX; ROMANET; HUGON; TEXANDIER; PINOT; JAYAC DE LAGARDE; PECONNET DU CHATENET; DAVID DE BRIE; ARDANT DU PICQ; MALEDEN DE FEYTIAT; DECORDES; Jh PETINIAUD; GOUDIN DE LABORDERIE; JUGE-SAINT-MARTIN; ROMANET DU CAILLAUD; NAVIERES DU TREUIL, ancien consul; MURET; MONTAUDON; GUYBERT l'ainé, pour toutes autres affaires que celle de Mad. Ardant du Masjambost, pour laquelle je me suis abstenu.

---

(1) Le produit du courtage des vins avait été affecté au paiement des sommes dues aux victimes de l'incendie du 8 mai 1705. (V. tome IV, p. 172, 173 (notes), 285, etc.).

(2) Il s'agit des égoûts : on trouvera ci-après un rapport sur ces travaux.

Nomination d'un sergent pour le canton des Combes.

Je, soussigné, colonel de la milice bourgeoise de la ville de Limoges, declare avoir nommé le sieur Pierre Gondeaud a la place de sergent de la compagnie des Combes, vacante par la mort du sieur Jean Lagrange, pour exercer les fonctions de ladite charge et jouir des privileges. Donné a Limoges, le dixieme avril mille sept cent soixante-sept. Signé a l'original, qui a demeuré ez mains dudit Gondeau : Peyroche du Reynou, colonel. Enregistré le quatorze avril 1767.

MM. de Cordes, Jayac de La Garde et Guérin sont nommés administrateurs de l'hôpital.

Aujourd'huy, dixieme jour du mois de may mil sept cent soixante-sept, dans la salle de l'hotel de ville de Limoges, ou estoient assemblés Messieurs les maires, prevots et consuls, M. Bonin, prevot consul, a exposé qu'en conformité des anciens usages et statuts et lettres patentes portant etablissement de l'hopital general de cette ville, il doit etre procedé a la nomination de trois administrateurs, a la place des trois precedemment nommés par la maison de ville, qui sortent de charge, le tout sans prejudice de plus grands droits ; la matiere mise en deliberation, lesdits s^{rs} consuls ont d'une commune voix nommé et nomment Mrs Jean de Corde de Parpayat, conseiller du Roy, son procureur en ladite ville, Anthoine Jayat, seigneur de Lagarde, et Jean-Baptiste Guerin, negociant, tous trois consuls en charge, pour remplir les places d'administrateurs pendant quatre ans a commencer au premier septembre prochain, avec les autres administrateurs qui resteront en charge. Dont et du tout a eté fait le present acte, pour valoir et servir ainsy que de raison. Fait lesdits jour, mois et an que dessus.

Guerin, Bonnin de Fraixeix, Jayac de Lagarde, Texandier, Decordes.

Proces verbal des acqueducs de la ville (1).

Nous soussigné, Pierre Vergniaud, commis par Messieurs les maire, prevots et consuls de la ville de Limoges pour faire la re-

---

(1) Ce procès-verbal est un des rares documents précis que nous possédions touchant notre réseau souterrain d'égoûts ; réseau qui, on le sait, est encore de nos jours dans un état rudimentaire : la reconnaissance du sous sol de la ville n'ayant été faite d'une façon méthodique que sur un petit nombre de points.

cherche des acqueducs d'icelle, deblaiements necessaires et en construire de nouveaux dans les lieux ou le cas l'exigeoit,

Certifions a tous ceux qu'il appartiendra avoir fait netoyer et deblayer lesdits acqueducs depuis le coin de la rue de l'Arbrepin, en suivant la rue du Canard ou Vieille-Monnoye, et traversant les murs de la ville, jusqu'au devant de la maison du sieur Labrousse, maitre charpentier, occupée par le sieur Laferriere, horlogeur, ladite maison attenante a la tour de la Vieille-Monnoye (1).

Et ensuite, pour donner l'ecoulement aux eaux qui viennent de la ville, avons fait pratiquer un nouvel acqueduc qui commence au devant de ladite maison, traverse le grand chemin qui est sur la route de Paris a Toulouse et va passer tout le long d'une petite ruelle ou venesle, située entre les maisons des sieurs Bardonnaud et dame veuve Brouillaud, ladite rue de la longueur d'environ vingt sept toises, qui va aboutir dans la rue des Charseix, entre les jardins des sieurs Tharaud et Glangeaud ; et ensuite, par un quart de rond formant l'equerre, nous avons continué ledit acqueduc dans la dite rue des Charseix jusqu'au pont appelé de la Cité, lequel se degorge entre les maisons de la dame de Lepine et du s^r Arbonnaud, marchand : ladite rue des Charseix, depuis l'endroit cy-dessus designé jusqu'audit pont, de la longueur d'environ cinquante-sept toises.

Et en retrogradant sur nos pas, nous aurions fait construire un regard sur ledit acqueduc, au milieu de la dite rue des Charseix, entre les maisons du s^r Beaubreuil et la dame veuve Penicaud, ledit regard distant dudit pont de six toises ; et pour remarque d'icelui, nous aurions fait placer une borne de pierre au coin de la maison du sieur Beaubreuil, marquée n° 1.

Et en remontant dans ladite rue, nous aurions fait placer un second regard devant la maison du s^r Cramaille, vis a vis l'aqueduc qui decharge les eaux de la maison de ladite demoiselle veuve Penicaud, distant du premier regard de neuf toises ; pour marque d'icelui aurions fait placer une seconde borne devant la maison du susnommé, marquée n° 2.

Et en continuant la meme route, nous aurions fait pratiquer un autre regard, a distance de dix toises du precedent, au coin d'une autre maison audit s^r Cramaille appartenant, et pour marque d'icelui aurions fait placer une troisieme borne, marquée n° 3.

Item, aurions fait pratiquer un autre regard entre les jardins de

(1) Il s'agit ici, on le voit, du grand égout qui se dirige du centre de l'ancienne ville du château vers les Charseix et qui forme le ruisseau du Merdanson. On trouve dans les dessins de M. Allou, conservés à la bibliothèque de la Société archéologique et historique du Limousin, le croquis d'une partie de cet égout.

messieurs les pretres de la Mission et du sieur Glangeaud, dans la distance de onze toises du precedent, lequel est marqué par une autre borne plantée le long du mur de mesdits sieurs de la Mission, marquée n° 4.

Item, nous aurions fait pratiquer un autre regard entre les jardins des cy-dessus nommés, dans la distance de onze toises du precedent, et pour marque d'icelui, aurions fait placer une autre borne le long dudit mur du jardin de mesdits sieurs de la Mission, marquée n° 5.

(1) Et en continuant notre operation, nous serions rentré dans la petite rue ou venelle ci-dessus enoncée, en faisant le tour d'equerre dont nous avons cy-devant parlé, ou nous aurions fait pratiquer un autre regard entre les jardins des sieurs Tharaud et Glangeaud, dans la distance de douze toises et demy du precedent, et pour marque d'iceluy, nous aurions fait placer une autre borne contre le mur dudit Glangeaud, marquée n° 6.

Item(2), aurions fait pratiquer un autre regard entre les jardins des sieurs Bardonnaud et Tharaud, dans la distance de onze toises du precedent, et pour marque d'iceluy aurions fait placer une autre borne, appuyant le mur du sieur Bardonnaud, marquée n° 7.

Item, aurions fait pratiquer un autre regard a l'embouchure du pont que traverse le grand chemin et va aboutir a la rue du Canal ou Vieille-Monnoye, entre les maisons du sieur Bardonnaud et de la veuve Brouliaud, distant du precedent de dix toises, lequel n'a d'autre remarque que celle du pont susdit.

Il est a observer que toutes les susdites bornes sont placées a main gauche en venant de la ville pour monter a la Porte Manigne, et que tous les susdits regards sont placés au milieu de la rue, au-dessous du pavé.

Et a l'egard des bornes placées dans cette partie, elles sont toutes a main droite en montant, depuis le coin du jardin du sieur Glangeaud jusqu'audit pont : tous les susdits regards etant au milieu de la rue, sous le pavé d'icelle.

(1) Nous reproduisons exactement la disposition donnée à ce rapport, qui a été copié sur deux colonnes au registre de l'Hôtel-de-Ville.
(2) La copie du rapport porte partout : *idem* au lieu de : *item*.

Item, aurions fait pratiquer un autre regard devant la maison du sieur Labrousse, dont nous avons cy-devant parlé, distant de sept toises et demy du precedent, et pour marque d'iceluy, nous aurions fait placer une autre borne devant la maison du sʳ Labrousse, marquée n° 9.

Il y a a observer que le regard dont est fait mention cy-contre, est a trois toises de distance de ladite borne, du costé du grand chemin, etant placé sous le meme alignement.

Item, nous aurions trouvé un autre regard dans la rue du Canal ou Vieille-Monnoye, sur l'ancien acqueduc, devant la maison du nommé Gariot, cloutrier, faisant coin d'icelle pour aller de ladite rue de la Vieille-Monnoye a celle du Verdurier, et pour marque d'iceluy aurions fait placer une autre borne a costé de ladite maison, a gauche en montant, marquée n° 10.

Il est a observer que nous n'avons pu mesurer la distance de ce regard au precedent par la difficulté de l'epaisseur des murs de la ville et des maisons qui y sont pratiquées, tant sur le devant que sur le derrier *(sic)* d'iceux.

Item, il s'est trouvé un regard dans le meme acqueduc, vis a vis les bastiments et cour du sʳ Ardant, negociant, a douze toises de distance du precedent; et pour marque d'iceluy, aurions fait placer une autre borne contre le mur de la dite cour, a main droite en montant, marquée n° 11.

Il est a observer qu'a main droite en montant dans ladite rue du Canal, et au-dessus du regard situé vis a vis de la borne marquée n° 11, placée vis a vis du bastiment et cour du sʳ Ardant, negociant, il y a un petit acqueduc d'environ dix-huit pouces de grandeur, venant du costé de la maison dudit sʳ Ardant, qui donne une grande quantité d'eau dans le temps des pluyes, lequel vient se precipiter dans le grand acqueduc.

Ledit acqueduc continuant sa route, en montant dans la ville, au travers des caves du sieur Tourangeaud et de la dᵉˡˡᵉ veuve Bonnin et autres particuliers, toujours en cotoyant la rue jusqu'au dessous de la maison qui fait le coin de ladite rue du Canal ou Vieille-Monnoye, et de celle de l'Arbrepin, en montant du costé de la rue

Et en continuant notre meme route, a sept toises de distance du dernier regard dont nous venons de parler, nous aurions egalement observé qu'il y auroit une communication dudit grand acqueduc dans la cave de la maison dudit sʳ Tourangeaud, scituée a gauche en descendant et a costé du degré. Laquelle communication nous au-

Poulaliere ; lequel nous avons fait deblayer depuis le coin de la rue de L'Arbrepin jusqu'a la cave de la maison de la d{lle} veuve Froment, qui confronte d'un costé a la rue Poulaliere et de l'autre a la rue Fourie.

Et en continuant ledit grand acqueduc jusques dessous de la croix de L'Arbrepin, nous avons remarqué un angle fermé (*sic*) par iceluy, tournant du costé de la rue de L'Arbrepin.

Et en continuant jusqu'a une autre communication dudit acqueduc, qui s'est trouvé dans la cave de la maison de la nommée Bourciere, toujours rue de L'Arbrepin, laquelle communication est egalement placée a costé du degré de ladite cave, a gauche en descendant et cotoyant ladite rue a dix toises de distance de l'angle dont on vient de parler.

Depuis cette derniere cave jusques a celle de la demoiselle Thuillier, qui fait le coin de ladite rue de L'Arbrepin et de celle du Verdurier, ledit grand acqueduc en tour d'equerre remonte du costé de la rue Poulaliere.

Depuis le tour d'equerre cy-dessus enoncé, ledit grand acqueduc continue sa route jusques dans la cave de la maison du nommé Genty, perruquier, scituée dans rions fait fermer provisoirement par un mur a pierre seche ; vis a vis duquel mur il y a un autre acqueduc qui va aboutir dans le grand et qui donne aussy une grande quantité d'eau en temps de pluye, lequel paroit etre de la hauteur d'environ trois pieds et demy, qui est tout plein d'immondices et a eté anciennement muré par le bas, de maniere qu'il ne reste qu'un vuide par le haut d'environ quinze pouces pour l'ecoulement des eaux.

Il est a observer qu'il y a un petit acqueduc sur la meme ligne du premier, qui donne de l'eau en toute saison, qu'on ne peut suivre a cause de sa petitesse : Ledit angle a vingt toises de distance de la communication pratiquée dans la cour dudit sr Tourangeaud.

Il est a observer que, vis-a-vis dudit equerre, il y a un autre grand acqueduc qui descend dans la rue du Verdurier, lequel est plein d'immondices, distant de dix-sept toises de la cave de ladite Bourciere, dont on a cy-devant parlé.

Il est a observer que, depuis la cave du nommé Genty, dont on a parlé cy-contre, jusques a celle de la d{lle} veuve Froment, l'acqueduc qui traverse les caves se trouve la rue Poulaliere, a droite en montant et au-dessus de celle qui fait le coin de la rue Rafilhou, distance de vingt toises de la precedente observation.

Ledit acqueduc, en traversant les caves de differents particuliers, va aboutir dans celle de la maison de la d^lle veuve Froment, cy-dessus designée, qui, en formant un autre angle, va traverser celle du s^r Maurensanne, ou il se reduit a un pied de grandeur, lequel nous n'avons pu suivre a cause de sa petitesse.

Et en retrogradant jusque dans la cave de la maison occupée par les Suisses (1), nous aurions repris

reduit a environ dix-huit pouces d'hauteur, lequel peut s'elever si l'on juge a propos, les tablettes d'iceluy ayant plus de quatre pieds de profondeur dans la terre sur la longueur de trente toises.

Et en retrogradant sur nos pas jusques a la maison ou restent actuellement les Suisses, laquelle fait le coin de la rue qui va a celle du Verdurier et a celle qui va a la croix Manigne, a gauche en descendant, nous aurions observé qu'il y a un autre acqueduc qui traverse la cave de ladite maison et va aboutir dans celle du sieur Pouyat, qui en continuant sa route va pareillement traverser la rue Crochedor, ainsi que les caves de M. Roulhac de Thias et autres particuliers, que nous avons suivi jusques dans la cave de la maison de M. Regnaudin, située dans la rue Cruchedor, a droite en montant : ledit acqueduc, de dix-huit pouces d'hauteur dans certains endroits, et deux pieds dans d'autres ; et nous aurions trouvé que les fondations de la maison du s^r Pouyat, nouvellement pratiquées, ferment ledit acqueduc en certains endroits (2), de maniere qu'il faut le detourner a costé pour donner un coulant aux eaux qu'il reçoit dans le temps des pluyes.

Il est a observer qu'il y a un autre embranchement d'acqueduc qui tourne sur la main gauche en

---

(1) Famille de pâtissiers qui jouirent d'une certaine vogue au siècle dernier; c'est d'eux qu'a tenu son nom le premier tronçon de la rue du Verdurier.

(2) Nous avons pu constater l'exactitude de cette partie du rapport au cours d'une visite faite il y a quelques années avec plusieurs membres de la Société archéologique, dans les caves d'un certain nombre de maisons de ce quartier.

notre premiere route en remontant dans ladite rue Poulaliere jusque dans la cave de la maison de la d{lle} Reix.

montant, du meme diametre du precedent, et va se terminer dans les lieux communs de la maison du sr Romanet, située dans ladite rue Cruchedor.

Tous les susdits acqueducs que nous avons fait decouvrir, depuis la maison du nommé Genty jusques a celle de la dem{lle} Froment, ainsy que dans les embranchements cy-dessus enoncés, sont actuellement recouverts et mis dans leur meme etat.

Démission d'un commissaire à la régie des octrois.

Penetré de la plus vive reconnoissance sur la confiance dont m'avoit honoré le corps de ville en me donnant une place de commissaire au bureau de regie des Octrois et Don gratuit, je, soussigné, aurois souhaité pouvoir la justifier par mon zele et mon amour pour le bien public; mais, dans l'impossibilité d'en donner desormais des temoignages selon mon cœur, je prie tres instamment la commune de vouloir me remplacer lors de sa premiere assemblée dans les fonctions dont elle m'avoit chargé: declarant, en temps que besoin seroit, en faire ma demission sur le present registre. A Limoges, ce premier aoust mille sept cent soixante sept.

MALEDEN DE FEYTIAT.

Vérification des comptes du semestre.

Aujourd'huy, troisieme septembre mille sept cent soixante sept, dans l'hotel commun de cette ville, ou etoient assemblés messieurs les consuls, commissaires pour la regie des Octrois, Patrimoniaux de cette ville, et autres notables habitants convoqués pour la verification des comptes tant de recette que de depense pour la regie des susdits droits d'Octroy, sol pour livre, deniers patrimoniaux, eau des etangs et Don gratuit, dont la recette totale, y compris la somme de quinze mille cinq cent trente une livres treize sols, excedant de tous les susdits articles de recette, arretés le cinq mars mille sept cent soixante-sept, montoit a trente deux mille cinq cent deux livres cinq deniers, comme il paroit suivant les etats et memoires mis sur le bureau; sur laquelle il a eté deduit celle de dix-neuf mille deux cent cinquante-quatre livres treize sols un denier, a laquelle s'eleve la depense desdits Octrois, deniers patrimoniaux et Don gratuit, depuis le susdit jour cinq mars de la presente année, ainsy qu'il paroit par les memoires, quittances et mandements acquittés, et a nous representés par le sʳ Nadaud, dument verifiés tant presentement que cy devant par messieurs les quatre commissaires a ces fins commis et deputés, en sorte qu'il reste en caisse la somme de treize mille deux cent quarante sept livres sept sols deux deniers, par nous actuellement vue, comptée et verifiée, sur laquelle celle de cinq mille sept cent quarante-une livres dix-sept sols onze deniers concerne le Don gratuit, et celle de sept mille cinq cent cinq livres neuf sols cinq deniers la partie de l'Octroy, deniers patrimoniaux et produit des eaux : laquelle susdite somme de 13,247 l. 7 s. 2 d. resteront (*sic*) en caisse pour être portés au compte prochain.

Ledit compte rendu, M. Guerin, actuellement prevot-consul, ayant exposé : 1° que la fontaine d'Eygoulene (1) ne fournissant actuellement presque plus d'eau, il paroissoit convenable de statuer sur les reparations qu'il conviendroit de faire pour la conservation d'un objet aussy essentiel et interessant pour la ville ; 2° que, dans l'instance pendante en la Cour des aides de Clermont-Ferrand (2), entre la dame Ardant, le nommé Cantuel et la communauté de cette ville, il seroit intervenu arret portant que tant ladite dame Ardant que Cantuel repondroient categoriquement sur certains faits a eux   (3), lequel arrest ayant eté executé, ladite dame ainsy que Cantuel auroient rendu leur audition dont le proces-verbal est actuellement sur le bureau ; qu'il convenoit egalement que l'assemblée decidat sur les moyens convenables pour la poursuite ou arrangement de cette affaire ; 3° que M. de Feytiat, l'un de messieurs les commissaires pour la regie des octrois et deniers patrimoniaux de cette ville, ayant fait sa demission, il etoit a propos de pourvoir quelqu'un a sa place. Lesquels trois objets mis en deliberation, Messieurs formant la presente assemblée ont commis messieurs les consuls actuellement en charge, ainsy que ceux qui leur succederont, pour faire faire toutes les reparations qu'ils croiront convenables et necessaires pour la fontaine d'Eygoulene; et a l'egard du proces concernant la dite dame Ardant et Cantuel, il a eté unanimement deliberé qu'il convenoit de transiger a raison d'iceluy et meme de payer, tant a ladite dame Ardant qu'a Cantuel, tous les depends qu'ils pouvoient avoir faits. En consequence

Réparations aux fontaines. Contentieux. Nomination d'un commissaire à la régie des octrois.

---

(1) Nous avons eu plus d'une fois déjà l'occasion de parler de cette fontaine, la plus connue du château de Limoges après la fontaine du cloître de Saint-Martial. Il y avait été fait d'importantes réparations en 1552, 1647, etc. Dans la seule année 1768, on avait dépensé plus de 3,000 livres à des travaux nécessités par l'état où se trouvaient les conduits. Ces travaux et ceux exécutés l'année suivante furent détruits au cours de l'hiver de 1769-1770.
(2) Il a été déjà parlé de ce procès, qui durait depuis longtemps : voir ci-dessus page 275.
(3) Un mot illisible.

et aux fins dudit arrangement, ont commis MM. Bonnin de Fraixeix et Guerin de Lalet. En ce qui concerne la demission de M. de Feytiat, ont nommé M. Devoyon, seigneur de la Planche, procureur du roy au bureau des finances, pour le remplacer.

> Roulhac de Thias, Texandier, Bonnin de Fraixeix, Romanet, Hugon, David de Brie, Juge-Saint-Martin, Guerin, Ardant du Picq, Goudin de Laborderie, Pinot, Peyroche jeune, Decordes, Jeremie Martin, Nicolas, Montaudon, Roger, Navieres du Treuil, J^h Petiniaud.

Election des consuls pour 1767-1768.

Election et nomination de Messieurs les consuls faite dans la grande salle de l'hotel de Limoges, ce jourd'huy, trente septembre mille sept cent soixante-sept, par messieurs les soixante prud'hommes nommés par Messieurs les maire, prevots et consuls et officiers municipaux en charge, a la maniere accoutumée, pour l'année mille sept cent soixante-huit, — les prevots consuls ont donné acte de l'election et nomination presentement faite des personnes de Messieurs Estienne de La Riviere, president a l'election ; Tirebas de Chamberet, bourgeois, et Ardant du Pic, negociant, et du pouvoir a eux donné par les habitants de lever toutes les sommes qui seront dues a la ville comprises dans l'etat du Roy ; et ont lesd. sieurs Estienne de La Riviere, Tirebas de Chamberet et Ardant du Pic preté le serment au cas requis. Fait lesdits jour, mois et an que dessus.

> Guerin, prevot consul ; Bonnin de Fraixeix, Jayac de Lagarde, Estienne, consul ; Tyrbas de Chamberet, Ardant du Picq.

Désignation de deux prédicateurs pour 1768-1769.

Aujourd'huy vingt-quatre octobre mil sept cent soixante-sept, dans la salle de l'hotel de ville de Limoges, ou etoient assemblés Messieurs les maire, prevots et consuls, pour proceder a la nomination d'un predicateur a la chaire de Saint-Martial, la chose mise en deliberation, ils ont d'une commune voix nommé le reverend Pere Dubreuil, religieux Augustin dudit Limoges, pour precher l'Avent de mil sept cent soixante-huit. A cet effet, etc. (V. page 9.)

> Guerin, Ardant du Picq, Estienne, consul ; Tyrbas de Chamberet, Bonnin de Fraixeix.

— 285 —

Aujourd'huy, vingt-quatre octobre mil sept cent soixante-sept, dans la salle de l'hotel de ville de Limoges, ou etoient assemblés Messieurs les maire, prevots et consuls, pour proceder a la nomination d'un predicateur a la chaire de Saint-Martial, la chose mise en deliberation, ils ont d'une commune voix nommé le reverend Père Buscon, religieux Augustin dudit Limoges, pour precher le Careme de mil sept cent soixante-neuf. A cet effet, etc. (V. page 9.)

GUERIN, ARDANT DU PICQ, BONNIN DE FRAIXEIX, TYRBAS DE CHAMBERET, ESTIENNE, consul.

Aujourd'huy, seizieme novembre mil sept cent soixante-sept, dans la salle de l'hotel commun de cette ville ou etoient assemblés Messieurs les maire, prevots et consuls, — Monsieur Estienne, actuellement en prevoté, a exposé qu'il estoit necessaire de remplacer M. Descordes de Parpaliat au bureau du college de cette ville. La chose mise en deliberation, mesdits sieurs maire, prevot et consuls ont d'une commune voix nommé M. Nicolas Ardant du Picq, consul en charge, pour remplacer ledit sr Descordes, en conformité de la deliberation en date du vingt-un may mil sept cent soixante-trois. Fait lesdits jour, mois et an que dessus.

Nomination de M. Ardant du Picq au bureau du Collège.

GUERIN, BONNIN DE FRAIXEIX, TYRBAS DE CHAMBERET, ESTIENNE, consul.

Aujourd'huy, vingt-huitieme novembre mil sept cent soixante-sept, dans la salle de l'hotel commun de cette ville, ou etoient assemblés Messieurs les consuls, lesquels de leur bon gré et volonté ont affermé et afferment par ces presentes, pour le temps et espace de neuf années consecutives, lesquelles commenceront d'avoir cours de ce jourd'huy, a Leonard Michel, menuisier, cy present et acceptant, un jardin et une petite maison appartenant a la ville, situés au faubourg des Arenes, confrontant d'une part a la petite porte par laquelle on entre dans la place d'Orsay ; d'autre au jardin de Monsieur Jayac et a celuy du sieur Arnaud d'autre : en ce que pour prix de la susdite ferme, ledit Leonard Michel sera tenu d'entretenir tous les murs de la place d'Orsay qui sont a la charge de la ville, tant en dedans que dehors de la place, en neanmoins par lesdits sieurs consuls luy faisant fournir sur place la chaux, les pierres

Bail de la maison du concierge de la place d'Orsay.

qui seront necessaires pour la reconstruction et entretien desdits murs. Sera pareillement tenu ledit Michel d'ouvrir et fermer les portes de ladite place aux heures qui lui seront indiquées, et de veiller a la conservation d'icelle et empecher qu'on ne commette aucune degradation sur les arbres ; lequel demeurera egalement tenu d'entretenir la susdite maison de toutes reparations et de la laisser a fin de bail en bon etat, en ce qui luy sera egalement fourny pour ladite maison tous materiaux necessaires : en sorte qu'il ne sera tenu que de fournir la main-d'œuvre et payer les ouvriers qui travailleront tant aux reparations de la maison qu'aux reconstructions des murs. Demeure aussy convenu, que lors que lesdits sieurs consuls feront conduire des terres pour unir et aplanir les allées de ladite place, iceluy Michel sera tenu de les repandre et disposer d'une maniere convenable au gré desdits sieurs consuls. Tout quoy a eté accepté par ledit Michel, qui a offert pour caution et plus grande sureté pour l'execution des presentes, Jean Laurenou, maître menuisier, demeurant en cette ville, rue des Combes ; lequel icy present s'est volontairement rendu pleige caution et solidaire pour ledit Michel ; et ont signé avec lesdits sieurs consuls.

BONNIN DE FRAIXEIX, TYRBAS DE CHAMBERET, ARDANT DU PICQ, ESTIENNE, MICHEL, LAURENOUT.

Edit du Roy concernant l'administration des villes et bourgs du royaume, du mois de decembre 1767.

Louis, par la grace de Dieu roi France et de Navare, a tous presents et avenir, salut. Nous avons, par notre edit du mois d'aoust 1764, supprimé les officiers municipaux en titre dans les villes et bourgs qui contiennent quatre mille cinq cents habitants et plus ; nous avons annoncé que nous donnerions dans la suite notre attention aux autres villes et bourgs qui, quoy qu'elles ne contiennent pas un aussy grand nombre d'habitants, ont neanmoins des revenus communs et des charges pour l'administration desquels il est necessaire de leur donner des règles. La liberté d'elire les officiers municipaux, la necessité de les changer, celle de faire deliberer les notables dans les cas qui interessent la commune, et la forme de compter toutes les recettes et depenses nous ont paru les voies les plus propres a faire fructifier les revenus, a diminuer les depenses et a rappeler l'ordre et l'economie necessaires dans toutes les administrations publiques, en rendant aux corps et communautés, la liberté d'elire eux-memes les officiers municipaux des villes et de pratiquer chacun a (*sic*) leur administration ; nous avons cru qu'il etoit necesaire de fixer invariablement le nombre desdits officiers municipaux en proportion a l'importance de chaque ville et bourg ; de donner les regles pour les elections et de faire presider chaque assemblée par le lieutenant general du bailliage ou autre premier officier de la justice ordinaire du lieu, mais cependant sans qu'il puisse avoir la voix deliberative dans les dites assemblées ; nous avons jugé qu'il seroit aussy honorable pour nos dites villes et bourgs, qu'interessant pour notre service, que leur premier officier fut connu et approuvé de nous : nous nous sommes en consequence reservé la nomination du maire, que nous choisirions sur trois sujets qui seront elus et qui nous seront presentés par les notables de chaque ville ou bourg ; lequel maire, par nous ainsy choisy, presidera a toutes les assemblées ordinaires du corps de ville. Pour nous assurer d'autant plus de l'entiere observation de toutes les regles que nous avons deja etablies par notre edit du mois d'août 1764 et de celles que nous etablissons par le present, nous avons chargé notre procureur en nos juridictions ordinaires, et dans les lieux ou la justice ordinaire ne se rend pas en notre nom, le procureur d'office des juridictions seigneuriales d'y veiller et assister aux assemblées de notables, pour y faire ces fonctions et y sommer (*sic*) tel requisitoire que de droit. Il ne nous restera, apres cette precaution, pour couronner l'operation l'etablissement de l'ordre economique si desirable dans les revenus communaux, qu'a fixer par nos lettres patentes particulieres ce qui sera observé dans chaque ville et bourg, pour l'administration de ses revenus, en prenant les arrangements convenables pour mettre chaque communauté en etat de supporter ses charges et même d'acquiter ses dettes : c'est ce que nous nous empresserons de faire sur les memoires que les villes et bourgs nous ont adressés et qu'ils nous adresseront par la suite conformement aux dispositions de notre present edit ; a ces causes et autres, a ce nous mouvant, de l'avis de notre conseil, et de notre certaine science, pleine puissance et autorité royale, nous avons, par le present edit perpetuel et irrevocable, dit, statué et ordonné, disons, statuons et ordonnons, voulons et nous plait ce qui suit :

ARRTICLE PREMIER. — Les dispositions de notre edit du mois d'aout 1764, concernant l'administration des villes et principaux bourgs de notre royaume, seront executés dans toutes les villes et bourgs qui ont des officiers municipaux, quelque nombre d'habitants qu'elles se trouvent contenir, et generalement dans toutes les villes et bourgs qui se trouvent avoir cinq cents livres de revenu, quand meme il n'y auroit point eu precedemment d'officiers municipaux etablis. Voulons a cet effet que tous les officiers de la nature de ceux qui ont eté supprimés par l'art. 2 de notre edit qui auroient eté crées dans les villes et bourgs et ou il se trouveroit moins de quatre mille cinq cents habitants, et qui n'auroient pas eté par eux acquis, soient et demeurent egalement eteints et supprimés, comme nous les eteignons et supprimons par notre present edit.

Art. 2. — Les officiers municipaux actuellement en place continueront de remplir les fonctions attachées a leur office jusqu'au jour qui sera fixé par l'art. 16 cy-apres ; ceux qui se trouveront dans le cas de remboursement, seront tenus de remettre, dans trois mois du jour de l'enregistrement du present edit pour tout delay, ez mains du controleur general de nos finances, leurs quittances de finances et autres titres, pour etre par nous pourvu a la liquidation et au remboursement desdites finances. Voulons que l'interet en soit payé a raison du denier vingt, a compter du jour de l'enregistrement du present, a ceux qui auront remis leurs titres dans le ledit delai ; sinon il ne courra que du premier jour du mois qui suivra ladite remise.

Art. 3. — Dans toutes les villes et bourgs dans lesquels il se trouvera quatre mille cinq cents habitants et plus, les corps de ville seront a l'avenir composés d'un maire, de quatre echevins, de six conseillers de ville, d'un sindic receveur et d'un secretaire greffier, sans toutefois que ledit sindic, receveur et ledit secretaire greffier puissent avoir voix deliberative dans les dites assemblées.

Art. 4. — Tous lesdits officiers seront elus par la voie du scrutin et par billets, dans les assemblées de notables qui seront convoquées et tenues a cet effet, ainsy qu'il sera cy-apres prescrit.

Art. 5. — Entendons neanmoins nous reserver la nomination d'un maire seulement. Il sera a cet effet elu dans chaque ville, bourg, par la voie cy-dessus prescrite, trois sujets qui nous seront presentés pour etre par nous choisy et nommé celui d'entre eux qui remplira la place de maire ; et sera le proces-verbal de ladite election envoyé sur le champ au secretaire d'etat ayant le departement de la province, pour faire notre choix sur le compte qui nous sera par luy rendu.

Art. 6. — Dans celles des villes et bourgs, esquelles aucuns seigneurs particuliers ou autres seroient en droit et possession de nommer ou confirmer lesdits officiers municipaux ou quelqu'un d'eux, voulons que par provision il soit elu trois sujets pour la place de maire seulement, qui leur seront presentés, a l'effet d'être par eux choisy et nommé celuy des trois qui remplira ladite place, sauf a statuer definitivement sur ledit droit et possession : a l'effet de quoy lesdits seigneurs ou autres pretendant lesdits droits seront tenus de remettre leurs titres au greffe de la grande chambre de notre Parlement, pour, sur les conclusions de notre procureur general, y etre fait droit, sur simple memoire et sans frais, ainsy qu'il appartiendra; voulons que lesdits titres et memoires soient remis dans un an, pour tout delai, du jour de l'enregistrement de notre present edit : faute de quoy lesdits seigneurs et autres demeureront decheus de leurs presentations.

Art. 7. — En ce qui concerne les villes et bourgs de l'apanage de notre tres cher et tres amé cousin le duc d'Orleans, ainsy que celles qui ont eté unies audit apanage par nos lettres patentes du 28 janvier 1751, desirant donner a notre dit cousin de nouvelles marques de notre affection, voulons que jusqu'a ce que nous ayons fait connoitre definitivement nos intentions a ce sujet, il ne soit rien innové dans l'usage qui s'observoit relativement a la nomination ou confirmation, de la part de notre dit cousin, des officiers municipaux desdites villes et bourgs.

Art. 8. — Les maires ne pourront etre choisis que parmi ceux qui auroient deja remply cette place ou qui auroient eté ou seroient actuellement echevins ou conseillers de ville.

Art. 9. — Le choix des echevins ne pourra pareillement etre fait que parmy ceux qui seront ou qui auront eté conseillers de ville ou qui auront deja passé dans l'echevinage; voulons que, parmi les echevins, il y ait toujours au moins un gradué.

Art. 10. — A l'egard des conseillers de ville, ils seront choisis parmi ceux qui seront ou qui auront eté notables. N'entendons neanmoins que les dispositions du present article, et des deux precedents, aient lieu pour la premiere election qui sera faite en vertu de notre present edit, mais seulement pour les subsequentes.

Art. 11. — Le maire exercera ses fonctions pendant trois années, a l'expiration desquelles il sera procedé, au jour accoutumé, a son remplacement en la forme cy-dessus prescrite, sans qu'il puisse etre continué ni elu de nouveau, si ce n'est apres un intervalle de trois années depuis la cessation de ses fonctions.

Art. 12. — Les echevins exerceront leurs fonctions pendant deux années, en telle sorte neanmoins qu'il y en ait toujours deux anciens et deux nouveaux : a l'effet de quoy, il en sera elu tous les ans au jour accoutumé deux nouveaux a la place des deux anciens, sans qu'en aucun cas ils puissent etre continués ny elus de nouveau, si ce n'est deux ans apres la fin de leur echevinage; voulons en consequence que la moitié des echevins qui auroient eté elus en execution de notre present edit, a commencer par les premiers nommés, ne puissent exercer leurs fonctions que pendant un an et soient remplacés a l'expiration de ladite année.

Art. 13. — Les conseillers de ville exerceront leurs fonctions pendant six années. Voulons neanmoins que, dans le nombre de ceux qui seront elus la premiere fois en execution de notre present edit, le premier nommé soit remplacé au bout d'un an et ainsy successivement en telle sorte qu'il y en ait un chaque année qui soit remplacé en la forme cy-dessus prescrite.

Art. 14. — Aucun desdits conseillers ne pourra etre continué ni nommé de nouveau, si ce n'est apres un intervalle de temps au moins egal a celuy pendant lequel il aura de suite et sans intervalle exercé ses fonctions en vertu de sa derniere election.

Art. 15. — Le sindic receveur et le secretaire greffier exerceront leurs fonctions pendant trois années apres lesquelles ils pourront etre continués, s'il y a lieu, et autant de fois qu'il sera jugé convenable et même sans interruption.

Art. 16. — Il sera fait, un mois au plus tard apres la publication de notre present edit, dans les bailliages et seneschaussées auxquelles nos dites villes et bourgs ressortissent, une election desdits maire, echevins, conseillers de ville, sindic receveur et secretaire greffier. Voulons que, jusqu'a ce jour, ceux qui remplissent lesdites places continuent d'en exercer les fonctions, et que le temps, depuis le jour de ladite election jusqu'a celuy ou lesdits officiers ont coutume d'etre renouvelés, ne soit point compté dans la durée des fonctions cy-dessus fixées.

Art. 17. — Les fonctions de ministere public ne pourront etre exercées dans lesdites assemblées de notables que par nos procureurs dans nos juridictions ordinaires, ou par les procureurs d'office des seigneurs dans les lieux ou la justice ordinaire ne se rend pas en notre nom, sans qu'aucun desdits officiers municipaux puissent s'immiscer dans lesdites fonctions, sous pretexte que les offices du procureur du Roy cy-devant creés dans lesdites villes et bourgs auroient eté acquis par le corps de ville ou reunis a iceluy ; et nos procureurs ou ceux des seigneurs occuperont dans lesdites assemblées une place distincte et separée, ainsy qu'elle leur est assignée dans leur siege. Permettons neanmoins aux notables des villes ou les officiers municipaux sont en possession d'exercer la police, ou quelqu'autre jurisdiction, d'elire un procureur sindic pour faire les fonctions de ministere public auxdites jurisdictions, et à toutes les assemblées autres que celles des notables ; lequel procureur sindic sera toujours choisy, autant qu'il se pourra, parmi les gradués.

Art. 18. — Le maire nouvellement elu ne pourra prendre seance ny exercer ses fonctions qu'apres avoir fait enregistrer son brevet de nomination au siege ordinaire de ladite ville ou bourg et preté le serment entre les mains du premier ou plus ancien officier dudit siege, qui sera tenu de le recevoir sur la simple présentation de notre brevet de nomination, sans ministere de procureur et sans frais ni droits, et jusqu'a ce le premier echevin remplira les fonctions de maire.

Art. 19. — Lesdits echevins et autres officiers du corps de ville exerceront leurs fonctions en vertu de la deliberation qui les aura nommés, sans qu'ils aient besoin de provisions ny de commissions, si ce n'est dans le cas porté par l'art. 7 ci-dessus, sans toutefois qu'ils puissent etre installés qu'apres avoir preté serment entre les mains du maire en exercice ou de celui qui en remplira les fonctions.

Art. 20. — Ne pourra neanmoins le sindic receveur entrer en exercice qu'apres avoir preté et fait recevoir par devant le premier ou plus ancien officier dudit siege, et en presence de notre procureur ou de celui du seigneur, une caution telle qu'elle aura eté reglée dans l'assemblée qui aura nommé le sindic-receveur, laquelle sera pareillement reçue sur la simple representation de la deliberation qui l'aura fixée, et sans frais ny droits.

Art. 21. — Ledit sindic-receveur fera les propositions et requisitions qu'il jugera convenables dans les assemblées ordinaires du corps de ville seulement, et pour la regie et administration des biens de ladite ville ou bourg, comme aussy la recette et le recouvrement de tous ses revenus sans exemption, soit patrimoniaux ou d'octrois, ainsy que les poursuites qui auront eté deliberées et jugées necessaires, contre les fermiers, locataires, rentiers, adjudicataires, regisseurs et autres debiteurs, sans toutefois qu'il puisse employer lesdits deniers autrement que sur les mandements des maire et echevins; et sera tenu ledit sindic-receveur de porter, jour par jour et sans aucun blanc, sa recette et depense sur un registre coté et paraphé par le maire ou un eschevin, meme de faire mention desdits mandements a chaque article de depense, a peine de radiation de l'article.

Art. 22. — Lesdits mandements ne seront valables s'ils ne sont signés du maire, d'un echevin au moins et du secretaire greffier, et en cas d'absence du maire, de deux echevins et du secretaire ; et dans les lieux ou il n'y aura pas de maire, de deux echevins, ou d'un echevin, d'un conseiller de ville et du secretaire greffier.

Art. 23. — Ne pourront lesdits mandements etre delivrés a ceux au profit desquels ils auront eté expediés sans avoir eté enregistrés sur un registre a ce destiné, et coté et paraphé par le maire ou par un echevin; duquel enregistrement mention sera faite sur ledit mandement, a peine contre ceux qui les auroient signés et delivrés d'etre contraints personnellement au payement des sommes y portées, sans aucun recours contre leur communauté. Voulons que ceux qui se trouveroient porteurs d'aucuns desdits mandements au jour de la publication de notre present edit, soient tenus de les faire enregistrer dans six mois dudit jour, passés lesquels ils n'y seront plus receus et lesdits mandements seront regardés comme non avenus; faisons defenses expresses audit receveur sindic de les acquitter, a peine de radiation des sommes y portées.

Art. 24. — La remise ou les appointements qu'il conviendra d'accorder au sindic-receveur seront fixés et reglés dans une assemblée de notables, par une deliberation dont l'expedition sera envoyée au controleur general de nos finances, pour, sur l'avis du commissaire departy, y etre par nous pourvu ainsy qu'il appartiendra; et sera tenu ledit sindic-receveur de se conformer aux dispositions de notre edit du mois d'août dernier, et notamment a celles contenues aux articles 32 et 33 dudit edit.

Art. 25. — Le secretaire greffier fera toutes les fonctions de son ministere, a l'exclusion de tous autres, dans toutes les assemblées; il aura la garde des titres et papiers de la communauté, desquels il se chargera au pied de l'inventaire qui en sera dressé par des commissaires qui seront nommés a cet effet dans une assemblée de notables, et ses appointements seront pareillement reglés dans ladite assemblée des notables, en la forme prescrite par l'article precedent et passés en depenses dans le compte du sindic-receveur, sur le vu des mandements des maire et echevins et de ses quittances.

Art. 26. — Le nombre des officiers subalternes, serviteurs et domestiques necessaires pour le service desdites villes et bourgs, sous quelque denomination que ce soit, et leurs honoraires, appointements ou gages, seront reglés dans une assemblée de notables, en la forme prescrite par l'art. 24 cy-dessus ; et seront lesdits officiers, serviteurs ou domestiques choisis ou congediés par les maire et echevins, a la pluralité des voix.

Art. 27. — Les assemblées de notables seront composées, savoir : pour la premiere election qui sera faite en execution du present edit, du maire et des echevins seulement, et de quatorze notables ; et pour toutes les elections et deliberations subsequentes, du maire, des echevins, des conseillers de ville et desdits quatorze notables.

Art. 28. — Et afin de pourvoir le plus qu'il est possible au bon ordre et a la police dans lesdites assemblées, voulons que le premier officier de nos sieges ordinaires, etablis dans lesdites villes et bourgs, et s'il n'y a pas pour nous de juge ordinaire, celui de la justice du seigneur, preside aux dites assemblées des notables et recueille les suffrages, reçoive les scrutins, en fasse lecture a l'assemblée sans deplacer et dresser proces-verbal du tout, comme aussy que nos procureurs, ou ceux des seigneurs, y assistent pour requerir ce qui pourra etre de leur ministere ; a l'effet de quoy ils y seront invités par les officiers municipaux. N'entendons neanmoins que nos dits officiers ny ceux des seigneurs puissent etre reputés faire partie du corps municipal, ny avoir voix deliberative aux dites assemblées.

Art. 29. — Et ou nosdits officiers ou ceux des seigneurs ne seroient pas rendus aux assemblées sur invitation qui leur aura eté faite, le maire y presidera, et y sera passé outre a la deliberation, a la charge toutefois de faire mention de ladite invitation et de l'absence dans le proces-verbal de ladite assemblée.

Art. 30. — Pour former le nombre de notables prescrit par l'art. 27 cy-dessus, il en sera choisy un dans le chapitre principal du lieu; un dans l'ordre ecclésiastique ; un parmy les personnes nobles et officiers militaires; un dans les bailliages ou seneschaussées ; un parmy les officiers des autres jurisdictions, en quelque nombre qu'elles soient dans les lieux; deux parmy les commensaux de notre maison, les avocats, medecins et bourgeois vivant noblement; un parmy ceux qui composent la communauté des notaires et procureurs; quatre parmy les negociants en gros, marchands en boutique ouverte, les chirurgiens et autres exerçant les arts liberaux, et deux parmy les laboureurs et artisans (1).

Art. 31. — Et ou il manqueroit quelques-unes des classes d'habitants designées dans l'article precedent, les notables que lesdites classes auroient du fournir seront remplacés par d'autres sujets choisis dans les autres classes, suivant qu'il paroitra plus convenable a l'assemblée.

Art. 32. — Pour proceder a l'election des susdits notables, il sera nommé un deputé par le chapitre principal du lieu; un par chaque autre chapitre seculier ; un par l'ordre ecclesiastique ; un par les

---

(1) Il y a, dans cet article, une ébauche de législation sur la représentation corporative au sein des municipalités, qui n'a pas été assez remarquée et qui méritait d'appeler l'attention des législateurs modernes. Nous avons signalé cette curieuse particularité dans un article de la *Réforme sociale* : *L'Edit de décembre 1767 et la participation des corporations au gouvernement communal* (4e année, tome VII, p. 529.

nobles et officiers militaires; un par les bailliages; un par chacune des autres juridictions et un par chacun des autres corps et communautés du lieu, au nombre des maitres cy-apres fixés.

Art. 33. — Lesdits deputés seront nommés dans des assemblées qui seront convoquées a cet effet, huitaine au moins avant le jour auquel se fera l'election des officiers municipaux : lesquelles assemblées seront tenues, scavoir celle des chapitres, en la maniere accoutumée; celle des ecclesiastiques, par l'eveque ou par un de ses vicaires generaux, dans le lieu de sa residence episcopale, et dans les autres lieux par l'ancien des curés; celle des nobles et des officiers militaires, par le seneschal ou bailly d'epée, — en cas d'absence par le plus agé des nobles; — celle des jurisdictions par celui qui y presidera; celle des commensaux de notre maison et bourgeois vivant noblement, ainsy que celle des personnes qui exerceront des professions libres ou des arts liberaux, par le lieutenant general ou autre premier officier de nos sieges ordinaires, ou de ceux des seigneurs; celle des avocats, notaires et procureurs, en la maniere ordinaire; celle des commerçants, negociants en gros, des marchands detailleurs, par celuy qui preside en la jurisdiction consulaire; et s'il n'y a point de jurisdiction consulaire dans le lieu, elles seront convoquées et tenues par celuy qui exercera les fonctions de lieutenant de police, qui dans tous les cas convoquera et tiendra celle des laboureurs et artisans.

Art. 34. — Ne pourront neanmoins les maitres des communautés d'artisans nommer un deputé separement, qu'ils ne soient en nombre au moins, scavoir : dans les villes cy-dessus designées, de dix-huit deliberants, et dans celles dont sera parlé cy-apres, ou il ne se trouve pas quatre mille cinq cents habitants, de douze deliberants au moins. Voulons a cet effet que les corps et communautés d'arts et metiers qui ne se trouveroient pas reunir dix-huit maitres dans les villes cy-dessus et douze dans les villes cy-apres, soient assemblés avec un ou plusieurs autres corps de la profession la plus analogue a la leur, pour ne nommer entre eux qu'un deputé, sans que, dans le cas ou plusieurs corps ainsy rassemblés se trouveroient reunir entre eux un plus grand nombre de maitres que celuy cy-dessus fixé, ceux qui seroient en excedent pussent pretendre concourir dans une autre assemblée a la nomination d'un deputé, et sans qu'aucun desdits corps puisse etre receu a se plaindre d'avoir été assemblé avec un autre, tant qu'il ne se trouvera pas composé du nombre de maitres requis pour nommer seul un deputé. Laissons au surplus a la prudence de celuy qui exercera les fonctions de lieutenant de police, le choix des corps qu'il croira plus convenable de reunir ensemble.

Art. 35. — Aucun habitant, de quelque etat qu'il soit, ne pourra concourir dans deux corps ou compagnies differentes a la nomination des deputés. Voulons que ceux qui se trouvent membres de deux corps ou compagnies soient tenus d'opter celle avec laquelle ils preferent d'etre assemblés, et que les deputés ne puissent etre admis a l'assemblée ordonnée par l'article suivant pour l'election des notables qu'en rapportant le procès-verbal de leur nomination ; lequel proces-verbal et tous autres concernant les elections seront expediés sur papier non marqué, signé de celui qui aura tenu l'assemblée, contiendront le nom de ceux qui y auront assisté et seront delivrés au deputé sans frais.

Art. 36. — Les deputés seront tenus de s'assembler a l'hotel de ville, au plus tard la veille du jour destiné a l'election des officiers municipaux, a l'effet d'elire soit par scrutin et par billet, a la pluralité des suffrages, lesdits notables ; et sera ladite assemblée convoquée par le maire en exercice qui y presidera.

Art. 37. — Ne pourront etre notables que des personnes agées au moins de trente ans, domiciliées dans lesdites villes et bourgs depuis dix ans, n'ayant aucune fonction qui exige leur residence ailleurs, ayant passé par les charges de leur communauté, s'ils sont d'une communauté ou il y a des sindics ou jurés ; et seront lesdits notables elus pour quatre années, sauf a etre continués, s'il y echoit, autant de fois qu'il sera jugé convenable.

Art. 38. — Les notables ainsy elus seront convoqués par billets signés du secretaire greffier, et envoyés par officiers municipaux, toutes les fois qu'il y aura lieu de tenir une assemblée de notables, et tous ceux designés pour assister auxdites assemblées seront invités dans la meme forme.

Art. 39. — Aussitot apres l'election des trois sujets qui doivent nous etre presentés pour la place de maire et celle des echevins, les nouveaux echevins preteront serment et remplaceront les anciens; apres quoy il sera tenu une assemblée de notables pour proceder a l'election des conseillers de ville.

Art. 40. — En cas que quelques-uns desdits corps et communautés n'eussent pas nommé leurs deputés ou que quelques-uns des deputés nommés ne se trouvassent pas a l'assemblée pour l'election des notables, ainsy que dans le cas ou quelques-uns des notables ne se trouveroient pas aux assemblées indiquées pour l'election des maire et echevins ou conseillers de ville, il sera passé outre auxdites elections, sans qu'elles puissent etre differées ny suspendues pour quelque cause ny sous quelque pretexte que ce soit, et sans qu'aucunes autres personnes que celles cy-dessus designées puissent y etre admises.

Art. 41. — Aucuns des habitants des dites villes et bourgs ne pourront refuser les places auxquelles ils auront eté elus, sous pretexte de privileges attachés a des charges ou offices dont ils seroient revetus, si ce n'est dans le cas de la residence qui pourroit etre attachée auxdites charges ou offices pendant une partie de l'année ailleurs que dans lesdites villes et bourgs.

Art. 42. — Voulant ecarter tous sujets de contestations sur le rang et preseance dans les assemblées, voulons que celuy qui y presidera soit placé a la tete des officiers municipaux, et avec eux sous une meme ligne ; que les officiers des jurisdictions prennent place vis a vis d'eux dans l'ordre entre eux reglé ; que les ecclesiastiques, les nobles, ceux qui exercent des professions libres, des arts liberaux, soient placés a la droite des officiers municipaux, et tous les autres notables a leur gauche. Le president prendra les suffrages en commençant par les officiers municipaux, ensuite par les officiers des jurisdictions, suivant l'ordre etabli entre elles, et après, par le premier des notables a sa droite, en continuant ainsy jusqu'au dernier opinant des notables placés a sa gauche.

Art. 43. — Quant aux processions et ceremonies publiques, voulons que les officiers de nos bailliages et seneschaussées, meme a leur defaut les officiers des seigneurs aient toujours la droite et ceux du corps de ville la gauche, et que s'il s'y trouve d'autres jurisdictions qui ne soient pas du nombre des compagnies superieures, elles prennent seance apres les officiers de nos baillages et seneschaussées, suivant les rangs qu'elles doivent tenir entre elles, sans qu'en allant a l'offrande ou en cas de defilé dans les lieux ou l'on ne peut aller de deux a deux, les compagnies puissent se couper ny les officiers municipaux passent avant que la compagnie du siege ordinaire ait defilé.

Art. 44. — Tout ce qui concerne la regie et l'administration des villes et bourgs sera reglé dans une assemblée des maire et echevins qui se tiendra tous les quinze jours, aux jour et heure qui auront eté fixés dans une assemblée de notables qui sera convoquée a cet effet, aussitot apres les elections faites en execution du present edit.

Art. 45. — Les conseillers de ville auront droit d'assister aux dites assemblées, meme a celles qui se tiendront pour l'exercice de la jurisdiction de police, dans les lieux ou cette jurisdiction est reunie au corps de ville, et ils auront voix deliberative, sans toutefois que lesdits maire et echevins soient tenus de les appeler pour tenir la jurisdiction ny pour deliberer sur les affaires que l'assemblée des notables aura determiné etre de nature a etre reglées par les maire et echevins seulement [et] qui pourront requerir celerité.

Art. 46. — Toutes les autres affaires sans exception seront portées dans une assemblée du corps de ville a laquelle lesdits conseillers seront appelés et qui sera tenue tous les mois au moins, aux jour et heure qui auront eté fixés par la susdite assemblée de notables, ou meme plus souvent si lesdits maire et echevins le jugent necessaire. N'entendons neanmoins comprendre dans lesdites affaires celles qui, suivant les art. 13 et suivants de notre edit du mois d'aoust 1764, seront de nature a etre portées et reglées dans une assemblée de notables.

Art. 47. — Les assemblées du corps de ville seront tenues a l'hotel de ville et presidées par le maire ; les deliberations y seront prises, ainsy que dans les assemblées de notables, a la pluralité des voix, et portées de suite sur un registre coté et paraphé par le maire ou echevin, ou elles seront signées par tous les deliberants, sans qu'aucun d'eux puisse se dispenser de les signer, quand meme ils auroient eté d'avis contraire, sauf a ceux qui seroient dans ce cas a en faire mention en ajoutant a leur signature : « d'avis contraire ».

Art. 48. — Et afin que nous puissions regler incessamment tout ce qui pourra concerner l'administration des biens et revenus des dites villes et bourgs, et meme regler et diminuer autant que faire se pourra leurs depenses ordinaires et extraordinaires, voulons que, dans un mois au plus tard du jour de l'election des notables, officiers municipaux et conseillers de ville qui aura eté faite en execution de notre present edit, il soit convoqué une assemblée desdits notables pour deliberer sur les moyens de parvenir a une meilleure administration de leurs revenus : a l'effet de quoy lesdites deliberations et les pieces et memoires qui y pourront etre joints seront envoyés aussitot apres au controleur general de nos finances, pour, sur l'avis du commissaire departy, y etre par nous pourvu ainsy qu'il appartiendra par nos lettres patentes en la forme ordinaire.

Art. 49. — S'il s'elevoit dans lesdites assemblées, soit du corps de ville ou des notables, quelques contestations au sujet de l'execution du present edit ou autres objets, ordonnons tant aux lieutenants generaux de nos baillages et autres juges qui presideront auxdites assemblées qu'aux maire et echevins, d'en rendre compte sur le champ au secretaire d'Etat ayant le departement de leur province, et au controleur general de nos finances, pour, sur le rapport qui nous en sera fait, etre par nous statué en notre conseil, sur les objets concernant le gouvernement et l'administration dont nous nous sommes expressement reservé la connaissance, et dans les autres cas, etre renvoyé devant les juges auxquels la connoissance en appartiendra ; et cependant voulons que ce qui aura eté arrêté dans lesdites assemblées, a la pluralité des suffrages, soit executé par provision.

Art. 50. — Voulons en outre que, pour subvenir promptement a l'acquit des dettes contractées par nos villes et bourgs, tant en principaux qu'interets ou arrerages, il soit, dans le delay porté par l'article precedent, dressé par les maire et echevins des etats de recette et depense, ensemble des etats des differentes dettes, dans lesquelles distinction sera faite des dettes exigibles d'avec les constituées, des capitaux des unes et des autres, des interets ou arrerages qu'elles produisent annuellement et de ce qui en sera du au premier janvier prochain ; voulons meme qu'il y soit, autant qu'il se pourra, fait mention de la cause des dites dettes et des lettres patentes, arrets ou deliberations en vertu desquelles elles auront eté contractées, et qu'elles soient distinguées en autant de classes qu'il y aura d'emprunts, et que dans chaque classe, il soit fait distinction des dettes privilegiées, hypothecaires ou chirographaires.

Art. 51. — Lesdits etats, dès qu'ils seront dressés, seront presentés a une assemblée de notables qui sera convoquée a cet effet, pour y etre lus, verifiés, et sur iceux pris telles deliberations qu'il appartiendra sur les moyens qui seront jugés les plus propres a liquider et acquitter lesdites dettes ; laquelle deliberation sera, avec les dits etats, envoyée au controleur general de nos finances, pour, sur l'avis du commissaire departy, y etre par nous pourvu en la forme portée en l'article cy-dessus.

Art. 52. — Dans les villes et bourgs ou il se trouvera deux mille habitants et plus, jusques a quatre mille cinq cents, les corps de ville ou communautés seront composés d'un maire, de deux echevins, de quatre conseillers, d'un sindic receveur et d'un secretaire-greffier.

Art. 53. — Les assemblées de notables, dans lesdites villes et bourgs, seront composées du maire, des deux echevins, de quatre conseillers de ville et de dix notables, lesquels notables seront choisis scavoir : un dans l'ordre ecclesiastique ; un parmy les nobles et officiers militaires ; un dans les differentes jurisdictions du lieu ; deux parmy les commensaux de notre maison, avocats, medecins et bourgeois vivant noblement ; un dans les communautés de notaires et procureurs ; deux parmy les commerçants en gros et marchands ayant boutique ouverte, les chirurgiens et autres exerçant des arts liberaux, et deux parmy les laboureurs et artisans.

Art. 54. — Ledit maire exercera ses fonctions pendant trois ans ; lesdits echevins pendant deux ans, et les conseillers de ville pendant quatre, en telle sorte neanmoins qu'il soit procédé chaque année a l'election d'un echevin (sans toutefois qu'il soit necessaire que, parmy les echevins desdites villes et bourgs, il y ait un gradué) et d'un conseiller ; et tous les trois ans seulement a l'election de trois sujets qui nous seront presentés pour remplir les fonctions de maire, ainsy qu'il est porté par les articles cinq, six et huit cy-dessus ; et seront au surplus executées, dans lesdites villes et bourgs, les dispositions contenues aux cinquante-un premiers articles de nostre premier edit, en ce qui n'y est point derogé par le present article et les deux precedents.

Art. 55. — Les corps municipaux des villes et bourgs qui contiendront moins de deux mille habitants, seront composés de deux echevins, de trois conseillers de ville, d'un syndic-receveur et d'un secretaire-greffier.

Art. 56. — Lesdits echevins exerceront leurs fonctions pendant deux années et les conseillers pendant trois ; et il sera procédé chaque année a l'election d'un echevin et d'un conseiller de ville; et seront lesdites elections faites dans une assemblée composée des officiers municipaux et de six notables.

Art. 57. — Lesdits notables seront choisis dans les differents corps desdites villes ou bourgs : a l'effet de quoy le juge du lieu ou a son defaut le premier echevin divisera la ville ou bourg en trois quartiers, observant de former, autant qu'il se pourra, chacun des dits quartiers d'un nombre egal d'habitants, en suivant l'ordre des demeures ; voulons que chaque quartier s'assemble separement devant lesdits juge ou premier echevin, et nomme quatre deputés qui seront ensuite assemblés au lieu ordinaire pour faire les elections, aux fins d'elire, par la voix du scrutin et par billets, les six notables ; et seront aussy au surplus executées dans lesdites villes et bourgs les dispositions contenues aux cinquante-un premiers articles de notre present edit en ce qui n'y est pas derogé par le present article et les deux precedents.

Art. 58. — Ladite assemblée sera tenue par le juge du lieu ou a son defaut par le premier echevin, qui y presidera ; et dans celles des dites villes et bourgs ou aucuns seigneurs seroient en droit et possession de nommer ou confirmer lesdits officiers municipaux ou quelqu'un d'eux, il sera elu trois sujets pour chaque place d'echevin, lesquels seront presentés auxdits seigneurs, a l'effet de choisir ceux qui rempliront lesdites places, ainsy qu'il est porté a l'article six du precedent edit, pour la place du maire, aux conditions exprimées audit article.

Art. 59. — Toutes les dispositions de notre present edit seront executées selon leur forme et teneur, nonobstant tous autres edits, declarations, arrests, reglements et usages, auxquels nous avons derogé et derogeons par le present edit en tant que de besoin, en ce qui pourroit y etre contraire, nous reservant de statuer sur l'administration economique de chacune de nos dites villes et bourgs, par des lettres patentes particulieres que nous ferons expedier apres qu'elles nous auront fourny des instructions a ce necessaires, conformement aux articles 52, 53 et 54 cy-dessus, sans que, sous pretexte des dispositions du present edit, il puisse etre apporté aucun changement aux usages observés jusqu'a ce jour pour notre service particulier, lors de nos voyages, celui de nostre famille royale, des princes de notre sang et celuy de nos troupes, subsistances, passages et logement d'icelles; voulons qu'il continue d'etre fait en vertu des ordres qui seront donnés de nostre part, suivant ce qui s'est pratiqué jusqu'a present. N'entendons pareillement comprendre dans les dispositions du present edit les villes de Bordeaux et de Perigueux, a l'egard desquelles il ne sera rien innové jusqu'a ce que il en aye eté autrement par nous ordonné. Si donnons en mandement a nos amés et feaux conseillers les gens tenant notre cour de parlement a Bordeaux, que nostre present edit ils ayent a faire lire, publier et registrer meme en temps de vacations, et le contenu en iceluy garder, observer et executer de point en point selon sa forme et teneur, nonobstant toutes choses a ce contraires: car tel est nostre plaisir. Et afin que ce soit chose ferme et stable a toujours, nous avons fait mettre nostre scel. Donné a Versailles, au mois de decembre, l'an de grace mil sept cent soixante-sept, et de notre regne le cinquante-troisieme. Signé: Louis, et plus bas: par le Roy, Bertin. Visa, Louis. — Vu au Conseil, de Laverdy.

Extrait des registres du parlement

<small>Enregistrement de l'édit au Parlement de Bordeaux.</small> Apres que lecture et publication ont eté judiciairement faites, par le greffier de la cour, de l'edit concernant l'administration des villes et bourgs du royaume, donné a Versailles au mois de decembre 1767, signé, Louis, et plus bas, par le Roy, Bertin; visa, Louis; Vu au conseil, ouï ce requerant le procureur general du Roy, ordonné que sur le repli dudit edit dont lecture vient d'etre faite par le greffier, seront mis ces mots: « Lu, publié et enregistré pour etre executé suivant sa forme et teneur, conformement a la volonté de Sa Majesté », et que copies d'iceluy, ensemble du present arrest, duement collationnées par le greffier de la cour, seront envoyées, a la diligence du procureur general du Roy, dans tous les bailliages et seneschaussées du ressort, pour y etre fait pareille lecture, publication et enregistrement; enjoint a ses substituts, chacun en droit soi, d'en certifier la cour dans le mois. Fait a Bordeaux, en parlement, le 14 janvier 1768.

Collationné, controlé, *signé*, BARRET. Enregistré au greffe du seneschal de Limoges, le 4 fevrier 1768, signé, Boisse. Enregistré a l'hotel de ville le quatre fevrier mil sept cent soixante-huit. Nadaud, greffier commis.

Copie de la decharge des colonnes prises a l'hotel de ville par M. Trezaguet, ingenieur

Nous, ingenieur du Roy pour les ponts et chaussées de cette generalité, certifions avoir fait enlever de l'hôtel de ville trois cent vingt-une colonnes de pan de différentes longueurs, faisant ensemble trois mille quatre cent quatre-vingt-quinze pieds, scavoir : un tiers de quatre a cinq poulces de gros, et deux tiers de cinq a six poulces de gros, provenant de l'approvisionnement des casernes anciennement projetées (1) ; le tout pour etre employé a la menuiserie du nouveau batiment de l'intendant. En foy de quoy nous avons delivré le present certificat, a Limoges, le 10 octobre 1767. Signé : TREZAGUET. Vu par nous, intendant, *signé* : TURGOT.

Aujourd'huy, premier mars mil sept cent soixante-huit, en l'hotel commun de cette ville, ou etoient assemblés messieurs les maire, prevot et consuls, ainsy que Mrs les commissaires pour la regie des Octrois, deniers patrimoniaux et Don gratuit, et plusieurs notables habitants, convoqués pour l'apurement des comptes tant en recette que depense, depuis le trois septembre dernier jusqu'au present jour, tous les registres ayant eté mis sur le bureau et preablablement verifiés par Mrs les quatre commissaires a ces fins nommés et deputés, — il s'est trouvé que la recette du Don gratuit, montant en total a douze mille trois cent douze livres seize sols sept deniers, y compris la somme de cinq mille sept cent quarante-une livres dix-sept sols onze deniers qui restoit en caisse suivant l'arrêté de compte du susdit jour troisieme septembre.................................. 12.312 l. 16 s. 7 d.

Arrêté des comptes du semestre.

Et la depense dudit Don gratuit s'eleve, depuis ledit jour trois septembre jusques a ce jour, a la somme de dix mille huit cent cinquante trois livres treize sols cinq deniers, cy .... 10.853 l. 13 s. 5 d.

Partant, reste net de la partie du Don gratuit, jusques au jour premier mars 1768, la somme de quatorze cent cinquante-neuf livres trois sols deux deniers............ 1.459   3   2

Et la recette des Octrois, deniers patrimoniaux et produit des eaux des etangs, apres

(1) Voir tome IV, pages 277, 280, etc.

due verification des registres, s'est trouvée monter, depuis le meme jour trois septembre 1767, jusques a ce jourd'huy, a la somme de seize mille soixante livres trois sols onze deniers, en y comprenant aussy celle de sept mille cinq cent cinq livres neuf sols cinq deniers qui etoit egalement restée en caisse au trois septembre dernier, cy............ 16.060 3 11

La depense concernant lesdits droits d'octrois, patrimoniaux et eaux des etangs, s'eleve pour le meme temps a la somme de dix mille cinq cent trente-huit livres quatre sols quatre deniers, cy................ 10.538 4 4

Partant, reste net de la partie des octrois, deniers patrimoniaux et eaux des etangs, jusques a ce jour, la somme de cinq mille cinq cent vingt-une livres dix-neuf sols sept deniers, cy........................... 5.521 19 7

Laquelle, jointe avec celle de quatorze cent cinquante neuf livres trois sols deux deniers, forme en total celle de six mille neuf cent quatre-vingt-une livres deux sols neuf deniers, qui a eté mise en caisse, cy... 6.981 l. 2 s. 9 d.

Ledit compte rendu, M. Ardant, prevot consul, a fait lecture d'un memoire presenté par M. Vergniaud, tendant a ce qu'il plut a M^{rs} qui formoient la presente assemblée luy accorder une gratification pour dix-sept mois de temps qu'il avoit vaqué tant a conduire les reparations des acqueducs que de la fontaine d'Eygoulene; la matiere mise en deliberation, il a eté deliberé qu'on luy payeroit la somme de trois cent livres pour salaire et vacations aux objets cy-dessus. M. le prevot ayant representé en second lieu s'il convenoit de continuer les reparations de la susdite fontaine, il a eté deliberé a la majeure qu'il etoit absolument indispensable de continuer un ouvrage dont le succès peut produire de grands avantages a la ville. Deliberé en l'hotel de ville, ce premier mars mil sept cent soixante-huit.

ROULHAC DE THIAS; ROMANET; GOUDIN DE LABORDERIE; Jh. PETINIAUD; DECORDES; G. LAFOSSE; MARTIN; GUERIN, consul; DAVID DE BRIE; ROGER; BARBOU; DE CHAMBERET; ESTIENNE, ARDANT DU PICQ, prevot consul; J. PETINIAUD; BONNIN DE FRAIXEIX.

Aujourd'huy (1), trois mars mil sept cent soixante-huit, a quatre heures de relevée, dans l'hotel commun de cette ville, ou etoient assemblés M. Ardant du Pic, Bonnin du Fraixeix, Estienne de Lariviere, Jayac de Lagarde, Tirebas de Chamberet et Guerin de Lalay, consuls en charge; M. Maledent de Bonabry, député de la part de Messieurs les chanoines de la cathédrale; M. Chavepeyre, deputé de Messieurs du chapitre de Saint-Martial; M. Leonard de Fressanges, deputé du clergé; M. Goudin de Laborderie, deputé de la part de Messieurs de la noblesse et de Messieurs les officiers militaires; M. de Roulhac du Rouveix, deputé de la part de Messieurs du presidial; M. Decordes de Parpaillac, deputé de la part de Messieurs de la police; M. Grange-Vielle de Masjoubert, deputé de la part de M^{rs} de l'election; M. Brandy-Dessaigne, deputé de la part de Messieurs les officiers de la prevoté; M. David de Brie, deputé de la part de Messieurs les officiers de la Monnoye; M. Georges Pouyat, deputé pour Messieurs de la juridiction consulaire; M. Tanchon fils, deputé de la part de M^{rs} les avocats; M. Deperet, deputé de la part de M^{rs} les medecins; M. de La Chapelle de Luret, deputé de la part M^{rs} les bourgeois; M. Dauriat, deputé de la part de Messieurs les notaires; M. Louis Texier, deputé par Messieurs les procureurs; M. Joseph Petigniaud, deputé par M^{rs} les negociants; M. Leger, deputé par M^{rs} les chirurgiens; M. Jean Mousnier, par les apothicaires; M. Moreil, par les bouchers; M. Duchesne, par les cordonniers; M. Balezis, par les teinturiers; M. Tetaud, par les perruquiers; M. Coussedierre, par les serruriers; M. Colusson, par les fondeurs; M. Deveaux, par les menuisiers; M. Brulat, par les savetiers; M. Bardinet, par les chapeliers; M. Ringuet, par les pâtissiers; M. Tabaraud, par les tailleurs; M. Dutreuil, par les boulangers; M. Leonard Jouhanaud, par les laboureurs; M. Thalandier, par les aubergistes; M. Blanchard, par les orpheuvres, horlogiers et ferblantiers; M. Laquintinie, par les reliers; M. Limousin, pour les armuriers, marechaux, couteliers et taillandiers; M. Elie Demartial, pour les sabotiers; M. Broussaud, pour les charpentiers, maçons, paveurs et recouvreurs; — Messieurs les officiers du bureau des finances, juges et sindics de la Cité, n'ayant tenu compte d'envoyer de deputés, quoique duement convoqués, ainsy que les differents ordres cy-dessus, pour proceder, en consequence de l'edit du mois de decembre dernier, a l'election de quatorze notables : tous

Election des notables adjoints au corps municipal.

---

(1) Cette délibération est, comme on le voit, le point de départ de la mise à exécution de l'édit du mois de décembre précédent, page 286. On a vu que, par l'article 16, le Roi ordonnait que les dispositions de cet acte relatives à la formation des nouveaux corps de ville seraient appliquées un mois après sa publication. L'édit ayant été enregistré au siège royal de Limoges le 4 février, on voit qu'à Limoges cet article s'exécuta à la lettre.

lesquels susdits deputés ayant justifié de leur pouvoir par le rapport du proces-verbal de leur nomination, M. Ardant du Pic, actuellement prevot consul, ayant fait interpeller les differents ordres cy-dessus, pris et fait lecture de leurs billets, la majeure s'est trouvée reunie en faveur de M. Maledent de Bonabry, pour notable, parmy Messieurs les chanoines de l'eglise cathedrale. Messieurs les deputés ayant ensuite continué de proceder en la mesme maniere que dessus, ont alternativement nommé Mᵉ Leonard de Fressanges, curé de l'eglise de Saint-Michel-des-Lions, notable pour Messieurs du clergé; Mʳ Montaudeix, pour Messieurs les nobles et officiers militaires; M. Roulhac du Rouveix, parmy Messieurs les officiers du presidial; M. David de Brie, parmy Messieurs les officiers des differentes juridictions de cette ville; M. Tanchon fils, avocat, parmi les commensaux de la maison du Roy, avocats, medecins et bourgeois; M. Lamy de Luret, pour second notable parmy Messieurs les commensaux de la maison du Roy, avocats, medecins et bourgeois; M. Louis Texier, procureur, parmy les communautés de Mʳˢ les notaires et procureurs; Mʳˢ Joseph Petiniaud, sindic de Messieurs les negociants, Jeremie Martin, Georges Pouyat et Mʳ Brisset du Puy du Tour, parmy Mʳˢ les negociants en gros, marchands en boutique ouverte, les chirurgiens et autres exerçant les arts liberaux; M. Tabaraud l'ainé, tailleur, et Ringuet, maistre traiteur, pour les artisans et laboureurs. Dont et de tout quoy nous avons dressé le proces-verbal pour servir et valoir ainsy que besoin sera. Fait en en l'hotel de ville, le meme jour et an que de l'autre part.

ARDANT DU PICQ, prevot consul; BONNIN DE FRAIXEIX; DE CHAMBERET; ESTIENNE; JAYAC DE LAGARDE; GUERIN; MALEDEN DE BONNABRI, chanoine, deputé du chapitre cathedral, protestant au nom des doyen et chanoines de ladite eglise cathedrale pour tout ce qui pourroit etre contraire et donner atteinte dans la presente assemblée et celles qui se tiendront dans la suite aux privileges, prerogatives, preseances, droits, rang, ordre de suffrages attribués aux eglises cathedrales et au clergé par la declaration du Roy du 8 fevrier 1657 et a l'edit du mois de decembre 1694 et aux usages, protestant au nom du chapitre cathedral, ne rien approuver ni couvrir qui puisse lui nuire et prejudicier en assistant aux assemblées; — MALEDEN DE BONNABRI, chanoine, deputé de l'eglise cathedrale; CHAVEPEYRE, chanoine de Saint-Martial, faisant protestation pour tout ce qui pourroit estre contraire aux droits de mon chapitre et du clergé; — DE FRESSANGES, curé de Saint-Michel-des-Lions, député du clergé, faisant en son nom ses protestations pour le rang de suffrage, etc., etc.; — GOUDIN DE LABORDERIE, député de la noblesse et des officiers militaires; DE ROULHAC, député de la cour seneschale; DECORDES, député de la police; BRANDIS DESSAIGNES, député de la prevôté; MAZAUBERT-LIEURANT; DAVID DE BRIE, député de la Monnoie, sans rien approuver au sujet de la preseance due a chaque corps; — TANCHON; LAMY DE LURET; DEPERET, medecin ordinaire du Roy; Georges POUYAT, second consul de la juridiction consulaire; DAURYAT; TIXIER; Jh. PETINIAUD, scindic des marchands et ancien juge-consul, avec ses protestations contre la preseance donnée aux notaires et procureurs, contraire a la disposition de l'arrest du Conseil rappelé dans celui de septembre 1757; — MOUNIER; PAROT; Jacques DUCHESNE; TALANDIER; BARDINET; COLLUSSON; DUTREIX; TEYTAUD; COUSSEDIERE; BROUSSAUD ainé; LA QUINTINIE; RINGUET; DEVEUX; BALESIS; DEMARTIAL; BLANCHARD; BULLAT; TABARAUD; LIMOUSIN; JOUHANAUD.

Aujourd'huy, quatrieme jour du mois de mars de l'année mil sept cent soixante-huit, a trois heures de relevée, dans la salle de l'hotel commun de l'hotel de ville de Limoges, ou avoient eté convoqués et estoient assemblés Messieurs Ardant du Pic, Bonin de Fraixeix, Estienne de Lariviere, Jayac de Lagarde, bourgeois; Tirebas de Chamberet et Guerin, bourgeois, prevots consuls en exercice, — et Messieurs de Maledent de Bonabry, chanoine de la cathedrale; de Leonard de Fressanges, curé de Saint-Michel des Lions; de Roulhac du Rouveix, conseiller au presidial; David de Brie, avocat du Roy a la Monnoye; Tanchon, avocat en parlement; Lamy de Luret, bourgeois; Texier, procureur; Joseph Petiniaud, sindic du commerce; Jeremie Martin, bourgeois et marchand; Georges Pouyat, aussy bourgeois et marchand; Brisset du Puy du Tour, pareillement bourgeois et marchand; Thabaraud l'aisné, maistre tailleur, et Ringuet, maitre patissier, tous notables elus le jour d'hier, avec le sieur Moreil de Montaudeix, ecuyer, absent, pour proceder a l'election des maire et echevins en conformité de l'edit du mois de decembre dernier, registré en la souveraine Cour du parlement de Bordeaux le quatorze janvier et en cette senechaussée le quatre fevrier dernier, Nous, Joseph Gregoire de Roulhac, ecuyer, seigneur de Thias,

Election des candidats à la charge de maire et des quatre échevins.

conseiller et secretaire du Roy, maison, couronne de France, lieutenant general civil et de police en la senechaussée et siege presidial de Limoges, presidant l'assemblée, en presence et du consentement de M. François Romanet, seigneur de la Briderie, conseiller et procureur du Roy en la senechaussée et siege presidial de Limoges : apres que chacun a eu pris seance, le scrutin ayant été ouvert pour le premier des sujets qui doivent etre presentés a Sa Majesté pour remplir la place de maire (1), la pluralité des voix s'est reunie en faveur de M. Ardant de Brejou, ecuyer, et apres le second scrutin, M. Goudin de Laborderie, ecuyer; s'est trouvé pareillement reunir la pluralité des suffrages; enfin, après le troisieme scrutin, la pluralité des voix s'est aussy reunie en faveur de M. Juge, avocat du Roy au presidial et senechal de cette ville (2). Ensuite il a été procedé a

(1) Rappelons encore une fois que le Château de Limoges — pas plus que la Cité du reste — n'avait jamais eu de maire au moyen âge. Louis XI créa, en 1470, au profit de François de Pontbriant, une charge de maire qui fut supprimée en 1484. On ne retrouve plus ce titre et cette dénomination qu'au commencement du XVIIIe siècle. L'office de maire, créé par l'édit du mois d'août 1692, ne trouva acquéreur que plusieurs années après. En 1698, l'office était encore à vendre. Le 24 novembre 1702 seulement, le maire en titre, M. de Villoutreys, est expressément mentionné à nos registres et il y appose sa signature le 7 décembre 1703. L'office fut supprimée par un édit de juin 1717. La charge de maire ne fut rétablie que par l'édit de décembre 1767.

(2) On verra au registre suivant que le choix du Roi, inspiré sans doute par Turgot, se porta sur le dernier candidat, qui était un ami personnel de l'intendant. — M. Jacques Juge de Laborie fut un des hommes les plus considérables et les plus justement estimés de Limoges au siècle dernier. Avocat du Roi au siège presidial, il avait obtenu, du Parlement, l'autorisation tout exceptionnelle de conserver son cabinet d'avocat et de plaider dans les causes où il n'occupait pas le siège pour le Roi. Il avait une influence considérable sur ses concitoyens, auxquels du reste appartenait tout son dévouement. Nous avons connu un de ses petits fils, M. le conseiller E. Fournier, un des magistrats les plus distingués par l'intelligence et par le cœur qu'ait possédés notre Cour d'appel : il a suivi dignement, pendant toute sa vie, les exemples de son aïeul. — Voir la *Feuille hebdomadaire* de Limoges du 17 janvier 1781 et le discours prononcé à l'audience de rentrée de la Cour de Limoges, le 3 novembre 1877, par M. Guyot d'Amfreville : *La vie et les œuvres de M. Juge de La Borie*.

Dans la liasse C. 53 des Archives de la Haute-Vienne, nous trouvons un état qui nous renseigne d'une façon assez complete sur le personnel de l'Hôtel-de-Ville. Il nous paraît intéressant de donner cette note au moment de l'exécution de l'édit qui va modifier la composition du corps municipal :

« *Nombre et qualité des officiers municipaux.* — Le Corps de ville est composé de six consuls, auxquels il est accordé la somme de 686 livres, par arret du Conseil du 5 décembre 1693, pour fournir aux depances extraordinaires pendant l'année de leur Consulat. Plus, pour depances dans les differantes processions, suivant l'uzage, 260 livres. Plus pour le repas de la nomination des Consuls, suivant le mesme usage. 120¹.

« *Nombre des officiers subalternes.* — Un Secretaire de l'hotel de ville, receveur particulier des impositions, sans autres appointements que les droits de collecte.

« *Domestiques attachés à chaque corps.* — Six vallets de ville, aux gages de cent livres pour chacun, suivant l'arret du Conseil du 5ᵉ decembre 1693, qui sont exempts de milice et du logement des gens de guerre.

« *Sergents attachés aux corps de ville.* — Dix huit sergents, qui n'ont aucun appointement, et auxquels les consuls accordent des gratifications dans les jours de ceremonie, et sont aussi exempts de milice et du logement des gens de guerre.

« *Receveurs des Octrois et Patrimoniaux.* — Un receveur des Octrois et Patrimoniaux,

a l'election des quatre echevins, conformement a l'edit ; et le premier scrutin a été en faveur de M. Bonin de Fraixeix, conseiller au senechal et consul en exercice ; le second, en faveur de M. Guerin, bourgeois et marchand, consul en exercice ; le troisieme, en faveur de M. Estienne, president en l'election, aussi consul en exercice, et le quatrième en faveur de M. Ardant du Pic, bourgeois et marchand, consul en exercice. De tout quoy, nous avons dressé le present proces-verbal pour servir et valoir. A Limoges, les jour, mois et an susdits.

ROULHAC DE THIAS, ROMANET, pr du Roy ; BONNIN DE FRAIXEIX, ESTIENNE, ARDANT DU PIC, GUERIN, MALEDEN DE BONNABRI, chanoine, depulé notable de l'eglise cathedrale, en persistant dans mes protestations du jour d'hier, declare, au nom de mon chapitre cathedral, protester de nouveau en tant que de besoin contre tout ce qui pourroit donner atteinte, dans la presente assemblée et autres qui se tiendront dans la suite, aux privileges, prerogatives, preseances, rang, ordre des sufrages, opinions, attribués aux chanoines des eglises cathedrales et au clergé : n'entendant, en assistant aux dites assemblées et deliberations, ny rien approuver ni couvrir qui soit de prejudice ; — DE FRESSANGES, curé de Saint-Michel des Lions, depulé du clergé, persistant dans ses protestations ; JAYAC DE LAGARDE, ancien consul ; DECHAMBERET, ancien consul ; DE ROULHAC, DAVID DE BORIE, TANCHON, LAMY DE LURET, TEXIER, J.-B. PETINIAUD, sindic du commerce et ancien juge consul, avec memes protestations de hier, contre la prescance accordée aux notaires et procureurs, contraire aux dispositions du Conseil d'Etat de 1757 et des precedens ; — MARTIN, ancien juge de la juridiction consulaire ; Georges POUYAT, second consul de la juridiction consulaire ; BRISSET, TABARAUD, RINGUET.

qui s'attribuoit une retenüe, scavoir, sur la recette de l'Octroy, deux sols pour livre, et seize deniers sur celle des Patrimoniaux, comme ayant les deux charges reunies sur sa tête (non compris le droit de quitance).

» *Controleur des Octrois et Patrimoniaux*. — Deux controleurs alternatifs des Octrois et deniers patrimoniaux, qui s'atribuaient un sol pour livre sur les octrois, et huit deniers sur les patrimoniaux, non compris leurs droits de controlle aux quitances. »

Nous devons faire remarquer que, sauf les 686 livres alloués au Consulat pour dépenses de voirie et d'administration, les autres crédits énoncés plus haut ne figurent pas à l'arrêt de 1693 ; mais on les trouve au relevé des charges ordinaires que nous avons reproduit plus haut, note des page 190 et 191 du présent volume.

— 308 —

<small>Prestation de serment des nouveaux échevins.</small> Et après que Messieurs les notables ont eu terminé l'assemblée, Mrs Bonnin de Fraixeix, Estienne de Lariviere et Güerrin de Lalay ont promis a Dieu de bien et fidelement remplir les fonctions de leur charge et preté serment entre les mains de M. Ardant du Pic, prevot consul, et en cette qualité faisant les fonctions de maire; et attendu que ledit M. Ardant a eté nommé echevin, il a lui-même ensuite egalement promis a Dieu de faire fidelement les fonctions de sa charge et preté serment entre les mains de M. Bonin de Fraixeix; et ont signé, le jour mois et an que de l'autre part.

ARDANT DU PIC, ESTIENNE, BONNIN DE FRAIXEIX (1).

<small>Election de six conseillers de ville.</small> Aujourd'hui, cinq mars mil sept cent soixante-huit, trois heures de relevée, dans la salle de l'hotel commun de la ville de Limoges, ou avoient eté convoqués et etoient assemblés Messieurs les echevins elus le jour de hier, savoir : M. Bonin de Fraixeix, conseiller au presidial ; M. Etienne de la Riviere, president a l'election, et M. Ardant du Picq, bourgeois et marchand, — M. Guerin, autre echevin, absent, — avec Messieurs Malledant de Bonabry, de Leonard de Fressanges, Roulhac du Rouveix, David de Brie, Lamy de Luret, Joseph Petiniaud, Jeremie Martin, Georges Pouyat, Brisset, Tabaraud et Ringuet, notables, (Messieurs Moreil de Montaudeix-Tanchon et Texier, absents), pour proceder a l'election des conseillers de ville en conformité de l'edit du mois de decembre dernier, — Nous, Joseph Gregoire de Roulhac, ecuyer, seigneur de Thias, conseiller secretaire du Roy, maison, couronne de France, lieutenant general civil et de police en la senechaussée et siege presidial de Limoges, president en l'assemblée, en presence et du consentement, de M. Romanet, seigneur de la Briderie, conseiller du Roy et son procureur au meme siege : apres qu'il a apparu de la prestation du serment de Messieurs les echevins en charge, qu'ils ont eté installés et que chacun a eu pris seance dans l'ordre fixé par ledit edit, il a eté procedé par billets et par scrutin a l'election des conseillers de ville. Après le premier scrutin, la pluralité des voix s'est reunie en faveur de M. Jayac de Lagarde, bourgeois; au second, en faveur de M. Tirebas de Chamberet, bourgeois ; au troisieme, en faveur de

---

(1. On a vu pour la dernière fois, à ce procès-verbal, ce nom de consuls, que les magistrats municipaux de Limoges portaient déjà au xiie siècle. L'uniformité communale est, pour les villes et bourgs au moins, chose accomplie en France. Cette date du 4 mars 1768, clot ce que nous pourrions appeler la période originale de notre histoire municipale.

M. Roulhac du Rouveix, conseiller au presidial; au quatrieme, en faveur de M. Dubost, chanoine de Saint-Martial, et au cinquieme scrutin, en faveur de M. Muret, avocat, et enfin, au sixieme scrutin; en faveur de M. Romanet du Caillaud, ecuyer : apres quoy l'assemblée des notables pour proceder a l'election du sindic-receveur et du secretaire greffier, a eté fixée au lundy, sept du present mois, a deux heures de relevée. De tout quoy nous avons dressé le present proces-verbal, pour servir et valoir ainsy que de raison.

> Roulhac de Thias, p^r du Roy; Ronnin de Fraixeix, Estienne, Ardant du Pic, Maleden de Bonnabri, chanoine de l'eglise cathedrale, sans rien approuver qui puisse donner atteinte aux privileges des chanoines des eglises cathedrales portés par la declaration du 8 fevrier 1647, l'edit du mois de decembre 1694, et aux usages, et renouvelant et persistant dans mes precedentes protestations; — de Fressanges, curé de Saint-Michel-des-Lions, député et notable du clergé, persistant en son nom, dans ses protestation sur le rang de suffrage, etc., etc.; — de Roulhac, David de Brie, Lamy de Luret, Jeremie Martin, Jh. Petiniaud, Brisset, Georges Pouyat, Tabaraud, Ringuet.

Aujourd'hui, sept mars mil sept cent soixante-huit, trois heures de relevée, dans la salle de l'hotel commun de la ville de Limoges, ou avoient eté convoqués et etoient assemblés messieurs les echevins elus le quatrieme du courant, scavoir : M. Bonnin de Fraixeix, conseiller au presidial; M. Estienne de La Riviere, president a l'election; M. Ardant du Picq, bourgeois et marchand, et M. Guerin, aussy bourgeois et marchand, avec messieurs Jayac de Lagarde, de Chamberet, de Roulhac du Rouveix (M. Dubost, chanoine de la collegiale, M. Muret et M. Romanet du Caillaud, absents), tous six conseillers de l'hotel de ville de Limoges, nommés le cinquieme du present mois, avec messieurs de Bonabry, de Leonard de Fressanges, David de Brie, Lamy de Luret, Joseph Petiniaud, Jeremie Martin, Georges Pouyat, Brisset, Tabaraud et Ringuet, notables, — Mrs Moreil de Montaudet, Tanchon et Tixier aussy absents, — pour proceder a l'election d'un receveur-sindic et d'un secretaire-greffier, en conformité de l'edit du mois de decembre dernier, — Nous, Joseph-Gregoire de Roulhac, ecuyer, seigneur de Thias, conseiller-secretaire du Roy, maison, couronne de France, lieutenant general civil et de police en la seneschaussée et siege presidial de Limoges, president l'as-

Désignation des secrétaire, receveur, avocat et autres agents ou auxiliaires de l'hôtel-de-ville

semblée en presence et du consentement de M. Romanet, seigneur de la Briderie, conseiller du Roy et son procureur au meme siege : apres que chacun a eu pris seance dans l'ordre fixé par ledit edit, il a eté procedé par billets et par scrutin pour l'election du sindic-receveur. La pluralité s'est trouvée reunie en faveur du s^r Philippe Nadaud, ancien secretaire de l'hotel de ville auquel (1) [ils donnent pouvoir de recevoir tous les revenus d'Octroi, Patrimoniaux, appartenant a ladite ville, et meme une partie des interets d'office et droit supprimés, de la somme de 43 l. 4 s. employée annuellement dans les etats du Roy de l'election de Limoges et en donner bonne et valable quittance au receveur des tailles, mesme du capital si le cas y echeoit]; il a eté fixé pareillement a la pluralité des voix, pour ses emoluments, la somme de trois cents livres, sans qu'il soit tenu a d'aucun frais de reddition de compte, tant au Bureau des Finances qu'a la Chambre des Comptes, lesquels demeureront a la charge de la commune : a la charge par luy de fournir conformement a l'edit une caution solvable jusque a concurrence de la somme de six mille livres, qui a eté fixée par la presente assemblée. Apres quoy, il a eté procedé par forme de scrutin a l'election du secretaire-greffier, et la pluralité des voix s'est reunie en faveur du s^r Jean-Baptiste Lingaud, auquel il a eté fixé pour appointements la somme de deux cents livres, le tout sous le bon plaisir de Sa Majesté, sur le rapport qui doit lui en etre fait par M. le controleur general, auquel, a ces fins, la presente deliberation sera adressée. Ensuite il a eté procedé au choix des officiers, serviteurs et domestiques de l'hotel de ville : les voix se sont unanimement reunies en faveur de M. Juge de La Borie, avocat du Roy, pour conseil de l'hotel de ville; de M. Colomb, pour procureur; de Me Thoumas, pour notaire. Quant aux serviteurs et domestiques, l'assemblée a eté d'avis de conserver les six capitaines de ville et gagés qui sont actuellement en service, sous les gages a eux attribués par l'arrest de 1693, qui les fixe a cent livres chacun. Ensuite, conformement a l'article 25 de l'edit du mois de decembre dernier, l'assemblée a nommé messieurs Bonnin de Fraixcix et Etienne, echevins, et Messieurs Roulhac du Rouveix et Muret, conseillers de ville, pour commissaires, aux fins de dresser l'inventaire prescrit par l'edit, article 5, et les a autorisés, en cas de besoin, d'appeler un lecteur dechiffreur a salaire competent; et a l'egard de ce qui regarde les clefs de la caisse, il a eté deliberé, conformement a l'article vingt sept de l'edit de 1764, que l'une demeurera entre les mains de M. le maire; la seconde entre les mains

---

(1) La partie entre crochets est inscrite en marge, avec les signatures : Romanet, maire ; Joseph Pétiniaud, Tanchon, Georges Pouyat; — ce qui indique qu'elle a été ajoutée postérieurement.

de M. Joseph Petiniaud, notable, et la troisieme entre les mains du sindic-receveur; et finalement les assemblées ordinaires ont eté fixées au premier et troisieme samedy de chaque mois, et celle designée par l'article 46 (1) au premier jour libre et non ferié de chaque mois. De tout quoy nous avons dressé le present proces-verbal, a Limoges, en l'hotel de ville, ledit jour, mois et an susdit.

Roulhac de Thias, Romanet, p^r du Roy, Bonnin de Fraixeix, Estienne, Jayac de Lagarde, Guerin, Ardant du Picq, Dechamberet, de Roulhac, Muret, Maleden de Bonnabri, chanoine de la cathedrale; de Fressanges, curé de Saint-Michel-des-Lions, deputé et notable du clergé; David de Brie, Lamy de Luret, J^h Petiniaud, Jeremie Martin, Georges Pouyat, Brisset, Tabaraud, Ringuet.

Extrait de l'arret du Conseil d'Etat du Roy, du deuxieme fevrier 1768, enregistré le vingt-huit mars 1768. Extrait des registres du conseil d'Etat.

Sur la requete presentée au Roy par les freres Laforest, de Limoges, etc. ouy le rapport du sieur de Laverdy, conseiller ordinaire et au conseil royal, controleur general des finances, le Roy en son conseil, voulant traiter favorablement les suppliants, a ordonné et ordonne que lesdits sieurs Laforest (2) seront et demeureront confirmés dans la possession ou ils sont d'etre regardés comme habitants de la ville de Limoges, et pourront en cette qualité etre nommés aux charges municipales de la ville et a celles de la jurisdiction consulaire, et qu'ils continueront d'etre taxés d'office moderement pour leurs impositions personnelles par le sieur intendant et commissaire departy en la generalité de Limoges, au role de ladite ville, quoique leur manufacture soit située hors de son enceinte; qu'ils jouiront de l'exemption de collecte, logement de gens de guerre, milice, pour eux et leurs enfants, et des autres charges publiques. Les confirme Sa Majesté dans la possession du titre de

Arrêt du Conseil confirmant le privilège des sieurs Laforest.

---

(1) Il s'agit de l'assemblée générale ordinaire du corps de ville, comprenant, outre le maire et les échevins, les six conseillers. Les notables n'étaient adjoints au corps municipal proprement dit que pour l'élection des membres de la municipalité.

(2) Le terrain sur lequel était établie la manufacture Laforest ne dépendait pas de la ville proprement dite ni de ses faubourgs, et était sur le territoire de la Cité, dans la jurisdiction de l'évêque et aussi dans celle de l'abbaye de Saint-Augustin. On a pu voir à l'exposition de Limoges, en 1886, un beau spécimen des produits de la manufacture en question : un couvre-lit en soie jaune paille, avec bouquets de fleurs brodés.

manufacture royale, et des prerogatives qui y sont attachées; leur permet de faire marquer les etoffes qu'ils fabriqueront d'un plomb portant d'un coté les armes de Sa Majesté, et de l'autre ces mots : *Manufacture royale des sieurs Laforest de Limoges*. Ordonne Sa Majesté que lesdites etoffes ainsy plombées pourront circuler dans tout le royaume en exemption de droits de douane et autres droits d'entrée et sortie des cinq grosses fermes, et etre envoyées a l'etranger aussy en exemption de tous droits. Ordonne pareillement Sa Majesté que les matieres premieres destinées a etre employées dans la manufacture desdits sieurs Laforest seront aussy exemptées de tous droits. De tous lesquels privileges lesdits sieurs Laforest, leurs veuves et enfants tenant ladite manufacture jouiront pendant l'espace de quinze années, et seront sur ce present arret toutes lettres necessaires expediées. Fait au conseil d'Etat du Roy, tenu a Versailles le deux fevrier mil sept cent soixante-huit. Signé, Bergeret.

Anne-Robert-Jacques Turgot, chevalier, baron de l'Aune, seigneur de Lastete, Gerville, Vesli, Le Plessis et autres lieux, conseiller du Roy en ses conseils, maitre des requetes ordinaires de son hotel, intendant de police, justice et finance en la generalité de Limoges, vu l'arrest du Conseil cy-dessus, du deux fevrier 1768, nous ordonnons qu'il sera executé suivant sa forme et teneur. Fait a Paris, le vingt-cinq fevrier mil sept cent soixante-huit. Signé : Turgot, et plus bas, par Monseigneur, de Beaulieu.

<small>Nomination d'un aide-major et d'un lieutenant de la milice.</small> Louis-François-Marie de Perusse, comte des Cars et de Saint-Bonnet, marquis de Pransac, baron d'Aixe et de la Renaudie, seigneur de Saint-Ybard, La Rochelabeille, Hurtebise, Larochue, La Frenaye et autres lieux, ancien mestre de camp de cavalerie, et lieutenant general pour le Roy en la province de haut et bas Limousin.

La charge de garçon major (1) de la milice bourgeoise de la ville de Limoges etant vacante par le deceds du sieur Rouard de la Boissarde, nous y avons nommé par ces presentes le sieur Louis Moulinier pour en jouir et en faire les fonctions, aux honneurs y attribués. Mandons de le reconnoitre en cette qualité. En temoignage de quoy, nous avons signé ces presentes, fait contresigner par notre secretaire et apposer le sceau de nos armes. Ce vingt-six juin mil sept cent soixante-sept. Signé : le COMTE DES CARS, et plus bas, par Monseigneur, CHOLLET, secretaire. Enregistré le quatre avril mil sept cent soixante-huit.

(1) Aide-major. On a déjà rencontré ce mot.

— 313 —

Louis-François-Marie de Perusse, comte des Cars et de Saint-Bonnet, etc. (comme ci-dessus); — la charge de lieutenant de la compagnie colonelle de la milice bourgeoise de la ville de Limoges etant vacante, nous y avons nommé par ces presentes le sieur Alexis Ardelier, etc. (comme ci-dessus). Fait en notre chateau des Cars, ce deux may mil sept cent soixante-six, signé le COMTE DES CARS, et plus bas, par Monseigneur, CHOLLET, secretaire. Enregistré le quatre avril mil sept cent soixante-huit.

De par le Roy, Sa Majesté ayant vu l'acte d'assemblée des principaux habitants et officiers municipaux de la ville de Limoges, convoqués en l'hotel de ladite ville le quatre du present mois, conformement a l'edit du mois de may mil sept cent soixante-cinq, en execution duquel ils auroient presenté trois sujets pour remplir la place de maire, et Sa Majesté etant informée de la capacité, bonne conduite et intelligence du sieur Juge (1), avocat du Roy au presidial et seneschal de cette ville, elle a fait choix de sa personne pour pendant trois ans exercer les fonctions de maire de ladite ville : voulant qu'il jouisse en cette qualité des honneurs, rang et seances qui y sont attribués, apres toutefois qu'il aura preté le serment dont il est tenu en la forme prescrite par ledit edit du mois de may 1765. Fait a Versailles, le dix-neuf mars 1768. Signé : LOUIS, et plus bas, PHELYPPEAUX.

<small>Brevet du Roi nommant M. Juge à la mairie de Limoges</small>

Aujourd'huy, trente-unieme mars mil sept cent soixante-huit, par devant nous, Joseph-Gregoire de Roulhac, ecuyer, seigneur de Thias, conseiller secretaire du Roy, maison, couronne de France, lieutenant general civil et de police en la seneschaussée et siege presidial de Limoges, en notre hotel s'est presenté Monsieur M° Jacques Juge, seigneur de La Borie, conseiller du Roy et son avocat au presidial et seneschal de cette ville de Limoges, garde scel en la chancelerie pres ladite cour presidiale, lequel, en conformité de l'article dix-huit de l'edit du mois de decembre dernier, registré en la cour le quatorze janvier, et en cette seneschaussée le quatre fevrier aussy dernier, relatif a celuy du mois de may mil sept cent soixante-cinq, nous a representé le brevet du Roy du dix-

<small>Prestation de serment du nouveau maire.</small>

---

(1) Nous avons déjà fait remarquer que M. Juge ne figurait que le troisième sur la liste des candidats présentés par l'assemblée de notables du 4 mars précédent (p. 305, 306).

neuf de ce mois, signé Louis, et plus bas, Phelippeaux, portant choix de sa personne pour pendant trois ans exercer les fonctions de maire de cette ville, duquel il a requis l'enregistrement en notre greffe, offrant de preter le serment en la forme prescrite par ledit edit.

Duquel exposé nous avons donné acte, ensemble de ce que ledit sieur Juge, apres avoir levé la main, a promis de remplir avec exactitude et fidelité les fonctions a luy confiées; au surplus ordonnons que le susdit brevet demeurera enregistré au greffe de cette seneschaussée pour y avoir recours quand besoin sera. Fait a Limoges, ledit jour trente-un mars mil sept cent soixante-huit. Signé : Juge et Roulhac de Thias, lieutenant general. Signé a l'expedition : Raby, greffier (1).

Enregistré le quatrieme avril mil sept cent soixante-huit.

Bonnin de Fraixeix ; Muret, conseiller; Estienne, echevin ; Guerin, echevin ; Romanet; Ardant du Picq, echevin ; Dechamberet; de Roulhac; Maleden, chanoine de l'eglise cathedrale, notable; de Fressanges, curé de Saint-Michel-des-Lions, notable du clergé; David de Brie; Jayac de Lagarde; Lamy de Luret; Tanchon; Georges Pouyat; Texier; Jh. Petiniaud; Jeremie Martin ; Brisset; Tabaraud; Ringuet; Nadaud, sindic-receveur; Lingaud, secretaire-greffier.

(1) Quatre jours seulement après cette réunion eut lieu la cérémonie publique de l'installation du nouveau maire. L'abbé Legros nous en a conservé le curieux récit :

« Le 4 avril de cette année, on fit à Limoges, pour la première fois, la cérémonie de la réception du maire de la ville. C'étoit M. Juge de La Borie père, alors avocat du Roi au siège présidial de cette ville, qui venoit d'être nommé par la Cour à cette place, conformement à l'édit du Roi qui avoit tout nouvellement supprimé le consulat et les consuls de toutes les villes de son royaume et ordonné qu'on éliroit à l'avenir dans chacune un maire, etc. Cette élection étant faite à Limoges, on y fit aussi, comme j'ai dit, la cérémonie de la réception solennelle du maire et des autres officiers municipaux, dont voici la relation, telle que je la vis observer au jour susdit :

» Après que les échevins, conseillers et notables eurent été nommés dans la grande salle de l'hôtel de ville, selon l'ancien usage pratiqué par les consuls, on fixa la cérémonie de leur réception publique audit jour, 4 avril, qui étoit le lundi de Pâques. Ce jour, à trois heures de l'après-midi ou environ, douze fusiliers de chaque canton de la milice bourgeoise s'assemblèrent, au son des tambours, sur la place des Arbres, près l'église de Saint-Martial. Vers quatre heures, les MM. les officiers de ladite milice bourgeoise, etc., etc. (sic) s'y rendirent aussi et commencèrent par recevoir quelques citoyens au nombre desdits officiers de ladite milice. Enfin, vers cinq heures, toute la troupe, suivie de la magistrature et précédée des tambours, violons, etc. de la ville, sortit de la place des Arbres pour se rendre à la maison de M. Juge de Laborie, située près la petite place voisine de l'église Saint-Michel des-Lions, au-dessous du bureau des finances, sur laquelle on avoit placé les canons ou fauconneaux de la ville. La troupe y étant arrivée, on tira les canons pour saluer le maire, qui fut aussi salué par la mousqueterie. Alors, ce magistrat s'étant mis à la tête de la magistrature municipale, en robe rouge, on le conduisit à l'hôtel de ville, où il fut installé et institué maire de la ville, selon les ordonnances royaux.

» Cela fait, on le conduisit, dans le même ordre, à l'église de Saint-Martial, en passant

Declaration du Roy et lettres patentes portant reglement pour la comptabilité des deniers communs, d'Octrois et Patrimoniaux des villes et bourgs du royaume, donnés a Versailles les 27 juillet 1766 et 13 fevrier 1768, registrés en la chambre des Comptes.

Louis, par la grace de Dieu roi de France et de Navarre, a nos amés et feaux conseillers les gens tenant notre chambre des Comptes a Paris, salut. Nous avons jugé a propos de rendre, le 27 juillet 1766, une declaration portant reglement pour la comptabilité des revenus des villes, dont la teneur suit :

Louis, par la grace de Dieu roi de France et de Navarre, a tous ceux qui ces presentes lettres verront, salut. L'administration des revenus des villes et gros bourgs de notre royaume nous a paru un objet essentiel au bonheur de nos sujets, auxquels il est interessant que le produit, tant de leurs biens patrimoniaux que des Octrois que nous leur avons accordés en plusieurs endroits, soit economisé et employé uniquement a l'acquit de leurs charges. Nous avons reconnu qu'il s'etoit introduit beaucoup d'abus dans cette admistration ; nous nous sommes empressé en consequence de nous faire representer les lois et les reglements precedem-

---

par les rues du Consulat, des Taules et par la place de Saint-Martial. Arrivés à cette église, les fusiliers se rangèrent en haie depuis la porte de l'église, tout le long de la place, et s'y tinrent toujours, mais les magistrats et autres entrèrent dans l'église, firent le tour du chœur en dehors, depuis la chapelle de l'Enfant Jésus jusqu'à celle de Notre-Dame-des-Sept-Joies, et ils entrèrent au chœur par la porte de fer septentrionale, toujours précédés des tambours, violons, fifres et hautbois. Quand on fut entré dans le chœur, les officiers de la milice bourgeoise et autres, même les cavaliers de la maréchaussée, se rangèrent aussi en haie, depuis le bas du marchepied du sanctuaire jusqu'à la porte de fer du côté de l'épitre ou du midi, et s'y tinrent, pour empêcher la foule du peuple de gêner la marche des magistrats. Alors ceux-ci montèrent jusqu'à la seconde marche extérieure du grand autel, où, s'étant mis à genoux, ils y firent une courte prière. Ensuite M Martin, alors chanoine théologal et hebdomadier de la même église (aujourd'hui curé de Saint-Michel-des-Lions), revêtu de surplis, d'aumusse et d'une étole blanche, leur présenta à tous à baiser la grande croix d'argent de cette église, qu'on avoit placée auparavant sur le grand autel. Les magistrats, qui avoient reçu à la porte du chœur de petits cierges allumés, les portèrent durant toute cette cérémonie, après laquelle ils descendirent tous dans la basse église, où ils baisèrent aussi la relique du bras de saint Martial, qui leur fut présentée par M. Sénemaud, prêtre, l'un des vicaires de cette église et gardien ordinaire de la relique, auquel ils laissèrent leurs cierges, par manière d'offrande. Tout cela fini, tous se retirèrent a l'hôtel de ville, dans le même ordre qu'ils étoient venus.

» La nouveauté apparente de cette cérémonie avoit attiré une si grande foule de peuple que tout le chœur de l'église et la place de Saint-Martial étoient pleins de monde. J'ai dit la nouveauté apparente; car cette cérémonie, loin d'être nouvelle, n'étoit qu'une suite de l'ancien usage pratiqué de tems immémorial par les consuls de cette ville. Il est vrai que celle-ci se fit avec beaucoup de solennité.

« ... A l'arrivée des magistrats, durant toute la cérémonie et après qu'elle fut finie, pendant leur sortie, on ne cessa de sonner à volée les trois grosses cloches de cette église en signe de joie ». (LEGROS, *Continuation des Annales*, pages 123, 124, 125).

ment intervenus sur cette matiere, et nous avons reuni celles de leurs dispositions qui nous ont paru les plus propres a faire fructifier les revenus et a eviter toute depredation dans les depenses. Nous avons par notre edit du mois d'aoust 1764 rendu ces regles uniformes, stables et permanentes. Et pour nous assurer d'autant plus de leur execution, nous avons derogé a toutes lois ou usages contraires, meme a tous privileges dont l'exercice auroit pu contrarier ces regles. Nous nous sommes departy nous-meme, en faveur des habitants de chaque ville, de l'exercice du droit qui nous appartient de nommer les officiers municipaux, et nous avons, par autre notre edit du mois de may 1765, attribué auxdits habitants la faculté de les choisir, en ordonnant que ceux qui seroient elus regiroient a l'avenir les biens patrimoniaux et d'Octroi, et generalement toutes les affaires communes, sous l'inspection des notables dont l'election, faitte ainsi que nous l'avons prescrit avec la plus grande liberté des suffrages par des deputés choisis eux-memes dans tous les ordres des citoyens, semble nous garantir le merite; nous avons en outre attribué aux juges ordinaires la connoissance des contestations qui pourroient naitre sur l'execution des dites regles, et nous avons annoncé que nous donnerions des lettres pattentes particulieres pour regler le montant des depenses de chaque ville, apres qu'elles nous auroient fourni leurs memoires et etat de situation, en sorte que nous croyons avoir pris toutes les precautions qui peuvent nous faire esperer que le bon ordre regnera dorenavant dans l'administration de tous les revenus communaux. Enfin nous avons, dans le dessein de regler aussy la comptabilié provisoirement, divisé en deux parties les comptes des receveurs, en ordonnant, par l'article XXXII de notre edit du mois d'aoust 1764, un compte pour les deniers patrimoniaux, qui, aux termes de l'article XL, seroit rendu en forme par devant nos bailliages et seneschaussées, et apres sa cloture envoyé a nos procureurs generaux dans nos parlements, a l'effet d'etre par eux rapporté a la chambre des Comptes, et procedé a la reformation des articles qu'ils trouveroient n'etre pas en regle; et, par l'article XXXVI, un compte des deniers provenant de la recette des Octrois, qui, aux termes de l'article XXXVIII, seroit rendu par bref etat, tant aux Bureaux des Finances qu'en nos Chambres des Comptes; mais nous avons reconnu que cette division de la comptabilité, assez indifferente d'ailleurs en elle meme, pourroit faire naitre de frequents conflits entre nos Cours de parlement et nos Chambres des Comptes, sur les distictions de ce qui seroit revenu patrimonial d'avec ce qui seroit revenu d'Octroy, et peut etre occasionner beaucoup d'embarras et beaucoup d'abus, en ce que les receveurs qui compteroient separement ainsy de chaque objet de leur maniement, en deux differentes juridictions, trouveroient une facilité a proposer et faire allouer de doubles emplois dans leurs comptes; enfin, quoique les revenus patrimoniaux des villes et bourgs ne puissent jamais faire partie de notre domaine, et etre autrement considerés que comme des biens propres aux communautés, nous avons jugé qu'il seroit plus utile de reunir la comptabilité de tous leurs revenus a un seul et meme tribunal et d'en donner la connoissance a nos dites Chambres des Comptes. A ces causes, et autres a ce nous mouvant, de l'avis de notre Conseil et de notre certaine science, pleine puissance et autorité royale, nous avons, par ces presentes signées de notre main, dit, declaré et ordonné, disons, declarons et ordonnons, voulons et nous plait ce qui suit :

Article premier. — L'article xxxii de notre edit du mois d'aoust 1764 sera executé selon sa forme et teneur, et en consequence le receveur de chacun des villes et bourgs de notre royaume, sera tenu de rendre tous les ans, dans le mois de mars au plus tard, un compte detaillé de sa recette et depense de l'année precedente (1); lequel sera par eux presenté dans une assemblée du corps municipal, signé et affirmé veritable; et toutes les pieces justificatives dudit compte y seront jointes, apres avoir eté de luy cotées paraphées par premiere et derniere.

Art. 2. — Tout ce qui concernera les deniers d'Octroi sera separé dans ledit compte de ce qui etoit reputé deniers patrimoniaux, et il sera compté, tant en recette que depense, de chacun desdits objets, par chapitres distincts et separés.

Art. 3. — Les officiers municipaux pourront verifier et examiner ledit compte et pieces justificatives pendant tout le mois d'avril suivant, sans cependant qu'ils puissent y porter aucunes apostilles; et seront tenus de convoquer une assemblée de notables dans l'un des huit premiers jours de may, a laquelle assemblée ledit compte sera rapporté avec les observations qui auront pu y etre faites; et seront lesdites apostilles et l'arreté convenus dans ladite assemblée, si mieux n'aiment les notables nommer des commissaires pour en faire un examen particulier : ce qui sera deliberé a la pluralité des voix.

Art. 4. — En cas que l'avis de nommer des commissaires passe a la pluralité des voix, il sera procedé sur le champ, aussy a la pluralité des voix, a leur nomination, et lesdits commissaires ne pourront etre qu'au nombre de trois, lesquels seront pris, savoir : un

(1) On a vu que, durant les dernières années, les comptes du receveur étaient présentés à l'assemblée de ville tous les six mois.

parmy les cchevins, un parmy les conseillers de ville, et le troisieme parmy les notables.

Art. 5. — Lesdits commissaires s'assembleront aussy souvent qu'ils le jugeront necessaire, et de façon neanmoins qu'ils puissent avoir executé leur commission dans le courant du mois de may au plus tard ; et, dans leurs assemblées particulieres, l'un d'eux visera les pieces enoncées au compte, et portera, en marge de chaque article dudit compte, toutes les apostilles dont ils seront convenus unanimement ; et les articles sur lesquels ils se trouveroient d'avis differents ne pourront etre apostillés qu'apres qu'il en aura eté deliberé a la pluralité des voix dans l'assemblée de notables ordonnée par l'article suivant.

Art. 6. — Ladite assemblée des notables sera convoquée dans l'un des quinze premiers jours de juin au plus tard, et apres que les articles dudit compte qui n'auroient pas reuny l'unanimité du consentement des commissaires y auront eté deliberés, lesdits articles y seront apostillés, et l'etat final dudit compte y sera arreté conformement au resultat desdites apostilles, a moins qu'il ne survint des difficultés, soit sur la validité des autorisations des depenses, soit sur la nature desdites depenses : lesquelles difficultés, de quelque nature qu'elles soient, soit qu'elles soient mues sur la requete du ministere public, soit autrement, seront portées devant les juges qui en doivent connoistre, conformement a l'article XLI de notre edit du mois de may 1765 ; et sera ledit arreté signé de tous ceux qui auront assisté a ladite assemblée.

Art. 7. — L'original dudit compte ainsy arreté restera deposé au greffe de l'hotel de ville et le secretaire-greffier sera tenu d'en remettre une expedition en entier audit receveur, ensemble desdites apostilles, avec mention au bas d'icelle de tous ceux qui auront signé ledit arreté ; et sera ladite expedition delivrée sans frais.

Art. 8. — Toutes les pieces justificatives dudit compte seront cotées et paraphées par le maire ou un echevin, et remises ensuite par le greffier audit receveur, avec l'expedition du compte ordonnée par l'article cy-dessus.

Art. 9. — En cas que, par le resultat dudit compte, le receveur se trouve redevable, il sera contraint par toutes voies, meme par corps, en vertu de la simple ordonnance du juge du lieu qui sera rendue sur la requete des officiers municipaux, a deposer ez mains de son successeur le montant du reliquat pour etre employé a l'acquit des charges de la ville.

Art. 10. — Il sera tous les ans, par les maire et echevins, dans le mois de juillet au plus tard, remis un extrait avec copie entiere de l'etat final et arreté dudit compte, au commissaire departy, pour etre par luy envoyés, avec ses observations, au controleur general de nos finances, afin de nous etre presenté chaque année un etat de situation de chaque ville ou bourg, et d'y etre par nous pourvu en la forme ordinaire, ainsy qu'il appartiendra ; et sera pareil extrait deposé, tant au greffe de notre parlement qu'a celuy de la Chambre des Comptes.

Art. 11. — Ledit receveur comptera ensuite tous les trois ans en notre Chambre des Comptes : il luy presentera a cet effet, sur un seul cahier, le relevé desdites recettes et depenses pendant les trois années pour lesquelles il comptera, et sera tenu de joindre au nombre des pieces justificatives les expeditions de chacun des comptes desdites trois années qui luy auront eté delivrées par le secretaire-greffier de l'hotel de ville, en execution de l'article VII cy-dessus.

Art. 12. — Demeureront les epices desdits comptes fixées, conformement a l'article XXXVIII de notre edit du mois d'aoust 1764 et en proportion du tarif etably en vertu de l'edit de juillet 1689, et suivy par notre Chambre des Comptes de Paris, au centieme du montant de la recette, quand elle n'excedera pas la somme de trois cent mille livres, et cent francs en sus seulement par chaque cent mille francs du premier million au dela desdits trois cent mille francs, et cent francs pareillement en sus par chaque million au-dela dudit premier million ; et quant a tous autres frais generalement quelconques desdits comptes, ils seront et demeureront fixés sur le pied des tarifs portés aux arrets de notre Chambre des Comptes de Paris, des 13 et 25 fevrier de la precedente année 1765, desquels arrets expedition sera attachée sous le contre scel de notre presente declaration.

Art. 13. — Il sera, par le procureur du receveur, dressé un double dudit compte sur lequel seront transcrits les arrets de notre Chambre, pour etre remis audit receveur et par luy deposé au greffe de la ville.

Art. 14. — Faute par lesdits receveurs de rendre et presenter auxdits officiers municipaux leurs comptes dans le temps prescrit par l'article premier des presentes, ils pourront y etre contraints par amende et meme par corps en vertu de l'ordonnance du juge du lieu, qui sera rendue sur la simple requete des officiers municipaux et sur les conclusions de notre procureur ou de celuy du seigneur ; et seront au surplus executées toutes les dispositions contenues dans nos edits du mois d'aoust 1764 et may 1765, en ce qui n'y est pas derogé par ces presentes. — Si donnons en mandement a nos amés et feaux conseillers les gens tenant notre cour de parlement a Paris, que ces presentes ils aient a faire lire, publier et enregistrer, et le contenu en icelles garder, observer et executer de point en point, selon leur forme et teneur, aux copies desquelles, collationées par un de nos amés et feaux conseillers secretaires, voulons que foy soit adjoutée comme a l'original, car tel est notre plaisir. En temoin de quoy nous avons fait mettre notre scel a ces dites presentes.

Donné a Versailles, le vingt-septieme jour du mois de juillet, l'an de grace mil sept cent soixante-six, et de notre regne le cinquante-unieme. *Signé*, Louis, *et plus bas,* par le Roy, *signé,* Phelippeaux. Vu au Conseil, de Laverdy, et scellé du grand sceau de cire jaune.

Et comme il est important que cette declaration vous soit connue, nous avons estimé necessaire de vous la faire passer : a ces causes et autres a ce nous mouvant, de l'avis de notre Conseil, et de notre certaine science, pleine puissance et autorité royale, nous avons, par ces presentes, signées de notre main, ordonné et ordonnons, voulons et nous plait que notre dite declaration du vingt-sept juillet 1766, cy-dessus transcrite, soit executée selon sa forme et teneur. Si vous mandons que ces presentes et ladite declaration vous ayés a registrer, garder, observer, car tel est notre plaisir. Donné a Versailles, le treizieme jour de fevrier l'an de grace mil sept cent soixante-huit et de notre regne le cinquante-troisieme. *Signé,* Louis, *et plus bas,* par le Roy, Phelippeaux.

Vu au conseil, DE LAVERDY, et scellé du grand sceau de cire jaune.

Registrées en la Chambre des Comptes, ouy et ce requerant le procureur general du Roy, pour etre lesdites lettres du 13 fevrier 1768, ensemble la declaration du 27 juillet 1766 y inserée, executées selon leur forme et teneur, et etre compté en la Chambre de tous deniers communs d'Octrois et Patrimoniaux des villes et bourgs du ressort d'icelle, en execution des anciennes ordonnances, et notamment de celles de 1256, 1262 et premier juillet 1560, et aux charges, clauses et conditions qui suivent (1), savoir : sur l'article VI, qu'il ne pourra etre rien innové au droit qui appartient a la Chambre de connoitre seule et privativement de tout ce qui concerne la validité des depenses et acquits des comptes desdites villes et bourgs ; — sur l'article IX, que les comptes particuliers mentionnés audit article, comme aussy aux articles premier et XIV, qui seront verifiés et apostillés dans les assemblées des notables,

---

(1) Ces réserves sont importantes et méritent d'être notées. On voit que sous l'ancien régime la Chambre des Comptes avait conservé, comme les parlements, une assez grande liberté d'allures.

n'etant et ne pouvant etre que de simples arretés et etats de situation des deniers des villes et bourgs, lesdits receveurs ne pourront etre contraints pour autres debits que ceux qui seront prononcés au jugement de leurs comptes, en la Chambre, sauf, sur le requisitoire du procureur general du Roy ou sur la requete des maires et echevins, a etre, par la Chambre, pourvu a la sureté des deniers desdites villes en la forme ordinaire, dans le cas de suspicion de leur receveur; — sur l'art. X, que les envois particuliers mentionnés audit article, ne pourront nuire ny prejudicier a l'autorité de la Chambre et a son droit exclusif de connoitre la comptabilité de tous deniers royaux et publics; — sur l'article XI, que lesdits receveurs seront tenus de presenter leurs comptes et de compter a la Chambre de la totalité de leurs recettes et depenses, en la forme et maniere accoutumée, dans le delay enoncé audit article, a l'exception des villes dont les recettes sont de dix mille livres et au-dessus, lesquels (1) seront tenus de compter en la Chambre dans le delay prescrit par l'art. XVIII de l'edit du mois d'aoust 1669, se reservant la chambre de proceder a l'enregistrement de l'edit du mois d'aoust 1764, apres que ledit seigneur Roy aura bien voulu lui adresser l'edit du mois de may 1765, portant interpretation dudit edit et lui faire connoitre ses intentions, sur le [sur]plus des objets contenus en ses remontrances du 8 fevrier 1765, concernant ledit edit du mois d'aoust 1764. Et seront lesdites lettres et declaration, ensemble le present arrest, imprimés et affichés partout ou besoin sera, et copies collationnées envoyées aux officiers des bureaux des finannances, bailliages et seneschaussées, et aux officiers municipaux des villes et bourgs, de la Chambre *(sic)*, pour y etre lus, publiés et enregistrés. Enjoint la Chambre au procureur general du Roy d'y tenir la main et d'en certifier la Chambre, le quinze novembre prochain. Fait en la Chambre des Comptes, les semestres assemblés, le dix-neuf aoust mil sept cent soixante-huit. Signé : HENRY.

A Paris, le 6 septembre 1768.

Je vous envoy, Monsieur, la declaration du Roy du 27 juillet 1766 et les lettres patentes du 13 fevrier 1768, portant reglement pour la comptabilité des deniers communs, d'Octrois et Patrimoniaux, des villes et bourgs du royaume, et l'arrest d'enregistrement

Lettre d'envoi du Procureur général.

(1) Il s'agit des receveurs des villes ayant 10,000 livres de revenus.

de la Chambre des Comptes. Je vous prie de vous conformer aux intentions de la Chambre, exprimées dans son arrest, et de m'en accuser la reception.

Je suis tres parfaitement, Monsieur, votre tres humble et tres obeissant serviteur. Signé : DE FOURQUEUX.

Désignation d'un prédicateur pour 1769-1770.

Aujourd'huy, dix-huit fevrier mil sept cent soixante-neuf, dans la salle de l'hotel de ville de Limoges, ou etoient assemblés Messieurs les maire et echevins, pour proceder a la nomination d'un predicateur a la chaire de Saint-Martial, la chose mise en deliberation, ils ont d'une commune voix nommé Monsieur Saigue (1), pretre du present diocèze, prechant actuellement le Caresme dans l'eglise cathedrale de Limoges, pour precher l'Avent de mille sept cent soixante-neuf et le Caresme de mille sept cent soixante-dix, a cet effet, etc. (V. p. 9) (2).

JUGE; BONNIN DE FRAIXEIX; ARDANT DU PICQ; GUERIN.

Arret de la cour de parlement qui ordonne qu'à l'avenir, lors de l'election des nouveaux echevins et conseillers de ville qui se fera dans les villes et bourgs des provinces du ressort de la cour, sans exception, les sujets nouveaux elus prendront la meme place, rang et seance, soit aux assemblées de ville, soit dans les processions et ceremonies publiques, qu'occupoient celuy ou ceux auxquels ils succederont. — Du 2 septembre 1769.

Ce jour, le procureur general du Roy est entré et a dit : que le Roy ayant voulu rendre aux habitants des villes et bourgs la liberté de choisir leurs officiers municipaux et de participer chacun en quelque façon a l'administration qui doit etre faite des biens de la communauté, auroit fixé, par son edit du mois de decembre 1767,

---

(1) Peut-être *Saigne*.
(2) Un nouveau registre avait été commencé le 13 avril 1768 pour recevoir les procès-verbaux des délibérations du corps municipal tout entier et les actes les plus importants des officiers de la commune, maire et échevins. L'ancien ne servit plus qu'à l'inscription des actes jugés d'intérêt secondaire et à la copie des arrêts et documents relatifs à l'administration municipale ou aux exemptions de taille et autres contributions. Les deux registres sont donc tenus parallelement pendant quelques années. Mais on ne trouve plus, au présent registre, de délibération des officiers municipaux à partir du 13 août 1771. (Voir plus loin).

enregistré en la cour le 14 janvier suivant, le nombre d'officiers municipaux, de conseillers de ville et de notables qu'il est necessaire d'appeler aux assemblées de ville pour former le conseil qui doit en diriger l'administration;

Que le Roy [veu]t par l'edit que les echevins exercent leurs fonctions pendant deux années, en telle sorte cependant qu'il y en ait toujours deux anciens et deux nouveaux dans les villes ou il y en a quatre, et un ancien et un nouveau dans celles ou il n'y en a que deux : a l'effet de quoy, il en sera changé deux ou un seul tous les ans; qu'a l'egard des conseillers de ville, il en sera changé un tous les ans, en sorte qu'un conseiller de ville ne puisse l'etre plus de six ans, dans les villes ou il y a six conseillers de ville; plus de quatre dans celles ou il n'y en a que quatre, et plus de trois, dans celles ou il n'y en a que trois;

Que si l'execution de ce reglement n'a point demandé des plus grandes explications dans les villes principales, ou l'on a suivi la maxime generale que, parmy les officiers qui remplissent des places egales par elles-memes, l'ancienneté doit donner la preseance, — il n'en a pas eté de mesme dans plusieurs villes et bourgs des provinces du ressort de la cour; que, dans ces villes et bourgs, ou il y a soit quatre, soit deux echevins, les personnes d'une classe plus relevée que les autres n'ont pas voulu accepter des places qui les feroient sieger pour un temps au-dessous des personnes d'un etat inferieur; que cette difficulté est en mesme de produire les effets les plus funestes au bien des communautés, et les plus contraires aux vues que le Roy s'est proposé par l'edit de decembre 1767;

En effet, dans les premieres elections qui ont eté faites en vertu de cet edit, les personnes les plus qualifiées ont eté nommées les premieres, soit dans l'ordre des echevins, soit dans celui des conseillers de ville et des notables; mais aujourd'huy ou, apres l'année revolue, la plupart des communautés sont a la veille de proceder a une nouvelle election, cette difficulté, qui n'avoit eté que prevue et annoncée, a commencé a jeter le trouble dans les esprits, et deja les membres d'une mesme communauté sont sur le point de se diviser, selon les differents interets qui les font mouvoir, et l'attachement de chaque particulier pour l'etat auquel il appartient;

[Que] les nobles, les officiers des senechaux, les officiers militaires et les gradués qui pourroient etre elus dans l'election prochaine, pourroient] refuser d'accepter une place qui ne leur donneroit qu'un rang inferieur a un simple bourgeois, quelquefois meme a un artisan, et ceux-ci, se prevalant de l'anteriorité de leur nomination, refuser de ceder les premieres places a ceux qui n'ont eté elus qu'apres eux. Cette difficulté est la même pour les places de conseillers de ville et de notables parce qu'elles derivent du mesme principe ou du mesme prejugé ;

Que, quelques representations qu'ait pu faire le procureur general du Roy (1) a differentes communautés du ressort pour tacher de les ramener ou par la raison ou par l'autorité de l'exemple des plus grandes villes, il n'a pu reussir a vaincre leurs prejugés, dans lesquels ils sont plus particulierement confirmés par l'usage observé anterieurement a l'edit de 1767 : en effet, chaque particulier elu aux places municipales conservoit toujours le rang que son etat ou sa condition lui donnoient dans la societé, sans aucun egard a la date de son election, en sorte que le premier, le second, le troisieme et le quatrieme rangs etoient affectés a des personnes de tel etat ou de telle condition, ou de maniere que celuy qui etoit elu pour le quatrieme rang, ne pouvoit tout au plus que parvenir au troisieme dans la seconde année de son exercice, et que celuy qui etoit nouvellement elu pour le second rang devoit occuper le premier dans la seconde année de son exercice;

Que cette repugnance presque invincible que temoignent les gens d'un etat superieur aux autres habitants, deviendroit chaque jour plus prejudiciable au bien des villes et bourgs, parce qu'ils renonceroient de prendre aucune part a l'administration, qui seroit livrée dans peu d'années a ceux qui sont les moins en etat de s'en meler, c'est-a-dire aux habitants de la derniere classe, qui ne voient personne au-dessous d'eux ;

Que l'edit de 1767 n'ayant point prononcé sur le rang et preseance des echevins entre eux, ni sur celle des conseillers de ville et notables egalement entre eux, le procureur general du Roy represente a la cour qu'il est de sa sagesse de suppler au silence de l'edit a cet egard, par un arrest de reglement qui puisse ranimer le zele des bons citoyens, ralenti et presque etouffé par le degout que le prejugé et l'habitude leur font trouver de ne sieger dans une assemblée de ville, quoique moins anciens, qu'apres des officiers plus anciens mais qui se trouvent d'un etat inferieur. C'est avec d'autant plus de confiance que le procureur general du Roy propose a la cour de rendre cet arret de reglement, que le parlement de Toulouse a deja jugé qu'il etoit indispensable d'en rendre un semblable pour l'utilité et l'avantage des villes de son ressort.

Allant le procureur general du Roy a requis etre ordonné qu'a l'avenir, lors de l'election des nouveaux echevins et conseillers de

---

(1, Tout en blâmant les prétentions des privilégiés et en proclamant l'intention du Roi que l'égalité règne parmi les officiers municipaux, le procureur général cède au préjugé, et la cour va en somme lui donner gain de cause.

ville qui se fera dans les villes et bourgs des provinces du ressort de la cour, sans exception, les sujets nouveaux elus prendront la place, rang et seance, soit dans les assemblées de ville, soit dans les processions et ceremonies publiques, qu'occupoit celuy ou ceux auxquels ils succederont; etre ordonné que l'arrest qui en interviendra sera imprimé, lu, publié, et que copies d'iceluy, duement collationnées par le greffier de la cour, seront envoyées dans tous les bailliages, senechaussées et autres justices royales du ressort pour y etre lues, publiées et enregistrées a la diligence des substituts du procureur general du Roy, qui seront tenus d'en certifier la cour dans le mois. Signé : Dudon.

La cour, faisant droit du requisitoire du procureur general du Roy, ordonne qu'a l'avenir, lors de l'election des nouveaux echevins et conseillers de ville, qui se fera dans les villes et bourgs des provinces du ressort de la cour, sans exception, les sujets nouveaux elus prendront la meme place, rang et seance, soit aux assemblées de ville, soit dans les processions et ceremonies publiques, qu'occupoit celuy ou ceux auxquels ils succederont; ordonne au surplus que le present arrest sera imprimé, lu et publié, et que copies duement collationnées par le greffier de la cour seront envoyées dans tous les bailliages, senechaussées et autres justices royales du ressort, pour y etre lues, publiées, enregistrées, a la diligence des substituts du procureur general du Roy, lesquels en certifieront la cour dans le mois. Fait a Bordeaux, en parlement, le deux septembre mil sept cent soixante-neuf. *Signé* : Monsieur Le Berthon, premier president. Collationné. *Signé* : Barret.

Louis, par la grace de Dieu, Roy de France et de Navarre, au premier notre huissier, ou sergent sur ce requis, a la requeste de notre procureur general en notre cour de parlement, te mandons signifier, etc. Donné a Bordeaux, en notre dit parlement, le 2 septembre l'an de grace 1769 et de notre regne le cinquante-quatrieme. Scellé, collationné. *Signé*: Duffour.

Aujourd'huy, douze septembre mil sept cent soixante-neuf, l'arrest cy-dessus et commission sur iceluy du deux du present mois, ont eté transcrits sur les registres de l'hotel commun de cette ville, pour tenir lieu d'enregistrement, sur le requisitoire de Monsieur le procureur du Roy.

Juge, maire ; Ardant du Picq ; Bonnin de Fraixeix.

— 326 —

Désignation d'un prédicateur pour 1770-1771. Aujourd'huy, quinzieme avril mil sept cent soixante-dix, dans la salle de l'hotel commun de la ville de Limoges, ou etoient assemblés Messieurs les maire et echevins de ladite ville pour proceder a la nomination d'un predicateur a la chaire de Saint-Martial; la chose mise en deliberation, ils ont d'une commune voix nommé le Reverend Pere Taxtevin, religieux jacobin conventuel a Bordeaux, pour precher l'Avent de mil sept cent soixante-dix et le Caresme de mil sept cent soixante-onze. A cet effet, etc. (V. p. 9).

JUGE; ESTIENNE; ARDANT; ROMANET; DE ROULHAC.

Nomination du capitaine et du lieutenant du canton de Boucherie. Louis-François-Marie de Perusse, comte des Cars et de Saint-Bonnet, baron d'Aixe et de La Renaudie, marquis de Pranzac, seigneur de Saint-Ybart, La Rochelabeille, Hurtebise, La Rochue, La Frenaye et autres places, brigadier des armées du Roy, premier maître d'hotel de Sa Majesté, et son lieutenant general au gouvernement des haut et bas Limousin.

Sur le bon et louable rapport qui nous a eté fait de la personne du sʳ Vaudet, et de ses sens, suffisance en l'art militaire, nous lui avons donné et octroyé, donnons et octroyons par ces presentes l'employ de lieutenant dans la milice bourgeoise de Limoges, quartier de Boucherie, vacant par le deceds du sieur Farne, dernier possesseur dudit employ. Enjoignons aux officiers de ladite milice bourgeoise de le recevoir et installer a l'exercice dudit employ; aux maire et consuls de ladite ville de Limoges, de le faire jouir des honneurs, privileges et prerogatives dont jouissent les pourvus de pareils employs. En foy de quoy, nous avons signé ces presentes ou est l'empreinte de nos armes et fait contresigner par notre secretaire. Donné a Compiegne, le huitieme aoust mil sept cent soixante-dix. *Signé :* le comte DES CARS, *et plus bas,* par Monseigneur, RETON. Enregistré le premier octobre 1770.

Louis-François-Marie de Perusse, comte des Cars et de Saint-Bonnet, etc. (comme ci-dessus).

Sur le bon et louable rapport qui nous a eté fait de la personne du sieur Bernard Duras et de ses sens et suffisance en l'etat militaire, nous luy avons donné et octroyé, donnons et octroyons par ces presentes l'employ de capitaine dans la milice bourgeoise de Limoges, quartier de Boucherie, vacant par la mort du sieur Gabriel, dernier possesseur dudit employ. Enjoignons, etc. (comme ci-dessus). Donné a Paris, le huitieme jour d'octobre mil sept cent soixante-dix. *Signé* : le comte des Cars, *et plus bas,* par Monseigneur, Retor.

Enregistré le dix-sept novembre 1770.

Commission.

Nous, Guillaume Cohendy, fermier des messageries royalles de Clermont-Ferrand, Aubusson, Limoges et autres lieux de cette routte et retour (1).

<small>Commission pour le directeur des messageries de Clermont.</small>

Etant necessaire de commettre des persones capables pour la regie de ladite ferme et droit d'ycelle, nous avons commis et deputé, commettons et deputons par ces presentes, le sieur Leonard Michel le jeune, bourgeois, demeurant a Limoges, pour, en qualité de directeur de ladite messagerie, faire les recettes de ce qui arrivera par ladite messagerie a ladite ville de Limoges, comme pour recevoir tout ce qui luy sera remis en son bureau pour ladite messagerie, et en taxer et recevoir le prix selon le tarif qui lui sera a cet effet donné par nous; et aura soin ledit sieur Michel de faire suivre avec la feuille, et de porter sur ycelle le montant de sa recette de chaque voyage.

Ledit sieur Michel aura soin aussy de veiller a ce qu'il ne se commette sur ladite routte aucune fraude contre les droits de ladite ferme; et a cet effet ledit sieur directeur sera toujours muny et porteur de lettres des gardes gardiennes (*sic*) du Chatelet de Paris, et il pourra faire saizir et arreter tous voituriers, coquetiers, muletiers et autres qui conduiroient des voyageurs ou porteroient des paquets au-dessous du poids de cinquante livres, dont le poids est spécialement reservé aux messagers de Paris.

En cas de contravention ledit sieur Michel la fera constater par un huissier et deux temoins, et ensuite du procès-verbal il fera donner assignation au Chatelet de Paris en vertu desdites lettres de gardes gardiennes, dont il donnera copie a la partie saizie et au gardien.

Ledit sieur Michel, portera exactement et par datte, ce qui arrivera en ladite ville de Limoges et ce qui en partira sur les registres que nous luy donnerons et qui seront a cet effet cotés et paraphés par l'un de messieurs les juges de la ville ; et sera la presente commis-

---

(1) On trouvera plus haut, p. 114 et 115, une commission donnée à Joseph Boulland par le fermier des carrosses et messageries de la ligne de Paris à Toulouse. Il y avait donc dès lors deux bureaux de messageries.

sion enregistrée au greffe de ladite ville de Limoges, pour, en vertu d'ycelle, jouir par ledit sieur Michel des privileges et immunités y attachés. Ledit sieur directeur aura la moitié des emolumens provenant des saizies faites sur les contrevenants auxdits arrets et reglements, tous frais prelevés, et le sol pour livre de la recette reelle qu'il fera pour les departs de Limoges. Fait a Clermont-Ferrant, le premier jour de septembre mil sept cent soixante-dix. *Signé* : Cohendy, fermier.

La commission cy-dessus et des autres parts a eté enregistrée au greffe de l'election de Limoges, en consequence de l'ordonnance de ce jour, pour y avoir recours quand besoin sera et jouir par ledit sieur Michel des privileges et exemptions dont jouissent les directeurs des messageries et autres porteurs de semblables commissions. Fait a Limoges, le dix-neuf novembre mil sept cent soixante-dix. *Signé* : Fournier, greffier. — Enregistré la presente commission a l'hotel de ville, ce vingt novembre mil sept cent soixante-dix.

Nomination de trois administrateurs de l'hôpital.

Aujourd'huy, onzieme may mil sept cent soixante-onze, dans la salle de l'hotel de ville de Limoges, ou etoient assemblés Messieurs les maire et echevins, Monsieur Juge, maire, a exposé qu'en conformité des anciens usages, statuts et lettres patentes, portant etablissement de l'hopital general de cette ville, il doit etre procedé a la nomination de trois admistrateurs a la place des trois precedemment nommés par la maison de ville qui sortent de charge, le tout sans prejudice a de plus amples droits. La matiere mise en deliberation, lesdits sieurs maire et echevins ont d'une commune voix nommé et nomment Messieurs Jacques Garat, ecuyer; Pierre Grellet, gendre a M. Le Dorat; Jean-Baptiste-Nicolas de Beaugaillard, pour remplir les places d'administrateurs pendant quatre ans a commencer au premier septembre prochain, avec les autres administrateurs qui resteront en charge. Dont et du tout a eté fait le present acte pour servir et valoir que de raison. Fait ledit jour, mois et an que dessus.

Juge, Romanet, de Roulhac, Tanchon.

Aujourd'huy, treize juillet mille sept soixante-onze, dans la salle de l'hotel commun de la ville de Limoges, ou etoient assemblés Messieurs les maire et echevins de cette ville, pour proceder a la nomination d'un predicateur a la chaire de St-Martial, la chose mise en deliberation, ils ont d'une commune voix nommé le Reverend P. Elie Jacquet (recollet) de Ste-Valerie (1) pour l'Avent de 1771, et, pour le Careme de 1772, M. l'abbé Saigne, prestre du present dioceze. Etc. (comme à la page 9).

JUGE, ROMANET, DE ROULHAC. TANCHON.

Désignation de deux prédicateurs pour 1771-1772.

La place de sergent-major de la milice bourgeoise de la ville de Limoges etant vacante par la mort de Leonard Coussediere, maitre serrurier, j'ay nommé le sieur Joseph Coussediere, son fils, a la susdite place pour en faire les fonctions et jouir des privileges attachés a la susdite place, et ce suivant les ordres de Monsieur le comte des Cars en datte du trente juin 1763. Fait a Limoges, ce vingt-cinq juillet mil sept cent soixante-onze. *Signé* : PEYROCHE DU REYNOU, colonel. Enregistré le treize aoust 1771.

Nomination d'un sergent major.

Aujourd'huy, treizieme aoust mil sept cent soixante-onze, dans la salle de l'hotel de ville de Limoges, ou etoient assemblés messieurs les maire et echevins, avons convenu avec le sieur Teulier, marchand cirier de cette ville, lequel avons choisy pour cirier de l'hotel de ville (2), que, pour l'entretien du luminaire qui brule devant Saint-Martial journellement, il fournira chaque jour trois cierges de cire jaune comme de coutume, du poids tous les trois de sept onces, et ce en conformité de l'arrest du Conseil du cinquieme decembre 1693, revenant chaque année, a cent cinquante-six livres de cire, pour et moyenant le prix et somme [de] deux cent vingt-cinq livres pour chaque année a commencer du premier juin mil sept cent soixante-onze, payable en conformité dudit arrest : ce que ledit sieur Teulier a accepté et promis tenir et entretenir. Fait lesdits jour, mois et an que dessus.

TEULIER, JUGE, DE ROULHAC, MARTIN.

Désignation du cirier de l'hôtel-de-ville et conventions avec lui.

(1) Le P. Jacquet, connu non-seulement par ses sermons, mais par divers opuscules.
(2) Nous avons déjà trouvé à nos registres, une fois au moins, mention d'une désignation semblable, V. notamment tome IV, p. 377.

Désignation d'un procureur par le directeur général des domaines.

Je soussigné, directeur general des domaines du Roy et droits y joints en la generalité de Limogés, procureur fondé a cet effet par Me Julien Alaterre, adjudicataire general des fermes royales unies de France, suivant sa procuration du sept janvier dernier passée devant Duclos et son confrere, notaires au Chastelet, ayons, en vertu de nos pouvoirs, nommé Me Jean André Bayle, procureur au bureau des finances, aux sieges presidial seneschal, et a l'election de cette ville, pour faire les fonctions de procureur dudit Me Alaterre auxdits bureau, sieges et élection, dans toutes les instances qu'il intentera ou qui seront intentées contre luy : auquel effet nous lui donnons tous les pouvoirs requis et necessaires qui vaudront jusqu'a revocation et sous les conditions portées par sa commission. Jouira en consequence ledit sieur Bayle des privileges et exemptions attachés a sa commission. Fait a Limoges, le vingt-six avril mil sept cent soixante-douze. Signé DE COMBESSEDES.

Enregistré le onze may mil sept cent soixante-douze.

Requête du sieur Martinon marchand pour être autorisé a ouvrir boutique a Limoges et ordonnance l'y autorisant.

Extrait des registres de la cour seneschalle et police de Limoges. — Sur la requette presentée a Monsieur le lieutenant general de police de la ville, fauxbourg et banlieue de Limoges, par sieur Honnoré Martinon, marchand, originaire du bourg de Monestier de Briançon, Haut-Dauphiné, contenant qu'il desiroit s'etablir en cette ville, y faire son commerce et tenir boutique ouverte, s'il luy plaisoit luy accorder la permission, declarant a cet effet se soumettre a tous les devoirs d'un bon citoyen, requerant qu'il luy plut permettre au suppliant de s'etablir en cette ville, y exercer librement son commerce et tenir boutique ouverte, avec defenses a touttes personnes de l'y troubler, aux peines de droit; ladite requette signée : Honnoré Martinon, ayant a la suite l'ordonnance de *soit communiqué au procureur du Roy de police*, dattée du vingt-trois juillet mil sept cent soixante-douze, signée : ROULHAC; les conclusions du procureur du Roy a ce qu'avant accorder la permission dont s'agit, il fut fait attestation de bonnes vie et mœurs, religion catholique, apostolique et romaine dudit Martinon, signée : ROMANET; l'ordonnance de *soit fait l'attestation*, faite en consequence, signée : TALANDIER et LACOSTE; l'ordonnance de *soit communiqué au procureur du Roy* et ses conclusions, portant qu'il n'empechoit qu'il fut permis au sieur Honnoré Martinon de s'etablir en cette ville, y faire son commerce et tenir boutique ouverte, sous les soumissions contenues en sa requette, en par luy se conformant aux ordonnances et reglements de police, avec deffenses a touttes personnes de l'y troubler, aux peines de droit, signée : Romanet ; — Nous, ayant egard a la requete cy-dessus et faisant droit des conclusions du procureur du Roy, apres avoir vu la quittance de la somme de dix sols pour droit d'hospital, en datte de ce jour, signée Garat, administrateur, avons donné acte de la presentation personnelle dudit sieur Honnoré Martinon, et attendu les soumissions contenues en sa requete, luy avons permis et permettons de s'etablir en cette ville, y faire son commerce et tenir boutique ouverte, en par luy se conformant aux ordonnances et reglements de police, en exerçant sa profession en homme d'honneur et de probité ; faisons defenses a touttes personnes de l'y troubler aux peines de droit. Fait a Limoges, ce vingt-trois juillet mil sept cent soixante-douze. *Signé* : HONNORÉ MARTINON, DE ROULHAC, *et a l'expedition* : NASVIERES, greffier en chef. Scellé a Limoges par Baignol le 25 juillet 1772. — Enregistré le 27 juillet 1772.

Aujourd'huy, vingt sept juillet mil sept cent soixante-douze, dans la salle de l'hotel de ville de Limoges, s'est presenté sieur Honnoré Martinon, marchand, lequel a prié et requis les sieurs maire et echevins de ladite ville de vouloir le comprendre au rolle de la taille pour l'année mil sept cent soixante-treize et autres années a venir, et a promis payer ce a quoy il sera imposé chaque année, et a presenté pour caution le sieur   (1) Talandier l'ainé, marchand aubergiste, demeurant fauxbourg des Arresnes, qui s'est obligé de payer les impositions dudit sieur Martinon, de l'année mil sept cent soixante-treize seulement, et ont signé.

HONNORÉ MARTINON, THALANDIER (2).

Extrait des registres de la cour seneschalle de Limoges

Requête du sieur Barbeyer aux mêmes fins et ordonnance conforme.

Sur la requette presentée a monsieur le lieutenant general de police de la ville, fauxbourg et banlieue de Limoges, par sieur Pierre

---

(1) Prénom resté en blanc.

(2) Il s'agit ici de marchands étrangers voulant se fixer à Limoges, ou tout au moins s'y établir pour un certain temps. Les formalités étaient les mêmes pour les petits forains, qui ne vendaient qu'en passant : ils ne pouvaient étaler leurs marchandises qu'après en avoir obtenu la permission du lieutenant de police (autrefois des consuls), et trois jours seulement leur étaient accordés pour leur vente. On peut consulter à ce sujet un curieux registre du Syndicat des marchands (1695-1715) appartenant à M. Adolphe Navières du Treuil, et dont nous avons donné l'analyse avec la substance dans notre notice sur *les Syndics du commerce à Limoges, Almanach limousin* pour 1891).

Jacques Barbeyer, marchand, originaire de la parroisse de Saint-Jacques (1), vallée de Barcelonnette, Haute-Provence, contenant qu'il desiroit s'etablir en cette ville, y faire son commerce et tenir boutique ouverte, s'il luy plaisoit lui en accorder la permission, déclarant a cet effet se soumettre a tous les devoirs d'un bon citoyen, requerant qu'il luy plut permettre au suppliant de s'etablir en cette ville, y exercer librement son commerce et tenir boutique, avec defenses a touttes personnes de l'y troubler aux peines de droit, ladite requette signée Pierre-Jacques Barbeyer, etc. (Mêmes communiqués et ordonnance que ci-dessus). Fait a Limoges le vingt-quatre juillet mil sept cent soixante-douze. *Signé* : Pierre-Jacques BARBEYER et ROULHAC, et a l'expedition : NAVIERES, greffier. Scellé a Limoges par Baignol le 25 juillet 1772. — Enregistré a Limoges le 27 juillet 1772.

Aujourd'huy, vingt-sept juillet mil sept cent soixante-douze, dans la salle de l'hotel de ville de Limoges, s'est presenté sieur Pierre-Jacques Barbeyer, marchand, lequel a prié et requis les sieurs maire et echevins de ladite ville de vouloir le comprendre au rolle de la taille pour l'année mil sept cent soixante-treize et autres années, et a promis payer ce a quoy il sera imposé chaque année, et presenté pour caution le sieur   Talandier l'ainé, marchand aubergiste, demeurant fauxbourg des Arresnes, qui s'est obligé de payer les impositions dudit sieur Barbeyer de l'année mil sept cent soixante-treize seulement, et ont signé.

Pierre-Jacques BARBEYER ; THALANDIER.

Extrait des registres du Conseil d'Etat du Roy : arrest concernant le Poids du Roy (2)

<small>Documents divers relatifs au remboursement de l'office de peseur juré.</small> Vu au Conseil d'Etat du Roy le proces-verbal du sr Mabout, chevalier, conseiller du Roy en ses conseils, maitre des requettes ordinaires de son hotel, contenant les dires et contestations d'entre Me Leonard Constant, sieur de Beaupeyrat, conseiller au presidial de Limoges, demandeur, et les consuls de la ville de Limoges, defendeurs, d'autre part, au bas duquel est son ordonnance du 22e

---

(1) Probablement Saint-Jacques, aujourd'hui commune du canton de Barrême, arrondissement de Digne (Basses Alpes).

(2) Voir, au sujet de cette affaire, le procès-verbal d'une délibération prise, le 24 août 1690, par une assemblée de ville, et autres documents, t. IV, pages 130, 131 et 132.

jour d'avril dernier, portant que du contenu en icelluy, ensemble
de tout ce qui seroit mis pardevant luy par lesdites parties il en
seroit par luy referé au Conseil; requette dudit s^r Constant tendante a
ce qu'il plaise a Sa Majesté luy donner acte de ce que, pour satisfaire de sa part a l'ordonnance de referé, etant au bas du proces-
verbal dudit jour vingt-six avril 1700, il emploie le contenu en sa
requette avec ledit proces-verbal et les pieces y enoncées, et y faisant droit, accorder audit Constant sur lesdits consuls, solidairement et comme pour les propres deniers et affaires de Sa Majesté,
executoire de telle somme qu'il luy plaira regler, pour le payement
de la finance, fraix et loyaux couts, suivant les articles referés audit
proces-verbal, et condamner lesdits consuls en ses depends, pieces
enoncées dans ledit proces-verbal ; une quitance du Tresorier de
l'Epargne du 19 mars 1627 de la somme de dix-sept cent neuf livres
deux sols, pour l'enchere faite sur le Poids du Roy de la ville de
Limoges, resultat du Conseil (1) du 31 mars 1627, portant vente et
adjudication du droit du Poids du Roy aux charges et condictions
portées par ledit resultat; recepissé de la somme de deux cents livres a
compte de celle de sept cent quatre-vingt-dix-huit livres, pour le
payement de la taxe faite sur ledit office de proprietaire et engagiste
des poids aux balances de ladite ville de Limoges, du 5 may 1648 ;
coppie du rolle de taxe signiffié audit Constant, le 25 juillet 1697,
avec commandement de payer la somme de deux mille livres et
les deux sols pour livre de ladite somme ; autre coppie de commandement fait audit Constant le 25 octobre 1697, de payer la
somme de dix-sept cents livres restante de celle de deux mille livres, et
les deux sols pour livre de ladite somme ; acte servant d'opposition
formée par ledit Constant au payement de ladite taxe du 15 avril
1698 ; acte de protestation de nullité signiffié a la requette dudit
Constant a Me Simon Darsonval, procureur de Nicolas Verbois, fermier des domaines de Sa Majesté, du 17 avril 1698; acte signiffié a
la requette dudit Verbois audit Constant, le 19 avril 1698 ; autre
acte signiffié a la requette dudit Verbois audit Constant, le 21 avril
1698, contenant garnison pour le contraindre au payement de la
somme de deux mille livres pour ladite taxe et aux deux sols pour
livres; acte signiffié a la requette dudit Constant, le 23 avril 1698,
contenant opposition a la saizie des meubles faite a la requette
dudit Verbois ; acte contenant commandement signiffié a la requette
dudit Verbois audit Constant, de payer ladite somme; proces-verbal
du 25 avril 1698, par lequel il appert que la garnison mise ches

(1) On donnait ce nom aux procès-verbaux ou plutôt aux notes constatant les décisions du Conseil.

ledit Constant a été levée; autre proces-verbal a mesme fin du 27 avril 1698; proces-verbal de saizie des meubles et ustanciles a la requette dudit Verbois, du 30 avril 1698; quittance du garde du tresor royal signée Grain, du 6 novembre 1698, du payement de la somme de quatre cents livres fait par ledit Constant, pour supplement et augmentation de finance; recepissé signé Verbois, du six novembre meme année, de la somme de quarante livres pour les deux sols pour livre de celle de quatre cents livres; ordonnance du Conseil du 19 fevrier 1699, rendue par les sieurs commissaires deputés par Sa Majesté pour la vente et revente de ses domaines, par laquelle portant vente et revente et engagement du Poids du Roy en ladite ville de Limoges au profit dudit Constant, moyennant la somme de quatre cent livres et les deux sols pour livre d'icelle, moyennant lequel payement ledit Constant demeure maintenu et confirmé en sa possession et jouissance dudit droit du Poids du Roy, au pied duquel est coppie de la quittance du sieur Grain, garde du Tresor royal, du payement de ladite somme; coppie d'arrest du Conseil rendu entre ledit Constant et lesdits consuls, par lequel arrest le Conseil, ayant egard aux offres des consuls de rembourcer ledit Constant du payement de l'engagement dudit Poids du Roy, frais et loyaux couts, ordonne que ledit Constant sera remboursé conformement auxdits offices suivant la liquidation qui sera faite par le sieur rapporteur de l'instance, des sommes payées par ledit Constant, frais et loyaux couts; requette desdits consuls de ladite ville de Limoges tendante a ce qu'il plaise a Sa Majesté leur donner acte de ce que, pour satisfaire a l'ordonnance de referé du 26 avril 1700, ils employent le contenu en ladite requette et de ce qu'ils persistent dans les conclusions qu'ils ont prises et qui sont inserées dans le proces-verbal dudit jour, vingt-six avril dernier, avec depens contre ledit Constant; au bas est l'ordonnance d'attache de l'emploi au surplus en jugeant et soit sigiffié du 17 septembre 1700, et tout ce qui a eté mis, ecrit et produit par devers le sieur Mabout, conseiller du Roy en ses conseils, maitre des requettes ordinaires de son hotel, ouy son rapport et tout consideré,

Le Roy, en son Conseil, faisant droit sur le referé, a liquidé et liquide la finance tant ancienne que nouvelle du droit du Poids du Roy aux balances de la ville de Limoges, frais et loyaux couts, a la somme de cinq mille six cent quatre-vingt-dix livres, sçavoir : cinq mille livres pour l'ancienne finance, en ce compris les deux sols pour livre, quatre cents livres pour la nouvelle finance, quarante livres pour les deux sols pour livre, deux cent livres pour les frais faits par ledit Constant pour obtenir la moderation de la taxe faite sur ledit droit du Poids du Roy, trente livres pour les frais du resultat, vingt livres pour les frais de l'ordonnance des sieurs commissaires du domaine : lesquelles sommes font celle susdite de cinq mille six cent quatre-vingt-dix livres, au payement de laquelle lesdits consuls seront contraints par les voies ordinaires un mois apres la signification du present arrest, et au moyen duquel payement ledit Constant sera tenu de remettre entre les mains desdits consuls tous les titres et pieces concernant la propriété dudit droit. Condamne Sa Majesté lesdits consuls aux frais de la presente liquidation, liquidés a cent trente-sept livres. Fait au Conseil d'Etat du Roy tenu a Fontainebleau, le vingt-sixieme jour d'octobre mil sept cent. Collationné. Signé : DE LAITRE.

Le troisieme decembre mil sept cent, signiffié, baillé copie du present arrest, scellée, a M⁰ de Villebrun, avocat des parties adverses en son domicile a Paris, parlant a son clerc, par moy, huissier ordinaire du Roy en son Conseil. *Signé :* SALLÉ.

Je soussigné, conseiller du Roy, controlleur des depens en ses Conseils, reconnois avoir receu de Monsieur Gobbé, avocat auxdits Conseils, la somme de dix livres cinq sols six deniers, pour les droits de controle de celle de cent trente sept livres liquidés par le present arrest, dont je le quitte et tous autres. Fait a Paris le troisieme decembre mil sept cent. *Signé* : BRAULARD.

Louis, par la grace de Dieu Roy de France et de Navare, au premier notre huissier ou sergent sur ce requis, etc. Donné a Fontainebleau le vingt-sixieme jour d'octobre, l'an de grace mil sept cent et de notre regne le cinquante-huitieme. Signé *:* Par le Roy en son conseil, DE LAISTRE.

Collationné par nous, ecuyer, conseiller secretaire du Roy, maison couronne de France, *signé* : MURET.

Contrat concernant le Poids du Roy

Aujourd'huy, quatorzieme du mois de fevrier mil sept cent un, apres midy, a Limoges, par devant le notaire royal soussigné et en presence des temoins bas nommés, ont eté presents messieurs M⁰ Simon des Coutures, seigneur de Bort et de Nexon, conseiller et avocat du Roy en la seneschaussée et siege presidial dudit Limoges; Jacques de Petiot, seigneur de la Mothe de Guain, aussy conseiller du Roy et son assesseur civil et criminel auxdits sieges ; Blaize de Varachaud, seigneur de Servigny, premier capitaine de la bourgeoisie de Limoges ; Pierre Vidaud, sieur de la Bregiere et d'Envaux, greffier en chef de la cour de l'Election de cette ville ; George

Délibération du 14 février 1701 relative à l'emprunt contracté à cet effet.

Ardant, bourgeois et marchand, un des capitaines de ladite bourgeoisie de Limoges; Simon Dorat, aussy bourgeois et marchand, consuls de la presente ville pour l'année mil six cent quatre vingt-dix-neuf, et messieurs M⁰ Martial Descordes, seigneur de Felix, conseiller du Roy aux susdits sieges; Martial Moulinier, seigneur de Puymaud et du Breuil, conseiller du Roy, juge royal et prevot de ladite ville de Limoges; Pierre-Maurice Arbonnaud, conseiller du Roy, docteur en medecine; François Texandier, bourgeois et marchand, et Pierre Senemaud, conseiller du Roy, juge-garde de la monnoye, tous consuls en charge, la presente année, de la meme ville, y demeurant, lesquels ont presupposé l'acte deliberatoire de ladite ville du vingt-quatre aoust de ladite année 1699 (1) par lequel on auroit approuvé l'intervention faite au conseil privé du Roy, par lesdits consuls de ladite année 1699, a l'instance y pendante pour raison du droit du Poids du Roy de ladite ville, entre M⁰ Leonard Constant, sieur de Beaupeyrat, conseiller honoraire audit siege presidial, et les sindics des marchands, et donné pouvoir auxdits sieurs consuls de faire toutes offres et rembourcement qu'ils jugeront necessaires pour retirer en leur nom ledit droit, aux permissions d'emprunter les sommes dont on auroit besoin et affecter au payement d'icelle tant le revenu dudit poid du Roy, que generallement tout celuy de ville, ainsy qu'il conste plus amplement dudit acte; en consequence duquel lesdits sieurs consuls de l'année 1699 ayant fait leur offre au Conseil, elles auroient eté receues et il auroit eté permis par arret du 12 janvier 1700 de retirer ledit droit des mains dudit sieur Constant et le rembourcer de sa finance principalle, fraix et loyaux couts, en payant la somme de huit cent livres pour la ferme d'augmentation de finance dans les coffres du Roy, a laquelle finance on avoit satisfait depuis le premier juillet dernier, des deniers qui seront declarés cy-dessous; et comme il est important de trouver le remboursement de la finance dudit sieur Constant, consistant premierement pour l'ancienne finance *(sic)*, de la somme de cinq mille livres, plus pour augmentation en celle de quatre cents livres de principal et quarante livres pour les deux sols pour livre; plus en celle des deux cent livres d'un costé et cent trente-six livres d'autre, reglée par l'arrest du Conseil du 26 octobre 1700 pour les loyaux couts et pour les fraix de la liquidation, — lesdits sieurs consuls auroient fait scavoir aux principaux habitants de ladite ville s'il s'en trouveroit quelqu'un qui voulussent *(sic)* la preter, attendu qu'il n'y avoit point de fonds dans ladite maison de ville, sous des offres de consentir que ceux qui la preteroient jouiront des revenus dudit Poids du Roy jusques a leur

---

(1) V. tome IV, p. 130.

remboursement, et sans etre tenus par lesdits sieurs consuls qu'en ladite qualité, et non en leur particulier, a la garantie desdits droits; sur quoy ledit sieur George Ardant et sieur Raymond Garat, aussy bourgeois et marchand, s'etant offert pour preter lesdites sommes cy-dessus, aux susdites conditions, ayant deja fourny celle de huit cents livres qui a eté payée au Tresor du Roy suivant la susdite quittance, et avancé les fraix qu'il a fallu faire dans ladite poursuite, est-il que aujourd'huy sus ecrit, lesdits sieurs consuls audit nom ont reconnu et confessé que lesdites huit cents livres de finance payées dans les coffres du Roy suivant le susdit arrest et quittance, ont eté fournies par lesdits sieurs Ardant et Garat, presens, stipulans et acceptants, ensemble tous les autres fraix qu'il a fallu faire pour la deffense de cette affaire et pour empecher les nouveautés que ledit sieur Constant vouloit introduire, qui alloient au prejudice de tous les habitants et a la ruine du commerce. Et outre cela lesdits sieurs Ardant et Garat ont encore preté presentement, reellement et de fait, en louis d'or, d'argent et autre bonne monnoye ayant cours, auxdits sieurs consuls, auxdits noms, lesdites sommes de cinq mille livres d'un costé, quatre cents livres d'autre, quarante livres d'autre, deux cents livres d'autre, et encore trente six livres d'autre, portées par lesdits arrets, pour employer au remboursement dudit sieur Constant, conformement a iceux; moyennant lequel prest et payement fait au tresor royal de ladite somme de huit cents livres, ensemble de celle a quoy se montent les susdits fraix avancés par lesdits sieurs Ardant et Garat, lesdits sieurs consuls consentent que lesdits sieurs Ardant et Garat entrent en possession et jouissent dudit droit du Poids du Roy, ainsy qu'on est en droit d'en jouir suivant l'ancien uzage et coutume, et ce jusqu'a ce qu'on les remboursera en un seul et unique payement des susdites sommes capitales de finances, deux sols pour livre, fraix et loyaux couts et autres depends [avancés] par lesdits sieurs Ardant et Garat, lesquels on ne pourroit deposseder en aucune maniere jusques au plein et entier payement et remboursement, pour et au nom de ladite communauté; lesquels ont accepté a leurs perils et fortune et sans que lesdits sieurs consuls soient tenus en leur nom propre et privé a caution, garantie ny restitution de deniers : a quoy lesdits sieurs Ardant et Garat ont par expres renoncé, se reservant seulement leur garantie sur le Poids du Roy et droits en dependant, et ce sur le corps de la communauté, comme lesdits sieurs consuls n'ayant agi qu'au susdit nom et pour l'interet du public; lesdits sieurs consuls n'etant tenus que de leur representer la quittance qu'ils retireront incessamment dudit sieur Constant, pour, par iceux sieurs Ardant et Garat, se mettre incontinent en possession dudit droit du Poids du Roy, comme aussy se reservant tant lesdits sieurs consuls que lesdits sieurs Ardant et Garat, au nom des marchands de ladite ville, de faire taxer au Conseil les depends qui leur seront adjugés contre ledit sieur Constant, et ce qu'on en retirera sera delaissé auxdits sieurs Ardant et Garat pour le tenir en compte sur les fraix et depends par eux fournis dans cette affaire, et ce que dessus lesdits sieurs contractants ont promis entretenir a peine de tous les depends, dommages et interets, et sous les obligations de tous leurs biens presents et a venir. De quoy a eté concedé lettres sous le scel royal en la meilleure forme, en presence de M⁰ Jean Cercleix et Leonard Jouhaud, praticiens, demeurant audit Limoges, temoins a ce appellés et requis, lesquels, avec lesdits sieurs consuls, Ardant et Garat, ont signé a la minute originale. Signé a l'expedition : GARAT, notaire royal.

<small>Paiement et quittance du titulaire de l'office</small>

A Limoges, le quinzieme jour du mois de fevrier mil sept cent un, apres midy, pardevant le notaire royal soussigné, en presence des temoins bas nommés, fut present Mr Me Leonard Constant, sieur de Beaupeyrat, conseiller honoraire au siege presidial dudit Limoges, y demeurant; lequel de son bon gré et volonté a reconnu et confessé avoir presentement reçu comptant, reellement et d'effet, en louis d'argent et bonne monnoye ayant cours, de Messieurs Mes Simon des Coutures, seigneur de Bort et de Nexon, conseiller, avocat du Roy en la seneschaussée et siege presidial dudit Limoges; Jacques Depetiot, seigneur de La Mothe de Guain, aussy conseiller du Roy et son assesseur civil et criminel auxdits sieges; Blaize Devarachaud, seigneur de Servigny, premier capitaine de bourgeoisie dudit Limoges; Pierre Vidaud, sieur de la Bregiere et d'Envaux et greffier en chef de la cour de l'Election de cette ville; George Ardant, bourgeois et marchand et un des capitaines de ladite bourgeoisie de Limoges; Simon Dorat, aussy bourgeois et marchand, consuls de ladite ville pour l'année 1699, — et Mrs Mes Martial Descordes, seigneur de Felix, conseiller du Roy aux susdits sieges; Martial Moulinier, seigneur de Puymaud et du Breuil, conseiller du Roy, juge royal et prevot de la meme ville; Pierre-Marcel Arbonnaud, conseiller du Roy et docteur en medecine; François Texandier, bourgeois et marchand, et Pierre Sencmaud, conseiller du Roy, juge garde de la Monnoye, aussy consuls pour la presente année, demeurant tous audit Limoges, a ce presents, stipulants et acceptants, la somme de cinq mille huit cent vingt-sept livres, pour le remboursement du droit du Poids du Roy et de la finance, fraix et loyaux couts, ordonnée etre faitte audit sieur Constant par lesdits consuls, et suivant leur offre, conformement a l'arrest du Conseil du 12 janvier 1700, sçavoir : pour l'ancienne finance du droit du Poids du Roy, la somme de cinq mille livres; plus pour l'augmentation de finance, quatre cents livres de capital et quarante livres pour les deux sols pour livre ; plus celle de deux cents livres d'un costé et cent trente-sept livres d'autre, reglée par l'arrest du Conseil du 26 octobre de l'année 1700, pour les loyaux couts et pour les frais de la liquidation; trente livres pour les frais du resultat et vingt livres pour les frais de l'ordonnance des sieurs commissaires, faisant et revenant touttes les susdites sommes, jointes a celle cy-dessus, a cinq mille huit cent vingt-sept livres : laquelle prise et retenue par le sieur Constant, l'ayant bien nombrée et verifiée, il s'en est contenté, et d'icelle, pour tout son remboursement porté par les susdits arrets, il a quitté et quitte lesdits sieurs consuls, promis a (sic) n'en jamais rien demander et les en tenir quitte; auxquels consuls cy-dessus nommés ledit sieur de Beaupeyrat a presentement remis les titres suivants, sçavoir : l'adjudication dudit droit du Poids du Roy de ladite ville de Limoges, faite en faveur de M. François Croizier, lieutenant criminel au siege presidial dudit Limoges, pour la somme de cinq mille livres, dattée du 31 mars 1627, signée : par le Roy en son Conseil, CARMEIL, au bas duquel (sic) est une signiffication du 14 juin de ladite année 1627, signée LEGAY; plus une quittance de finance du tresorier de l'epargne, du 19 mars 1627, de la somme de mille sept cent cinquante-neuf livres deux sols, y compris les deux sols pour livre, signée LE TEILLIET; autre quittance de finance du garde du Tresor royal, du six novembre 1698, pour la somme de quatre cents livres, signée GRAIN; autre quittance, du meme jour et an, de la somme de quarante livres pour les deux sols pour livre, signée VERBOIS, et un contrat de revente et adjudication faite, en faveur dudit sieur de Beaupeyrat, dudit Poids du Roy, par Messieurs les commissaires generaux deputés par Sa Majesté pour la vente et revente de ses domaines en execution des edits et declarations du Roy, moyenant lesdites sommes de quatre cent quarante livres, portées par les susdites deux quittances, signé DOMES, seigneur de Pommerie; PHILIPEAUX; LEFEVRE; DE COMMARTIN CHAVAILLIAC; LEFONTILIER ; BRETET DE BREDUEL DU BUISSON; FLURANT ; ..... et plus bas, par nos dits seigneurs les commissaires generaux, signé SEAUT, le tout en parchemin et en bonne forme, dont lesdits sieurs consuls ont quitté et dechargé ledit sieur Constant et promettent ne luy en jamais rien demander; lesquels sieurs consuls se reservent de faire taxer au Conseil les depends qui leur sont adjugés par le susdit arrest du 12 janvier 1700 contre ledit s^r Constant et (sic) iceluy sieur de Beaupeyrat, sans exception et deffenses au contraire; et du tout a eté concedé lettre sous le scel royal en presence de Mrs Jean Cercleix et Leonard Jouhaud, praticiens, demeurant audit Limoges, tesmoins a ce requis et appellés, lesquels, avec lesdits sieurs consuls, ont signé a la minute originalle. Signé a l'expedition : GARAT, no^re royal.

Et a l'instant lesdits sieurs consuls denommés cy-dessus ont declaré que l'argent qu'ils viennent de payer audit sieur de Beaupeyrat provient des deniers et en memes especes qu'ils ont emprunté desdits sieurs Garat et Ardant, marchands, suivant l'obligation qu'ils en consentirent le jour d'hier : au moyen de quoy ils consentent que lesdits sieurs Garat et Ardant, presents, stipulants et acceptants, soient subrogés a la perception du droit du Poids du Roy, le tout conformement et dans les clauses et conditions portées par ledit contrat d'obligation, lesquels sieurs Garat et Ardant ont reconnu que lesdits sieurs consuls leur ont remis les memes titres et contrats cy-dessus enoncés, a eux remis par ledit sieur Constant, lesquels sieurs Ardant et Garat en sont chargés. Le tout en presence desdits Cercleix et Jouhaud, dudit Limoges, temoins a ce requis et appellés.

   Signé aux originaux cy-dessus : DESCOUTURES, consul; CONSTANT DE BEAUPEYRAT; DEPETIOT, consul; VIDAUD, consul; VARACHAUD, consul; DESCORDES, consul; DE PUYMAUD, consul; ARBONNEAU, consul; TEXANDIER, consul; SENEMAUD, consul; ARDANT, consul, acceptant; RAYMOND GARAT; CERCLEIX; JOUHAUD. Controllé a Limoges. Signé a l'original : GARAT, notaire royal hereditaire.

Collationné par nous, ecuyer, conseiller, secretaire du Roy, maison, couronne de France, signé : MURET.

Nomination d'un major de la milice.   Louis François Marie de Perusse, comte d'Escars et de St-Bonnet, marquis de Pranzac, etc. La charge de major de la milice bourgeoise de Limoges etant vacante, nous avons nommé et nommons par ces presentes le sieur Pierre Martin Lagrave pour en faire les fonctions et jouir des honneurs, prerogatives et privileges dont ont coutume de jouir les pourvus de pareilles charges. Mandons, etc. Fait en notre chateau d'Escars, le second novembre mil sept cent soixante-treize. *Signé* : le COMTE D'ESCARS, *et plus bas* : par Monseigneur, BOURY. Enregistré le 15 novembre 1773.

Christophe Pajot, chevalier, seigneur de Marcheval, Millancay, Nung et autres lieux, conseiller du Roy en ses conseils, maitre des requettes ordinaires de son hotel, intendant de justice, police et finances en la generalité de Limoges.

Ordonnance de l'Intendant relative aux réparations des locaux de la juridiction consulaire et du concert.

Vu le contrat du 27 janvier 1744 (1), visé de M. de Saint-Contest de la Chastaigneraye, par lequel le corps de ville de Limoges cedde aux juges des marchands de ladite ville deux chambres contigües a l'avant salle de leur jurisdiction, a condition qu'ils entretiendront a l'avenir les couvertures desdites deux chambres, tout comme ils se sont chargés de les entretenir pour celles a eux cedées le 20 mars 1682 ; — autre contrat du 13 mars 1744 par lequel les juges consuls et sindics des marchands, et du consentement des negociants, cedent, pour l'usage du concert, assemblées et autres amusements, les deux chambres et avant salle servant a leur jurisdiction, a la charge par les directeurs et conseillers du concert de payer une somme de six cents livres pour être employée a la majeure partie des frais qu'il convient de faire a la dite salle, et qu'a l'avenir les reparations qui y seroient necessaires seront faittes a frais communs par les juges consuls des marchands et les directeurs et conseillers du concert et aux autres conditions enoncées audit contrat; sur ce qui nous auroit été representé qu'il n'y a aucun directeur ny conseiller dudit concert connus, et qu'il est de la decence de pourvoir aux reparations et a la police convenables a la salle dont il s'agit,

Nous ordonnons que le prevot des consuls de la ville de Limoges representera le corps de l'ancienne direction du concert jusques a ce qu'il y soit autrement pourvu, et sans qu'il en puisse tirer aucun avantage, a la charge cependant que les depenses necessaires pour l'entretien de ladite salle seront a frais communs entre le corps de ville et les juges consuls des marchands. Ordonnons en outre que la police de ladite salle sera exercée par le premier juge, les deux sindics du corps des marchands et le prevot consul, et que les assemblées d'amusements qui s'y tiendront seront de leur agrement. Fait a Angoulême (2), le premier decembre mil sept cent cinquante-huit. *Signé* : Pajot.

(1) Voir ci-dessus, pages 12 à 15.
(2) La construction de l'hôtel de l'Intendance n'était pas encore achevée en 1758, et M. Pajot de Marcheval, comme avaient fait la plupart de ses prédécesseurs, résidait le plus souvent à Angoulême.

Lettre ecrite par Sa Majesté a M^{rs} les officiers municipaux de Limoges

De par le Roy.

<small>Mort du roi Louis XV Avènement de son successeur</small> Chers et bien amés, Dieu ayant appellé a soi le feu Roy, notre tres honoré seigneur et ayeul, nous vous ecrivons cette lettre pour vous donner avis de cette perte que la France a faitte avec nous. Elle eut eu besoin que sa vie eut eté aussy longue qu'elle a eté remplie de gloire et de moderation, et qu'elle nous eut donné le tems d'acquerir l'experience necessaire pour luy succeder; mais sa divine bonté en a autrement disposé et a voulu luy donner un repos perpetuel apres tant de travaux pendant son regne pour maintenir la monarchie dans le haut point de gloire et de puissance ou il l'avoit trouvée dans son avenement a la Couronne, et la faire jouir autant qu'il a eté en luy des douceurs de la paix. Il a fini sa vie avec la pieté et la resignation qu'on devoit attendre d'un prince vraiement chretien. Nous pouvons esperer de la meme bonté divine qu'elle conservera cette paix a notre royaume : elle est le fruit des travaux qui ont signalé son regne ; nous le devons attendre aussy de la fidelité de nos sujets, et comme nous nous promettons de la votre en particulier et de votre affection au bien de cet etat, [que] vous serés toujours soigneux de contenir nos peuples dans le devoir et l'obeissance qu'ils nous doivent, nous vous assurons que nous nous souviendrons dans les occasions des services que vous nous rendrés. Donné a Versailles, le dix may mil sept cent soixante-quatorze. *Signé* : Louis.

Et plus bas Philippeaux.

A Versailles, ce 10 may 1774.

Je joins icy, Messieurs, la lettre que le Roy vous ecrit au sujet de la mort du Roy son ayeul. Je suis, Messieurs, votre tres humble serviteur. *Signé* : le duc de la Vrilliere.

<small>Nomination d'un sergent de milice.</small> Je soussigné, colonel de la milice bourgeoise de la ville de Limoges, ai nommé a la place de sergent du canton de Ferrerie, le nommé Jean-Baptiste Tarneaud pour remplacer Jean Roche, maitre marechal, pour jouir des prerogatives et privileges dont ont coutume de jouir les pourvus de pareilles places. Fait a Limoges, ce 9 janvier 1779. *Signé* : Peyroche du Reynou, colonel.

Enregistré le 12 janvier 1779.

— 343 —

Copie (1) de la lettre ecrite par M⁰ Meulan d'Ablois, intendant de Limoges, a M⁰ˢ les officiers municipaux.

Paris, le 15 decembre 1783.

Le Roy m'ordonne, Messieurs, en me prevenant de ses intentions par rapport a la paix que Sa Majesté vient de conclure, de vous inviter a assister au *Te Deum* qui doit etre chanté a cette occasion et au feu de joye qui doit etre fait en la maniere accoutumée, pour marques de rejouissances publiques. Je suis persuadé que vous vous ferez un plaisir de vous conformer aux ordres de Sa Majesté et que votre zele n'a pas besoin d'etre excité. J'ai l'honneur d'etre tres parfaitement, Messieurs, votre tres humble et tres obeissant serviteur.

Signé : MEULAN D'ABLOIS.

<small>Réjouissances à l'occasion de la paix.</small>

Du 20 decembre 1783. Publication de la paix (2).

CEREMONIE

Il est d'usage que, la veille de la publication de la paix, les tambours et la musique ordinaire de la ville (3) annoncent par la ville la publication.

<small>Usages relatifs aux publications solennelles.</small>

Le jour de la publication, le matin, on fait une salve de canons; a deux heures apres midi, une autre salve de canons pour annoncer la sortie du cortege (4), et le soir, une autre salve de canons a la rentrée du cortege a l'hotel de ville (5).

Messieurs de l'etat-major de la milice bourgeoise, a cheval; les sergents de ville (6) sous les armes et la compagnie du Guet (7) : ces

---

(1) Les documents qui suivent se trouvent aux pages 380 et 381. Comme ils se rapportent plus directement à l'histoire municipale que ceux au milieu desquels ils sont placés, nous avons cru devoir les insérer avant l'analyse des copies de documents qui terminent le registre.

(2) Il s'agit de la paix de Versailles, 3 septembre 1783. Elle terminait une guerre qui avait singulièrement affaibli l'Angleterre et consacrait notamment l'indépendance des Etats-Unis : on sait toutefois que les commissaires de l'Union, malgré des engagements formels, n'avaient pas attendu que l'entente complète fut établie entre les puissances européennes, et avaient traité à part avec le gouvernement anglais.

(3) Nous ne savons ce qu'il faut entendre par ces mots. Peut-être s'agit-il des violons dont il est fait quelquefois mention à propos des aubades données aux officiers municipaux après leur election.

(4) De la cathédrale après le *Te Deum*.

(5) Après le feu de joie.

(6) Il s'agit ici non des six capitaines de ville, qui servaient d'appariteurs de police, mais de sergents des cantons.

(7) On trouvera plus loin divers documents relatifs a la création de ce corps.

deux ordres a pied, se rendent a l'hotel de ville, a deux heures apres midi, pour prendre messieurs du corps municipal en toques, accompagné du secretaire-greffier dudit hotel de ville, en robes, bonnets quarrés et bottés *(sic)*, precedés des valets de ville en habits d'ordonnance, aussi bottés. Tous, a cheval, partent de l'hotel de ville pour se rendre au presidial. La, ils prennent messieurs du presidial en robes rouges, bonnets quarrés et bottés, precedés de leurs huissiers, aussi en robes, bonnet quarré et bottés, tous a cheval.

ORDRE DE LA MARCHE

Le cortege forme deux colonnes, de la maniere ci-apres : au milieu, entre M. le Maire et M. le Lieutenant general ou ceux qui les representent, est le secretaire-greffier, qui fait lecture de l'ordonnance de Sa Majesté pour la publication de la paix. A chaque lecture, il salue en portant la parole de : Vive le Roy! M. le Maire et M. le Lieutenant general, qui crient haut les : Vive le Roy! qui sont repetés par le peuple.

Etant rendu a l'Eveché, tout le cortege entre dans la cour : Si M. l'Eveque est a sa maison, il paroit sur le perron. Messieurs du Corps municipal et Messieurs du Presidial, tous, mettent pied a terre pour le saluer. S'il n'y est pas, l'on publie.

Lors de la rentrée du cortège pour se rendre a l'hotel de ville, etant vis a vis l'entrée du clocher de St-Michel, il y a un detachement de la Compagnie du guet, commandé par un officier, qui conduit au palais messieurs du Presidial (1).

A la gauche.	*Au centre.*	*A la droite.*
Officiers de bourgeoisie.	Tambours de ville.	Officiers de bourgeoisie.
Sergents de ville.	Etat-major de la bourgeoisie.	Sergents de ville.
Capitaine du guet.	Tambours du guet.	Lieutenant du guet.
Soldats du guet.		Soldats du guet.
Valets de l'hotel de ville.		Huissiers audienciers du Presidial.
Corps municipal :	*Musique.*	*Presidial.*
M. le Maire.	Le Secrétaire greffier de l'hôtel-de-ville.	M. le Lieutenant general.
M. le lieutenant de Maire.	Un detachement de la Compagnie du guet fermera la marche.	MM. les deputés des Conseillers.
M. le 1er echevin.		M. le Procureur du Roy.
M. le 2e echevin.		
M. le 3e echevin.		
M. le 4e echevin.		

(1) On trouvera ci-dessus, p. 173 du même volume, une autre note relative aux publications solennelles et aux cortèges, mais moins détaillée.

Rues par lesquelles on passera :

A l'hotel de ville, ou se fera la premiere publication. — Rue des Taules. — Devant St-Martial. — Rue Gagnolle. — A la place de l'Intendance : 2e publication.

La place St-Michel. — Rue Ferrerie. — A la place des Bancs : 3e publication.

Rue Montant-Manigne. — Rue Manigne. — A la place Manigne : 4e publication.

Faubourg Manigne. — Rue des Petites Maisons. — A l'Eveché, dans la cour : 5e publication.

Rue devant l'Eglise des Alloix. — Rue des Sœurs de la Croix (1). — Faubourg Boucherie. — A la place Boucherie : 6e publication.

Rue en suivant la Promenade, a droite. — A la porte Tourny, en dehors : 7e publication.

Montant devant la place des Arbres St-Martial. — Rue des Taules. — Devant St-Martial. — Rue Pont-Herisson. — Devant la Monnoye. — Rue des Combes. — A la place Dauphine : 8e publication.

Montant devant la Poste aux Chevaux. — A la place d'Aisne : 9e et dernière publication.

Rue des Arenes. — Devant les Etangs. — Rue Penevare (*sic*). — Rue Ferrerie. — Rue Consulat. — A l'hotel de ville.

Ordonnance du Roy pour la publication de la paix du 3 novembre 1783.

On fait a savoir a tous qu'une bonne, ferme, stable et solide paix, avec une reconciliation entiere et sincere, a eté faite et accordée entre Très Haut, Très Excellent et Très Puissant prince Louis, par la grâce de Dieu, Roi de France et de Navarre, notre Souverain Seigneur, — et Très Haut, Très Excellent et Tres Puissant prince George, Roi de la Grande Bretagne, Electeur d'Hanovre, et leurs vassaux, sujets et serviteurs, en tous leurs royaumes, pays, terres et seigneuries de leur obeissance ; que ladite paix est generale entr'eux et leurs dits vassaux et sujets; et qu'au moyen d'icelle il leur est permis d'aller, venir, retourner et sejourner en tous les lieux desdits royaumes, etats et pays, negocier et faire commerce de marchandises, entretenir correspondance, et avoir communications les uns avec les autres, et ce en toute liberté, franchise, sureté, tant par terre que par mer et sur les rivieres et autres eaux, et tout ainsi

---

(1) Local occupé aujourd'hui par la Providence.

qu'il a eté et du etre fait en temps de bonne, sincere et amiable paix, telle que celle qu'il a plu a la divine bonté de donner audit seigneur Roi et audit seigneur roi de la Grande Bretagne, electeur d'Hanovre, et a leurs peuples et sujets; et pour les y maintenir, il est expressement defendu a toutes personnes, de quelque qualité ou condition qu'elles soient, d'entreprendre, attenter ou innover aucune chose au contraire ni au prejudice d'icelle, sur peine d'etre punies severement comme infracteurs de la paix et perturbateurs du repos public. Et afin que personne ne puisse en pretendre cause d'ignorance, la presente sera lue, publiée et affichée ou besoin sera. Fait a Fontainebleau, le trois novembre 1783. *Signé* : Louis, *et plus bas* : GRAVIER DE VERGENNES, et scellé du petit scel secret.

Marie-Pierre-Charles Meulan d'Ablois, chevalier, Conseiller du Roi en ses conseils, maître des requetes honoraire de son hotel, Intendant de Justice, Police et Finance en la generalité de Limoges. Vu l'ordonnance du Roi ci-après, Nous ordonnons que ladite ordonnance du Roi sera executée selon sa forme et teneur, et pour cet effet imprimée, lue, publiée et affichée partout ou il appartiendra. Fait en notre hotel, le 12 decembre 1783. — *Signé* : MEULAN D'ALBOIS, *et plus bas*, par M. DE BEAULIEU.

Au fol. 389 v⁰ de notre registre commence une série de copies de pièces de toute sorte : Provisions, nominations, lettres patentes, reconnaissances, quittances, qu'on ne saurait ranger dans la catégorie des actes municipaux et qui cependant ont dû être enregistrés à l'hôtel de ville, soit à cause de l'exemption de taille que les fonctions ou offices conférés assuraient aux titulaires (1), *soit en vertu des ordonnances ou règlements administratifs. Il n'y avait pas lieu de reproduire ces documents; mais nous croyons devoir en donner au moins le relevé avec une analyse succincte :*

Provisions et commissions diverses.

— Provisions de premier huissier concierge garde meubles au Bureau des finances de Limoges, accordées par le Roi à Laurent Fournaud, en remplacement de Jean-Baptiste Bardonnaud. Paris, 11 février 1779 (2).

— Nomination, par le duc de Fitz-James, maréchal de France, gouverneur du Limousin, de Pierre Psalmet Périer en qualité de garde du gouvernement (garde cotte). Château de Fitz-James, 11 août 1779.

---

(1) On sait que les consuls remplissaient les fonctions de collecteurs ou pour mieux dire que la collecte se faisait sous leur responsabilité. Ils devaient donc garder note des personnes exemptées, afin de ne pas les comprendre au rôle.

(2) La plupart de ces lettres et provisions sont accompagnées de la mention de leur enregistrement et de l'installation du fonctionnaire à qui elles sont accordées.

— Provisions de la charge de conseiller-secrétaire du Roi près la Cour des comptes, aides et finances de Montpellier, accordées par le Roi à Jacques Petiniaud, négociant à Limoges, ancien juge-consul, ancien syndic du commerce et échevin en exercice. Paris, 22 septembre 1779.

— Nomination, par Peyroche du Reynou, colonel de la milice bourgeoise de Limoges, d'Antoine Legay, sergent du canton de Manigne, à l'emploi de sergent-major de la milice, vacant par la mort du sr Coussedière. Limoges, 17 juin 1781.

— Nomination, par le même, à l'emploi de sergent du canton de Manigne, de Jean-Baptiste Marquet (1). Limoges, 29 août 1783.

— Nomination, par le même, de Jean Duclou à l'emploi de sergent du canton de Manigne. Même date.

— Nomination, par le même, de Pierre David à l'emploi de sergent du canton des Bancs, en remplacement du sieur Albin, même date.

— Nomination, par le comte des Cars, lieutenant général de la province du Haut et Bas-Limousin, de Jean-Baptiste Nicot à l'emploi de lieutenant-colonel de la milice bourgeoise, en remplacement de son père, Jean-Baptiste Nicot, décédé. Paris, 30 novembre 1779.

— Nomination, par le même, de Jean Maurice Duras à l'emploi de capitaine du quartier de Boucherie, en remplacement de Bernard Duras, son frère, décédé. Château de Rochefort, 1er mai 1782.

— Nomination, par le marquis de Ségur, récemment élevé à la dignité de maréchal de France, à l'occasion de sa promotion, de Siméon Colomb, négociant à Limoges, à une place d'archer-garde de la connétablie. Versailles, 17 juin 1783.

— Provisions accordées par le Roi au même, pour ladite place. Versailles, 28 janvier 1784.

— Nomination, par le duc de Laval, récemment promu maréchal de France, de Louis Laforêt, négociant à Limoges, à une place d'archer-garde de la connétablie. Paris, 25 octobre 1783.

— Provisions accordées au même par le Roi, pour ladite place. Fontainebleau, 29 octobre 1783.

— Nomination, par le colonel de la milice bourgeoise, de Jean Delaurent à l'emploi de sergent du canton du Clocher, en remplacement de Valade, décédé. Limoges, 6 avril 1784.

— Nomination, par le même, de Jean-Baptiste Duboucheix à l'emploi de sergent du canton du Consulat, en remplacement de Junien Chabaud, décédé. Limoges, 21 mars 1785.

— Nomination, par le marquis d'Aubeterre, récemment promu maréchal de France, de Jean-Baptiste Petiniaud le jeune, négociant à Limoges, à une place d'archer-garde de la connétablie. Paris, 18 janvier 1786.

— Provisions accordées au même par le Roi, pour ladite place. Paris, 25 janvier 1786.

— Provisions de la charge de conseiller-secrétaire du Roi en la chan-

---

(1) En remplacement de Legay probablement. C'est sans doute par erreur que le greffier a écrit : « place vacante par la mort, etc. » Il e t difficile, dans tous les cas, d'expliquer ces trois nominations successives au même emploi.

cellerie près la cour de parlement de Bordeaux, accordées par le Roi à Jean Guérin, en remplacement de Jean-Baptiste Peyroche du Puyguichard, décédé. Paris, 21 décembre 1785.

— Provisions de la charge de conseiller-secrétaire du Roi en la chancellerie près la cour de parlement de Pau, accordées par le Roi à André-Joseph Pouyat, en remplacement de François Tardivet. Paris, 10 mai 1786.

— Provisions de la charge de conseiller-secrétaire du Roi et de ses finances, accordées par le Roi à Henri Martin, sieur de Puymaud, en remplacement de François Raimond de Pringy, démissionnaire. Paris, 10 mai 1786.

— Nomination, par Peyroche du Reynou, colonel de la milice bourgeoise de Limoges, de Guillaume Montagne à l'emploi de sergent du canton de Lansecot. Limoges, 4 novembre 1786.

— Nomination, par le même, de Jean Guitard à l'emploi de sergent du canton des Bancs. Limoges, 26 mars 1787.

— Nomination, par le même, d'Audoin Malinvaud à l'emploi de sergent du canton « de la rue Torte ». Limoges, 28 mars 1787.

— Nomination, par le même, de François Nexon à l'emploi de sergent du canton des Combes. Limoges, 27 mars 1787.

— Nomination, par le comte des Cars, « lieutenant-général commandant de la province du Haut et Bas-Limousin », de Jean-Baptiste Guibert de Vialeix, négociant à Limoges (1), à l'emploi de capitaine du quartier Manigne. Versailles, 5 juin 1789.

— Nomination, par le même, de Jean-Baptiste Lombardie, négociant à Limoges, à l'emploi de porte-drapeau (2) du quartier Manigne. Versailles, 5 juin 1789

— Nomination, par le même, de Jean-Baptiste Tourniol à l'emploi d'aide-major de la milice bourgeoise. Même date.

Documents relatifs à la formation du département de la Haute-Vienne et à la période révolutionnaire.

— Copie d'une lettre écrite par M. de Saint-Priest à M. de Roulhac du Cluzeau, trésorier de France à Limoges, nommé, avec le baron des Renaudies et M. de La Chaize l'aîné, commissaire pour « la formation et l'établissement du département de la Haute-Vienne. Paris, 6 (*sic*) mars 1790.

— Commission donnée par le Roi à M. de Roulhac à l'effet de présider aux opérations relatives à la constitution du département. Paris, 16 mars 1790.

— Lettres patentes du Roi homologuant l'élection de Bernard Le Beaux aux fonctions de juge du district de Limoges, pour six années. Paris, le 7 novembre 1790.

— Lettres patentes du Roi homologuant l'élection de François David père aux fonctions de juge du district de Limoges, pour six ans. Paris, 7 novembre 1790.

---

(1) Capitaine, en 1791, au second bataillon de volontaires de la Haute-Vienne, plus tard commissaire des guerres.
(2) On sait que chaque compagnie de la milice avait son enseigne. Nous avons vu plus haut qu'en 1744, les drapeaux furent renouvelés par l'ordre du Lieutenant général au gouvernement (V. ci-dessus, p. 16).

— Lettres patentes du Roi homologuant l'élection de Jean-Baptiste Lenoir aux mêmes fonctions. Même date.

— Lettres patentes du Roi homologuant l'élection d'Othon-Grégoire Péconnet fils aux mêmes fonctions. Même date.

— Procès-verbal de l'assemblée électorale du département de la Haute-Vienne, convoquée pour désigner un évêque constitutionnel. 13 février 1791 (1).

— Lettres patentes du Roi homologuant l'élection de Nicolas Ardant aux fonctions de juge au tribunal de commerce de Limoges (pour deux ans). Paris, 12 décembre 1791 (2).

— Autres homologuant celle de J.-B. Bourdeau fils aîné aux mêmes fonctions. Même date.

— Autres homologuant celle du sr Dumay père aux mêmes fonctions. Même date.

— Autres homologuant celle du sr Chaisemartin aux mêmes fonctions. Même date.

— Autres homologuant celle du sr Maurensane aux mêmes fonctions. Même date.

— Lettres patentes du Roi homologuant l'élection du sr Dumas pour remplir, pendant six années, les fonctions de président du tribunal criminel du département de la Haute-Vienne. Paris, 18 novembre 1791 (3).

— Arrêt de la Chambre souveraine établie par déclarations du Roi des 29 décembre 1652 et 30 novembre 1656, pour statuer sur le fait des francs-fiefs, nouveaux acquêts et amortissements, faisant droit à la requête présentée par Pierre de Petiot, sieur de Chavaignac, fils et héritier de Bernard de Petiot, bourgeois et consul de Limoges, petit-fils de Mathieu Petiot, aussi consul (4), qui invoque les privilèges accordés par les rois de France aux consuls et à leurs fils et petits-fils. La Chambre prononce que c'est à tort que le traitant général a taxé le requérant à 2,000 livres et ordonne que les objets saisis pour l'exécution de cette taxe seront restitués. Paris, 1er juin 1661. Arrêts relatifs aux Francs-Fiefs.

---

(1) Il n'y a que le début de ce procès-verbal. Deux pages avaient été laissées en blanc pour achever cette copie. On a omis de les remplir.

(2) Nous donnons cette pièce à titre de curiosité :
« Louis, par la grâce de Dieu et par la Loi constitutionnelle de l'Etat, roi des Français, à nos amés et féaux les membres du Conseil général de la commune de Limoges, salut. Les negocians, banquiers, marchands, manufacturiers, armateurs et capitaines de navire de la ville de Limoges, nous ayant fait représenter procès-verbal de l'élection qu'ils ont faite, conformement aux decrets constitutionnels, de la personne du sr Nicolas Ardant pour remplir pendant deux années un office de juge du tribunal de commerce de Limoges ; qu'honneur doit lui être porté en cette qualité et que la force publique sera employée en cas de nécessité pour l'exécution des jugemens auxquels il concourra, après avoir prêté le serment requis et avoir été duement installé, si vous mandons qu'après avoir reçu dudit sr Ardant le susdit serment, en presence de la commune de Limoges, vous ayés a l'installer en l'office de juge du tribunal de commerce de Limoges, pour en jouir aux honneurs, pouvoir, autorité et traitemens y attribués. En foi de quoi, etc. »

(3) Dix feuillets sont restés en blanc (de 404 v°, à 414 recto) à la suite de ces lettres patentes.

(4) Mathieu de Petiot avait été élu au consulat le 7 décembre 1596.

— Arrêt du Conseil privé, confirmant l'arrêt ci-dessus de la Chambre des francs-fiefs, malgré l'allégation, par le traitant, de la cassation de cet arrêt. Fontainebleau, 30 août 1661.

Anoblis. Reconnaissances et quittances de finance.

— Edit du Roi pour la confirmation des anoblis depuis 1715. Versailles, avril 1771.

A la suite de cet édit se trouvent les copies d'une série de quittances données par le trésorier général des revenus casuels, et de reconnaissances souscrites par devant le sieur de Lage de Luget (*sic*), commis pour faire la recette des droits à percevoir dans la généralité de Limoges, établissant la finance à payer par toutes les personnes dont l'anoblissement, dû aux charges remplies soit par elles soit par leur père ou mari, ne remonte pas au-delà du 1er janvier 1715.

Nous donnons ci-dessous la liste de ces reconnaissances et des quittances du trésorier général des revenus casuels :

— Raymond et Jacques Garat frères, fils de feu Raymond Garat, conseiller et secrétaire du Roi au Parlement d'Aix (reconnaissance de 6,000 liv., 22 janvier 1772).

— Pierre-Joseph-Léonard de Fressanges, président trésorier honoraire au Bureau des finances (reconnaissance de 6,000 l., 12 avril 1772).

— Martial, Henry, Pierre et Joseph Guingand de Saint-Mathieu, fils de feu Martial Guingand de Saint-Mathieu, « vétéran d'un office de président », trésorier de France au Bureau de Limoges, fils de Charles Guingand, aussi trésorier (reconnaissance de 6,000 l., 5 mai 1772).

— Catherine Limousin, veuve « ayant postérité » dudit Martial Guingand de Saint-Mathieu (reconnaissance de 600 l., 5 mai 1772).

— François du Burguet de Chaufaille, seigneur de Chaufaille, Fayac, Lascaux et autres lieux, fils de Jean du Burguet, décédé pourvu d'un office de greffier alternatif au Bureau des finances (reconnaissance de 6,000 l., 2 mai 1772).

— Jeanne Breton, veuve ayant postérité dudit Jean du Burguet (reconnaissance de 600 l., 2 mai 1772).

— Jean-Baptiste Texandier, seigneur de l'Aumonerie, fils de feu Joseph-Alexis-Alexandre Texandier, ancien greffier en chef et ensuite chevalier d'honneur au Bureau des finances de Limoges, petit-fils de J.-B. Texandier, également greffier en chef audit bureau (reconnaissance de 6,000 l., 9 mai 1772).

— Jacques-Martial-Léonard de Saint-Laurent, seigneur de Saint-Laurent-de-Gorre, baron de Saint-Cyr, seigneur de Puydeau, « honoraire du bureau des finances » de Limoges, fils d'Antoine-Léonard de Saint-Cyr, décédé pourvu de pareil office, petit-fils de feu Jean-Léonard, aussi pourvu de pareil office (reconnaissance de 6,000 livres, 6 mai 1772).

— Marguerite Guingand de Saint-Mathieu, veuve ayant postérité de Jean-Baptiste Mailhard, seigneur de La Couture, décédé pourvu de l'office de président trésorier de France et garde scel au bureau des finances de la généralité de Limoges (reconnaissance de 900 l., 11 mai 1772).

— Jean-Baptiste Dorat, conseiller secrétaire du Roi à la Cour des aides de Bordeaux (quittance de 16,585 l. 7 s. 4 d. pour augmentation de finance de sa charge, dont le prix est porté à 55,000 l., 27 août 1756).

— François Ardant, conseiller secrétaire du Roi au Parlement de Douai (quittance de 11,585 l. 7 s. 4 d. pour augmentation de la finance de sa charge, portée à 55,000 l., 26 octobre 1756).

— Jean-Etienne et Joseph Roulhac de Traschaussade, fils de Jacques Roulhac de Traschaussade, capitoul de Toulouse en 1747 (reconnaissance de 6,000 l., 12 mai 1772).

— Marguerite Descordes, veuve « ayant postérité » de Pierre Colomb, décédé pourvu d'un office de secrétaire du Roi en la chancellerie près le parlement d'Aix [conseiller?] (reconnaissance de 600 l., 12 mai 1772).

— Simon et Pierre Colomb, fils du susnommé (reconnaissance de 6,000 l., 12 mai 1772).

— François Bertheau, conseiller secrétaire du Roi au parlement de Grenoble (quittance de 21,585 l. 7 s. 4 d. pour augmentation de la finance de sa charge, portée à 55,000 l., 1er septembre 1756). — La copie de cette quittance est suivie de celle de provisions royales pour l'office de conseiller au Parlement de Grenoble, accordées à Joseph Grelet (*sic*) en remplacement de François Bertheau, décédé. Versailles, 4 octobre 1757).

— Jean-Jacques Martin de Beaumoulin, Pierre Martin du Regnaud (*sic*) et Simon Martin, fils de François Martin, décédé pourvu d'un office de [conseiller] secrétaire du Roi en la chancellerie près la cour des aides de Bordeaux (reconnaissance de 6,000 l., 13 mai 1772).

— Jean-Baptiste Grégoire, Joseph et Nicolas de La Biche de Reignefort, fils de feu Jean-Baptiste de La Biche, vétéran dans l'office d'avocat du Roi au bureau des finances de la généralité, petits-fils de feu Jacques de La Biche de Reignefort, pourvu du même office (reconnaissance de 6,000 l., 13 mai 1772).

— Martial Goudin de La Borderie, fils de Pierre-Joseph Goudin de La Borderie, décédé pourvu d'un office de président trésorier de France au bureau de Limoges et petit-fils d'Antoine Goudin, honoraire au même bureau (reconnaissance de 6,000 l., 18 mai 1772).

— Pierre-Joseph-Léonard de Fressanges, trésorier de France honoraire au bureau de Limoges (quittance de 6,000 l., 10 juin 1772).

— Pierre-François du Burguet de Chaufaille : quittance (V. la reconnaissance ci-dessus), 11 juin 1772.

— Jeanne Breton, veuve de Jean du Burguet : quittance (V. la reconnaissance ci-dessus), 11 juin 1772.

— Catherine Limousin, veuve de Martial Guingand de Saint-Mathieu : quittance (V. la reconnaissance ci-dessus). Même date.

— Martial, Henri, Pierre et Joseph Guingand de Saint-Mathieu : quittance (V. la reconnaissance ci-dessus). Même date.

— Jean-Baptiste Texandier, seigneur de l'Aumonerie : quittance (V. la reconnaissance ci-dessus). Même date.

— Jean, Etienne et Joseph Roulhac de Traschaussade : quittance (V. la reconnaissance ci-dessus), 7 juillet 1772.

— Jacques-Martial-Léonard de Saint-Laurent, seigneur de Saint-Laurentsur-Gorre, baron de Saint-Cyr : quittance (V. la reconnaissance ci-dessus), 11 juin 1772.

— Martial-Léonard Martin de La Bastide de Verthamond, Guillaume-Pascal Martin de La Bastide, Louis-Mathieu Martin de La Bastide de Curzac, Etienne Martin de La Bastide de Tranchillion, fils d'Antoine-Joseph, vétéran trésorier de France, petits-fils de Jean-François, pourvu du même office (quittance de 6,000 livres, 7 août 1772).

— Marguerite Des Cordes, veuve de Pierre Colomb : quittance (Voir reconnaissance ci-dessus), 4 juillet 1772.

— Siméon et Pierre Colomb, fils de feu Pierre Colomb : quittance (Voir reconnaissance ci-dessus), 4 juillet 1772.

— Mathieu et Louis Romanet, fils de Simon Romanet du Caillaud, pourvu d'un office de secrétaire du Roi près le parlement d'Aix (reconnaissance de 6,000 livres, 19 mai 1772).

Marguerite Guinguand de Saint-Mathieu, veuve de Jean-Baptiste Maillard, seigneur de La Couture : quittance (V. reconnaissance ci-dessus), 29 septembre 1772.

— Mathieu et Louis Romanet, fils de Simon Romanet du Caillaud : quittance (V. reconnaissance ci dessus), 12 janvier 1773.

— Martial de Lépine, fils de feu Etienne de Lépine, petit-fils de Toussaint de Lépine, pourvu d'un office de secrétaire du Roi en la chancellerie près la Cour des Aides de Bordeaux (quittance de 6,000 l., 30 mars 1773).

Les trente-neuf derniers feuillets du registre sont en blanc.

QUATRIÈME REGISTRE

13 avril 1768 — 28 juin 1790 (1)

Aujourd'huy (3), treize avril mil sept cent soixante-huit, en la chambre de l'hôtel commun de cette ville de Limoges, en l'assemblée des notables extraordinairement convoquée, à laquelle ont assisté Messieurs Juge de la Borie, maire; Bonnin de Fraixeix, Estienne, Ardant du Picq, échevins; Roulhac du Rouveix Romanet, Muret, conseillers de ville; Maleden de Bonnabry, David de Brie, Tanchon, Lamy de La Chapelle, Texier, Martin, Brisset, Thabaraud et Ringuet, notables, — à laquelle assemblée nous, Joseph-Grégoire de Roulhac, écuyer, seigneur de Thias, conseiller secrétaire du Roy, lieutenant général civil et de police en la sénéchaussée et siège présidial de Limoges avons· présidé, en présence et du consentement de M. Romanet de la Briderie, conseiller, procureur du Roy audit siège présidial, — sur la demande formée par M. le maire et M^{rs} les échevins à *(sic)* ce que l'assemblée à cet effet convoquée eût à délibérer conformément aux articles quarante-huit et cinquante de l'édit du mois de décembre dernier, tant sur les moyens de parvenir à une meilleure administration des revenus de la communauté, que sur la formation des états de ses dettes :

M^{rs} les commissaires chargés, par la délibération de l'assemblée du   (4) mois dernier, de travailler à l'etat et inventaire des

Remise (2) à une autre séance de la vérification des revenus et des dettes de la commune.

---

(1) Archives communales de Limoges antérieures à 1790. BB 4 (registre).
(2) L'orthographe de ce registre, lequel est en grande partie de la main du secrétaire-greffier J.-B. Lingaud, est à peu près correcte; les accents, jusqu'ici marqués tout exceptionnellement et d'une façon très irrégulière, se trouvent indiqués presque toujours. Nous rétablissons en conséquence l'accentuation complète.
(3) Nous reproduisons textuellement, pour le quatrième registre, les manchettes du registre lui-même, bien que ces annotations soient un peu postérieures au texte même. Nous nous bornerons à y faire quelques additions entre crochets, quand nous croirons ces additions nécessaires.
(4) La date est restée en blanc. Il s'agit de l'assemblée du 7 mars (V. ci-dessus, p. 309-311).

titres et papiers, ont représenté qu'il ne leur a pas été encore possible de perfectionner ledit état, attendu le nombre des papiers et la circonstance des dernières fêtes qui les ont détournés de leur travail ordinaire : ce qui a mis l'assemblée dans l'impossibilité de délibérer, attendu qu'il n'est pas possible de connoistre les revenus et les dettes, ni encore moins de rien statuer pour parvenir à une meilleure administration s'il y a lieu, tant qu'on n'aura pas une connoissance positive des titres et papiers de la communauté : au moyen de quoy, la délibération et les états prescrits par les articles de l'édit cy-dessus cités ont été sous le bon plaisir de Sa Majesté remis à une autre assemblée, et M^{rs} les commissaires priés de s'occuper incessamment et sans relâche de l'objet de leur commission. — Il a été ensuite rendu compte d'une requette de M^{rs} les administrateurs de l'hospital général de cette ville aux fins d'obtenir la concession du reflux de la fontaine de la place des Bancs, et il a été délibéré à l'unanimité des voix qu'on leur accorderoit la demande qu'ils font pour les pauvres, à la charge néanmoins qu'ils feront à leurs frais toute la dépense nécessaire pour la conduite de l'eau, depuis la place des Bancs jusqu'à l'Hospital, ainsy que la moitié de celles qu'il faudra faire pour former un déversoir à la place des Bancs, et qu'au surplus le premier état des choses relativement à la conduite de l'eau, depuis la fontaine d'Eygoulène jusques à celle des Bancs, seroit rétabli, et qu'en conséquence l'eau de ladite fontaine de la place des Bancs se prendra dans la plus haute tare de la fontaine d'Eygoulène. Après quoi, il a été délibéré sur la requête présentée par le s^r Vergniaud, conducteur des travaux des acqueducs et fontaines, tendante à obtenir un salaire plus considérable que celuy qui luy avoit été fixé précédemment, et à la pluralité des voix, il lui a été adjugé en total la somme de cinq cents livres, pour récompense des soins et travaux par luy employés pendant dix-sept mois et demy au nettoyement de partie des acqueducs de la ville et aux ouvrages de la fontaine d'Eygoulène. Enfin, sur la représentation faite par M^{rs} les maire et échevins d'un arrêt du Conseil du 17 juillet 1696, portant extinction des offices de jurés mouleurs, compteurs, peseurs et mesureurs des bois à brûler et charbon, créés par l'édit du mois de mars 1696, en faveur des villes et bourgs de cette généralité, sans qu'ils puissent être rétablis sous quelque prétexte que ce soit, en payant la somme de quarante mille livres; d'une quittance du trésorier des parties casuelles du 7 octobre 1698 pour la somme de dix-sept mille cinq cent livres, fixée et répartie de celle de quarante mille livres, sur les habitants de la ville de Limoges, pour l'extinction et suppression des offices de jurés mouleurs, visiteurs, compteurs, mesureurs et peseurs des bois et charbon, ainsy que des droits y

Concession du trop plein de la fontaine de la place des Bancs à l'administration de l'hôpital.

Augmentation de salaire au conducteur des travaux des aqueducs et fontaines.

Suppression des offices de mouleurs, compteurs, peseurs, mesureurs.

attribués; d'une autre quittance du Trésor royal, de la somme de quinze mille cent vingt-cinq livres dix sols pour l'extinction et suppression des offices de jurés mesureurs des bleds, farines et autres grains, ladite quittance en date du 20 janvier 1701 ; et finallement d'une autre quittance du trésorier des revenus casuels, du 30 janvier 1717, de la somme de cinq mille quatre-vingt-trois livres huit sols neuf deniers, pour l'extinction et suppression des offices de controlleurs visiteurs des Poids et mesures créés par édit du mois de janvier 1704, — l'assemblée a prié tout d'une voix M. le maire et M. Bonnin, premier échevin, de travailler incessamment à un mémoire qui sera adressé à M. le controlleur général, aux fins de luy représenter que Sa Majesté, par les arrêts de son Conseil du 18 may dernier, n'a réuni à son domaine que les offices qui avoient été aliénés, tant en faveur des particuliers que des communautés, et que les titres cy-dessus mentionnés, loin de constater une aliénation de la part de Sa Majesté ou une acquisition de la part de la ville de Limoges, établissent au contraire qu'il n'existe plus, relativement à cette ville, aucuns offices de ce genre, puisqu'ils ont été supprimés et qu'aux termes de l'arrêt du Conseil du 17 juillet 1696, ils ne peuvent jamais être rétablis, ni aucuns droits perçus en conséquence ; qu'au surplus, il est digne de l'humanité et bienfaisance du Roy d'accueillir avec bonté les justes représentations d'une ville dont le plus grand nombre des habitants est réduit à l'extrême misère et peut à peine se procurer le bois nécessaire pour les premiers besoins de la vie : cette espèce de denrée ayant presque doublé de valeur depuis très peu d'années ; et pour parvenir à obtenir l'exemption de ces nouveaux droits, M^{rs} les maire et échevins ont été priés de faire passer à M. l'intendant une coppie du mémoire qui sera adressé à M. le controlleur général, et de le prier d'employer ses bons offices dans une circonstance aussy intéressante pour la ville et pour obtenir les lettres patentes, s'il en est nécessaire, et remplir touttes les formalités prescrites par l'édit.

De tout quoy nous avons dressé procès-verbal, les jour, mois et an susdits.

    Roulhac de Thias; Romanet; Juge; Bonnin de Fraixeix; Ardant du Picq; Estienne; de Roulhac; Muret; Romanet du Caillaud ; Maleden de Bonnabri, chanoine, notable de l'église cathédrale; Texier; Tanchon; David de Brie; Jérémie Martin; Brisset; Lamy de Luret; Tabaraud; Ringuet; Lingaud, secrétaire-greffier (1).

(1) Le 19 juin suivant, sur la demande du corps municipal, adressée suivant l'usage au chapitre de Saint-Martial, on fit ouvrir les grilles de la châsse du patron de la ville, ainsi que

Défense de prêter les canons et de les « sortir » de l'hôtel-de-ville.

Aujourd'huy, seizième juillet mil sept cent soixante-huit, en la chambre de l'hôtel commun de cette ville de Limoges, où étoient assemblés messieurs les maire et échevins : ayant été avertis par le nommé Durif, cannonier, que les canons de la ville sont en très mauvais état (1) et qu'il y a du danger à les tirer, par cette considération et tous les autres inconvéniens qui résultent de la complaisance que l'on a eue de les prêter à des communautés et autres dans de certaines occasions, il a été conclu et arrêté d'une voix unanime que lesdits canons ne pourroient plus être prêtés à qui que ce soit et sous tels pretextes que ce puisse être, ny être transportés hors de l'hôtel de ville que dans le cas où elle *(sic)* est dans l'obligation ou dans l'usage de les faire tirer pour ce qui la concerne.

JUGE, maire ; BONNIN DE FRAIXEIX ; ARDANT DU PICQ (2).

celles des châsses de saint Loup, à Saint-Michel ; de saint Rustique, à Saint-Pierre ; de saint Aurélien et de saint Domnolet dans les églises placées sous l'invocation de ces bienheureux. Une neuvaine de prieres fut ordonnée, pour obtenir la cessation des pluies, dont la persistance causait les plus vives inquiétudes pour les récoltes. Les pluies recommencèrent à l'automne, et le 20 octobre on ouvrit de nouveau les grilles des saints considérés comme les protecteurs spéciaux de la ville.

(1) Ces canons avaient été fondus en 1716 avec le métal provenant de quelques fauconneaux auxquels on avait joint deux cloches et un supplément de bronze, M. d'Orsay avait fait fabriquer cinq petites pieces, qui, avec un canon de fonte conservé à l'hôtel de ville, composaient depuis cette époque l'artillerie municipale (v. tome IV, p. 250 et 251).

(2) Nous avons eu plus d'une fois l'occasion de constater l'affaiblissement de l'esprit municipal, des traditions de patriotisme local et de dévouement à la chose publique, parmi la population de Limoges. L'année 1768 nous apporte une nouvelle preuve de l'indifférence de cette population pour les souvenirs les plus dramatiques et les plus saillants du passé communal. On connait l'épisode du 27 août 1426, le complot ourdi entre Jean de Laigle, lieutenant général du vicomte de Limoges (son frère), et un des consuls de la ville, Gautier Pradeau, pour remettre, par une surprise, le vicomte en possession de la capitale de ses domaines, où, depuis plus de soixante ans, ni lui ni aucun de ses prédécesseurs n'avaient pu remettre les pieds. On sait comment l'entreprise échoua et comment une procession annuelle fut instituée pour perpétuer le souvenir de cet événement et de la punition terrible infligée au traître. Cette procession, dont les détails étaient réglés par un cérémonial traditionnel, avait eu lieu presque sans interruption depuis trois cent quarante-un ans.

En 1767, elle était encore partie de l'église de Saint-Michel et avait suivi son itinéraire séculaire. Les religieux mendiants y avaient pris part, selon l'usage, et avaient reçu, à cette occasion, l'aumône accoutumée. Les membres du corps municipal figuraient au cortège, d'où l'*Homme de fer*, qui rappelait sans doute Jean de Bretagne, avait disparu depuis longtemps. Comme la procession partait alternativement des deux églises paroissiales de la ville, elle devait, en 1768, se former à Saint-Pierre. Le 26 août au soir, les cloches avaient sonné pour annoncer la solennité. Mais le nouveau corps de ville ne jugea pas à propos de s'y rendre, estimant sans doute qu'il n'était pas de sa dignité de prendre part à cette « gothique » cérémonie. Le maire décida, sans soulever, semble-t-il, aucune protestation, que la procession du 27 août serait supprimée, et elle n'a pas été rétablie depuis.

Le 19 août 1768, avait commencé la démolition des tours et murs de la ville qui bordaient le jardin des Ursulines. Ces tours furent complètement détruites. Le rempart fut seulement rasé au niveau des jardins.

La Maison de Force se trouvant terminée, le 2 septembre fut affichée la déclaration du Roi, ordonnant de renfermer les mendiants et vagabonds.

Le 17 octobre 1768, le régiment de Condé-Cavalerie, qui avait déjà été au quartier quatre ans auparavant à Limoges, revint pour y tenir garnison. Hommes et chevaux furent installés dans

Aujourd'huy, premier septembre mil sept cent soixante-huit, dans la salle de l'hôtel de la ville de Limoges, où avoient été convoqués et étoient assemblés Messieurs Juge de la Borie, maire; Bonnin de Fraixcix, Guérin, Etienne et Ardant du Picq, échevins (1); Roulhac du Rouveix, conseiller; Maleden de Bonnabry, chanoine; David de Brie, Tanchon, Texier, Jérémie Martin, Pétiniaud, Brisset, Thabaraud et Ringuet, notables habitans; Goudin

Vérification des comptes du 1ᵉʳ mars au 1ᵉʳ septembre 1769.

les casernements qu'on leur avait préparés. On a vu qu'il n'existait pas à Limoges de casernes proprement dites. On louait un certain nombre d'auberges qui se trouvaient spécialement affectées au logement des troupes. Le registre que nous publions nous a fourni un état du matériel et mobilier qui garnissait ces locaux (voir ci-dessus, p. 271).

Empruntons un curieux trait de mœurs à la *Continuation des Annales*. Le 11 juillet 1768, on célébra à Saint-Pierre les obsèques d'un étudiant en philosophie du collège des Jacobins. Tous les étudiants y assistèrent, suivis de leurs professeurs. La croix des Jacobins précédait le cortège, en tête duquel marchaient six condiscibles du défunt, vêtus de noir et les cheveux épars. Venaient ensuite les autres élèves du cours de philosophie, tenant un cierge renversé; ceux-ci étaient suivis de six autres, vêtus de noir, les cheveux épars et l'épée au côté. Après eux marchait un des professeurs de philosophie, puis tous les théologiens, avec des cierges. Les deux professeurs de théologie fermaient la marche. Devant la bière, quatre étudiants, vêtus de noir et l'épée au côté, tenaient les coins du drap mortuaire. Six autres, aussi en vêtements noirs et les cheveux tombant sur les épaules, portaient le corps. « On n'avoit plus vu à Limoges de semblables funérailles ». On sait que les Dominicains avaient fait des démarches pour remplacer, au Collège, les Jésuites, après l'expulsion de la Compagnie.

Les ravages causés à cette époque par les loups dans notre région sont signalés dans nombre de documents. Turgot proposa au gouvernement d'accorder des gratifications pour la destruction de ces animaux et fut autorisé à lever, dans toute l'étendue de la généralité, un supplément de capitation pour faire face à cette dépense. Voici en quels termes est conçu l'arrêt du Conseil donné à ce sujet :

« LE ROI ÉTANT INFORMÉ des désordres que causent les loups dans la généralité de Limoges, et que, soit que la rigueur des derniers hyvers ait forcé ces animaux à quitter leurs retraites, soit que les chasses fréquentes occasionnées dans les provinces voisines par les allarmes qu'on avoit conçues du fameux loup connu sons le nom de la *bête du Gévaudan*, les ayant poussés du côté du Limousin, ils sont devenus très communs dans cette province : étant nécessaire d'encourager ceux des habitants qui s'adonnent à la destruction de ces animaux; à quoy Sa Majesté désirant pourvoir par une récompense capable d'exciter de plus en plus le zèle de ses sujets; vu l'avis de M. Turgot, intendant et commissaire departy en la généralité de Limoges; ouï le rapport du sʳ de L'Averdy, conseiller ordinaire et au Conseil royal, controlleur général des finances, SA MAJESTÉ en son conseil a ordonné et ordonne qu'en l'année prochaine mil sept cent soixante-neuf, il sera imposé sur tous les contribuables de la généralité de Limoges, conjointement, au marc la livre de leur capitation, la somme de deux mille cinq cents livres, ensemble celle de cent vingt-cinq livres pour les frais de recouvrement, à raison d'un sol pour livre, suivant la repartition qui en sera faite, par ledit sʳ intendant et commissaire departy, sur chaque élection de ladite généralité, etc... pour ladite somme principale de deux mille cinq cents livres être distribuée par forme de gratification à ceux qui apporteront des têtes de loups, sur les ordonnances dudit sʳ intendant et commissaire departy, dans la proportion suivante, scavoir : pour un loup, douze livres; — pour une louve, quinze livres; — pour une louve pleine, dix-huit livres; — pour chaque louveteau, trois livres; — et pour un loup reconnu enragé, quarante-huit livres. — Enjoint Sa Majesté audit sʳ intendant de tenir la main à l'exécution du présent arrêt. Fait au Conseil d'Etat du Roy, tenu à Versailles, le cinq juillet mil sept cent soixante-huit.

Collationné : DE VOUGNY.

(Arch. départementales, C 124). Nous avons trouvé aux archives un arrêt de l'année précédente conçu dans les mêmes termes.

(1) On avait d'abord fait figurer parmi les conseillers « Maleden de Bonnabry, chanoine de Saint-Martial », qui faisait seulement partie du corps des notables; ce nom a été ensuite rayé.

de la Borderie et Pinot, commissaires pour la régie, — à laquelle assemblée nous, Joseph Grégoire de Roulhac, écuyer, seigneur de Thias, conseiller-secrétaire du Roy, lieutenant général civil et de police en la sénéchaussée, en présence et du consentement de M. le Procureur du Roy, nous avons présidé, conformément à l'édit du mois de décembre mil sept cent soixante-sept, à laquelle compte a été rendu par le receveur-sindic du produit tant de l'Octroy que Patrimoniaux et Don gratuit, conformément au rapport qui nous en a été fait par Messieurs les commissaires nommés pour la vériffication des comptes et aux registres concernant les uns et les autres chargés du détail de chaque recette et chaque dépense; et en conséquence il s'est trouvé que la recette du Don gratuit, depuis le mois de mars dernier, s'est élevée à la somme de six mille quatre cent trente-deux livres seize sols neuf deniers, y comprise celle de quatorze cent cinquante-neuf livres trois sols deux deniers qui avoit resté en caisse depuis le premier du mois de mars dernier; et que la dépense du Don gratuit pour les six mois derniers s'élève à la somme de sept cent vingt-cinq livres dix-huit sols un denier, laquelle déduite, reste de net en caisse, pour le Don gratuit, la somme de cinq mille sept cent six livres dix-huit sols huit deniers.

Reste en caisse du Don gratuit le 1ᵉʳ septembre 1768.......................... 5.706 l. 18 s. 8 d.

Il s'est trouvé que la recette de l'Octroy, Patrimoniaux et Eaux de la fontaine d'Eygoulène s'élève à la somme de treize mille neuf cent cinquante-six livres dix-neuf sols, y comprise celle de cinq mille cinq cent vingt-une livres dix-neuf sols sept deniers qui avoient resté en caisse au premier mars dernier, et que la dépense de l'Octroy s'élève, pour les six derniers mois, à la somme de huit mille sept cent trente-six livres douze sols onze deniers, laquelle déduite, reste de net en caisse pour l'Octroy, deniers Patrimoniaux et eau de la fontaine d'Eygoulène, la somme de cinq mille deux cent vingt livres six sols un denier.

Reste en caisse de l'Octroy, Patrimoniaux et Eau des étangs le 1ᵉʳ septembre 1768.... 5.220 l. 6 s. 1 d

Touttes lesquelles susdites sommes ont été mises en caisse.

JUGE, maire; ROULHAC DE THIAS; ROMANET; GOUDIN DE LABORDERIE; RINGUET; BONNIN DE FRAIXEIX; TEXIER; TABARAUD; BRISSET; PINOT; ARDANT DU PICQ; GUÉRIN, échevin; DAVID DE BRIE; MARTIN; Jʰ PÉTINIAUD.

Aujourd'huy, premier septembre mil sept cent soixante-huit, dans la chambre de l'hôtel commun de cette ville de Limoges et en l'assemblée des notables, extraordinairement convoquée, de tous les susdits notables, échevins et conseillers, par le sr maire aux formes prescrites par les édits de mil sept cent soixante-quatre et mil sept cent soixante-sept, à laquelle ont assisté ledit sieur Juge de La Borie, maire ; Bonnin de Fraixeix, Guérin et Ardant du Picq, échevins ; Roulhac du Rouveix, conseiller, et Dubost, chanoine de Saint-Martial, conseiller; Maledent de Bonnabri, chanoine de Saint-Etienne ; David de Brie, Tanchon, Texier, Pétiniaud, Jérémie Martin, Brisset, Thabarand et Ringuet, notables : à laquelle assemblée, nous, Joseph-Grégoire de Roulhac, écuyer, seigneur de Thias, conseiller-secrétaire du Roy, lieutenant général civil et de police en la sénéchaussée et siège présidial de Limoges, avons présidé en présence et du consentement de M. Romanet de la Briderie, conseiller, procureur du Roy audit siège présidial ; ledit sr Juge, maire, a représenté qu'ayant été installé le trente-un mars dernier, il auroit convoqué une assemblée des notables le treize avril suivant, en exécution de l'article quarante-huit de l'édit de mil sept cent soixante-sept, aux fins de délibérer sur les moyens de parvenir à une meilleure administration des revenus de la ville et former des mémoires en conséquence, pour obtenir des lettres patentes de Sa Majesté, portant une règle fixe d'une bonne administration ; que le résultat de l'assemblée fut de commettre quelques-uns de Messieurs les échevins et conseillers de ville pour en examiner les papiers et la situation des affaires au vray, afin que l'on pût agir en connoissance de cause ; que lesdits sieurs commissaires ont travaillé autant qu'il leur a été possible ; mais que la difficulté de lire de très anciennes écritures, qui se sont trouvées en grand nombre et dans une extrême confusion (1), ne leur a pas permis de finir encore leur ouvrage ; que néanmoins, par différents extraits qu'ils ont déjà faits, ils ont vérifié que les états qui furent envoyés en mil sept cent soixante-quatre, tant à Mr le controlleur général qu'à Mr le premier président, le procureur général de Bordeaux, sont exacts et contiennent au juste l'état de la commmune ; moyennant quoy, étant important de satisfaire au plus tôt aux ordres contenus en l'article ci-dessus, le dit sr maire a mis sur le bureau les susdits états avec une coppie d'un arrêt du Conseil du 5 décembre 1693,

Dispositions relatives aux reveuus et dépenses de la ville en exécution de la délibération du 13 avril 1768.

---

(1) Ce passage de notre registre établit que, peu d'années avant la Révolution, les archives de l'Hôtel de ville avaient encore une assez grande importance ; on sait que ces archives non seulement ne sont pas en rapport avec le rôle qu'a joué notre ville au moyen âge et avec l'activité de la vie municipale durant une longue période, mais se trouvent aujourd'hui réduites à cinq ou six registres et à quelques pièces de peu de valeur. Tout a été pillé.

lequel a fixé une partie des dépenses ordinaires ; que quelques-unes de ces dépenses ont augmenté considérablement depuis le susdit arrêt par le changement survenu dans le prix des denrées et journées des ouvriers; que d'autres ont été imposées de nouveau, telles que l'entretien de la place d'Orsay et de la maison de l'intendance ; qu'il est d'un très ancien usage d'en allouer certaines qui paroissent ou inutiles ou sujettes à modération, comme plusieurs repas du corps de ville, lors des processions, et des gratiffications faittes non seulement aux tambourgs et violons qui assistent aux cérémonies, mais encore aux valets de ville à cause de l'insuffisance de leurs gages ; qu'il étoit d'autant plus nécessaire d'y remédier, que les charges absorbent les revenus ; que les magistrats municipaux renonceroient volontiers à l'utile attaché à leurs places, s'il plaisoit à Sa Majesté, pour exciter l'émulation, de leur accorder quelques privilèges qui ne luy fussent point onéreux, ny à la ville ; qu'on pourroit retrancher touttes les dépenses dont il n'est pas fait mention dans l'arrêt du Conseil et fondées vaguement sur l'ancien usage, même quelques-unes de celles contenues audit arrêt ; qu'on devroit surtout prendre en considération l'entretien des fontaines : celle d'Eygoulène a desjà couté, elle seule, depuis un an plus de trois mille livres et la réparation finira à peine pour quatre fois autant. La ville est toute bâtie sur une immensité d'a[c]queducs et autres sousterrains, d'où il en arrive souvent que les rues s'enfoncent en tout ou en partie, ou que des quartiers sont inondés et menacés d'une ruine totale, avec le péril de la vie le plus imminent pour ceux qui les habitent (1), par les engorgements desdits aqueducs, ou parce qu'ils ont été coupés et bouchés, ou péri par vétusté; que, pourconnoitre l'objet de la dernière et y remédier, il en coûteroit plus de cinquante mille écus ; qu'on ne sauroit trop tôt y pourvoir et que la ville est absolument hors d'état d'y fournir, soit par ses revenus, soit par une taxe, à cause des efforts qu'elle fait pour acquitter celles (2) dont elle est déjà chargée et qu'il ne luy paroit rester que la seule resource de recourir à la bonté paternelle de Sa Majesté pour ses fidèles sujets.

La chose mise en délibération, lecture faite des états de mil sept cent soixante-quatre, des extraits des sieurs commissaires, de l'arrêt du Conseil du cinq décembre mil six cent quatre-vingt-treize et du compte de régie rendu ce jourd'hui, il a été arrêté : 1° que Messieurs les commissaires nommés pour la visite des papiers de la maison de ville, les mettre en ordre et en faire l'inventaire, sont

(1) Nos registres eux-mêmes nous ont fourni plusieurs exemples de ces faits.
(2) Sous entendu : *Dépenses*.

priés de continuer et d'accélérer leur travail le plus qu'il sera possible ;

2° Tous les susdits papiers, livres et registres seront renfermés dans une grande armoire, à costé de celui où est la caisse des deniers communs : ledit armoiré fermé à deux clefs, dont l'une sera remise à l'un des officiers municipaux et l'autre au secrétaire greffier, qui demeurera chargé desdits papiers et livres, conformément aux édits de 1764 et 1767 ;

3° Que les sieurs maire et échevins demeureront authorisés, pour éviter des frais à la ville, de traiter et transiger sur toutes les affaires litigieuses la concernant qui sont actuellement pendantes en différentes jurisdictions, par la médiation de tel arbitre dont ils conviendront avec les parties intéressées, et à telles clauses et conditions que bon leur semblera, tout quoy sera approuvé et ratiffié par l'assemblée, ainsy qu'elle l'a promis et promet ;

4° Qu'attendu que la situation des affaires de la ville n'a pas changé depuis les états envoyés en 1764 à M. le controlleur général et à MM. les premier président et procureur général au parlement de Bordeaux, il sera incessamment remis un extrait desdits états, par MM. les maire et échevins, à M. l'intendant [et] coppie d'iceluy adressée à M. le controlleur général, pour leur mettre en évidence la disproportion des revenus de la ville avec ses charges, l'impossibilité d'acquitter lesdites charges sans recourir aux moyens ci-après, dont le premier est la continuation des Octroys, celle de la régie desdits Octroys, des Patrimoniaux et du Don gratuit : attendu qu'outre le petit bénéfice qu'on retirera de cette régie, en ce que différents objets y étant confondus, les fraix concernant chacun d'eux se trouvent beaucoup moindres et la partie du Roy plus assurée, l'on évitera le grand nombre de procès qu'on a essuyé par le passé, telles précautions que l'on ait pu prendre dans les baux, soit par l'insolvabilité qui survient des adjudicataires et de leurs cautions, soit par prétexte des contestations sur la perception des droits qui leur sont faittes, peut-être d'intelligence, pour avoir lieu d'exercer des garanties, et se dispenser même de se faire authoriser, en attendant, à ne point acquitter les pactes échus ; soit par les diminutions qu'ils demandent, en supposant des pertes plutôt dissimulées que réelles, mais dont la vérification, dépendant des précautions par eux prises dans leurs papiers de régie, ne peut se faire qu'à leur advantage ;

5° Que, pour obtenir cette continuation, M. le controlleur général sera très humblement supplié de faire accorder par Sa Majesté des lettres patentes portant : 1° que la régie cy-dessus aura lieu pendant toutes les années que doit être payé le Don gratuit par *(sic)* les édits sur ce intervenus ;

2° Que les dépenses de la ville seront restreintes à celles énoncées dans l'arrêt du Conseil du cinq décembre mil six cent quatre-vingt-treize (1), tant pour la partie des Octroys que celle des Patrimoniaux, et que les gages des valets de ville seront augmentés de vingt livres annuellement pour chacun, payables comme il sera réglé par une assemblée de notables autorisée par le sieur commissaire départy, et en ce qu'il ne pourra leur être fait aucune autre gratification, sous tel pretexté que ce puisse être, sauf des voyages à la distance de plus de deux lieues, lorsqu'il s'agira d'en faire pour le service du Roy; sera pareillement augmenté de trente livres, l'article de cent soixante-dix livres pour bois, chandelles, plumes, encre, et autres mêmes nécessités de l'Hôtel-de-Ville. Seront rayées des dépenses portées au susdit arrêt énoncées cy-après ou qui ne sont établies que sur les anciens usages, scavoir : vingt-trois livres pour l'hermite, attendu qu'il n'en existe, ny ne doit plus en exister (2); autres vingt-trois livres pour la recluse après son décès, en sorte qu'elle ne pourra plus être remplacée; et les vingt-trois livers la concernant luy seront néanmoins payées pendant sa vie. Plus, cent cinquante livres pour les torches, qui demeureront réduites à l'avenir à vingt quatre livres par an, au lieu de cent soixante-quatorze livres; plus soixante livres pour l'exécuteur de la Haute-Justice; plus deux cent soixante livres pour cinq processions; plus cent vingt livres pour le repas de la nomination des officiers municipaux : en sorte que, pour le susdit repas et autres cy devant alloués dans les comptes des sieurs consuls, flambeaux de telle espèce que ce soit, vin d'honneur pour lesdits officiers, aumônes par eux faites à l'hospital suivant l'usage, messe du lendemain de leur installation, gratiffications aux tambours et violons ou aux gardes qui, pour empêcher le tumulte, sont mis à la porte de l'hôtel de ville lors des élections, il sera passé la somme de six cent quatre-vingt-six livres dans le compte du syndic receveur pour tous les objets cy-dessus. Et pour les voyages desdits officiers municipaux, s'ils sont obligés d'en faire, réparation des ponts, portes, murailles et fontaines de la Ville, attendu l'impossibilté d'en fixer le montant, seront portées par le sindic receveur dans l'état des dépenses extraordinaire pour être vériffiées et arrêtées ainsy que

---

(1) Voir ci-dessus, tome IV, p. 86, l'état des dépenses ordinaires fixé par cet arrêt.

(2) La suppression de l'ermite municipal remonte à 1743. Voir ci-dessus, p. 11 (note), et p. 150. Depuis de longues années, ni l'ermite ni la recluse n'habitaient les locaux où ils s'étaient tenus pendant des siècles. Ce n'étaient plus que de simples rentiers de la ville.
L'ermitage de Montjovis avait été arrenté en 1761. Le reclusage avait été démoli entre 1715 et 1720, et les dernières recluses ne contractaient d'autre obligation que celle de « prier Dieu pour la prospérité des officiers, prévôt, consuls et habitants de Limoges. » (V. t. IV, p. 406 et 408).

les autres dépenses dans les assembleés généralles des notables ;

3° A cet effet, lesdités assemblées seront tenues le premier mars, le premier septembre de chaque année, dans les formes prescrites par les édits du mois d'août mil sept cent soixante-quatre et décembre mil sept cent soixante-sept, lesquels au surplus seront exécutés dans toutes leurs forme et teneur;

4° Qu'attendu que, par la disposition de ces édits, aucun des privilégiés qui seront nommés aux offices municipaux, ne peuvent se dispenser de l'accepter, que par là Sa Majeste n'a pas entendu les dechoir de leurs privilèges ; qu'ainsy il ne seroit pas juste qu'ils fussent sujets à la collecte, ny que cette charge devint restreinte sur la tête des non privilégiés leurs consorts; qu'au surplus ces places vont devenir plus onéreuses par le retranchement des dépenses cy-dessus qu'il étoit d'usage ancien d'allouer aux consuls, Sa Majesté veuille bien que les échevins de sa ville de Limoges qui sont actuellement et seront cy-après, jouissent aussy bien que le Maire de l'exemption des collecte, tutelle, curatelle, de guet et garde, du service du ban et arrière-ban, du logement des gens de guerre et des francs fiefs, pour eux, leur veuve et leurs enfants au premier degré, suivant les anciens privilèges accordés à ladite ville par les roys ses prédécesseurs depuis Charles VI et par luy-même : dérogeant à cet effet à la révocation de ladite confirmation, et à tous arrêts contraires qui demeureront sans effet; voulons en outre que le Maire jouisse de l'exemption des droits d'Octroy pour les denrées de sa consommation ;

Et afin que le recouvrement des deniers royaux et leur sureté ne souffrent point de l'exemption du droit de collecte cy-dessus, la recette en sera faite par le sindic receveur, qui sera tenu de donner bonne et suffisante caution à concurrence de dix mille livres, et touttes les taxations attachées à la collecte céderont à son profit, comme aussi aura voix delibérative à la confection des rolles qui seront faits par les magistrats municipaux, et sera tenu de leur communiquer tous huit jours les états de ses recouvrements, et d'exécuter les ordres qu'ils jugeront convenables de luy donner pour hâter le susdit recouvrement, et vider sa caisse dans celle du sieur Receveur des tailles, lequel, indépendamment de ce, aura touttes actions solidaires portées par les édits, ordonnances et réglements contre tous les habitants de la ville y sujets ;

5° Que, pour mettre la ville en état d'entretenir et réparer les fontaines, acquitter ses charges et faire fouiller et rétablir les acqueducs d'où dépend sa sureté, le Roy, par un effet de sa bonté paternelle, fera remise à la dite ville du montant des vingtièmes et sols pour livre d'iceux qu'elle paye sur ses Patrimoniaux et sur sa partie d'Octroy ;

6° Qu'aux mêmes fins, la somme de mille livres pour le logement du gouverneur de la province, sera imposée sur toutte l'étendue du Gouvernement, et celle qui sera nécessaire pour l'entretien de la maison de l'intendance, sur toutte la généralité ;

7° Que les fonctions de maire demeureront fixées en conformité des édits des mois d'août 1692, décembre 1706 et avril 1710, août 1764 et décembre 1767 ; celles des échevins comme il a été d'usage jusqu'a présent, en ce qu'il n'est point dérogé par les présentes, et conformément aux édits de janvier 1704, mars 1709, août 1764 et décembre mil sept cent soixante-sept (1).

JUGE, maire ; ROULHAC DE THIAS, lieutenant-général ; ROMANET, procureur du Roy ; BONNIN DE FRAIXEIX, TEXIER, GUERIN, échevin ; DUBOYS, ARDANT DU PICQ, JH. PETINIAUD, MARTIN, RINGUET, DE ROULHAC, TABARAUD, TANCHON, MALEDEN, chanoine ; BRISSET.

Mise en régie du courtage des vins M. Auzanet de Beauvais inspecteur. Frais de régie.

Aujourd'huy, vingt un janvier mil sept cent soixante-neuf, dans la salle de l'hôtel de ville de Limoges, où étoient assemblés Messieurs les maire, échevins et commissaires du bureau de régie des Don gratuit, Octroy et deniers Patrimoniaux, auxquels il a été représenté que, le dix janvier dernier, jour auquel on procédoit à l'adjudication du courtage des vins de cette ville, le prix de l'adjudication qu'on en offroit avoit paru trop médiocre et beaucoup [trop] au dessous du prix du bail précédent pour devoir l'adjuger : en conséquence de quoy, l'assemblée dudit jour, dix janvier, avoit délibéré verbalement que l'avantage de cette ville étoit de faire régir provisoirement le droit de courtage ; en conséquence de quoy, ils ont nommé pour inspecteurs dudit droit le sr Auzanet de Beauvais pour en (sic) faire, par luy et les employés qu'il jugera à propos de ceux qui sont déjà proposés pour la levée des Octrojs et Don gratuit, en ce qu'il auroit de remise, tant pour lui que pour ses employés, deux sols pour livre du produit net du susdit courtage, et ce à compter du présent jour, ainsy qu'il luy (sic) sera également tenu de lever les deux sols pour livre établis par les édits et déclarations du Roy, sur les-

---

(1) L'hiver fut signalé par plusieurs incendies dans la ville et aux environs. Le plus considérable fut celui qui réduisit en cendres, dans la nuit du 2 au 3 janvier 1769, l'usine du Cailland. Ce n'était alors qu'un simple moulin à papier.

quels il n'aura rien a prétendre contre la ville ; et se conformera, pour la reddition des comptes, à la régie des Octrois.

    Juge, Bonnin de Fraixeix, J^h Petiniaud, Ardant du Picq, Estienne, Goudin de Laborderie, David de Brie, Auzanet de Beauvais.

Aujourd'huy, premier mars mil sept cent soixante-neuf, dans la la salle de l'hôtel de ville de Limoges, où avoient été convoqués Messieurs les magistrats municipaux, conseillers, notables et commissaires pour la vériffication des comptes, en présence de M. le lieutenant général et M. le procureur du Roy : sur le compte qui a été rendu par le sieur Nadaud, sindic, du produit tant des Octrois que Patrimoniaux et Don gratuit et de l'employ qui en a été fait, le tout ayant été duement vériffié par messieurs les commissaires nommés à cet effet, vu les registres et autres pièces justifficatives, il s'est trouvé que la recette du Don gratuit, depuis le premier septembre dernier jusques à ce jour, s'élève à la somme de treize mille sept cent quatre-vingt-quatre livres deux sols neuf deniers, y compris ce qui avoit demeuré en caisse ledit jour, premier septembre mil sept cent soixante-huit ; et la dépense, pour le même temps, dix mille sept cent soixante-deux livres quatorze sols onze deniers, en sorte qu'il reste en caisse, pour le Don gratuit, la somme de trois mille vingt-une livres sept sols dix deniers.

Vérification des comptes du 1er septembre 1768 au 1er mars 1769.

Pareillement il s'est trouvé que la recette des Octrois et Patrimoniaux, y compris l'eau des étangs et le courtage, monte à quatorze mille six cent vingt-quatre livres un sol quatre deniers, y compris ce qui avoit demeuré en caisse le premier septembre dernier, et la dépense pour le même temps, dix mille cinq cent sept livres six deniers. En sorte qu'il reste en caisse, pour les Octrois et Patrimoniaux, quatre mille cent dix-sept livres dix deniers.

    Juge ; Roulhac de Thias ; Romanet ; Bonnin de Fraixeix ; Ardant du Picq ; de Roulhac ; du Boys ; Maleden de Fressanges ; J^h Pétiniaud ; Tanchon ; Texier ; Martin.

Le susdit jour, premier mars mil sept cent soixante-neuf, dans la chambre de l'hôtel commun de ladite ville de Limoges, en l'assemblée des notables, extraordinairement convoquée, de tous les susdits notables, échevins et conseillers, par le s^r maire aux formes prescri-

Confirmation de la délibération du 21 janvier dernier. Adoption d'une nouvelle mesure pour les grains.

tes par les édits de mil sept cent soixante-sept, M. le lieutenant général et M. le procureur du Roy présents, le sʳ Juge, maire, a représenté que, dans l'assemblée du vingt-un janvier mil sept cent soixante-neuf, convoquée à l'effet de la délivrance du droit de courtage faisant partie des Patrimoniaux de la ville, il ne put pas être procédé à ladite délivrance faute d'enchérisseurs qui en offrissent un prix raisonnable, et qu'en conséquence on jugea à propos de le mettre en régie aux charges et conditions portées dans ladite délibération, contenue en la précédente page du présent registre, dont lecture a été présentement faite, aux fins qu'il soit délibéré sur le contenu en ladite délibération ; qu'au surplus, le droit de mesurage des grains appartenant à la ville, dont la mesure vient d'être réglée conformément au procès-verbal de M. le lieutenant général et M. le procureur du Roy (1), il lui paroit intéressant pour le bien public d'ordonner aux fermiers du mesurage des grains, de se servir de la nouvelle mesure et d'en faire remettre une au présent hôtel commun, dont le secrétaire-greffier demeurera chargé, de la même manière que des titres et papiers pour servir de seconde matrice, et y avoir recours en cas de besoin.

Réparations à l'hôtel-de-ville. Portrait du Roi. Ledit sieur maire a encore représenté que la cheminée de la présente chambre ayant besoin d'une prompte réparation, il seroit convenable d'y faire une boisure assez décente pour y placer le portrait du Roy.

La chose mise en délibération, l'assemblée a approuvé et authorisé celle du vingt-un janvier mil sept cent soixante-neuf, et pareillement approuvé ce qui a été proposé par ledit sieur maire, soit par rapport aux mesures des grains, soit pour les réparations de la cheminée de cette chambre, boisure et encadrement dans icelle du portrait du Roi.

JUGE ; ROULHAC DE THIAS ; ROMANET ; DE ROULHAC ; DU BOYS ; BONNIN DE FRAIXEIX ; ARDANT DU PICQ ; MALEDEN DE FRESSANGES ; TANCHON ; TEXIER ; Jʰ PÉTINIAUD ; MARTIN.

Dimensions des nouvelles mesures pour les grains. Aujourd'hui, dix-huit mars mil sept cent soixante-neuf, il a été remis et déposé dans l'hôtel de ville de Limoges les mesures énoncées dans la délibération du premier mars mil sept cent soixante-neuf :

---

(1) Ce fut en conformité de ce règlement que Chambon, le fondateur de la *Feuille Hebdomadaire*, dressa un tableau des mesures de la sénéchaussée dont un exemplaire (nous n'en connaissons pas d'autre) se trouve au séminaire de Limoges, relié dans le tome I des *Mélanges imprimés* de l'abbé Legros.

| | Diamètre ou largeur de la quarte en dedans, d'un fust à l'autre : treize pouces.
La quarte du | Hauteur de la quarte en dedans: quatre pouces dix lignes et demy.
marché au blé. | Contenance géométrique : 645 pouces et un tiers de pouce cubes.
| (Quarte de la ville destinée pour le marché au blé).

| Diamètre ou largeur de l'éminal en dedans, d'un fust à l'autre : quatorze pouces.
L'éminal du | Hauteur de l'éminal en dedans : huit pouces quatre lignes et deux tiers de ligne.
marché au blé. | Contenance géométrique : 1290 pouces et deux tiers de pouce cubes.
| (Eminal de la ville destiné pour le marché au blé).

| Diamètre ou largeur de la quarte en dedans, d'un fust à l'autre : treize pouces.
La quarte qui | Hauteur de la quarte en dedans : quatre pouces dix lignes et demy, 4 pouces 10 lignes et demy,
doit demeurer | (on avait d'abord écrit : quatre lignes et deux
à l'hôtel de | tiers de ligne).
ville. | Contenance géométrique : 645 pouces et un tiers de pouce cubes.
| (Matrice de la quarte pour dépot à l'hôtel de ville).

| Diamètre ou largeur de l'éminal en dedans, d'un fust à l'autre : quatorze pouces.
L'éminal qui | Hauteur de l'éminal en dedans: huit pouces quatre lignes et deux tiers de ligne.
doit rester à | Contenance géométrique : 1290 pouces et deux
l'hotel de ville. | tiers de pouce cubes.
| (Matrice de l'éminal pour dépôt à l'hôtel de ville) (1).

(1) Le deux mai de cette année, l'éboulement d'une vieille muraille causa la chute de plusieurs maisons de la rue Montant-Manigne. Trois personnes périrent dans cet accident. Les décombres servirent à combler les caves des maisons du *baloir* de la porte Boucherie, qu'on avait récemment démolies.

A dater de 1769, la foire de la Saint-Loup, qui se tenait place des Arènes et des Grands-Carmes, fut l'objet d'un nouveau règlement. On décida que le foirail des bêtes à cornes et des moutons se tiendrait entre la porte des Arènes et la place des Carmes, jusqu'au-delà des Carmes, et que le marché aux chevaux serait transféré à la porte Tourny.

Le 11 juin, les Cordeliers firent des réjouissances extraordinaires pour célébrer l'élection du pape Clément XIV. Le soir, ils tirèrent un feu d'artifice.— Le 18 du même mois, le temps étant fort préjudiciable aux récoltes, on fit ouvrir les grilles des saints et des prières publiques furent ordonnées pour obtenir la cessation des pluies.

L'abbé Legros, qui nous fournit ces derniers renseignements, nous apprend aussi qu'en

Emprunt et remboursemnte en dix années d'une somme de 30,000 livres pour le rétablissement des anciens aqueducs.

Aujourd'huy, dixième juin mil sept cent soixante-neuf, dans la chambre de l'hôtel commun de la ville de Limoges, en l'assemblée des notables, extraordinairement convoquée, de tous les susdits notables, échevins et conseillers, par le s^r maire, aux formes prescrites par les édits de mil sept cent soixante-quatre et mil sept cent

1769, les professeurs du collège de Sainte-Marie rétablirent la procession dite du *Lundi Gras*, que les Jésuites avaient jadis instituée et qu'ils faisaient faire chaque année à leurs élèves : usage abandonné depuis l'expulsion de ces religieux. — L'itinéraire traditionnel de la procession de la Fête-Dieu qui se faisait sur la paroisse de Saint-Pierre-du-Queyroix, fut modifié cette année pour la première fois, et la cérémonie, qui jusqu'alors avait eu lieu le matin, fut renvoyée après les vêpres.

Une liasse des Archives de l'hôtel de ville (FF I n° 14) contient un arrêté de police provoqué par la catastrophe du deux mai et ordonnant de nouveau la visite par des experts de toutes les maisons de la ville :

DE PAR LE ROY

Et de l'autorité de Monsieur le Lieutenant général de police, de la ville, fauxbourgs et banlieue de Limoges

Sur ce qui nous a été remontré, par le procureur du Roi de police, qu'un des objets les plus intéressants de son ministère est de veiller à la sûreté des habitants ; qu'elle dépend principalement de la solidité des maisons qu'ils occupent ; que le peu d'attention des propriétaires à y faire les réparations nécessaires donnent les plus grandes allarmes ; qu'il y a d'ailleurs d'autres causes moins connues de ruines fréquentes arrivées depuis peu d'années dans différents quartiers, dont plusieurs citoyens ont été la victime ; que le mauvais état et l'engorgement des acqueducs souterrains qui traversent la ville dans toutes ses parties, occasionnent le séjour des eaux dans les caves de plusieurs maisons ; qu'elles en minent insensiblement les fondations et les mettent dans le plus grand danger ; que plusieurs particuliers dont les caves s'en trouvent inondées, ou les y laissent croupir et n'en continuent pas moins d'habiter leurs maisons, ce qui est le comble de l'imprudence, ou se contentent de les faire couler dans les caves inférieures et font, dans les leurs, des ouvrages qui interrompent le cours des eaux et les forcent à se faire de nouvelles issues, au grand préjudice des maisons voisines ; qu'il est donc infiniment intéressant de pourvoir au plus tôt à tous ces inconvénients ; que les opérations préparatoires auxquelles il faudra se livrer pour connoître toute l'étendue du mal seconderont le zèle des officiers municipaux, actuellement occupés à procurer le dégorgement et l'entier rétablissement des égouts et acqueducs ; qu'elles donneront encore occasion de remédier à un abus invétéré dans cette ville qui n'est causé que par le défaut de latrines et fosses d'aisances dans un très grand nombre de maisons. A CES CAUSES, requeroit le procureur du Roi qu'il y fut par nous pourvu ; qu'à ces fins il fut nommé deux experts architectes, lesquels, après le serment par eux prêté par devant nous, se transporteront incessamment dans toutes les maisons de cette ville pour en faire la visite de fond en comble, dresseront rapports de leur état relativement à la solidité, et en feront chaque mois la remise au greffe de la police, d'eux affirmés, pour, sur ce qui résultera desdits rapports, être par lui plus amplement requis ce qu'il appartiendra. Fait à Limoges, ce premier juin mil sept cent soixante-neuf.

Signé DECORDES, procureur du Roi de police.

Nous, faisant droit du requisitoire du Procureur du Roi de police, ordonnons :

1° Qu'il sera incessamment procédé à la visite des maisons et bâtiments de cette ville, fauxbourgs et pont Saint-Martial, même de celles des communautés religieuses.

2° A ces fins avons commis et nommé experts d'office, les s^{rs} Chauvin et Brousseau jeune, architectes de cette ville.

3° Ordonnons qu'ils se présenteront incessamment par devant nous pour y prêter serment de bien et fidèlement vaquer au dû de leur commission.

4° Après quoi, ils commenceront leur visite par les quartiers qui leur seront par nous indiqués et ne l'interrompant que de notre aveu et pour des causes légitimes.

5° Ils s'attacheront uniquement à ce qui est relatif à la solidité des bâtiments, comme à l'état des fondations, des murs tant mitoyens que de façade et des pans principaux.

6° Ils observeront aussi l'état des cheminées, foyers, fours et fourneaux, pour s'assurer s'il n'y a aucun danger d'incendie.

7° Ils examineront avec la plus scrupuleuse attention l'état des caves et souterrains, pour

soixante-sept, Monsieur le lieutenant général et M. le procureur du Roy présents, le s^r Juge, maire, a représenté que, depuis longtemps, l'on avoit reconnu la nécessité indispensable de faire travailler à la reconnoissance et le (sic) rétablissement complet de tous les anciens acqueducs, pour assurer la conservation des maisons et la vie de ceux qui les habitent, exposés, comme on a eu le malheur de l'éprouver plusieurs fois (1), par les ruines qu'occasionnoient les eaux qui séjournent dans les caves au moyen de l'engorgement desdits acqueducs, mais que les fonds de la ville n'on jamais permis d'y trouver les ressources d'une oppération aussi avantageuse; moyennant quoy il ne reste que celle d'un emprunt; qu'il luy paroit que, pour concilier le bien public avec l'intérêt desdits habitants, l'emprunt le moins onéreux et le plus propre pour procurer l'avancement de l'ouvrage qui doit être fait dans un petit nombre d'années, il conviendroit de le faire par actions remboursables d'inté-

connoitre autant qu'il sera possible si leur direction se porte sous la rue; s'il y a des acqueducs qui la traversent et dans quelle direction; s'ils sont à sec ou si l'eau y coule librement; s'ils sont engorgés et d'où provient leur engorgement, et généralement tout ce qui y sera relatif, comme leur construction dans le rocher ou dans le tuf, leur largeur et hauteur.

8° Ils feront pareillement note de l'état et situation des fosses d'aisances et latrines, et du lieu où elles se dégorgent, s'il est possible de le connoitre.

9° Dans les maisons où il n'y en a point de construites, ils indiqueront le lieu où elles pourroient être établies.

10° Ils dresseront leur rapport de l'état de chaque maison, dans lequel ils insèreront les observations ci-dessus, et toutes autres qu'ils jugeront convenables, suivant les connoissances de leur art.

11° Dans le cas où ils trouveroient quelque maison en si mauvois état qu'il y eut à craindre une ruine imminente, ils nous en instruiroient sur le champ, afin que nous puissions promptement pourvoir à la sûreté des habitants.

12° Lorsqu'ils jugeront qu'on peut pourvoir à la sûreté des bâtiments qu'ils visiteront, au moyen de quelques réparations, ils les indiqueront aux propriétaires ou principaux locataires ; ce qui ne les empêchera pas de l'inscrire dans leur rapport.

13° Ils auront attention de désigner tellement les maisons qu'ils visiteront, qu'il ne soit pas possible de s'y méprendre, ni de les confondre avec les maisons voisines ; à cet effet, ils les indiqueront par le côté droit ou gauche de la rue, et par des numéros, à commencer par le bas de la rue : ils nommeront le propriétaire ou principal locataire.

14° Pour faciliter l'opération des experts, les propriétaires ou principaux locataires des maisons seront tenus de leur en procurer l'entrée, de les faire conduire dans ses (sic) différentes parties et de les faire éclairer lorsqu'ils en auront besoin, — le tout à peine de dix livres d'amende en cas de refus, et de plus grande s'il y a lieu.

15° Les rapports contenant l'état des maisons que les experts auront visitées, seront remis à la fin de chaque mois au greffe de la police et seront affirmés par lesdits experts, pour, à la vue d'iceux, être plus amplement statué ce qu'il appartiendra.

Et sera notre présente ordonnance exécutée nonobstant oppositions et appellations quelconques, sans y préjudicier; imprimée, lue, publiée et affichée partout où besoin sera, aux fins que personne n'en ignore. Enjoignons aux commissaires, inspecteurs et huissiers de police d'en procurer l'exécution, et au juge de la Cité de la faire lire, publier et exécuter dans son détroit.

Fait à Limoges, le premier juin mil sept cent soixante-neuf.

Roulhac de Thius, lieutenant général de police; Navières, greffier.

(1) On a vu plus haut l'accident du 2 mai. On sait que dans certains quartiers, dans la rue Montant-Manigne notamment, l'état de choses actuel n'est pas beaucoup plus satisfaisant que celui signalé il y a plus d'un siècle par nos registres.

rêts et capital en dix pactes égaux, chacun d'une année; pour lequel remboursement l'on fairoit, chaqu'une des dites années, une imposition qui ne seroit pas exorbitante, et que c'est pour délibérer sur cet objet que la présente assemblée a été convoquée : priant messieurs qui sont icy présents de prendre la chose en considération et de donner leur avis tant sur la proposition de l'emprunt et de l'imposition que de la somme que l'on jugera à propos d'emprunter. Sur quoy, la chose mise en délibération, il a été arrêté que Messieurs les magistrats municipaux se pourvoiront par devant M. le controlleur général de la part du corps de ville, pour le prier de vouloir bien s'intéresser à luy obtenir la liberté et l'autorisation de Sa Majesté ou de son Conseil, pour emprunter, par ladite ville de Limoges, la somme de trente mille livres par actions remboursables intérêt et capital en dix pactes égaux, chaqu'un d'une année, et d'imposer, pour se mettre en état de faire le remboursement de la susdite somme aussy en dix années, en dix pactes égaux suffisants pour remplir le principal et les intérêts de l'emprunt, dans un rolle séparé des autres impositions, sauf dans le cas que ladite somme cy-dessus ne fut pas suffisante, de solliciter par la suite un nouvel emprunt.

JUGE; ROULHAC DE THIAS; ROMANET; BONNIN DE FRAIXEIX; ARDANT DU PICQ; DU BOYS; MALEDEN DE FRESSANGES; MARTIN; TEXIER; TANCHON; DAVID DE BRIE; J^h PÉTINIAUD.

Vérification des comptes du 1er mars au 1er septembre 1769

Aujourd'hui, premier septembre mil sept cent soixante-neuf, dans la salle de l'hôtel de ville de Limoges, ou avoient été convoqués Messieurs les magistrats municipaux, conseillers, notables et commissaires pour la vérification des comptes, en présence de M. le lieutenant général et M. le procureur du Roy.

Sur le compte qui a été rendu par le s^r Nadaud, sindic-receveur, du produit tant des Octroys que Patrimoniaux et Don gratuit et de l'employ qui en a été fait, le tout ayant été duement vériffié par Messieurs les commissaires nommés à cet effet, vu les registres et autres pièces justifficatives, il s'est trouvé que la recette du Don gratuit, depuis le premier mars dernier jusques à ce jour, s'élève à la somme de dix mille sept cent dix-sept livres cinq sols, y compris ce qui avoit demeuré en caisse ledit jour, premier mars mil sept cent soixante-neuf, et la dépense pour le même temps huit cent trente-huit livres dix-sept sols quatre deniers : en sorte qu'il reste en caisse, pour le Don gratuit, la somme de neuf mille huit cent soixante-dix-huit livres sept sols huit deniers, cy............................... 9.878 l. 7 s. 8 d.

Pareillement, il s'est trouvé que la recette des Octrois et Patrimoniaux, y compris l'eau des étangs et le courtage, monte à la somme de quinze mille dix-huit livres quinze sols onze deniers, y compris ce qui avoit demeuré en caisse le premier mars dernier; et la dépense, pour le même temps, neuf mille cent quarante trois livres dix-sept sols deux deniers : en sorte qu'il reste en caisse, pour les Octrois et Patrimoniaux, cinq mille huit cent soixante-quatorze livres dix-huit sols neuf deniers, cy...................... 5.874 18 9

15.753 l. 6 s. 5 d.

Juge; Roulhac de Thias; Romanet; George Pouyat; Estienne; Ardant du Picq; Martin; Tabaraud; David de Brie; J^h. Petiniaud.

<small>Remboursement à MM. Maurensanne et Martin de leurs finances comme contrôleurs de l'Octroi supprimés</small>

Le susdit jour, premier septembre mil sept cent soixante-neuf, dans la chambre de l'hôtel commun de ladite ville de Limoges, en l'assemblée des notables, extraordinairement convoquée, de tous les susdits notables, échevins, conseillers, par le sieur maire, aux formes prescrites par les édits de mil sept cent soixante-quatre et mil sept cent soixante-sept, M. le lieutenant général et M. le procureur du Roy, présents : le sieur Juge, maire, a représenté en premier lieu que, se trouvant des fonds qu'on ne doit point laisser oisifs dans le temps que la ville se trouve débitrice envers divers créanciers, il conviendroit de rembourser, aux s^{rs} Maurensanne et Martin fils, leur finance qu'ils avoient payée pour la commission des controleurs alternatifs et mitriennaux des Octrois et Patrimoniaux supprimés par l'édit de mil sept cent soixante-quatre; en second lieu, que les habitants de la rue du Canard, étant tous les jours exposés à des inondations dans leurs maisons par le reflux des eaux des aqueducs qui s'engorgent continuellement, ce qui occasionne des dépenses journalière pour les faire nettoyer, il seroit à propos de pourvoir à ces inconvenients par une réparation solide et dont l'entretien ne fut pas dispendieux; en troisième lieu, que le sieur Vergniaud, employé pour veiller aux travaux qui ont été faits à la fontaine

<small>Ouverture de l'entrée de la rue du Canard. Salaire du sieur Vergniaud conducteur des travaux des aqueducs et fontaines.</small>

d'Eygoulène et [a] l'acqueduc de la rue Croix-Neuve, a présenté une requête pour qu'il plaise à l'assemblée de luy fixer une somme convenable et proportionnée à ses peines et soins.

Sur quoy, la chose ayant été mise en délibération et lecture faite des commissions données aux sieurs Mauransanne et Martin, les trente décembre mil sept cent cinquante-deux et vingt novembre mil sept cent cinquante-six, ensemble de la requette du sʳ Vergniaud, — l'assemblée a arrêté que les sieurs Mauransanne et Martin seront remboursés chacun le concernant, le premier de la somme de neuf cent cinquante livres, qu'il paroit avoir donnée par le contrat du trente décembre mil sept cent cinquante deux, et le second de celle de treize cent vingt livres par luy payée aux termes du contrat du vingt novembre mil sept cent cinquante-six, pour tous droits, en principal et accessoires, qu'ils pourroient avoir et prétendre pour raisons des susdites commissions, dont ils se tiendront pour contens et satisfaits, renonceront à toutes plus amples demandes et actions; cèderont et quitteront au profit de ladite ville toutes celles qu'ils pourroient avoir contre sieur Pinchaud, pour par elle les exercer comme ils auroient pu le faire eux-mêmes, toutes fois sans aucun recours ny garantie contr'eux : authorisant Messieurs les maire et échevins à passer avec eux tel traité qu'il appartiendra, en conformité des presentes ; mais l'assemblée les authorise de plus à faire faire incessamment toutes les réparations nécessaires pour mettre les habitants du Canard en sûreté, en procurant l'écoulement des eaux qui refluent dans leurs maisons; à cet effet faire ouvrir à l'extrémité de ladite rue un passage (1) qui servira en même temps d'entrée dans ladite ville; convenir avec eux qu'il appartiendra pour le dédommagement du terrain qu'il sera besoin de prendre à cet effet et concerter le tout avec M. l'Intendant. En ce qui concerne la requette du sieur Vergniaud, l'assemblée est d'avis de différer à y faire droit, à cause des discussions qui sont pendantes entre luy et la ville devant M. l'intendant, qui sera prié par les sieurs maire et échevins d'avoir la bonté de les régler et terminer le plus tôt qu'il sera possible.

Juge; Roulhac de Thias; Romanet; de Roulhac; Esthenne; Ardant du Picq; George Pouyat; Jʰ Pétiniaud; David de Brie; Tabaraud; Martin.

(1) L'ancienne porte qui se trouvait sous la tour de Vieille-Monnoie, avait été depuis longtemps murée.

— 375 —

Aujourd'hui, vingt-neuf septembre mil sept cent soixante-neuf, dans la salle de l'hôtel commun de cette ville, où étoient assemblés Messieurs Juge, maire; Bonnin de Fraisseix, Guérin de Lalet, Estienne de Larivière et Ardent du Picq, échevins, environ les deux heures de relevée, se sont présentés, en vertu de la convocation qui en a été faite par ledit sieur Juge, maire, Messieurs les députés des différents corps, communautés et jurandes de la présente ville cy-après, pour compléter le nombre de Messieurs les notables dont il en manque trois : un pour Messieurs de la noblesse et officiers militaires ; un pour la compagnie de Messieurs les officiers du présidial et un pour le corps des artisans. Lesdits sieurs députés qui ont comparu : Monsieur Marchandon, chanoine de l'église cathédrale, pour ledit chapitre; M. Nasvières, curé de St Pierre, pour Messieurs du clergé; Monsieur Chavepeyre, chanoine de St Martial, pour son chapitre; Monsieur Goudin de la Borderie, pour Messieurs de la noblesse et officiers militaires; Monsieur Montaudon, pour Messieurs les officiers du présidial; Monsieur Descordes, pour Messieurs de la police; Monsieur Pabot de Chavaignac, lieutenant de la prévôté, pour Messieurs de la prévôté; Monsieur Beaubreuil, garde scel de la monnoye, pour Messieurs les officiers de la monnoye; Monsieur Pétiniaud jeune, pour Messieurs de la juridiction consulaire; Monsieur Crouchaud, pour Messieurs les avocats; Monsieur Bonnin de Mauzelet, pour Messieurs les bourgeois; Monsieur Fournier l'aîné, doyen des notaires, pour la communauté de Messieurs les notaires; Monsieur Vidaud, procureur, pour la communauté de Messieurs les procureurs; Monsieur Grellet jeune, pour Messieurs les négociants; Monsieur Morel, pour la communauté des chirurgiens; Monsieur Fougière, pour les apothicaires; François Pourret, pour les bouchers; Pierre Genty, pour les cordonniers; Jacques d'Eymac, pour les perruquiers; Baptiste Dutreix, pour les serruriers; Joseph Lombardie, pour les fondeurs; Martial Deveux, pour les menuisiers; Martial Brutal, pour les savetiers; François Daurein, pour les chapeliers et selliers; Pierre Teilandier, pour les pâtissiers; Jacques Riboulie, pour les tailleurs; Baptiste Peyrinaud, pour les boulangers; Baptiste Granger, pour les laboureurs; Barthélemy Dignac, pour les aubergistes; Arnaud Ardent, pour les orfèvres; Noël Isecq, pour les relieurs, et Léonard Demartial, pour les sabotiers.

Ne s'étant présentés, quoique duement convoqués, aucuns députés pour Messieurs les commensaux de la maison du Roy, pour Messieurs de l'élection, pour Messieurs les médecins, ni pour les teinturiers, armuriers, charpentiers.

A été exposé par le s^r Juge, maire, que Monsieur Maurel de

Nomination de MM. Goudin de La Borderie, Hugon des Thouars et Maurin aux fonctions de notables.

Montaudeix, qu'avoit été nommé l'année dernière pour l'un de Messieurs les notables, mais qui s'étoit abstenu d'en faire les fonctions, et demandé qu'on le remplace, attendu que lors de son éléction il n'avoit pas dans la présente ville les dix ans de domicille requis par les édits de Sa Majesté ; que Monsieur Roulhac du Rouveix, aussi l'un de Messieurs les notables, avoit été fait conseiller de ville, et que le sieur Ringuet, également notable, étoit décédé ; en conséquence de quoy, il prioit Messieurs les députés de pourvoir aux dits remplacements suivant leur zèle ; après quoy tous lesdits sieurs députés ayant justiffié chacun respectivement de leurs pouvoirs, ils ont procédé, par la voye du scrutin, en premier lieu à la nomination d'un notable du corps de la noblesse et des officiers militaires, et lecture faite de leurs billets par ledit sieur maire, la majeure s'est trouvée réunie en faveur de M. Goudin de la Borderie, écuyer. En suite, ayant été procédé de la même manière au choix d'un notable parmy Messieurs les officiers du présidial, le nombre de suffrages recensés comme dessus et formé de la même manière, a été pour M. Hugon des Thouars, doyen, — et finalement pour notable des artisans, à la pluralité des suffrages pris comme dans les précédentes nominations, le sieur Maurin père, maître fondeur, a été élu et nommé. De tout quoy nous avons dressé le présent procès-verbal et concédé acte. Fait les susdits jour, mois et an.

Juge ; Bonnin de Fraixeix ; Marchandon, chanoine, député de l'église de Limoges ; Chavepeyre, chanoine de Saint-Martial, député ; Guérin ; Navières, curé de Saint-Pierre, député du clergé ; Estienne ; Ardant ; Goudin de Laborderie, député de la noblesse ; Pabot de Chavaignac ; Montaudon ; Decordes ; Beaubreuil, garde scel de la monnoye ; Pétiniaud jeune, juge de la Bourse ; Crouchaud ; Bonyn, député du corps de la bourgeoisie ; Vidaud, député de la communauté des procureurs ; Fournier, doyen des notaires, député ; P.-G. Grellet, sindic et député du commerce, sous les mêmes protestations que l'année dernière ; Fougères ; Morel ; Pouret ; Geanty ; Dayma, lieutenant, député ; Martial Deveux ; Dutreix ; Martial Bullat ; Lombardie ; Dorin ; Thalandier ; Peyrinaud ; Granger ; Arnaud Ardant ; Isecq Martial ; deux signatures illisibles.

Election de MM. Roulhac du Rouveix et Romanet du Caillaud aux fonctions d'échevins.

Aujourd'huy, trente septembre mil sept soixante-neuf, à trois heures de relevée, dans la salle de l'hôtel commun de la ville de Limoges, où avoient été convoqués messieurs les notables en conformité de l'édit du mois d'août 1764 et où étoient assemblés Messieurs Juge, maire; Bonnin de Fraysseix, Guerin de Lalet, Estienne de La Rivière et Ardent du Picq, échevins; Jayac de la Garde, Roulhac du Rouveix, conseillers de ville; de Maleden de Bonnabry, chanoine de la cathédrale; de Léonard de Fressanges, curé de St-Michel; Goudin de la Borderie, écuyer; Hugon des Thouars, conseiller au Sénéchal; David de Brie, avocat du Roy à la Monnoye; Tanchon, avocat; Texier, procureur; Joseph Petiniaud, Jérémie Martin, Georges Pouyat, Brisset du Puy du Tour, bourgeois et marchand, et Thabaraud l'aîné, maître tailleur, tous notables, pour procéder à l'élection de deux échevins, en conformité dudit édit enregistré au Parlement le 14 janvier 1768 et en cette séneschaussée le 4 février audit an, — Nous Joseph Grégoire de Roulhac, écuyer, seigneur de Thias, conseiller secrétaire du Roy, lieutenant général civil et de police en la sénéchaussée et siège présidial de cette ville, présidant l'assemblée, en l'absence du procureur du Roy en la sénéchaussée, lequel a été invité : après que chacun eut eu pris séance, le scrutin ayant été ouvert pour remplacer le s^r Bonnin de Fraysseix, premier échevin, la pluralité des voix s'est réunie en faveur de Monsieur Roulhac du Rouveix, conseiller au présidial et sénéchal de cette ville ; et, après ce scrutin, s'est pareillement trouvée réunie la pluralité des suffrages [en faveur] de Monsieur Romanet du Caillaud, écuyer. De tout quoy nous avons dressé le présent procès-verbal pour servir et valoir. Fait les dits jour, mois et an que dessus.

JUGE, ROULHAC DE THIAS, BONNIN DE FRAIXEIX, ARDANT, MALEDEN, chanoine; ESTIENNE, GUÉRIN, GOUDIN DE LABORDERIE, DE FRESSANGES, curé de St-Michel; JAYAC DE LAGARDE, JÉRÉMIE MARTIN, TANCHON, George POUYAT, TEXIER, HUGON, DAVID DE BRIE, BRISSET, DE ROULHAC, TABARAUD.

Et advenant le premier octobre mil sept cent soixante-neuf, à huit heures du matin, Monsieur Roulhac du Rouveix, échevin, a prêté entre les mains du sieur Juge, maire, le serment au cas requis de bien et fidèlement remplir les fonctions de sa charge : Monsieur Romanet du Caillaud, écuyer, n'ayant pu prêter le sien, attendu son absence. JUGE, DE ROULHAC.

<small>Installation de M. Roulhac du Rouveix, échevin. Election de MM. Goudin de La Borderie, Tanchon et Jérémie Martin de La Plaigne aux fonctions de conseillers de ville</small>   Aujourd'hui, premier octobre mil sept cent soixante-neuf, à neuf heures du matin, dans la salle de l'hôtel commun de la ville de Limoges, où avoient été convoqués messieurs les notables et où étoient assemblés Messieurs Juge, maire; Roulhac du Rouveix, Estienne de La Rivière, et Ardant du Picq, échevins; Maleden de Bonnabry, de Léonard de Fressanges, Goudin de la Borderie, David de Brie, Tanchon, avocat; Texier, procureur; Jérémie Martin de La Plaigne, George Pouyat, Brisset du Puy du Tour, Thabaraud l'aîné et Morin père, tous notables, pour procéder à l'élection des conseillers de ville à remplacer conformément à l'édit, — Nous, Joseph Grégoire de Roulhac, écuyer, seigneur de Thias, conseiller et secrétaire du Roy, lieutenant général civil et de police en la sénéchaussée et siège présidial de Limoges, présidant l'assemblée en l'absence du procureur du Roy convoqué : après qu'il a apparu la prestation de serment du sieur Roulhac, échevin, et qu'il a été installé, que chacun a eut pris séance dans l'ordre fixé dans ledit édit, il a été procédé par scrutin à l'élection desdits conseillers de ville. Après le premier scrutin, la pluralité des voix s'est réunie en faveur de Monsieur Tanchon, avocat; au second, en faveur de Monsieur Goudin de la Borderie, écuyer, et au troisième, en faveur de Monsieur Jérémie Martin de La Plaigne, bourgeois et marchand. De tout quoy nous avons dressé le présent procès-verbal pour servir et valoir, lesdits jour, mois et an que dessus.

JUGE, ROULHAC DE THIAS, DE ROULHAC, MALEDEN, chanoine; ESTIENNE, ARDANT, DE FRESSANGES, curé de St-Michel-des Lyons; GOUDIN DE LA BORDERIE, JÉRÉMIE MARTIN, TANCHON, DAVID DE BRIE, George POUYAT, BRISSET, TABARAUD, TEXIER, MORIN.

<small>Nomination de M. Roulhac du Rouveix, échevin, au bureau du Collège en remplacement de M. Bonnin du Fraixeix.</small>   Aujourd'hui, deux octobre mil sept cent soixante-neuf, dans la salle de l'hôtel commun de cette ville, où étoient assemblés Messieurs le maire et échevins, M. Juge, maire, a exposé qu'il étoit nécessaire de remplacer Monsieur Jean-Baptiste Bonnin de Fraixeix, conseiller du Roy, ancien échevin, au bureau du collège de cette ville. La chose mise en délibération, Messieurs le maire et échevins ont, d'une commune voix, nommé Monsieur Jean-Grégoire de Roulhac du Rouveix, échevin actuel, pour remplacer ledit sieur Bonnin de Fraixeix, en conformité de la déclaration du vingt-un mars mil sept cent soixante-trois. Fait le dit jour, mois et an que dessus. JUGE, ARDANT DU PICQ (1).

(1) La récolte de 1769 fut presque nulle, et à l'entrée de l'hiver la population se trouva

Aujourd'hui, vingt-neuf octobre mil sept cent soixante-neuf, dans la salle de l'hôtel de ville de Limoges, s'est présenté Monsieur Romanet du Caillaux, écuyer, échevin, qui a prêté entre les mains du sieur Juge, maire, le serment au cas requis de bien et fidèlement remplir les fonctions de sa charge.

Installation de M. Romanet du Caillaud, échevin.

JUGE, ROMANET DU CAILLAUD (1).

Aujourd'hui, premier mars mil sept cent soixante-dix, dans la salle de l'hôtel de ville de Limoges, où étoient convoqués Messieurs les magistrats municipaux, conseillers, notables et commissaires pour la vérification des comptes, en présence de M. le lieutenant général, M. le procureur du Roy, absent, ayant été convoqué : sur le compte qui a été rendu par le sieur Nadaud, sindic receveur, du produit tant des Octrois que Patrimoniaux et Don gratuit et de l'emploi qui en a été fait, le tout ayant été duement vériffié par

Vérification des comptes du 1ᵉʳ septembre 1769 au 1ᵉʳ mars 1770.

---

menacée d'une disette presque générale. On sait quel zèle déploya Turgot, aidé surtout dans ses généreux efforts par le haut commerce de Limoges et le Clergé. Des achats importants de grains furent faits par les ordres de l'Intendant ; plusieurs convois destinés à la province manquèrent d'être pillés en route : l'un d'eux, qui était attendu à Limoges, dut s'arrêter à Saint-Léonard, la population soulevée s'opposant à son départ. Il fallut envoyer de Limoges, le 18 décembre, douze cavaliers de la maréchaussée et soixante du régiment de Condé pour le dégager. Quatre personnes compromises dans cette affaire, furent peu après emprisonnées à Limoges. — Notons, parmi les phénomènes météorologiques signalés par les documents du temps, des coups de tonnerre répétés pendant les journées des 8 et 9 novembre.

Le 19 décembre, l'église des Oratoriens étant à peu près achevée, on posa la croix de pierre qui ornait la façade de ce monument. Celui-ci devait être consumé vingt ans plus tard, dans le grand incendie du 6 septembre 1790.

(1) A la mort de la comtesse des Cars, le corps de ville de Limoges s'empressa d'adresser à son fils ses compliments de condoléance et de l'inviter à un service solennel célébré aux frais de la ville. Les Archives communales ont conservé la réponse faite à cette lettre :

— « Je n'ai reçu qu'aujourd'huy, Messieurs, la lettre que vous m'avés fait l'honneur de m'adresser aux Cars.

» Je ne perds pas un instant pour avoir l'honneur de vous faire mes remerciments de la part que vous vous voulés bien prendre a la perte que je viens de faire et vous assurer, Messieurs, de toute ma reconnoissance de l'honêteté que vous voulés bien me faire a cette occasion. J'aurai l'honneur d'aller vous en faire mes remerciments moy meme ; mais j'avoue que l'abatement ou je me trouve ne me laisse pas assés de force d'esprit pour satisfaire mon impatience a cet egard.

» Voulés vous bien agréer, Messieurs, mes très humbles excuses de ne point assister au service que vous vous proposés de faire celebrer J'espere que vous voudrés bien entrer dans ma situation : elle merite votre indulgence. Mon plus grand soin serat de ne rien négliger, Messieurs, de ce qui pourrat me la concilier, et vous voir convaincus du veritable et sincère attachement avec lequel j'ai l'honneur d'être, Messieurs, votre tres humble et tres obeissant serviteur.

» Le baron DESCARS.

» A La Renaudie, 10 fevrier 1770. »

Messieurs les commissaires nommés à cet effet; vu les registres et autres pièces justificatives, il s'est trouvé que la recette du Don gratuit, puis le premier septembre dernier jusqu'à ce jour, s'élève à la somme de dix-neuf mille soixante seize livres dix-neuf sols huit deniers, y compris ce qui avoit demeuré en caisse ledit jour, premier septembre mil sept cent soixante-neuf; et la dépense, pour le même temps, huit cent dix-huit livres dix-huit sols un denier : en sorte qu'il reste en caisse, pour le Don gratuit, la somme de dix-huit mille deux cent cinquante-huit livres un sol sept deniers, cy.................................... 18.258 l. 1 s. 7 d.

Pareillement, il s'est trouvé que la recette des Octrois et Patrimoniaux, y compris l'eau des étangs et le courtage, monte à la somme de seize mille huit cent quatre-vingt-dix-neuf livres trois sols sept deniers, y compris ce qui avoit demeuré en caisse au premier septembre dernier; et la dépense, pour le même temps, treize mille soixante-cinq livres trois sols deux deniers : en sorte qu'il reste en caisse, pour les Octrois et Patrimoniaux, trois mille huit cent trente-quatre livres cinq deniers, cy.................................... 3.834 l. » 5 d.

TOTAL............. 22.092 l. 2 s. » d.

Juge; Roulhac; de Roulhac; Romanet; Maleden, chan^e; Estienne; Tabaraud; Martin; Brisset; J^h Pétiniaud; David de Brie; du Boys, chan^{ne} de Saint-Martial; de Fressanges (1), curé de Saint-Michel-des-Lions; Morin; Ardant.

(1) Le prix des denrées augmentait. La misère continuait à être grande. L'intendant pour donner de l'ouvrage aux nécessiteux, faisait pousser les travaux de terrassement des places Manigne et Boucherie, rehausser le terrain entre ces deux places et commencer le pavé de la chaussée qui devait les joindre. On travailla également à la démolition de ce qui restait de la tour Branlant et au prolongement de la rue Sainte-Valérie dans la direction des fossés, qui peu à peu se comblaient et se transformaient en boulevards (V. P. Ducourtieux, Limoges d'après ses anciens plans). Des réunions de toutes les autorités et des personnages les plus notables de la ville eurent lieu sous la présidence de Turgot et de Mgr du Plessis d'Argentré, pour aviser aux moyens de subvenir à la détresse d'une partie de la population. Des bureaux de charité furent établis partout. L'intendant trouva dans les rangs du clergé ses plus utiles et plus dévoués collaborateurs. Des listes de souscriptions circulèrent partout. Le contrôleur général avait autorisé Turgot à prélever 50,000 écus sur le produit des impôts. L'abbé Legros donne dans la *Continuation des Annales* des détails intéressants sur les distributions qui furent faites à Limoges et sur les mesures adoptées pour venir au secours des pauvres. Nous ne pouvons que renvoyer à son manuscrit, pages 147, 148.

On sait que des règlements très rigoureux avaient été faits dans la première moitié du XVIIIe siècle. Ils furent renouvelés : toutefois l'intendant autorisa, au cours de la disette, les

Le susdit jour, premier mars mil sept cent soixante-dix, dans la chambre de l'hôtel commun de ladite ville de Limoges, en l'assemblée des notables extraordinairement convoquée de tous les susdits notables, échevins et conseillers, par le s^r maire, aux formes pres- *Ordre au receveur de s'occuper de la confection des comptes.*

curés et les personnes dignes de confiance qui lui servaient d'auxiliaires à délivrer aux indigents des bons pour une petite quantité de grains à prendre par le porteur aux greniers publics ou à certains greniers particuliers désignés. On trouve, dans la liasse C 55 des Archives du département, plusieurs spécimens des formules imprimées dont on se servait à cet effet.

La misère publique n'empêchait pas la haute société, qui donnait du reste un concours généreux à tout ce qui était tenté pour venir en aide aux pauvres, de se livrer au plaisir. Il y eut, cet hiver, plusieurs fêtes dont le luxe contrastait singulièrement avec la simplicité que gardaient encore la plupart des intérieurs. Un grand bal fut donné, le 24 janvier, à l'hôtel de ville, par M. de Saint-Yrieix. Il se termina par un souper somptueux. Les officiers de Condé et quelques jeunes gens des meilleures familles de la ville servirent les dames, au nombre de soixante-deux, qui formèrent la première table. Le colonel, M. de Lautrec, dirigeait le service.

Turgot encourageait ces fêtes, qui donnaient du travail au petit commerce et dont les pauvres avaient souvent leur part. Il ne fut pas étranger à la reconstitution de la Société des Concerts, qui s'était reformée et qui, sous la direction de M. de Luxémont, officier au régiment de Clermont-prince, donna des représentations théâtrales en 1770 et 1771; mais les locaux de l'hôtel de ville n'étaient ni commodes, ni suffisants. Au point de vue de la solidité, l'édifice laissait fort à désirer; les dangers d'incendie étaient grands. Enfin, il était peu convenable de transformer en salle de bal le prétoire d'un tribunal. Aussi l'intendant paraît-il avoir été un des promoteurs d'un projet pour la construction d'une salle de spectacle qui a laissé quelques traces dans nos archives. On possède la liste des souscriptions recueillies en vue de réaliser ce projet. L'entête est de la main de Turgot, et sa signature figure la première. Il s'agissait de trouver 30,000 livres. Cette somme paraissait pouvoir à la rigueur suffire pour l'édifice, très simple, dont on se serait contenté. L'intendant et les personnes qui s'étaient associées à ses vues espéraient réaliser la somme nécessaire au moyen d'obligations émises sous forme de billets de loterie et remboursables sans intérêt, par voie de tirages successifs, sur le produit des bals et spectacles. Ces obligations — le projet se sert du mot d'actions — étaient au nombre de cinquante, de six cents livres chacune. Par malheur, l'émission ne réussit pas : vingt-quatre noms seulement figurent à la suite de celui de l'Intendant.

La souscription paraît avoir traîné plusieurs années. Pendant ce temps, Turgot faisait dresser les plans et devis, que nous ne connaissons pas, mais auxquels M. Trésaguet et M. Broussaud durent sans nul doute collaborer, — et préparait un projet d'arrêt du Conseil pour autoriser l'émission des obligations ainsi que les statuts de la Société, dont l'administration aurait été confiée à des syndics. Nous verrons plus loin (sous la date de février 1773) une nouvelle combinaison se substituer à celle-ci. Le départ de Turgot fit abandonner ces projets, qui auraient probablement fini par aboutir s'il était demeuré quelques années de plus à Limoges.

Le régiment de Condé partit le 1er mai et fut remplacé le 7 par celui de Clermont-prince.

L'abbé Legros signale cette année-là d'importantes réparations aux églises de Saint-Michel et de Saint-Domnolet et l'enlèvement de la calotte de plomb qui surmontait le petit clocher de Saint-Martial : cette coupole, jugée trop lourde, fut remplacée par une toiture basse, à tuiles plates. Des ouvriers Italiens recrépirent et blanchirent toute la basilique. La hardiesse et la sûreté de leur travail fit l'admiration de toute la ville.

Le commencement de l'année avait vu se produire, au sein de la communauté de Saint-Alexis, spécialement fondée, comme on sait, pour le service de l'hospice de Limoges, d'assez graves dissentiments. Ces divisions amenèrent le départ de plusieurs religieuses; par bonheur l'excellent esprit de la congrégation ne souffrit pas de cette crise, toute passagère. L'évêque intervint et certains articles des statuts furent modifiés.

Mentionnons le service célébré le 10 février 1770, aux frais de l'hôtel de ville, pour le repos de l'âme de la comtesse des Cars, veuve de l'ancien lieutenant général au gouvernement. Ce service fut célébré dans l'église des Jacobins où se trouvait la chapelle funéraire de cette illustre famille.

Les vols de bois dans le chantier du Naveix devenant de plus en plus fréquents, on fit planter, à l'entrée du pont Saint-Etienne, un poteau, avec une cravate en fer, pour y exposer les voleurs.

Défense de se servir de la salle de dépôt que pour y traiter des affaires de la commune. Réparation de la fontaine d'Aigoulène.

crites par les édits de mil sept cent soixante-quatre et mil sept cent soixante-sept, M. le lieutenant général président (en l'absence de M. le procureur du Roy, qui avoit été duement convoqué), le sieur Juge, maire, a représenté qu'on étoit en demeure de rendre les comptes portés par lesdits édits et qu'il convenoit de se mettre en règle à cet égard incessamment; que la salle où se tient la présente assemblée et dans laquelle est le dépôt des papiers et des deniers de la ville étant absolument isolée à une distance assez considérable de tous voisins et de toute habitation, il seroit à propos de pourvoir à sa sûreté, — et qu'enfin quelques-uns des travaux faits l'année dernière à la fontaine d'Eygoulène ayant été détruits par les inondations extraordinaires de cet hiver, l'on ne sauroit trop tôt y remédier, pour empêcher que les dégradations augmentent. Ces différentes observations ayant été mises en délibération, il a été unanimement arrêté que le sindic-receveur travailleroit sans aucun retard à la faction des comptes qui doivent être présentés au sénéchal et au parlement, et tout de suite à ceux qui concernent l'élection : ce qui a été exécuté aussitôt par les ordres précis que l'assemblée luy a donnés ; qu'en ce qui concerne la sûreté de la présante salle servant de dépôt et de lieu d'assemblée, Messieurs les maire et échevins prieroient M. l'intendant de concerter avec eux les moyens d'y pourvoir ; qu'en attendant ils ne pourroient, sous tel prétexte que ce puisse être, accorder permission à qui que ce soit de se servir de ladite salle que pour y traiter des affaires de la maison de ville, par ceux qui ont droit d'assister à ces délibérations ; qu'au surplus, d'abord que la saison le permettra, messieurs les maire et échevins feront travailler aux réparations de la fontaine d'Aygoulène.

JUGE; ROULHAC; DE ROULHAC; ROMANET; ARDANT; ESTIENNE; MALEDENT, chan[e]; MARTIN; BRISSET; DU BOYS, chan[ne]; DAVID DE BRIE; TABARAUD; MORIN; DE FRESSANGES, curé de Saint-Michel-des-Lions; J[h] PÉTINIAUD.

Vérification des comptes du 1er mars au 1er septembre 1770

Aujourd'hui, premier septembre mil sept cent soixante-dix, dans la salle de l'hôtel de ville de Limoges, où étoient convoqués messieurs les magistrats municipaux, conseillers, notables et commissaires pour la vérification des comptes, en présence de M. le lieutenant général, président l'assemblée, (M. le procureur du Roy absent, quoique duement convoqué), sur le compte qui a été rendu par le sieur Nadaud, sindic-receveur, du produit tant des Octrois que Patrimoniaux et du Don gratuit et de l'emploi qui en a été fait : le tout ayant été duement vériffié par messieurs les commissaires nommés à cet effet, vu les registres et autres pièces justificatives, il s'est trouvé que la recette du Don gratuit, depuis le premier mars dernier jusqu'à ce jour, s'élève à la somme de vingt-trois mille neuf cent quarante-neuf livres neuf sols dix deniers, y compris ce qui avoit demeuré en caisse ledit jour, premier mars mil sept cent soixante-dix, et la dépense, pour le même temps, dix mille sept cent quatre-vingt-neuf livres cinq sols dix deniers : en sorte qu'il reste en caisse, pour le Don gratuit, la somme de treize mille cent soixante livres quatre sols, cy.......................... 13.160 l. 4 s.

Pareillement, il fut trouvé que la recette des Octrois et Patrimoniaux, y compris l'eau des étangs et le courtage, monte à la somme de onze mille huit cent vingt-une livres treize sols huit deniers, y compris ce qui avoit demeuré en caisse au premier mars mil sept cent soixante-dix ; et la dépense, pour le même temps, dix mille cent quatre-vingt-dix livres onze sols huit deniers, en sorte qu'il reste en caisse, pour les Octrois et Patrimoniaux, mil trois cent trente-une livres deux sols, cy........................... 1.331 l. 2 s.
                                                                    ─────────
                                                                    14.491 l. 6 s.

JUGE; ROULHAC; DE ROULHAC; ROMANET; DU BOYS, chanoine; ARDANT; ESTIENNE; MARTIN; J^h PETINIAUD; Georges POUYAT.

Le susdit jour, premier septembre mil sept cent soixante-dix, dans la chambre de l'hôtel commun de ladite ville de Limoges, en l'assemblée des notables, extraordinairement convoquée, de tous les susdits notables, échevins et conseillers, par le s^r maire, aux formes prescrites par les édits de mil sept cent soixante-quatre et mil sept cent soixante-sept, Monsieur le lieutenant général présent (en l'absence de M. le procureur du Roy, qui avoit été duement convoqué), le sieur Juge, maire, a représenté que la vérification faite par Messieurs les commissaires, met bien en évidence les recettes et dépenses effectives qui ont été faites, mais ne donne pas moyen de connoître si tous les revenus de la ville sont rentrés, s'il en a demeuré en arrérage, et les raisons qui en ont empêché le recouvrement ;

Nomination de commissaires à la vérification des comptes jusqu'à ce jour.

que cependant il paroit essentiel que cet objet soit éclairci. A ces fins, il propose de nommer quelques-uns de Messieurs composant le corps de ville pour commissaires et les prier de faire la susdite vérification, qui embrassera tout le temps qui s'est écoulé depuis le commencement de la régie. La chose mise en délibération, il a été unanimement arrêté qu'il seroit procédé au plus tôt à la vérification cy-dessus par messieurs Goudin de la Borderie, écuyer ; Romanet du Caillaud, écuyer ; Ardant du Picq et Pétiniaud, que l'assemblée a nommés commissaires à cet effet, les prie de remplir leurs commissions et d'en référer à l'assemblée.

JUGE ; ROULHAC ; DE ROULHAC ; ROMANET ; ESTIENNE ; DU BOYS ; ARDANT ; MARTIN ; J^h PÉTINIAUD ; Georges POUYAT (1).

A Paris, le 27 août 1770.

Lettre de l'Intendant et ordonnance du Roi du 1er août 1770 relativement au logement de la maréchaussée.

Vous verrés, Messieurs, par la copie de l'ordonnance cy-jointe que l'intention du Roy est que la maréchaussée soit casernée, et qu'en attendant que les villes se soient procuré les maisons nécessaires, il soit assigné des logements chez les habitants. Pour éviter cette charge aux habitants de Limoges, j'ay chargé, avant mon départ, Messieurs de Rochebrune et Dumasneuf de se procurer deux maisons pour y établir les deux brigades de Limoges. Je suis informé qu'ils ont exécuté ce que j'avois prescrit à cet égard. Comme il est nécessaire que le bail afferma des maisons qu'ils ont choisies soit passé au nom de la ville, je vous prie de donner pouvoir à quel-

---

(1) La chronique locale des derniers mois de 1770 est assez riche. Signalons l'orage du 3 septembre, au cours duquel une femme fut tuée par la foudre au pont Saint-Martial ; et le baptême (9 septembre) du jeune Brunier, que le comte de Boulainvilliers, mestre de camp de Clermont-Prince, accepta de tenir sur les fonts avec Mme Barbou des Courières. Ce baptême fut célébré avec une solennité extraordinaire. Tout le régiment était sur pied et des distributions aux pauvres et aux cavaliers de Clermont furent faites par le parrain.

Mentionnons encore la séance solennelle du Collège de médecine de Limoges, tenue le 5 décembre dans la salle Saint-Louis, au monastère des Jacobins ; le discours, dont le sujet était : *De la conception du corps humain*, fut fait, en latin, par le Dr Arnaud du Chambaud.

Une évasion se produisit dans les circonstances assez romanesques, le 19 novembre. Deux cavaliers de la maréchaussée conduisaient un déporté qu'ils venaient d'extraire de la prison et qui était destiné à être embarqué pour Cayenne. La fiancée du prisonnier l'accompagnait en pleurant. Arrivée à la porte des Arènes, elle demanda un instant pour embrasser le pauvre diable et lui faire ses adieux. Les deux cavaliers ayant profité de cet arrêt pour engager une conversation avec quelques passants, la fille réussit à couper avec ses ciseaux la corde qui retenait son amant et celui-ci put s'échapper.

La fin de l'année fut signalée par de nouveaux éboulements. La chute d'un mur de ville, près la rue Puy-Vieille-Monnaie, dégrada plusieurs maisons. Peu de jours après, un accident semblable se produisit entre la porte du Saint-Esprit et la tour de Pissevache.

qu'un des officiers du corps de ville de passer les baux à ferme dont il s'agit.

J'ay l'honneur d'être très parfaitement, Messieurs, votre très humble et très obéissant serviteur. *Signé,* Turgot, intendant de la généralité de Limoges.

Ordonnance du Roy concernant le logement des brigades de maréchaussée.

Du premier août 1770.

De par le Roy, Sa Majesté étant informée, etc.

Article premier. — Les casernes des brigades de maréchaussée ou maisons qui en tiendront lieu, seront composées au moins de deux chambres à cheminée pour le commandant; d'une chambre, pareillement à cheminée, pour chaque cavalier, et d'une autre chambre pour les cavaliers étrangers, indépendamment des écuries, qui devront contenir deux chevaux de plus que ceux de la brigade pour lesdits cavaliers étrangers, et de greniers pour la provision des fourrages au moins d'une année, ainsy qu'il est ordonné par l'article vingt-six de l'ordonnance du 27 décembre 1769, que Sa Majesté confirme et interprette en tant que de besoin.

Art. 2. — Sa Majesté dispense les villes et communautés par lesquelles ces casernes seront fournies de les garnir d'aucuns meubles et ustansiles : les maisons acquises ou louées pour en tenir lieu devant seulement être mises en bon état de réparation, rendues logeables et bien entretenues aux frais desdites villes et communautés.

Art. 3. — L'intention de Sa Majesté est qu'il soit procédé sans délay à l'établissement desdites casernes dans tous les lieux de résidence des brigades de maréchaussée ; que les commandans et cavaliers y soyent logés au plutôt et qu'en attendant il leur soit assigné des logements chés les habitants, ainsy qu'il en est usé pour les troupes en quartier ou en garnison dans les provinces, conformément à l'article 26 de l'ordonnance du 27 décembre 1769, dont Sa Majesté confirme le surplus des dispositions.

Mande et ordonne Sa Majesté aux gouverneurs, etc. Fait à Compiègne, le 1ᵉʳ août 1770, *signé :* Louis, *et plus bas,* le duc de Choiseul.

En conséquence de la lettre cy-dessus de M. l'intendant, M. Roulhac du Rouveix, échevin, a été prié de convenir des conditions des contrats de ferme des maisons dont s'agit et de les signer pour la ville. Fait et délibéré en l'hôtel commun de ladite ville, le premier septembre mil sept cent soixante-dix.

JUGE, ARDANT, ESTIENNE.

<small>Établissement d'une fontaine au moyen du trop plein de celle de Saint-Pierre près le couvent des Cordeliers et d'une autre à l'évêché.</small>

Aujourd'hui, quinzième septembre mil sept cent soixante-dix, dans la chambre de l'hôtel commun de la ville de Limoges, en l'assemblée des notables, extraordinairement convoquée, de tous les susdits notables, échevins et conseillers, par le sieur maire, aux formes prescrites par les édits de mil sept cent soixante-quatre et mille sept cent soixante-sept, Monsieur le lieutenant général présent (en l'absence de M. le procureur du Roy qui avoit été duement convoqué); le sieur Juge, maire, a exposé que le nombre des maisons construites depuis quelques années sur l'emplacement qui est entre la porte Boucherie et la porte de Tourny, faisoient désirer aux habitants qu'on leur procurât une fontaine, ce qui pouvoit avoir lieu sans porter préjudice aux autres fontaines de la ville et sans que la construction devienne à sa charge, par les offres que faisoient M. l'évêque, M. le lieutenant général, les Pères Cordeliers (1), la veuve Nieaud et la dem^{elle} Thévenin, en prenant le reflux de la fontaine de Saint-Pierre dans la maison d'icelle sous les conditions portées au projet de contrat qui a été contresigné par les s^{rs} Juge, Roulhac, Estienne et Ardant du Picq, maire et échevins, pour être transcrit à la suite de la présente délibération. Duquel projet lecture ayant été faitte et communication prise du plan formé à cet effet par le sieur Tresaguet, ingénieur de la province, il a été délibéré que le susdit projet demeure accepté, et pour la passation d'iceluy l'assemblée a député MM. les maire et échevins.

JUGE, ROULHAC, DE ROULHAC, ESTIENNE, ARDANT, TANCHON, MURET, J^h PÉTINIAUD, MARTIN, BRISSET, TABARAUD.

Pardevant etc., ont été présents, MM. les maire et échevins de la ville de Limoges d'une part, et M. Jean Tanchon, sieur de Lage, avocat en parlement, demeurant en cette ville, rue Gagnolle, pa-

---

(1) On sait que les Cordeliers étaient établis sur l'emplacement de l'hôtel de la Paix, de l'avenue de Fleurus, de l'hôtel du cercle de l'Union et de la rue Neuve Saint-Etienne. Les religieux de Saint François occupaient ces terrains depuis 1223 d'après B. Itier; depuis 1224 ou même 1225 seulement d'après d'autres chroniqueurs.

roisse Saint-Michel, agissant au nom de porteur du pouvoir de Monseigneur Louis-Charles du Plessis d'Argentré, évêque de Limoges; M. Joseph Grégoire de Roulhac, écuyer, conseiller secrétaire du Roy, lieutenant général civil et de police en la sénéchaussée et siège présidial dudit Limoges ; dem^{lle} Marie Cossas, veuve du s^r Nieaud, faisant tant pour elle que pour sieur Nieaud, son fils; dem^{lle} Marie Thévenin, demeurant près la porte de Tourny de cette ville, paroisse de Saint-Paul, et révérend père Jean Pierre Arbonnaud, gardien du couvent des PP. Cordeliers de cette dite ville de Limoges, pour eux et les leurs, d'autre part.

Disent les parties que M. Turgot, intendant de cette généralité, voulant, d'après les plans de l'ingénieur pour le Roy dans la province, procurer une fontaine aux habitants du quartier de la porte Tourny (1) qui se sont multipliés depuis quelques années par les nouvelles constructions qui se sont faites, auroit destiné à cet établissement une partie des eaux de la fontaine de Saint-Pierre en les prenant à la mère, au premier réservoir, et en les distribuant de telle manière que le public en eût suffisamment pour son usage à l'une et à l'autre de ces fontaines ; mais comme les ouvrages qu'il faudra faire pour y parvenir seront dispendieux et que la ville est peu en état d'y fournir; comme d'ailleurs mon dit sieur lieutenant général, à la suite de ses vendeurs, jouit depuis longues années du reflux des eaux de la mère de la dite fontaine, voulant néanmoins procurer un établissement aussi avantageux au public, ledit s^r lieutenant général offre de contribuer à la construction de la dite fontaine pour la somme de deux cent quarante livres [et] consent par ces présentes à se désister, en faveur de la ville, de l'usage et possession qu'il avoit d'aller prendre le reflux ou excédant des eaux de la fontaine de Saint-Pierre à la mère d'icelle, et de le conduire dans sa maison, en ce que cependant il luy sera libre de prendre, dans le bassin qui sera étably à la nouvelle fontaine, le tiers de l'eau qui ne sera pas nécessaire au service du public, lequel il conduira à ses frais dans sa maison pour en prendre pour son service par un simple robinet qu'il tiendra fermé dans les autres temps affin que l'eau puisse couler dans les corps inférieurs; à ces fins demeurera tenu d'en entretenir la conduite depuis la fontaine jusqu'à sa maison. Comme aussi les dites dem^{lles} Nieaud et Thevenin offrent de contribuer à la construction pour la somme de quatre cents livres chacune, en ce qu'il leur sera libre de mettre à

---

(1) Il ne faut pas confondre cette fontaine avec celle d'un aspect beaucoup plus monumental, qui fut établie cinq ans plus tard à peu de distance, et que le peuple baptisa du nom de fontaine des Fantaisies.

leurs fraix, vis à vis leurs maisons, un corps dont la dimension a été réglée, par le sieur ingénieur de la province, à deux lignes d'eau pour chacune d'elles, qu'elles pourront conduire dans leurs maisons pour y prendre l'eau qui leur sera nécessaire : lequel robinet demeurera pareillement fermé dans les autres temps, affin que l'eau se conduise à la fontaine publique. Pareillement, le dit père Arbonnaud, gardien des P.P. Cordeliers, offre de contribuer à la construction pour la somme de trois cents livres, en ce que les religieux de sa communauté prendront, dans la cour du s⁻ lieutenant général et au point de son robinet, un second tiers de l'eau excédante de la dite fontaine, et seront tenus de la conduire à leurs fraix dans leur communauté, où ils auront pareillement un robinet qui demeurera fermé dans le temps où l'usage n'en sera pas nécessaire pour le service de leur maison : se chargeant de rétablir les lieux en état sur le terrain du dit s⁻ lieutenant général lorsqu'ils seront obligés d'y faire travailler et de l'y conduire à travers sa cour et son bûcher, à distance convenable de sa maison et bâtiments ; et finalement le dit s⁻ Tanchon (1), au nom du seigneur évêque de Limoges, offre de contribuer à la construction de ladite fontaine pour la somme de trois cents livres, en ce qu'il pourra prendre dans la maison des P.P. Cordeliers, au point de leur robinet, l'eau provenant de la dite fontaine, excédant l'usage du public, celui du s⁻ lieutenant général et celui des P.P. Cordeliers, pour la conduire dans le palais épiscopal et en disposer à son gré, — en ce que ledit seigneur évêque demeurera chargé de rétablir les lieux en état sur les terrains des dits P.P. Cordeliers lorsqu'il sera obligé d'y faire travailler : ce qui a été accepté par le dit s⁻ maire et échevins, lesquels au moyen des susdites offres demeurent déchargés de la première dépense et établissement de la fontaine, qui sera en piramide, avec une cuvette de plomb à simple bouton ; et ne seront, par la suite, tenus à autre chose qu'à entretenir la conduite de l'eau depuis la mère jusques et compris la piramide formant la fontaine, qui sera construite et établie près la porte Tourny, et à faire les autres réparations nécessaires à la dite piramide après sa construction, sans être tenus à rien de ce qui sera au-dessous ; à tout quoy faire et entretenir touttes parties se sont soumises et ont chargé le porteur des présentes d'en requérir l'homologation de M. le commissaire départi de cette province, pour du tout être délivré expédition à tous les intéressés pour leur servir de titre. De tout quoy nous a été requis acte, que nous avons concédé.

(1) M. Tanchon était juge de la Cité pour l'Evêque de Limoges. On sait qu'il avait été mêlé à l'affaire de la suppression de Grandmont.

Aujourd'huy, vingt neuf septembre mil sept soixante-dix, dans la salle de l'hôtel commun de cette ville, où étoient assemblés Messieurs Jugé, maire ; Roulhac du Rouveix, Romanet du Caillaud, écuyer ; Estiénne de la Rivière et Ardant du Picq, échevins, — environ les deux heures de relevée, se sont présentés, en vertu de la convocation qui a été faite par ledit sieur Juge, maire, Messieurs les députés des différents corps, communautés et jurandes de la présente ville cy-après, pour compléter le nombre de messieurs les notables, dont il en manque cinq : un pour messieurs de la noblesse et officiers militaires ; un pour les officiers des autres jurisdictions en quelque nombre qu'elles soient dans le lieu ; un pour les commensaux du Roy, les avocats, médecins et bourgeois vivant noblement ; un parmy la communauté des notaires et procureurs ; et un autre parmy les négociants. Lesdits sieurs députés qui ont comparu sont : Monsieur Léonard Joseph Marchandon, chanoine, député du chapitre de la cathédrale ; M. François Chavepeyre, chanoine, député du chapitre collégial ; M. Siméon Nasvières, curé de St-Pierre, député de MM. du clergé ; M. Pierre Nasvières, conseiller au présidial, député du sénéchal et présidial de cette ville (1) ; M. Jean Decordes de Parpaliac, conseiller et procureur du Roy, de la police, député de ladite police ; M. Jean-Baptiste Montégut, conseiller, juge garde de la Monnoye, député de la Monnoye ; M. Jean-Baptiste Guineaud Dupré, juge de la jurisdiction consulaire, député de son corps ; M. Jacques-Joseph Juge de La Borie, avocat, député de M^{rs} les avocats, et Pierre Bonnin du Mauzelet, bourgeois, député de MM. les bourgeois ; M. Joseph Fournier l'ainé, notaire royal, député de la communauté des notaires ; M. Jean-Baptiste-Martial Vidaud, procureur, député de la communauté des procureurs ; M. Gabriel-Joseph Grellet des Prades, écuyer, député de MM. les négociants ; Barthazard Grenaud, dit Teilhaut, M^e cordonnier, député de son corps ; Michel Londeix, M^e perruquier, député desdits maîtres perruquiers ; Jean Duverger père, M^e serrurier, député desdits maîtres serruriers ; Jean-Baptiste Rateau, maître menuisier, député desdits maîtres menuisiers ; Michel Monneyron, charron, député des charrons et savetiers ; Jean Rebeyrole, M^e tailleur, député desdits maîtres tailleurs ; Jean Bordas, maître boulanger, député des maîtres boulangers ; Baptiste Granger, laboureur, député des laboureurs, et Honoré Latache jeune, orpheuvre, député des orpheuvres, horlogers et ferblantiers : ne s'estant présenté, quoique duement convoqués, aucun député pour Messieurs de la noblesse, M^{rs} de l'élection et ceux de la pré-

Election de MM. Grellet des Prades, Montégut, Bonnin du Mauzelet, Fournier ainé, Grellet jeune, aux fonctions de notables.

---

(1) Nous trouvons réunis ici les deux frères Navières auquels la ville de Limoges est en grande partie redevable, comme nous le verrons plus loin, de l'établissement des religieuses de Saint-Vincent de Paul.

voté, M^{rs} les commensaux de la maison du Roy et M^{rs} les médecins les apothicaires, les bouchers, les teinturiers, fondeurs et chapeliers, selliers, les patissiers, les aubergistes, les relieurs, les armuriers, maréchaux, couteliers et ta[illa]ndiers, les sabotiers, les charpentiers, maçons, paveurs et blanchisseurs (1).

A été exposé par le sieur Juge, maire, que la place de notable de messieurs de la noblesse, est vacante, par l'élection qui fut faite l'année dernière de M. Goudin de la Borderie, qui l'occupoit, pour être mis au rang de messieurs les conseillers de ville ; celle de notable pour M^{rs} les officiers des différentes jurisdictions autres que celle du sénéchal et présidial, par le décès de M. David de Brie ; une troisième pour messieurs les commensaux de la maison du Roy, avocats, médecins et bourgeois vivant noblement, aussy vacante par l'élection de M. Tanchon, conseiller à l'hôtel de ville ; une quatrième, pour la communauté des notaires et procureurs, vacante par la mort de M. Texier, procureur ; et une cinquième, parmy les négociants en gros, marchands en boutique ouverte, chirurgiens et autres exerçant les arts libéraux, attendu que M. Martin avoit également été élu l'année dernière pour être conseiller de ville. En conséquence de quoy, il prie M^{rs} les députés de pourvoir auxdits remplacements par le choix des sujets qui leur paraîtront les plus utiles au bien de la ville. Et M^{rs} les députés sus nommés ont justifié leur pouvoir, a l'exception des maîtres chirurgiens qui ont comparu par M. Léger, leur lieutenant, qui a rapporté une nomination en sa faveur de la part de sa communauté, mais convoquée de son authorité propre et ne s'étant point présenté chez M. le lieutenant général, tendant d'ailleurs à renverser l'ordre prescrit par l'édit de 1767 et à revendiquer des privilèges dont la présente assemblée ne peut pas décider : on n'a pas jugé à propos de l'admettre et de recevoir son suffrage. S'est également présenté maître Labrousse, charpentier, qui a dit n'avoir qu'un pouvoir verbal de son corps : ce qui a également engagé l'assemblée à ne pas le recevoir. Après quoy, tous les députés sus-nommés ont procédé, par la voie du scrutin, à la nomination des cinq places de notables qui ne sont point remplies, et les suffrages se sont trouvés réunis à la majeure, sçavoir : en faveur de M. Grellet des Prades, écuyer, pour notable de la noblesse ; en faveur de M. Montégut, juge garde de la Monnoye, pour messieurs les officiers des différentes jurisdictions ; en faveur de M. Bonnin du Mauzelet, bourgeois, pour notable de M^{rs} les commensaux de la maison du Roy, avocats, médecins et bourgeois

---

(1) On remarquera que la liste des corps de métiers figurant à cette délibération n'est pas identique à celle donnée précédemment par notre registre.

vivant noblement; en faveur de M. Fournier l'aîné, notaire royal, pour notable de la communauté des notaires et procureurs, et en faveur de M. Pierre Grellet jeune, négociant de cette ville, pour notable de M^{rs} les négociants en gros, marchands en boutique ouverte, chirurgiens et autres exerçant les arts libéraux. De tout quoy nous avons dressé le présent procès-verbal et concédé acte. Fait lesdits jour, mois et an que dessus.

JUGE, DE ROULHAC, ROMANET, ESTIENNE, ARDANT, MARCHANDON, chanoine, député; CHAVEPEYRE, NAVIÈRES, curé de Saint-Pierre ; NAVIÈRES, DESCORDES, MONTÉGUT, GUINEAU DUPRÉ, JUGE, avocat; BONYN, FOURNIER, VIDAUD, GRELLET l'aîné ; GRENAUD, Michel LONDEIX, DUVERGER (?); LATACHE jeune, BORDAS, RATAUD, REBEROL, GRANGER, MONNEYRON.

Aujourd'hui, trente septembre mil sept cent soixante-dix, à trois heures de relevée, dans la salle de l'hôtel commun de cette ville de Limoges, où étoient assemblés messieurs les notables, en conformité de l'édit du mois d'août 1764, et où étoient assemblés Mrs Roulhac du Rouveix, conseiller au présidial et sénéchal de cette ville ; Romanet du Caillaud, écuyer; Estienne de la Rivière, président à l'élection, et Ardant du Picq, bourgeois et négociant, échevins ; Tanchon, avocat; Dubos, chanoine de Saint-Martial, et Jérémie Martin, bourgeois et négociant, conseillers; Maleden de Bonnabry, chanoine de Saint-Etienne; de Fressange, curé de Saint-Michel-des-Lions ; Grelet des Prades, écuyer; Montégut, juge garde de la Monnoye; Bonnin du Mauzelet, bourgeois; Fournier aîné, notaire royal; Pétiniaud, bourgeois et négociant; Brisset, bourgeois et négociant; Georges Pouyat, bourgeois et négociant; Grelet jeune, bourgeois et négociant, et Thabaraud l'aîné, maître tailleur d'habits, tous notables, pour procéder à l'élection de deux échevins, en conformité dudit édit, enregistré au parlement le 14 janvier 1768 et en cette sénéchaussée le quatre février audit an, — Nous, Joseph-Grégoire de Roulhac, écuyer, conseiller et secrétaire du Roy, lieutenant général civil et de police en la sénéchaussée et siège présidial de cette ville, président l'assemblée en l'absence de M. le procureur du Roy, duement convoqué, après que chacun a eu pris séance, le scrutin ayant été ouvert pour remplacer le s^r Estienne de la Rivière, troisième échevin, la pluralité des voix s'est réunie en faveur de Monsieur Tanchon, avocat; et après, le second scrutin, la pluralité des suffrages s'est pareillement réunie en faveur de M. Jérémie

Election de MM. Tanchon, et Jérémie Martin aux fonctions d'échevins en remplacement de MM. Estienne de La Rivière et Ardant du Picq.

Martin, bourgeois et négociant, pour remplacer M. Ardant du Picq, quatrième échevin. De tout quoy nous avons fait et dressé le présent procès-verbal pour servir et valoir que de raison. Fait lesdits jour, mois et an que dessus.

  Roulhac; de Roulhac; Romanet; Estienne; Ardant; Tanchon; Maleden, chanoine; de Fressanges, curé de Saint-Michel-des-Lions; Grellet des Prades; Montégut; Bonyn; Fournier, commissaire aux saisies réelles, doyen des notaires; J^h Pétiniaud; Brisset du Pui du Tour; P. Grellet; Tabaraud; Georges Pouyat.

<small>Installation de MM. Tanchon et Jérémie Martin échevins.</small>

Et à l'instant, ledit jour, trente septembre mil sept cent soixante-dix, se sont présentés lesdits sieurs Tanchon et Jérémie Martin, nouveaux échevins élus, qui ont prêté entre les mains du sieur Roulhac du Rouveix, premier échevin, le serment au cas requis de bien et fidèlement remplir les fonctions de ladite charge, et ont signé.

  Tanchon; Jérémie Martin et de Roulhac.

<small>Election de MM. Maleden de Bonnabry, Joseph Petiniaud et Brisset du Puy du Tour aux fonctions de conseillers de ville en remplacement de MM. Tirebas de Chamberet, Tanchon et Jérémie Martin</small>

Et de suite il a été procédé à l'élection de trois conseillers de ville qui doivent remplacer les sieurs Tirebas de Chamberet, Tanchon et Jérémie Martin; et le premier scrutin ayant été ouvert, les voix se sont trouvées réunies à pluralité en faveur de Monsieur Maleden de Bonnabry, chanoine; celles du second en faveur de M. Joseph Pétiniaud, conseiller du Roy, controleur contre-garde à la Monnoye, et celles du troisième en faveur de M. Brisset du Puy du Tour, bourgeois et négociant. De tout quoy a été dressé procès-verbal pour servir et valoir que de raison, les jour, mois et an que dessus.

  Roulhac; de Roulhac; Romanet; Tanchon; Martin; du Boys; Maleden, chanoine; Grellet des Prades; Bonyn; Fournier; J^h Pétiniaud; Brisset du Pui du Tour; Georges Pouyat; P. Grellet; Tabaraud.

<small>Nomination de M. Tanchon au bureau du Collège en remplacement de M. Ardant du Picq.</small>

Aujourd'huy, vingt-sept novembre mil sept cent soixante-dix, dans la salle de l'hôtel commun de cette ville, où étoient assemblés messieurs les maire et échevins, Monsieur Juge, maire, a exposé qu'il étoit nécessaire de remplacer Monsieur Ardant du Picq, ancien échevin, au bureau du Collège de cette ville. La chose mise en délibération, messieurs les maire et échevins ont d'une commune voix nommé M. Jean-Baptiste Tanchon de Lage, avocat en la cour, échevin actuel, pour remplacer ledit sieur Ardant du Picq, en conformité de la déclaration du Roy du vingt-un may mil sept cent soixante-trois. Fait lesdits jour, mois et an que dessus.

JUGE; DE ROULHAC; TANCHON; MARTIN.

Copie de la lettre écrite par M. le duc de Choiseuil à M. l'intendant, le septième décembre 1770

Sur le compte que j'ai rendu au Roi, Monsieur, de la rareté des vins occasionnée par le défaut de récolte dans les pays vignobles depuis trois années consécutives, et des abus préjudiciables aux troupes qui pourroient naître de la cherté où est actuellement cette boisson, si l'on obligeoit les étapiers à la fournir comme ils y sont assujettis par l'ordonnance du 13 juillet 1727, Sa Majesté, pour prévenir les falsifications de cette denrée qui sont toujours au détriment de la santé (1) et prévenir les représentations des troupes et des étapiers, m'a chargé de vous marquer qu'elle autorise ces derniers jusqu'à nouvel ordre à fournir indifféremment du vin, de la bière ou du cidre pommé ou poiré, suivant les ressources qu'ils trouveront dans chaque lieu où ils sont chargés de fournir l'étape, pourvu cependant que les boissons qu'ils donneront au lieu de vin soient de bonne qualité et livrées conformément à l'ordonnance, c'est-à-dire au pot représentatif de la pinte de vin.

<small>Autorisation donnée aux étapiers de substituer de la bière ou du cidre au vin pour les troupes en marche.</small>

Vous voudrés bien prévenir les étapiers de votre département et donner des ordres aux magistrats des lieux où ils sont établis d'inscrire sur leurs registres la décision du Roy dont j'ay l'honneur de vous faire part, pour être exécutée tant que les circonstances l'exigeront et y avoir recours au cas que quelque troupe vint à réclamer l'authorité de l'ordonnance du 13 juillet 1727.

Signé, le DUC DE CHOISEUIL.

---

(1) On voit que les falsifications de cette nature ne datent pas de l'apparition de l'oïdium et du phylloxéra. En ce qui concerne l'assertion relative à la rareté du vin, à son prix élevé en 1770, elle est confirmée par d'autres témoignages, notamment par celui de nos forléaux et mercuriales. De 5 l. 15 s. en 1761, le vin était monté à 8 l. 10 s. en 1763, et à 19 l. en 1767; en 1768 et 69. il se maintint à 12 l., prix qu'il dépassa un peu en 1770. Il faut noter au surplus que, dans le Haut-Limousin, la culture de la vigne n'existait plus que dans quelques cantons privilégiés depuis les gelées du dernier quart du XVII siècle et surtout depuis le *grand hiver* de 1709.

A Limoges, le 17 décembre 1770.

Je vous envoie ci-dessus, Monsieur, copie d'une lettre que M. le duc de Choiseuil m'a écrite le sept de ce mois. Je vous prie de la faire enregistrer au greffe de l'hôtel de ville et de tenir la main à ce que la décision qu'elle contient soit exécutée.

J'ai l'honneur d'être très parfaitement, Monsieur, votre très humble et très obéissant serviteur. *Signé* : TURGOT, intendant de la généralité de Limoges.

Enregistré le tout sur le présent registre, sur la réquisition de M. de Rochebrune, commissaire des guerres, à Limoges, le vingt décembre 1770 (1).

Reddition des comptes du 1ᵉʳ septembre 1770 au 1ᵉʳ mars 1771.

Aujourd'hui, premier mars mil sept cent soixante-onze, dans la salle de l'hôtel commun de la ville de Limoges, où étoient convoqués messieurs les magistrats municipaux, conseillers, notables et commissaires pour la vérification des comptes, en présence de Monsieur le lieutenant général, présidant l'assemblée et du consentement de M. le Procureur du Roy, présent, — sur le compte qui été rendu par le sieur Nadaud, syndic receveur, du produit tant des Octrois que Patrimoniaux et du Don gratuit et de l'employ qui en a été fait, le tout ayant été duement vérifié par messieurs les commissaires nommés à cet effet, vu les registres et autres pièces justificatives, il s'est trouvé que la recette du Don gratuit, puis le premier septembre dernier jusques à ce jour, s'élève à la somme de dix-sept mille huit cent quatre-vingt-sept livres douze sols un denier, y compris ce qui avoit demeuré en caisse ledit jour, premier septembre mil sept cent soixante-dix; et la dépense, pour le même temps, six cent trente-six livres seize sols neuf deniers : en sorte qu'il reste en caisse, pour le Don gratuit, la somme de dix sept mille deux cent cinquante livres quinze sols quatre deniers, ci 17.250 l. 15 s. 4 d.

Pareillement, il s'est trouvé que la recette des Octrois et Patrimoniaux, y compris l'eau des étangs et le courtage, monte à la somme de sept mille neuf cent soixante-douze livres dix-sept sols dix deniers, y compris ce qui avoit demeuré en caisse au pre-

---

(1) L'année 1771 fut signalée par le retour de la solemnité septennale de l'ostension. Depuis l'année précédente, on réparait l'orgue de la collégiale de St-Martial, le plus grand et le plus ancien qui existât à Limoges.

Report.................. 17.250 l. 15 s. 4 d.
mier septembre mil sept cent soixante-dix;
et la dépense, pour le même temps, six mille
neuf cent quatre-vingt-seize livres sept
sols neuf deniers : en sorte qu'il reste en
caisse, pour les Octrois et Patrimoniaux, la
somme de neuf cent soixante-seize livres dix
sols un denier, cy..................... 976 l. 10 s. 1 d.
18.227 l. 5 s. 5 d.

JUGE, ROULHAC, ROMANET, ROMANET DU CAILLAUD, MALEDEN, chanoine; MARTIN, FOURNIER, BONYN, MONTÉGUT, J. GRELLET, P.-G GRELLET, DE FRESSANGES, curé de Saint-Michel-des-Lions; J^h PETINIAUD.

Rapport des commissaires à la vérification des comptes depuis le 29 septembre 1764

Le susdit jour, le sieur Juge, maire, a représenté que, dans l'assemblée du premier septembre dernier, il a été arrêté qu'il seroit fait vériffication par Messieurs Goudin de la Borderie, Romanet du Caillaud, écuyer, Messieurs Ardent du Picq et Joseph Petiniaud, sur les registres de la Régie, aux fins de constater si l'on veilloit au recouvrement de tous les revenus de la maison de ville et s'il y en avoit en arrérages ou qui eussent été négligés : à quoy ils ont bien voulu travailler, et qu'ils étoient près d'en rendre compte. Sur quoy lesdits sieur Romanet, Ardent et Petiniaud, ici présents, ont déclaré avoir procédé à la susdite vériffication avec toutte l'attention qui leur a été possible, en comparant les états desdits revenus, tant en Octroy que Patrimoniaux, qui ont été arrêtés en l'hôtel de ville, le 29 septembre 1764, avec les registres de recette de la Régie, et qu'il leur a paru qu'on n'avoit obmis aucun des objets desdits revenus; que quelques-uns avoient été arréragés dans certains temps, et qu'actuellement ils sont presque tous rentrés. Fait lesdits jour, mois et an que dessus.

JUGE, ROULHAC, ROMANET, MARTIN, MALEDEN, chanoine; ROMANET DU CAILLAUD, BONYN, FOURNIER, J. GRELLET, MONTÉGUT, DE FRESSANGES, curé de St-Michel-des-Lions ; P.-G. GRELLET, J^h. PETINIAUD (1).

(1) Toujours des cérémonies. Au mois de juillet, à l'occasion de la mort du comte de Clermont, prince du sang et colonel du régiment en garnison à Limoges, les officiers firent célébrer, dans l'église du Collège, un service d'une grande magnificence. Ils avaient travaillé eux-mêmes au catafalque avec leurs hommes. Cette cérémonie fit une grande impression sur le public. Le régiment quitta Limoges au mois d'octobre.
Notons que, le 15 juin, l'intendant avait rendu une ordonnance, dont le besoin se faisait vivement sentir, pour interdire aux particuliers d'effectuer des fouilles et terrassements quelconques sur les places et voies publiques, et de faire aucune prise ou conduite d'eau sans

<small>Reddition des comptes du 1er mars au 1er septembre 1771.</small>

Aujourd'hui, premier septembre mil sept cent soixante-onze, dans la salle de l'hôtel commun de la ville de Limoges, où étoient convoqués messieurs les magistrats municipaux, conseillers, notables et commissaires pour la vériffication des comptes, en présence de M. le lieutenant général, président l'assemblée, et du consentement de M. le Procureur du Roy, présent,— sur le compte qui a été rendu par le sieur Nadaud, sindic-receveur, du produit tant des Octrois que Patrimoniaux et du Don gratuit, et de l'employ qui en a été fait, le tout ayant été duement vériffié par Messieurs les commissaires nommés à cet effet, vu les registres et autres pièces justificatives, il s'est trouvé que la recette du Don gratuit, puis le premier mars mil sept cent soixante-onze jusqu'au trente et un août de ladite année, s'élève à la somme de vingt deux mille huit cent quarante-six livres un sol onze deniers, y compris ce qui avoit demeuré en caissse le dit jour, premier mars mil sept cent soixante-onze; et la dépense, pour le même temps, quatre mille neuf cent neuf livres dix sols onze deniers : en sorte qu'il reste en caisse, pour le Don gratuit, la somme de dix-sept mille neuf cent trente-six livres onze sols, cy.......................... 17.936 l. 11 s:

Pareillement, il s'est trouvé que la recette des Octrois et Patrimoniaux, y compris l'eau des étangs et le courtage, monte à la somme de huit mille cinq cent soixante-six livres dix-sept sols trois deniers, y compris ce qui avoit demeuré en caisse au premier mars mil sept cent soixante-onze ; et la dépense, pour le même temps, six mille huit cent quatre-vingt-sept livres onze deniers : en sorte qu'il reste en caisse, pour les Octrois et Patrimoniaux, la somme de seize cent soixante-dix-neuf livres seize sols quatre deniers, cy. 1.679 l. 16 s. 4

TOTAL......... 19.616 l. 7 s. 4

JUGE, ROULHAC, ROMANET, DE ROULHAC, ROMANET, TANCHON, MARTIN, MONTÉGUT, BRISSET, Jh PETINIAUD, FOURNIER.

<small>une autorisation spéciale. Une partie de l'eau destinée à l'approvisionnement de la ville de Limoges avait été, à diverses époques, prise par les particuliers.
En 1771, fut commencée la chapelle de la Visitation, consacrée quatre ans plus tard. — Aux bataillons de milice provinciale furent substitués les régiments provinciaux. Celui du Limousin reçut le n° 29 : on créa quarante huit de ces régiments. — Pendant l'été, on eut recours à des prières publiques pour obtenir la cessation de la sécheresse. Il faut encore signaler, sous la date de 1771, une nouvelle répartition du *vingtième* (ancien dixième d'industrie) qui paraît avoir pesé assez lourdement sur les affaires.</small>

Le susdit jour, le sieur Juge, maire, a représenté que la chambre de l'assemblée est la seule où les magistrats municipaux peuvent s'assembler pour toutes les opérations qui les concernent, même pour le logement des troupes et pour la convocation de messieurs les notables et les élections des susdits magistrats municipaux; qu'elle est sans aucune espèce d'ornements; que cependant le portrait du Roy s'y trouve placé et qu'il paroit être de la décence qu'il y ait une tapisserie sur un fond bleu avec des fleurs de lis et les armes du Roy à chaque pièce des dites tapisseries; — a remontré de plus qu'il s'étoit trouvé, il y a environ deux ans, des tuyaux de plomb appartenant à la ville et du poids de quinze cent dix-sept livres, dans les anciens acqueducs, qui n'étoient plus d'aucun usage : il paraîtroit convenable de retirer ce plomb qui avoit été déposé entre les mains du s^r Vergniaud, pour l'employer à placer des corps à la fontaine nouvellement pratiquée au-dessous de la porte de Tourny, parce que l'entretien en seroit moins dispendieux que celui des corps de bois. Puis il a fait lecture à l'assemblée d'une lettre de M. l'Intendant, du vingt août dernier, tendant à prendre une partie du reflux de la fontaine d'Eygoulène, pour former une fontaine au faubourg Montmailler, d'où l'eau seroit conduite dans l'emplacement des casernes, et a prié Messieurs de l'assemblée de délibérer sur tous ces objets. Ladite délibération faitte, il a été unanimement convenu, en premier lieu, que MM^{rs} les officiers municipaux demeurent authorisés à faire placer des tapisseries, dans le gout qui vient d'être expliqué, dans la présente salle, avec des boisures pour remplir des vides qui ne peuvent pas être couverts par lesdites tapisseries ; 2° qu'ils sont aussi authorisés à retirer le plomb qui est entre les mains du sieur Vergniaud pour l'employer à faire des corps pour la conduite de l'eau de la fontaine de la porte Tourny; 3° que l'assemblée consent à la proposition contenue dans la susdite lettre du vingt août dernier, juge à propos qu'elle soit transcrite sur les registres de l'hôtel de ville, et que lesdits sieurs magistrats municipaux insistent auprès de M. l'Intendant à ce qu'il soit laissé le volume d'eau nécessaire pour remplir les réservoirs et que celui de la fontaine ne soit pas diminué.

Décoration de la chambre d'assemblée. Remplacement en corps de plomb de ceux en bois de la fontaine de la Porte Tourny. Adoption des dispositions de la lettre de M. Turgot du 20 août 1771 ci-après.

JUGE, ROULHAC, ROMANET, DE ROULHAC, ROMANET, TANCHON, MARTIN, J^h PETINIAUD, MONTÉGUT, BRISSET, FOURNIER.

A Limoges, le 20 août 1771.

Coppie de la lettre écrite par M. Turgot, intendant, à M. Juge, maire de la ville de Limoges.

Lettre de M. Turgot relative à l'établissement de la fontaine de la place Montmailler

Parmy les différents moyens de procurer aux casernes la quantité d'eau qu'exige cet établissement, il y en a un, qui seroit le moins dispendieux de tous, qui donneroit une très grande abondance d'eau et dont l'exécution pourroit être accompagnée de divers avantages, tant pour le public que pour le corps de ville.

Vous savés que la fontaine d'Eygoulène a un reflux très considérable, dont une grande partie, faute d'un déchargement de superficie, se filtre à travers les terres et inonde plusieurs souterrains connus et inconnus. On avoit imaginé, pour remédier à cet inconvénient, de garnir de plaques de plomb les conduits, depuis la mée qui est dans le fossé sous la porte des Aresnes jusqu'à la fontaine; mais une partie du plomb a été volée et l'eau a continué de filtrer. La hauteur du réservoir fait remonter l'eau jusqu'à la hauteur d'un regard placé dans le chemin de la Movendière et de Courgnac, à l'extrémité du cimetière des Arresnes : on pourroit donc à ce égard (*sic*) (1) former un acqueduc qui prendroit le superflu des eaux qui se perdent et qui les conduiroit d'abord à la place de Montmailler, où il seroit très interessant de pouvoir former une fontaine ; de là, il seroit facile de conduire le reste aux casernes : du regard à la place Montmailler, il y a à peu près trente pieds de pente, et de la place dix à douze pieds jusqu'aux casernes.

Il n'est pas besoin de dire que, dans ce projet, on ne diminueroit en rien la quantité d'eau qui se rend actuellement à Aigoulène : la ville, outre l'avantage de procurer des eaux au quartier de Montmailler et aux casernes, aux moindres frais possible, y gagneroit la valeur du plomb qui existe encore dans les conduits et qui est exposé à être volé comme le reste ; de plus, les réparations à faire aux tuyaux d'Aigoulène deviendroient plus faciles et moins couteuses, puisque l'aqueduc des casernes pouvant alors prendre touttes les eaux, les acqueducs actuels seroient à sec. Les ouvriers travailleroient plus aisément et les ouvrages en seroient beaucoup mieux faits.

Je vous serai obligé, Monsieur, de faire part à MM. du corps de ville de ce projet, qui ne me paroît susceptible d'aucune difficulté et dont l'exécution n'a besoin d'aucune formalité. Je me propose de le faire exécuter cet automne.

J'ai l'honneur d'être très parfaittement, Monsieur, votre très humble et très obéissant serviteur.

Signé: Turgot, intendant de Limoges.

(1) On ne peut pas lire : *A ce regard.*

Aujourd'hui, vingt-neuf septembre mil sept cent soixante-onze, dans la salle de l'hôtel commun de cette ville, où étoient assemblés messieurs Juge, maire; Roulhac du Rouveix, conseiller au présidial; Tanchon-Delage, avocat et Jérémie Martin, échevins, — environ les deux heures de relevée, se sont présentés, en vertu de la convocation qui en a été faite par le dit s^r Juge, maire, messieurs les députés des différents corps, communautés et jurandes de la présante ville, cy-après nommés, pour compléter le nombre de messieurs les notables, dont il en manque trois : un parmy le chapitre principal du lieu et deux parmy les négociants en gros, marchands en boutique ouverte, les chirurgiens et autres exerçant les arts libéraux. Lesdits sieurs députés qui ont comparu sont : MM. Léonard-Joseph Marchandon, député du chapitre cathédral ; François Chavepeyre, député du chapitre collégial ; François Pétiniaud, curé de Saint-Maurice, député du clergé ; Bernard Raby du Sirier, lieutenant criminel, député du présidial ; Jean-Baptiste Liron, député de l'élection; Joseph Beaubreuil, député de la Monnoye ; Henry Martin de la Plaigne, juge de la Bourse et député de la juridiction consulaire ; François David, député des avocats ; Alexis-Gérald Defaye, député des médecins ; Jean Bardy, député des notaires ; Jean-André Bayle, député des procureurs ; Jean-Baptiste Pétiniaud, sindic du commerce, député des négociants ; Jacques Bardet, député des maîtres chirurgiens ; Jean Fougère, député des appoticaires ; André Delignère, député des cordonniers ; Jacques Vergne, député des maîtres perruquiers ; Jean Duverger, pour les maîtres serruriers ; Pierre Bonnaud, député pour les menuisiers : Martial Barlat, pour les maîtres savetiers ; Adrien Braux, pour les maîtres tailleurs ; Baptiste Froment, pour les boulangers ; Pierre Bargeas, pour les reliers, et Paul Plazat, pour les sabotiers : ne s'estant présentés, quoique dûment convoqués, aucuns des députés pour MM. de la noblesse et officiers militaires de la police, de la prévôté, commensaux de la maison du Roy, les bourgeois, maîtres bouchers, maîtres teinturiers, maîtres fondeurs, maîtres chapeliers, maîtres pâtissiers, les laboureurs, les aubergistes, les horlogiers, ferblantiers, orphèvres, armuriers, maréchaux, couteliers et talandiers, charpentiers, maçons, paveurs et blanchisseurs.

A été exposé par le dit sieur Juge, maire, que la place de notable de messieurs du chapitre cathédral est vacante par l'élection qui fut faite l'année dernière de M. Maleden de Bonnabry, chanoine, qui l'occupoit, pour être mis au rang de messieurs les conseillers de ville, — et deux de notables parmy messieurs les négociants en gros, marchands en boutique ouverte, les chirurgiens et autres

Election de MM. Alexis Ardelier, Henry Martin de la Plaigne et J.-B. Petiniaud jeune aux fonctions de notables en remplacement de MM. Maleden de Bonnabry, Joseph Petiniaud et Brisset du Puy du Tour.

exerçant les arts libéraux, étoient également vacantes, attendu que messieurs Joseph Pétiniaud et Brisset Du Puy du Tour avoient été élus l'année dernière pour être conseillers de ville. En conséquence de quoy, il prie messieurs les députés de pourvoir auxdits remplacements par le choix des sujets qui leur paroîtront les plus utiles au bien de la ville. Et messieurs les députés sus-nommés ont justifié de leurs pouvoirs; après quoy, ont procédé par la voix du scrutin à la nomination des trois places de notables qui ne sont point remplies, et les suffrages se sont trouvés réunis à la majeure, savoir: en faveur de M. Alexis Ardelier, chanoine du chapitre cathédral, pour notable; en faveur de M. Henri Martin de la Plaigne fils, juge de Bourse, et M. Jean-Baptiste Pétiniaud jeune, sindic du commerce, pour notables de messieurs les négociants en gros, marchands en boutique ouverte, chirurgiens et autres exerçant les arts libéraux. De tout quoy nous avons dressé le présent procès-verbal, pour servir que de raison. Fait lesdits jour, mois et an que dessus.

Juge, de Roulhac, Tanchon, Martin, Marchandon ch^{ne}, Chavepeybe ch^{ne}; Pétiniaud, chanoine, curé de Saint-Maurice, *spécialement chargé de réitérer les protestations ci-devant faites, de ne rien approuver dans les rangs, préséances et ordre de suffrages qui pourront être observés lors des assemblées des députés et notables, qui porte atteinte et soit de préjudice au clergé*, Raby de Sirieix, Liron, Beaubreuil, Henry Martin, David, Pétiniaud jeune, ancien juge et sindic du commerce, *avec les mêmes protestations ci-devant faites*; Bardet, Fougere ap^{re}, Delinières, Vergne, Duverger, Bonnaud, Adrien Braoud (*sic*), Froment, Bardy, Gérald, d. m., Bayle, Martial Brillat (?), Bargeas, Paul Plazat.

Election de MM. Romanet du Caillaud, Roulhac du Rouveix, Malleden de Bonnabry, candidats à la place de maire; de MM. Joseph Pétiniaud et Muret de Pagnac aux fonctions de 1er et 2e échevins.

Aujourd'hui, trentième septembre mil sept cent soixante-onze, à trois heures de relevée, dans la salle de l'hôtel-de-ville de Limoges, où avoient été convoqués et étoient assemblés MM. Juge, maire, Roulhac du Rouveix, conseiller au Présidial; Romanet du Caillaud, écuyer; Tanchon Delage, avocat; Jérémie Martin, échevins; — Malleden de Bonnabry, chanoine de la cathédralle; Joseph Pétiniaud, controlleur de la Monnoye; Duboit, chanoine de Saint-Martial; Muret de Paignac, avocat; Brisset Du Puy Du Tour, conseillers de ville; — Ardelier, chanoine de la cathédralle; de Fressange, curé de Saint-Michel des Lions; Grellet des Prades, écuyer; Montégut, juge garde de la Monnoye; Bonnin du Mauzelet, bourgeois; Lamy de la Chapelle, aussi bourgeois; Fournier aîné, notaire royal; Grellet jeune, négociant; Henry Martin de la Plaigne, juge de Bourse; Pétiniaud jeune, sindic du commerce; George Pouyat, négociant; Thabaraud aîné et Morin père, tous notables, pour procéder à l'élection du maire et échevins, en conformité de l'édit du mois de décembre mil sept cent soixante-sept, registré à la souveraine cour du parlement de Bordeaux, le quatorze janvier mil sept cent soixante-huit, en cette sénéchaussée le quatre février mil sept cent soixante-huit, — Nous, Joseph Grégoire de Roulhac, écuyer, conseiller et secrétaire du Roy, maison, couronne de France, lieutenant général civil et de police en la sénéchaussée et siège présidial de Limoges, président l'assemblée, M. le procureur du Roy absent, quoique duement convoqué : — après que chacun a eu pris séance, le scrutin a été ouvert pour le premier des sujets qui doivent [être] présentés à Sa Majesté pour remplir la place de maire. La pluralité des voix s'est réunie en faveur de M. Romanet du Caillaud, écuyer; après le second scrutin, s'est trouvée pareillement réunie la pluralité des suffrages en faveur de M. Roulhac du Rouveix, conseiller du Roy au Présidial. Enfin, le troisième scrutin, la pluralité des voix s'est aussi réunie en faveur de M. Maleden de Bonnabry, chanoine de l'église de Limoges. Ensuite, il a été procédé à l'élection de deux échevins, conformément à l'édit, pour remplacer M. Roulhac du Rouveix, premier échevin, et M. Romanet du Caillaud, écuyer, second échevin. Le premier scrutin a été en faveur de M. Joseph Pétiniaud, conseiller du Roy, controlleur contregarde de la Monnoye; le second en faveur de M. Muret de Paignac, avocat en la cour. De tout quoy nous avons dressé le présent procès-verbal, pour servir et valoir que de raison. Fait les dits jour, mois et an que dessus.

Juge, Romanet, Tanchon, J^h Pétiniaud, Roulhac, Martin, Muret, Maleden, chanoine; du Bos, Ardelier, ch^{ne}; Brisset, P. Grellet, Bonyn, Lamy, de Fressanges, curé de Saint-Michel-des-Lions; Fournier, J. Grellet, Montégut, Pétiniaud jeune, George Pouyat, de Roulhac, Henry Martin.

Et à l'instant, ledit jour trente septembre mil sept cent soixante-onze, se sont présentés lesdits sieurs Joseph Pétiniaud et Muret de Paignac, nouveaux échevins élus, qui ont prêté entre les mains de M. Juge, maire, le serment au cas requis de bien et fidellement remplir les fonctions de leur charge, et ont signé.

Installation de MM. Joseph Pétiniaud et Muret de Pagnac échevins.

Juge, J^h Pétiniaud, Muret.

— 400 —

Election de MM. de Fressanges, Lamy Deluret et Georges Pouyat aux fonctions de conseillers de ville en remplacement de MM. Joseph Pétiniaud, Muret de Pagnac et Dubost.

Et de suite il a été procédé à l'élection de trois conseillers de ville qui doivent remplacer MM. Joseph Pétiniaud, Muret de Paignac et Dubost, chanoine. Le premier scrutin ayant été ouvert, les voix se sont trouvées réunies à la pluralité en faveur de M. de Fressanges, curé de Saint-Michel-des-Lions; le second, en faveur de M. Lamy Deluret, bourgeois, et le troisième en faveur de M. Georges Pouyat, négociant. De tout quoy a été pareillement dressé procès-verbal pour servir et valoir ce que de raison, les jour, mois et an que dessus.

JUGE, ROULHAC, ROMANET, TANCHON, MARTIN, DE ROULHAC, J^h PÉTINIAUD, MURET, ARDELIER, chanoine; MALEDEN, chanoine; MONTÉGUT, DU BOST, DE FRESSANGES, curé de St-Michel-des-Lions; J. GRELLET, BONYN, PÉTINIAUD jeune, George POUYAT, FOURNIER, LAMY, Henry MARTIN, P. GRELLET.

De par le Roy,

Nomination et installation de M. Romanet du Caillaud dans les fonctions de maire.

Sa Majesté ayant vu l'acte d'assemblée des principaux habitants et officiers municipaux de la ville de Limoges, convoqués en l'Hôtel de ladite ville, le trente du mois de septembre dernier, conformément à l'édit du mois de décembre mil sept cent soixante-sept, en exécution duquel ils auroient présenté trois sujets pour remplir la place de maire, et Sa Majesté étant informée de la capacité, bonne conduite et intelligence du s^r Romanet du Caillaud, elle a fait choix de sa personne pour, pendant trois ans, exercer les fonctions de maire de ladite ville : voulant qu'il jouisse en cette qualité des honneurs, rang et séances qui y sont attribués, après toutes fois qu'il aura prêté le serment dont il est tenu, en la forme prescrite par ledit édit du mois de décembre mil sept cent soixante-sept. Fait à Fontainebleau, le trente octobre mil sept cent soixante-onze. *Signé :* LOUIS, et plus bas PHILIPPEAUX (1).

Aujourd'hui, onzième novembre mil sept cent soixante-onze, par devant nous, Joseph Grégoire de Roulhac, écuyer, conseiller secrétaire du Roy, maison, couronne de France, lieutenant général civil et de police en la sénéchaussée et siège présidial de Limoges, en notre hôtel, s'est présenté M. Mathieu Romanet du Caillaud, écuyer, demeu-

---

(1) L'abbé Legros nous apprend que l'installation de M. Romanet du Caillaud eut lieu dans les mêmes formes et avec les mêmes cérémonies que celle de son prédécesseur à la mairie.

A cette année remonte l'extinction d'une des plus anciennes confréries de notre ville : celle du Sépulcre de Saint-Martial. Les confrères ne firent pas, le dimanche après le 12 novembre, célébrer dans la chapelle du sépulcre la cérémonie d'usage, et depuis, l'association ne donn plus signe de vie.

rant en cette ville, lequel, en conformité de l'article dix-huit de l'édit du mois de décembre mil sept cent soixante-sept, registré en la cour le quatorze janvier et en cette sénéchaussée le quatre février mil sept soixante-huit, relatif à celui du mois de may mil sept cent soixante-cinq, nous a représenté le brevet du Roy du trente octobre dernier, signé, Louis, et plus bas par le Roy Phelippeaux, portant choix de sa personne pour, pendant trois ans, exercer les fonctions de maire de cette ville, duquel il a requis l'enregistrement en notre greffe, offrant de prêter le serment en la forme prescrite par ledit édit.

Duquel exposé nous avons donné acte, ensemble de ce que ledit sieur Romanet du Caillaud, après avoir levé la main, a promis de remplir avec exactitude et fidélité les fonctions à lui confiées : au surplus, ordonnons que le susdit brevet demeure enregistré au greffe de cette sénéchaussée pour y avoir recours quand besoin sera. A Limoges, ledit jour, onze novembre mil sept cent soixante onze. *Signé* : Romanet du Caillaud, Roulhag, lieutenant général, et Boisse, greffier.

Enregistré le treizième novembre mil sept cent soixante-onze.

J^h Petiniaud, échevin ; Muret de Paignac, échevin ; Tanchon, échevin ; Martin, échevin ; Maleden, chanoine, conseiller ; de Fressanges, curé de St-Michel-des-Lions, conseiller ; Ardillier, chanoine, notable ; J. Grellet, Bonyn, Fournier, Henry Martin, P. Grellet, Petiniaud, jeune, notable ; Tabaraud, Peyroche du Reynou, colonel ; Nadaud, sindic receveur ; Lingaud, secrétaire greffier.

Nomination de M. Joseph Pétiniaud, 1er échevin, au bureau du Collège en remplacement de M. Roulhac du Rouveix.

Aujourd'hui, quatorzième novembre mil sept cent soixante-onze, dans la salle de l'hôtel commun de la ville de Limoges, où étoient assemblés messieurs les maire et échevins, M. Romanet du Caillaud, maire, a exposé qu'il étoit nécessaire de remplacer M. Roulhac du Rouveix, ancien échevin, au bureau du collège de cette ville. La chose mise en délibération, messieurs les maire et échevins ont, d'une commune voix, nommé M. Joseph Petiniaud, conseiller du Roy, controlleur contre-garde de la Monnaie et premier échevin actuel, pour remplacer le dit s^r Roulhac du Rouveix, en conformité de la déclaration du Roy du vingt-un may mil sept cent soixante-trois. Fait lesdits jour, mois et an que dessus.

Romanet, maire ; Tanchon, échevin ; J^h Pétiniaud, premier échevin ; Muret, échevin ; Martin, échevin.

<small>Nomination de Martial Sazeyrat à la place de portier de la place d'Orsay</small>

Aujourd'huy, quatorzième décembre mil sept cent soixante-onze, dans la salle de l'hôtel commun de la ville de Limoges, où étoient assemblés Messieurs les maire et échevins, M. Romanet du Caillaud, maire, a exposé qu'il convenoit de remplacer un portier à la place d'Orsay, attendu que le nommé Michel, portier actuel, n'y veilloit aucunement : la chose mise en délibération, lesdits sieurs maire et échevins ont, d'une commune voix, nommé le s^r Martial Sazerat, habitant de la présente ville, pour portier à la dite place d'Orsay et remplacer ledit Michel. Ledit Sazerat, ici présent, a accepté ladite place de portier sous les conditions cy-après énoncées, sçavoir : que ledit s^r Sazerat jouira de la petite maison, jardin et cave, le tout appartenant à la ville, situés faubourg des Arresnes, confrontant d'une part à la petite porte par laquelle on entre dans ladite place d'Orsay, d'autre aux jardins de M. Jayac, trésorier, et du sieur Arnaud, de la Coquille; laquelle maison ledit sieur Sazerat entretiendra de toutes réparations, étant en bon état, pour la laisser de même à sa sortie ; de plus, sera tenu d'ouvrir les portes de ladite place à la pointe du jour et de fermer à la nuit, tant en été qu'en hiver, de n'y laisser entrer dans ycelle place aucuns carrosses, chaises, voitures et charettes, sans une expresse permission desdits sieurs maire et échevins, comme aussy de n'y laisser entrer aucuns chevaux, juments, poulains, moutons ny cochons, pour pacager dans ycelle place, sous tel prétexte que ce puisse être ; mais bien au contraire, sera tenu ledit Sazerat, comme il s'y oblige, de veiller tant de jour que de nuit, à ce que personne ne dégrade ny endommage les murs et arbres de ladite place, de veiller aussi sur les ouvriers que lesdits sieurs maire et échevins renvoyeront pour travailler aux réparations d'ycelle place ; de plus sera tenu ledit Sazerat d'épiner tous les jeunes arbres que la ville pourroit y faire planter à ses frais et dépens, ainsy que les garnir de terre à proportion qu'ils en auront besoin : tout quoy ledit Sazerat a accepté et a promis d'exécuter, le tout à peine de tout dépends, dommages et intérêts. Fait lesdits jour, mois et an que dessus.

SAZERAT, ROMANET, maire ; TANCHON.

<small>Reddition des comptes du 1er septembre 1771 au 29 février 1772.</small>

Aujourd'hui, deuxième mars mil sept cent soixante-douze, dans la salle de l'hôtel commun de la ville de Limoges, où étoient convoqués messieurs les magistrats municipaux, conseillers, notables et commissaires pour la vérifification des comptes, en présence de M. le lieutenant général présidant l'assemblée en l'absence de M. le procureur du Roy, qui avoit été duement convoqué.

Sur le compte qui a été rendu par le sieur Nadaud, syndic receveur de la ville, tant du produit des Octrois que Patrimoniaux et du Don gratuit, et de l'employ qui en a été fait, le tout ayant été duement vériffié par messieurs les commissaires nommés à cet effet; vu les registres et autres pièces justifficatives, il s'est trouvé que la recette du Don gratuit, puis le premier septembre mil sept cent soixante-onze, jusqu'au vingt-neuf février mil sept cent soixante-douze, s'élève à la somme de vingt-six mille cent quarante livres neuf sols onze deniers, y compris ce qui avoit demeuré en caisse ledit jour, premier septembre mil sept cent soixante-onze ; et la dépense, pour le même temps, six mil six cent vingt-trois livres seize sols trois deniers : en sorte qu'il reste en caisse, pour le Don gratuit, la somme de dix-neuf mille cinq cent seize livres treize sols et huit deniers, cy.................... 19.516 l. 13 s. 8 d.

Pareilllement, il s'est trouvé que la recette des Octroys et Patrimoniaux, y compris l'eau des étangs et le courtage, monte à la somme de dix mille huit cent trente quatre livres neuf sols cinq deniers, y compris ce qui avoit demeuré en caisse au premier septembre mil sept cent soixante-onze, et la dépense, pour le même temps, neuf mille cent soixante-onze livres neuf sols huit deniers : en sorte qu'il reste en caisse, pour les Octrois et Patrimoniaux, la somme de seize cent soixante-deux livres dix neuf sols neuf deniers, cy....... 1.662 l. 19 s. 9 d.

Total........... 21.179 l. 13 s. 5 d.

Romanet, maire; Roulhac; J^h Pétiniaud; Tanchon; Lamy; Brisset; Fournier; Bonyn; Pétiniaud jeune (1).

---

(1) M. Cramaille ainé, nommé maire de la Cité, dont il était, avec MM. Brigueil et Michel, un des notables, fut solennellement installé dans ses fonctions le 20 janvier 1772. On sait que, de toutes les archives municipales de la ville de la Cité, il ne subsiste qu'un seul registre : le dernier. Tout le reste des papiers de cette administration a été perdu.

Les premiers mois de l'année 1772 virent la création du premier *cercle* établi à Limoges. Un certain nombre de personnes s'intéressant aux œuvres littéraires, formèrent une société pour s'abonner aux principales gazett s. Chaque associé avait versé 24 l. Ils avaient loué une salle dans la maison des Oratoriens, rue Manigne, et s'y réunissaient les jours de courrier. Le nombre des associés avait été fixé à trente. La présidence de ce qu'on appela l'*Académie des Nouvellistes* était échue à M. Roulhac, lieutenant général de police, organisateur de cette société: celle-ci s'éteignit au bout de la première année.

Signalons encore, au cours des premiers mois de 1772, quelques réparations à l'église de Saint Michel et le passage à Limoges (23 au 28 avril) de Mgr Philippeaux d'Herbault, archevêque de Bourges, commissa re du Saint-Siège dans l'affaire de la suppression de Grandmont. On fit pour lui une ostension spéciale des reliques de Saint-Martial.

A Limoges, ce huit mars 1772.

Copie de la lettre écrite par M. Trésaguet, ingénieur, à M. le Maire de la ville de Limoges et estimation des ouvrages faits à la fontaine de la Porte Tourny.

J'ai l'honneur, Monsieur, de vous envoyer l'état de dépense et de recette de la construction de la fontaine près la porte de Tourny. Vous y verrès l'employ du plomb appartenant à la ville et dont le sieur Vergniaud étoit dépositaire; et puisque le plomb est employé, il convient de luy remettre la reconnoissance qu'il en a donné pour le décharger de ce dépôt. — J'ay l'honneur d'être avec un respectueux attachement,

Monsieur, votre très humble et très obéissant serviteur, *signé* TRÉSAGUET, ingénieur.

Estimation des ouvrages faits pour la construction de la fontaine près la porte Tourny

Fouille des fondations et rapports de terre pour la place

15 toises cubes de terre à 3 l. 15 s.......	56 l.	5 s.
Manœuvres pour régler ladite place, 39 journées à 12 s........................	23	8
Gazons estimés, compris transport et façon	15	
Chassis en charpente sous la fondation et échafaudage.........................	111	10

Maçonnerie

5 toises 3 pieds cubes de maçonnerie à 50 l. la toise, à cause que le moëlon a été pris aux murs de la ville, cy.....................	275	
Acqueduc de décharge estimé, cy.......	28	10

Pierre de taille

Soubassement 4 toises 3 pieds superficiels de parement à 88 l. 6 s., y compris achapt et transport des carrières, la taille et la pose, cy	397	7

Corps carré

8 toises 2 pieds superficiels de parements de 12 pouces d'épaisseur, à 70 l. 9 s., compris idem, cy............................	598	16	6
Plus valeur de la taille pour les consoles et angles fouillés, cy...................	60		
Pierre pour le vase et son socle, 98 pieds cubes à 20 l. à cause de la sujétion, cy.....	98		
Sculpture du vase et autres ornements, cy	162		
A reporter........	1.825 l.	16 s.	6 d.

	Report........	1.825 l. 16 s. 6 d.	
Tailleurs de pierre pour le dégrossir et les autres ornements, 29 journées à 20 s., cy..		29	
Frais d'appareilleur et d'outils..........		100	
Un commis pour un mois demy, ses honoraires, cy............................		52	19

Tranchée pour placer les tuyaux

153 toises, à 12 s. la toise, pour la fouille et les recombler ensuite, cy..............	91	16
Achapt de 160 tuyaux à 13 s., cy........	104	
160 t. de tuyaux pour la percée, à 6 s., cy	48	
Port desdits tuyaux à 5 s., cy..........	40	
200 virolles à 3 s. pièce, cy............	30	
82 charetées de terre grasse, à 7 s., cy..	28	14
Corroyement de la terre grasse sur les tuyaux...............................	32	14
70 journées de manœuvre, à 12 s., cy...	42	

Cuivre

Un tuyau de cuivre pour conduire l'eau de la cuvette au bouton soupape avec la fourchette et rosette, la plaque pour la distribution de l'eau et un robinet, le tout pesant ensemble 21 l., à 2 l. 5, cy.............   49   10

Tuyaux de plomb

11 pieds 16 pouces de longueur à la may, pesant, cy...................	116 l.	
10 pieds de longueur sur un pouce de longueur de diamètre	65	
77 pieds de tuyaux, depuis la bordure de la chaussée de pavé jusqu'à la fontaine..........	714 1/2	
Tuyau de conduite de la tasse extérieure dans la cuvette intérieure......................	7	
Tuyaux pour faire la nappe, cy	14	
Tuyaux de décharge, cy.....	6	
Les deux cuvettes..........	170	
2 pièces de plomb pour ajouter au premier tuyau........	17	
	1.109 1/2	

                 A reporter........   2.474 l. 9 s. 6 d.

Report............	2.474 l.	9 s.	6 d.
Les 1.109 l. 1/2 pesant de plomb, à 8 s., cy	443	16	
32 l. de soudure à 8 s..................	12	16	
18 l. de plomb pour sceller les fers, à 6 s. la livre...............................	5	8	
Fer pour soutenir les cuvettes, pour la bascule, crampons, etc. et pour les quatre tourniquets de la barrière, suivant le mémoire, arrêté le tout ensemble...........	72		
Barrière, compris l'impression (*sic*).....	214	3	1
Porte et les ferrements, cy............	25		
TOTAL de la dépense, cy........	3.244 l.	12 s.	7 d.

Recette suivant les soumissions

Monseigneur l'évêque	300 l.	
Les dames religieuses de la Providence......	1.000	
Les R. P. Cordeliers.	300	
M. le lieutenant général...............	240	
Mlle Thévénin.......	400	
Mlle Nieaud.........	400	
TOTAL en argent...	2.640 l. cy.	2.640 l.
Plomb appartenant à la ville, en dépôt chez le sieur Vergniaud, scavoir 1,517 l. 11 onces pesant : à déduire 10 pour cent de déchet, reste 1,367 livres 8 onces à 6 s., cy...........	410	5
M. Trésaguet a donné volontairement.......................	96	
Plusieurs petits ouvrages en serrurerie ou menuiserie faits par les ouvriers de l'évêché, payés par Monseigneur l'évêque, cy............	98	7	7
Somme pareille à la dépense...	3.244 l.	12 s. 7 d.

Le présent état et dépense et recette, montant à trois mille deux cent quarante quatre livres douze sols sept deniers, fait et arrêté par nous, ingénieur du Roy en chef pour les ponts et chaussées de la généralité de Limoges, le premier mars 1772.

Signé : TRÉSAGUET, ingénieur (1).

(1) Chronique locale : Le 3 mai commença la diète des Bénédictins de la congrégation de

Aujourd'hui, seizième may mil sept cent soixante-douze, dans la salle de l'hôtel de ville, où étoient assemblés messieurs les maire et échevins, s'est présenté le sʳ Vergniaud, ancien adjudicataire des droits d'Octroys et Patrimoniaux, suivant son bail, pour jouir depuis le premier d'octobre mil sept cent cinquante-huit jusqu'au dernier septembre mil sept cent soixante-quatre, lequel s'estoit pourvu par sa requette en indemnité par devant Monsieur l'Intendant de cette généralité, répondue d'un soit « communiqué aux consuls et habitants », prétendant que le nouveau tarif de juin 1771 portoit avec soi une diminution considérable sur les droits qu'on luy avoit affirmé et étably par le tarif ancien de 1701 auquel celui de 1764 étoit substitué; après nombre de répliques de part et d'autre, ledit sʳ Vergniaud s'est décidé à abandonner ses poursuites, et, en conséquence, il en a donné son désistement signé de sa main au bas de ladite requête le onze du courant: au moyen de quoy la communauté demeure quitte de ladite indemnité envers ledit sieur Vergniaud, lequel nous ayant aussi présenté les quittances du sʳ Pinchaud, ancien receveur des Octroys, par lesquelles il paroit qu'il est redevable, envers la ville, de six cent quatre-vingt-dix-neuf livres, suivant la dernière quittance transcrite au long cy-bas où tout le reliquat y est référé, il nous a en même temps présenté un compte et état de ce que la ville luy doit pour appointements, gratifications ou avance par luy faitte pour les réparations des fontaines publiques et acqueducs de la ville, depuis le premier mars mil sept cent soixante-huit jusqu'au dernier septembre mil sept cent soixante-neuf, à raison de cinquante livres par mois, suivant la fixation qui en a été faite par Monsieur Trésaguet, ingénieur de la généralité, commis à cet effet par M. l'intendant. Nous soussignés, sommes convenus que le sieur Vergniaud recevroit pour tous appointements, gratiffications ou avances, jusqu'à ce jour, la somme de six cent quatre-vingt-dix-neuf livres restante de ce qu'il doit : ce qu'il a accepté. Au moyen de laquelle somme, nous sommes respectivement quittes et avons donné quittance réciproque, et ledit sieur Vergniaud nous a remis lesdites quittances.

Saint-Maur pour la province d'Aquitaine. Elle se tint à l'abbaye de Saint-Augustin ; plus de soixante religieux de la province y assistèrent.— Le 21 du même mois eut lieu, à la cathédrale, la bénédiction des nouveaux drapeaux du régiment provincial de Limoges. Les anciens drapeaux furent suspendus aux voûtes de Saint-Etienne, où on les voyait encore au commencement de la Révolution.— On fit exécuter de nouvelles réparations à l'église de Saint-Martial, en particulier au clocher.

Mentionnons enfin un fait que nous apprend la liasse C 99 des Archives du département : Un individu préposé à la levée des impôts à Vicq et à Magnac fut, en 1772, convaincu de concussion et condamné à être pendu. On n'était pas tendre à cette époque pour les collecteurs ou les agents de recette qui oubliaient leurs devoirs.

Coppie du désistement du s[r] Vergniaud.

Je soussigné, reconnois m'estre ce jourd'huy désisté de touttes les conclusions, demandes et prétentions énoncées en la requête cy-dessus et des autres parts. En conséquence, je décharge les maire et échevins de la ville de Limoges et tous autres des indemnités par moy précédemment réclamées et génerallement de touttes choses jusqu'à ce jour. Fait à Limoges, le onze may mil sept cent soixante-douze.

Signé : VERGNIAUD.

Coppie de la dernière quittance donnée par le s[r] Pinchaud, ancien recereur des Octroys à cette époque, au sieur Vergniaud.

Le soussigné, receveur des Octroys et Patrimoniaux de la ville de Limoges, reconnois avoir reçu du s[r] Vergniaud, adjudicataire desdits Octroys, en plusieurs et différentes fois, la somme de douze cent quatre-vingt livres, à compte sur ses pactes de janvier, avril et juillet derniers, lesquels dits pactes, à raison de dix-sept cent vingt-quatre livres douze sols neuf deniers chacun, montant à la somme de cinq mille cent soixante-treize livres dix-huit sols trois deniers. Laquelle somme de douze cent quatre-vingt livres, jointe à celle de trois mille cent quatre-vingt-quatorze livres trois sols trois deniers que j'ay reçue de sieurs Imbert et Démassiat, à l'acquit du sieur Vergniaud, forme celle de quatre mille quatre cent soixante-quatorze livres trois sols trois deniers, à-compte sur ladite de cinq mille cent soixante-treize livres dix-huit sols trois deniers, montant de ses dits trois pactes, dont quittance sans préjudice à la somme de six cent quatre-vingt-dix-neuf livres quinze sols par luy resté des susdits pactes. A Limoges, le quatorze décembre mil sept soixante-quatre. *Signé :* L. PINCHAUD.

ROMANET, maire; J[h] PETINIAUD, TANCHON, MARTIN, MURET, VERGNIAUD.

Vu : TURGOT (1).

Nomination des PP. Just et Xavier pour prêcher l'Avent de 1772 et le Carême de 1773.

Aujourd'hui, vingt-cinquième may mil sept cent soixante-douze, dans la salle de l'hôtel commun de la ville de Limoges, où étoient assemblés messieurs les maire et échevins, pour procéder à la nomination du prédicateur pour prêcher l'Avent de mil sept cent

(1) Ce visa a été apposé, par Turgot lui-même, sur notre registre.

soixante-douze et le Carême de mil sept cent soixante-treize dans l'église de St-Martial dudit Limoges, — la chose mise en délibération, lesdits sieurs maire et échevins ont, d'une commune voix, nommé le révérend père Just, religieux recolet, actuellement à Tulle, pour prêcher l'Avent de mil sept cent soixante douze, et le révérend père Xavier, aussy religieux recolet, pour prêcher le Carême de mil sept cent soixante-treize : auxquels il leur sera incessamment donné avis, sans qu'ils puissent nommer d'autres à leur place sans l'exprès consentement et permission desdits sieurs maire et échevins. Fait lesdits jour, mois et an que dessus.

   ROMANET, maire ; PETINIAUD, premier échevin ; MARTIN; TANCHON.

Abandon à des acquéreurs particuliers des offices municipaux.

Aujourd'huy, onzième juillet mil sept cent soixante-douze, dans la salle de l'hôtel-de-ville de Limoges, où étoient assemblés messieurs les maire, échevins, conseillers et notables soussignés, Monsieur Romanet, maire, a communiqué une lettre de M. Turgot, intendant de cette généralité, adressée à Messieurs les officiers municipaux, dans laquelle il fait part de celle de M. le contrôleur général, concernant les offices municipaux créés par l'édit de novembre 1771, et un extrait de la fixation desdits offices pour cette ville, qui sont portés à la somme de soixante trois mille six cents livres, à laquelle Monsieur le controlleur général annonce que le corps municipal sera admis à les acquérir, les ayant réduits à un tiers au-dessous du prix fixé par les acquéreurs particuliers, et il demande qu'on se détermine incessamment à faire des soumissions dans le cas où l'on voudroit prévenir les acquéreurs particuliers, et de proposer les arrangements que l'on croira devoir prendre pour parvenir à cette acquisition : d'autant qu'il ne sera accordé aucune préférence ny faveur sur le prix de la finance aux communautés qui n'auront pas fait leurs offres avant le premier août prochain. Sur quoy, la chose mise en délibération, il a été unanimement décidé que la situation de la communauté, dont les revenus sont très modiques, ne luy permet pas de faire la réunion desdits offices, par l'impossibilité où elle seroit de remplir le montant de la taxe avec la réduction accordée au corps de ville, en sorte qu'il est plus avantageux de laisser faire cette soumission par des acquéreurs particuliers, qui seront reçus sans aucune difficulté lorsqu'ils se présenteront avec des provisions de Sa Majesté.

   ROMANET maire, J^h PÉTINIAUD, TANCHON, MARTIN, échevin ; MALEDEN, chanoine ; BONYN, PÉTINIAUD aîné, FOURNIER, Henry MARTIN.

Modification aux conventions pour la répartition entre diverses personnes du trop plein de la fontaine de la Porte Tourny.

Pardevant Joseph Fournier, conseiller du Roy, commissaire général des saizies réelles en Limousin, doyen des notaires de Limoges, présents les témoins soussignés, ont comparu Monseigneur l'illustrissime et révérendissime Louis Charles du Plessis d'Argentré, évêque dudit Limoges, conseiller du Roy en ses conseils, demeurant en son palais épiscopal, dans la Cité, paroisse Saint-Jean (1), et messire Joseph Grégoire Roulhac, écuyer, conseiller secrétaire du Roy, maison, couronne de France, lieutenant général civil et de police audit Limoges, demeurant en son hôtel au devant la porte Tourny, paroisse de Saint-Paul Saint-Laurens (2), d'une part ; demoiselle Marie Thérèse Cossas, veuve du s^r François Nieaud, bourgeoise, marchande, et demoiselle Marie Thévenin du Genety, aussy bourgeoise, marchande, demeurant chacune en la maison de leur fabrique, près la même porte de Tourny, susdite paroisse de Saint-Paul Saint-Laurens, d'autre, — et MM. Joseph Pétiniaud, conseiller du Roy, controlleur contregarde de la Monnoye ; Jean Tanchon, seigneur de Lage, avocat en parlement, juge de la Cité et des juridictions des Combes et Couzeix, et Jérémie Martin de la Plaigne, bourgeois, négociant, échevins en charge dudit Limoges (M. le maire n'étant encore nommé), en cette qualité faisant pour les habitants et représentant le corps de ville, d'autre part. Disent les parties que, par contrat du vingt-quatre octobre mil sept cent soixante-dix, passé devant Thoumas, notaire de cette ville et controllé, MM. les maire et échevins de ladite ville auroient cédé aux clauses, et conditions portées audit contrat, l'excédant, après le service du public, de l'eau de la fontaine qui se pratiquoit au devant la porte de Tourny et dont la pyramide est actuellement montée et le réservoir placé, scavoir : deux lignes d'eau à la dite demoiselle veuve Nieaud ; même quantité à la demoiselle Thévenin, qui seroient prises par un corps en plomb, vis-à-vis leurs maisons ; un tiers à monsieur le lieutenant général ; un autre tiers aux Pères Cordeliers, et finalement l'autre tiers à Monseigneur l'évêque, ainsy que l'excédant des deux tiers cy-dessus : pour la perception de laquelle eau, il est stipulé, par ledit contrat, que mondit s^r lieutenant général prendroit son tiers dans le bassin de la nouvelle fontaine, le conduiroit dans sa maison, pour en prendre pour son service, par un simple robinet ; que les religieux Cordeliers prendroient leur

---

(1) On sait que la cathédrale n'avait pas alors de circonscription paroissiale. La paroisse était desservie par le curé de Saint-Jean en Saint-Etienne. C'était d'ordinaire un chanoine qui était pourvu de cette cure.

(2) L'église de Saint-Paul Saint-Laurent occupait l'emplacement sur lequel s'élèvent aujourd'hui les immeubles n°^{s} 30-32 de l'avenue des Bénédictins et où s'ouvre le débouché du tunnel du chemin de fer.

tiers dans la cour de M. le lieutenant général, au point de son robinet, d'où ils la conduiroient à leurs frais dans leur communauté, où ils auroient un robinet, qui, ainsy que celui de M. le lieutenant général, demeureroit fermé lorsqu'ils n'auroient pas besoin de l'eau pour le service de leur maison; — et enfin que Monseigneur l'Evêque prendroit, dans la maison des Pères Cordeliers, au point de leur robinet, l'eau provenant de ladite fontaine et tant l'excédant de l'usage du public que celuy de M. le lieutenant général et des Pères Cordeliers. Les parties étant à même de faire les dispositifs nécessaires pour la conduite de ladite eau, elles se sont aperçues qu'il y auroit des inconvénients inévitables à suivre à la lettre ce qui est porté par ledit contrat : en premier lieu, que pour procurer aux dites demoiselles Nieaud et Thévenin leurs quatre lignes, il étoit indispensable de former un château d'eau pour faire juste et proportionné à ce qui leur a été accordé; que, quoique l'intention de la ville eût été de céder le total de l'excédant de l'eau, après le service du public, cependant paroissant qu'il n'y a que M. le lieutenant général qui doive prendre l'eau au bassin de la fontaine et n'étant parlé que d'un tiers, il sembleroit que tant M. le lieutenant général, les Pères Cordeliers, que Monseigneur l'Evêque, ne doivent jouir que de ce tiers, contre l'intention de tous les contractans, et par là ils en seront souvent privés les uns ou les autres; en troisième lieu, que si l'ouverture qui seroit faitte dans la cuvette n'étoit que du tiers de l'excédant du public, il arriveroit que, pendant la nuit et pendant la partie du jour où le public ne prendroit pas l'eau, l'excédant ne pouvant passer en entier par cette ouverture, bornée au tiers, elle monteroit au-dessus de la cuvette et se perdroit dans la pyramide, que dégraderoit. Le quatrième inconvénient est qu'à suivre ledit contrat, Monseigneur l'Evêque doit prendre dans la maison des Pères Cordeliers, au point de leur robinet, l'eau provenant de la fontaine, excédant l'usage du public, celuy de M. le lieutenant général et celuy des Pères Cordeliers, pour la conduire dans le palais épiscopal et en disposer à son gré : il faudroit, pour cet effet, que M. le lieutenant général et les Pères Cordeliers fissent faire des tuyaux ou corps de plomb assez considérables pour contenir toutte cette quantité d'eau, ce qui leur causeroit une dépense plus considérable. Il se présente encore une difficulté plus grande, qui est que le terrain où le robinet des Pères Cordeliers doit se placer et où Monseigneur l'Evêque doit placer le tuyau par lequel il doit recevoir l'eau, se trouve plus bas que le sol de l'évêché, d'environ dix à douze pieds : en sorte que, pour que l'eau pût aller à l'évêché, il faudroit élever une cuvette chès les Pères Cordeliers à la hauteur de celle de la pyramide, laquelle se trouveroit monter à la hauteur du grenier de leur communauté, et il en faudroit une autre chès M. le lieutenant général, ou du moins que le tuyau monte à la hauteur de la cuvette placée dans la pyramide, ce qui causeroit une dépense et une sujection continuelle aux parties.— Pour éviter les inconvénients cy-dessus, les dites demoiselles Nieaud et Thévenin sont authorisées à faire construire à leurs frais et dépens ledit château d'eau, dont l'entretien demeurera pour leur compte dans tous les temps, ainsy que les corps de plomb qu'elles ont fait placer pour recevoir l'eau et la conduire audit château d'eau. Mon dit seigneur évêque et lieutenant général ont, du consentement de MM. les maire et échevins, traitté et convenu comme s'ensuit, pour le partage de l'eau du reflux de ladite fontaine de Tourny : savoir que, devant se faire entre M. le lieutenant général, les Pères Cordeliers et les dames de la Providence (à qui Monseigneur l'Evêque a bien voulu céder un quart de celle qui pourroit luy revenir), et Monseigneur l'Evêque, pour faciliter ledit partage et qu'il se fasse bien exactement, il sera pratiqué à la cuvette placée à la pyramide de ladite fontaine, deux ouvertures qui seront parfaittement égalles en largeur et hauteur, et au même niveau, de façon que l'eau puisse prendre son cours avec la même égalité dans l'une comme dans l'autre des dites ouvertures, dont l'une fournira l'eau à M. le lieutenant général, tant pour luy que pour les Pères Cordeliers, lequel la recevra chez lui par un robinet à ressort qui se fermera de luy-même, afin que l'eau, lorsqu'on n'en prendra pas dans sa maison, puisse refluer. Les Pères Cordeliers en prendront chez M. le lieutenant général ainsi qu'il est porté par le contrat de concession, et cela également par un robinet à ressort, affin que cette partie d'eau, lorsqu'elle ne sera pas nécessaire pour le service de leur communauté, puisse refluer, avec l'excédant de la portion de M. le lieutenant général, dans la cuvette de la pyramide et s'échapper ensuite, en entier, dans une troisième ouverture pratiquée au-dessus de celle de l'évêché, à laquelle elle communiquera : lequel tuyau, pour l'évêché, sera de même diamètre que celui de la conduite de l'eau à la pyramide et ira joindre des tuyaux de terre qui sont placés, il y a quelques années, depuis l'évêché jusqu'auprès de ladite nouvelle pyramide, passant le long de la façade de la communauté de la Providence, où, suivant l'accord fait entre Monseigneur l'Evêque et les dames religieuses, il doit être placé une cuvette adossée à l'encoignure de leurs maisons et vis à vis l'église de Saint-Maurice, élevée au-dessus du pavé de la rue de huit pieds, fermée en maçonnerie dans ledit mur, de manière qu'il n'y aye que l'ouverture d'une petite porte fermant à double serrure et à double clef, comme il est porté au contrat passé avec lesdites dames. Moyennant lesquelles modifications, clauses et conditions ci-dessus, le contrat dudit jour, vingt-quatre octobre mil sept cent soixante-dix, sera exécuté selon sa forme et teneur. Et lecture faitte, aux parties, des présentes, ont fait leur soumission de s'y conformer, obligeant pour ce tous leurs biens. Dont acte, fait et passé au palais épiscopal, l'an mil sept cent soixante-onze, et le vingt-sept octobre, après midi, présens : sieurs Claude Mérigot et Jacques Moulin, clercs dudit Limoges, témoins. Signé à la minute : L. C. évêque de Limoges ; Roulhac, maire ; Thévenin, la veuve Nieaud et fils ; J. Pétiniaud, premier échevin ; Tanchon, échevin ; Martin, échevin ; Mérigot ; Moulin, et le notaire. Et controllé audit Limoges par Baignol, qui a receu 5 livres 17 sols, compris les 6 sols pour livre.

Signé à l'expédition : Fournier l'aîné, notaire royal.

Lettre de Monseigneur le duc de la Vrillière en réponse au placet à luy présenté le 28 may dernier, au sujet de l'emprisonnement du canonnier de la ville, fait par ses ordres.

A Compiègne, le 25 juillet 1772.

J'ai reçu, Messieurs, la lettre que vous m'aviés écrite au sujet de l'emprisonnement de votre canonnier, ordonné par M. de Sombreuil (1). Vous n'avez à appréhender aucune nouvelle entreprise de la part de cet officier général : M. le marquis de Monteynard, avec qui j'en ai conféré, luy a fait connoître que son autorité ne s'étendant que sur les troupes, il devoit éviter d'en user à l'avenir pour des objets qui n'intéresseroient pas le service militaire.

Je suis, messieurs, votre très humble serviteur.

Signé : Le duc de la Vrillière.

A messieurs les maire et échevins de Limoges.

Certifflé la présente coppie conforme à l'original.

Romanet, maire ; J^h Pétiniaud, premier échevin ; Tanchon.

Lettre de M. le Duc de La Vrillière relative à l'emprisonnement du canonnier de la ville.

(1) M. de Sombreuil était resté en Limousin après le départ des hussards de Berchiny. Il remplissait les fonctions de commandant des troupes de la province.

<small>Reddition des comptes du 1ᵉʳ mars au 1ᵉʳ septembre 1772</small>

Aujourd'huy, premier septembre mil sept cent soixante-douze, dans la salle de l'hôtel commun de la ville de Limoges, où étoient convoqués messieurs les magistrats municipaux, conseillers, notables et commissaires pour la vérification des comptes : monsieur Romanet du Caillaud, écuyer, maire, présidant l'assemblée.

Sur le compte qui a été rendu par le sʳ Nadaud, syndic receveur de la ville, tant du produit des Octrois que Patrimoniaux et du Don gratuit, et de l'employ qui en a été fait, le tout ayant été dûment vériffié par messieurs les commissaires nommés à cet effet; vu les registres et autres pièces justifficatives, il s'est trouvé que la recette du Don gratuit puis le premier mars mil sept cent soixante douze jusqu'au trente-un août mille sept cent soixante-douze, s'élève à la somme de vingt-cinq mille soixante-trois livres seize sols neuf deniers, y compris ce qui avoit demeuré en caisse ledit jour, premier mars mil sept cent soixante-douze, et la dépense, pour le même temps, cinq mille quatre-vingt dix-neuf livres treize sols huit deniers : en sorte qu'il reste en caisse, pour le Don gratuit, dix-neuf mille neuf cent soixante-quatre livres trois sols un denier, cy..................... 19.964 l. 3 s. 1 d.

Pareillement, il s'est trouvé que la recette des Octrois et Patrimoniaux, y compris l'eau des étangs et le courtage, monte à la somme de dix mille trois cent vingt-cinq livres trois sols huit deniers, y compris ce qui avoit demeuré en caisse au premier mars mil sept cent soixante-douze, et la dépense, pour le même temps, à six mille huit cent quarante-quatre livres treize sols huit deniers : en sorte qu'il reste en caisse, pour les Octrois et Patrimoniaux, la somme de trois mille quatre cent quatre-vingt livres dix sols, cy........ 3.480 10

Total de ce qui reste en caisse...... 23.444 l. 13 s. 1 d.

Romanet du Caillaud, maire ; Jʰ Pétiniaud ; Tanchon ; Martin ; Henry Martin ; Montégut ; Pétiniaud jeuné ; Thabaraud.

<small>Paiement du Don gratuit pour 1771. Perception du produit de l'eau des étangs accordée au sʳ Limousin.</small>

Le susdit jour, le sieur Romanet du Caillaud, maire, a représenté que le terme du payement du Don gratuit, pour l'année mil sept cent soixante-onze, étoit échu, et paroissant par un compte-rendu à l'assemblée qu'il y a des fonds suffisants pour faire le payement dudit terme, l'assemblée a convenu qu'il étoit de l'intérêt commun d'envoyer ladite somme aux régisseurs du Don gratuit, et d'en retirer quittance. M. le maire a également représenté que le sr Limouzin, marchand de cette ville, avoit été authorizé à distribuer les eaux des étangs et en recevoir le produit, sur lequel il lui étoit attribué deux sols pour livre ; qu'il se présentoit néanmoins un autre habitant, lequel offroit de prendre les mêmes soins, pour la retenue seulement du sol pour livre : ce qui avoit déterminé ledit sr Limouzin à faire la même soumission. En conséquence, l'assemblée a délibéré qu'il convenoit de donner la préférence à ce dit sieur Limouzin, attendu qu'il n'y a aucun sujet de plainte contre luy, et en ce qu'il suivra les autres conditions portées par la première concession qui lui avoit été faite : à quoy il s'est obligé et a signé.

ROMANET DU CAILLAUD, maire ; Jh PÉTINIAUD ; TANCHON ; MARTIN ; MURET DE PAIGNAT ; MALEDEN, chanoine ; MONTÉGUT ; PÉTINIAUD jeune ; THABARAUD ; Henry MARTIN ; J. LIMOUZIN (1).

Reddition des comptes depuis le 1er septembre 1772 jusqu'au 28 février 1773.

Aujourd'hui, premier mars mil sept cent soixante-treize, dans la salle de l'hôtel de ville de Limoges, où étoient convoqués messieurs les magistrats municipaux, conseillers, notables et commissaires pour la vériffication des comptes, Monsieur Romanet du Caillaud, écuyer, maire, présidant l'assemblée ;

Sur le compte qui a été rendu par le sr Nadaud, syndic receveur de l'hôtel de ville, tant du produit des Octrois que Patrimoniaux et du Don gratuit et de l'employ qui en a été fait, le tout ayant été dûment vériffié par messieurs les commissaires nommés à cet effet ; vu les registres et autres pièces justifficatives, il s'est trouvé que la recette du Don gratuit, puis le premier septembre mil sept cent soixante-douze jusqu'au vingt-sept février mille sept cent soixante-treize, s'élève à la somme de vingt-huit mille quatre cent treize livres un sol neuf deniers, y compris ce qui avoit demeuré en caisse au premier septembre mil sept cent soixante-douze ; et la dépense, pour

(1) Au cours de l'année 1772, un certain nombre de monastères de la province furent en butte aux manœuvres de la trop fameuse Commission des *Réguliers*. Les adversaires de Grandmont triomphèrent, après une série d'informations où la vérité fut plus d'une fois altérée. La dernière surtout, celle de l'archevêque de Bourges, est un document qui donne une assez triste idée du prélat et du haut clergé de son temps. Bien édifiée par ces enquêtes, pressée du reste par l'ambassadeur de France, la cour de Rome accorda, le 6 août 1772, la bulle qui supprimait l'abbaye chef d'ordre, et prononçait son union à la manse épiscopale de Limoges. Tout le monde était aux unions et le chapitre de Limoges, assez mal pourvu, travaillait, avec l'aide de Mgr d'Argentré, à faire supprimer à son profit le petit chapitre de Saint-Germain. Les prébendes des chanoines n'en eussent pas été beaucoup plus grasses.

Le régiment de Dragons-Dauphin arriva à Limoges en novembre pour y tenir garnison.

le même temps, dix mille neuf cent dix-sept livres cinq sols sept deniers : en sorte qu'il reste en caisse, pour le Don gratuit, dix-sept mille quatre cent quatre-vingt-quinze livres seize sols deux deniers, cy.................................. 17.495 l. 16 s. 2 d.

Pareillement, il s'est trouvé que la recette des Octrois et Patrimoniaux, y compris l'eau des étangs et le courtage, monte à la somme de seize mille cent soixante-treize livres six sols un denier, y compris ce qui avoit demeuré en caisse au premier septembre mil sept cent soixante-douze; et la dépense, pour le même temps, à neuf mille deux cent quatre-vingt-huit livres dix-neuf sols huit deniers : en sorte qu'il reste en caisse, pour les Octrois et Patrimoniaux : la somme de six mille huit cent quatre-vingt-quatre livres six sols cinq deniers, cy........................... 6.884 6 5

TOTAL......... 24.380 l. 2 s. 7 d.

ROMANET DU CAILLAUD, maire; J^h PÉTINIAUD, échevin; MURET, échevin ; MARTIN, échevin ; LAMY, conselier ; TANCHON; FOURNIER, notable ; PÉTINIAUD jeune, notable ; TABARAUD ; BONYN.

Nomination du P. Théodose Boyer pour prêcher l'Avent de 1773.

Aujourd'huy, vingtième mars mil sept cent soixante-treize, dans la salle de l'hôtel de ville de Limoges, où étoient assemblés messieurs les maire et échevins, pour procéder à la nomination d'un prédicateur pour prêcher l'Avent de mil sept cent soixante-treize, dans l'église de Saint-Martial dudit Limoges, la chose mise en délibération, lesdits sieurs maire et échevins ont, d'une commune voix, nommé le révérend père Théodoze Boyer, diffiniteur des Recollets, à Périgueux, auquel il sera incessamment donné avis, sans qu'il puisse en nommer d'autre à sa place, sans l'exprès consentement et permission desdits sieurs maire et échevins. Fait lesdits jour, mois et an que dessus.

ROMANET, maire ; J^h PÉTINIAUD, MURET (1).

---

(1) Nous avons parlé plus haut d'un projet de construction de salle de spectacle. On s'en occupa activement pendant l'hiver de 1772-1773; mais, malgré les efforts de Turgot et de MM. de Roulhac, Naurissart, et Brigueil, qui comptaient parmi les plus zélés promoteurs de l'entreprise, le nombre des souscripteurs n'augmentait pas. Une lettre du 19 février 1773, adressée à

Aujourd'huy, vingtième mars mil sept cent soixante-treize, dans la salle de l'hôtel commun de la ville de Limoges, où étoient assemblés Messieurs les maire et échevins pour procéder à la nomination d'un prédicateur pour prêcher le Carême de mil sept cent soixante-quatorze dans l'église de Saint-Martial dudit Limoges, la chose mise en délibération, lesdits sieurs maire et échevins, ont, d'une commune voix, nommé le révérend père Vassal, prieur des Jacobins de la ville de La Rochelle, auquel il sera incessamment donné avis, sans qu'il puisse en nommer d'autre à sa place, sans l'exprès consentement et permission desdits sieurs maire et échevins. Fait lesdits jour, mois et an que dessus.

Nomination du P. Vassal pour prêcher le Carême de 1774.

ROMANET, maire ; J^h PÉTINIAUD, MURET.

Aujourd'huy, douzième avril mil sept cent soixante-treize, dans la grande salle de l'hôtel de ville de Limoges, où étoient assemblés Messieurs les maire et échevins, s'est présenté Jean Coussy, l'un des tambourgs de ladite ville, lequel nous auroit prié et requis de vouloir bien accorder à Jean Coussy, son fils, la survivance de tambourg, affin qu'après son décès ledit Coussy fils puisse l'exercer : la chose mise en délibération, lesdits sieurs maire et échevins ont octroyé et accordé la survivance de tambourg audit Coussy fils, en par lui l'exercer après le décès de son père et de (*sic*) jouir des privilèges. Fait lesdits jour, mois et an que dessus.

Survivance de la place de tambour accordée à Jean Coussy.

ROMANET, maire ; TANCHON, BRISSET, J^h PÉTINIAUD, LAMY, George POUYAT.

Turgot par un de ses collaborateurs, signale un nouveau projet qui venait d'être mis en avant : un particulier, le sieur Pradeau, offrait de construire à ses frais, sur l'emplacement même que l'Intendant avait en vue, une salle de spectacle, qui servirait aussi pour les bals, concerts et autres fêtes. Pradeau aurait reçu en retour la subvention de cent louis offerte par le corps du Commerce, les autres allocations qui auraient pu être obtenues, les agencements et décors du théâtre établi à l'hôtel de ville par la société des concerts ; enfin il aurait eu pendant trente ans le privilège de location de la salle. Les produits des bals étaient assez élevés. Trois bals n'avaient pas rapporté moins de 740 livres. Il était d'usage de donner un ou deux bals à l'époque de la foire de la Saint-Loup. Quant au théâtre, on comptait sur six mois de représentations. Un café aurait été installé dans les dépendances de l'établissement. L'emplacement choisi était au-dessus de la Porte-Tourny, vis-à-vis Saint-Pierre et près la place de la Terrasse. (Arch. départ., C. 59 et 60, et manuscrits de Legros).

Copie de la lettre écrite par Monsieur Turgot, intendant de Limoges, à Messieurs les officiers municipaux de la ville de Limoges, datée de Paris, le 1 may 1773.

<small>Lettre de M. Turgot portant défense d'accorder des permissions de mendier.</small>

M. le duc de la Vrillière, Messieurs, vient de me marquer qu'il étoit instruit que, dans (sic) plusieurs villes de la généralité de Limoges, on étoit dans l'usage de donner à des étrangers ou autres des permissions pour mendier, non seulement dans l'enceinte de ces villes, mais dans les provinces. Comme ces permissions ne peuvent émaner que de MM. les officiers municipaux ou de MM. les lieutenants de police, je vous préviens, Messieurs, que l'intention du ministre est qu'il ne soit donné à l'avenir aucune permission de cette espèce, attendu qu'elles entraînent une multitude d'abus et que d'ailleurs elles sont absolument contraires à l'esprit de l'édit contre la mendicité. J'espère que vous voudrès bien vous y conformer.

J'ai l'honneur d'être très parfaitement, Messieurs, votre très humble et très obéissant serviteur. Signé : TURGOT.

<small>Démission du sieur Roche de la place de capitaine de l'hôtel-de-ville.</small>

Aujourd'hui, treizième juillet mil sept cent soixante-treize, dans la chambre du conseil de l'hôtel de ville de Limoges, où étoient assemblés messieurs Mathieu Romanet, écuyer, seigneur du Caillaud et de Meyrignac, et maire; Joseph Pétiniaud, conseiller du Roy, controlleur contre-garde de la Monnoye; Muret de Paignac, avocat en la Cour, et Jean Tanchon, seigneur de Lage, avocat en la Cour, tous échevins en charge de ladite ville; — Monsieur Romanet, maire, a exposé que le sieur Jean-Baptiste Roche, l'un des capitaines dudit hôtel de ville, l'auroit requis et représenté que tant à raison de son grand âge, infirmités et affaires domestiques, il ne pouvoit et n'étoit plus en état de faire et remplir les fonctions et service de capitaine dudit hôtel de ville : à ces fins supplie très humblement mesdits sieurs maire, échevins, d'agréer et recevoir entre leurs mains la démission pure et simple qu'il leur fait de sa charge de capitaine dudit hôtel, et leur a remis la nomination faite en sa faveur en date du trentième décembre mil sept cent quarante-trois, et a signé, lesdits jour, mois et an que dessus. ROCHE.

<small>Nomination du sr J.-B. Fournier à la place de capitaine de l'hôtel-de-ville.</small>

Aujourd'huy, dix-sept juillet mil sept cent soixante-treize, dans la salle de l'hôtel de ville de Limoges, où étoient assemblés Messieurs les maire, échevins et conseillers en charge dudit hôtel de ville, Monsieur Romanet du Caillaud, maire, a exposé que sieur Jean-

Baptiste Roche, l'un des capitaines dudit hôtel de ville, étant décédé le quatorze du courant, il étoit nécessaire de le remplacer: la chose mise en délibération, les dits sieurs maire, échevins et conseillers ont, d'une commune voix, nommé Jean-Baptiste Fournier, maître boulanger, habitant de cette ville, lequel ayant été mandé et s'étant à l'instant présenté et prêté le serment de bien et fidèlement remplir et exercer la dite charge de capitaine dudit hôtel de ville, ce fait, il a été par nous reçu et installé à remplir ledit employ de capitaine, suivant et conformément à l'article vingt-six de l'édit du mois de décembre mil sept cent soixante-sept. L'ayant arboré de la banderolle et (?) fait prendre l'épée au costé, pour, par le dit Fournier, jouir dudit employ conformément au dit édit, en faisant le service, des gages, droits, privilèges, exemptions et immunités dont ont joui et accoutumés de jouir les pourvus de pareil employ de capitaine dudit hôtel de ville : ce que ledit Fournier a accepté, et a signé. Les présentes ont été données gratis et révocables à volonté.

Délibéré dans le susdit hôtel de ville, lesdits jour, mois et an que dessus.

ROMANET DU CAILLAUD, maire ; J^h PÉTINIAUD, TANCHON, MURET DE PAIGNAC, échevin; MARTIN, échevin; MALEDEN, chanoine; BRISSET; Baptiste FOURNIER (1).

---

(1) Notons, dans le précieux manuscrit de Legros, un fait assez intéressant qu'il signale à la date du 3 juillet 1773. Dès cette époque, les manœuvres qui désiraient trouver de l'ouvrage pendant la saison des travaux de la campagne, se réunissaient à la Porte Boucherie. Estimant leurs salaires insuffisants, ils s'entendirent pour ne pas accepter de travail à moins de 23 sous et une bouteille de vin par jour, soit 27 ou 28 sous (le vin était encore cher) « prix excessif et inouï jusqu'alors », dit Legros. Les propriétaires durent en passer là.

L'année 1773 fut mauvaise à Limoges. Dans cette ville, d'une probité commerciale si renommée, plusieurs banqueroutes se produisirent. Les pluies persistantes menaçaient de nouvelles disettes. A la demande du corps de ville, des prières publiques furent de nouveau ordonnées.

Notons, au cours de cette année, la reconstitution de la grande confrérie de Saint-Martial, qui s'était presque éteinte et ne se montrait plus depuis plusieurs années dans les cérémonies ; la réparation de l'église Saint-Etienne; la restauration du *monument* de Saint-Pierre-du-Queyroix, qui fut transporté à la chapelle de saint Benoit (auprès de la porte septentrionale, à droite en entrant), en face de la statue colossale de saint Christophe, enlevée, elle aussi, de son ancien emplacement, à gauche de la grande porte de l'ouest.

Le discours de la séance de distribution des prix du collège, 23 août, fut prononcé par l'abbé Péricand, professeur de troisième, qui traita « de l'influence du génie sur les hommes. » Mentionnons également une représentation d'*Athalie*, peu satisfaisante du reste au témoignage de l'abbé Legros, à la séance de la distribution des prix aux élèves des Ursulines.

Le 26 août, fut bénie l'église de l'Oratoire, qui avait été construite par l'architecte Chauvin, de Brive On vient de découvrir sous le chœur de cette église, en ruine depuis l'incendie de 1790, les corps de plusieurs oratoriens, parmi lesquels pourraient se trouver les restes du P. Lejeune et du P. Jacques Ruben (15 mars 1893).

Réunion en une seule tranchée des corps de fontaine de Saint-Pierre et de la Porte Tourny.

Aujourd'huy, quatorze août mil sept cent soixante-treize, dans la salle de l'hôtel de ville de Limoges, où estoient assemblés messieurs les maire et échevins, M. Romanet du Caillaud, maire, a représenté qu'ayant été fait concession audit Joulage (1) du terrain qui est au-dessous de son auberge de la Pyramide et attenant à la place de la Terrasse, et ce à cause de l'ouverture qui se fait pour une porte de ville dans une partie de saditte auberge, sur lequel terrain il monte une maison à neuf, et que les corps de la fontaine de Saint-Pierre se trouvent traverser ledit emplacement : ce qui donneroit lieu à des inconvénients lorsqu'il s'agiroit de réparer lesdits tuyaux de fontaine, il a été représenté par le sr ingénieur de la province qu'il étoit essentiel d'éloigner lesdits tuyaux dudit emplacement et qu'on éviteroit une dépense considérable par la suitte, en réunissant dans une même tranchée et conduisant par les mêmes tuyaux, les deux parties d'eau qui fournissent tant à la fontaine de Saint-Pierre qu'à celle de la place de Tourny, jusque au point de leur division.

Il a été arrêté que, vu que les deux parties d'eau viennent de la même source, et que les corps séparés donneroient lieu à une plus grande dépense, il est de l'avantage de la ville de les réunir par une tranchée de cinq pieds de profondeur, à partir de l'ancienne may, par des tuyaux de plomb de quatre pouces de diamètre sur environ deux lignes d'épaisseur, qui sera (sic) dirigée sur le côté gauche du chemin, jusqu'au château d'eau situé entre les jardins de la Dlle Vve Nicaud et du sr Thévenin, là où il sera fait la division, en présence des officiers municipaux, et que la préférence de l'eau sera donnée à la fontaine de St-Pierre, par un tuyau de deux pouces et demi de diamètre, et l'excédant prendra son cours pour fournir à la fontaine de Tourny, conformément au contract de concession en datte du [24 octobre 1770]; et d'autant que l'on auroit prévenu M. l'intendant sur l'objet de la présente délibération, sa lettre responsive sera transcrite à la suitte des présentes.

ROMANET, maire ; Jh PÉTINIAUD, TANCHON, MURET.

Copie de la lettre de M. Turgot, intendant de cette généralité, en date du 24 juillet 1773.

Lettre de M. Turgot relative aux tuyaux de plomb à placer pour la conduite des eaux de la fontaine de Saint-Pierre et de la Porte Tourny.

J'ay reçu, Messieurs, votre lettre du 20, par laquelle vous me demandez ma décision sur la question de sçavoir si la dépense des tuyaux de la fontaine de Saint-Pierre doit être aux frais du sr Joulage ou de la ville. Lorsqu'il fut question de l'arrangement définitif qui a été fait avec le sr Joulage pour parvenir à ouvrir la nouvelle rüe de Sainte-Valérie, il fut convenu que le transport des tuyaux

(1 Voir pages 8 et 86 du présent volume.

de la fontaine de Saint-Pierre qui se trouvoient alors dans l'emplacement à lui accordé ne seroit pas fait à ses frais, et comme c'est la ville qui profite de cet arrangement, il me paroit juste qu'elle paye les frais qu'il a nécessité.

Monsieur Tresaguet vous a fait une proposition qui me paroit on ne peut pas plus avantageuse : les tuyaux de la fontaine de St-Pierre, par l'arrangement actuel, suivront la même direction que l'eau de la fontaine de Tourny, depuis la may ou réservoir commun, jusque à la may qui sert à distribuer la portion d'eau concédée au s^r Thevenin et à Vve Satreste (?). Les tuyaux de la fontaine de Saint-Pierre sont en plomb. En leur substituant des tuyaux de plomb d'un plus grand diamètre, ils pourroient servir dans cette intervalle aux tuyaux des deux fontaines, ce qui épargneroit les dépenses continuelles d'entretien que nécessitent les tuyaux de bois. Il est vray que la dépense actuelle serait beaucoup plus considérable, puisque au lieu de 5 a 600 l. qu'il en couteroit pour replacer les tuyaux de la fontaine de Saint-Pierre, tels qu'ils sont, il en couteroit 2,000 l. à peu près pour les augmenter et les rendre communs aux deux fontaines ; mais il est évident qu'il se passeroit peu d'années avant que la ville fut entièrement dédommagée de cette dépense première, par l'épargne qu'elle feroit sur les dépenses d'entretien ; aussi ces réflexions vous avoient-elles frappées ; mais je sais que vous avez été arrestés par la crainte d'épuiser la caisse de la ville. Cependant le s^r Vergnaud ayant offert de se contenter pour le présent d'une somme de 1200 l. et de faire l'avance du surplus jusque à l'année prochaine, la difficulté me paroît devoir être levée par cet (sic) offre. Ainsi je crois que la ville ne doit pas laisser échapper cette occasion de s'épargner des frais d'entretien considérables par le sacrifice d'une dépense un peu plus forte dans le moment, mais qu'il faudroit vraisemblablement faire tôt ou tard. Je ne puis donc que vous exhorter à prendre le parti proposé par M. Tresaguet, en acceptant l'offre du s^r Vergnaud.

J'ai l'honneur d'être très parfaitement. Messieurs, votre très humble et très obéissant serviteur.

Signé : Turgot.

Aujourd'huy, premier septembre mil sept cent soixante-treize, dans la salle de l'hôtel commun de la ville de Limoges, où étoient convoqués Messieurs les officiers municipaux, conseillers, notables et commissaires pour la vérification des comptes, Monsieur Romanet du Caillaud, maire, présidant l'assemblée ;

Reddition des comptes du 1er mars au 31 août 1773.

Sur le compte qui a été rendu par le sieur Nadaud, syndic-receveur de l'hôtel de ville, tant du produit des Octroys que Patrimoniaux et du Don gratuit, et de l'employ qui en a été fait, le tout ayant été dûment vériffié par Messieurs les commissaires nommés à cet effet; vu les registres et autres pièces justificatives, il s'est trouvé que la recette du Don gratuit, puis le premier mars mil sept cent soixante treize, jusqu'au trente-un aoust mil sept cent soixante-treize, s'élève à la somme de vingt-cinq mille sept cent livres huit sols neuf deniers, y compris ce qui avoit demeuré en caisse ledit jour, premier mars mil sept cent soixante-treize; et la dépense, pour le même temps, seize mille neuf cent vingt-sept livres trois sols sept deniers : en sorte qu'il reste en caisse, pour le Don gratuit, huit mille sept cent soixante-treize livres cinq sols deux deniers, cy.. 8773 l. 5 s. 2. d.

Pareillement, il s'est trouvé que la recette des Octroys et deniers Patrimoniaux, y compris l'eau des étangs et le courtage, monte à la somme de dix-neuf mille cent trente sept livres un sol huit deniers, y compris ce qui avoit demeuré en caisse au premier mars mil sept cent soixante-treize; et la dépense, pour le même temps, douze mille cinq cent cinquante-une livres treize sols onze deniers : en sorte qu'il reste en caisse, pour les Octrois et deniers Patrimoniaux, la somme de sept mille cinq cent quatre-vingt cinq livres sept sols neuf deniers, cy.................... 7585 l. 7 s. 9 d.

TOTAL.......... 16358 l. 12 s. 11 d.

ROMANET DU CAILLAUD, maire ; J^h PÉTINIAUD, MURET DE PAIGNAC, TANCHON, MALEDEN (1).

(1) Rappelons que le Limousin avait été compris dans l'apanage constitué au comte d'Artois (Charles Philippe de France), par édit du mois d'octobre 1773. Le 16 novembre 1774, le comte d'Artois épousait Marie-Thérèse de Savoie.

Le régiment de Condé cavalerie, qui avait laissé d'excellents souvenirs à Limoges, revint, pour la troisième fois en dix ans, tenir garnison dans cette ville. Il y arriva le 26 octobre et y reçut le plus cordial accueil.

L'évêque commença le 15 décembre 1773 à habiter le nouveau palais épiscopal, qui n'était pas entièrement achevé.

Le 28 décembre, on commença à démolir la porte des Arènes qu'il avait été question de conserver à cause des beaux matériaux employés à sa construction et de son aspect monumental. Il fallut l'insistance de Turgot pour obtenir qu'on se décidât à l'abattre. (Archives départem., C. 62)

Une partie des maisons de la rue du Clocher furent rebâties au cours de l'année 1773 et des suivantes; on travailla également à la construction de la route de Paris à Toulouse, dans la traversée de Limoges (boulevard de la Poste aux Chevaux). Un arrêt du Conseil, du 26 novembre 1773, autorisa la vente aux enchères des terrains des fossés et des remparts. (Archives départem., C. 60 et 61).

Aujourd'huy, premier septembre mil sept cent soixante treize, dans la salle de l'hôtel commun de la ville de Limoges, où étoient assemblés Messieurs les maire et échevins, Monsieur Romanet du Caillaud, maire, a exposé que les deux étangs ou réservoirs de la fontaine d'Eygoulène (1) se trouvant remplis d'immondices, il étoit nécessaire, pour le bien et avantage de la ville, de les faire nettoyer incessamment et dans une saison convenable, comme au mois de novembre prochain. A l'instant se seroit présentée demoiselle Marguerite Doulhac, veuve de Pierre Teilhoux, hoptesse du *Soleil*, habitante de cette ville, près les grands Carmes, qui a offert de faire bien nettoyer et baleyer à ses frais et dépends lesdits deux étangs ou réservoirs de ladite fontaine, et ce par tout le courant du mois de novembre prochain, scavoir : le grand étang à commencer le deux novembre jusqu'au seize dudit mois, et le petit étang depuis le seize novembre jusqu'au trente dudit mois ; et en outre laditte d[lle] Doulhac, veuve Teilhoux, a promis et s'est obligée de payer entre les mains du sieur Nadaud, sindic-receveur de la ville, la somme de vingt-quatre livres, le premier novembre prochain ; au moyen de ce, pourra faire enlever et conduire à ses frais et dépends lesdits immondices où bon luy semblera ; ce qui a été accepté par lesdits sieurs maire et échevins, qui ont signé, avec ladite demoiselle Doulhac, veuve Theilloux. Délibéré les susdits jour, mois et an que dessus.

Curage des deux étangs de la fontaine d'Aigoulène accordé à la Ve Theilloud

DOULHAC, veuve THEILLOUD.

Aujourd'huy, deuxième octobre mil sept cent soixante-treize, dans la salle de l'hôtel de ville de Limoges, où étoient assemblés Messieurs les maire, échevins et conseillers, il a été exposé par Monsieur Romanet du Caillaud, maire, que sa maison est contiguë au cloître du Marché au bled (2), qu'il y a une pile qui sépare

Dispositions préparatoire pour la réparation d'une pile du marché au blé.

---

(1) On sait que ces étangs avaient été creusés au XIIIe siècle pour servir de réservoir et fournir de l'eau en cas d'incendie. On les appelait indifféremment étangs de la Motte ou d'Aigoulène, parce que la célèbre fontaine les alimentait. Il en a été souvent question, dans les quatre premiers volumes de cette publication. Voir notamment t. I, pages 176, 213, 277, 299, 361, 385, t. II p. 23, etc.

Les étangs d'Aigoulène furent, en 1817, l'objet d'un remarquable rapport du célèbre docteur Cruveilhier : ils furent complètement recouverts d'une voûte deux ans plus tard.

(2) Le marché au blé du Château de Limoges était dès 1216 établi sur l'emplacement de l'ancien cloître du monastère de Saint-Martial. On sait que le principal ornement de ce cloître était la fameuse fontaine de marbre qu'aucun étranger ne manquait de visiter et dont l'eau passait pour avoir des propriétés merveilleuses, surtout pour être tout à fait propre à la fabrication des émaux : on n'a jamais expliqué pourquoi ni comment.

l'un de l'autre et sur laquelle appuye la couverture dudit cloître et marché au bled du costé bas; que le restant est supporté par trois fermes de charpente dont la première est du costé de la rue des Taules; que la charpente de la couverture dudit marché au bled est en très mauvais état, même la pille et crosse; qu'en conséquence, il convient de pourvoir à cette réparation à laquelle il se trouve intéressé, et ne voulant rien prendre sur luy même, il requiert l'assemblé de délibérer sur le party à prendre, et pour ne point gêner les suffrages, s'est retiré.

Sur quoy, l'assemblée ayant réfléchy, il a été convenu de faire visiter par préalable l'état de la pille et potences ou fermes de charpente supportant la couverture dudit marché au bled, ainsy que ladite couverture. A cet effet, elle a prié Messieurs Tanchon et Muret, échevins en charge, de se transporter sur les lieux, avec le sieur Broussaud ainé, entrepreneur de bastiments, pour verriffier le tout et en rendre compte à l'assemblée. Et le sieur Broussaud ayant été mandé, se seroit transporté sur les lieux avec les députés, qui ont ensuite rapporté à l'assemblée qu'ayant fait mesurer le terrain qui compose la cloître (1) ou marché au bled, il s'est trouvé que, depuis la pille qui est au bout d'iceluy, joignant la maison de Monsieur Romanet, jusques à la rue des Taulles, il y a trente-un pieds, sans y comprendre un évier aussy monté en pierre, qui est au-dessous de ladite pille et dépend de la maison; que la largeur du cloître est d'environ vingt-quatre pieds; mais que la pille a un pied six pouces de saillie plus que le nud du mur de la maison de Monsieur Romanet du costé de ladite maison et vers la place Saint-Martial, et trois pieds six pouces dans l'intérieur dudit cloître; en sorte que cette pille forme un avant corps qui fait une retraite dans une des encogneures dudit marché au bled, où il s'est pratiqué une cloaque et une espèce de latrines publiques qui causent la ruine de ladite pille et une infection dans ledit marché au bled (2); de plus ont rapporté que les trois fermes de charpente qui sont au-dessus de ladite pille en tirant vers ladite rue des Taulles, servant à supporter tant la couverture dudit cloître ou marché au bled, que des cabinets ou évier de la maison de Monsieur de Romanet, sont en mauvais état, ainsy que la charpente de la couverture qu'ils supportent, laquelle est presque entièrement pourrie et menace ruine, d'où s'ensuit incessamment celle de toute la couverture : en sorte que ledit sieur Broussaud estime qu'on ne peut s'occuper trop promptement à cette réparation et que, pour

(1) On disait couramment : *La Clautre*.
(2) Nous avons trouvé cet état de choses signalé, dès le siècle précédent et même dès le XVIe siècle, croyons-nous, dans divers documents et registres provenant du chapitre de saint Martial, aux archives de la Haute-Vienne.

éviter l'inconvénient de la retraite que cause la pille et éviter la pourriture de cette pille qu'il faut remonter ainsi que des crosses ou fermes de bois supportant la couverture, il seroit plus avantageux de monter un mur pour soutenir ladite charpente, lequel prendroit depuis ladite pille et seroit continué en ligne droite jusques à la rue, à l'allignement de la pille de la maison de Monsieur Romanet, à laquelle celle à faire seroit adossée ; que si, dans ce moment, ce party paroit annoncer une dépense plus considérable, la réparation seroit plus solide et dispenseroit dans la suite d'un entretien plus dispendieux ; de plus, les députés ont représenté que la plupart des voisins leur avoient représenté que ce marché au bled étant ouvert entièrement par ses deux issues, devenoit une retraite nocturne de vagabonds et gens mal intentionnés, d'autant qu'ils avoient la facilité de se cacher derrière les supports de la couverture ou des anciennes mesures matrices restant dans ledit marché ; qu'il étoit même de notoriété que bien des personnes avoient été attaquées à différentes reprises en traversant dans ledit marché pendant la nuit ou en passant dans la rue des Taulles, en sorte qu'ils ne sont pas tranquilles dans leurs maisons : à quoy il seroit nécessaire d'obvier en supprimant ledit marché au bled, qui se trouve mal situé, ou en le faisant fermer des deux costés par des cloisons et des portes.

  Brousseaud aîné.

Sur quoy, la matière mise en délibération, il a été unanimement arrêté qu'avant de se déterminer sur le party à prendre sur le rapport et observations cy-dessus, il convient d'en conférer avec M^r l'intendant et le supplier de faire examiner le local par l'ingénieur de la province ou autre personne qu'il jugera à propos, pour voir le remède à porter aux inconvénients résultant du rapport cy-dessus, ou authoriser à faire les changements et réparations convenables audit marché.

  Muret ; J^h Pétiniaud ; Tanchon ; George Pouyat ; Tabaraud ; L.-G. Grellet ; Brisset ; Maleden, chanoine ; Lamy ; Fournier ; Grellet.

Aujourd'huy, quatrième décembre mil sept cent soixante-treize, dans la salle de l'hôtel de ville de Limoges, où étoient assemblés Messieurs les maire et échevins, Monsieur Romanet, maire, a exposé que le Révérend père Vassal, prieur des Jacobins de la ville

Nomination du P. Forgemol en remplacement du P. Vassal pour prêcher le Carême de 1774.

La Rochelle, étant indisposé et ne pouvant prêcher le Caresme de l'année mil sept cent soixante-quatorze dans l'église de Saint-Martial de Limoges, il étoit nécessaire de nommer un autre prédicateur à sa place ; la chose mise en délibération, lesdits sieurs maire et échevins ont, d'une commune voix, nommé le Révérend Père Forgemol, religieux cordelier de la ville de Périgueux, pour prêcher le Caresme de l'année mil sept cent soixante-quatorze dans ladite église de Saint-Martial dudit Limoges, auquel il sera incessamment donné avis, sans qu'il puisse en nommer d'autre à sa place sans l'exprès consentement et permission desdits sieurs maire et échevins. Délibéré lesdits jour, mois et an que dessus.

ROMANET, maire ; J^h PÉTINIAUD ; TANCHON ; MURET.

Vente de l'emplacement de l'ancien marché au bled a M Romanet du Caillaud.

Aujourd'huy, dix-huitième décembre mil sept cent soixante-treize, dans la salle de l'hôtel de ville de Limoges, où se sont trouvés messieurs les échevins, conseillers et notables soussignés, convoqués en la manière accoutumée, ayant été mis sur le bureau l'acte délibératoire du deux octobre dernier concernant les réparations à faire au cloître du Marché au bled, et qui deviennent de plus en plus imminentes, la chose mise en délibération, il a été convenu, qu'attendu le nouveau plan des changements à faire en la présente ville, lequel a été vériffié et approuvé au Conseil (1), dont on observe même déjà l'exécution dans quelques parties de la ville, et que, suivant ce plan, le marché au bled doit être transféré à la place des Bancs, où il doit être pratiqué une halle à cet effet, la dépense qu'on feroit en ce moment pour réparer l'ancien deviendroit inutile ; qu'il est bien plus avantageux pour la commune d'abandonner cet ancien marché, de céder l'emplacement à titre de vente, [pour] le prix être employé à la construction de la nouvelle halle. En conséquence, après avoir fait examiner et apprécier ledit emplacement par le sieur Broussaud, architecte, et iceluy exposé en vente aux formes ordinaires, personne ne s'étant présenté qui ait fait la condiction meilleure que monsieur Romanet du Caillaud, qui en a offert la somme de six cents livres ; considérant aussy que sa maison joint ledit emplacement ; que partie de ses bâtiments porte sur iceluy, qu'il pourroit par là survenir des contestations vis-à-vis d'un autre acquéreur ; que d'ailleurs la maison dudit sieur Romanet doit être reculée du costé de la rue des Taulles pour se conformer au nouveau plan, ce qui pourroit luy

1) Nous avons signalé l'établissement de ce plan à la date de 1765, p. 241, ci-dessus. note.

donner lieu à prétendre une indemnité; par toutes ces considérations l'assemblée, après en avoir conféré avec Monsieur Trézaguet, ingénieur de la province (1), et demandé le consentement et autorisation de Monseigneur l'Intendant, a convenu de céder et transporter audit sieur Romanet du Caillaud le susdit emplacement du Marché au bled suivant qu'il se comporte, moyennant la susdite somme de six cents livres, laquelle il sera tenu de payer lors de la construction de la halle à la place des Bancs, à laquelle l'assemblée consent qu'il soit travaillé au plus tôt, en ce que l'acquéreur ne pourra interdire l'usage dudit marché au bled jusqu'à ce que le nouveau sera établi, et qu'il ne pourra prétendre aucune indemnité contre la ville, à raison de la retraite à faire à sa maison pour se conformer au nouveau plan, qu'il seroit dans le cas d'exiger [et] à laquelle il renonce au moyen de ladite concession. Et, pour l'exécution des présentes, après qu'elles auront été approuvées par Monseigneur l'Intendant, l'assemblée consent et autorise messieurs les échevins à passer tous actes nécessaires, et à faire la dépense convenable. Délibéré le jour et an que dessus.

J^h Pétiniaud, échevin; Tabaraud; Maleden, chanoine; Tanchon; Muret, Fournier; Brisset; Lamy; P.-G. Grellet; Grellet; George Pouyat; Morin; Bonyn; B. Montégut.

Vu par nous, Intendant en la généralité de Limoges, la délibération cy-dessus et de l'autre part du huit décembre 1773,

Nous avons homologué et homologuons ladite délibération pour être exécutée suivant sa forme et teneur. Fait à Limoges le trente décembre mil sept cent soixante-treize. *Signé* Turgot, intendant.

Muret, échevin; J^h Pétiniaud, échevin (2).

(1) Notons la présence de l'ingénieur en chef de la généralité, appelé en consultation, à cette assemblée du corps de ville.

(2) On trouve, dans les registres paroissiaux de l'église de Saint-Michel-des-Lions, sous la signature de M. Martin, curé de cette paroisse, et la date du 31 décembre 1775, une curieuse note que nous avons publiée *in extenso* dans notre étude sur les *Anciens Registres des paroisses de Limoges* (Limoges, Chapoulaud, 1881, p. 23), et relative à l'ancien bâtiment du marché au blé, ainsi cédé à M. Romanet du Caillaud. Ce bâtiment, qui était situé entre la maison Romanet du côté du midi, l'immeuble Nicot du côté du nord, et qui confrontait « au couchant, à la maison Martin de La Plagne faisant le coin de la rue du Temple » et « à la place devant l'église de Saint-Martial du côté du levant », se trouvait sur la paroisse de Saint-Michel; mais comme il avait été transformé en écurie et en remise dépendant de la maison Romanet, laquelle était sur la paroisse de Saint-Pierre, il fut convenu « qu'il suivroit le sort principal » et dépendrait de cette dernière paroisse tant que les choses resteraient en l'état.

ERRATA ET ADDITIONS

Page 8, note. Ce ne sont pas les Consuls élus en 1740 et 1741, mais ceux élus le 4 décembre 1741 seulement, qui restent en fonctions jusqu'en 1749.

Page 32, note. Les élections des Consuls ont été rétablies après huit années et non après sept.

Page 37. Au cours de l'impression de ce volume, et trop tard pour les insérer en note à leur date, comme nous l'avons fait pour quelques délibérations d'une époque postérieure, nous avons trouvé dans les minutes de l'étude de Pierre Thoumas, aux archives de la Chambre des Notaires, les deux délibérations d'assemblées de ville ci-après, relatives, la première (2 avril 1751) à un projet de fondation, à Limoges, d'une manufacture de chapeaux de castor, avec privilège, — et la seconde (26 juillet de la même année) au projet de démolition des moulins et de l'écluse du Pont Saint-Martial, démolition à laquelle s'oppose l'assemblée. Les textes de ces deux délibérations nous ont semblé offrir un certain intérêt ; la première surtout, qui est signée de presque tous les négociants notables du temps. Nous les donnons ci-dessous *in-extenso* :

Aujourd'huy, second jour d'avril mil sept cent cinquante-un, avant midy, pardevant Pierre Thoumas, notaire royal a Limoges et temoins soussignés, dans la salle d'assemblées de l'hotel commun de ladite ville de Limoges, où etoient assemblés MM. Jean-Pierre Rogier des Essarts, seigneur de Lheraud et Le Buisson, conseiller du Roy, lieutenant general civil et de police en ladite ville et seneschaussée de Limoges, president dudit hotel de ville ; François Romanet, seigneur de La Briderie, aussy conseiller, procureur du Roy de la meme ville et seneschausssée, et dudit hotel de ville ; MM. Roulhac, seigneur de Razeix, assesseur audit presidial ; M. Pierre Malevergne, seigneur du Masdoumier ; Jean-Baptiste Bourdaux et Jean Guineau Dupré, tous consuls de ladite ville et en charge la presente année ; ensemble la majeure et plus saine partie des habitans de ladite ville, a ce dhument convoqués en la maniere ordinaire, — s'est presenté M. Pierre Ardant, bourgeois et marchand de ladite ville, en qualité de sindic des marchands, lequel nous a dit et exposé qu'il demeure averti que le sieur Mauransanne l'ainé, bourgeois et marchand de cette ville, auroit eu l'honneur de presenter a Sa Majesté et a Monseigneur le controlleur general un memoire et placet pour demander le privilaige exclusif pour une manufacture de chapeaux de castors dans cette ville, avec le privilaige d'exemption de taille. Comme une pareille démarche tend a nuire au commerce des autres negotiants et habitans; que meme il y a eu ci-devant des oppositions formées par differents simples particuliers; qu'il seroit a propos de laisser la liberté a chaque particulier de travailler a cette manufacture; que, par ce moyen, elle deviendroit plus considérable s'il étoit permis a chaque particulier d'y travailler, soit en établissant des sociétés, ou travaillant en seuls; que l'exemption de la taille demandée par le s^r Maurensanne seroit d'un prejudice notable aux autres marchands et habitans, obligés de payer l'imposition a laquelle il est compris au rolle : Toutes ces raisons obligent lesdits negotiants et habitans, sous le bon plaisir de Sa Majesté et de Monseigneur le controlleur general, de former opposition a tout ce qui pourroit avoir eté fait ou pourroit se faire en faveur dudit s^r Maurensanne. — Comme aussi s'est presenté Michel Brouliaud, maitre chapelier de cette ville et sindic de la communauté des M^{es} chapeliers, lequel nous a également requis, ainsi que ledit s^r Ardant, vouloir leur donner acte de leur opposition, disant ledit Brouliaud que actuellement il travaille sur le castor, et que, au cas qu'il y eut un privilege exclusif, luy et sa communauté, quoique etablis par lettre patente du roy Henry trois, scroyent entierement detruits, et eux et leur famille reduits a la mandicité. Duquel requis nous avons donné acte, du consentement et en presence du procureur du Roy. Ordonnons au surplus, que tant ledit sieur Ardant que Brouliaud, se retireront par devers Sa Majesté, pour etre par elle statué sur lesdites oppositions, ainsy qu'elle jugera a propos. Et ont lesdits negotians et habitans de la presente ville signés les presentes, lesquels donnent pouvoir audit sieur Ardant de faire toutes poursuittes a ce requises et necessaires, promettant de le relever indemne du tout, a peine de tous depens, dommages et interets. Dont et de quoi ils nous ont requis acte. Fait et passé a Limoges, dans ladite salle d'assemblées, en presence des sieurs Jean Duroux et Simon Petit, clercs, habitans dudit Limoges, temoins.

ROGIER DES ESSARTS, ROMANET, procureur du Roy de l'hôtel de ville; ROULHAC DE RAZÈS; MALEVERGNE, consul; BOUR-

DEAU, consul; GUINEAU DUPRÉ, consul; PETINIAUD jeune, premier consul de la Bourse; P. ARDANT DE BREJOU, sindic des marchands; BROUILLAUD, sindic et belle (*sic*) de la communauté des metres chapelliers; ROMANET, ancien consul; GRELLET, ancien consul; NAVIERES DU TREUIL, ancien consul; Martial BOURDEAU ancien (?) (1) consul; ARDILIER, ancien consul; G. LAFOSSE, ancien consul; NICOT, ancien consul; Gabriel GRELET; BARBOU, ancien consul; BRUNIER l'aîné; BESSE; BEGOUGNE; DAVID; MONTEGUT; J.-B. FARNE; Martial MARTIN et Jacques; J. PETINIAUD; PIGNÉ (?) DE MONTIGNAC; veuve G. GUYBERT et fils; LABICHE et SEGOND; G. COGNIASSE; PETINIAUD jeune; Jean-Joseph GUERIN; J. FARNE; IMBERT; PARANT et BOURDEAU; veuve CHAUSSADE et PRADEAUX; J. DAVID; DORAT; Joseph ROUSSET; ARDILIER l'aîné; Philippe NADAUD; SALOT TOURNIOL; PLAINEMAISON; ARDANT MARZAC; CIBOT; REYNIER; PETIT; DUROUX; THOUMAS.

Aujourdhuy, vingt sixieme juillet mil sept cent cinquante-un, environ les neuf heures d...., dans l'hotel de ville de Limoges, ou etoient assemblés les habitans de ladite ville, en la maniere accoutumée, pour deliberer des affaires de la communauté, par devant Pierre Thoumas, notaire royal audit Limoges et temoins soussignés, sont comparus Messieurs Mᵉ Jean-Pierre Rogier des Essards, seigneur de Lheraud, Le Buisson, conseiller du Roy, lieutenant general civil et de police en ladite ville et senechaussée dudit Limoges, president dudit hotel; François Romanet, seigneur de la Briderie, conseiller, procureur du Roy en la meme ville, senechaussée et hotel de ville; Joseph de Roulhac, seigneur de Razeix, conseiller du Roy, assesseur en la senechaussée et siege presidial; Joseph Barny, seigneur de Veyrinas, conseiller du Roy en la meme senechaussée et siege presidial; Pierre Malevergne, seigneur du Masdoumier, bourgeois; Michel Arbonnaud, docteur en medecine, et Jean Guinaud Dupré, tous consuls en charge de ladite ville de Limoges, et autres habitans de ladite ville soussignés, — Mʳᵉ Rogier des Essards a exposé a ladite assemblée que la plupart des habitans icy assemblés avoient connoissance d'un arrest rendu au Conseil le 10 mars 1750, qui a

1) Lecture plus que douteus

ordonné que, pour parvenir a une reparation du pont Saint-Etienne, les moulins, tant du pont Saint-Etienne que du pont Saint-Martial, seroient demolis; que le chapitre cathedral, proprietaire de ces moulins, qui auroit dû se pourvoir au Conseil pour obtenir une modification a cet arrest, a fait déjà detruire et demolir l'ecluse et moulins du pont Saint-Estienne et qu'il se comporteroit de mesme a l'egard des moulins du pont Saint-Martial; que chaque jour il luy vient de la part des habitants, boulangers, marchands de bois, des representations, combien le bien public souffriroit de la demolition de ces moulins : tout cecy l'auroit obligé, avec M. de Razeix, prevost consul, d'en faire un exposé a M. l'Intendant, qui avoit authorizé la presente convocation, aux fins que, dans le cas que la demolition des moulins du pont Saint-Martial fut de prejudice, le corps de ville put faire a Sa Majesté et au Conseil de tres humbles representations ..... (1) que ci devant des Messieurs (2) .... étoient priés de vouloir dire leur sentiment. La matière mise en deliberation, lesdits s^{rs} comparants et habitants icy assemblés ont, d'un commun accord, dit et declaré que lesdits moulins du pont Saint-Martial sont absolument necessaires et utiles a ladite ville, desquels elle ne sauroit se passer, pour la conservation desquels et sous le bon plaisir de Sa Majesté et de nos seigneurs de son Conseil, il est a propos de former opposition au susdit arrest; pour y parvenir, ils ont fait et constitué leur procureur general et special, M. Auzonne (3), avocat ez conseils du Roy, auquel ils donnent plain pouvoir et puissance de pour eux et en leur nom, sous le bon plaisir de Sa Majesté et de nos seigneurs de son Conseil, former opposition a l'arrest du Conseil dudit jour, dix mars mil sept cens cinquante, demander que lesdits moulins du pont Saint-Martial soient maintenus; en consequence qu'il luy soit envoyé les pieces, memoires necessaires pour faire et signer tous actes et requetes, faire toutes representations et generalement tout ce qui conviendra pour la conservation desdits moulins, promettant avoir le tout pour agreable, obligeant, etc. Fait et passé dans ledit hotel, a Limoges, presents Jean Dechamps et Jean Cacatte, clercs (?), habitans dudit Limoges, temoins. Et ont lesdits sieurs comparants et habitants signé avec nous et nos temoins.

> Rogier des Essarts; Romanet, procureur du Roy; Roulhac de Razès; Barny de Romanet; Malevergne, consul; Arbonneau, consul; Guineau Dupré; Barbout, juge de la juridiction consulaire; P.-F. Ardant, syndic des mar-

(1 et 2 Quelques mots complettement effacés.
(3 On pourrait lire Auzonert.

chands; ROMANET, ancien juge; NAVIERES DU TREUIL, ancien juge; Joseph ROUSSET; J.-B. BOURDEAU et fils; J. LABICHE, ancien juge; Martial BOURDEAU, second consul; BAUBRUN, monnoyeur; NAVIERES DU TREUIL, consul; BELUT, conseiller; SENAMAUD, acesseur (?); J. GRELLET l'aîné; PETINIAUD; NICOT, ancien juge; PEYROCHE DU REYNOUT; NONIQUE; ARDILIER l'aîné; RUAUD; Martial MARTIN et Jacques; PETINIAUD jeune; IMBERT; P. COLOMB, ancien juge; Jacques GARAT, ancien juge; FARNE; BEAUBREUIL; DUPONT; MARTIN, ancien juge; Paul PONCET; veuve NAVIERES et DESCHAMPS (1); ORIGET et LADOUSE; DE (?) NOUALHIER; FARNE; MARTIN et BOURDEAU; MARTIN DE BEAUMOULIN; PARANT et BOURDEAU; Martial BOURDEAU, ancien juge; veuve G. GUYBERT et fils; TEXANDIER; NICOLAS jeune et fils; POUYAT; P. (2) BARBOU; J.-B. DUBOIS; Simon MARTIN; RISSE (?).

Les marchands de bois : FAUDRY, marchand de bois; Helie FAUDRY, marchand de bois; CHAPOTO, marchand de bois; HERVY (?), marchand de bois, faisant conduire par radeau; FERRAY (?), marchand de bois, faisant conduire par radeau; VENTENAT, marchand de bois, fesant venir en radeaux; VENTENAT, marchand de bois, fesant venir en radeaux; Marguerite HOURY, marchande de bois, faisant conduire par radeau; Jeanne MASSIAS, veuve de BARLUET, marchande de bois, fesant conduire par radeau; DUMOURAUD, faisant conduire par buche détachée les bois de Madame la comtesse de La Feuillade (3).

Les maîtres jurés des boulangers : François BORDAS; FROMANT (4); F. GROSBRAS; MANANT; Jacques COUTAUD; CHABROL; G. VACQUAND; Etienne MARCICAS; D. DAVID; BOUDAUD; Barthelemy DUTREIX; Leonard PARISET; Mauris (?) FROMANT; Guillaume MARBOUTY; LESIES (?); DADAT; Estienne BEAUDEMOULIN; Jean ROCHE, capitaine a l'hotel de ville; Leonard SAMIE; M. GROSBRAS; Paul NEXON; LEYSSENE fils; Jean BORDAS; Joseph BAUD; François

---

(1) Les femmes n'assistaient pas d'ordinaire aux assemblées de ville; mais on peut constater plus haut qu'un certain nombre de marchands ont apposé à cette délibération leur signature commerciale. De là l'explication de celle-ci. On relevera plus bas la signature de femmes faisant le commerce des bois.

(2 Ou B.

(3 Ces mentions prouvent bien qu'à cette époque, on faisait encore flotter les bois en trains comme au moyen âge.

(4) Plusieurs signatures effacées.

T. V.

Barbou; Pierre Barthelemy; Nouhaud pere; G. Vacquand jeune; Jean Marbouti; Lenoble; Chabrol; Deville; Duclos; Pierre Dumont; Leyssene pere; Deschamps; Cacatte; Thoumas (1).

Page 40, lignes 3 et 4, Vidaud du Garaud, Bourgeois; *lises*: bourgeois.
Page 51, note, ligne 1, le s^r Vergnaud; *lises*: Vergniaud.
Page 52, ligne 12, Et le meilleur d'un seul pour le tout; *il faut lire*: Et le meilleur d'eux, seul pour le tout.

Page 66. Nous empruntons encore aux minutes de Thoumas, notaire de l'Hôtel-de-Ville, le procès-verbal de trois assemblées de ville, tenues les deux premières le 1er septembre 1753, et concernant: l'une, la poursuite du procès de la ville contre l'adjudicataire des droits d'Octroi devant la Cour des Aides; l'autre, la reprise des droits de courtage abandonnés par la ville aux incendiés de 1705 en remboursement de leur créance contre la commune; — et la troisième, encore le procès contre le fermier des octrois.

Aujourdhui, premier septembre mil sept cens cinquante-trois, a deux heures de relevée, par devant nous, Pierre Thoumas, notaire royal a Limoges et temoins soussignés, dans l'hotel de ville de Limoges, ou etoient assemblés par assemblée extraordinaire, au son du tambourg et de la cloche, en la maniere accoutumée, Mrs Me Jean Gregoire de Rouilhac, seigneur du Rouveix, conseiller du Roy en la senechaussée et siege presidial de Limoges; Me Antoine Malevergne, seigneur de Freysignac, docteur en medecine; Jean-Baptiste Senemaud, Jean-Baptiste Petiniaud, tous prevots consuls en charge de ladite ville; Grelet, juge garde de la Monnoye; Rogier, juge de la juridiction consulaire; Petiniaud, sindic de M^{rs} les negocians; Ardent de Brejou, Guinaud Dupré, Grelet jeune, Barbou ainé, anciens juges de Bourse, et autres notables, bourgeois et marchands, et habitans de ladite ville, soussignés; — sur ce qui a eté representé a ladite assemblée par M. de Roulhac du Rouveix, consul, que le s^r Vergniaud, adjudicataire des Octrois et Deniers patrimoniaux de ladite ville, poursuites et diligences du s^r Ponjaud de Nanclas, son directeur, auroit fait assigner mesdits s^{rs} consuls par exploit du 13 aoust dernier, aux fins d'assister en l'instance pendante en la cour des Aides de Clermont-Ferrant, entre luy et le clergé dudit Limoges et les religieux de la meme ville, sur l'appel par luy interjeté d'un jugement de M^{rs} de l'Election dudit Limoges, qui decharge ledit clergé et religieux du paye-

(1) Nous ne connaissons aucune délibération d'assemblée de ville portant un aussi grand nombre de signatures.

ment des Octrois, sans autrement dire les raisons pourquoy illes appelle dans ladite instance, il requiert l'assemblée de deliberer sur le parti que mesdits sieurs consuls doivent prendre; — l'affaire mise en deliberation, lesdits corps ayant conferé ensemble et separément, il a eté, d'une commune voix, arresté que mesdits s^{rs} consuls se presenteront sur ladite assignation en la cour des Aides de Clermont et diront, par le ministere d'advocat ou procureur, que mal a propos le s^r Vergniaud (ou que seroit ledit s^r Poujaud) les ont assignés pour assister a ladite instance, d'autant que, lors de l'adjudication qui a eté faite au s^r Vergniaud, on luy a affermé les droits d'Octrois conformement au tarif arresté au Conseil le seize octobre mil sept cens un, lequel il n'a qu'a mettre a execution, ainsy qu'il avisera, au moyen d'en conclure a la relaxance desdits sieurs consuls. A cet effet, lesdits deliberants ont fait et constitué leurs procureurs generaux et speciaux les sieurs consuls en charge, auxquels ils donnent plein pouvoir et puissance de se presenter en ladite cour des Aides, y constituer advocats et procureurs, dire et contredire dans ladite instance aux fins d'obtenir a *(sic)* ladite relaxance, tout ce qui conviendra jusqu'a arrest definitif, sans qu'il soit besoin d'autre pouvoir; appeler, acquiescer, affirmer de voyage *(sic)*, elire domicile et generalement faire tout ce qu'ils aviseront, promettant avoir le tout pour agreable, les indemniser, obligeant, etc. Fait et passé a Limoges, dans ledit hotel de ville, en presence des s^{rs} Jean-Baptiste Tarneaud et Jean Duroux, clers, habitants dudit Limoges, temoins.

SENEMAUD, consul; DE ROULHAC DU ROUVEIX, prevost consul; MALEVERGNE DE FRESSINIAT, consul; PETINIAUD jeune, consul; J. PETINIAUD, sindic du corps des marchands; ROGER, juge de Bourse; MONTAUDON; PLAINEMAISON; DAVID; J.-B. DUBOIS; GRELLET; Gabriel GRELLET; J.-B. LAGENESTE; François ARDANT; RUAUD; REYNAUD; J. GOUDOU; TEULIER; L. PONCET; Ant. GOUDIN; BARALIER; Philippe NADAUD; PRADEAUX; NONIQUE; DEMARSIAT *(sic)*; L. COSSE; BARBOU; GUITHON; DUROUX; GUINEAU DUPRÉ; TARNEAUD; THOUMAS.

Aujourd'huy, premier septembre mille sept cens cinquante-trois, environ les deux heures de relevée, par devant nous, Pierre Thoumas, notaire royal a Limoges et temoins soussignés, dans l'hotel de ville de Limoges, ou etoient assemblés, par assemblée extraordinaire, au son du tambourg et de la cloche, en la maniere accoutumée, et par les valets et domestiques dudit hotel (1), Messieurs les officiers de tous les corps privilegiés et autres, ou se sont trouvés Messieurs Jean Gregoire de Roulhac, seigneur du Rouveix, conseiller du Roy en la senechaussée et siege presidial de cette ville ; Antoine Malevergne, seigneur de Fresignac, docteur en medecine ; Jean-Baptiste Potignaud et Jean-Baptiste Senemaud, tous prevost-consuls, officiers en charge de ladite ville ; — Roulhac, seigneur de Razeix, conseiller du Roy et son assesseur ; Montaudon, seigneur du Mont, aussy conseiller du Roy en ladite senechaussée et siege presidial, deputés de leur corps et compagnie ; — Grelet, conseiller, juge garde de la Monnoye ; Rogier, juge de la juridiction consulaire ; Petignaud, sindic des negocians ; Grelet jeune ; Barbou aîné, anciens juges de Bourse, et autres notables bourgeois, marchands et habitants de ladite ville, soussignés, les officiers du Bureau des Finances et ceux de l'Election ne s'y etant pas trouvés, quoique dhuement interpellés, — sur ce qui a été representé a ladite assemblée par mondit sieur Roulhac du Rouveix, prevot-consul, que le huit may mil sept cens cinq, les sieurs Durand, Baillot et autres, ayant été incendiés (2), auroient presenté leur requete au Conseil d'Etat du Roy, tendant a ce qu'il leur fut accordé un dedommagement proportionné a la perte qu'ils avoient souffert, le Roy, en son Conseil, par arrest du vingt huit septembre mille sept cent six. leur adjugea la somme de trente-trois mille livres, a prendre, savoir quinze mille livres sur les fonds provenant de la loterie qui avoit eté faite avec permission de Sa Majesté en faveur des habitants de la generalité de Limoges, neuf mille livres par imposition, par capitation ou autrement, sur tous les habitants de ladite ville, exempts et non exempts, privilegiés et non privilegiés, et les neuf mille livres restant, par la ville de Limoges, et jusqu'a l'actuel (?) paiement d'icelle ; ordonné que lesdits particuliers jouissent des droits attribués aux courtiers des vins et autres liqueurs, creés par edit de novembre mil sept cens quatre et reunis au corps de ladite ville par arrest du meme jour, vingt huit septembre mille sept cens six ; depuis lequel temps, lesdits particuliers ont joui dudit droit qui les a plus que remplis (3) de toutes les sommes a eux adjugés par ledit arrest. Comme ces particuliers se perpetuent toujours dans la jouissance desdits droits, au prejudice de la ville, a qui ce patrimoine doit ren-

(1) Signalons l'indication fournie par ces mots, que nous n'avons rencontrés dans aucune autre deliberation.
(2) Cet incendie avait été allumé au cours d'une émeute qui fut sévèrement réprimée. (Voir tome IV, p. 172) On avait appliqué à cette occasion le principe de la responsabilité civile des communes, qui est toujours dans la Loi.
(3) Indemnisés, remboursés. Remplir se trouve assez souvent dans ce sens.

trer, d'autant qu'elle a tres peu de revenu pour soutenir les charges auxquelles elle est obligée, qu'il seroit avantageux de faire rentrer ce patrimoine qu'on retient depuis longues années injustement, — il requiert les sieurs de ladite assemblée de deliberer sur le parti qu'il y a a prendre pour le bien, l'avantage et l'utilité des habitants de ladite ville. L'affaire mise deliberation, lesdits corps et habitants ayant conferé ensemble et seprement, ont d'une commune voix deliberé et demeuré d'accord qu'il etoit tres important pour les habitants de ladite ville de faire rentrer au corps d'icelle lesdits droits de courtier des vins et liqueurs qu'on leur retient depuis longtemps mal a propos; qu'il convient faire rendre compte d'iceux aux particuliers qui en ont joui, et pour ce se pourvoir par devant les juges a qui la connoissance en appartient; pour y parvenir, lesdits sieurs deliberants ont fait et constitué pour leurs procureurs generaux et speciaux Messieurs les prevosts-consuls, officiers de ladite ville, sus nommés, et autres qui leur succederont jusqu'a decision definitive, auxquels ils donnent plein pouvoir et puissance de, pour eux et au nom de ladite ville, faire toutes les demarches necessaires pour parvenir a faire rentrer au domaine de ladite ville lesdits droits de courtage, actionner les detenteurs desdits droits, leur faire rendre compte d'iceux, leur imputer toutes jouissances, leur faire payer le reliquat, en donner quittance, plaider, appeler, acquiescer, constituer avocats ou procureurs, les revoquer et substituer d'autres, affirmer de voyages, elire domicile, presenter tous placets et requetes, dire et contredire tout ce qui conviendra, et generalement faire toutes demarches necessaires pour faire rentrer lesdits droits : promettant avoir le tout pour agreable et relever indemnes lesdits sieurs procureurs constitués de tous fraix et avances qu'il conviendra faire, obligeant, etc. Fait et passé à Limoges, dans ledit hotel, en presence des sieurs Jean Duroux et Jean Tarnaud, clercs, habitants dudit Limoges, temoins. — Ledit sieur Grelet, juge, n'a voulu signer, de ce requis.

(Mêmes signatures qu'à l'acte précédent).

Aujourdhuy, trente-un decembre mille sept cent cinquante-trois, par devant nous, Pierre Thoumas, notaire royal à Limoges et témoins soussignés, dans l'hotel de ville dudit Limoges, ou etoient assemblés par assemblée convoquée en la maniere accoutumée, Messieurs Jacques Juge, conseiller, avocat du Roy en la senechaussée et siege presidial; Mre Antoine Malevergne, seigneur de Fresignac, docteur en médecine; Jean-Baptiste Petignaud; Pierre Labiche, seigneur de Genteau, et Jeremie Martin, tous prevots-consuls, en charge, de ladite ville; Grelet, juge-garde de la Monnoye; Rogier, juge de la juridiction consulaire; Petignaud, sindic de Messieurs les negociants; Ardant de Brejou; Guineau Dupré; Grelet jeune; Barbou aîné, anciens juges de Bourse, et autres notables bourgeois et marchands et habitants de ladite ville, soussignés; sur ce qui a eté representé a la ditte assemblée par mondit sieur Juge, consul, que le s^r Vergniaud, adjudicataire des Octrois et Deniers patrimoniaux de la dite ville, poursuites et diligences du s^r Pujaud de Nanclas, son directeur, par exploit du treize d'aoust dernier, signé Boutinaud, huissier, auroit fait assigner mes dits s^{rs} consuls aux fins d'assister en l'instance pendante en la cour des Aides de Clermont-Ferrant, entre luy et le clergié et religieux de ladite ville, sur l'appel par luy interjeté d'un juge-rendu par Messieurs de l'Election dudit Limoges, qui decharge ledit clergié et religieux du paiement des droits d'Octrois et entrées; sur laquelle assignation les habitants de la dite ville, assemblés le 1er septembre dernier, auroient deliberé que MM. les consuls se presenteroient sur cette assignation aux fins d'obtenir a (sic) leur relaxance pour les raisons enoncées en l'acte de deliberation du premier septembre dernier : ce qui n'auroit point eté executé, attendu que posterieurement a ladite deliberation, le s^r Vergniaud auroit presenté la requette au Conseil d'Etat de Sa Majesté, tendante a l'evocation dudit proces audit Conseil ; par l'arrest mis au bas, datté du vingt-cinq septembre mille sept cent cinquante-trois, le Roy, en son Conseil, auroit ordonnée que laditte requette seroit communiquée aux dits consuls et autres ; en consequence ledit s^r Vergnaud auroit fait signiffier laditte requette et arrest et auroit sommé lesdits s^{rs} consuls d'y repondre dans le delay prescrit; ils requirent lesdits habitants de deliberer sur le parti que lesdits s^{rs} consuls ont a prendre : Lecture faite de ladite requette et arrest, les habitants ont, d'une commune voix, deliberé qu'il etoit a propos que mesdits s^{rs} consuls se presentassent au Conseil sur laditte assignation pour demander leur relaxance, attendu qu'ils n'ont fait l'adjudication du bail des Octrois et Deniers patrimoniaux que conformement au tarif et a l'arrest du Conseil des 16 et 29 octobre mille sept cens un, lesquels arrest et tarif ledit s^r Vergniaud a du par consequent mettre a execution a ses perils et risques, en se conformant a leurs dispositions : la ville ne luy etant point garante s'il a excedé, et n'y ayant point lieu a de garantie, s'il n'a demandé les droits qu'a ceux qui y sont sujets. A cet effet, les deliberants ont fait et constitué leurs procureurs generaux et speciaux lesdits sieurs consuls en charge et leurs successeurs, auxquels ils donnent plein pouvoir et puissance de se presenter au Conseil, y constituer avocat et procureur, dire et contredire dans l'instance, aux fins d'obtenir a ladite relaxance tout ce qui conviendra, jusqu'a arrest definitif, sans qu'il soit besoin d'autre pouvoir; affirmer de voyages (*sic*), elire domicile, revoquer procureur et advocat, en substituer d'autres : promettant avoir le tout pour agreable, obligeant etc. Fait et passé à Limoges, en presence des s^{rs} Jean Duroux et Louis Moulinier, clercs, habitants dudit Limoges, temoins :

François ARDANT DE BREJOU ; GRELLET ; PONCET ; ROGER ; Gab^{el} GRELLET ; GUINEAU DUPRÉ, ancien consul ; J.-B. DALESME ; LAGENESTE ; FARNE ; BRISSET ; BLANCHARD ; BARBOU aîné ; ARDANT aîné ; J. PETINIAUD ; ORIGET et LADOUSE ; JACQUET ; TEXANDER ; Jean GUERIN ; Vve G. GUYBERT et fils ; JUGE, consul ; G. LAFOSSE ; NOUALHIER ; LABICHE DE VENTEAUX, consul ; L. MAURENSANE l'ayné ; MALEVERGNE DE FRESSIGNAT, consul ; PETIGNAUD jeune, consul ; MARTIN, consul ; DUROUX ; GUINEAU DUPRÉ ; MOULINIER ; THOUMAS.

Page 71, ligne 16, et tout ; *lisez* : et le tout.
Page 76, manchette : Nomination *à* divers grades.
Page 82, note, ligne 2, le feu Marquis des Cars ; *lisez* : le feu Comte des Cars.
Page 83, note, ligne 6, la marquise douairière ; *lisez* : la comtesse douairière.
Page 83. — Encore une délibération relevée dans les minutes de Thoumas ; celle-ci est relative à une réclamation en exemption de taille :

Dans la salle de l'hotel commun de Limoges, le treize février mille sept cent cinquante cinq, apres midy, par devant nous, Pierre Thoumas, notaire royal audit Limoges et temoins soussignés, furent presents Messieurs Pierre Labiche de Rebierebeau, prevost-consul ; Jacques Juge, conseiller, avocat du Roy en la senechaussée et siege presidial de cette ville ; Joseph Roulhac, seigneur de Roulhac, aussy conseiller du Roy en la meme senechaussée et siege ; Antoine Malevergne de Freysignac, docteur en medecine ; Jeremie Martin, sieur de la Plaigne, et Leonard Rogier, marchands, consuls de ladite ville. Ledit s^r de Labiche a exposé que M. Jean-Joseph Periere, seigneur du Vignaud, ayant eté imposé dans le rolle de la taille de la presente ville, en l'an 1753, a la suite de ses autheurs, qui se trouvent compris dans lesdits rolles jusques en l'année 1740, il auroit presenté sa requette a M. l'Intendant, pour obtenir la radiation de son tau (*sic*), comme ayant signé ledit rolle, et aux fins que deffances fussent faites aux consuls de l'y comprendre à l'avenir, attendu qu'il pretendoit avoir la qualité d'ecuyer suivant les titres dont il faisoit employ. Cette requette ayant été repondue d'un *Soit communiqué aux Consuls*, ces derniers, en consequence, observerent que les titres dont on leur avoit donné communication ne leur paraissoient pas suffisants, et dans le temps qu'ils attandoient ce qui seroit ordonné sur ces contestations, ils furent surpris que, par exploit du 16 juillet dernier, le s^r du Vignaud a rendu assignés en l'Election de cette ville Monsieur de Buxerolle, Malevergne et Petignaud, consuls pour l'année 1753, aux fins de voir ordonner qu'attendu sa dite qualité d'ecuyer, la cotte a luy imposée en ladite année mil sept cent cinquante-trois, serat reyée, meme celle de 1754, s'il y en a, avec deffance de l'imposer a l'avenir directement ny indirectement. Sur cette assignation, les s^{rs} consuls ajournés excepterent de l'instance contr'eux formée par ledit s^r du Vignaud devant M. l'Intendant, comme d'une fin de non proceder : n'etant pas possible qu'on les fit plaider en deux tribunaux differents pour raison du meme fait. Le s^r du Vignaud ayant eté obligé d'en convenir, il a eté rendu un jugement, le cinq octobre dernier, en l'audiance de ladite Election, portant que les parties se pourvoieront ou bon leur semblera en reglement de juges; duquel jugement ledit s^r du Vignaud a interjeté appel en la souveraine cour des aydes de Clermont, et sur yceluy rendu assigné le s^r de Buxerolle, tant pour luy que pour ses consorts, prenant meme des conclusions a ce qu'il plaise a nos seigneurs de la cour des Aides de juger le fond et principal. Et comme le s^r de Buxerolle est sortit de la charge de consul, ceux qui sont actuellement en exercice ont indiqué la presente assemblée pour prier les habitants de deliberer sur l'exposé ci-dessus, et leur prescrire ce qui leur paroitra devoir etre fait dans les regles de la justice et dans l'interet de la communauté. Sur ce, Messieurs Jean-Baptiste Petignaud jeune, Jean-Pierre Texandier, sindic des marchands; Jean-Baptiste Lavaud, Jean-Baptiste Lageneste, Pierre David, Antoine Pignet de Montignac, Jacques Farne, Louis Cibot, Louis Joubert, Antoine Lagorce, Jacques Bardet, Jean-Baptiste Boisse, Jean Senemaud, Simon Delort, Estienne Rouard, Morançanne, Besse pere et autres notables habitants de la dite ville, ycy assemblés en la maniere accoutumée, ont murement deliberé sur le contenu au susdit exposé. D'une commune voix ils ont dit et arresté que, bien loin de connoitre le s^r du Vignaud et sa famille pour ecuyer et de race noble, ils les ont toujours vu dans le nombre des roturiers et compris dans les rolles des tailles, dont ils ont suporté leur tau comme le reste des habitants taillables; moyenant quoy ils s'opposent a ce que le dit s^r du Vignaud soit detaussé (*sic*) et obtienne aux conclusions par luy prises. A cet effet, approuvant ce qui a eté dejeas fait contre ses vües, ils chargent les s^{rs} consuls actuels et leurs successeurs au Consulat de se pourvoir en la souveraine Cour des aydes et partout ou besoin serat, pour former opposition, en deduire les moyens qu'ils verront bon etre, agir par toutes les voyes qu'il conviendra, poursuivre le deboutement des demandes du s^r du Vignaud jusqu'a arrest definitif, constituer procureurs, les revoquer, appeller, et en general faire pour et au nom de la communauté tout ce que le cas requierera : leur donnant tout pouvoir quant meme la chose exigeroit un mandement plus special; prometant avoir tout ce qu'ils fairont en vertu des presentes pour agreable, et payer les fraix, et les relever indemnes en cas d'evenement. Dont et de quoy ils ont requis acte. Fait et passé à Limoges, en presence des s^{rs} Jean Garat et François Terrier, clers, habitants dudit Limoges, temoins.

LABICHE DE RIBIEREBEAU, prevot consul; JUGE, consul; ROULHAC DE ROULHAC, consul; MALEVERGNE, consul; ROGER, consul; MARTIN, consul; PETINIAUD jeune; Louis CIBOT; CRUVEILHIER; J.-P. TEXANDIER; H. LAVAUD; LAGENESTE; DAVID; PIGNÉ DE MONTIGNAC; FARNE; L. JOUBERT; LAGORCE; BARDET; ROÜARD; SENAMAUD; DELHORT; BOYSSE fils; DEMALEDEN; L. SENEMAUD; MAURENSANE; BESSE; MEYNIEUX; J. PETINIAUD; NICOLAS; THOUMAS; GARAT; TERRIER; ARDANT; BARBOU.

Controllé a Limoges le quinse fevrier 1755. Recu douse sols : BAGET.

Page 85, ligne 2, Gaudin de la Laborderie : *lisez* : Goudin de Laborderie.
— 33, Martial Soulage ; *lisez* : Joulage.
Page 86, ligne 17, Soulage; *lisez* : Joulage.
Page 99, manchette, 4757 ; *lisez* : 1757.
Page 122, avant-dernière ligne, l'ordonnance attendu, pour l'acquit du prix de ferme ; *lisez* : l'ordonnance attendue pour l'acquit du prix de ferme.
Page 129, ligne 19, vous remontre qu'en la dite qualité ; *il faudrait* : vous remontre, en la dite qualité, que...
Page 131, ligne 28, qui, après communication ; *lisez* : a pris communication.
Page 136, ligne 27, contrôleur, contregarde ; *lisez* : contrôleur contre-garde.
Page 140, ligne 21, Gaudin de La Borderie ; *lisez* : Goudin de La Borderie.
Page 156, ligne 21, Mrs du Chapitre ; *il semble qu'il faudrait* : Mrs du Clergé et du Chapitre.
Page 165, ligne 9, Une nouvelle assemblée. Elle fut tenue en effet à

l'hôtel-de-ville, dans l'après-midi du 13 septembre, sous la présidence du lieutenant-général. Etaient seuls présents les députés du Corps de ville, du Présidial et du Chapitre cathédral Les représentants des Consuls et ceux du Chapitre opinèrent pour le remplacement des Jésuites par des prêtres séculiers ; les délégués du siège royal proposèrent de confier les deux classes de philosophie et les cinq basses classes aux Oratoriens et de laisser l'enseignement de la théologie aux Jacobins qui avaient déjà établi depuis longtemps, à Limoges, des cours très suivis. M. Leroux, archiviste du département, se propose de publier cette délibération.

Page 166, note, quatres ; *lisez* : quatre.

Page 185, ligne 10, Je ne saurois trop vous le recommander, pour l'intérêt de votre communauté et l'exécution ; *lisez* : Je ne saurois trop vous recommander, pour l'intérêt de votre communauté, l'exécution...

Page 194, ligne 21, apposter ; *lisez* : apposer.

Page 219, note, se retrouve encore notre législation ; *lisez* : dans notre législation.

Page 222, ligne 24, avec grille et paraphe ; *lisez* : griffe et paraphe.

Page 223, ligne 10, Signé : collationné, FEGER ; *lisez* : Signé, Collationé, FEGER.

— 28, Signé : collationné, FEGER ; *lisez* : Signé, Collationné.

— 34, a mon substitut à Limoges pour vous faire remettre l'arrest ; *lisez* : a mon substitut à Limoges, pour vous faire remettre, l'arrest.

Page 233, note, La délibération du 1er mai 1760 n'est pas en effet au registre ; mais à un projet de délibération du 28 mars de la même année, (ci-dessus p. 144, 145), et à une autre du 21 janvier 1761, (p. 137), il est question d'un emprunt de 3,000 livres, à effectuer par les syndics du Commerce pour le compte de l'hôtel-de-ville, en vue de pourvoir aux dépenses du procès contre l'adjudicataire de l'Octroi. C'est évidemment de cette affaire qu'il s'agit ici.

Page 239, note, ligne 22, Mouret ; *lisez* : Muret.

Page 255, dernière ligne de la note, 552 ; *lisez* : 1552.

Page 260, ligne 4, qui n'auroient peut n'etre ; *lisez* : peut-etre.

Page 263, ligne 38, leur sureté et observation ; *il faut évidemment lire* : conservation.

Page 272, lignes 27 et 28, Cette récapitulation n'est pas exacte. L'état signale, dans la caserne Lecoq, 19 bois de lit et 18 matelas, traversins et couvertes seulement ; dans la caserne Faure, 48 bois de lit et seulement 27 paillasses, traversins et couvertes. Le nombre total de ces derniers objets n'est donc que de 118 et non de 140.

Page 287, ligne 24, l'operation l'etablissement ; *lisez* : l'operation [de] l'etablissement.

Page 307, ligne 26, DAVID DE BORIE ; *lisez* : DE BRIE.

Page 306, note 1, ligne 8, supprimée ; *lisez* : supprimé.

Page 309, ligne 3, au sixième scrutin ; en faveur ; *lisez* : au sixième scrutin, en faveur.

Page 336, ligne 23, leur offre ; *lisez* : leurs offres.

Page 343, note 6, Nous avons indiqué par erreur à cette note que les « sergents » formant l'escorte des membres du Corps municipal étaient les sergents de la milice bourgeoise. Il nous paraît qu'il s'agit plutôt des dix-huit sergents dont il est parlé à la note 2 de la page 306.

Page 346, ligne 20, Meulan d'Albois ; *lisez* : Meulan d'Ablois.

— au folio 389 ; *lisez* : 380.

Page 353, Les renvois 2 et 3 ont été intervertis. La note 2 devrait avoir son appel après le mot : *Aujourd'huy*, et la note 3 après le mot : *Remise*, de la manchette.

Page 361, ligne 4, une grande armoire ; *lisez* : un grand armoire.

Page 364, ligne 29, inspecteurs ; *lisez* : inspecteur.

Page 369, ligne 9, n'on ; *lisez* : n'ont,

Page 372, ligne 28, avec eux qu'il appartiendra ; *lisez* : avec ceux qu'il appartiendra.

Page 378, l'appel du renvoi doit se trouver à la fin des signatures.

— note, avant-dernière ligne, avaient été faits ; *ajoutez* : au sujet du commerce et du transport des grains.

Page 398, ligne 7, la voix ; *lisez* : la voie.

Page 406, ligne 20, Thévénin ; *lisez* : Thevenin.

Page 416, ligne 15, patrimoniaux : la ; *lisez* : patrimoniaux, la.

TABLE ANALYTIQUE DES MATIÈRES

On trouvera à la fin du sixième volume la table générale alphabétique des matières des *Registres consulaires*

Années		Pages
	Avertissement.	1
1741	Remplacement, par le P. Bareyre, jacobin, de M. Michelon, prédicateur désigné pour 1741-1742	1
—	Provisions de l'office de procureur du Roi au siège présidial pour François Romanet de la Briderie	2
—	Lettre du prieur des Augustins au sujet du sermon de Quasimodo	4
—	Décision conforme à la requête des Augustins	id.
—	Remplacement du P. Bareyre, prédicateur désigné, par le P. Brivère	5
—	Election des consuls pour 1741-1742	6
—	Désignation du P. Besse, jésuite, comme prédicateur pour 1742-1743	7
1742	Nomination de Léonard Buisson à l'emploi de capitaine de l'Hôtel de Ville	id.
—	Election de commissaires répartiteurs et collecteurs	8
—	Désignation du P. Simon, dominicain, comme prédicateur pour 1743-1744	9
1743	Assemblée de ville. Dégrèvement d'un des fermiers de l'Hôpital	id.
—	Nomination de trois administrateurs de l'Hôpital	11
—	Désignation du P. Jartond et du P. Galien, jacobins, comme prédicateurs pour 1743-1744	id.
—	Election de commissaires répartiteurs et collecteurs pour 1744	12
—	Désignation du P. Imbert, cordelier, comme prédicateur pour 744-1745	id.
—	Nomination d'un capitaine de l'Hôtel de Ville	13
1744	Demande d'un supplément de locaux par les juges de Bourse et assemblée de ville à ce sujet	id.
—	Cession à la Bourse des locaux demandés	14

Années		Pages
1744	Extrait des provisions de procureur du Roi de la police, pour M. Descordes de Parpayat....................	15
—	Lettre du lieutenant général au gouvernement au sujet des drapeaux de la milice....................	16
—	Nomination de M. Peyroche à la charge de colonel de la milice....................	id.
—	Nomination de M. Texandier à la charge de capitaine du canton des Bancs et de M. François Michel à celle de capitaine du Clocher....................	17
—	Nomination de J.-B. Sénémaud à la charge de capitaine de Manigne....................	id.
—	Liste des officiers de la milice bourgeoise nommés en 1744	18
—	Désignation du P. Arnaud, récollet, comme prédicateur pour 1745-1746....................	19
—	Élection de commissaires répartiteurs et collecteurs pour 1745....................	id.
1745	Nomination de M° Thomas aux fonctions de notaire de l'Hôtel de Ville....................	20
—	Lettre du P. Arnaud et désignation, pour le remplacer comme prédicateur, du P. Billard, récollet...........	id.
—	Exemption d'un citoyen du service de la milice.........	21
—	Démission de M. Vidaud, capitaine de Lansecot.........	id.
—	Difficulté au sujet du choix d'un prédicateur, tranchée par l'Intendant....................	id.
—	Election de commissaires répartiteurs et collecteurs pour 1746....................	22
—	Désignation du P. Colomb, jacobin, comme prédicateur pour 1746-1747....................	id.
—	Nomination d'un sergent de Ferrerie....................	23
1746	Election de commissaires répartiteurs et collecteurs pour 1747....................	id.
—	Désignation du P. Jartond, jacobin, comme prédicateur pour 1747-1748....................	id.
1747	Nomination de MM. Benoist de Blémond, Peyroche aîné et Jérémie Martin aux fonctions d'administrateurs de l'Hôpital....................	24
—	Ordre à la milice de faire des patrouilles....................	id.
—	Ordonnance conforme du lieutenant général............	25
—	Nomination de M. Nicot à l'emploi de lieutenant-colonel de la milice....................	id.
—	Election de commissaires répartiteurs et collecteurs pour 1748....................	26
—	Désignation des PP. Massoulier et Briquet, jésuites, en qualité de prédicateurs pour 1748-1749...........	27
—	Assemblée de ville. Projet de réparations aux fontaines. Requête de l'entrepreneur....................	id.
—	Résumé du rapport de M. Naurissart, ingénieur, sur l'état des aqueducs de la ville (en note)....................	id.

Années		Pages
1747	Confirmation de la nomination de M. Teullier, porte-enseigne de la compagnie colonelle de la milice..........	28
1748	Liste des officiers de la milice bourgeoise nommés en 1748	29
—	Nomination de Léonard Jouhandaud à l'emploi de canonnier de la ville.................................	30
—	Election de commissaires répartiteurs et collecteurs pour 1749........................	31
—	Désignation du P. Mathieu, récollet, comme prédicateur pour 1749-1750........	id.
—	Nomination de Martial Sénémaud à l'emploi de lieutenant de Ferrerie.......	id.
1749	Election des consuls pour l'année 1750................	32
—	Désignation du P. Justinien, récollet, comme prédicateur pour 1750-1751..............	33
1750	Nomination de Joseph Sénémaud à l'emploi de lieutenant de Manigne.............	id.
—	Nomination de Me Jean Colomb aux fonctions de procureur de l'Hôtel de Ville.....	34
—	Election des consuls pour 1751.....	id.
—	Nomination du P Ambroise de Turenne, capucin, comme prédicateur pour 1751-1752......	35
1751	Nomination de Léonard Bourdeaux à l'emploi de lieutenant de Lansecot.........	36
—	Démission du même.........................	id.
—	Nomination de MM. Barny de Romanet, Arbonnaud et Guineau-Dupré aux fonctions d'administrateurs de l'Hôpital.............	37
—	Nomination de François Dalesme à l'emploi de lieutenant de Lansecot.........	id.
—	Nomination de Paul Poncet à l'emploi de porte-enseigne de Lansecot.......	38
—	Remplacement, par M. Malevergne du Masdoumier, major, de M. Peyroche, colonel de la milice, révoqué à la suite d'un refus de service......	id.
—	Nomination de M. La Geneste et de M. Barbou de Leymarie aux emplois de major et d'aide-major.............	39
—	Election des consuls pour 1752.....................	id.
—	Désignation du P. Valon, jacobin, en qualité de prédicateur pour 1752-1753...	40
—	Nomination des officiers de la milice pour 1752........	41
—	Prestation de serment et installation des officiers de la milice............................	42
—	Enregistrement des provisions d'un garde du gouverneur	43
—	Assemblée de ville : opposition à la demande formée par le sieur Maurensanne, d'un privilège pour une manufacture de chapeaux de castor (Errata)................	429

Années		Pages
1751	Assemblée de ville : opposition à l'arrêt du Conseil autorisant la démolition des moulins et de l'écluse du pont Saint-Martial (Errata)...............	431
1752	Lettre du comte de Saint-Florentin à l'Intendant au sujet du conflit entre le lieutenant général au gouvernement et les consuls touchant la nomination des officiers de la milice bourgeoise et la destitution du colonel.........	44
—	Ordonnance du lieutenant général du Roi, cassant les délibérations des consuls et réintégrant le colonel destitué.	45
—	M. Malevergne du Masdoumier et M. La Geneste sont replacés dans leurs anciens emplois de major et d'aide-major.............................	46
—	Ordre envoyé par les consuls au colonel pour faire prendre les armes à la milice, à l'occasion de l'entrée du lieutenant général.....................	47
—	Ordre au même, au sujet de la reconnaissance des officiers nouvellement nommés.................	id.
1750	Nomination de M. Sénémaud à l'emploi de lieutenant de Manigne..........	48
1752	Désignation du cirier de l'Hôtel de Ville.	id.
—	Lettres de syndicat accordées à deux bourgeois par l'abbé général de Grandmont........................	49
—	Démission d'Hyacinthe Pallier, receveur des octrois, en faveur de Martial Nadaud....	50
—	Nomination et installation de Martial Nadaud............	51
—	Exemptions continuées au receveur démissionnaire......	53
—	Arrêt du Conseil disposant que les officiers du bureau des Finances doivent, comme les autres privilégiés, être compris au rôle de l'imposition pour les enfants exposés	id.
—	Lettre de M. de Saint-Florentin à l'Intendant : injonction aux officiers royaux de ne plus assister à l'élection des consuls.................	55
—	Election des consuls pour 1753................	id.
—	Désignation du P. Siste Victract, récollet, en qualité de prédicateur pour 1753-1754.....................	56
—	Lettre de M. de Saint-Florentin aux consuls au sujet de l'ordre envoyé aux officiers royaux de ne plus assister aux élections consulaires..................	id.
—	Commission d'enseigne du canton du Clocher pour Joseph Segond.........	57
1753	Adjudication de la ferme des réservoirs et bacs de la fontaine de Saint-Pierre............................	id.
1752	Désignation de J.-B. Sénémaud pour remplir l'office de contrôleur des revenus d'octroi acquis par l'Hôtel de Ville........	58
1753	Installation de J.-B. Sénémaud...................	60

Années		Pages
1753	Commission de capitaine du canton de Consulat, pour M. Barbou...	id.
—	Commission de lieutenant de Consulat, pour Joseph Pétiniaud...	61
—	Exemptions conférées aux syndics du commerce, acquéreurs, pour le corps des marchands, des offices d'inspecteurs et contrôleurs des maîtres et gardes des corporations.....	id.
1749	Quittance relative à cette acquisition.....................	62
1752	Acte donné par le juge de Bourse, de l'élection de deux syndics du commerce.................................	63
—	Désignation de Jean-Jacques Maurensanne pour remplir l'office de contrôleur des octrois.....................	id.
1753	Prestation de serment du nouveau contrôleur...........	65
—	Lettre de M. d'Ormesson à l'Intendant au sujet des exemptions de taille et logements militaires réclamées par des ouvriers et un huissier de la Monnaie de Limoges.....	66
—	Election des consuls pour l'année 1754................	67
—	Désignation des PP. Janison et Javerliat, cordeliers, en qualité de prédicateurs pour 1754-1755..............	68
1753	Assemblée de ville. Procuration au sujet du procès poursuivi devant la cour des aides contre l'adjudicataire de l'octroi (Errata)..	434
—	Assemblée de ville. Délibération au sujet de la reprise des droits de courtage abandonnés, à titre de remboursement, aux incendiés de 1705, créanciers de la ville (Errata)..	435
—	Assemblée de ville. Procès avec le fermier des octrois (Errata)..	437
1754	Commission de capitaine de Lansecot pour M. Begougne.	68
—	Commissions d'enseigne de Manigne pour Jean Dorat; de lieutenant des Bouchers pour Jean Malinvaud ; d'enseigne des Bouchers pour Audoin Parot..............	69
—	Lettre de cachet exilant à Limoges le sr Delmestre......	id.
—	Notification de la précédente............................	70
—	Nomination de M. Texandier jeune à l'emploi de major de la milice...	id.
—	Nomination de M Noualhier à l'emploi de capitaine des Bancs; de M. Origet à celui de lieutenant du même canton; de M. Audoin Parot à celui de lieutenant du canton de la Boucherie; de M. Audoin Malinvaud, à celui d'enseigne de la même; de M. Pierre Martin de Ventaux à celui d'enseigne des Bancs........................	71-72
—	Lettre du chancelier à l'intendant au sujet d'un différend entre les consuls et le curé de Saint-Pierre-du-Queyroix	72
—	Nomination de MM. Grellet jeune et Ardant du Masjambost aux emplois de capitaine et de lieutenant du canton de Boucherie...	74

Années		Pages
1754	Nomination de M. Pouyat à l'emploi d'enseigne du canton de Boucherie	75
—	Election des consuls pour 1755	id.
—	Désignation du P. Fayet, jésuite, en qualité de prédicateur pour 1755-1756	id.
—	Nomination d'Audoin Parot et du fils d'Audoin Malinvaud aux emplois de capitaine et lieutenant de la compagnie des Bouchers	76
1755	Nomination de MM. Goudin de Laborderie, Martin du Reynou et Pétiniaud en qualité d'administrateurs de l'Hôpital	77
—	Envoi, par le marquis des Cars, d'une copie de ses provisions de lieutenant général (1754) enregistrées au parlement de Bordeaux	id.
—	Lettre des consuls au nouveau lieutenant général	81
—	Députation au lieutenant général	id.
—	Lettre du marquis des Cars aux consuls	id.
—	Réponse des consuls	82
—	Nouvelle lettre du marquis des Cars	id.
—	Autre lettre du même (en note)	83
—	Election des consuls pour 1756	id.
—	Désignation des PP. Thibaud et Perrot, jacobins, en qualité de prédicateurs pour 1756-1757	id.
—	Démission de Jacques Pétiniaud, administrateur de l'Hôpital, et nomination de J.-B. Texandier pour le remplacer	84
—	Délibération d'une assemblée de ville au sujet de la réclamation formée par Jean-Joseph Périère, seigneur du Vignaud, à l'effet d'être rayé des rôles de la taille, attendu sa qualité d'écuyer. Avis défavorable (Errata)	439
1756	Requête d'un propriétaire riverain des remparts. Décision favorable	85
—	Autre requête analogue. Décision favorable	86
—	Mesures de police au sujet du carrousel du s^r Chardin, installé sur l'avant place d'Orsay	87
—	Lettre de M. de Chauvelin à l'Intendant, au sujet d'un conflit entre les trésoriers de France et les consuls	88
—	Délibération d'une assemblée de ville relative à cette affaire (en note)	89
—	Adjudication de l'office de conseiller contrôleur des octrois et patrimoniaux à Henry Martin	90
—	Election des consuls pour 1757	93
—	Désignation du P. Jacquet, récollet, en qualité de prédicateur pour 1757-1758	94
1757	Lettre du lieutenant général au gouvernement annonçant l'attentat de Damiens	95
—	Lettre du même : mesures de police	id.
—	Lettre du même : même objet	96

Années		Pages
1757	Brevet de capitaine du canton de Ferrerie pour M. Navières du Treuil...............................	97
—	Difficulté entre les consuls et les chanoines de Saint-Martial au sujet des droits respectifs de l'Hôtel de Ville et du Chapitre pendant la solennité des ostensions...........	id.
—	Commission de garde du gouverneur pour Jacques Vergne	98
—	Election des consuls pour 1758......................	99
—	Désignation du P. Reymond, jacobin, en qualité de prédicateur pour 1758-1759........................	100
—	Publication et affichage d'un arrêt du Parlement relatif à la publication d'un édit sur les protestants...............	id.
1758	Désignation du P. Valon, jacobin, en qualité de prédicateur pour 1758-1759, en remplacement du P. Reymond.	101
—	Lettre des consuls par laquelle ils demandent à l'Intendant d'ordonner le versement à la caisse de la commune de sommes restées entre les mains de divers particuliers.	id.
—	Ordonnance conforme de l'Intendant................	102
—	Versement effectué, en vertu de l'ordonnance de l'Intendant, par J.-B. Pétiniaud.......................	id.
—	Même affaire. Versement effectué par Claude Dépéret....	104
—	Acquisition par le Roi d'un immeuble pour la résidence de l'Intendant. Réclamation des consuls................	105
—	Election des consuls pour 1759.....................	id.
—	Désignation du P. Saltarel, dominicain, en qualité de prédicateur, pour 1759-1760.......................	106
—	Acte donné par le juge de Bourse de l'élection des syndics du commerce................................	id.
1759	Brevet d'enseigne de la compagnie des Combes, pour Louis Joubert.....................................	id.
—	Demande en exemption de taille de J.-J. Périère. Décision favorable de l'Intendant........................	107
1758	Quittance de 3000 l. versées pour le renouvellement des privilèges des consuls...........................	110
1759	Brevets de capitaine et de lieutenant de Manigne pour Joseph Sénémaud et Léonard Martin.................	id.
—	Nomination de MM. Baud, de Flottes de L'Eychoisier et Pinot de Magré en qualité d'administrateurs de l'Hôpital.......................................	111
—	Adjudication de la ferme des réservoirs de la fontaine de Saint-Pierre.................................	112
—	Election des consuls pour 1760....................	id.
—	Désignation des PP. Germain Sudrie et Louis Reigner, récollets, en qualité de prédicateurs pour 1760-1761...	113
1760	Commission de directeur des messageries donnée à Joseph Bouland et signifiée aux consuls..................	114
1689	Commission de maître de postes (en note)............	115

Années		Pages
1760	Démission de Martial Nadaud, secrétaire-greffier de l'Hôtel de Ville. Il est remplacé dans ces fonctions par Philippe Nadaud....................................	116
1761	Adjudication des eaux du reflux de la fontaine d'Aigoulène : enchères et surenchère......................	118
1759	Adjudication des droits de pesage et de mesurage........	121
1760	Adjudication de l'office de receveur des Octrois et Patrimoniaux...	123
—	Changement de la date des élections municipales ; arrêt du Conseil et lettre de l'Intendant à ce sujet..........	125
—	Election des consuls pour 1760-1761..................	127
—	Désignation du P. Marchat, cordelier, en qualité de prédicateur pour 1761-1762.......................................	id.
—	Remplacement du P. Marchat, empêché, par le P. Gérald, cordelier...	128
—	Assemblée de notables pour fixer le mode de perception du Don gratuit.....................................	id.
—	Requêtes et ordonnances relatives au paiement des sommes dues à la ville par feu Martial Nadaud, receveur...	129
—	Remise par J.-B. Nadaud, prêtre, de fonds laissés par Martial Nadaud et appartenant à la ville.............	134
—	Quittance du receveur des Octrois et Patrimoniaux.....	135
—	Demande en exemption de la taille, formée par M. Ardant du Masjambost, et ordonnance conforme de l'Intendant.	136
1761	Assemblée de notables au sujet d'une difficulté survenue entre les commerçants et le sieur Vergniaud, adjudicataire de l'Octroi.................................	137
—	Nouvelle assemblée. Même affaire....................	140
—	Demande en exemption de taille formée par Jean-François Guybert, monnayeur................................	id.
—	Tarifs de l'octroi de Limoges en 1738 et 1761 (note)....	141
—	Nouvelle délibération de l'assemblée des notables au sujet de l'affaire de l'Octroi.............................	142
—	Nomination de J.-B. Deschamps en qualité d'administrateur de l'hôpital......................................	143
—	Nouvelle délibération relative à l'établissement d'une imposition pour l'acquit du Don gratuit..............	id.
—	Assemblée de notables; affaire de l'Octroi; envoi d'un député à Paris.....................................	144
—	Second procès-verbal de délibération, substitué au précédent..	145
—	Nomination de MM. Ardant et Murct comme députés.....	146
—	Désignation du P. Beyrand, cordelier, pour remplacer le P. Marchat comme prédicateur en 1761-62...........	147
—	Acte donné par le juge de Bourse de la nomination des syndics du commerce................................	id.

Années		Pages
1760	Ermitage de Montjovis : procès-verbal de l'état des bâtiments et dépendances....................................	148
1743	Lettre de M. de Tourny aux consuls, relative à la suppression de la charge d'ermite de la ville............	150
1761	Les consuls décident l'arrentement de l'ermitage.......	id.
—	Approbation donnée par l'Evêque et l'Intendant à l'arrentement de l'ermitage..................................	153
—	Election des Consuls pour 1761-62...................	154
—	Nouvelle assemblée de notables au sujet du mode d'impositions du Don gratuit................................	156
—	Désignation du P. Lavergne, cordelier, en qualité de prédicateur pour 1762-63..............................	157
1762	Nomination d'un sergent de milice pour le canton de Lansecot...	id.
—	Enregistrement d'une commission de garde du gouverneur.	158
—	Mémoire des Consuls relatif au remplacement des Jésuites dans la direction du collège........................	159
—	Approbation par le gouverneur, duc de Fitz-James, de la nomination d'un sergent de milice..................	161
—	Démission et remplacement du sergent du canton de Boucherie...	id.
—	Approbation, par le gouverneur, de la nomination qui précède..	162
—	Convocation au siège sénéchal, d'une assemblée des députés de divers ordres pour pourvoir au remplacement des Jésuites. Protestation des Consuls..............	162
—	Nomination de J.-B. Fournier aux fonctions de syndic de l'Hôpital..	164
—	Annulation, par le Parlement, de l'assemblée tenue au sénéchal, au sujet du remplacement des Jésuites à la direction du collège. Convocation d'une nouvelle assemblée à laquelle ne prendront part que les députés du chapitre cathédral, du siège sénéchal, du Bureau de la généralité et des officiers municipaux. Désignation de deux députés par les Consuls........................	165
—	Lettre du premier Président de Bordeaux à ce sujet......	id.
—	Election des Consuls pour 1762 63....................	166
—	Organisation du Bureau du Collège. Choix des deux délégués des Consuls.....................................	167
—	Désignation du P. d'Ambier, augustin, en qualité de prédicateur pour 1763-64..............................	id.
—	Enregistrement de la commission de sous-fermier du droit de marque et de contrôle des matières d'or et d'argent..	168
1763	Nomination, en qualité d'administrateurs de l'Hôpital, de MM. Lamy de La Chapelle, Farne-Crouzeil et Peyroche du Puyguichard......................................	169

Années		Pages
1763	Désignation de MM. Roulhac du Rouveix et Peyroche du Puyguichard, comme députés de l'Hôtel-de-Ville au Bureau du Collège....................	170
—	Lettre du Comte des Cars, lieutenant général au gouvernement, concernant les réjouissances par lesquelles doit être célébrée la conclusion de la Paix (Traité de Paris)..	171
—	Lettre du Roi à l'Evêque de Limoges, même sujet........	id.
—	Lettre du lieutenant-général et ordonnance du Roi......	172
—	Note sur les usages relatifs aux publications solennelles..	173
—	Démission de M Peyroche père, colonel de la milice bourgeoise; il est remplacé par Léonard Peyroche, son fils.	174
—	Ordres du lieutenant-général au nouveau colonel.......	id.
—	Brevets de capitaine des Combes pour J.-B. Poncet; de lieutenant de Boucherie pour J.-B. Farne; d'enseigne des Bouchers pour Audoin Malinvaud; d'enseigne de Manigne pour Martial Bourdeaux; de capitaine des Bouchers pour Audoin Parot; d'enseigne de Lansecot pour Joseph Nasvières, de lieutenant des Bancs pour Georges Pouyat...........................	175
—	Brevets d'enseigne de Boucherie pour François Pradeau, et de capitaine du même canton pour Gabriel Grellet jeune.	176
—	Rappel des exemptions et privilèges des gardes de la connétablie...................................	id.
—	Provisions de l'office de garde de la connétablie, avec lettre d'attache des Maréchaux de France...........	177
—	Signification des titres qui précèdent aux Consuls.......	180
—	Démission et remplacement d'un capitaine de l'Hôtel-de-Ville	id.
—	Brevet de capitaine des Bancs pour M. Noualhier........	182
—	Remplacement du P. d'Ambier, prédicateur pour 1763-64, par le P. Beyrand, cordelier	id.
—	Election des Consuls pour 1763-64.	183
—	Remplacement du P. Beyrand, prédicateur désigné pour 1763-64, empêché, par le P. Descoutures, carme.....	id.
—	Nomination de M. Juge pour remplacer M. Roulhac du Rouveix au Bureau du Collège......................	184
—	Désignation du P. Jacquet, récollet, en qualité de prédicateur pour 1764-65...........................	id.
1764	Lettre du Procureur général au Parlement : Déclaration du Roi relative à la situation financière des villes et communautés et à leurs ressources; autre déclaration concernant la libre circulation des grains............	id.
1764	Déclaration du Roi concernant la gestion financière et les ressources des villes, bourgs et communautés, collèges, hôpitaux, communautés d'arts et métiers, etc........	188
—	Arrêt d'enregistrement au Parlement de Bordeaux......	189
—	Etats des Recettes et des Dépenses de la ville en 1763 et 1764 (note).....................................	190

Années		Pages
1764	Lettres patentes du Roi, interprétatives de la Déclaration du 25 mai 1763 concernant la libre circulation des grains..........	193
—	Arrêt de l'enregistrement desdites lettres............	194
—	Assemblée de ville au sujet du Don gratuit, qui sera perçu par la voie de l'Octroi Adjudication de la perception de cet Octroi.........	195
—	Annulation de l'adjudication ci-dessus et mise en régie de de l'Octroi pour le Don gratuit............	197
—	Lettre du Premier Président au Parlement de Bordeaux : Demande de renseignements sur la composition du corps de ville........	200
—	Mesures adoptées au sujet de la mise en régie de l'Octroi.	201
—	Election des Consuls pour 1764-65	202
—	Nomination de Jacques Petiniaud au Bureau du Collège..	id.
—	Désignation du P. Cluzet, jacobin, en qualité de prédicateur, pour 1765-66............	203
—	Assemblée de ville; réclamation au sujet de l'exemption de taille du lieu de Beaublanc............	id.
—	Acceptation, par le directeur des Domaines, de l'offre faite par l'assemblée de ville d'un forfait pour la portion du produit de l'Octroi du Don gratuit revenant au Roi ...	204
—	Lettre du Procureur général de Bordeaux envoyant l'édit ci-après aux consuls	206
—	Edit du Roi portant règlement pour l'administration des villes et principaux bourgs du royaume...	id.
—	Arrêt d'enregistrement de l'édit au Parlement de Bordeaux.	219
—	Lettres patentes du Roi autorisant la levée à Limoges d'un Octroi pour le Don gratuit............	220
—	Enregistrement des lettres patentes ci-dessus à la Cour des Aides de Clermont-Ferrant............	222
—	Enregistrement des mêmes au Parlement de Bordeaux...	223
—	Lettre du Procureur général aux Consuls au sujet desdites lettres patentes............	id.
—	Lettre du même au Procureur du Roi, même sujet.......	224
765	Assemblée de notables; Exécution de l'édit du mois d'août 1764......	id.
—	Nouvelle assemblée de notables. Adoption de diverses mesures pour l'exécution de l'édit............	228
—	Acceptation, par le directeur des Droits réunis, de l'offre formulée par l'assemblée, de fixer à forfait la part revenant au Roi dans les Octrois en général.........	230
—	Assemblée des notables : Remboursement d'un emprunt contracté par les syndics du commerce dans l'intérêt de la ville en 1700.........	232
—	Assemblée des notables : Délibération sur une proposition de M. Turgot, intendant, relative aux boulevards......	234

Années		Pages
1765	Assemblée des notables : Gestion financière. Remise de l'assemblée.....................................	236
—	Nouvelle assemblée des notables. Nomination de commissaires chargés de la vérification des recettes et dépenses. Situation financière...............................	237
—	Assemblée de ville relative à une demande de Mlles Mouret (Muret), au sujet de leur maintien dans la jouissance du reflux de la fontaine de Saint Pierre (en note).........	239
1760	Délibération des administrateurs de l'Hôpital, désignant Léonard Muret comme avocat de l'établissement.......	240
1765	Election des consuls pour 1765-1766................	241
—	Désignation du P. Reymond, prédicateur pour 1766-1767..	242
—	Nomination de M. Boisse de Crezen au Bureau du Collège	id.
—	Ordonnance de l'Intendant prescrivant le remboursement, aux syndics du commerce, de l'avance qu'ils ont faite à l'Hôtel de Ville...............................	243
—	Quittance des syndics............................	244
—	Brevet pour M. Navières du Treuil fils aîné, de la survivance de l'emploi de capitaine de Manigne............	id.
1766	Brevet de lieutenant de Lansecot, pour Paul Poncet......	id.
1765	Requête de M. de Douhet du Puymoulinier aux fins d'obtenir l'annulation de son élection au consulat.........	245
—	Ordonnance conforme de l'Intendant................	id.
—	Signification aux consuls de la requête et de l'ordonnance ci-dessus.....................................	246
1766	La décision de l'Intendant est cassée par le Parlement....	247
—	Signification aux consuls de l'arrêt du Parlement........	248
—	M. de Douhet notifie aux consuls qu'il se soumet à l'arrêt et entend se faire installer en qualité de consul, sous toutes réserves.................................	249
—	Exposé préalable de M. de Douhet..................	250
—	Procès-verbal de notaire constatant l'installation et la prestation de serment de M. de Douhet..............	251
—	Brevet de capitaine des Bancs, pour François Dalesme...	252
—	Nomination, par le colonel de la milice, du sergent de Ferrerie..	id.
—	Vérification et arrêté des comptes du receveur de l'Hôtel de Ville.......................................	253
—	Propositions diverses : commissaires pour la vérification des comptes; remboursements; pompes à incendie et seaux ; enlèvement des boues ; réparations diverses...	id.
—	Affaire de Douhet. Nouvel arrêt du Parlement, qui casse et annule l'élection de M. de Douhet au consulat......	256
—	Signification de l'arrêt ci-dessus....................	257
—	Délibération des consuls au sujet de cette affaire........	258
—	Arrêt du Conseil cassant le premier arrêt du Parlement dans l'affaire de Douhet................................	259

Années		Pages
1766	Ordonnance du lieutenant de police relative à l'observation du dimanche, au carême, aux processions et à divers autres objets (en note)......	260
—	Ordonnance de l'Intendant et signification aux consuls de l'arrêt du Conseil........	261
1758	Commission de lieutenant général du Roi au gouvernement des Haut et Bas-Limousin, pour le comte des Cars, avec mentions diverses........	263
1766	Arrêté des comptes du receveur de l'Hôtel de Ville pour le semestre. Affaires diverses, réparations, aqueducs..	265
—	Election des consuls pour 1766-1767........	269
—	Désignation du P. Reynier, récollet, en qualité de prédicateur pour 1767-1768 et substitution au P. Reynier du P. Théotime Pastoureau..........	id.
—	Nomination de M. Bonnin au Bureau du Collège........	id.
—	Remise, au consul Texandier, d'une des clés de la caisse..	270
—	Nomination de M. Decordes au Bureau du Collège.......	271
—	Etat des objets de literie, meubles et ustensiles existant dans les immeubles affectés au casernement des troupes en garnison à Limoges.........	id.
1767	Arrêté des comptes du receveur pour le semestre, affaires diverses, réparations à l'Hôtel de Ville et aux aqueducs	273
—	Nomination d'un sergent pour le canton des Combes.....	276
—	Nomination de MM. de Cordes de Parpayat, Jayat de La Garde et Guérin en qualité d'administrateurs de l'Hôpital	276
—	Procès-verbal, dressé par le conducteur des travaux, de l'état des égouts de la ville...	id.
—	Démission d'un commissaire à la régie des Octrois.......	282
—	Vérification et arrêté des comptes du receveur pour le semestre.	id.
—	Affaires diverses : Réparations aux fontaines; contentieux, désignation d'un commissaire à la régie des Octrois....	283
—	Election des consuls pour 1767-1768...........	284
—	Désignation du P. Dubreuil et du P. Buscon, augustins, en qualité de prédicateurs pour 1768-1769.............	id.
—	Nomination de M. Ardant du Picq au Bureau du Collège.	285
—	Bail de la maison du concierge de la place d'Orsay.......	id.
—	Edit du Roi concernant l'administration des villes et bourgs du royaume........	286
1768	Arrêt d'enregistrement de l'édit au Parlement de Bordeaux........	300
1767	Décharge, donnée par M. Trésaguet, de bois d'ouvrage déposés à l'Hôtel de Ville........	301
1768	Vérification et arrêté des comptes du semestre.........	id.
—	Gratification au conducteur des travaux des aqueducs et égouts........	302

Années		Pages
1768	Exécution de l'édit de décembre 1767 : Election des notables adjoints au corps municipal...............	303
—	Election de trois candidats à la charge de maire ; élection des quatre échevins................	305
—	Etat de l'ancien corps municipal (en note).........	306
—	Prestation de serment des nouveaux échevins.......	308
—	Election des six conseillers de ville...............	id.
—	Désignation des secrétaire, receveur, avocat et autres agents ou auxiliaires de l'Hôtel de Ville...........	309
—	Arrêt du Conseil confirmant le privilège des sieurs Laforest.................	311
1766-1767	Brevets d'aide-major de la milice pour M. Rouard de la Boissarde, et de lieutenant de la compagnie colonelle pour M. Ardelier................	312
1768	Brevet de maire de Limoges, pour M. Juge...........	313
—	Prestation de serment et installation du nouveau maire...	id.
—	Déclaration du Roi et lettres patentes portant règlement pour la comptabilité des deniers communs.........	315
—	Arrêt d'enregistrement sous réserves, à la chambre des comptes..............	320
—	Lettre d'envoi du procureur général...............	321
—	Désignation de l'abbé Saigne en qualité de prédicateur pour 1769-1770...............	322
1769	Arrêt du Parlement de Bordeaux relatif aux préséances des membres des corps de ville...............	id.
1770	Désignation du P. Tastevin, jacobin, en qualité de prédicateur pour 1770-1771...............	326
—	Brevets de capitaine et de lieutenant de Boucherie, pour MM. Bernard Duras et Vaudet...............	id.
—	Commission de directeur des messageries de Clermont, pour Léonard Michel...............	327
1771	Nomination de MM. Garat, Grellet et Nicolas de Beaugaillard en qualité d'administrateurs de l'Hôpital........	328
—	Désignation du P. Elie Jacquet, récollet, en qualité de prédicateur pour 1771-1772...............	329
—	Nomination, par le colonel de la milice, de Joseph Coussedière à l'emploi de sergent-major...............	id.
—	Désignation du cirier de l'Hôtel de Ville et conventions au sujet de ses fournitures...............	id.
1772	Désignation d'un procureur par le directeur général du Domaine...............	330
—	Requête du sr Martinon pour être autorisé à ouvrir boutique à Limoges, et ordonnance du lieutenant de police l'y autorisant...............	id.
—	Requête du sr Barbeyer aux mêmes fins et ordonnance conforme...............	331

Années		Pages
1700-1701	Documents divers relatifs au remboursement de la finance de l'office de peseur juré : Arrêt du Conseil, délibération de ville. Fixation de la finance, paiement et quittance du titulaire....	332
1773	Brevet de major de la milice, pour M. Martin Lagrave...	340
1758	Ordonnance de l'Intendant relative à la réparation des locaux de la juridiction consulaire et du concert........	341
1774	Lettre du Roi annonçant la mort de Louis XV........	342
1779	Nomination d'un sergent pour le canton de Ferrerie.....	id.
1783	Réjouissances à l'occasion de la paix de Versailles. Lettre de l'Intendant....	343
1783	Usages relatifs aux publications solennelles.........	343
—	Ordre de la marche du cortège et lieux de publication...	344
—	Ordonnance du Roi pour la publication de la paix......	345
1779-1789	Provisions, commissions, brevets divers............	346
1790-1791	Documents relatifs à la formation du département de la Haute-Vienne, et nominations diverses de la période révolutionnaire....	348
1791	Lettres patentes homologuant l'élection d'un juge au tribunal de Commerce (en note)................	349
1661	Arrêt de la Chambre souveraine des francs-fiefs et amortissements, faisant droit à une requête de Pierre Petiot de Chavagnac........	id.
—	Arrêt confirmatif du Conseil privé...............	350
1771-1773	Anoblis. Reconnaissances et quittances de finance......	id.

QUATRIÈME ET DERNIER REGISTRE

1768	Remise à une autre séance de la vérification des revenus et des dettes de la commune.....	353
—	Concession, à l'administration de l'Hôpital, du trop plein de la fontaine de la place des Bancs......	354
	Augmentation de salaire au conducteur des travaux des aqueducs et fontaines........	id.
—	Suppression des offices de mouleurs, compteurs, peseurs, mesureurs........	id.
—	Défense de prêter les canons de la ville et de les faire sortir de la maison commune.....	356
—	Arrêt du Conseil relatif à la destruction des loups dans la généralité de Limoges (note)........	357
—	Vérifications des comptes du 1er mars au 1er septembre...	id.
—	Dispositions concernant les revenus et dépenses de la ville	359
—	Question des aqueducs et égoûts, archives, contentieux..	360
—	Propositions pour la suppression d'un certain nombre d'articles de dépenses....	362

Années		Pages
1768	Demande de privilèges pour les membres du Corps municipal	363
1769	Mise en régie du courtage des vins. M. Auzanet de Beauvais est nommé inspecteur. Frais de régie	364
—	Vérification des comptes du 1er septembre 1768 au 1er mars 1769	365
—	Confirmation de la délibération relative de la mise en régie du courtage des vins	365
—	Réparations à l'Hôtel de Ville; portrait du Roi	366
—	Dimensions des nouvelles mesures pour les grains	id.
—	Assemblée des notables: Emprunt d'une somme de 30,000 l. remboursable en dix années, pour le rétablissement des anciens aqueducs	368
—	Ordonnance du lieutenant de police pour la visite, par deux experts, de toutes les maisons de Limoges (en note)	id.
—	Vérification des comptes du 1er mars au 1er septembre 1769	370
—	Remboursement à MM. Maurensane et Martin, contrôleurs de l'Octroi, des finances de ces charges	371
—	Ouverture d'une communication entre la rue du Canard et le boulevard	id.
—	Salaire du sr Vergniaud, conducteur des travaux des aqueducs et fontaines	id.
—	Election de MM. Goudin de La Borderie, Hugon des Thouars et Morin aux fonctions de notables	373
—	Election de MM. Roulhac du Rouveix et Romanet du Caillaud aux fonctions d'échevins	375
—	Installation de M. Roulhac du Rouveix en qualité d'échevin	376
—	Election de MM. Goudin de Laborderie, Tanchon de Lage et Jérémie Martin de La Plaigne, en qualité de conseillers de ville	376
—	Nomination de M. Roulhac du Rouveix au bureau du Collège	377
—	Installation de M. Romanet du Caillaud, échevin	id.
—	Lettre du baron des Cars (en note)	id.
1770	Vérification des comptes, du 1er septembre 1769 au 1er mars 1770	id.
—	Ordre au Receveur de l'Hôtel-de-Ville de s'occuper de la confection des comptes	379
—	Défense de se servir de la salle renfermant les archives et les deniers de la ville, sauf pour les affaires de la commune	380
—	Réparations à la fontaine d'Aigoulène	id.
1770	Vérification des comptes du 1er mars au 1er septembre 1770	380
—	Nomination de commissaires pour vérifier les comptes jusqu'à ce jour et établir la situation financière	381

Années		Pages
1770	Lettre de l'Intendant et ordonnance du Roi relative au logement de la maréchaussée....................	382
—	Etablissement d'une fontaine dans le couvent des Cordeliers et d'une autre à l'Evêché à l'aide du trop plein de la fontaine de Saint-Pierre, modifications aux conventions précédentes relatives à ce trop plein............	383
—	Election de MM. Tanchon et Jérémie Martin aux fonctions d'échevins...........................	389
—	Installation des nouveaux échevins.................	390
—	Election de MM. Maledent de Bonabry et Brisset du Puy du Tour en qualité de conseillers de ville........	id.
—	Nomination de M. Tanchon au Bureau du Collège.......	id.
—	Lettre du duc de Choiseul autorisant les étapiers à substituer au vin la bière ou le cidre....................	391
—	Lettre d'envoi de l'Intendant........................	392
1771	Reddition des comptes du 1er septembre 1770 au 1er mars 1771..	id.
—	Rapport des Commissaires à la vérification des comptes.	393
—	Reddition des comptes du 1er mars au 1er septembre 1771.	394
—	Décoration de la salle de réunion ; remplacement par des corps en plomb des corps en bois de la fontaine de la Porte Tourny ; adoption d'une proposition de Turgot...	395
—	Lettre de l'Intendant relative à l'établissement d'une fontaine sur la place Montmailler....................	396
—	Election de MM. Alexis Ardelier, H. Martin de La Plaigne, et J.-B. Petiniaud jeune aux fonctions de notables....	397
—	Désignation de MM. Romanet du Caillaud, Roulhac du Rouveix et Maledent de Bonabry comme candidats à la charge de maire..................................	398
—	Election de MM. Joseph Petiniaud et Muret de Pagnac aux fonctions de premier et second échevins.........	399
—	Installation des nouveaux échevins...................	399
—	Election de MM. de Fressanges, Lamy de Luret et Georges Pouyat aux fonctions de conseillers de ville..........	400
—	Brevet de maire de Limoges, pour M. Romanet du Caillaud	id.
—	Installation du nouveau maire......................	id.
—	Nomination de M. Pétiniaud, échevin, au Bureau du Collège	401
—	Nomination de Martial Sazerat en qualité de concierge de la place d'Orsay.................................	402
1772	Reddition des comptes, du 1er septembre 1771 au 29 février 1772..	id.
—	Lettre de M. Trésaguet, ingénieur, et détail des ouvrages exécutés pour la fontaine de la place Tourny, ainsi que des recettes et dépenses.........................	404
—	Désistement de M. Vergniaud, ancien adjudicataire de l'Octroi, de sa demande en indemnité, et règlement de ses comptes avec la ville...........................	407

Années		Pages
1772	Acte de désistement et quittance de 1764 de l'ancien receveur des Octrois...	408
—	Désignation des PP. Just et Xavier, récollets, en qualité de prédicateurs pour 1772 et 1773...	id.
—	Proposition du fisc relative à l'acquisition par la ville des offices municipaux créés par l'édit de novembre 1771. Refus par la ville de les acquérir et abandon de ces offices aux acquéreurs particuliers qui se présenteront...	409
—	Modifications au contrat du 24 octobre 1770 relatif à la cession à diverses personnes et à la répartition du trop plein de la fontaine de la porte Tourny...	410
—	Lettre du duc de la Vrillière au sujet de l'emprisonnement du canonnier de la ville, ordonné par M. de Sombreuil.	413
—	Reddition des comptes du 1er mars au 1er septembre 1772	414
—	Paiement du Don gratuit Perception du produit de l'eau des étangs accordée au sr Limouzin...	id.
—	Reddition des comptes du 1er septembre 1772 au 28 février 1773...	415
—	Désignation du P. Boyer, récollet, pour prêcher l'Avent de 1773...	416
1773	Désignation du P. Vassal, jacobin, pour prêcher le carême de 1774...	417
—	Survivance de l'emploi de tambour accordée à Jean Coussy	id.
—	Lettre de l'Intendant relative à la défense faite aux officiers municipaux d'accorder des permissions de mendier...	418
—	Démission du sr Roche, capitaine de l'Hôtel de Ville : il est remplacé par J.-B. Fournier...	id.
—	Réunion, dans la même tranchée, des corps des fontaines de Saint-Pierre et de la porte Tourny...	420
—	Lettre de l'Intendant à ce sujet...	id.
—	Reddition des comptes du 1er mars au 31 août 1773...	421
—	Acceptation de l'offre de la veuve Theilloud pour le curage des étangs d'Aigoulène...	423
—	Exposé de l'état du marché au blé. Rapport présenté à ce sujet...	id.
—	Demande d'un nouvel examen et de l'avis de l'Intendant.	id.
—	Désignation du P. Forgemol, cordelier, pour remplacer le P. Vassal et prêcher le carême de 1774...	425
—	Vente, à M. Romanet du Caillaud, de la halle au blé...	426
—	Approbation de cette vente par l'Intendant...	427
	Errata et additions (on y a inséré le texte de cinq délibérations d'assemblées de ville en date des 2 avril 1751, 26 juillet 1751, 1er septembre 1753 et 13 février 1755 qui figurent à la table analytique ci-dessus sous leur date)	429
	Table analytique des matières contenues dans ce cinquième volume...	445

Limoges, imp. Vᵉ H. Ducourtieux, 7, rue des Arènes.

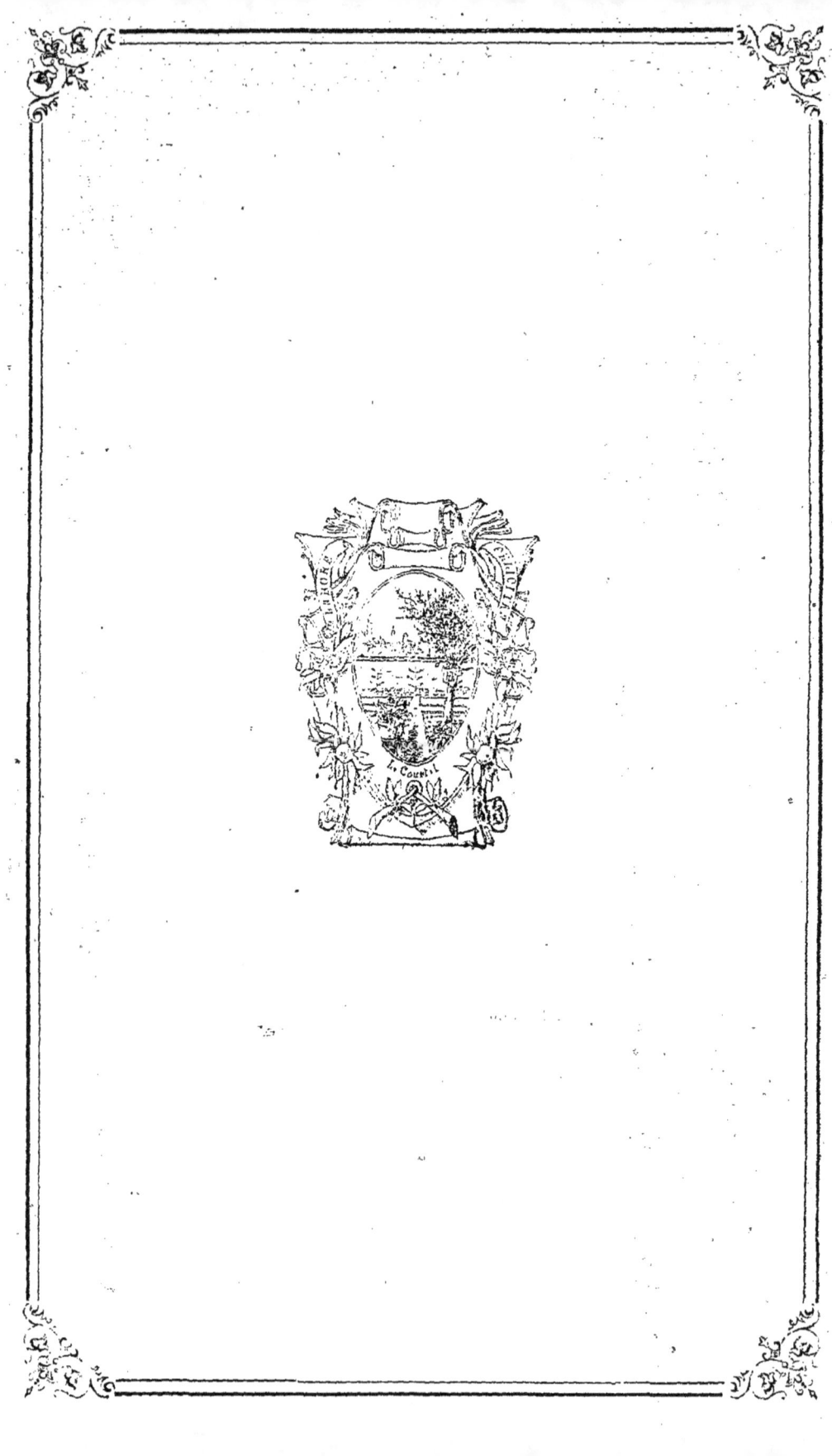

www.ingramcontent.com/pod-product-compliance
Lightning Source LLC
Chambersburg PA
CBHW072114220426
43664CB00013B/2110